工程力学

主　编　陶春达　黄　云
副主编　王　维　林鸿志　杨建波

科学出版社
北　京

内 容 简 介

本书是根据教育部高等工科本科理论力学课程基本要求(中学时)中静力学的要求、材料力学课程基本要求(中学时)及教育部工科力学课程教学指导委员会面向21世纪工科力学课程教学改革的要求编写而成。全书共两篇16章，分别阐述静力学和材料力学的基础理论和方法，并以材料力学内容为主，注重与工程实际相结合，通过大量例题深入浅出地阐述了分析问题、解决问题的思路及方法。每章列有多种形式的习题，并附有答案。

本书可作为工科非机械类、非土建类各专业60～80学时"工程力学"课程的教材，也可供电大学生、自学者，以及工程技术人员参考。

图书在版编目(CIP)数据

工程力学/陶春达，黄云主编. —北京：科学出版社，2011.9
ISBN 978-7-03-032134-3

Ⅰ.①工… Ⅱ.①陶…②黄… Ⅲ.①工程力学-高等学校-教材 Ⅳ.①TB12

中国版本图书馆CIP数据核字(2011)第170458号

责任编辑：胡云志 任俊红 / 责任校对：陈玉凤
责任印制：吴兆东 / 封面设计：华路天然工作室

科学出版社 出版
北京东黄城根北街16号
邮政编码：100717
http://www.sciencep.com
北京中石油彩色印刷有限责任公司印刷
科学出版社发行 各地新华书店经销
*
2011年8月第 一 版 开本：787×1092 1/16
2025年7月第十八次印刷 印张：20 1/2
字数：508 000

定价：54.00元

前　言

工程力学是高等学校机械、土木、材料、石油、环境等许多专业的重要技术基础课。近年来，随着高等教育改革的深入，课程的体系、内容等都发生了巨大的变化。在教育行政部门、学校和出版社的共同努力下，已出版了一批工程力学教材；但从整体上看，具有普通院校教育特色的工程力学教材仍然匮乏。为适应新形势下教学实际的要求，编写一本适用于众多专业的60～80学时的工程力学教材是很有必要的。本书根据高等学校工科工程力学的基本要求，吸取目前最新的工程力学教材的优点，在保证力学课程的系统性、完整性的基础上，充分考虑普通院校教学的实际情况，将传统的理论力学、材料力学综合在一起，淡化二者之间的明显界限，旨在使学生加深对工程力学基本概念、基本理论的理解，掌握工程力学的分析和计算方法，为后续专业课的学习打下良好的基础。

在编写本书过程中，我们力求体现以教师为主导、学生为主体的教学基本要求，内容上突出重点、联系工程实际，语言上通顺易懂，便于自学。使用本书时，可根据各专业的不同要求，对内容酌情取舍，文中加“*”并小字号排列的部分为选学内容。全部讲授本书内容，约需80学时。

参加本书编写工作的有西南石油大学陶春达（绪论、第1、2、3、16章）、黄云（第8、9、10、11章）、王维（第12、13章）、林鸿志（第7、14章）、石健（第6章）、常学平（第15章）、夏逢军（附录）、杨建波（绘制插图），攀枝花学院王春燕（第4、5章）。本书由西南石油大学陶春达、黄云担任主编。在2009～2010秋季学期的试点教学后，陶春达、黄云和林鸿志对本书书稿进行了总结讨论，并由陶春达和黄云进行了修订；在2009～2010春季学期和2010～2011秋季学期试点教学后，再次对书稿进行了修订。在本书的编写过程中，得到了西南石油大学力学教研室全体教师的关心、支持和帮助，战人瑞教授、袁祥忠教授审阅了全书，并提出了宝贵意见和建议，在此一并表示衷心的感谢。

由于编者水平所限，书中可能存在一些疏漏或不妥之处，敬请读者指正。

编　者

2011年8月

目　　录

绪　论

0.1 工程力学的研究内容

工程力学是研究物体在外力作用下的机械运动以及变形与破坏规律的学科。

所谓机械运动是指物体在空间的位置随时间的改变，它是人们在日常生活和生产实践中最常见的一种运动。例如，石油工业生产中的钻机钻柱的钻进运动、抽油机大梁的摆动、建筑工地上升降机的上下运动、起重机吊臂的转动等，都是机械运动的例子。

物体在外力作用下不仅会产生机械运动，还会产生变形，如果外力过大还有可能引起破坏。这些都是属于工程力学的研究范畴。工程力学涉及众多的力学学科分支和广泛的工程技术领域。本书所讨论的工程力学只是其中最基础的部分，包括理论力学的静力学和材料力学。

在本书的第一篇静力学中，将研究机械运动的特殊情况——物体处于平衡状态，包括物体的受力分析、力系简化、平衡条件及平衡方程的应用。

工程中的机器设备和建筑结构的各个组成部分，称为**构件**，如车床中的轴、齿轮以及建筑结构中的立柱、大梁、屋顶等。构件工作时要承受一定的外力(载荷)，**构件在外力(载荷)作用下丧失正常工作能力的现象称为失效或破坏**。为了使构件正常安全工作，就要求构件具有一定的承载能力。描述构件的承载能力有三个指标：强度、刚度和稳定性。

本书的第二篇材料力学将研究构件强度、刚度和稳定性问题。所谓**强度是指构件抵抗塑性变形或破坏的能力**，构件要正常安全工作，必须要具备足够的强度。因为强度不够而失效在工程中大量存在，如钢缆承载过大变长变细甚至断裂、高压容器和管道在压力过大时爆裂等。所谓**刚度是指构件抵抗变形的能力**，构件要正常安全工作，同样要具备足够的刚度。因为刚度不够而失效在工程中也是大量存在的，如变速箱里的齿轮轴，若变形过大(图 0-1(a))将使轴上的齿轮啮合不良，并引起轴承的不均匀磨损(图 0-1(b))。又如机床主轴，即使它具有足够强度，如果变形过大，就会影响工件的加工精度。摇臂钻床工作时，立柱变形过大将导致钻孔不正而影响加工精

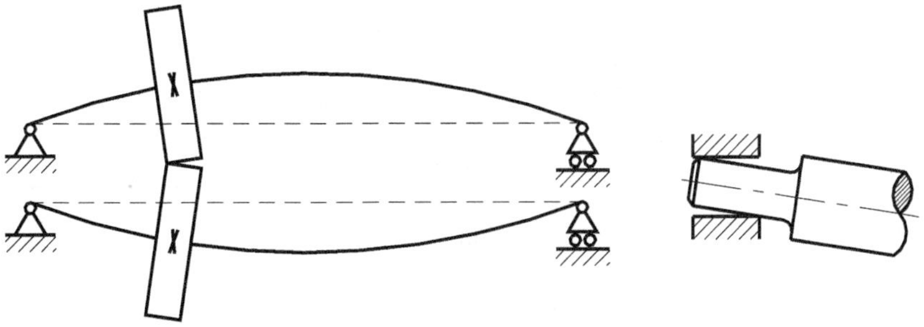

(a)　　　　(b)

图 0-1

度，并使钻床振动加剧，影响孔的表面光洁度(图 0-2)。所谓**稳定性是指构件保持原有的平衡形态的能力**。如果构件丧失了原有的平衡形态，称为失稳。稳定性不够同样会引起构件的失效，如内燃机中的挺杆轴向受压过大时会突然变弯(图 0-3)。对于这类构件，为了能正常工作必须保持原有的直线平衡形态。又如潜艇下潜过深会由于极大的水压使艇身(薄壳)突然被压扁，导致沉没。

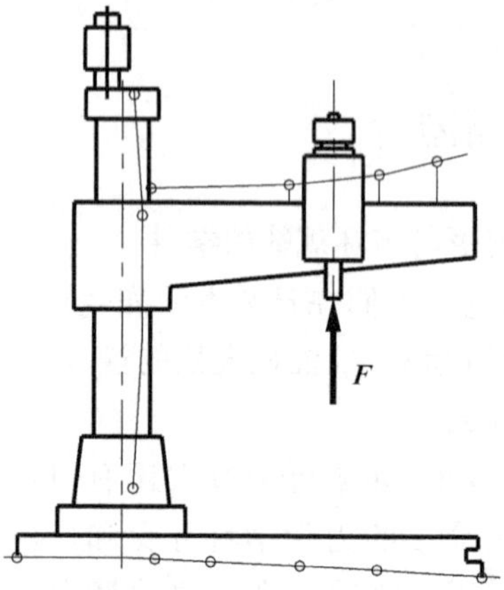

图 0-2

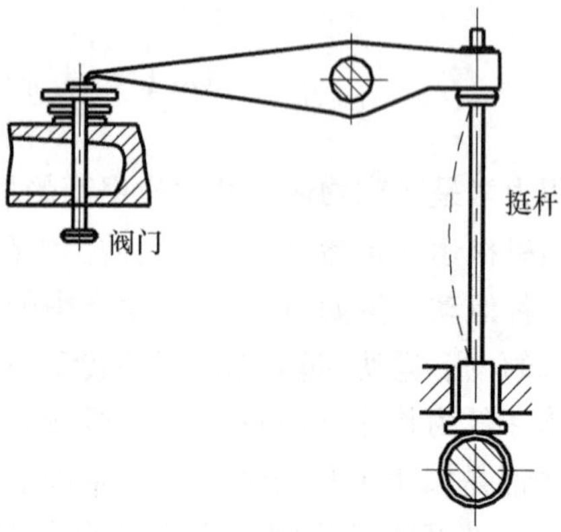

图 0-3

0.2 工程力学的研究对象和力学模型

工程中的构件的形状多种多样，根据其形状和尺寸的不同，大致可以分为四类：杆、板、壳和块体。

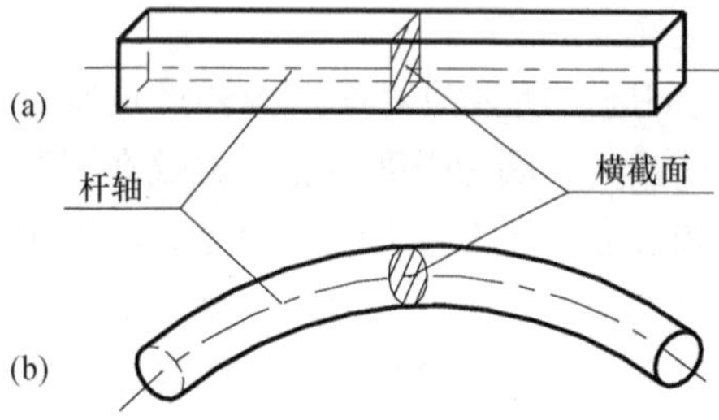

图 0-4

一个方向的尺寸远大于另两个方向尺寸的构件称为**杆**(图 0-4)。杆横截面形心的连线称为轴线，轴线为直线者称为直杆(图 0-4(a))；轴线为曲线者称为曲杆(图 0-4(b))。

一个方向的尺寸远小于另外两个方向尺寸的构件，且为平面形状者称为**板**(图 0-5(a))，为曲面形状者称为**壳**(图 0-5(b))。黑板、汽车轮渡的甲板就属于板类构件，穹形屋顶、压力容器等均属于壳类构件。

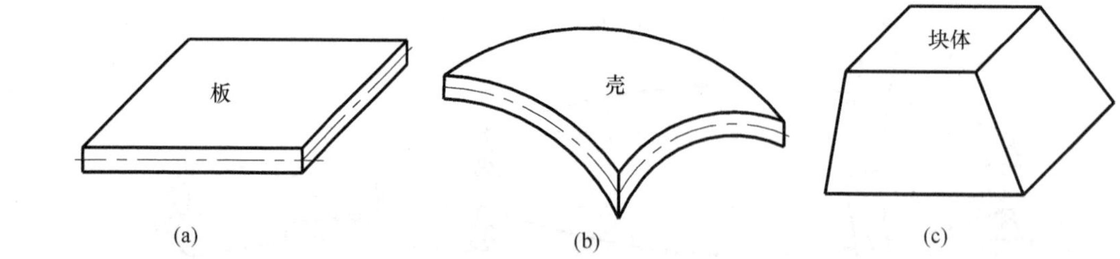

图 0-5

三个方向的尺寸属于同一个数量级的构件称为**块体**(图 0-5(c))。水库的大坝、建筑物的基础均属此类构件。

材料力学的研究对象以等截面直杆为主，而板、壳及其块体的研究则属于“板壳理论”和“弹性力学”的范畴。

对工程中的构件进行力学分析之前，必须对实际研究对象进行抽象化处理，即理想化和简化，这是一切学科研究的基本方法，也是力学研究的基本方法。为了解决问题或降低解题的难度，我们必须抓住研究对象的本质和主要的因素，舍弃非本质的次要的因素，把它抽象为力学模型，这就是力学建模的过程。然后对力学模型进行分析研究，以解决实际问题。

抽象化处理的关键在于选择合理的模型。所谓合理，就是模型既不与一般的自然规律相矛盾，又能反映我们对研究对象某一方面性能的认识，对模型所作的理论分析结果能符合实践中或实验中观察到的相应现象。如不符合，模型就必须修正。选择或建立合理的模型代替实物系统往往是解决问题的关键环节。针对不同问题采用不同的力学模型，是研究力学问题的重要方法。

工程力学中对所研究的工程构件采用了两种基本的力学模型：**刚体**和**变形固体**。刚体模型忽略了物体在力的作用下形状的改变，假定物体中任何两点之间的距离保持不变。采用刚体模型能大大简化对物体整体运动和平衡的数学分析和推导。实际上，任何物体在外力的作用下都要产生变形，它们都是变形固体。只是有些时候变形很小，可以忽略不计，此时采用刚体力学模型比较恰当。但是，在某些工程问题中构件不能视为刚体，如跳水运动员对跳板的作用，如果对跳板进行研究，此时就必须放弃刚体模型，采用变形固体模型。

0.3　工程力学的任务

构件的强度、刚度和稳定性与构件本身截面的几何形状、尺寸、所用材料、受力情况、工作环境以及构造情况等有密切的关系。在构件的设计中，首先要保证其具有足够的强度、刚度和稳定性；其次，还要尽可能地选用合适的材料和尽可能地少用材料，以节省资金或减轻自重，达到既安全又经济实用的目的。

因此，工程力学的任务之一就是以最经济的代价为构件选择适当的材料，确定合理的形状和尺寸，保证构件具有足够的承载能力，在确定的载荷作用下正常工作而不破坏；同时为工程设计提供理论基础和计算方法，并为其他力学课程和专业课程的学习提供坚实的理论基础。

第一篇　静　力　学

静力学是研究物体在力的作用下的平衡规律的学科。在静力学中，我们将研究三方面的问题。

1. 物体的受力分析

分析某个物体受几个力，以及每个力的作用位置和方向。

2. 力系的简化

所谓力系是指作用在物体上的一群力。将作用在物体上的复杂力系用一个简单的力系来等效代替，便是力系的简化。如果某力系与一个力等效，则此力称为该力系的合力，而力系中的各力称为此合力的分力。

3. 建立力系的平衡条件

研究作用在物体上的力系所需满足的平衡条件。力系的平衡条件在工程中有着十分重要的意义，它是设计结构、机构和机械零件时静力计算的基础。

第1章　静力学基础

本章首先介绍静力学的概念，包括力和力矩、主矢和主矩、力偶和力偶矩矢等的概念。在此基础上，介绍受力分析的基本方法，包括分离体的选取，以及受力图的绘制。

1.1　力的概念

1.1.1　力

1. 定义

力是物体间的相互机械作用，这种作用将使物体的运动状态和形状发生变化。如图 1-1 所示，直线轨道上的小车，开始是静止的，在水平力的作用下，由静止变为运动，其运动状态发生了变化。又如图 1-2 所示，跳水运动员在跳板上起跳时，跳板产生了变形，其轴线由直线变成了曲线。一般情况下，力使物体的运动状态和形状同时发生变化。

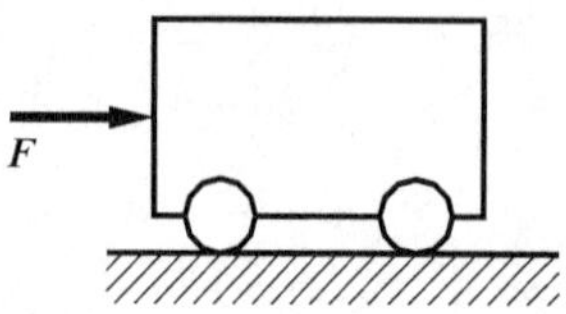

图 1-1

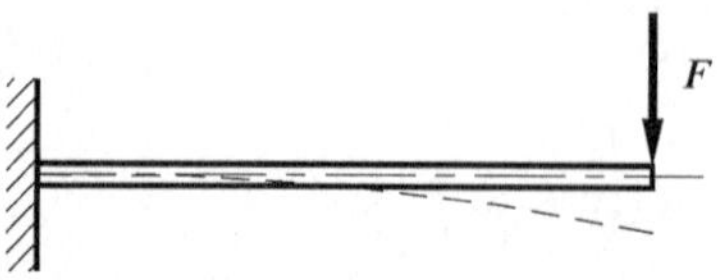

图 1-2

2. 力的效应

力的作用效果称为**力的效应**。力使物体的运动状态发生变化，称为力的运动效应或外效应；力使物体的形状发生变化，称为力的变形效应或内效应。第一篇静力学主要研究力的运动效应，第二篇材料力学则主要研究力的变形效应。

3. 力的三要素

实践证明力对物体的作用效应取决于力的**三要素**，即力的大小、方向和作用点。因此，力用矢量来描述，矢量的长度表示力的大小，箭头表示方向，矢量的起端或末端表示力的作用点，如图 1-3 所示。

力的国际单位为 N(牛)或 kN(千牛)。

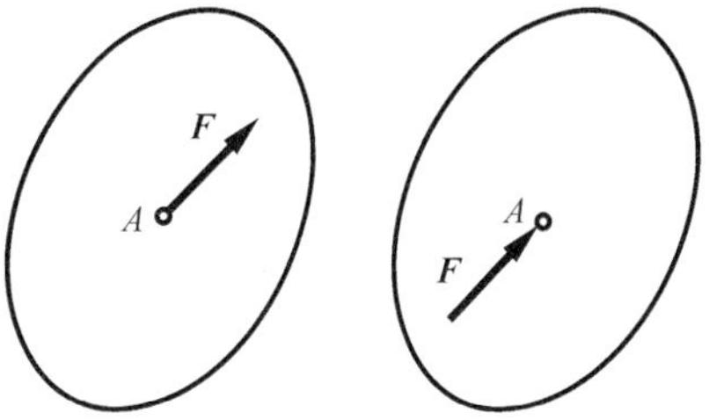

图 1-3

4. 力的理想化

力的作用位置是物体之间机械作用位置的抽象化结果。实际上两物体间力的作用处总会占有一定的体积或面积，力总是作用于物体的一定体积或面积上的。如果作用体积或面积很小，则可将其抽象为一个点，这种作用力称为**集中力**；如果作用体积或面积比较大，这种作用力称为**分布力**，作用位置为体积的称为**体分布力**，作用位置为面积的称为**面分布力**，作用位置可以简化为一条线的称为**线分布力**。对于分布力，用单位体积、单位面积或单位长度上的力表示分布力的强弱程度，称为**载荷集度**，用记号 q 表示，单位为 N/m^3、N/m^2 或 N/m。例如，图 1-4(a)所示水对大坝的压力，可以看做是面分布力；而图 1-4(b)所示桥梁的自重，则是沿着桥梁长度方向连续分布的，所以是线分布力。

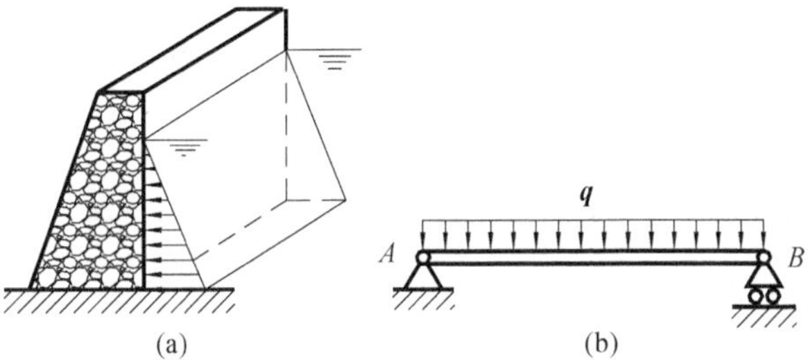

图 1-4

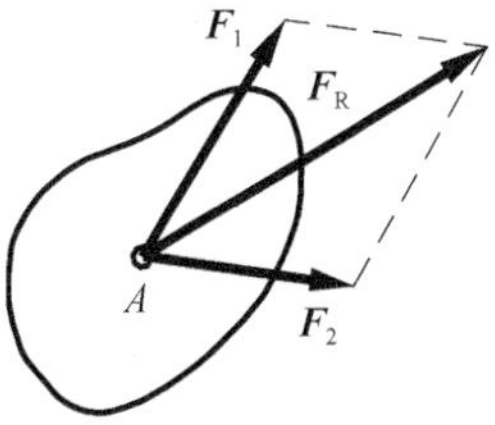

图 1-5

5. 力的性质

1) 力的平行四边形法则

作用在同一点的两个力，可以合成为一个合力，合力的作用点也在该点，合力的大小和方向，由这两个力为边所构成的平行四边形的对角线确定，如图 1-5 所示。或者说，合力矢量等于两个力矢量的矢量和，表示为

$$\boldsymbol{F}_R = \boldsymbol{F}_1 + \boldsymbol{F}_2 \tag{1-1}$$

2）作用力与反作用力定律

作用力与反作用力总是成对出现，两个力的大小相等、方向相反，沿着同一直线，分别作用在两个相互作用的物体上。若用 $\boldsymbol{F}$ 表示作用力，$\boldsymbol{F}'$ 表示反作用力，则

$$\boldsymbol{F} = -\boldsymbol{F}' \tag{1-2}$$

1.1.2 力在坐标轴上的投影

1. 力在轴上的投影

1）定义

从力矢量的起点和终点分别向投影轴引垂线，得到两个垂足，则从力矢量起点垂足到终点垂足的线段，称为力在轴上的投影。如图 1-6 所示，力矢量 $\boldsymbol{F}$ 的起点为 A，终点为 B，分别过 A 和 B 两点作 x 轴的垂线，垂足分别为 a 和 b。则从 a 到 b 的线段 ab 称为力在轴 x 上的投影，记为 F_x。若 $\boldsymbol{F}$ 与 x 正向的夹角为 α，则力的投影为

$$F_x = F\cos\alpha \tag{1-3}$$

2）说明

(1) 力在轴上的投影是一个代数量，可正可负，也可以为零。在实际计算时可以采用较直观的方法判断投影的正负号。如从 a 到 b 指向与坐标轴的正向一致，则投影为正，如图 1-6(a)；反之投影为负，如图 1-6(b)。

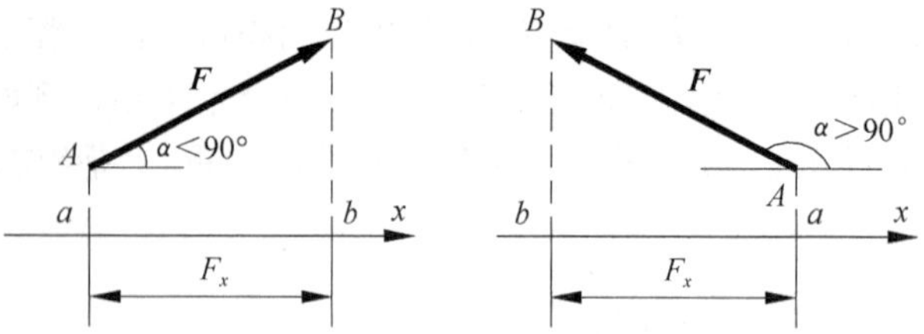

图 1-6

(2) 力和投影轴可以共面，也可以不共面。

2. 力在直角坐标轴上的投影

1）平面上力在直角坐标轴上的投影

将力在坐标轴上投影的方法应用到直角坐标系中，如图 1-7 所示，已知力 $\boldsymbol{F}$ 与平面直角坐标系的 x、y 轴的夹角分别为 α 和 β，则力 $\boldsymbol{F}$ 在 x、y 轴上的投影分别为

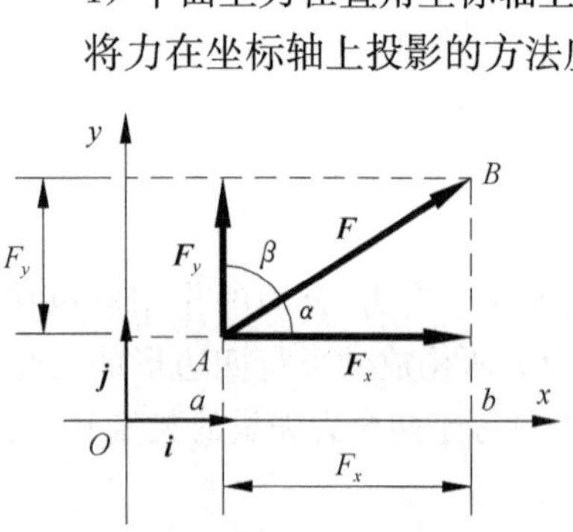

图 1-7

$$F_x = F\cos\alpha,\quad F_y = F\cos\beta \tag{1-4}$$

则力的解析表达式为

$$\boldsymbol{F} = \boldsymbol{F}_x + \boldsymbol{F}_y = F_x\boldsymbol{i} + F_y\boldsymbol{j} \tag{1-5}$$

需要说明，力在坐标轴上的投影和力在坐标轴上的分力是两个不同的概念，不要混淆。投影是代数量，而分力是矢

量。一般情况下力在坐标轴上的投影和力在坐标轴上的分力大小不相等，如图 1-8 所示。只有在直角坐标系下，力在坐标轴上的投影和力在坐标轴上的分力大小才相等，如图 1-7 所示。

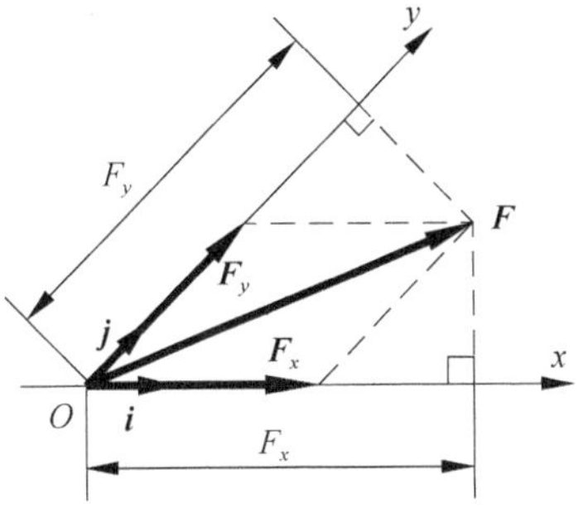

图 1-8

2）空间中力在直角坐标轴上的投影

(1) 直接投影法。将力投影的概念应用到三维直角坐标系中。设力 $\boldsymbol{F}$ 与 x、y 和 z 三个坐标轴的夹角分别为 α、β 和 γ，如图 1-9 所示。根据力在轴上的投影的定义，力 $\boldsymbol{F}$ 在三个坐标轴上的投影分别为

$$
\begin{aligned}
F_x &= F\cos\alpha \\
F_y &= F\cos\beta \\
F_z &= F\cos\gamma
\end{aligned}
\tag{1-6}
$$

(2) 二次投影法。很多情况下，在空间坐标系中要同时确定力与坐标轴的三个夹角不容易，在实际计算时，可采用先确定力与某一坐标轴的夹角并求出力在该轴上的投影，然后再利用二次投影求得力在其余两轴上的投影。例如，已知力 $\boldsymbol{F}$ 与 z 轴的夹角为 γ，将力投影到 xOy 平面，得到在平面 xOy 上的投影 F_{xy}，其大小为 $F_{xy}=F\sin\gamma$，若已知力 $\boldsymbol{F}_{xy}$ 与 x 轴的夹角为 φ，则再将力 $\boldsymbol{F}_{xy}$ 分别向 x 和 y 轴投影，如图 1-10 所示，得

$$
\begin{aligned}
F_x &= F\sin\gamma\cos\varphi \\
F_y &= F\sin\gamma\sin\varphi \\
F_z &= F\cos\gamma
\end{aligned}
\tag{1-7}
$$

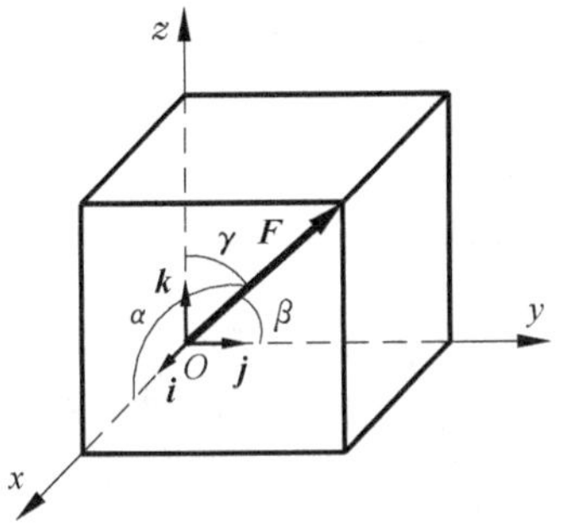

图 1-9

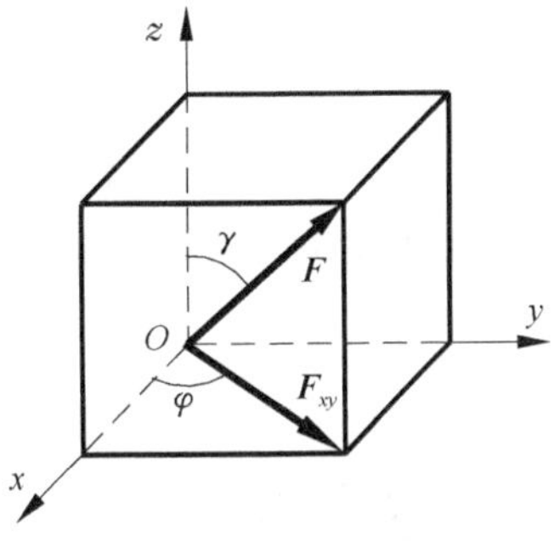

图 1-10

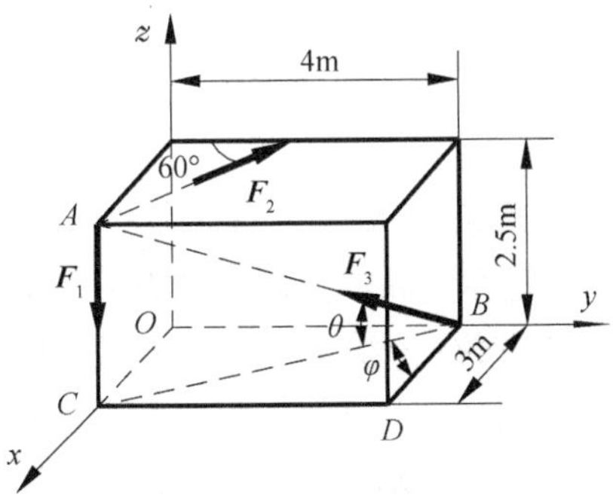

图 1-11

则力的解析表达式为

$$
\boldsymbol{F} = \boldsymbol{F}_x + \boldsymbol{F}_y + \boldsymbol{F}_z = F_x\boldsymbol{i} + F_y\boldsymbol{j} + F_z\boldsymbol{k} \tag{1-8}
$$

例 1-1　长方体上作用有三个力，$F_1=500\text{N}$，$F_2=1000\text{N}$，$F_3=1500\text{N}$，方向及尺寸如图 1-11 所示，求各力在坐标轴上的投影。

解：由于力 $\boldsymbol{F}_1$ 和力 $\boldsymbol{F}_2$ 与坐标轴的方位角都为已知，可应用直接投影法，力 $\boldsymbol{F}_3$ 与坐标轴间的方位角 φ 及仰角 θ 已知，可应用二次投影法，而

$$
\sin\theta = \frac{AC}{AB} = \frac{2.5}{5.59},\quad \cos\theta = \frac{BC}{AB} = \frac{5}{5.59}
$$

$$\sin\varphi = \frac{CD}{CB} = \frac{4}{5}, \quad \cos\varphi = \frac{DB}{CB} = \frac{3}{5}$$

因此各力在坐标轴上的投影分别为

$F_{1x} = 500\cos90^\circ = 0$， $F_{1y} = 500\cos90^\circ = 0$， $F_{1z} = 500\cos180^\circ = -500\text{N}$

$F_{2x} = -1000\sin60^\circ = -866\text{N}$， $F_{2y} = 1000\cos60^\circ = 500\text{N}$， $F_{2z} = 1000\cos90^\circ = 0$

$F_{3x} = 1500\cos\theta\cos\varphi = 805\text{N}$， $F_{3y} = -1500\cos\theta\sin\varphi = -1073\text{N}$， $F_{3z} = 1500\sin\theta = 671\text{N}$

1.2 力矩的概念

力对物体作用的运动效应，一般分为平移和转动两种。力对物体的平移效应由力矢量的大小和方向来决定；而转动效应，则取决于力矩。力矩又分为力对点之矩和力对轴之矩，在静力学中具有重要意义。

1.2.1 力对点之矩

1. 平面上力对点之矩

使用过扳手的读者都能体会到用扳手拧紧螺帽时(图 1-12)，作用在扳手上的力 $\boldsymbol{F}$ 使螺帽绕点 O 转动的效应不仅与力的大小成正比，而且与点 O 到力作用线的垂直距离 h 成正比，当然还与扳手的转向有关(图 1-13)。其中，点 O 称为**矩心**，h 称为**力臂**。为了描述平面上力使物体绕某点转动的效应特引入力对点之矩的概念。定义如下：

平面上力对点之矩是力使物体绕某点转动效应的度量，它是一个代数量，其绝对值等于力的大小与力臂之积，其正负号代表力使物体绕矩心转动的方向，通常规定力使物体绕矩心逆时针转动为正，反之为负，即

$$M_O(\boldsymbol{F}) = \pm Fh = \pm 2A_{\triangle OAB} \tag{1-9}$$

在国际单位制中，力对点之矩的单位为 N · m 或 kN · m。

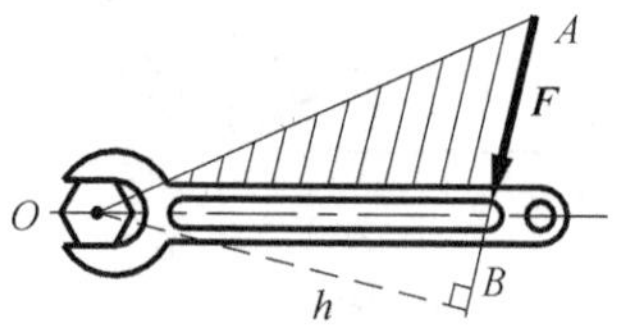

图 1-12

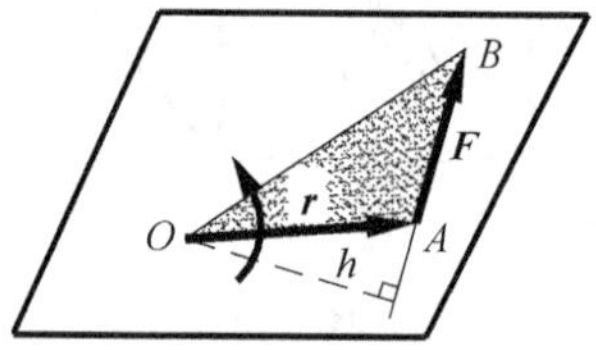

图 1-13

2. 空间中力对点之矩

在空间中，力使物体绕某点转动的效应，除取决于力与力臂的乘积和转向外，还取决于力与矩心组成的平面方位，因为平面方位不一样，作用效果也不同。于是在空间中力对点之矩由三个要素决定：①力的大小与力臂的乘积；②力和矩心所确定的平面的方位；③物体在力矩作用平面内绕矩心转动的转向。力和矩心所确定的平面的方位不同，即使力矩大小一样，作用效果也将完全不同。可见，用一个代数量是不能完全描述空间中力使物体绕某点转动的效应；为此，需要用力矩矢量来描述力的转动效应。定义如下：

力对点的矩矢等于从矩心向力的作用点引出的矢径与该力的矢量积。

$$\boldsymbol{M}_O(\boldsymbol{F})=\boldsymbol{r}\times\boldsymbol{F} \tag{1-10}$$

力矩矢量的大小 $|\boldsymbol{M}_O(\boldsymbol{F})|=Fr\sin\alpha=2A_{\triangle OAB}$，如图 1-14(a)所示。

力矩矢量的方向由右手法则确定：右手握拳，弯曲的四指指向表示力矩转动方向，拇指指向为力矩矢量的方向，如图 1-14(b)所示。

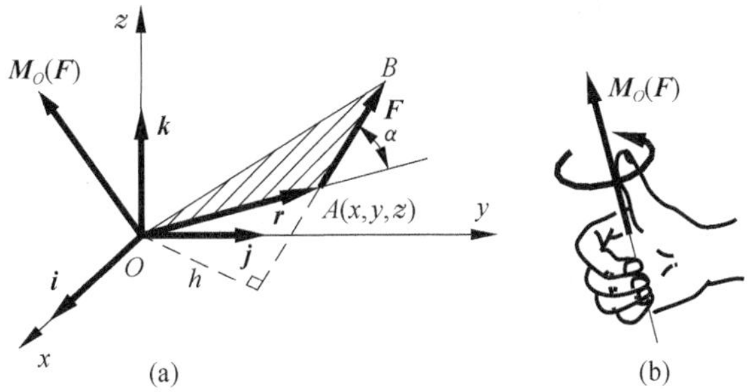

图 1-14

若以 (x,y,z) 和 (F_x,F_y,F_z) 分别表示矢径 $\boldsymbol{r}$ 和力 $\boldsymbol{F}$ 在坐标轴上的投影，则矢径 $\boldsymbol{r}$ 和力 $\boldsymbol{F}$ 的解析表达式分别为

$$\boldsymbol{r}=x\boldsymbol{i}+y\boldsymbol{j}+z\boldsymbol{k},\quad \boldsymbol{F}=F_x\boldsymbol{i}+F_y\boldsymbol{j}+F_z\boldsymbol{k}$$

力对点之矩的解析式则可表达为

$$\boldsymbol{M}_O(\boldsymbol{F})=\boldsymbol{r}\times\boldsymbol{F}=\begin{vmatrix}\boldsymbol{i} & \boldsymbol{j} & \boldsymbol{k}\\ x & y & z\\ F_x & F_y & F_z\end{vmatrix}=(yF_z-zF_y)\boldsymbol{i}+(zF_x-xF_z)\boldsymbol{j}+(xF_y-yF_x)\boldsymbol{k} \tag{1-11}$$

由式(1-11)可得到力矩矢量 $\boldsymbol{M}_O(\boldsymbol{F})$ 在三个坐标轴上的投影分别为

$$\left.\begin{aligned}[\boldsymbol{M}_O(\boldsymbol{F})]_x&=yF_z-zF_y\\ [\boldsymbol{M}_O(\boldsymbol{F})]_y&=zF_x-xF_z\\ [\boldsymbol{M}_O(\boldsymbol{F})]_z&=xF_y-yF_x\end{aligned}\right\} \tag{1-12}$$

3. 合力矩定理

如图 1-15 所示，各力作用线汇交于一点的汇交力系的合力 $\boldsymbol{F}_R=\boldsymbol{F}_1+\boldsymbol{F}_2$，可以证明

$$\boldsymbol{M}_O(\boldsymbol{F}_R)=\boldsymbol{r}\times\boldsymbol{F}_R=\boldsymbol{r}\times(\boldsymbol{F}_1+\boldsymbol{F}_2)=\boldsymbol{r}\times\boldsymbol{F}_1+\boldsymbol{r}\times\boldsymbol{F}_2=\boldsymbol{M}_O(\boldsymbol{F}_1)+\boldsymbol{M}_O(\boldsymbol{F}_2)$$

对于由若干个力构成的汇交力系，同理可得

$$\boldsymbol{M}_O(\boldsymbol{F}_R)=\sum\boldsymbol{M}_O(\boldsymbol{F}_i) \tag{1-13}$$

式(1-13)表明，**汇交力系的合力对某点之矩等于各分力对该点之矩的矢量和，此即汇交力系的合力矩定理。**

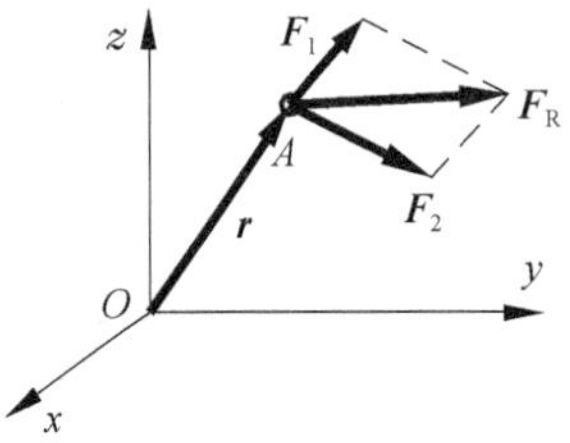

图 1-15

说明：

(1) 对于各力都位于同一平面的平面汇交力系，力对点之矩为代数量，故式(1-13)为代数式，即

$$M_O(\boldsymbol{F}_R)=\sum M_O(\boldsymbol{F}_i) \tag{1-14}$$

(2) 此定理不仅适用于汇交力系，可以证明，对于任意力系只要存在合力，该定理也成立。

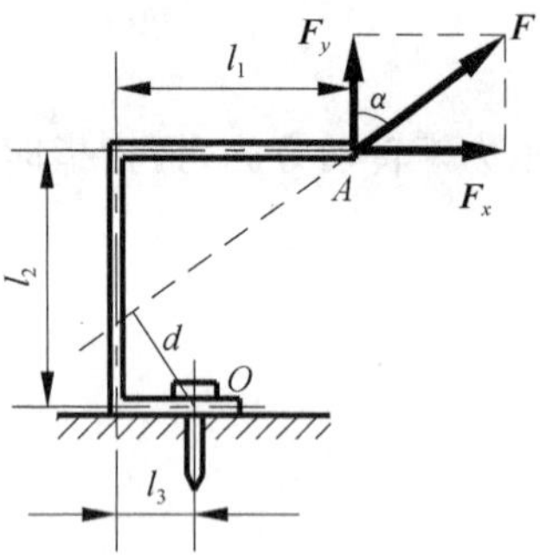

图 1-16

例 1-2　力 $\boldsymbol{F}$ 作用在支架上点 A，如图 1-16 所示，图上尺寸 l_1、l_2、l_3 和角 α 均为已知。试求 $M_O(\boldsymbol{F})$。

解：

方法 1　$M_O(\boldsymbol{F})=-Fd$，d 为力 $\boldsymbol{F}$ 对点 O 的力臂，从几何上寻求 d 之值[$d=|(l_1-l_3)\cos\alpha-l_2\sin\alpha|$]比较麻烦，这是读者习惯使用的方法

$$M_O(\boldsymbol{F}) = F(l_1-l_3)\cos\alpha - Fl_2\sin\alpha$$

方法 2　根据式(1-14)

$$M_O(\boldsymbol{F}) = M_O(\boldsymbol{F}_x)+M_O(\boldsymbol{F}_y) = F(l_1-l_3)\cos\alpha - Fl_2\sin\alpha$$

可以看出，利用合力矩定理求力对点之矩，比按照定义直接找力臂求力对点之矩往往容易一些，因此在以后我们常常利用合力矩定理求力对点之矩。

1.2.2　力对轴之矩

1. 定义

工程上，经常遇到刚体绕定轴转动的情形，为了度量力对绕定轴转动刚体的作用效果，必须了解力对轴之矩的概念。

先从力使一扇门绕门轴转动的效应来认识力对轴之矩。如图 1-17 所示，门轴 z 垂直于平面Ⅰ，二者相交于 O 点。在门上，平面Ⅰ的 A 点作用有力 $\boldsymbol{F}$，$\boldsymbol{F}=\boldsymbol{F}_z+\boldsymbol{F}_{xy}$，其中 $\boldsymbol{F}_z$ 平行于 z 轴，$\boldsymbol{F}_{xy}$ 垂直于 z 轴。显然，平行于 z 轴的力 $\boldsymbol{F}_z$ 对门没有绕 z 轴的转动效应，只有垂直于门轴的力 $\boldsymbol{F}_{xy}$ 才能使门转动。因此，力对 z 轴的转动效应可由力 $\boldsymbol{F}_{xy}$ 对 O 点（z 轴和平面Ⅰ的交点）之矩来度量。由此得力对轴之矩的定义：

空间中力对轴之矩是力使刚体绕此轴转动效应的度量，它是一个代数量，等于此力在垂直于轴的平面上的分力对该轴与平面的交点之矩，即

$$M_z(\boldsymbol{F}) = M_O(\boldsymbol{F}_{xy}) = \pm F_{xy}h = \pm 2A_{\triangle OAB} \tag{1-15}$$

代数量 $M_z(\boldsymbol{F})$ 的正负号表示转向，由右手法则确定，即弯曲的四指表示力 $\boldsymbol{F}$ 使物体绕 z 轴转动的方向，若拇指与 z 轴同向，则力对轴之矩为正；反之，若拇指与 z 轴反向，则力对轴之矩为负，如图 1-18 所示。

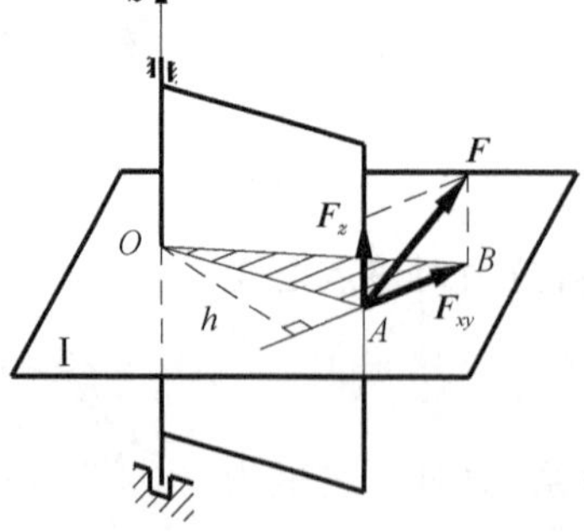

图 1-17

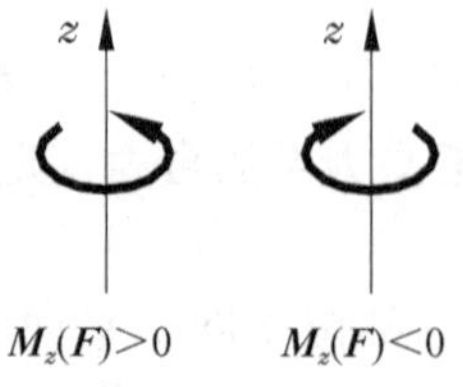

图 1-18

由式(1-15)可以得出,当力和轴共面时(力与轴平行或力与轴相交),力对轴之矩等于零。

2. 计算

1) 根据定义计算

如图 1-19 所示,欲求力 $\boldsymbol{F}$ 对 z 轴之矩,首先将力 $\boldsymbol{F}$ 在垂直于 z 轴的 xy 平面上投影,得到 xy 平面上的分力 $\boldsymbol{F}_{xy}$,再计算力 $\boldsymbol{F}_{xy}$ 对 z 轴与 xy 平面的交点 O 之矩。由合力矩定理,力 $\boldsymbol{F}_{xy}$ 对 z 轴之矩为

$$M_z(\boldsymbol{F}) = M_O(\boldsymbol{F}_{xy}) = xF_y - yF_x$$

同理可求得力 $\boldsymbol{F}$ 对 x 轴和 y 轴之矩。于是力 $\boldsymbol{F}$ 对三个坐标轴之矩为

$$\left.\begin{aligned} M_x(\boldsymbol{F}) &= yF_z - zF_y \\ M_y(\boldsymbol{F}) &= zF_x - xF_z \\ M_z(\boldsymbol{F}) &= xF_y - yF_x \end{aligned}\right\} \tag{1-16}$$

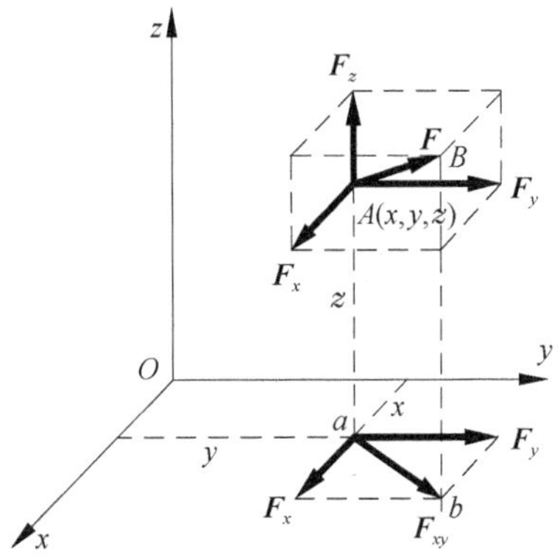

图 1-19

2) 根据合力矩定理计算

汇交力系的合力矩定理(式(1-13))对坐标轴取矩时同样成立(我们将在后面加以证明),用对坐标轴的合力矩定理计算力对轴之矩更简单,如图 1-19 所示。

$$M_z(\boldsymbol{F}) = M_z(\boldsymbol{F}_x) + M_z(\boldsymbol{F}_y) + M_z(\boldsymbol{F}_z) = xF_y - yF_x$$

同理可求得对 x 轴和 y 轴之矩为

$$M_x(\boldsymbol{F}) = M_x(\boldsymbol{F}_x) + M_x(\boldsymbol{F}_y) + M_x(\boldsymbol{F}_z) = yF_z - zF_y$$

$$M_y(\boldsymbol{F}) = M_y(\boldsymbol{F}_x) + M_y(\boldsymbol{F}_y) + M_y(\boldsymbol{F}_z) = zF_x - xF_z$$

1.2.3　力对点之矩和力对轴之矩的关系

1. 力对点之矩和力对轴之矩的关系

对比式(1-12)和式(1-16)可以得到如下结论:

力对点之矩在过该点的轴上的投影等于力对该轴之矩。

$$\begin{aligned} [\boldsymbol{M}_O(\boldsymbol{F})]_x &= M_x(\boldsymbol{F}) \\ [\boldsymbol{M}_O(\boldsymbol{F})]_y &= M_y(\boldsymbol{F}) \\ [\boldsymbol{M}_O(\boldsymbol{F})]_z &= M_z(\boldsymbol{F}) \end{aligned} \tag{1-17}$$

2. 对轴的合力矩定理

将式(1-13) 即合力矩定理 $\boldsymbol{M}_O(\boldsymbol{F}_\mathrm{R}) = \sum \boldsymbol{M}_O(\boldsymbol{F}_i)$ 向坐标轴投影,比如 z 轴,得

$$[\boldsymbol{M}_O(\boldsymbol{F}_\mathrm{R})]_z = \sum [\boldsymbol{M}_O(\boldsymbol{F}_i)]_z$$

由力对点之矩和力对轴之矩的关系,上式变为

$$M_z(\boldsymbol{F}_\mathrm{R}) = \sum M_z(\boldsymbol{F}_i) \tag{1-18a}$$

对 x 和 y 轴,同样有

$$M_x(\boldsymbol{F}_\mathrm{R}) = \sum M_x(\boldsymbol{F}_i) \tag{1-18b}$$

$$M_y(\boldsymbol{F}_\mathrm{R}) = \sum M_y(\boldsymbol{F}_i) \tag{1-18c}$$

即得对轴的合力矩定理：**汇交力系的合力对某轴之矩等于各分力对该轴之矩的代数和**，此即汇交力系对轴的合力矩定理。

同对点的合力矩定理一样，对轴的合力矩定理也适用于存在合力的任意力系。

例 1-3 曲拐轴受力如图 1-20(a)所示，已知 $F=600\text{N}$，求力 $\boldsymbol{F}$ 对 x、y、z 轴之矩。

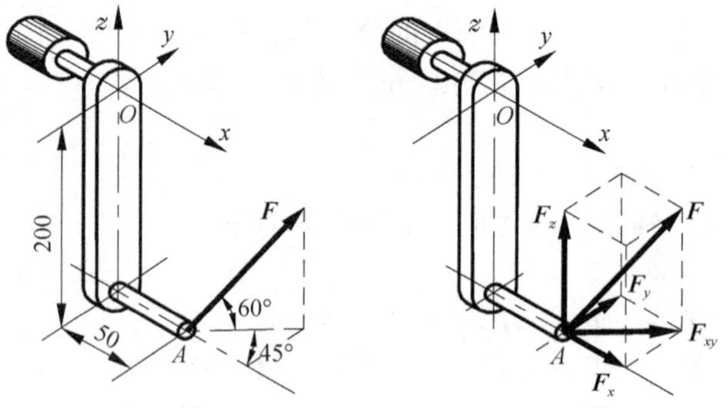

(a) (b)

图 1-20

解：先求力在坐标轴上的投影

$$F_x = F\cos60^\circ\cos45^\circ = 212\text{N}$$
$$F_y = F\cos60^\circ\sin45^\circ = 212\text{N}$$
$$F_z = F\sin60^\circ = 520\text{N}$$

然后，利用合力矩定理求力对轴之矩

$$M_x(\boldsymbol{F}) = M_x(\boldsymbol{F}_x) + M_x(\boldsymbol{F}_y) + M_x(\boldsymbol{F}_z) = 0.2 \times F_y = 42.4\text{N} \cdot \text{m}$$
$$M_y(\boldsymbol{F}) = M_y(\boldsymbol{F}_x) + M_y(\boldsymbol{F}_y) + M_y(\boldsymbol{F}_z) = -0.2 \times F_x - 0.05 \times F_z = -68.4\text{N} \cdot \text{m}$$
$$M_z(\boldsymbol{F}) = M_z(\boldsymbol{F}_x) + M_z(\boldsymbol{F}_y) + M_z(\boldsymbol{F}_z) = 0.05 \times F_y = 10.6\text{N} \cdot \text{m}$$

1.3 主矢和主矩

为了研究力系的等效和力系的平衡，首先需要了解力系的基本特征量：主矢和主矩。

1.3.1 主矢

力系中所有力的矢量和(图 1-21)，**称为力系的主矢**，用符号 $\boldsymbol{F}'_{\text{R}}$ 表示，即

$$\boldsymbol{F}'_{\text{R}} = \sum \boldsymbol{F}_i \tag{1-19}$$

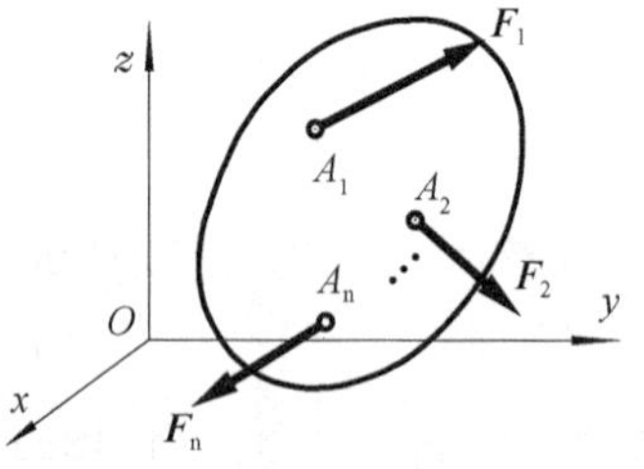

图 1-21

其中

$$\boldsymbol{F}'_{\text{R}} = \boldsymbol{F}'_{\text{R}x} + \boldsymbol{F}'_{\text{R}y} + \boldsymbol{F}'_{\text{R}z} = F'_{\text{R}x}\boldsymbol{i} + F'_{\text{R}y}\boldsymbol{j} + F'_{\text{R}z}\boldsymbol{k} \tag{1-20}$$

$$\left.\begin{aligned} F'_{\text{R}x} &= \sum F_{ix} \\ F'_{\text{R}y} &= \sum F_{iy} \\ F'_{\text{R}z} &= \sum F_{iz} \end{aligned}\right\} \tag{1-21}$$

对于给定的力系，主矢 $\boldsymbol{F}'_{\text{R}}$ 是唯一的，仅决定于力系中各力的大小和方向，而不涉及作用点(作用线)这一要素。这表明主矢

$\boldsymbol{F}'_R$是一个自由矢量，而不是一个力，更不是合力。

1.3.2　主矩

力系中所有力对同一点 O **之矩的矢量和**（图 1-22），**称为力系对该点的主矩**，用符号 $\boldsymbol{M}_O$ 表示，即

$$\boldsymbol{M}_O = \sum \boldsymbol{M}_O(\boldsymbol{F}_i) = \sum \boldsymbol{r}_i \times \boldsymbol{F}_i \tag{1-22}$$

其中

$$\boldsymbol{M}_O = \boldsymbol{M}_{Ox} + \boldsymbol{M}_{Oy} + \boldsymbol{M}_{Oz} = M_{Ox}\boldsymbol{i} + M_{Oy}\boldsymbol{j} + M_{Oz}\boldsymbol{k} \tag{1-23}$$

$$\left.\begin{aligned} M_{Ox} &= \sum M_x(\boldsymbol{F}_i) \\ M_{Oy} &= \sum M_y(\boldsymbol{F}_i) \\ M_{Oz} &= \sum M_z(\boldsymbol{F}_i) \end{aligned}\right\} \tag{1-24}$$

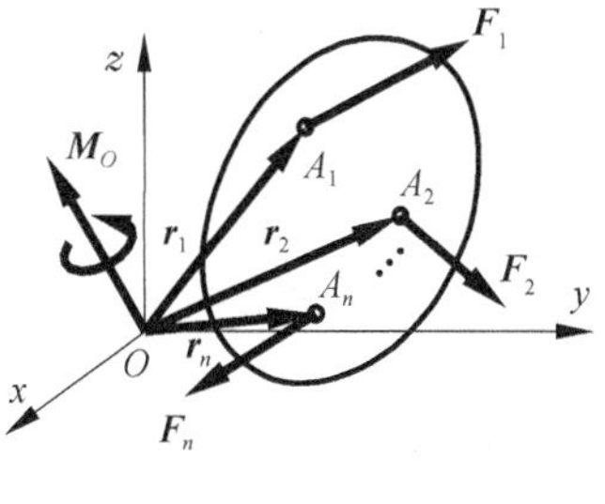

图 1-22

如果，另外选择矩心 O'，则力系对 O 点的主矩和 O' 点的主矩存在下列关系

$$\boldsymbol{M}_O = \boldsymbol{M}_{O'} + \boldsymbol{r}_{OO'} \times \boldsymbol{F}'_R \tag{1-25}$$

证明如下：

如图 1-23 所示，A_i 为第 i 个力的作用点，存在关系 $\boldsymbol{r}_i = \boldsymbol{r}_{OO'} + \boldsymbol{r}'_i$。

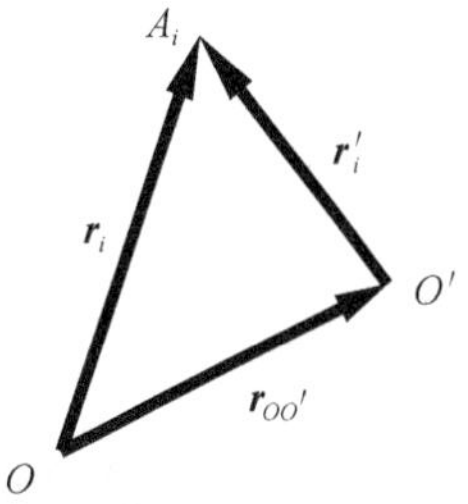

图 1-23

对 O' 点的主矩

$$\boldsymbol{M}_{O'} = \sum \boldsymbol{M}_{O'}(\boldsymbol{F}_i) = \sum \boldsymbol{r}'_i \times \boldsymbol{F}_i$$

对 O 点的主矩

$$\begin{aligned} \boldsymbol{M}_O &= \sum \boldsymbol{M}_O(\boldsymbol{F}_i) = \sum \boldsymbol{r}_i \times \boldsymbol{F}_i = \sum (\boldsymbol{r}_{OO'} + \boldsymbol{r}'_i) \times \boldsymbol{F}_i \\ &= \boldsymbol{r}_{OO'} \times \sum \boldsymbol{F}_i + \sum \boldsymbol{r}'_i \times \boldsymbol{F}_i = \boldsymbol{r}_{OO'} \times \boldsymbol{F}'_R + \boldsymbol{M}_{O'} \end{aligned}$$

显然，主矩随矩心位置的不同而变化，所以主矩是定位矢量，其作用点在所选的矩心上。

例 1-4　图 1-24 所示为 $\boldsymbol{F}_1$、$\boldsymbol{F}_2$ 组成的空间力系，已知 $F_1 = F_2 = F$，试求力系的主矢以及力系对 O、E 两点的主矩。

解：令 $\boldsymbol{i}$、$\boldsymbol{j}$、$\boldsymbol{k}$ 为 x、y、z 方向的单位矢量，则力系中的二力可写为

$$\boldsymbol{F}_1 = \frac{F}{5}(3\boldsymbol{i} + 4\boldsymbol{j}), \quad \boldsymbol{F}_2 = \frac{F}{5}(3\boldsymbol{i} - 4\boldsymbol{j})$$

则力系的主矢为

$$\boldsymbol{F}'_R = \sum \boldsymbol{F}_i = \boldsymbol{F}_1 + \boldsymbol{F}_2 = \frac{6F}{5}\boldsymbol{i}$$

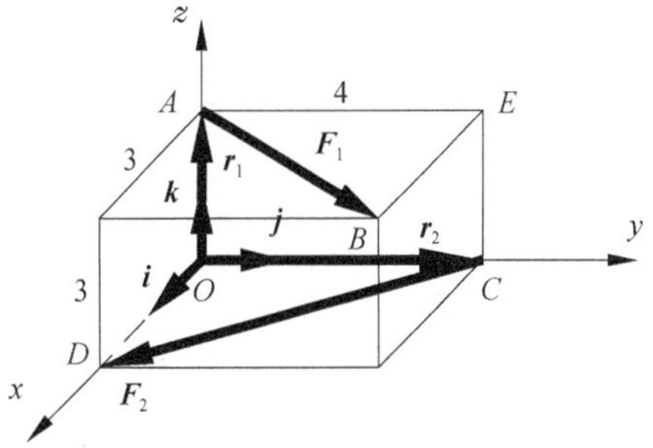

图 1-24

对 O 点的主矩为

$$\boldsymbol{M}_O = \sum \boldsymbol{M}_O(\boldsymbol{F}_i) = \sum \boldsymbol{r}_i \times \boldsymbol{F}_i = \boldsymbol{r}_1 \times \boldsymbol{F}_1 + \boldsymbol{r}_2 \times \boldsymbol{F}_2 = 3\boldsymbol{k} \times \frac{F}{5}(3\boldsymbol{i} + 4\boldsymbol{j}) + 4\boldsymbol{j} \times \frac{F}{5}(3\boldsymbol{i} - 4\boldsymbol{j})$$

$$= \frac{F}{5}(-12\boldsymbol{i} + 9\boldsymbol{j} - 12\boldsymbol{k})$$

对 E 点的主矩为

$$
\begin{aligned}
\boldsymbol{M}_E &= \sum \boldsymbol{M}_E(\boldsymbol{F}_i) = \sum \boldsymbol{r}_i \times \boldsymbol{F}_i = \boldsymbol{r}_{EA} \times \boldsymbol{F}_1 + \boldsymbol{r}_{EC} \times \boldsymbol{F}_2 \\
&= -4\boldsymbol{j} \times \frac{F}{5}(3\boldsymbol{i} + 4\boldsymbol{j}) - 3\boldsymbol{k} \times \frac{F}{5}(3\boldsymbol{i} - 4\boldsymbol{j}) \\
&= \frac{F}{5}(-12\boldsymbol{i} - 9\boldsymbol{j} + 12\boldsymbol{k})
\end{aligned}
$$

1.4　力系等效定理和平衡力系定理

1.4.1　力系等效定理

1. 力系等效定理

1) 定理

所谓力系等效是指不同的力系对同一物体所产生的运动效应相同，而运动效应可以通过主矢和主矩来度量。力系等效定理如下：

两个力系相互等效的充分和必要条件是，这两个力系的主矢相等，对同一点的主矩也相等。

如果对两个力系分别给以标号“1”、“2”，它们的主矢分别记为 $\boldsymbol{F}'^{(1)}_{\mathrm{R}}$、$\boldsymbol{F}'^{(2)}_{\mathrm{R}}$，对同一点的主矩分别记为 $\boldsymbol{M}_O^{(1)}$、$\boldsymbol{M}_O^{(2)}$，则上述力系等效条件可表示为

$$
\left.\begin{aligned}
\boldsymbol{F}'^{(1)}_{\mathrm{R}} &= \boldsymbol{F}'^{(2)}_{\mathrm{R}} \\
\boldsymbol{M}_O^{(1)} &= \boldsymbol{M}_O^{(2)}
\end{aligned}\right\} \tag{1-26}
$$

2) 说明

(1) 力系等效定理可以通过动力学理论加以严格证明，此定理的严格证明见参考文献(浙江大学理论力学教研室，1999)。

(2) 由式(1-25)可以得出，两个力系在主矢相同的前提条件下，只要对一个特殊点的主矩相等，则这两个力系对任意一点的主矩也相等。因此，力系等效定理中的矩心是任意选择的，通常可以选择特殊点作为矩心，以便于证明两个力系等效。

2. 力的可传性定理

1) 定理

作用在刚体上某点的力，可以沿着力的作用线移至刚体内任一点，并不改变该力对刚体的作用。这就是力的可传性定理。

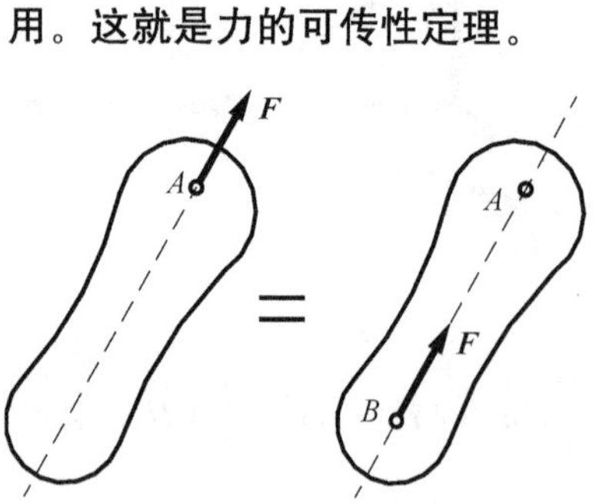

图 1-25

如图 1-25(a)所示，作用于刚体上 A 点的力 $\boldsymbol{F}$，如沿其作用线移到任一点 B(图 1-25(b))，虽然这两个力作用于刚体上的不同点 A、B，但因它们的主矢相等(均为 $\boldsymbol{F}$)，对 A 或 B 的主矩也相等(均为零)，根据力系等效定理，这两个力等效。

2) 说明

(1) 力对刚体的作用效应与力的作用点在作用线上的位置无关。因此，对于刚体而言，力的三要素之一的作用点可代之以作用线。在这种情况下，力矢量可以沿其作用线

任意滑动，称为滑移矢量。

(2) 必须注意，力系等效定理只适用于力系的外效应。因此，力的可传性也就不适用于力系对物体的内效应。例如，直杆 AB 的两端受到大小相等、方向相反而共作用线的一对力 $\boldsymbol{F}_1$、$\boldsymbol{F}_2$ 作用而处于平衡，如图 1-26(a)所示。现将这两个力沿其作用线分别滑动到杆的另一端，如图 1-26(b)所示。显然，直杆仍处于平衡，即力 $\boldsymbol{F}_1$ 和 $\boldsymbol{F}_2$ 对杆的外效应不变。但是，经过力矢的滑动，力 $\boldsymbol{F}_1$、$\boldsymbol{F}_2$ 对杆的内效应却变得截然不同：直杆由拉伸变形转为压缩变形。因此，在考虑物体变形时(内效应)，力矢量不能离开其作用点，是定位矢量。

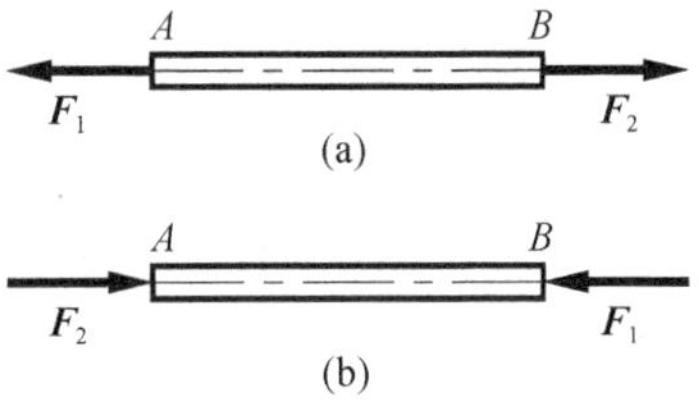

图 1-26

1.4.2 平衡力系定理

1. 平衡力系定理

主矢 $\boldsymbol{F}'_R$ 和对任一点 O 的主矩 $\boldsymbol{M}_O$ 都等于零的力系称为零力系，即零力系的条件是

$$\boldsymbol{F}'_R = 0, \quad \boldsymbol{M}_O = 0 \tag{1-27}$$

平衡力系定理：

在力系作用下刚体保持平衡的充分和必要条件是，该力系是一零力系。这就是平衡力系定理。定理的证明见参考文献(浙江大学理论力学教研室，1999)。定理表明，式(1-27)就是力系的平衡条件。

平衡力系定理解决了力系平衡条件这一静力学研究的基本问题。我们将在以后分别叙述各类力系的具体平衡条件。在这里，只考察几种最简单的情形。

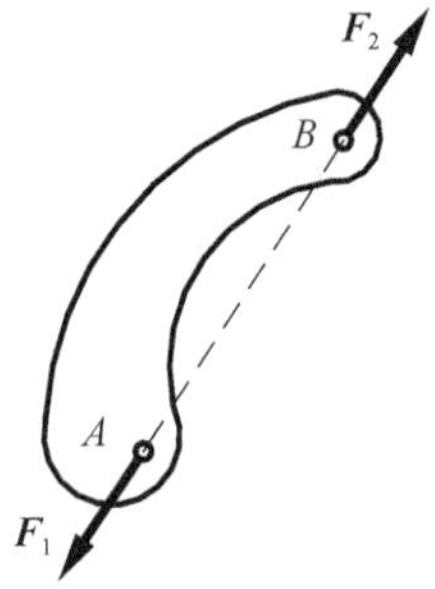

图 1-27

2. 二力平衡定理

作用于刚体上的两个力使刚体平衡的充分必要条件是：这两个力的大小相等、方向相反，且在同一直线上。

力 $\boldsymbol{F}_1$、$\boldsymbol{F}_2$ 作用于刚体的 A、B 两点，使刚体处于平衡(图 1-27)。按平衡力系定理，此二力满足式(1-27)而构成一零力系。

工程中常将**受两个力作用而平衡的构件称为二力构件，又叫做二力杆**。如图 1-27 所示是二力杆，此处的"杆"不应理解为狭义的细长直杆，只要受两个力作用而平衡的构件，不管其形状如何，都可以叫做二力杆。

3. 三力平衡汇交定理

刚体在三个力作用下处于平衡，若其中两个力的作用线汇交于一点，则此三力必在同一平面内，且第三个力的作用线通过汇交点。

设刚体在 $\boldsymbol{F}_1$、$\boldsymbol{F}_2$、$\boldsymbol{F}_3$ 三个力作用下处于平衡状态，且已知其中两力 $\boldsymbol{F}_1$、$\boldsymbol{F}_2$ 的作用线相交于 O 点，如图 1-28 所示。根据平衡力系定理，这三个力应满足式(1-27)而构成一零力系。除了主矢等于零以外，它们对任一点例如 O 点的主矩也等于零，可见力 $\boldsymbol{F}_3$ 的作用线必通过 O 点。

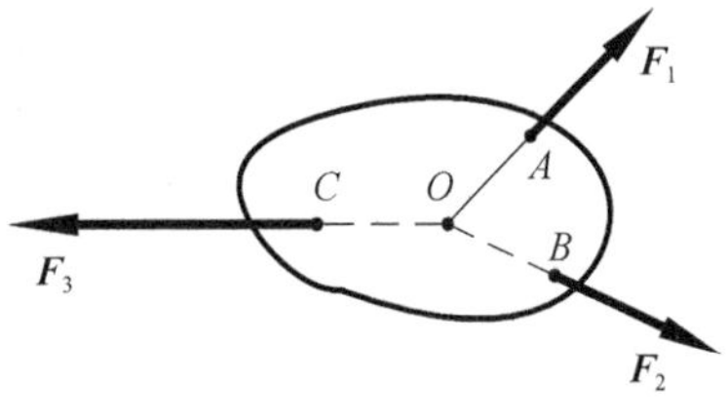

图 1-28

4. 加减平衡力系定理

在作用于刚体的力系上，加上或减去任意平衡力系，不改变原力系对刚体的运动效应。

由力系等效定理知道，加上或减去任意平衡力系（零力系），力系的主矢和主矩都没有改变，即加上或减去任意平衡力系后的力系，仍然和原力系等效，当然力系的外效应也就没有变化。

5. 刚化原理

平衡力系定理指出了刚体保持平衡的充分和必要条件。那么，这一定理对变形体是否适用呢？实践表明，若变形体处于平衡状态，则作用于其上的力系一定满足刚体静力学的平衡条件。这一结论，也可表述为所谓的刚化原理

若变形体在某个力系作用下处于平衡状态。则将此物体固化成刚体（简称刚化）时其平衡不受影响。

根据刚化原理，可以将刚体静力学的平衡条件应用于平衡的变形体。然而，刚体平衡的充分与必要条件，对于变形体的平衡，只是必要的而不是充分的。例如，软绳在两端受到两个拉力而处于平衡时，此两力一定等值、反向、共线，即满足二力平衡条件；但是，等值、反向、共线的两个压力却不能使软绳维持平衡，只能使其卷曲。平衡的变形体，除了满足刚体的平衡条件外，还需要满足其他补充条件。

1.5　力偶和力偶矩矢

1.5.1　定义

在日常生活和生产实践中，常见到某些物体同时受到大小相等、方向相反、作用线互相平行的两个力作用的情况。例如：人用手拧水龙头时，作用在开关上的两个力 $\boldsymbol{F}$ 和 $\boldsymbol{F}'$（图 1-29(a)）；司机用双手转动方向盘的作用力 $\boldsymbol{F}$ 和 $\boldsymbol{F}'$（图 1-29(b)），这样的一些力作用在物体上，其作用效应是使物体转动。

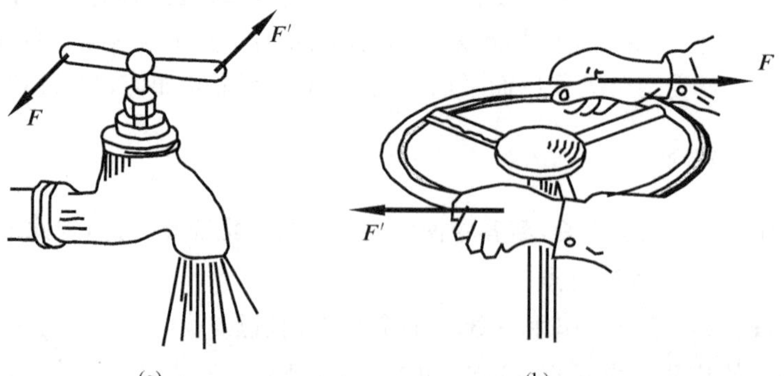

(a)　　　　(b)

图 1-29

大小相等、方向相反、作用线平行且不共线的两个力所组成的力系称为**力偶**。二力所构成的

平面称为**力偶的作用面**，二力线间的距离称为**力偶臂**(图1-30)，力和力偶臂的乘积并冠以相应的正负号称为**力偶矩**，用符号M表示，记为$M=\pm Fd$，它是力偶在其作用面内使物体产生转动效应的度量，符号"±"表示力偶的转向，一般规定平面上力偶逆时针转动时为正，顺时针转动时为负。

在三维空间，力偶对刚体的作用效应不仅与力偶矩的大小和转向有关，而且还与力偶作用面的方位有关。图1-31是力偶在不同方位作用面上对刚体作用的情形，力偶在水平面上时使刚体在水平面内转动，在垂直面上时使刚体在垂直面内转动，而在任意平面上时对刚体的作用效果又不相同。总之，空间力偶对刚体的作用效果取决于三个因素，即力偶矩的大小、转向和力偶作用面的方位，因此空间力偶对刚体的作用效应需用一矢量来描述。

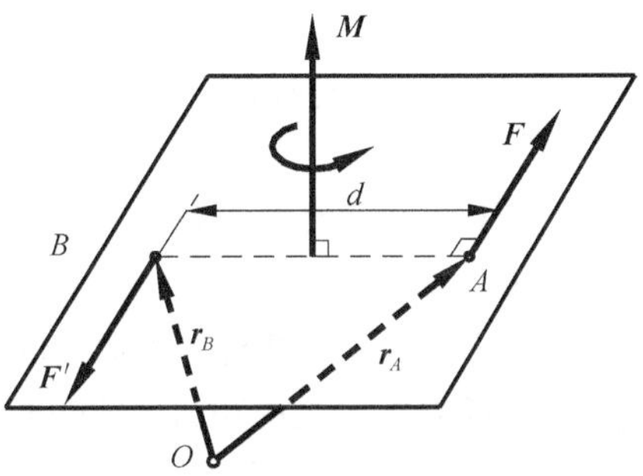

图1-30

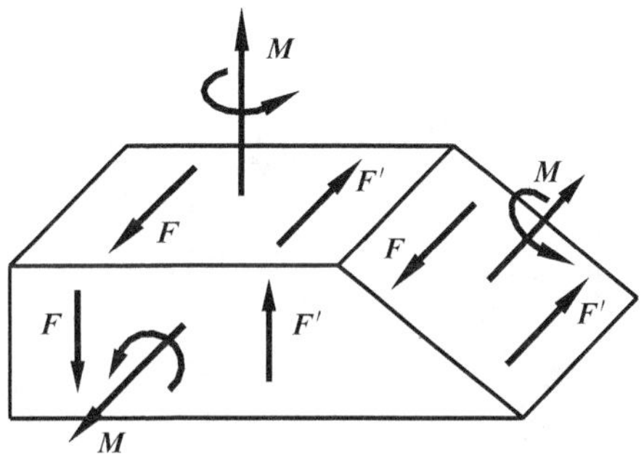

图1-31

图1-30所示刚体上作用有力偶$(\boldsymbol{F},\boldsymbol{F}')$。该力偶对任意一点$O$的转动效应可用力$\boldsymbol{F}$及$\boldsymbol{F}'$对$O$之矩的矢量和$\boldsymbol{M}$来度量

$$\begin{aligned}\boldsymbol{M}&=\boldsymbol{M}_O(\boldsymbol{F})+\boldsymbol{M}_O(\boldsymbol{F}')=\boldsymbol{r}_A\times\boldsymbol{F}+\boldsymbol{r}_B\times\boldsymbol{F}'=\boldsymbol{r}_A\times\boldsymbol{F}-\boldsymbol{r}_B\times\boldsymbol{F}=(\boldsymbol{r}_A-\boldsymbol{r}_B)\times\boldsymbol{F}\\&=\boldsymbol{r}_{BA}\times\boldsymbol{F}=\boldsymbol{r}_{AB}\times\boldsymbol{F}'\end{aligned}$$

$\boldsymbol{M}$称为**力偶矩矢**。由上式可知，力偶矩矢与点O的位置无关，是自由矢量。

力偶矩矢的大小

$$|\boldsymbol{M}|=Fd=F'd$$

力偶矩矢的方向垂直于力偶的作用面，指向由右手法则确定：其中握拳的四指表示力偶在作用面内的转向，拇指表示力偶矩矢的方向，对于平面力偶可按右手法则在其作用面内画出旋转箭头，如图1-32所示。

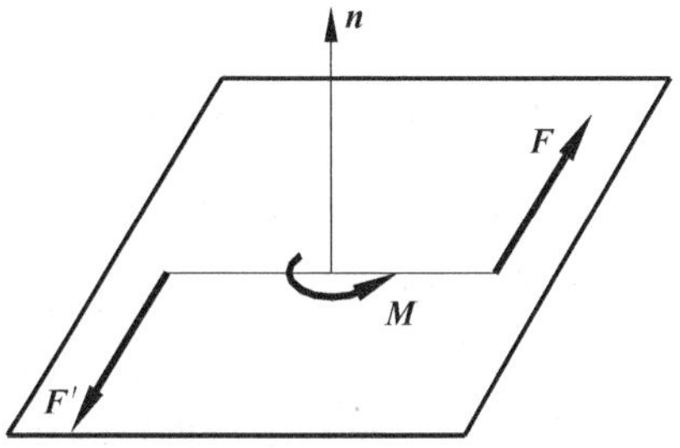

图1-32

1.5.2　力偶的性质

1. 力偶无合力

力偶可视为一个简单力系，该力系的主矢$\boldsymbol{F}'_R=0$；而合力若视为由一个力构成的力系，则力系的主矢存在，就等于合力本身；显然，力偶和一个力不可能等效，因此不能用一个力与之平衡，也即力偶无合力。

2. 力偶对刚体的作用效应完全取决于力偶矩矢

力偶的主矢 $\boldsymbol{F}'_R=0$，如图 1-30 所示，对任一点 O 的主矩

$$\boldsymbol{M}_O=\boldsymbol{r}_A\times\boldsymbol{F}+\boldsymbol{r}_B\times\boldsymbol{F}'=\boldsymbol{r}_A\times\boldsymbol{F}-\boldsymbol{r}_B\times\boldsymbol{F}=(\boldsymbol{r}_A-\boldsymbol{r}_B)\times\boldsymbol{F}=\boldsymbol{r}_{BA}\times\boldsymbol{F}=\boldsymbol{r}_{AB}\times\boldsymbol{F}'=\boldsymbol{M}$$

可以看出，力偶对任一点的主矩与矩心的位置无关，是一个自由矢量。该矢量即为力偶矩矢。

3. 力偶的等效

考虑到力偶的主矢必然等于零，而力偶矩矢相等的两个力偶对任意点的主矩相等，因此，根据力系等效定理可得：**作用在刚体上的两个力偶等效的充分和必要条件是它们的力偶矩矢相等。**

根据上述力偶等效条件，可以得到如下推论：

(1) **力偶在其作用面内可以从一个位置平移或转动至另一位置；**

(2) **力偶可以从某一平面移至另一平行平面，亦即力偶的作用面可以平移；**

(3) **在力偶的作用面内，只要保持力偶矩的大小和转向不变，可以同时改变力的大小和力偶臂的长短。**

如图 1-33(a)所示，只要力偶矩不变，在方向盘的 A、B 两点加力和在 C、D 两点加力，方向盘的转动是相同的。又如图 1-33(b)所示，对于螺丝刀，在力偶矩不变的情况下，手握手柄的上端或下端，都不会影响力偶对螺丝刀的作用。

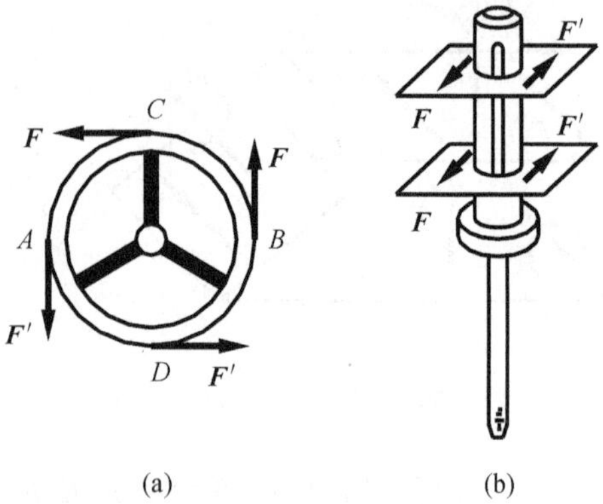

图 1-33

1.6 约束和约束力

1.6.1 约束和约束力的概念

工程结构中的构件都不是孤立存在的，而是通过一定的方式连接在一起，因而一个构件的运动或位移一般都受到与之相连接物体的阻碍、限制，不能自由运动。比如，飞轮受到轴承的限制，只能绕轴转动；列车上的卧铺受到合页和撑杆的限制，保持稳定的平衡状态；房屋、桥梁的位移受到地面的限制，同样保持稳定的平衡状态；飞驰的列车，受到轨道的限制，只能沿轨道前行。

对物体的运动所施加的限制条件称为约束，而限制条件总是通过被约束物体周围的其他物体所提供的，因而，工程上也把**提供限制条件的周围物体统称为约束**。轴承对飞轮而言就是一种约束，合页和撑杆是对卧铺的约束，地基是房屋、桥梁的约束，铁轨是火车的约束。

当物体沿着约束所限制的方向运动或有运动趋势时，彼此连接在一起的物体之间将产生相互作用力，这种力称为**约束力**，又叫做**约束反力**，或**反力**。约束力的作用点为连接物体上的接触点，约束力的方向与该约束所能阻碍的运动或运动趋势方向相反。

物体除受约束力作用外，还受像重力、引力及各种机械的动力等改变物体运动状态的力的作用，这类力称为**主动力**或**载荷**。主动力和约束力不同，它们的大小和方向一般是预先给定的，彼

此是独立的。而约束力的大小通常是未知的，取决于约束的性质，也取决于主动力的大小和方向，是一种被动力，需要根据平衡条件或动力学方程确定。

对物体进行受力分析，就是要正确地表示出约束力的作用线或力的指向，这都与约束的性质有关，工程实际中约束的类型多种多样，接触处的状况也千差万别，但是经过合理的简化，可以概括为以下几类常见的约束模型。

1.6.2　工程中的常见约束和约束力

1. 柔性约束

约束的构成：绳索、胶带、链条等这类物体，忽略重量、忽略刚性、视为绝对柔软时对被约束体所形成的约束。

约束的特点：只能承受拉力，不能承受压力，也不能抗拒扭转和弯曲，只能限制物体沿柔性体伸长方向的运动。

约束力：作用点在接触点或假想的割断处，方向沿柔性体背离物体。通常用符号 $\boldsymbol{F}_T$ 表示。

图 1-34(a)和图 1-35(a)所示的重物和皮带轮中的绳索和皮带都是柔性约束，约束力分别如图 1-34(b)和图 1-35(b)所示。

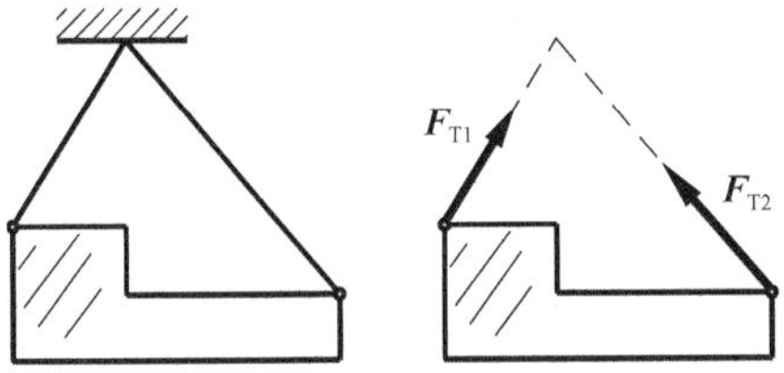

(a)　(b)

图 1-34

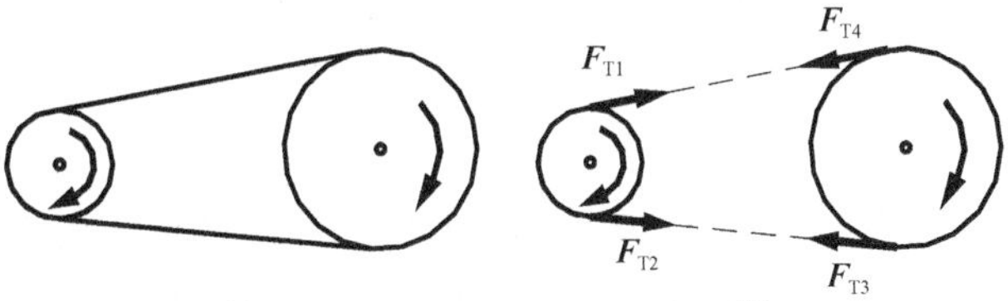

(a)　(b)

图 1-35

2. 光滑接触面约束

约束的构成：当两物体接触面上的摩擦可以忽略不计，视为绝对光滑时所形成的约束。

约束的特点：只能限制物体沿接触面公法线方向相互进入的运动，而不能限制沿公法线方向相互离开和沿切线方向的运动。

约束力：作用点在两个物体的接触点处，方向沿接触面的公法线，并指向受力物体。通常用符号 $\boldsymbol{F}_N$ 表示。

如图 1-36 所示的支持物体的固定面和啮合齿轮的齿面都是光滑接触面约束，约束力如图所示。

3. 光滑圆柱铰链约束

1）中间铰

约束的构成：工程中常在两个构件上加工相同直径的圆柱孔，并用一圆柱销钉将两构件连接在一起，忽略孔和销钉之间的摩擦。中间铰的构成如图 1-37(a)所示，图 1-37(b)是其简化符号。

约束的特点：只能限制物体沿销钉径向的相对位移，而不能限制物体绕销钉轴线的转动和平行于销钉轴线的运动。

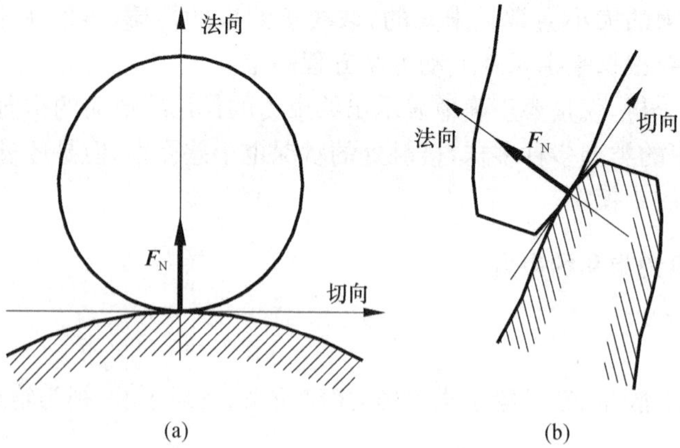

图 1-36

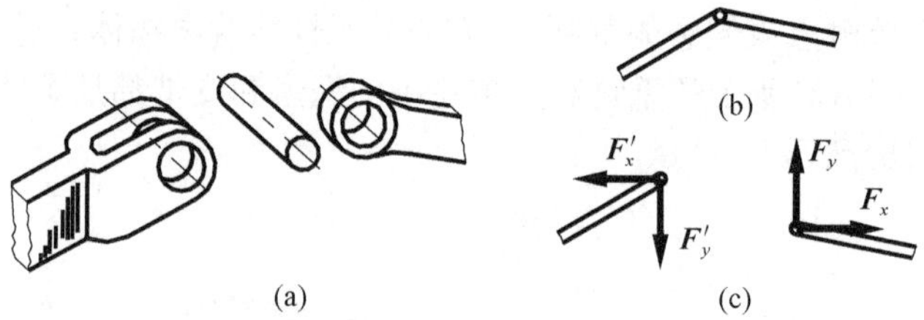

图 1-37

约束力:由于圆柱孔和销钉光滑接触,约束力通过接触点并指向销钉中心。但销钉与构件的接触点的位置不易确定,故约束力通常用一对正交分力表示,如图 1-37(c)所示。

2) 固定铰链支座

约束的构成:在中间铰约束中,如果其中一个物体与地面或支架固连在一起,则所形成的约束称为固定铰链支座,如图 1-38(a)所示,图 1-38(b)是其简化符号。

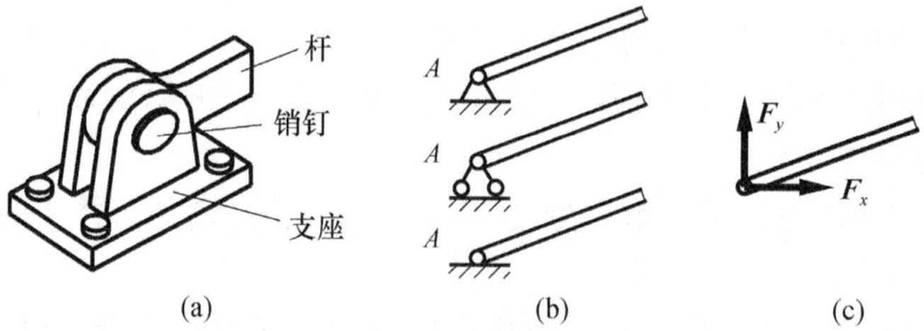

图 1-38

约束的特点:限制物体在固定铰链支座处的任何移动,但不限制物体绕销钉轴线的转动。

约束力:由于销钉与构件的接触点的位置不易确定,故约束力通常用一对正交分力表示,如图 1-38(c)所示。

3) 滚动铰链支座

约束的构成:在固定铰链支座底部安放若干滚子,并与支承面接触,则所形成的约束称为滚动铰链支座,又称辊轴支座。它是由光滑接触面约束和铰链组成的一种复合约束,如图 1-39(a)所示、图 1-39(b)所示,图 1-40(a)是其简化符号。

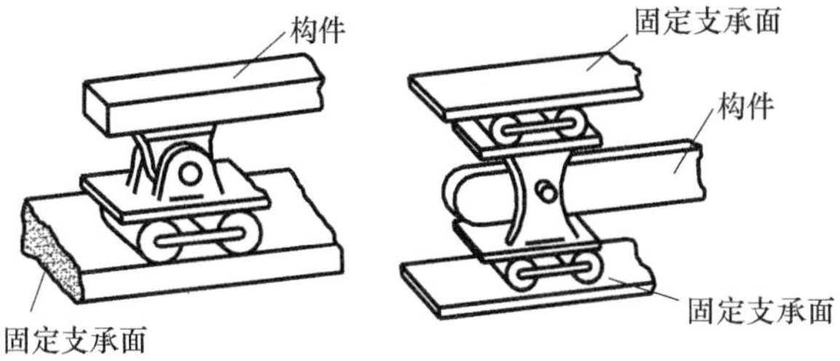

图 1-39

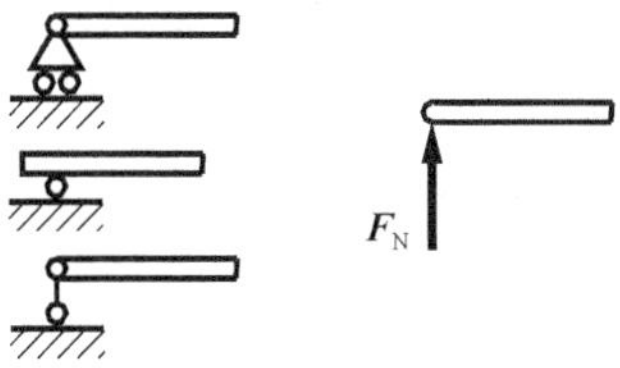

图 1-40

约束的特点：只能限制物体沿支承面垂直方向的移动，不能阻止物体沿支承面的运动和绕销钉轴线的转动。

约束力：其约束力的方向垂直于支承面，并通过铰链中心，指向则与被约束物体的受力情况有关，通常假设向上，如图 1-40(b)所示。

4. 球形铰链约束

约束的构成：由球头和球窝将两个构件连接而构成的三维空间约束，如图 1-41(a)所示，图 1-41(b)是其简化符号。

约束的特点：只允许被约束物体绕球心转动，而不能作离开球心向任意方向的移动。

约束力：不计摩擦，其约束性质与光滑接触面约束相同，约束力通过球心，因接触点的位置不易确定，故约束力通常用通过球心的三个正交分力表示，如图 1-41(c)所示。

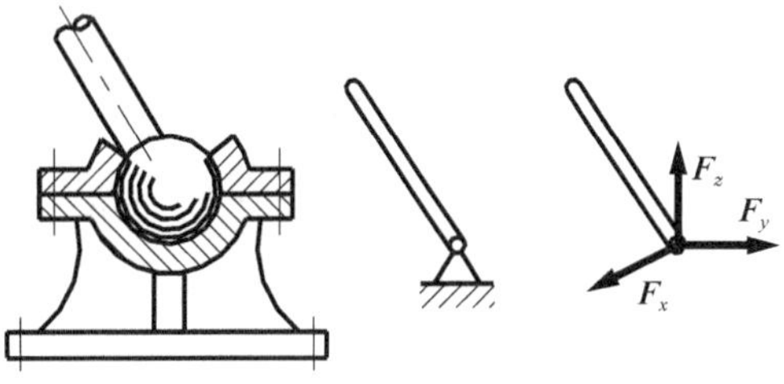

图 1-41

5. 轴承约束

1) 向心轴承(径向轴承)

约束的构成：向心轴承约束是机器中的常见约束，如图 1-42(a)、图 1-42(b)所示，图 1-42(c)是其简化符号。

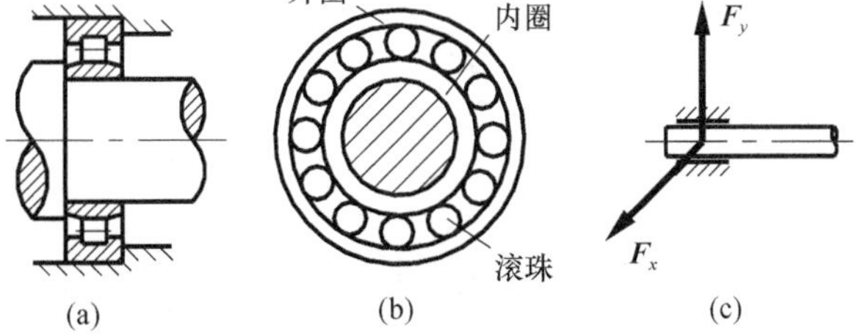

图 1-42

约束的特点：它允许轴在孔内任意转动，但它限制转轴在垂直于轴线方向(径向)的位移。向心轴承的约束特点与固定铰支座约束相同，因此这类约束也可归入固定铰支座约束。

约束力：由于轴和轴承光滑接触，约束力通过接触点沿公法线并指向轴心。但轴和轴承接触点的位置不易确定，故约束力通常用通过轴心的一对正交分力表示，如图 1-42(c)所示。

2) 止推轴承

约束的构成：止推轴承约束也是机器中的常见约束，其结构如图 1-43(a)所示。它是一种空间约束。图 1-43(b)是其简化符号。

约束的特点：不仅限制轴的径向位移，而且限制沿轴向的位移。当不计轴一滚柱一轴承间的摩擦时，尽管它与球铰的具体连接方式不同，但其约束特征是一样的，因此这类约束也可归入球形铰链约束。

约束力：比径向轴承多了一个沿轴向的约束力，约束力通常用三个正交分力表示，如图 1-43(c)所示。

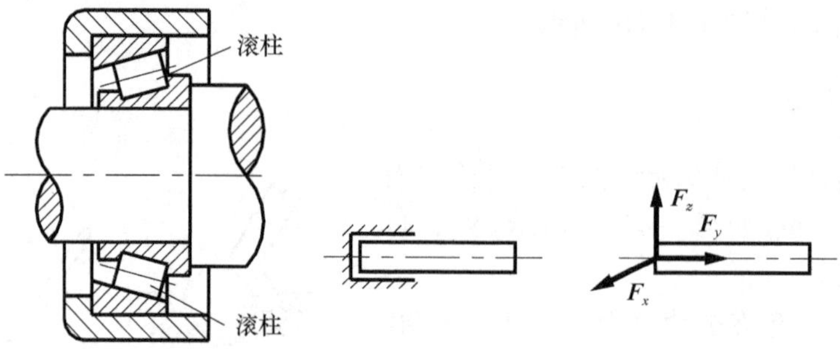

(a) (b) (c)

图 1-43

6. 链杆约束

约束的构成：两端用光滑铰链与其他构件连接且不考虑自重的刚性杆所构成的约束，如图 1-44 所示的 AB 杆。

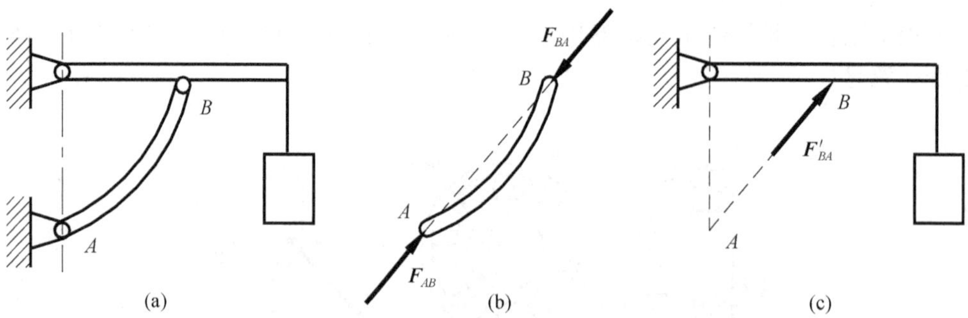

(a) (b) (c)

图 1-44

约束的特点：只能限制沿链杆两端铰连线方向的移动。

约束力：由于不计自重，只在端铰处受力，平衡时链杆就是二力杆，其约束力必定沿端铰的连线方向，其指向可以假定，通常假设链杆受拉。

1.7　物体的受力分析及受力图

对工程中的结构或机构进行力学计算，必须首先分析它的受力情况，即确定研究对象受到哪些力的作用，以及这些力作用的位置和方向，这个过程称为受力分析。为了清楚地表达出某个物体的受力情况，必须将它从与其相联系的周围物体中分离出来。分离的过程就是解除约束的过程，在解除约束的地方用相应的约束力来代替约束的作用，被解除约束后的物体叫**分离体**，解除约束的过程称为**取分离体**。在分离体上画上物体所受的全部主动力和约束力的简图，称为研究对象的**受力图**，整个过程就是对研究对象进行受力分析。

画受力图的基本步骤一般为：

(1) 确定研究对象，取分离体。按问题的条件和要求，确定研究对象(它可以是一个物体，也可以是几个物体的组合或整个系统)，解除与研究对象相连接的其他物体的约束，用简单几何图形表示出其形状特征。

(2) 画主动力。在分离体上画出该物体所受到的全部主动力，如重力、风载、水压、油压、电磁力等。

(3) 画约束力。在解除约束的位置，根据约束的不同类型，画出约束力。

(4) 检查。最后，根据前面所学的有关知识，检查受力图画得是否正确。

如研究对象为几个物体组成的物体系统，还必须区分外力和内力。物体系统以外的周围物体对系统的作用力称为系统的外力。系统内部各物体之间的相互作用称为系统的内力。随着所取系统的范围不同，某些内力和外力也会相互转化。由于系统的内力总是成对出现的，且等值、共线、反向，在系统内自成平衡力系，不影响系统整体的平衡，因此，当研究对象是物体系统时，只画作用于系统上的外力，不画系统的内力。下面举例说明受力图的画法。

例 1-5　图 1-45(a)中所示绳 AB 悬挂一重为 $\boldsymbol{F}_{\mathrm{P}}$ 的球。试画出球的受力图(摩擦不计)。

解：(1) 确定研究对象，取分离体。以球为研究对象，画出球的分离体。

(2) 画主动力。在球心点 C 画上主动力重力 $\boldsymbol{F}_{\mathrm{P}}$。

(3) 画约束力。在解除约束的点 B 处画上表示柔性约束的拉力 $\boldsymbol{F}_{\mathrm{T}B}$，在点 D 处画上表示光滑接触面约束的法向约束力 $\boldsymbol{F}_{\mathrm{N}D}$。

球受同一平面的三个不平行的力作用而平衡，则三力作用线必相交，交点应为 C。

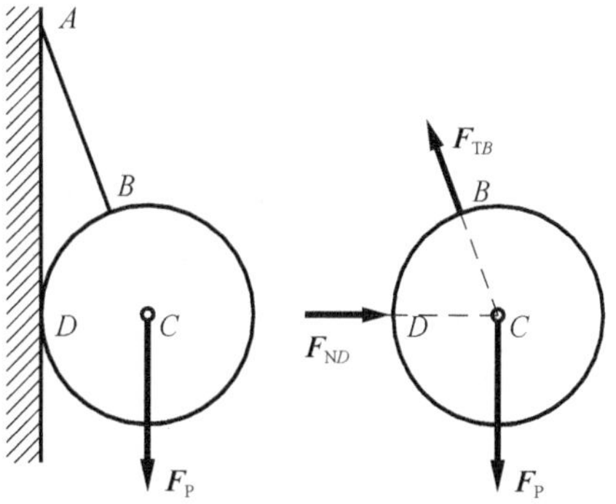

图 1-45

例 1-6　屋架如图 1-46(a)所示，左右两端安放在砖墙上，墙对屋架的约束分别简化为 A 和 B 处的滚动铰链支座和固定铰链支座。已知屋架自重 $\boldsymbol{F}_{\mathrm{P}}$，在屋架的 BD 边上作用有垂直于它的均匀分布的风力 q(N/m)。试画出屋架的受力图。

解：(1) 以屋架为研究对象，画出屋架的分离体。

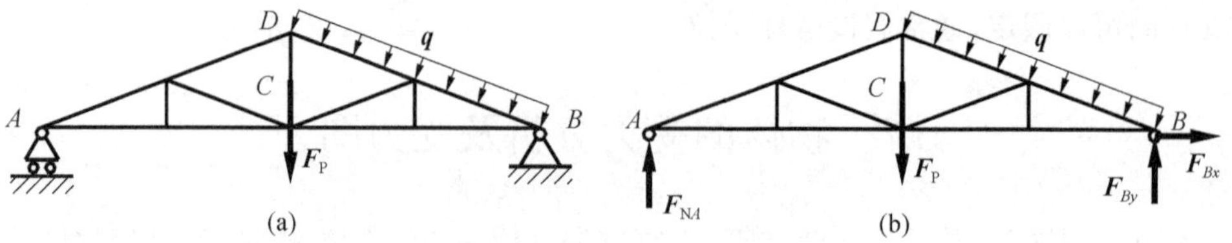

图 1-46

(2) 在屋架上点 C 画出主动力重力 $\boldsymbol{F}_P$、BD 边上画出均匀分布的风力 $\boldsymbol{q}$。

(3) 在解除约束的点 A 处画上表示滚动铰链支座的约束力 $\boldsymbol{F}_{NA}$，在点 B 处画上表示固定铰链支座约束的正交分力 $\boldsymbol{F}_{Bx}$、$\boldsymbol{F}_{By}$。

需要注意的是分布力的画法：在画分布力时，不需要作任何的处理，只需要原封不动地画出分布力就行了，不能用一个力来代替分布力，因为一个力的效应和分布力的效应是不相同的，这里的效应不仅指外效应，也包括内效应。

例 1-7　如图 1-47(a)所示的三铰拱桥，由左、右两拱铰接而成。不计自重及摩擦，在拱 AC 上作用有载荷 $\boldsymbol{F}_1$、$\boldsymbol{F}_2$。试分别画出拱 AC、BC 和整体的受力图。

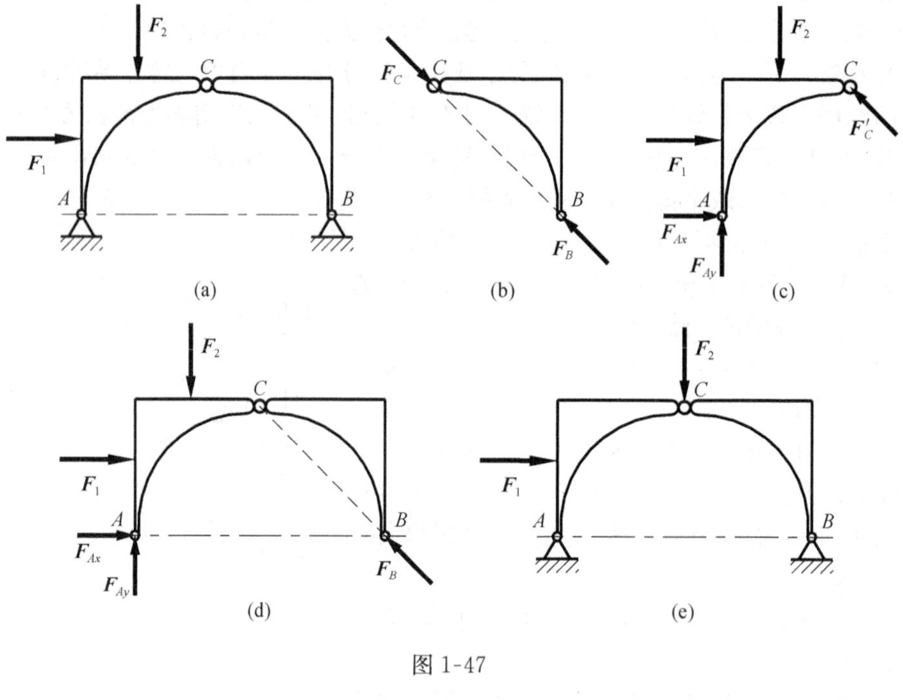

图 1-47

解：(1) 先分析拱 BC 的受力。由于拱 BC 自重不计，且只在 B、C 两处受到铰链约束，因此拱 BC 为二力构件。在铰链 B、C 处分别受 $\boldsymbol{F}_B$、$\boldsymbol{F}_C$ 两个力的作用，且 $\boldsymbol{F}_B=-\boldsymbol{F}_C$。拱 BC 的受力图如图 1-47(b)所示。

(2) 取拱 AC 为研究对象。由于自重不计，因此主动力只有 $\boldsymbol{F}_1$、$\boldsymbol{F}_2$ 两个力，C 处受有拱 BC 给它的约束力 $\boldsymbol{F}'_C$，根据作用和反作用定律，$\boldsymbol{F}'_C=-\boldsymbol{F}_C$。拱在 A 处受有固定铰支座给它的约束

力，由于方向未定，可用两个大小未知的正交分力 $\boldsymbol{F}_{Ax}$、$\boldsymbol{F}_{Ay}$ 代替。拱 AC 的受力图如图 1-47(c)所示。

(3) 取整体为研究对象。画出主动力 $\boldsymbol{F}_1$、$\boldsymbol{F}_2$，以及 A、B 处的约束力，即得整体的受力图，如图 1-47(d)所示。

在画受力图时有两点需要注意：

(1) 取整体为研究对象时，中间铰 C 处的约束力属于内力，因此整体的受力图上不画 C 处的约束力；

(2) 在对拱 AC、拱 BC 进行受力分析时，对中间铰的结构和受力需要注意。中间铰是用销钉将两个构件连接在一起的一个结构，在取分离体时，一般不单独取销钉作为研究对象，而是将销钉和其中的一个构件视为一个整体，进行受力分析。在本例中销钉既可以和 AC 拱视为一体，也可以和 BC 拱视为一体，这样受力分析相对简单。

如果力 $\boldsymbol{F}_2$ 作用在销钉 C 上(图 1-47(e))，拱 AC、BC 和整体的受力图该如何画，请读者思考。

例 1-8　一支架如图 1-48(a)所示，各构件的重力、接触面的摩擦均忽略不计。试绘制：杆 AB、杆 BC、滑轮 B、销钉 B 及整个系统的受力图。(注意：杆 AB、杆 BC、滑轮 B 都不含销钉 B，销钉 B 单独取出分析)

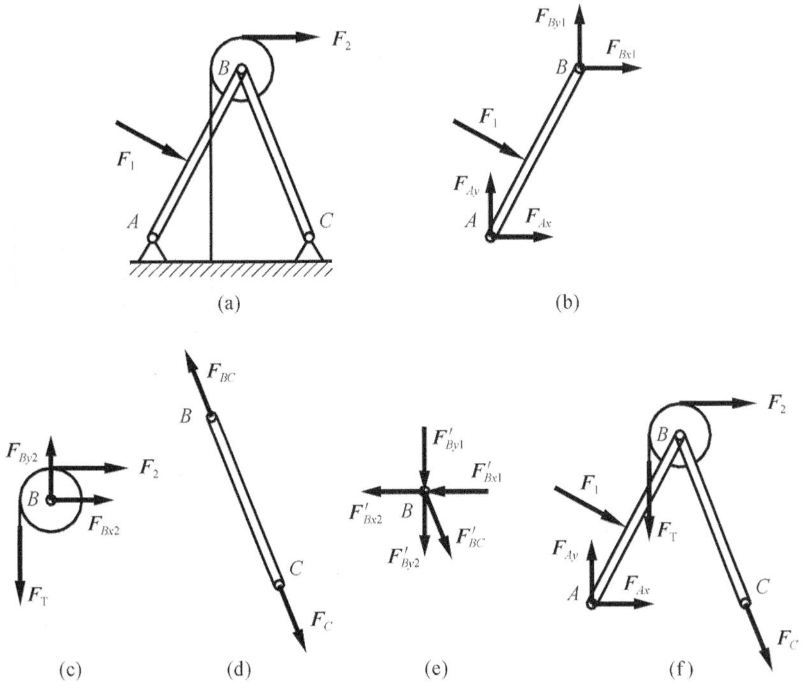

图 1-48

解：(1) 取杆 AB 为研究对象。由于自重不计，因此主动力只有 $\boldsymbol{F}_1$ 一个力，B 处受有销钉 B 给它的约束力 $\boldsymbol{F}_{Bx1}$、$\boldsymbol{F}_{By1}$，A 处受有固定铰支座给它的约束力，由于方向未定，可用两个大小未知的正交分力 $\boldsymbol{F}_{Ax}$、$\boldsymbol{F}_{Ay}$ 代替。杆 AB 的受力图如图 1-48(b)所示。

(2) 取滑轮 B 和其上的部分绳索为研究对象。绳索上有 $\boldsymbol{F}_2$ 和柔性约束力 $\boldsymbol{F}_T$，B 处受有销钉 B 给它的约束力 $\boldsymbol{F}_{Bx2}$、$\boldsymbol{F}_{By2}$。滑轮 B 的受力图如图 1-48(c)所示。

(3) 取杆 BC 为研究对象。由于自重不计，且只在 B、C 两处受到铰链约束，因此杆 BC 为二力构件。在铰链中心 B、C 处分别受 $\boldsymbol{F}_{BC}$、$\boldsymbol{F}_C$ 两力的作用(假设受拉)，且 $\boldsymbol{F}_{BC}=-\boldsymbol{F}_C$。杆 BC 的受力图如图 1-48(d)所示。

(4) 取销钉 B 为研究对象。销钉 B 上作用有杆 AB、杆 BC 和滑轮 B 给它的作用力，也就是销钉 B 给杆 AB、杆 BC 和滑轮 B 的作用力的反作用力。销钉 B 的受力图如图 1-48(e)所示。

(5) 取整个系统为研究对象。其上作用有主动力 $\boldsymbol{F}_1$、$\boldsymbol{F}_2$，A、C 处的约束力和绳索上的柔性约束力 $\boldsymbol{F}_T$。整个系统的受力图如图 1-48(f)所示。

需要说明：

(1) BC 杆在 B 处的约束力和滑轮在 B 处的约束力并不是作用力和反作用力。

(2) 本题单独取销钉为研究对象，各构件的受力分析变得比较复杂。正如例 1-7 所言，一般不单独取销钉为研究对象，往往把销钉视为某构件的一个组成部分。在本题中，如把销钉和滑轮或 BC 杆视为一体，各构件的受力图该如何画？请读者思考。

习　题

1.1　力 $\boldsymbol{F}_1$、$\boldsymbol{F}_2$、$\boldsymbol{F}_3$、$\boldsymbol{F}_4$ 分别作用在正方体的相应位置，且 $F_1=F_2=F_3=F_4=F$，求各力在坐标轴上的投影。

1.2　在边长 $a=50\text{mm}$，$b=100\text{mm}$，$c=150\text{mm}$ 的正六面体上，作用有三个空间力，如图所示。$F_1=6\text{kN}$，$F_2=10\text{kN}$，$F_3=20\text{kN}$。试计算各力在三个坐标轴上的投影。

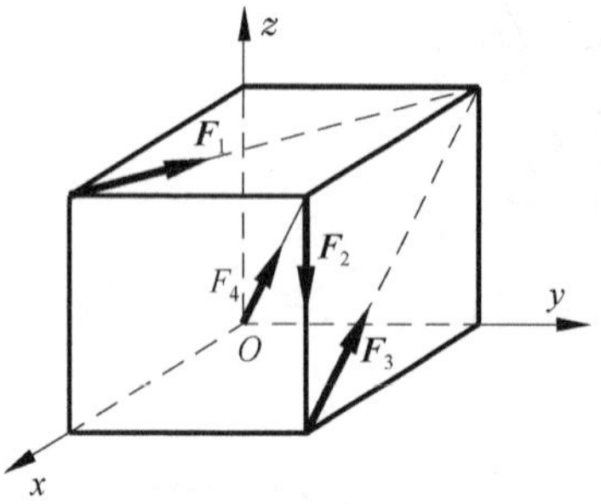

习题 1.1 图

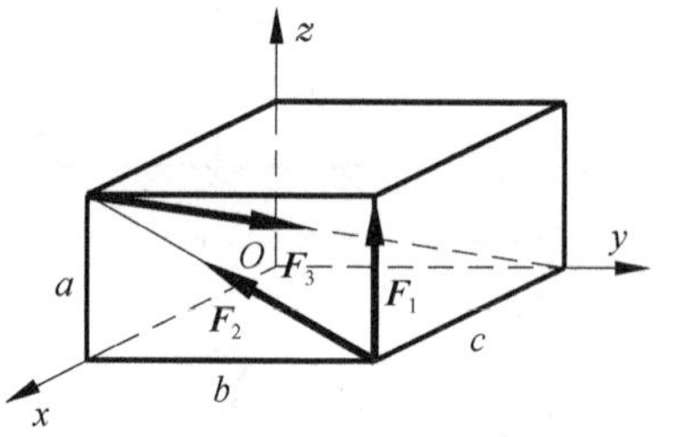

习题 1.2 图

1.3　试计算图中力 $\boldsymbol{F}$ 对点 O 之矩。

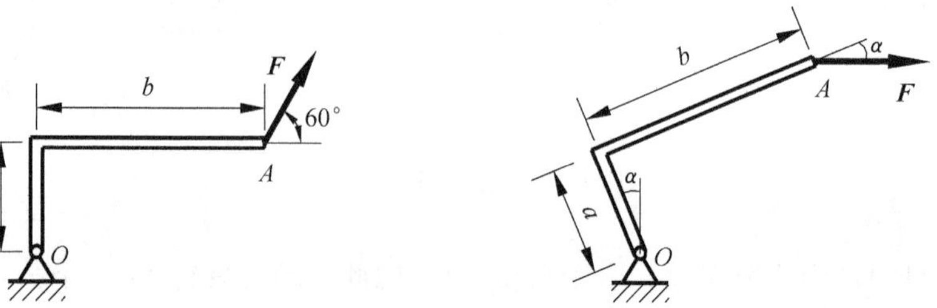

(a)　　　　(b)

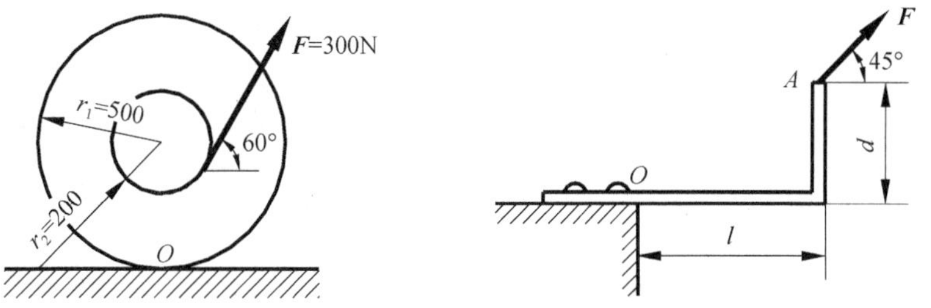

(c)　　　　　　(d)

习题 1.3 图

1.4　在正六面体上作用有大小均为 100N 的三个力 $\boldsymbol{F}_1$、$\boldsymbol{F}_2$、$\boldsymbol{F}_3$，如图所示，求各力对坐标轴的矩。

1.5　求图示力 $F=1\text{kN}$ 对 z 轴的矩。

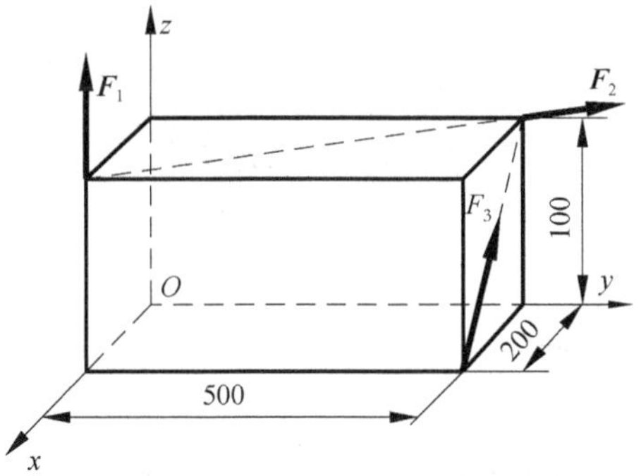

习题 1.4 图

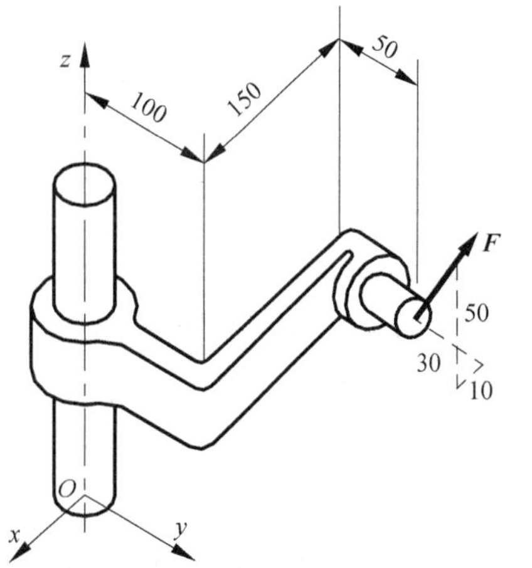

习题 1.5 图

1.6　水平圆盘的半径为 r，外缘 C 处作用有已知力 $\boldsymbol{F}$。力 $\boldsymbol{F}$ 位于圆盘 C 处的切平面内，且与 C 处圆盘切线的夹角为 60°，其他尺寸如图所示。求力 $\boldsymbol{F}$ 对各坐标轴的矩。

1.7　求图示力 $\boldsymbol{F}$ 对 A 点之矩及对各坐标轴的矩。

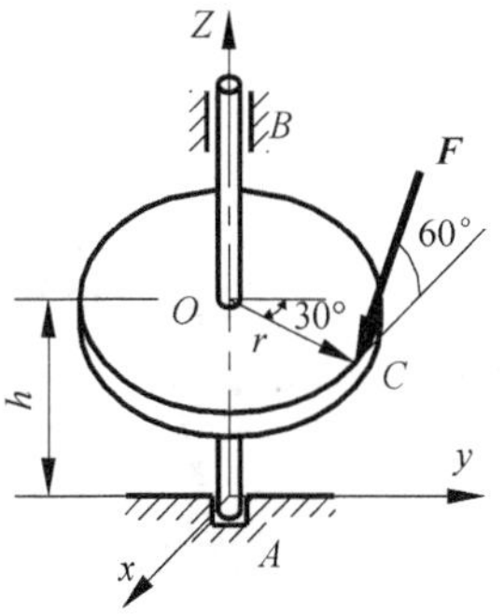

习题 1.6 图

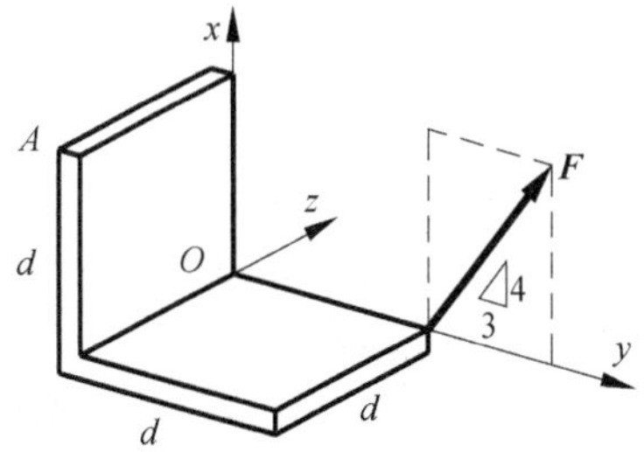

习题 1.7 图

1.8　试求图示力系的主矢 $\boldsymbol{F}_R'$ 和对 O 点的主矩 $\boldsymbol{M}_O$。

1.9　图示力系中，已知 $F_1=20\text{kN}$，$F_2=30\text{kN}$，$F_3=10\text{kN}$，试求力系的主矢 $\boldsymbol{F}_R'$ 和对 O 点的主矩 $\boldsymbol{M}_O$。

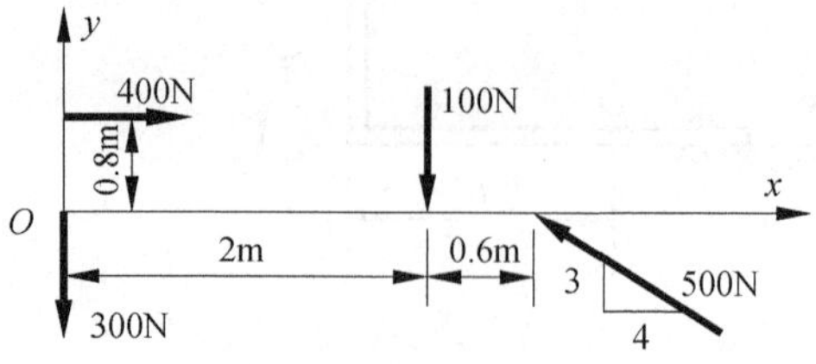

习题 1.8 图

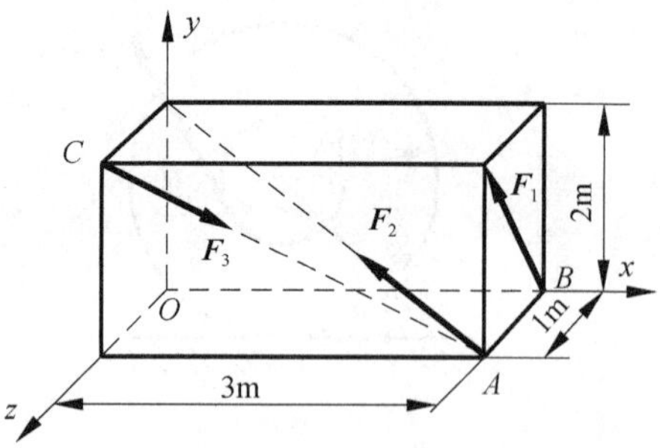

习题 1.9 图

1.10　作用在滑轮系上的两个 9.75kN 的力组成一个力偶如图所示。求下列情况下与之等效的力偶：

(1) 作用在 A、C 点的两个铅垂力；

(2) 作用在 B、D 点的两个最小力；

(3) 作用在这一装置上的两个最小力。

1.11　作用于扳手手柄上的两个力组成一个力偶，如图所示，试求该力偶的力偶矩矢。

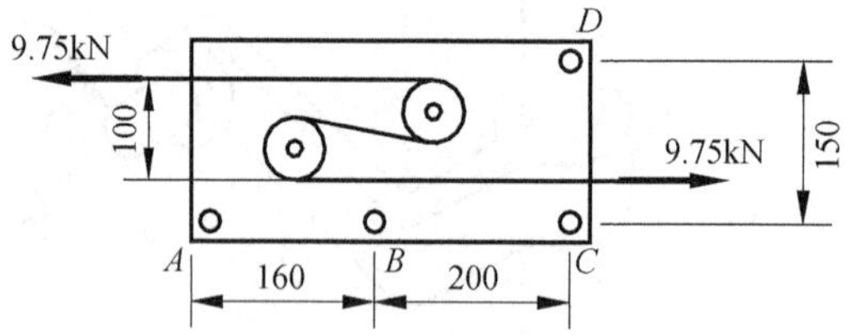

习题 1.10 图

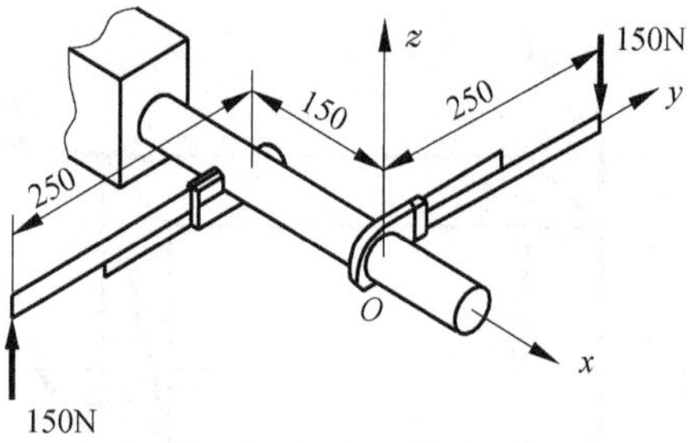

习题 1.11 图

1.12　画出图中各物体的受力图。图中所有接触处均为光滑，各物体的自重除图中已标出的外，均略去不计。

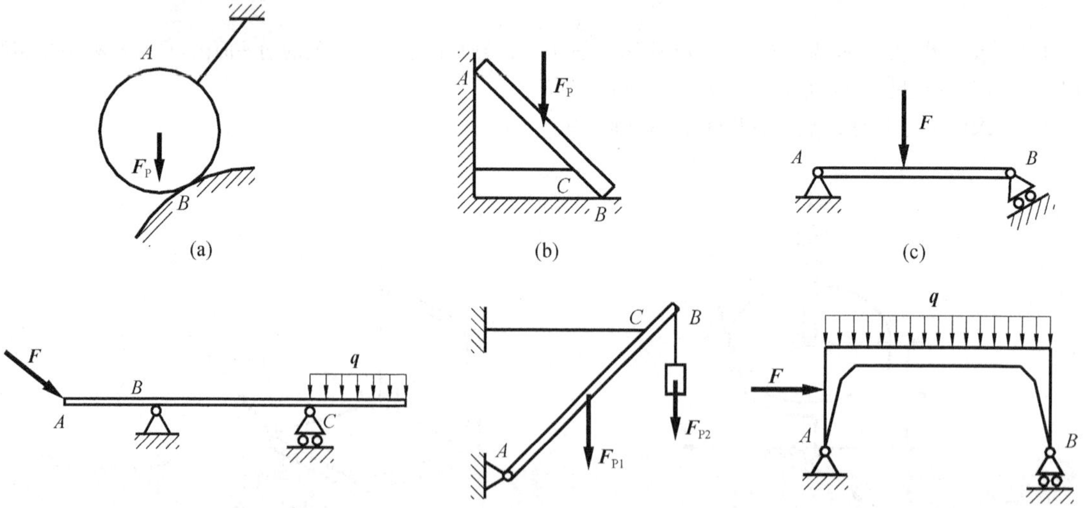

习题 1.12 图

1.13　画出图中各物体的受力图。图中所有接触处均为光滑，各物体的自重除图中已标出的外，均略去不计。

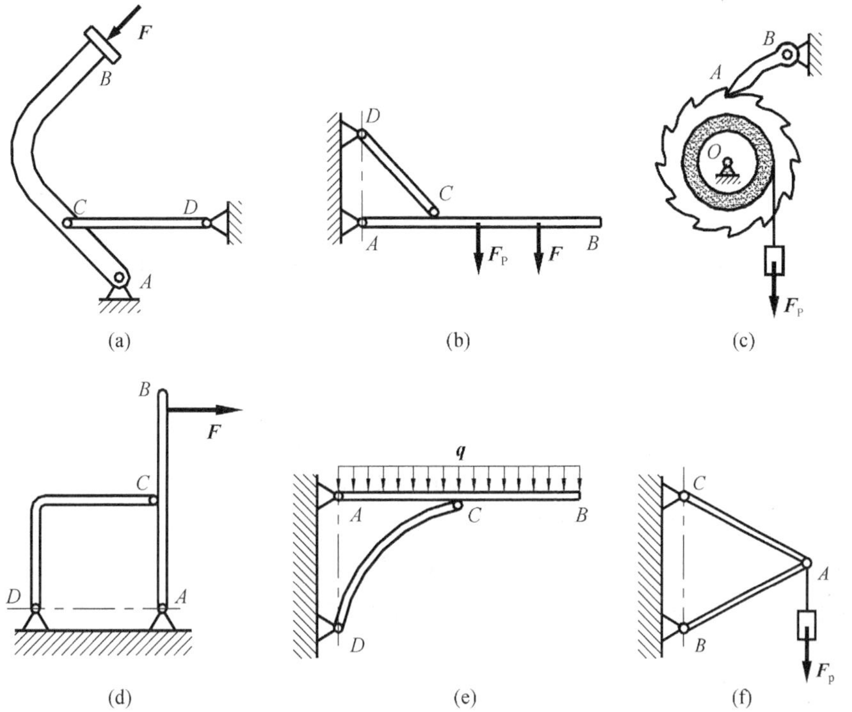

习题 1.13 图

1.14　画出图中各物体和系统整体的受力图。图中所有接触处均为光滑，各物体的自重除图中已标出的外，均略去不计。

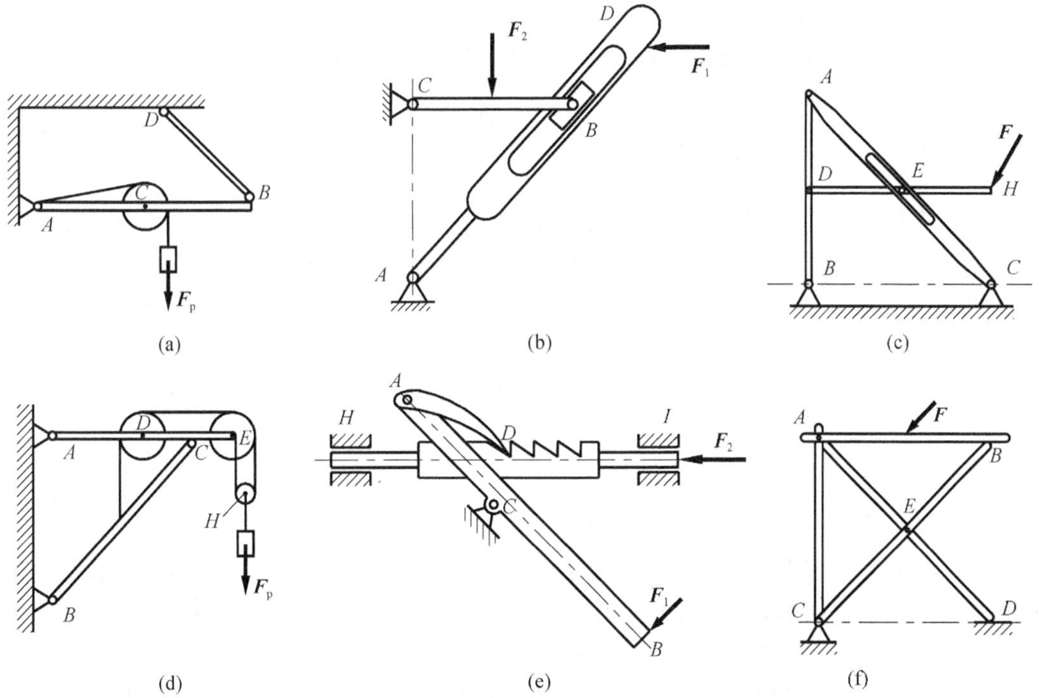

习题 1.14 图

第2章 力系简化

力系简化(亦称为力系的合成)是静力学的重要内容之一,它是平衡方程及其应用的基础。用一个简单的力系来等效代替一个复杂的力系,这个过程就称为力系简化。

2.1 力系简化

各力的作用线相交于一点的力系称为**汇交力系**;各力的作用线相互平行的力系称为**平行力系**;由两个或两个以上力偶所构成的力系称为**力偶系**;各力的作用线既不相交于同一点,也不平行的力系称为**一般力系**(也叫**任意力系**);若力系中各力的作用线位于同一平面内,称为**平面力系**;若组成力系的各力的作用线不在同一平面内,则称为**空间力系**。本节从一般力系入手研究力系的简化,并讨论汇交力系、力偶系等特殊力系的简化结果。

2.1.1 一般力系的简化

1. 结论

空间一般力系向一点简化一般得到一个力 $\boldsymbol{F}$ 和一个力偶 $\boldsymbol{M}$,这个力 $\boldsymbol{F}$ 作用于简化中心,力矢 $\boldsymbol{F}$ 等于原力系的主矢 $\boldsymbol{F}'_{\mathrm{R}}$;这个力偶的力偶矩矢 $\boldsymbol{M}$ 等于原力系对简化中心 O 点的主矩 $\boldsymbol{M}_O$。

$$\left.\begin{aligned}\boldsymbol{F} &= \boldsymbol{F}'_{\mathrm{R}} = \boldsymbol{F}_1 + \boldsymbol{F}_2 + \cdots + \boldsymbol{F}_n \\ \boldsymbol{M} &= \boldsymbol{M}_O = \boldsymbol{M}_O(\boldsymbol{F}_1) + \boldsymbol{M}_O(\boldsymbol{F}_2) + \cdots + \boldsymbol{M}_O(\boldsymbol{F}_n)\end{aligned}\right\} \tag{2-1}$$

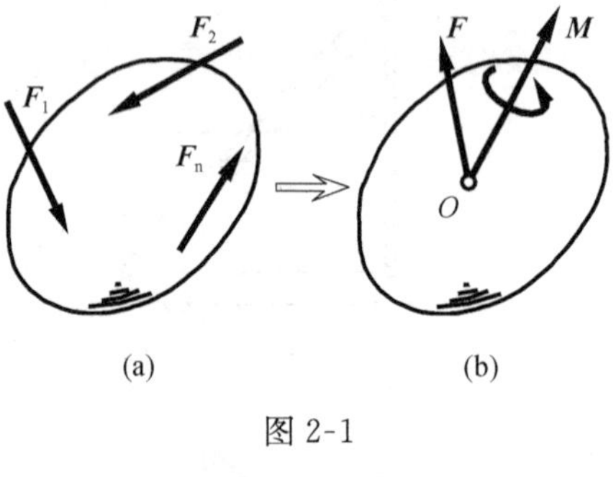

图 2-1

2. 证明

设空间一般力系由力 $\boldsymbol{F}_1$、$\boldsymbol{F}_2$、…、$\boldsymbol{F}_n$ 构成,如图 2-1(a)所示,该力系视为力系 1;图 2-1(b)中的力 $\boldsymbol{F}$ 和力偶 $\boldsymbol{M}$ 视为力系 2,显然两个力系的主矢相等,$\boldsymbol{F}'^{(1)}_{\mathrm{R}} = \boldsymbol{F}_1 + \boldsymbol{F}_2 + \cdots + \boldsymbol{F}_n = \boldsymbol{F}'^{(2)}_{\mathrm{R}}$;两个力系对 O 点的主矩也相等,$\boldsymbol{M}^{(1)}_O = \boldsymbol{M}_O(\boldsymbol{F}_1) + \boldsymbol{M}_O(\boldsymbol{F}_2) + \cdots + \boldsymbol{M}_O(\boldsymbol{F}_n) = \boldsymbol{M}^{(2)}_O$。根据力系等效定理,两个力系等效。

3. 力的平移定理

现在考察力系向一点简化的一种特殊情形:单个力向一点简化。设力 $\boldsymbol{F}$ 作用于刚体的 A 点,如图 2-2(a)所示,根据一般力系的简化结论,可以将力 $\boldsymbol{F}$ 向任一点 $\boldsymbol{O}$ 简化,得到作用于 $\boldsymbol{O}$ 点的一个力 $\boldsymbol{F}$ 和一个力偶 $\boldsymbol{M}$,其力偶矩矢 $\boldsymbol{M}=\boldsymbol{r}_{OA}\times\boldsymbol{F}$,如图 2-2(b)所示。上述过程也可以看成是作用于 A 点的力 $\boldsymbol{F}$ 平行地移动到 $\boldsymbol{O}$ 点,同时附加一个力偶。因此,这一等效代换也称为力作用线的平行移动,简称**力线平移**。由此得出结论:**作用在刚体上的力可以向刚体上任一点平移,平移后需附加一力偶,此力偶的力偶矩等于原力对平移点之矩**。注意此时力矢 $\boldsymbol{F}$ 和力偶矩矢 $\boldsymbol{M}$ 相互垂直,即力和力偶作用在同一平面上。

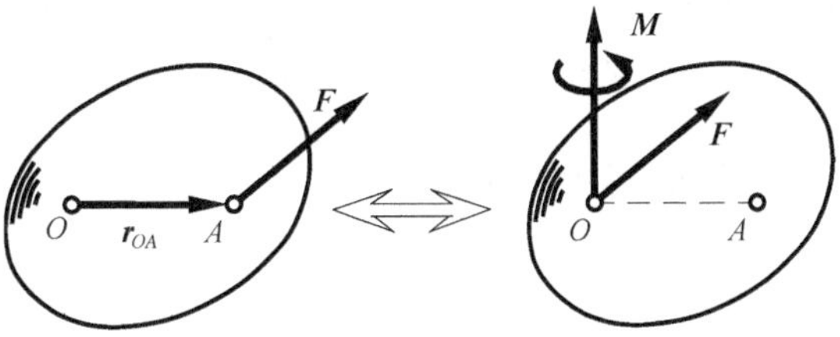

(a) (b)

图 2-2

显然,根据力系等效定理上述力的平移的逆过程也是成立的,这个过程说明:作用于刚体上的同一平面内的一个力 $\boldsymbol{F}$ 和一个力偶 $\boldsymbol{M}$ 可以合成为一个合力,合力矢等于原力矢 $\boldsymbol{F}$,合力作用线应平移适当距离 $d=|\boldsymbol{M}|/|\boldsymbol{F}|$,至于合力作用线应在平移点的哪一边,这可以根据变换前后对平移点的主矩保持不变来确定。

力的平移是力系简化的最简单情形,它还可说明一些力学现象。例如,攻丝时必须用两只手同时加力,以便产生力偶。如果只用一只手加力,如图 2-3(a)所示,则作用在铰杆一端 A 点的力与作用在 C 点的力 $\boldsymbol{F}$ 和附加力偶 $\boldsymbol{M}$ 等效;附加力偶固然能起到攻丝的作用,但力 $\boldsymbol{F}$ 使丝锥受弯有可能折断,因此攻丝时应避免一边加力。如图 2-3(b)所示,厂房立柱受压而发生弯曲;如图 2-3(c)所示,齿轮受周向力作用使齿轮轴发生弯曲和扭转变形,这些现象都可以用力的平移定理加以说明。

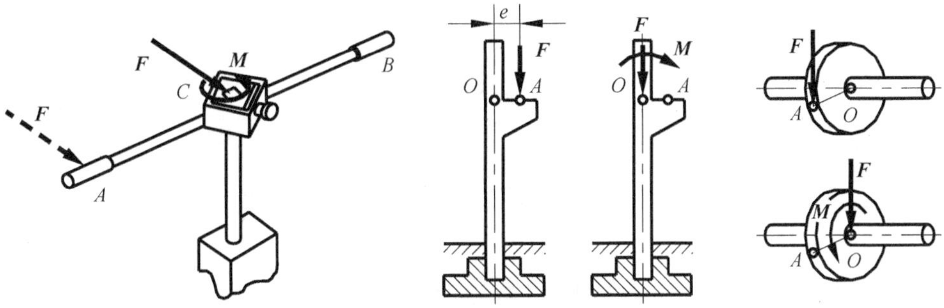

(a) (b) (c)

图 2-3

2.1.2 一般力系简化结果的进一步讨论

一般力系向一点简化为一个力和一个力偶,这一结果还可以进一步简化。现对可能的情况分别进行讨论。

1. 主矢和主矩都等于零($\boldsymbol{F}_{\mathrm{R}}'=0,\boldsymbol{M}_O=0$)

这说明原力系为零力系,即平衡力系,该问题将在第 3 章作进一步讨论。

2. 主矢不等于零,主矩等于零($\boldsymbol{F}_{\mathrm{R}}'\neq 0,\boldsymbol{M}_O=0$)

在这种情况下,原力系向 O 点简化为一个力而没有力偶,即原力系合成为合力 $\boldsymbol{F}_{\mathrm{R}}$,合力的作

用线通过简化中心 O 点,合力矢等于原力系的主矢,$\boldsymbol{F}_R=\boldsymbol{F}'_R$。

汇交力系向汇交点简化就是该种情况,因此对汇交力系有如下结论:**汇交力系一般可以简化为一个合力,合力的作用线通过力系的汇交点,合力矢 $\boldsymbol{F}_R$ 等于力系的主矢 $\boldsymbol{F}'_R$。**

3. 主矢等于零,主矩不等于零($\boldsymbol{F}'_R=0,\boldsymbol{M}_O\neq0$)

原力系向 O 点简化得到的只是一个力偶,亦即原力系合成为一个力偶,该力偶的矩矢等于原力系对 O 点的主矩,$\boldsymbol{M}=\boldsymbol{M}_O$。在 $\boldsymbol{F}'_R=0$ 的情况下,力系的主矩与矩心位置无关,是一常矢量(参阅式(1-25)),亦即原力系向任何点简化的结果都是一样的。

力偶系的简化就是这种情况,因此有如下结论:**空间力偶系一般地合成为一合力偶,合力偶矩矢等于各分力偶矩矢的矢量和,$\boldsymbol{M}=\sum\boldsymbol{M}_i$;平面力偶系合成的结果为一合力偶,合力偶的力偶矩等于力偶系中各力偶的力偶矩的代数和,$M=\sum M_i$。**

4. 主矢、主矩均不等于零($\boldsymbol{F}'_R\neq0,\boldsymbol{M}_O\neq0$)

1) 主矢、主矩相互垂直($\boldsymbol{F}'_R\perp\boldsymbol{M}_O$)

主矢与主矩相互垂直,此时主矢与主矩的作用面共面,如图 2-4 所示,平面力系的情形与此相同。由力的平移定理的逆过程,原力系可以进一步简化为通过 A 点的一个合力 $\boldsymbol{F}_R$,合力作用线到简化中心 O 点的距离为

$$d=\frac{|\boldsymbol{M}_O|}{|\boldsymbol{F}'_R|} \tag{2-2}$$

由图 2-4 可知

$$\boldsymbol{M}_O(\boldsymbol{F}_R)=\boldsymbol{M}=\boldsymbol{M}_O \tag{2-3}$$

而主矩 $\boldsymbol{M}_O$

$$\boldsymbol{M}_O=\sum\boldsymbol{M}_O(\boldsymbol{F}_i)$$

故

$$\boldsymbol{M}_O(\boldsymbol{F}_R)=\sum\boldsymbol{M}_O(\boldsymbol{F}_i) \tag{2-4}$$

将上式投影在坐标轴上(比如 Z 轴)得

$$M_z(\boldsymbol{F}_R)=\sum M_z(\boldsymbol{F}_i) \tag{2-5}$$

式(2-4)和式(2-5)即为一般力系的**合力矩定理:合力对某点(轴)之矩等于各分力对该点(轴)之矩的矢量和(代数和)。**

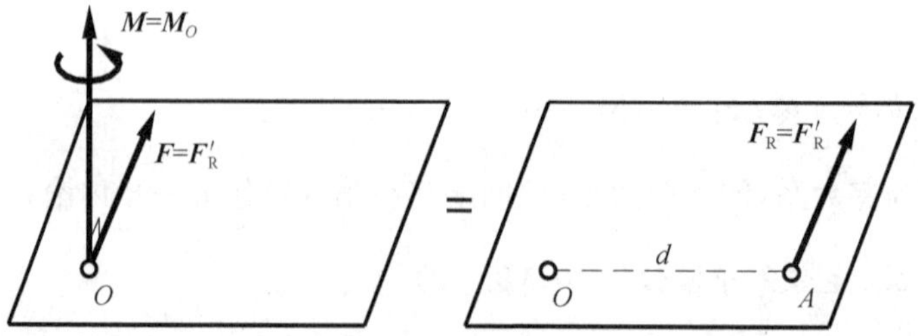

图 2-4

前面所介绍过的汇交力系的合力矩定理只是一般力系的合力矩定理的一种特殊情况。

2）主矢、主矩相互平行（$\boldsymbol{F}_R' // \boldsymbol{M}_O$）

主矢、主矩相互平行，力系不能进一步简化，此种情形称为**力螺旋**，如图 2-5 所示。用螺丝刀拧螺丝时就是力螺旋的情形，如图 2-6 所示。

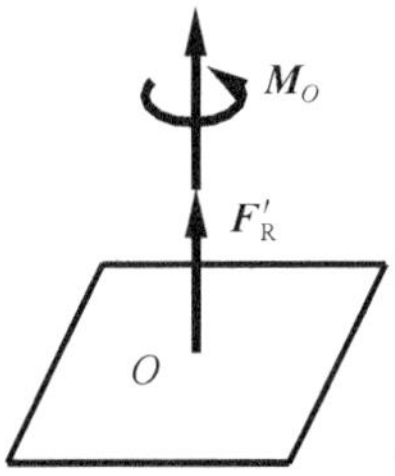

图 2-5

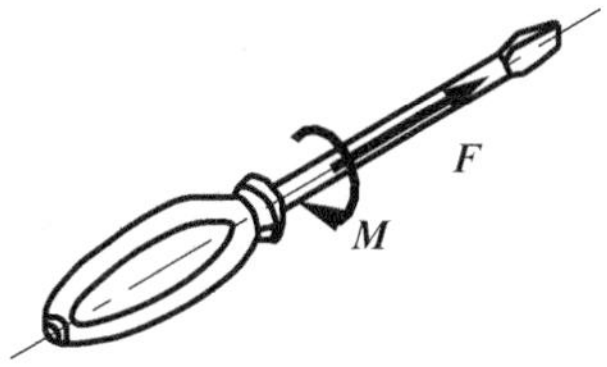

图 2-6

3）主矢、主矩既不平行也不垂直

对于主矢与主矩既不平行又不垂直的情形，如图 2-7 所示，可将主矩沿着主矢方向和与主矢垂直的方向分解为 $\boldsymbol{M}_O'$ 和 $\boldsymbol{M}_O''$，将 $\boldsymbol{M}_O''$ 和 $\boldsymbol{F}_R'$ 按第 1）种情况简化为作用于 A 点的力 $\boldsymbol{F}$，再与 $\boldsymbol{M}_O'$ 构成力螺旋，最后简化结果为过 A 点的力螺旋。

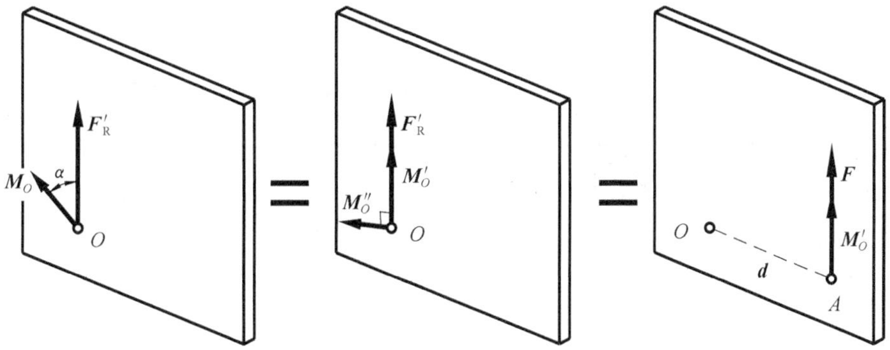

图 2-7

应当注意，对于平面力系，主矢与主矩的作用平面共面，即 $\boldsymbol{F}_R'$ 与 $\boldsymbol{M}_O$ 垂直，最后简化结果为一合力，不可能出现力螺旋的情况。

2.1.3　力系简化的应用——固定端约束

固定端（又称插入端）约束是一种常见的约束，其约束的构成是被约束体的一部分嵌固于约束体内，其约束的特点是被约束体不能沿任何方向移动和转动。如图 2-8 所示，车床上固定工件的卡盘（图 2-8(a)），建筑物上固定阳台的墙体（图 2-8(b)），固定电线杆的混凝土地基（图 2-8(c)）等都是固定端约束。

被约束体在嵌固部分所受的力一般是一个复杂的分布力，由于分布规律未知，因此要对此作详细研究是很困难的，实际上不必知道力的分布形式而只要知道约束力的总的作用效果就行了。为此，利用一般力系的简化结果将分布力向固定端某点简化，得到一个力和一个力偶。当主动力

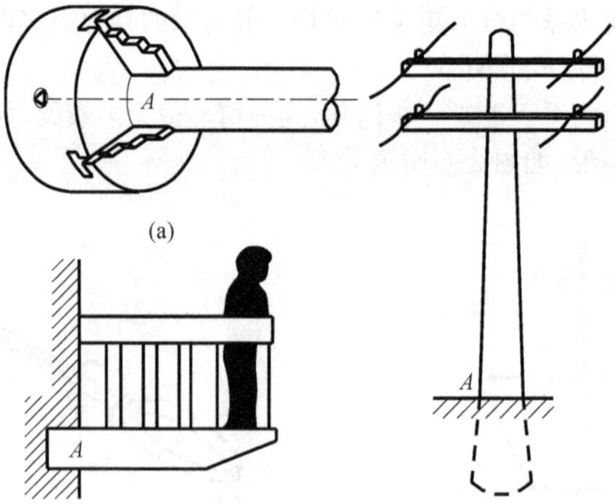

图 2-8

系为平面力系时，约束力的简化过程如图 2-9 所示，最终的简化结果用一对正交分力和一个力偶表示；当主动力系为空间力系时，约束力的简化过程如图 2-10 所示，最终的简化结果用三个正交分力和三个分力偶表示。

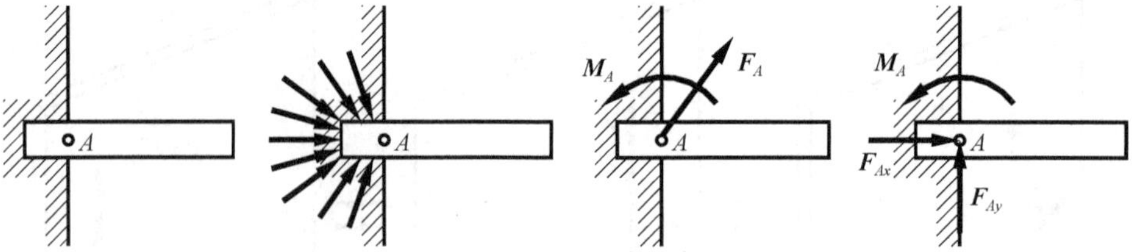

图 2-9

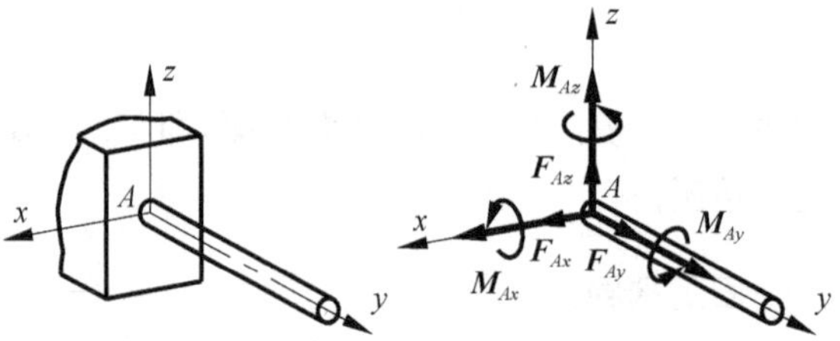

图 2-10

例 2-1　重力坝受力情形如图 2-11(a)所示。已知：$F_{P1}=450\text{kN}$，$F_{P2}=200\text{kN}$，$F_1=300\text{kN}$，$F_2=70\text{kN}$。求：

(1) 力系向点 O 简化的结果；

(2) 力系简化的最终结果。

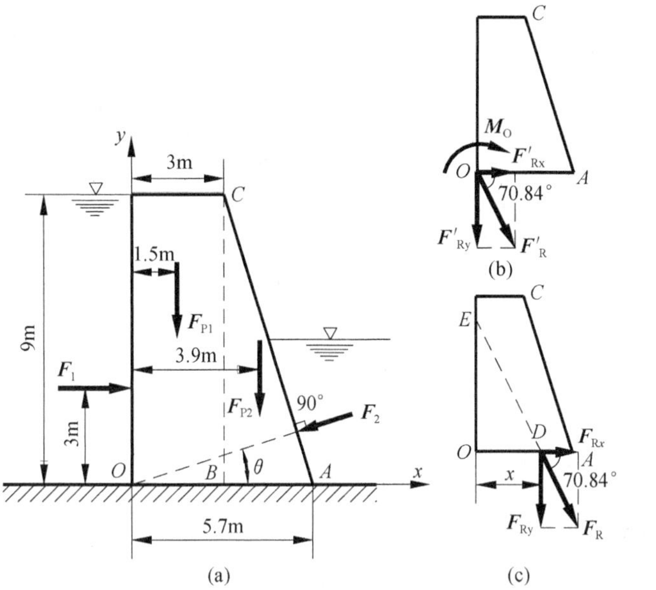

图 2-11

解:(1) 确定简化中心:取 O 点为简化中心,即将力系向 O 点简化。

(2) 计算主矢和主矩:

由图 2-11(a),有

$$\theta = \angle ACB = \arctan\left(\frac{AB}{CB}\right) = 16.7^\circ$$

主矢在坐标轴上的投影为

$$F'_{Rx} = \sum F_x = F_1 - F_2\cos\theta = 232.9\text{kN}$$

$$F'_{Ry} = \sum F_y = -F_{P1} - F_{P2} - F_2\sin\theta = -670.1\text{kN}$$

主矢的大小为

$$F'_R = \sqrt{(F'_{Rx})^2 + (F'_{Ry})^2} = 709.4\text{kN}$$

主矢的方向为

$$\cos\alpha = \frac{F'_{Rx}}{F'_R} = 0.3283,\quad \alpha = 70.84^\circ \quad (\text{如图 2-11(b) 所示})$$

力系对 O 点的主矩为

$$M_O = \sum M_O(\boldsymbol{F}_i) = -3F_1 - 1.5F_{P1} - 3.9F_{P2} = -2355\text{kN}\cdot\text{m}$$

由于主矢和主矩皆不等于零,力系可进一步简化为合力。设合力作用线与横轴的交点到坐标原点的距离为 x,由合力矩定理得:

$$M_O(\boldsymbol{F}_R) = M_O(\boldsymbol{F}_{Rx}) + M_O(\boldsymbol{F}_{Ry}) = F_{Ry}\cdot x = M_O$$

$$x = 3.514\text{m}$$

即力系最终可简化为一个通过 D 点的合力 $\boldsymbol{F}_R$,如图 2-11(c)所示。

例 2-2　正方体各边长为 a,在四个顶点 O、A、E、D 上分别作用着大小都等于 F 的四个力 $\boldsymbol{F}_1$、$\boldsymbol{F}_2$、$\boldsymbol{F}_3$、$\boldsymbol{F}_4$,方向如图 2-12(a)所示。试求力系向点 O 的简化结果及力系的最后简化结果。

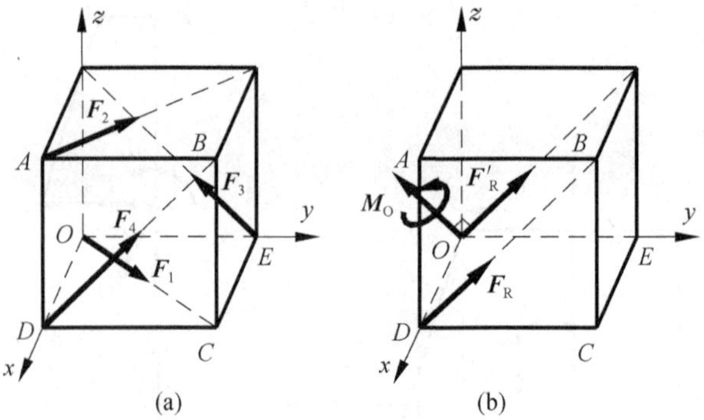

图 2-12

解:(1) 选 O 点为简化中心,将各力向点 O 简化。

(2) 计算主矢和主矩:

主矢在坐标轴上的投影为

$$F'_{Rx}=\sum F_x=F_1\cos45^\circ-F_2\cos45^\circ=F\cos45^\circ-F\cos45^\circ=0$$

$$F'_{Ry}=\sum F_y=F_1\cos45^\circ+F_2\cos45^\circ-F_3\cos45^\circ+F_4\cos45^\circ=\sqrt{2}F$$

$$F'_{Rz}=\sum F_z=F_3\cos45^\circ+F_4\cos45^\circ=\sqrt{2}F$$

主矢为

$$\boldsymbol{F}'_R=F'_{Rx}\boldsymbol{i}+F'_{Ry}\boldsymbol{j}+F'_{Rz}\boldsymbol{k}=\sqrt{2}F\boldsymbol{j}+\sqrt{2}F\boldsymbol{k}=\sqrt{2}F(\boldsymbol{j}+\boldsymbol{k})$$

方向如图 2-12(b)所示。

主矩在坐标轴上的投影为

$$M_{Ox}=\sum M_x(\boldsymbol{F}_i)=-aF_2\cos45^\circ+aF_3\cos45^\circ=-aF\cos45^\circ+aF\cos45^\circ=0$$

$$M_{Oy}=\sum M_y(\boldsymbol{F}_i)=-aF_2\cos45^\circ-aF_4\cos45^\circ=-aF\cos45^\circ-aF\cos45^\circ=-\sqrt{2}aF$$

$$M_{Oz}=\sum M_z(\boldsymbol{F}_i)=aF_2\cos45^\circ+aF_4\cos45^\circ=aF\cos45^\circ+aF\cos45^\circ=\sqrt{2}aF$$

主矩为

$$\boldsymbol{M}_O=M_{Ox}\boldsymbol{i}+M_{Oy}\boldsymbol{j}+M_{Oz}\boldsymbol{k}=-\sqrt{2}aF\boldsymbol{j}+\sqrt{2}aF\boldsymbol{k}=\sqrt{2}aF(-\boldsymbol{j}+\boldsymbol{k})$$

方向如图 2-12(b)所示。

(3) 简化结果的讨论。

显然,主矢、主矩均不等于零且主矢和主矩垂直,力系可以简化为一个合力 $\boldsymbol{F}_R$,$\boldsymbol{F}_R=\boldsymbol{F}'_R$。合力作用线到 O 点的距离

$$d=\frac{M_O}{F'_R}=\frac{2aF}{2F}=a$$

即合力的作用线通过 D 点并沿对角线 DB,如图 2-12(b)所示。

2.2　物体的重心、质心和形心

重心、形心的概念在工程中具有重要意义,应用相当广泛。例如,水坝的重心位置关系到坝

体在水压力作用下能否维持平衡，飞机的重心位置设计不当就不能安全稳定地飞行，构件截面的形心位置将影响构件在载荷作用下的内力分布，与构件受载荷后能否安全工作有着密切的联系。总之，重心(形心)与物体的平衡、物体的运动以及构件的内力分布紧密相关。

本节将介绍重心的概念和确定重心、形心位置的方法，首先介绍平行力系的中心的概念。

2.2.1　平行力系的中心

1. 定义

平行力系合力的作用点称为平行力系的中心。

2. 平行力系中心的确定

设刚体上作用有 n 个平行力 $\boldsymbol{F}_1$、$\boldsymbol{F}_2$、…、$\boldsymbol{F}_n$，构成一平行力系，其合力的大小 $F_R=\sum F_i$。各力的作用点分别为 A_1、A_2、…、A_n，而 $\boldsymbol{r}_1$、$\boldsymbol{r}_2$、…、$\boldsymbol{r}_n$ 为这 n 个平行力作用点的位置矢径，如图 2-13 所示，$\boldsymbol{r}_C$ 为该平行力系合力作用点 C(即平行力系中心)的位置矢径。设 $\boldsymbol{F}^{\circ}$为该平行力系各力的单位矢量，则合力表示为 $\boldsymbol{F}_R=F_R\boldsymbol{F}^{\circ}$，各分力表示为 $\boldsymbol{F}_i=F_i\boldsymbol{F}^{\circ}$，由合力矩定理有

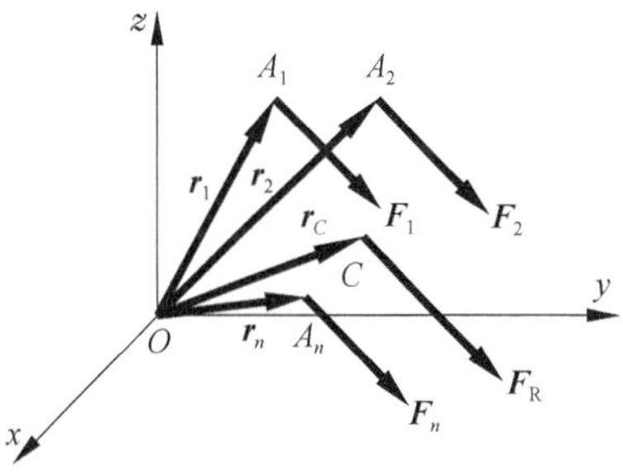

图 2-13

$$\boldsymbol{M}_O(\boldsymbol{F}_R)=\sum \boldsymbol{M}_O(\boldsymbol{F}_i)$$

$$\boldsymbol{r}_C\times(F_R\boldsymbol{F}^{\circ})=\sum \boldsymbol{r}_i\times(F_i\boldsymbol{F}^{\circ})$$

$$(F_R\boldsymbol{r}_C)\times\boldsymbol{F}^{\circ}=\left(\sum F_i\boldsymbol{r}_i\right)\times\boldsymbol{F}^{\circ}$$

由于矩心 O 为任意点，单位矢量 $\boldsymbol{F}^{\circ}$是任意方向，有

$$F_R\boldsymbol{r}_C=\sum F_i\boldsymbol{r}_i$$

故平行力系中心的位置矢径为

$$\boldsymbol{r}_C=\frac{\sum F_i\boldsymbol{r}_i}{F_R}=\frac{\sum F_i\boldsymbol{r}_i}{\sum F_i} \tag{2-6}$$

显然，从上面的分析计算可知平行力系的中心具有如下性质：**平行力系中心位置只与各平行力的大小和作用点的位置有关，与平行力的方向无关。**

将式(2-6)投影到坐标轴上，可得平行力系中心的坐标公式

$$x_C=\frac{\sum F_ix_i}{\sum F_i},\quad y_C=\frac{\sum F_iy_i}{\sum F_i},\quad z_C=\frac{\sum F_iz_i}{\sum F_i} \tag{2-7}$$

2.2.2　重心、质心和形心

1. 重心、质心和形心

在地球附近的物体都受到地球的作用力，此力即为物体的重力。如果将物体看成是由许多质点组成的，则各个质点所受重力的作用线汇交于地心，形成一个空间汇交力系。考虑到一般物体的尺寸远远小于地球的尺寸，而且离地心又非常的遥远，因此可将物体各质点的重力视为平行力系，该平行力系合力的作用点(即平行力系中心)称为**重心**。由平行力系的性质可知，物体的重

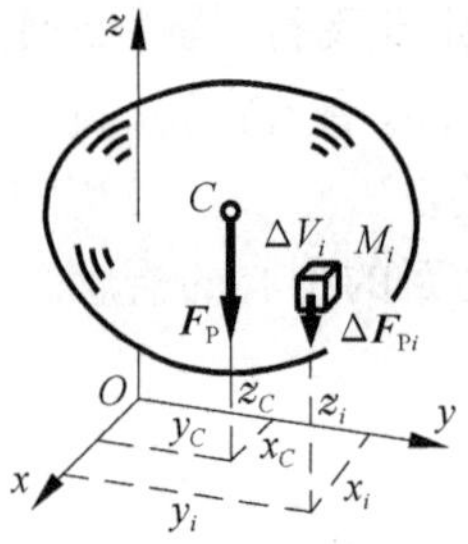

图 2-14

心有确定的位置，与物体在空间的位置无关。

如图 2-14 所示重物，将其分成若干微小部分，其中第 i 部分所受的重力为 $\Delta \boldsymbol{F}_{Pi}$，作用点即微小部分的重心为 M_i，坐标为 x_i、y_i、z_i，所有微小部分重力的合力即为物体的重力 $\boldsymbol{F}_P$，其大小 $F_P = \sum \Delta F_{Pi}$，其作用点即为物体的重心 C，设重心 C 的坐标为 x_C、y_C、z_C，由式(2-7)可得物体的重心为

$$x_C = \frac{\sum \Delta F_{Pi} x_i}{\sum \Delta F_{Pi}},\quad y_C = \frac{\sum \Delta F_{Pi} y_i}{\sum \Delta F_{Pi}},\quad z_C = \frac{\sum \Delta F_{Pi} z_i}{\sum \Delta F_{Pi}} \tag{2-8}$$

式(2-8)是重心位置的近似计算公式，分割物体所得的微小部分的数量越多，所求重心位置越准确。设各微小部分的体积为 ΔV_i，密度为 ρ_i，重力加速度为 g_i，则 $\Delta F_{Pi} = \rho_i \Delta V_i g_i$，可得重心坐标的一般公式

$$\left.\begin{aligned} x_C &= \lim_{n\to\infty} \frac{\sum_{i=1}^{n} \Delta F_{Pi} x_i}{\sum_{i=1}^{n} \Delta F_{Pi}} = \frac{\int_V \rho g x \mathrm{d}V}{\int_V \rho g \mathrm{d}V} \\ y_C &= \lim_{n\to\infty} \frac{\sum_{i=1}^{n} \Delta F_{Pi} y_i}{\sum_{i=1}^{n} \Delta F_{Pi}} = \frac{\int_V \rho g y \mathrm{d}V}{\int_V \rho g \mathrm{d}V} \\ z_C &= \lim_{n\to\infty} \frac{\sum_{i=1}^{n} \Delta F_{Pi} z_i}{\sum_{i=1}^{n} \Delta F_{Pi}} = \frac{\int_V \rho g z \mathrm{d}V}{\int_V \rho g \mathrm{d}V} \end{aligned}\right\} \tag{2-9}$$

由于一般物体的尺寸相对于地球来讲很小，故物体内各点的重力加速度 g 可以视为常数，因此式(2-9)的重心计算公式变为

$$x_C = \frac{\int_V \rho x \mathrm{d}V}{\int_V \rho \mathrm{d}V},\quad y_C = \frac{\int_V \rho y \mathrm{d}V}{\int_V \rho \mathrm{d}V},\quad z_C = \frac{\int_V \rho z \mathrm{d}V}{\int_V \rho \mathrm{d}V} \tag{2-10}$$

可以看出式(2-10)和物体是否受重力没有关系，只和物体的质量分布以及体积形状有关，式(2-10)所确定的点称为**质心**(质量中心)。

对于均质物体，其密度 ρ 为常数，因此式(2-10)的质心计算公式变为

$$x_C = \frac{\int_V x \mathrm{d}V}{V},\quad y_C = \frac{\int_V y \mathrm{d}V}{V},\quad z_C = \frac{\int_V z \mathrm{d}V}{V} \tag{2-11}$$

可以看出式(2-11)和物体是否受重力没有关系，和物体的质量分布也没有关系，只和物体体积形状有关，式(2-11)所确定的点称为**形心**。

对于均质等厚平板，式(2-11)变为

$$x_C = \frac{\int_A x \mathrm{d}A}{A},\quad y_C = \frac{\int_A y \mathrm{d}A}{A} \tag{2-12}$$

式(2-12)即为平面图形的形心坐标公式。

2. 确定物体形心的方法

1) 简单几何形状物体的形心

均质物体如果有对称面或对称轴或对称中心，不难看出，该物体的形心相应的必在这个对称面或对称轴或对称中心上。没有对称面、对称轴或对称中心的物体其形心都在其几何中心上。简单形状物体的形心可从工程手册上查到，表 2-1 列出了常见的几种简单形状物体的形心。

表 2-1　简单图形形心

图　形	形心位置	图　形	形心位置
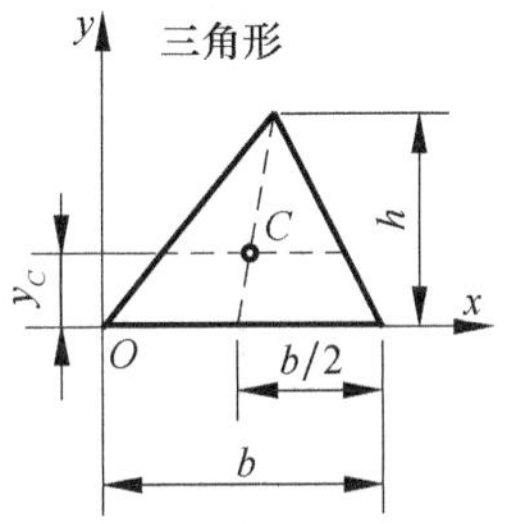	在中线交点 $y_C=\frac{1}{3}h$	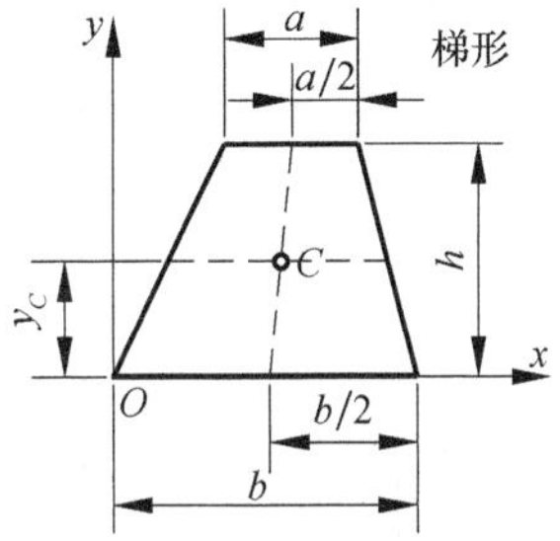	$y_C=\frac{h(2a+b)}{3(a+b)}$
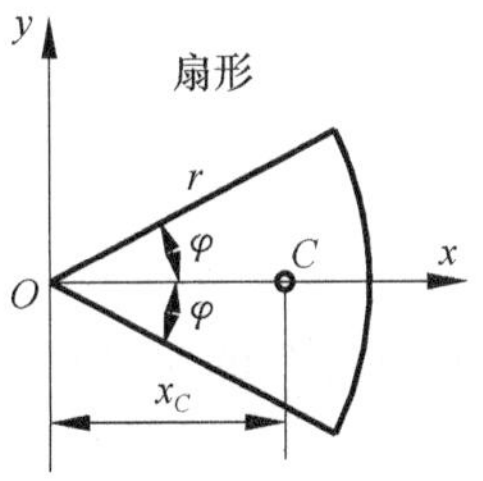	$x_C=\frac{2}{3}\frac{r\sin\varphi}{\varphi}$ 对于半圆 $x_C=\frac{4r}{3\pi}$	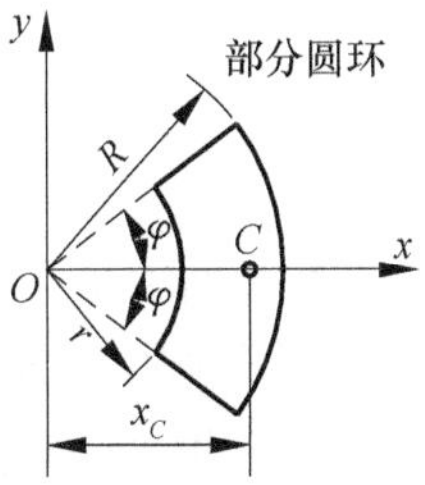	$x_C=\frac{2}{3}\frac{R^3-r^3}{R^2-r^2}\frac{\sin\varphi}{\varphi}$
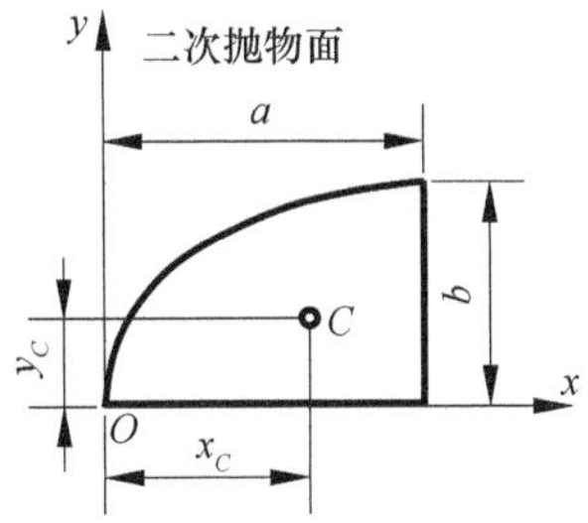	$x_C=\frac{5a}{8}$ $y_C=\frac{2}{5}b$	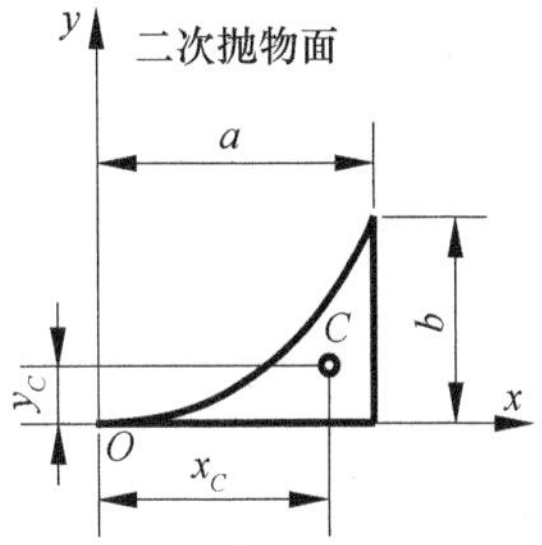	$x_C=\frac{3}{4}a$ $y_C=\frac{3}{10}b$
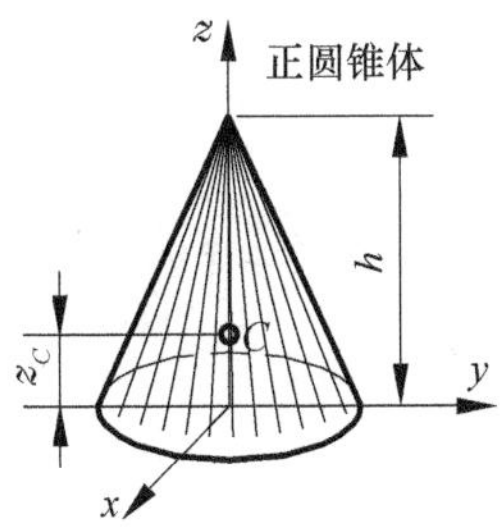	$z_C=\frac{1}{4}h$	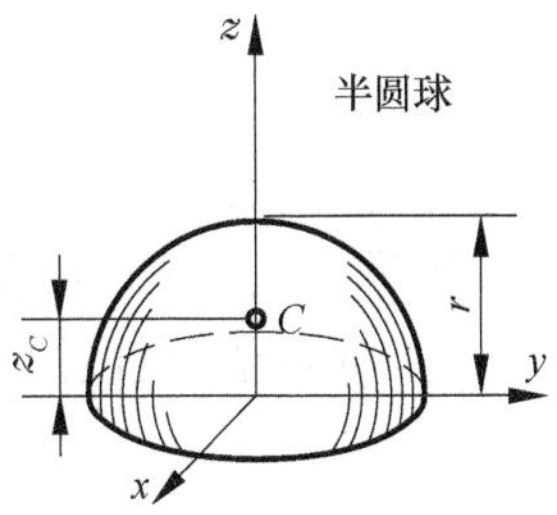	$z_C=\frac{3}{8}r$

2）组合物体的形心

若一个物体由几个几何形状简单的物体组合而成，而这些物体的形心是已知的，则整个物体的形心即可用式(2-11)得

$$x_C=\frac{\sum V_i x_{Ci}}{\sum V_i},\quad y_C=\frac{\sum V_i y_{Ci}}{\sum V_i},\quad z_C=\frac{\sum V_i z_{Ci}}{\sum V_i} \tag{2-13}$$

对于平面问题式(2-13)变为

$$x_C=\frac{\sum A_i x_{Ci}}{\sum A_i},\quad y_C=\frac{\sum A_i y_{Ci}}{\sum A_i} \tag{2-14}$$

若物体是由一些简单的几何形状中挖去另一些简单几何形状所组成，只要把挖去部分的体积或面积取负值，则式(2-13)或式(2-14)仍然适用，这种方法称为**负体积法或负面积法**。

例 2-3　求图 2-15(a)所示槽形截面的形心。

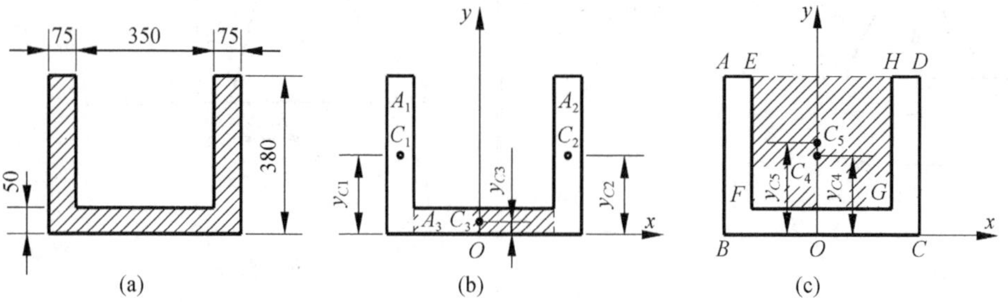

图 2-15

解：根据对称性，建立图示坐标系，y 轴为截面的对称轴，故 $x_C=0$。

方法一：将图形划分为三个小矩形，如图 2-15(b)所示，各矩形的面积和形心的 y 坐标如下

$A_1=75\text{mm}\times380\text{mm}=28500\text{mm}^2$，$y_{C1}=190\text{mm}$；

$A_2=75\text{mm}\times380\text{mm}=28500\text{mm}^2$，$y_{C2}=190\text{mm}$；

$A_3=350\text{mm}\times50\text{mm}=17500\text{mm}^2$，$y_{C3}=25\text{mm}$；

则，该平面图形的形心坐标为

$$y_C=\frac{A_1y_{C1}+A_2y_{C2}+A_3y_{C3}}{A_1+A_2+A_3}=\frac{28500\times190+28500\times190+17500\times25}{28500+28500+17500}\text{mm}=151.24\text{mm}$$

方法二(负面积法)：将图形视为由一个大矩形减去一个小矩形构成，如图 2-15(c)所示，各矩形的面积和形心的 y 坐标如下

$A_4=(75\text{mm}+350\text{mm}+75\text{mm})\times380\text{mm}=190000\text{mm}^2$，　$y_{C4}=190\text{mm}$

$A_5=-350\text{mm}\times(380-50)\text{mm}=-115500\text{mm}^2$，　$y_{C5}=50\text{mm}+\dfrac{380-50}{2}\text{mm}=215\text{mm}$

则，该平面图形的形心坐标为

$$y_C=\frac{A_4y_{C4}+A_5y_{C5}}{A_4+A_5}=\frac{190000\times190-115500\times215}{190000-115500}\text{mm}=151.24\text{mm}$$

可见，在相同的坐标系下，两种方法计算的结果相同，第二种方法较简单。

2.2.3　分布力

工程上存在大量分布力的情况，通常需要确定这些分布力的合力的大小及其合力作用线的

位置。对于图2-16所示的线分布力，可以视为由无穷个力所构成的平行力系，其合力的大小

$$F_R = \int_0^l q(x)\mathrm{d}x \tag{2-15}$$

而合力的作用点即平行力系的中心，由式(2-7)可得

$$x_C = \frac{\lim\limits_{n\to\infty}\sum\limits_{i=1}^{n} F_i x_i}{\lim\limits_{n\to\infty}\sum\limits_{i=1}^{n} F_i} = \frac{\int_0^l q(x)x\mathrm{d}x}{\int_0^l q(x)\mathrm{d}x} \tag{2-16}$$

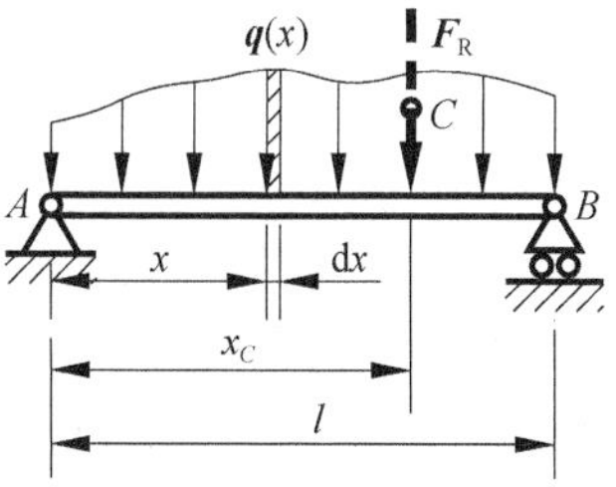

图 2-16

注意 $q(x)\mathrm{d}x$ 即为图2-16中的微元体的面积 $\mathrm{d}A$，因此，式(2-15)、式(2-16)可以写成如下形式

$$F_R = \int_0^l q(x)\mathrm{d}x = \int_A \mathrm{d}A = A,$$

$$x_C = \frac{\int_0^l q(x)x\mathrm{d}x}{\int_0^l q(x)\mathrm{d}x} = \frac{\int_A x\mathrm{d}A}{\int_A \mathrm{d}A} = \frac{\int_A x\mathrm{d}A}{A}$$

因此关于线分布力的合力以及合力作用线的位置有如下结论：**分布力的合力的大小等于分布力载荷图的面积，合力的作用线通过载荷图的形心**。

不难把这一结论推广到体分布力和面分布力的情况，其结论读者自己推导。根据以上结论，只要载荷图是简单的几何图形或其组合，就很容易确定合力的大小及其作用线的位置。

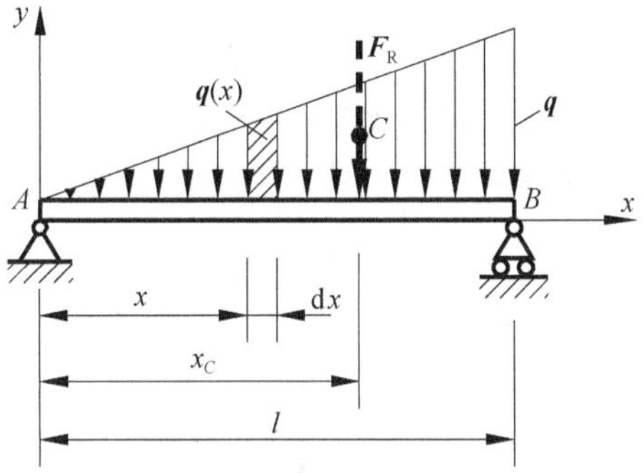

图 2-17

例 2-4 水平梁 AB 受三角形分布载荷的作用如图2-17所示，分布载荷集度的最大值为 q(N/m)，梁长 l。试求分布力对 A 点之矩。

解：

方法一：取梁的 A 端为坐标原点，建坐标如图2-17所示。在 x 处取微段 $\mathrm{d}x$，此微段上的分布力可以看作为均布载荷，载荷集度 $q(x)=\frac{x}{l}q$。在此微段上的力可以视为一集中力，其大小为 $q(x)\mathrm{d}x$，该力对 A 点之矩为 $x\cdot q(x)\mathrm{d}x$，则分布力对 A 点之矩为

$$M_A(\boldsymbol{F}) = -\int_0^l x\cdot q(x)\mathrm{d}x = -\int_0^l \frac{q}{l}x^2\mathrm{d}x = -\frac{1}{3}ql^2$$

方法二：利用力对点之矩的定义并积分计算的方法，并不是最佳的方法，本题还可以通过合力矩定理求解。

首先确定分布力的合力为

$$F_R = \frac{1}{2}ql$$

其次合力作用线到 A 点的距离为

$$x_C = \frac{2}{3}l$$

由合力矩定理得

$$M_A(\boldsymbol{F}) = M_A(\boldsymbol{F}_R) = -F_R \cdot x_C = -\frac{1}{3}ql^2$$

习　题

2.1　已知 $F_1=150\text{N}, F_2=200\text{N}, F_3=300\text{N}, F=F'=200\text{N}$。求力系向点 O 的简化结果，并求力系合力的大小及其与原点 O 的距离 d。

2.2　图示平面任意力系中 $F_1=40\sqrt{2}\text{N}, F_2=80\text{N}, F_3=40\text{N}, F_4=110\text{N}, M=2000\text{N}\cdot\text{mm}$。各力作用位置如图所示。求：

(1) 力系向点 O 简化的结果；

(2) 力系的合力的大小、方向及合力作用线方程。

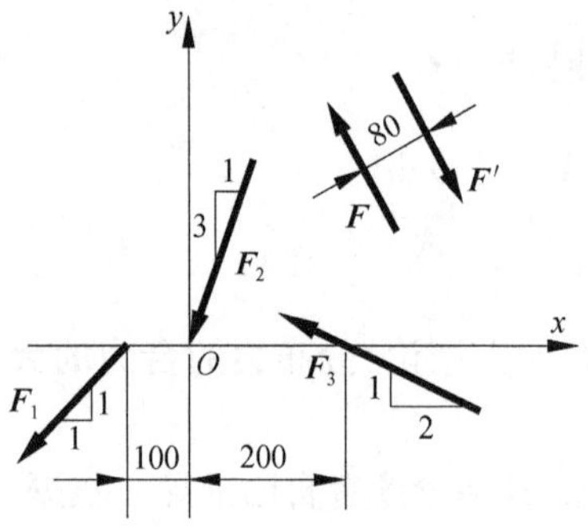

习题 2.1 图

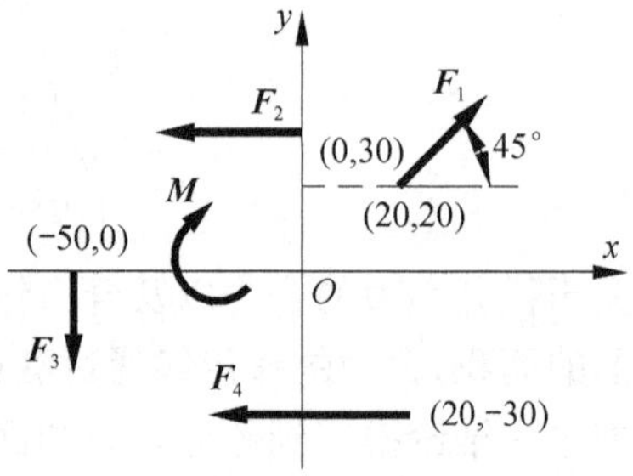

习题 2.2 图

2.3　图示的平面力系由三个力和两个力偶组成。已知 $F_1=1.5\text{kN}, F_2=2\text{kN}, F_3=3\text{kN}, M_1=100\text{N}\cdot\text{m}$，$M_2=80\text{N}\cdot\text{m}$。试将该力系向点 A 简化，并求合力作用线与 x 轴交点的坐标(图中长度单位为 m)。

2.4　平面支架 ABC 上作用一平面力系如图所示。其中 $F_1=F_2=3\text{kN}, F_3=1\text{kN}, M=2\text{kN}\cdot\text{m}, l=4\text{m}, h=10\text{m}$。试将力系向点 A 简化。向哪一点简化可得到合力？

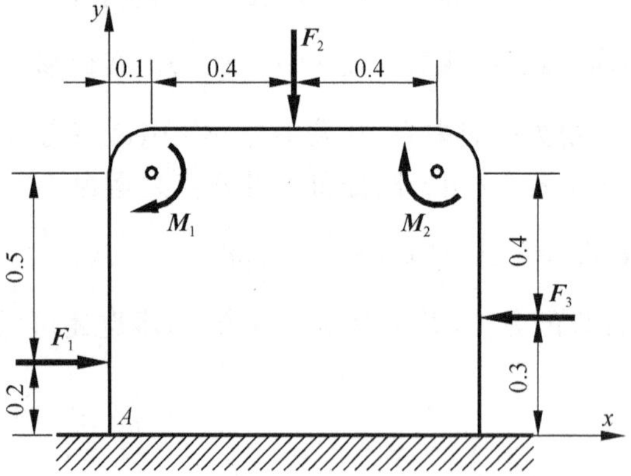

习题 2.3 图

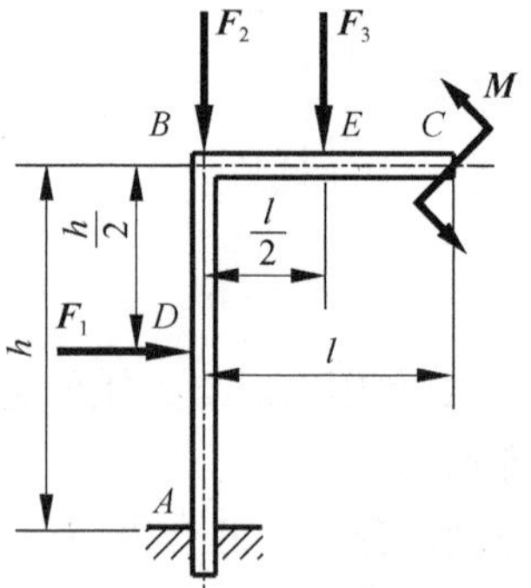

习题 2.4 图

2.5　图示载荷 $F_1=100\sqrt{2}\text{N}, F_2=200\sqrt{3}\text{N}$，分别作用在正方形的顶点 A 和 B 处。试将此力系向 O 点简化，并求其简化的最后结果。

2.6　空间力系如图所示，其中力偶矩 $M=24\text{N}\cdot\text{m}$，作用在 xOy 平面内。试求此力系向 O 点简化的结果。

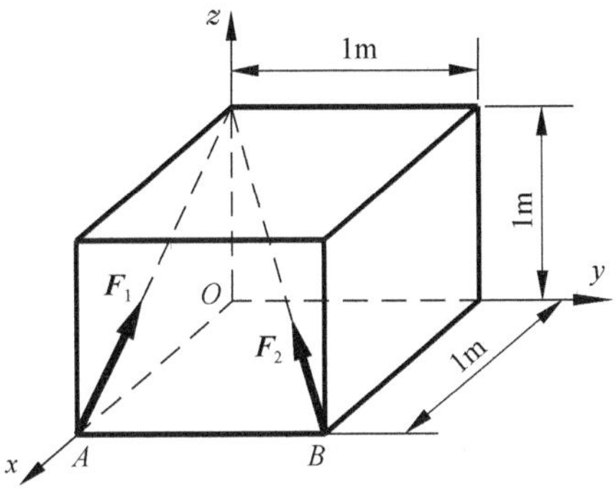

习题 2.5 图

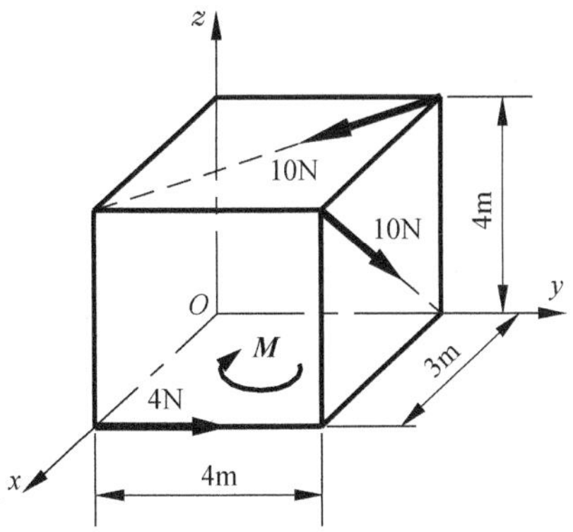

习题 2.6 图

2.7　试求如图所示阴影部分的形心坐标。

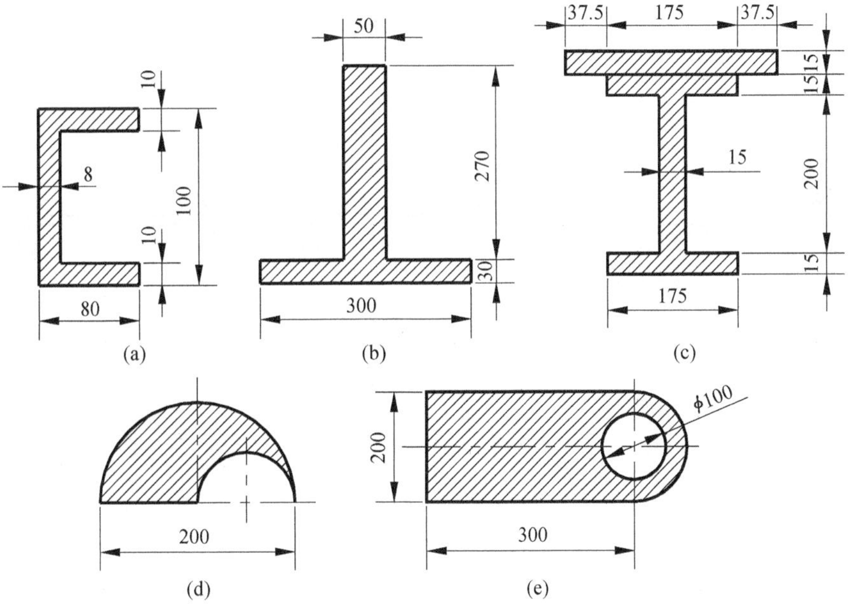

习题 2.7 图

2.8　求如图所示物体的形心位置(图中长度单位为 m)。

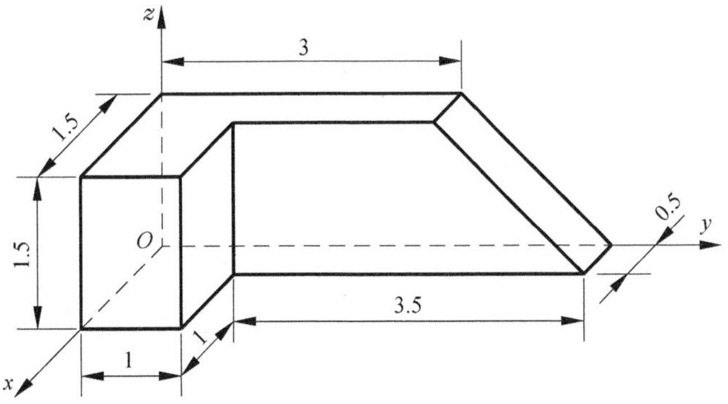

习题 2.8 图

2.9　如图所示物体由半径为 r 的圆柱体和半径为 r 的半球体组成。若要使该物体重心在高度为 r 的点 C，求圆柱体高度 h。

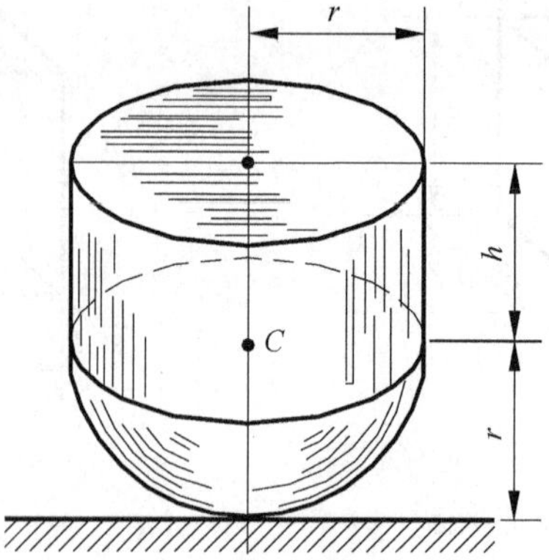

习题 2.9 图

2.10　计算图中分布力的合力和对 A 点之矩。

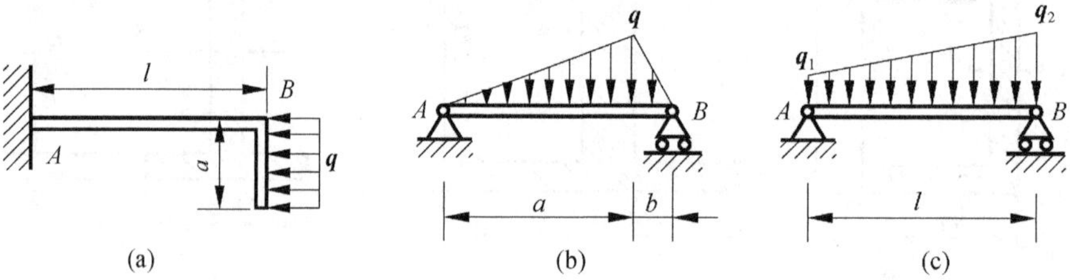

习题 2.10 图

第3章　静力学平衡问题

本章将介绍平衡的概念、力系的平衡条件和力系的平衡方程，并讨论平衡方程的几种特殊形式以及它们的应用，然后介绍平面静定桁架的内力计算和考虑摩擦时的平衡问题。

3.1　力系的平衡条件和平衡方程

3.1.1　平衡的概念

力系的平衡是指力系是一个零力系，即力系的主矢和对任一点的主矩都等于零。与力系平衡的含义不同，物体的平衡是指物体相对惯性参考系静止或作匀速直线运动，即物体的平衡是一种特殊的运动状态。对刚体而言，力系平衡是物体平衡的充分必要条件；对变形体而言，力系平衡只是物体平衡的必要条件。在本章里，我们将研究刚体、刚体系统的平衡问题。

3.1.2　力系的平衡条件

由平衡力系定理可知，力系平衡的充分与必要条件是力系的主矢和对任一点的主矩都等于零，即

$$\left.\begin{aligned} \boldsymbol{F}'_{\mathrm{R}} &= \sum \boldsymbol{F}_i = 0 \\ \boldsymbol{M}_O &= \sum \boldsymbol{M}_O(\boldsymbol{F}_i) = 0 \end{aligned}\right\} \tag{3-1}$$

3.1.3　力系的平衡方程

为了应用方便，平衡条件式(3-1)通常用解析式表示，将式(3-1)投影在 x 轴、y 轴和 z 轴上，得到如下的表达式

$$\left.\begin{aligned} &F'_{\mathrm{R}x} = \sum F_{ix} = 0, \quad F'_{\mathrm{R}y} = \sum F_{iy} = 0, \quad F'_{\mathrm{R}z} = \sum F_{iz} = 0 \\ &M_{Ox} = \sum M_{Ox}(\boldsymbol{F}_i) = 0, \quad M_{Oy} = \sum M_{Oy}(\boldsymbol{F}_i) = 0, \quad M_{Oz} = \sum M_{Oz}(\boldsymbol{F}_i) = 0 \end{aligned}\right\}$$

通常可略去下标中的 i，并考虑力对轴之矩和力对点之矩的关系，上述方程可简写为

$$\left.\begin{aligned} &\sum F_x = 0, \quad \sum F_y = 0, \quad \sum F_z = 0 \\ &\sum M_x(\boldsymbol{F}) = 0, \quad \sum M_y(\boldsymbol{F}) = 0, \quad \sum M_z(\boldsymbol{F}) = 0 \end{aligned}\right\} \tag{3-2}$$

式(3-2)称为空间一般力系作用下刚体的平衡方程，简称为空间一般力系的平衡方程，它是空间力系平衡方程的基本形式。

式(3-2)表明，平衡力系中的所有力在直角坐标系各轴上的投影的代数和都等于零；同时，平衡力系中所有力对各轴之矩的代数和也分别等于零。

3.1.4　平衡方程的几种特殊形式

式(3-2)的六个平衡方程都是相互独立的，可以求解六个未知量。这六个平衡方程是针对空间

一般力系给出的，对于不同的特殊情形，如平行力系、力偶系等，并不一定都有六个独立的平衡方程，其中的某些方程是自然满足的，因此独立的平衡方程数有所不同。下面介绍几种特殊的情况。

1. 汇交力系

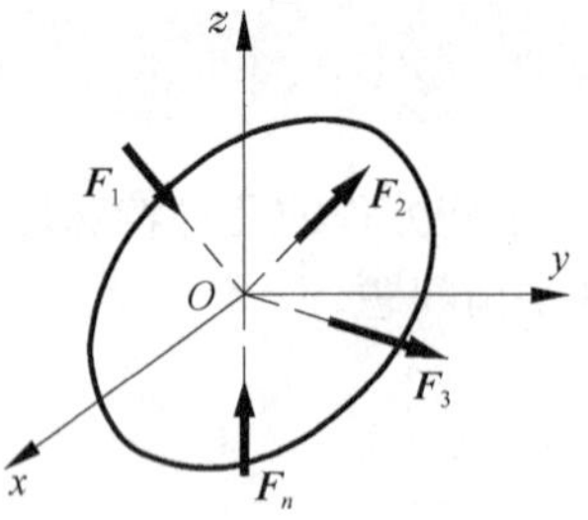

图 3-1

对于力系中所有力的作用线都汇交于一点 O 的空间汇交力系，如图 3-1 所示，式(3-2)平衡方程中三个力矩方程自然满足，因此，平衡方程为

$$\left.\begin{aligned}\sum F_x &= 0\\ \sum F_y &= 0\\ \sum F_z &= 0\end{aligned}\right\} \tag{3-3}$$

可以求解三个未知量。

对于平面汇交力系，各力的作用线在同一平面内，设力系位于 xOy 平面上，则式(3-3)中的 $\sum F_z \equiv 0$，因此平面汇交力系的两个独立平衡方程为

$$\left.\begin{aligned}\sum F_x &= 0\\ \sum F_y &= 0\end{aligned}\right\} \tag{3-4}$$

2. 平行力系

对于力系中所有力的作用线相互平行的空间平行力系(图 3-2)，若坐标系 $Oxyz$ 的 z 轴与各力平行，则式(3-2)的六个平衡方程中的 $\sum F_x = 0$、$\sum F_y = 0$、$\sum M_z(\boldsymbol{F}) = 0$ 自然满足。于是，平衡方程为

$$\left.\begin{aligned}\sum F_z &= 0\\ \sum M_x(\boldsymbol{F}) &= 0\\ \sum M_y(\boldsymbol{F}) &= 0\end{aligned}\right\} \tag{3-5}$$

可以求解三个未知量。

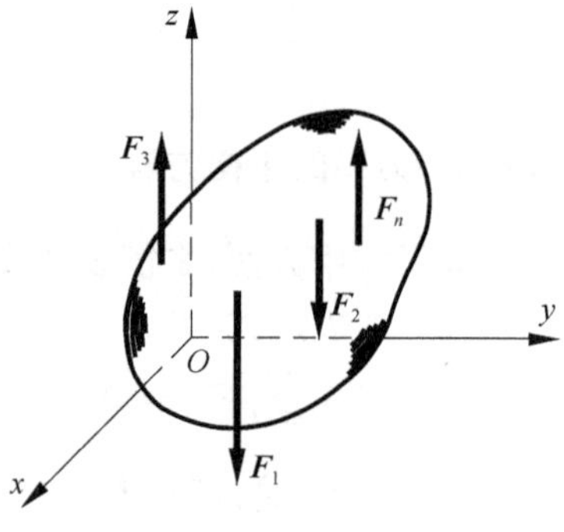

图 3-2

对于平面平行力系，若各力位于 xOy 平面内且与 y 轴平行，则式(3-2)的六个平衡方程中的 $\sum F_x = 0$，$\sum F_z = 0$，$\sum M_x(\boldsymbol{F}) = 0$，$\sum M_y(\boldsymbol{F}) = 0$ 自然满足，注意平面上 $\sum M_z(\boldsymbol{F}) = \sum M_O(\boldsymbol{F})$。于是，独立平衡方程为

$$\left.\begin{aligned}\sum F_y &= 0\\ \sum M_O(\boldsymbol{F}) &= 0\end{aligned}\right\} \tag{3-6}$$

可以求解两个未知量。

3. 力偶系

对于空间力偶系，由于力偶系的主矢始终等于零，则式(3-2)的六个平衡方程中的 $\sum F_x = 0$、

$\sum F_y = 0$、$\sum F_z = 0$ 自然满足。于是，平衡方程为

$$\left.\begin{aligned}\sum M_x &= 0\\ \sum M_y &= 0\\ \sum M_z &= 0\end{aligned}\right\}\tag{3-7}$$

可以求解三个未知量。

对于平面力偶系，若各力偶的作用面均位于 xOy 平面内，式(3-7)的三个平衡方程中的 $\sum M_x = 0$、$\sum M_y = 0$ 自然满足。于是，平衡方程为

$$\sum M_z = 0 \quad 或 \quad \sum M = 0 \tag{3-8}$$

由此可见，平面力偶系只有一个独立的平衡方程，只能求解一个未知量。

4. 平面一般力系

设平面一般力系位于 xOy 平面内，则式(3-2)的六个平衡方程中的 $\sum F_z = 0$、$\sum M_x(\boldsymbol{F}) = 0$、$\sum M_y(\boldsymbol{F}) = 0$ 自然满足。注意平面上 $\sum M_z(\boldsymbol{F}) = \sum M_O(\boldsymbol{F})$，于是，平衡方程为

$$\left.\begin{aligned}\sum F_x &= 0\\ \sum F_y &= 0\\ \sum M_O(\boldsymbol{F}) &= 0\end{aligned}\right\}\tag{3-9}$$

可以求解三个未知量。

式(3-9)称为平面一般力系平衡方程的一般形式。

上述平面一般力系的平衡方程中的 $\sum F_x = 0$、$\sum F_y = 0$ 还可以部分或全部用力矩式代替，但所选的投影轴和矩心之间应满足一定的条件，此即二矩式和三矩式。

二矩式

$$\left.\begin{aligned}\sum F_x &= 0\\ \sum M_A(\boldsymbol{F}) &= 0\\ \sum M_B(\boldsymbol{F}) &= 0\end{aligned}\right\}\tag{3-10}$$

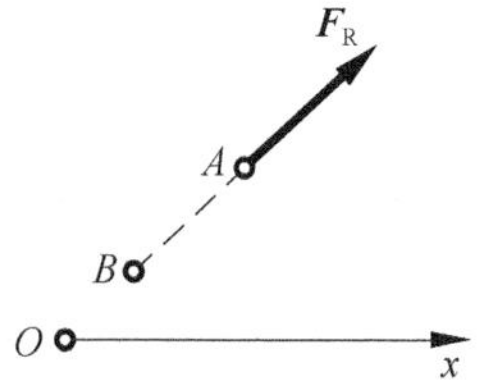

图 3-3

附加条件是矩心 A、B 连线不与投影轴 x 垂直(图 3-3)。

这是因为，当上述三个方程中的第二式和第三式同时满足时，力系的简化结果只可能是通过 AB 两点的一合力或者是平衡力系。但是，当第一式同时成立，而且 AB 与 x 轴不垂直时，力系便不可能简化为一合力 $\boldsymbol{F}_R$，否则，力系中所有的力在 x 轴上投影的代数和不可能等于零，因此原力系必然为平衡力系。

三矩式

$$\left.\begin{aligned}\sum M_A(\boldsymbol{F}) &= 0\\ \sum M_B(\boldsymbol{F}) &= 0\\ \sum M_C(\boldsymbol{F}) &= 0\end{aligned}\right\}\tag{3-11}$$

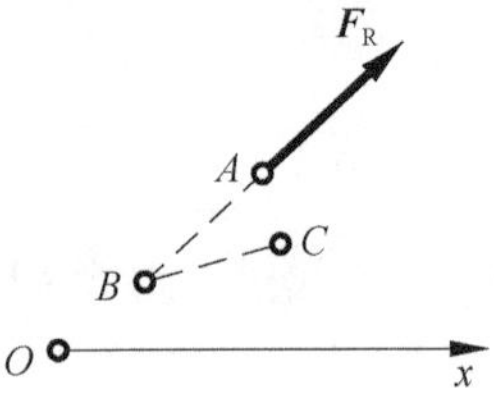

图 3-4

附加条件是矩心 A、B、C 不共线(图 3-4)。

因为,当式(3-11)中的第一式满足时,力系的简化结果只能是通过 A 点的一个合力 $\boldsymbol{F}_R$ 或平衡力系。同样,如果第二、第三式也同时满足,如果简化结果是一合力,则这一合力也必须通过 B、C 两点。但是,由于 A、B、C 三点不共线(图 3-4),所以力系也不可能简化为一合力,因此,满足上述方程的平面力系只可能是一平衡力系。

在式(3-10)和式(3-11)中,当满足各自的附加条件时,三个方程是相互独立的,可以求解三个未知量。在某些情况下,应用二矩式或三矩式求解往往比一般形式还要方便。

3.2 平面问题平衡方程的应用

研究了力系的平衡条件和平衡方程后,就可以应用力系的平衡方程求解静力学平衡问题,下面结合具体问题分单个刚体和刚体系统两种情况说明平衡方程的应用。

3.2.1 单个刚体的平衡

平衡方程描述了物体平衡时各力之间应满足的关系,因此可以应用平衡方程求解平衡物体的未知力或物体平衡的位置。

单个刚体平衡问题求解的基本步骤是:

(1) 根据题意选取恰当的研究对象,确定研究对象。

(2) 对研究对象进行受力分析,画出受力图。

(3) 判断力系的性质,列出平衡方程。不同的力系其独立的平衡方程数是不同的,因此应判断力系的性质,确定平衡方程的形式和数目;并根据题意适当地选取投影轴和矩心,以减少平衡方程中未知量的数目,尽量避免求解联立方程。一般以两个力的交点为矩心,而投影轴尽可能与未知力垂直。

(4) 解方程并对结果进行讨论。计算结果出现负号,说明受力图中假设的力的方向与真实指向相反;反之,则相同。

例 3-1　支撑阳台的水平梁所受的载荷可以看作均布载荷 q,从柱子上传下来的载荷可看作集中力 $\boldsymbol{F}$,如图 3-5(a)所示。柱子轴线到墙面的距离为 l。求梁固定端的约束力。

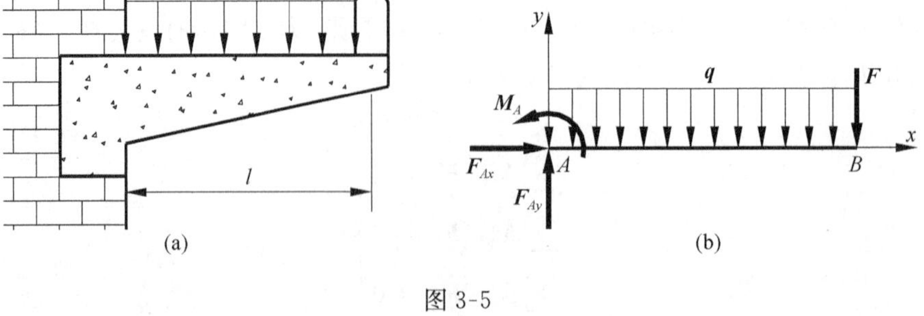

图 3-5

解:(1) 取梁为研究对象。

(2) 受力分析如图 3-5(b)所示。梁 AB 用直线代替,A 端视为固定端约束,建立图 3-5(b)所示的直角坐标系。

(3) 列平衡方程有

$$\sum F_x = 0,\quad F_{Ax} = 0$$

$$\sum F_y = 0,\quad F_{Ay} - q\cdot l - F = 0$$

$$\sum M_A(\boldsymbol{F}) = 0,\quad -F\cdot l - q\cdot l\cdot \frac{l}{2} + M_A = 0$$

(4) 解方程得

$$F_{Ax} = 0,\quad F_{Ay} = ql + F,\quad M_A = Fl + ql^2/2$$

例 3-2　起重机重 $F_{P1}=10\text{kN}$,可绕铅垂轴 AB 转动,起重机的挂钩上挂一重为 $F_{P2}=40\text{kN}$ 的重物,起重机的重心 C 到转动轴的距离为 1.5m,其他尺寸如图 3-6(a)所示。求在止推轴承 A 处和向心轴承 B 处的约束力。

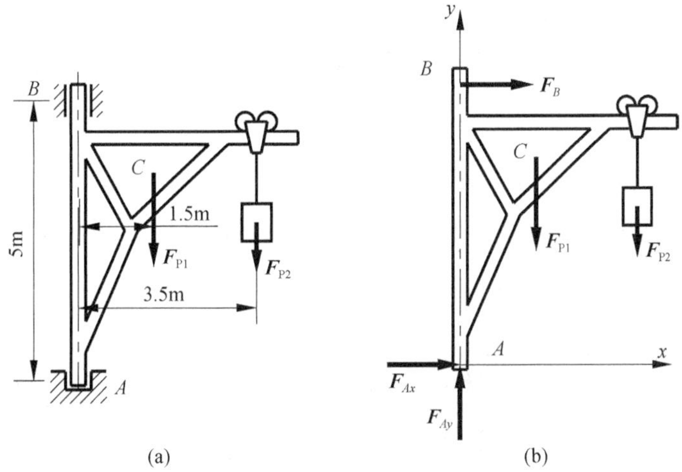

图 3-6

解:(1) 取起重机为研究对象。

(2) A 端为止推轴承约束,B 端为向心轴承约束,建立图 3-6(b)所示的直角坐标系,受力分析如图 3-6(b)所示。

(3) 列平衡方程有

$$\sum F_x = 0,\quad F_{Ax} + F_B = 0$$

$$\sum F_y = 0,\quad F_{Ay} - F_{P1} - F_{P2} = 0$$

$$\sum M_A(\boldsymbol{F}) = 0,\quad -F_{P2}\times 3.5 - F_{P1}\times 1.5 - F_B\times 5 = 0$$

(4) 解方程得

$$F_{Ax} = 31\text{kN},\quad F_{Ay} = 50\text{kN},\quad F_B = -31\text{kN}$$

F_B 为负值,说明它的方向与假设方向相反,即应指向左。

例 3-3　行走式起重机如图 3-7(a)所示。机架重量 $F_{P1}=500\text{kN}$,重心在点 O。起重机最大

起吊重量 $F_{P2}=250kN$。要保证起重机在空载和满载时都不会翻倒,平衡锤的重量 F_{P3} 应取多大? 图中轨距 $a=3m$,$b=1.5m$,$c=6m$,$l=10m$。

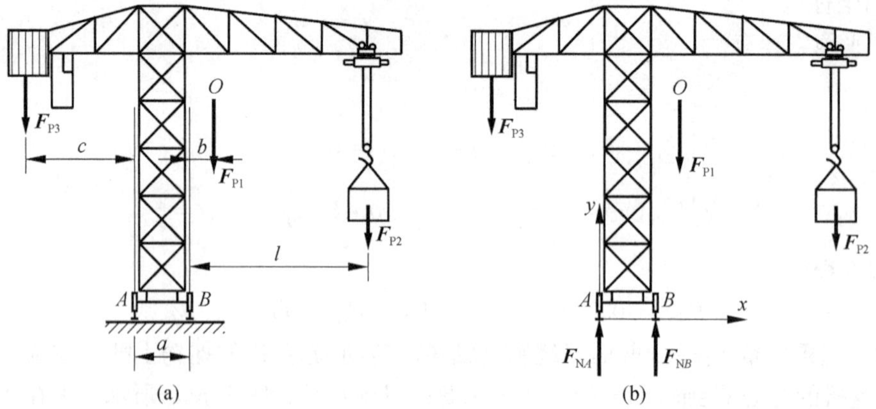

图 3-7

解:(1) 取起重机和重物为研究对象。

(2) 受力分析。轮子 A 处和 B 处的约束可看做光滑接触面约束。系统受平面平行力系作用如图 3-7(b)所示。

(3) 列平衡方程有

满载且重物距离 B 轮轨道最远时,起重机有绕 B 轮翻倒的趋势。翻倒瞬时 A 轮将脱轨,$F_{NA}=0$。考虑将翻未翻的临界状态,此时仍应满足平衡条件。

$$\sum M_B(\boldsymbol{F})=0,\quad F_{P3}\cdot(a+c)-F_{P1}\cdot b-F_{P2}\cdot l=0$$

解方程得

$$F_{P3}=\frac{F_{P1}b+F_{P2}l}{a+c}=\frac{500\times1.5+250\times10}{3+6}\text{kN}=361\text{kN}$$

空载时起重机有绕 A 轮翻倒的趋势,此时,$F_{NB}=0$。列平衡方程有

$$\sum M_A(\boldsymbol{F})=0,\quad F_{P3}\cdot c-F_{P1}\cdot(b+a)=0$$

解方程得

$$F_{P3}=\frac{a+b}{c}F_{P1}=\frac{3+1.5}{6}\times500\text{kN}=375\text{kN}$$

因此,为保证起重机安全工作,平衡锤的重量应满足

$$361\text{kN}\leqslant F_{P3}\leqslant375\text{kN}$$

3.2.2　刚体系统的平衡

1. 静定和超静定的概念

前面所讨论的平衡问题,未知量的数目等于力系的独立平衡方程数,所有的未知量都可以通过独立的平衡方程加以求解,这类问题称为**静定问题**,相应的结构称为**静定结构**。

工程中为了提高结构的强度和刚度,或者为了满足其他的工程要求,常常在静定结构上附加一个或几个约束,从而使未知量的数目多于独立的平衡方程数,这时由静力学平衡方程不能求得

所有的未知量，这类问题称为**超静定问题**，相应的结构称为**超静定结构**。超静定问题中未知量的数目与独立的平衡方程数的差称为**超静定次数**。超静定问题的未知量不能全部求解，是由于采用了刚体这样一个力学模型，如果把受力物体视为变形体，就可以考虑物体受力以后的变形之间的相互关系以及力与变形之间的关系，以此作为补充方程，就可以求解所有的未知量。超静定问题已经超出了刚体静力学的范围，将在材料力学中介绍。

如图3-8(a)所示的三脚凳，$\boldsymbol{F}_P$ 为人和凳的总重，$\boldsymbol{F}_1$、$\boldsymbol{F}_2$、$\boldsymbol{F}_3$ 为地对凳的约束力，以上四个力组成空间平行力系，而空间平行力系有三个独立的平衡方程，因此三个未知的约束力都可以通过独立的平衡方程加以求解，所以这是一个静定问题。

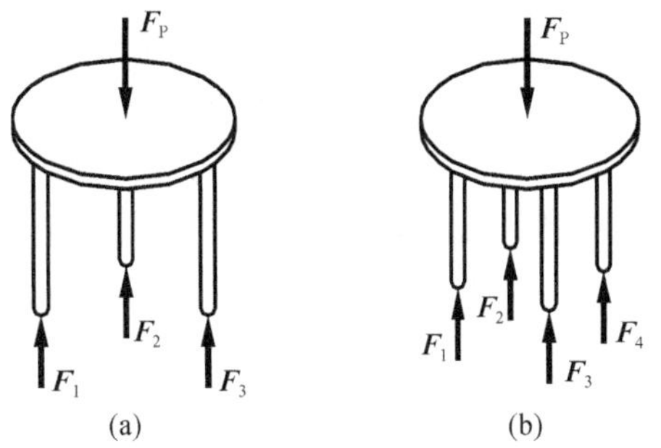

图3-8

虽然三脚凳属于静定问题，但大家都知道三脚凳容易倾倒，坐三脚凳有不安全感。如图3-8(b)所示的四脚凳，比三脚凳要牢固得多。显然，四脚凳的四个未知的约束力不能通过独立的平衡方程全部求解，所以这是一个一次超静定问题。

在如图3-9(a)和图3-9(b)所示的平面任意力系中，均有三个平衡方程，图3-9(a)中有三个未知量，因此是静定的；而图3-9(b)中有四个未知量，因此是超静定的。图3-9(c)所示的梁由两部分铰接组成，每部分有三个平衡方程，共有六个平衡方程。未知量除图中所画的三个约束力和一个约束力偶外，尚有中间铰链 C 处的两个未知力，共计六个。因此，也是静定的。若将 B 处的滚动支座改为固定铰支座，则系统共有七个未知量，因此系统将是超静定的。

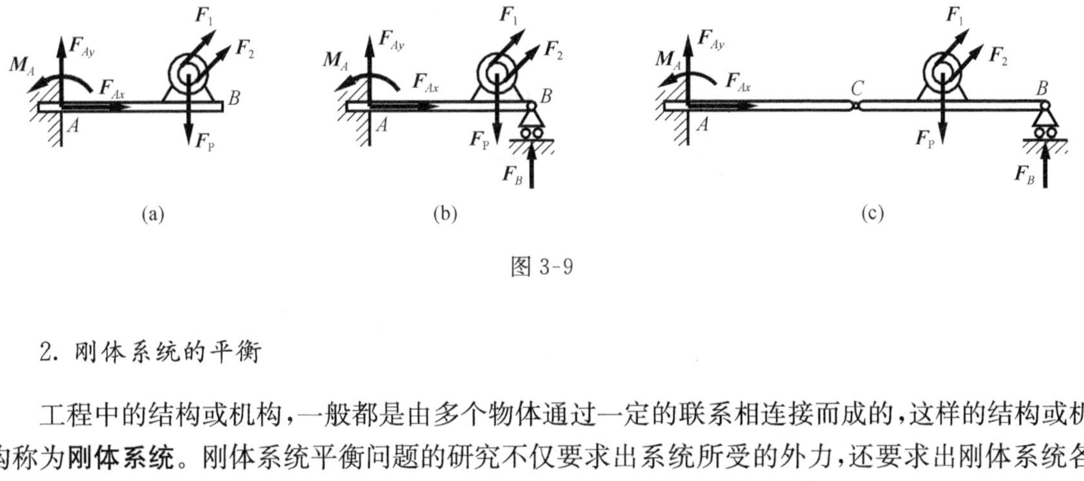

图3-9

2. 刚体系统的平衡

工程中的结构或机构，一般都是由多个物体通过一定的联系相连接而成的，这样的结构或机构称为**刚体系统**。刚体系统平衡问题的研究不仅要求出系统所受的外力，还要求出刚体系统各个组成部分之间的相互作用力，称为内力。为此，就需要把某些物体从系统中分离出来单独研究。此外，即便是求刚体系统的外力，有时也需要把某些物体分开来研究，才能求出所有未知量。可见求解刚体系统的平衡问题是以单个刚体的平衡问题为基础的。

求解静定刚体系统平衡问题的一般步骤如下：

(1) 选取研究对象。研究对象可选整个系统，也可选某个子系统或某个刚体。研究对象的选取对于刚体系统平衡问题的求解至关重要，选取不当，有可能整个问题无法求解。如何选取研究对象，没有固定的模式。通常，对于结构而言，可以考虑先选取整个系统为研究对象，然后再选取某个子系统或某个刚体为研究对象，称为“先整体，后部分”；对于机构，一般不取整个系统为研究对象，而是分别选取子系统或刚体为研究对象。

(2) 对研究对象进行受力分析，画受力图，并列平衡方程。列平衡方程时，只列解题所需的平衡方程，而不需要求解的未知量尽量不要出现在平衡方程中。为此，通常可以将投影轴垂直于不需要求解的未知量的方向，或者将矩心取在不需要求解的未知力的交点处。

(3) 再选下一个研究对象，重复步骤(2)。如此反复进行，直至得到所有必需的方程。对 n 个刚体组成的系统，最多只能选 n 次分离体。再多选分离体所得到的平衡方程不是独立的方程。

(4) 解方程，求出待求量。这一步有时可在第(2)步完成，有时需要联立求解各研究对象得到的方程。

例 3-4 一多跨静定梁由梁 AB 和梁 BC 用中间铰 B 连接而成，受力如图 3-10(a)所示。已知 $F=20\text{kN}$，$q=5\text{kN/m}$，$\alpha=45°$。求支座 A、C 处的约束力。

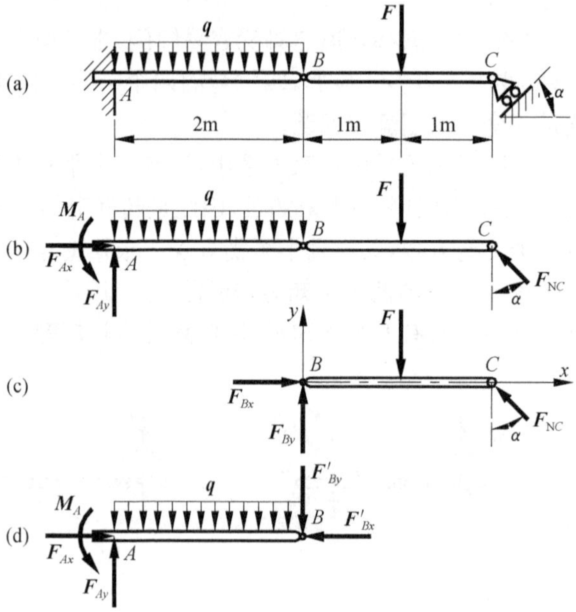

图 3-10

解：(1) 取整个系统为研究对象，受力分析如图 3-10(b)所示，列平衡方程有

$$\sum F_x = 0,\quad F_{Ax} - F_{NC}\sin\alpha = 0 \tag{a}$$

$$\sum F_y = 0,\quad F_{Ay} - q\times 2 - F + F_{NC}\cos\alpha = 0 \tag{b}$$

$$\sum M_A(\boldsymbol{F}) = 0,\quad F_{NC}\cos\alpha\times 4 - F\times 3 - q\times 2\times 1 + M_A = 0 \tag{c}$$

(2) 再取梁 BC 为研究对象，受力分析如图 3-10(c)所示，列平衡方程有

$$\sum M_B(\boldsymbol{F}) = 0,\quad F_{NC}\cos\alpha\times 2 - F\times 1 = 0 \tag{d}$$

联立求解以上各式得

$$F_{Ax} = 10\text{kN},\quad F_{Ay} = 20\text{kN},\quad M_A = 30\text{kN}\cdot\text{m},\quad F_{NC} = 14.14\text{kN}$$

讨论：

(1) 本题还可以有其他的研究对象的选取方法，即先取 BC 为研究对象，受力分析如图 3-10

(c)所示,列方程(d)、(e)和(f)

$$\sum F_x = 0,\quad F_{Bx} - F_{NC}\sin\alpha = 0 \tag{e}$$

$$\sum F_y = 0,\quad F_{By} - F + F_{NC}\cos\alpha = 0 \tag{f}$$

然后再取 AB 为研究对象,受力分析如图 3-10(d)所示,列平衡方程有

$$\sum F_x = 0,\quad F_{Ax} - F'_{Bx} = 0 \tag{g}$$

$$\sum F_y = 0,\quad F_{Ay} - q\times 2 - F'_{By} = 0 \tag{h}$$

$$\sum M_A(\boldsymbol{F}) = 0,\quad -F'_{By}\times 2 - q\times 2\times 1 + M_A = 0 \tag{i}$$

联立求解方程(d)~方程(i),同样可以求解。当然本方法所列的平衡方程数较多。

读者可以想一想,本题是否还有其他的研究对象选取方法。

(2) 从本题的求解过程可以看出,研究对象的选取没有固定的模式,可以有多种选择方式。对于结构而言,在不知道如何选取研究对象时,可以尝试"先整体,后部分"的研究对象选取方式。

例 3-5　图 3-11(a)所示的结构中,杆 AB 与 CD 通过中间铰 B 相联接,滑轮 D 可绕轴 D 自由转动,重量为 $\boldsymbol{F}_P$ 的重物通过绕过滑轮 D 的绳索水平地连接于杆 AB 的点 E,A、C 两处为固定铰支座,各构件自重不计。试求两杆在点 B 处的相互作用力。

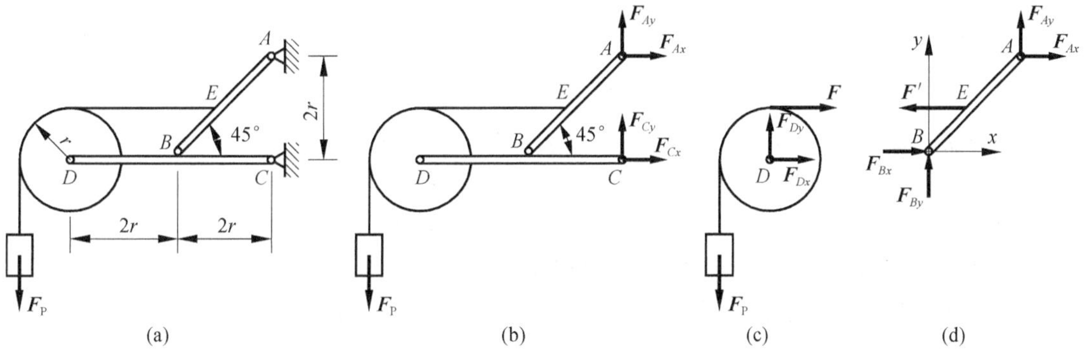

图 3-11

解:(1) 取整个系统为研究对象,受力分析如图 3-11(b)所示,列平衡方程有

$$\sum M_C(\boldsymbol{F}) = 0,\quad F_P\times 5r - F_{Ax}\times 2r = 0 \tag{a}$$

$$F_{Ax} = 2.5F_P$$

(2) 再取滑轮、重物和部分绳索为研究对象,受力分析如图 3-11(c)所示,列平衡方程有

$$\sum M_D(\boldsymbol{F}) = 0,\quad F_P\times r - F\times r = 0 \tag{b}$$

$$F = F_P$$

(3) 再取 AB 杆为研究对象,受力分析如图 3-11(d)所示,列平衡方程有

$$\sum F_x = 0,\quad F_{Ax} + F_{Bx} - F' = 0 \tag{c}$$

$$\sum M_A(\boldsymbol{F}) = 0,\quad F_{Bx}\times 2r - F_{By}\times 2r - F'\times r = 0 \tag{d}$$

$F=F'$,求解以上各式得

$$F_{Bx} = -1.5F_P,\quad F_{By} = -2F_P$$

F_{Bx}、F_{By}为负值,说明它的方向与假设方向相反。

讨论:本题由于需要求解系统的内力,因此必须要将内力暴露出来,为此可取 AB 杆为研究对象,当然,也可以取 DC 为研究对象。另外,本题一共选取了三次研究对象,可以列出九个独立的平衡方程,但由于本题只需要求 B 点处的约束力,因此,只需要有针对性地列出相关的四个独立平衡方程就够了。

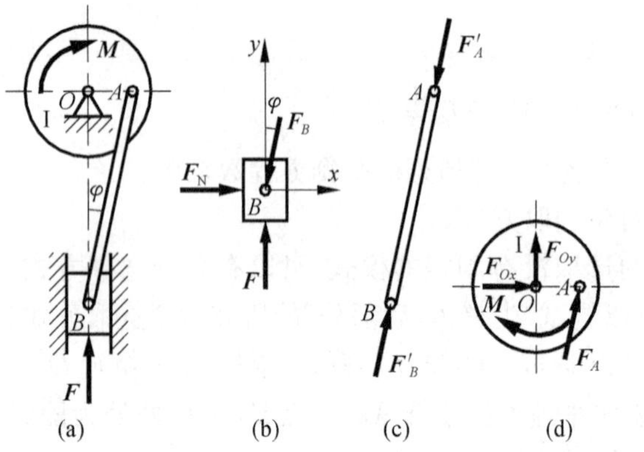

图 3-12

例 3-6 图 3-12(a)所示为曲轴冲床简图,由轮 I、连杆 AB 和冲头 B 组成。$OA=R$,$AB=l$。忽略摩擦和自重,当 OA 在水平位置、冲压力为 $\boldsymbol{F}$ 时系统处于平衡状态。求:(1) 作用在轮 I 上的力偶之矩 M 的大小;(2) 轴承 O 处的约束力;(3) 连杆 AB 受的力;(4) 冲头给导轨的侧压力。

解:(1) 取冲头 B 为研究对象,受力分析如图 3-12(b)所示,列平衡方程有

$$\sum F_x=0,\quad F_N-F_B\sin\varphi=0 \qquad \text{(a)}$$

$$\sum F_y=0,\quad F-F_B\cos\varphi=0 \qquad \text{(b)}$$

由式(b)可求得

$$F_B=\frac{F}{\cos\varphi}$$

此即 AB 杆所受到的力,带入式(a)可求得导轨对冲头的约束力

$$F_N=F\tan\varphi=F\frac{R}{\sqrt{l^2-R^2}}$$

冲头给导轨的侧压力与 F_N 的大小相等,方向相反。

(2) 再取轮 I 为研究对象,受力分析如图 3-12(d)所示,列平衡方程有

$$\sum F_x=0,\quad F_A\sin\varphi+F_{Ox}=0 \qquad \text{(c)}$$

$$\sum F_y=0,\quad F_A\cos\varphi+F_{Oy}=0 \qquad \text{(d)}$$

$$\sum M_O(\boldsymbol{F})=0,\quad F_A\cos\varphi\times R-M=0 \qquad \text{(e)}$$

由式(e)可得

$$M=FR$$

由式(c)可得

$$F_{Ox}=-F_A\sin\varphi=-F\frac{R}{\sqrt{l^2-R^2}}$$

由式(d)可得

$$F_{Oy}=-F_A\cos\varphi=-F$$

负值说明 F_{Ox}、F_{Oy}的方向与假设方向相反。

讨论:本题的研究对象为机构,因此一般不取整个系统为研究对象,而是分别选取相关的物体为研究对象;另外,由于 AB 杆为二力杆,其所提供的约束力的方向是确定的,因此在选取研究对象时不取二力杆为研究对象。

例 3-7 图 3-13(a)所示三角形平板 A 点为铰链支座，销钉 C 固结在杆 ED 上，并与滑道光滑接触。各构件重量略去不计，试求铰链支座 A 和 D 的约束力。

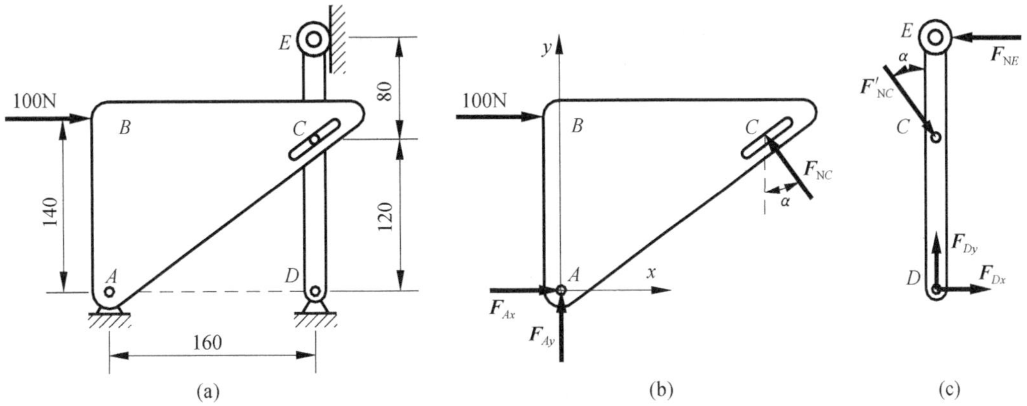

图 3-13

解：(1) 取三角形平板 ABC 为研究对象，受力分析如图 3-13(b)所示，列平衡方程有

$$\sum F_x = 0,\quad F_{Ax} + 100 - F_{NC}\sin\alpha = 0 \tag{a}$$

$$\sum F_y = 0,\quad F_{Ay} + F_{NC}\cos\alpha = 0 \tag{b}$$

$$\sum M_A(\boldsymbol{F}) = 0,\quad F_{NC}\sin\alpha \times 120 + F_{NC}\cos\alpha \times 160 - 100 \times 140 = 0 \tag{c}$$

求解得

$$F_{NC} = 70\text{N},\quad F_{Ax} = -58\text{N},\quad F_{Ay} = -56\text{N}$$

(2) 再取 ED 杆为研究对象，受力分析如图 3-13(c)所示，列平衡方程有

$$\sum F_x = 0,\quad F_{Dx} - F_{NE} + F'_{NC}\sin\alpha = 0 \tag{d}$$

$$\sum F_y = 0,\quad F_{Dy} - F'_{NC}\cos\alpha = 0 \tag{e}$$

$$\sum M_D(\boldsymbol{F}) = 0,\quad F_{NE} \times 200 - F'_{NC}\sin\alpha \times 120 = 0 \tag{f}$$

求解可得

$$F_{Dx} = -16.8\text{N},\quad F_{Dy} = 56\text{N},\quad F_{NE} = 25.2\text{N}$$

3.3 空间问题平衡方程的应用

空间力系平衡问题的求解，其基本步骤与平面问题完全一样：首先确定研究对象；对研究对象进行受力分析，画出受力图；然后列出平衡方程，解出未知量。

例 3-8 如图 3-14(a)所示，墙角处的吊挂由两端铰结的杆 OA、杆 OB 和软绳 OC 构成。两杆分别垂直于墙面，由绳 OC 维持在水平面内。节点 O 处悬吊重物，重物重 F_P=10kN。已知 OA=30cm，OB=40cm，绳 OC 与水平面夹角为 30°。若杆重不计，试求绳的拉力和两杆所受的力。

解：(1) 取节点 O 为研究对象。

(2) 受力分析如图 3-14(b)所示。建立图 3-14(b)所示的直角坐标系。

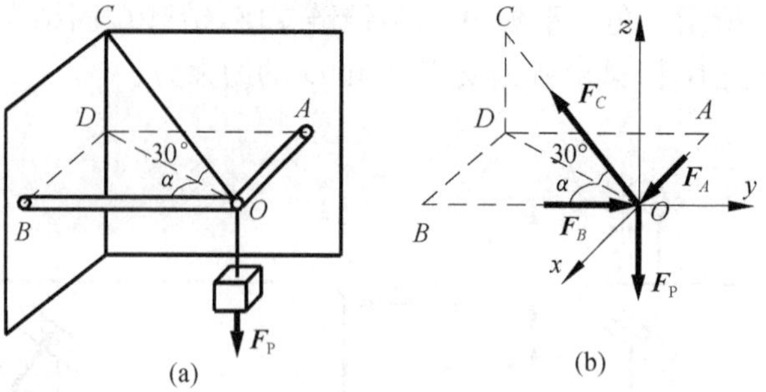

图 3-14

(3) 列平衡方程有

$$\sum F_x = 0,\quad F_A - F_C\cos30^\circ\sin\alpha = 0$$

$$\sum F_y = 0,\quad F_B - F_C\cos30^\circ\cos\alpha = 0$$

$$\sum F_z = 0,\quad F_C\sin30^\circ - F_P = 0$$

式中 $\sin\alpha=\dfrac{3}{5}$,$\cos\alpha=\dfrac{4}{5}$

(4) 解方程得

$$F_C = \frac{F_P}{\sin30^\circ} = \frac{10}{0.5}\text{kN} = 20\text{kN}$$

$$F_A = F_C\cos30^\circ\sin\alpha = 20\times\frac{\sqrt{3}}{2}\times\frac{3}{5}\text{kN} = 10.39\text{kN}$$

$$F_B = F_C\cos30^\circ\cos\alpha = 20\times\frac{\sqrt{3}}{2}\times\frac{4}{5}\text{kN} = 13.85\text{kN}$$

例 3-9 如图 3-15(a)所示传动轴中,作用于齿轮上的啮合力 $\boldsymbol{F}$ 推动 AB 轴作匀速转动。已知皮带轮上紧边皮带的拉力 $F_1=200$N,松边皮带的拉力 $F_2=100$N,皮带轮直径 $D_1=160$mm,圆柱齿轮的节圆直径 $D=240$mm,压力角(力 $\boldsymbol{F}$ 与齿轮上力的作用点圆周切向的夹角)$\alpha=20°$。求力 $\boldsymbol{F}$ 的大小和轴承的约束力。

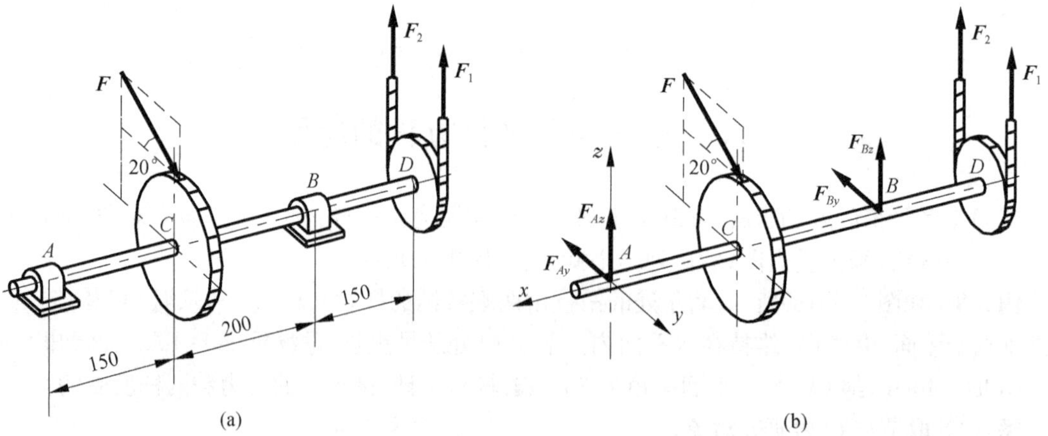

图 3-15

解:(1) 取传动轴以及其上的齿轮和皮带轮所组成的系统为研究对象。

(2) 受力分析如图 3-15(b)所示。建立图 3-15(b)所示的直角坐标系。

(3) 列平衡方程有

$$\sum F_y = 0,\quad -F_{Ay} - F_{By} + F\cos 20^\circ = 0$$

$$\sum F_z = 0,\quad F_{Az} + F_{Bz} + F_1 + F_2 - F\sin 20^\circ = 0$$

$$\sum M_x = 0,\quad (F_1 - F_2)\frac{D_1}{2} - F\cos 20^\circ \frac{D}{2} = 0$$

$$\sum M_y = 0,\quad -F\sin 20^\circ \times 150 + F_{Bz} \times 350 + (F_1 + F_2) \times 500 = 0$$

$$\sum M_z = 0,\quad -F\cos 20^\circ \times 150 + F_{By} \times 350 = 0$$

(4) 解方程得

$$F = 71\text{N},\quad F_{Ay} = 38.1\text{N},\quad F_{Az} = 142\text{N},\quad F_{By} = 28.6\text{N},\quad F_{Bz} = -418\text{N}$$

F_{Bz} 为负值,说明它的方向与假设方向相反。

* **例 3-10**　如图 3-16(a)所示均质正方形平板 $ABCD$ 边长为 l,重为 F_P,用 6 根不计自重的细杆铰接,在 A 点作用有水平力 $\boldsymbol{F}$。求各杆的内力。

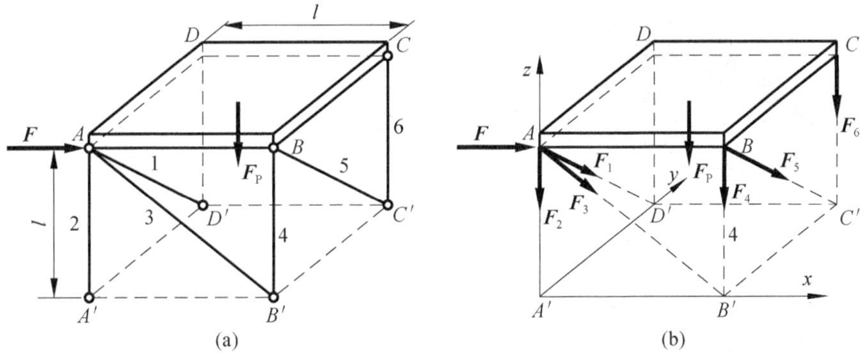

图 3-16

解:(1) 取平板为研究对象。

(2) 受力分析如图 3-16(b)所示。

各杆不计自重,为二力杆,且假设受拉。建立图 3-16(b)所示的直角坐标系。

(3) 列平衡方程并求解有

$$\sum M_{AB} = 0,\quad -F_6 l - F_P\frac{l}{2} = 0,\quad F_6 = -\frac{F_P}{2}$$

$$\sum M_{AA'} = 0,\quad F_5\cos 45^\circ \times l = 0,\quad F_5 = 0$$

$$\sum M_{AD} = 0,\quad F_4 l + F_6 l + F_P\frac{l}{2} = 0,\quad F_4 = 0$$

$$\sum M_{BB'} = 0,\quad -F_1\cos 45^\circ \times l = 0,\quad F_1 = 0$$

$$\sum M_{B'C'} = 0,\quad -F_P\frac{l}{2} - F_2 l + Fl = 0,\quad F_2 = F - \frac{F_P}{2}$$

$$\sum F_x = 0,\quad F + F_3\cos 45^\circ = 0,\quad F_3 = -\sqrt{2}F$$

3.4　平面静定桁架的内力计算

3.4.1　桁架

桁架是由若干细长直杆在两端按一定方式彼此连接所组成的几何形状不变的结构。若组成桁架的所有杆件在同一平面内，且载荷也作用在该平面内，则这样的桁架称为**平面桁架**；如果这些杆件不在同一平面内，或者载荷不作用在桁架所在的平面内，则称为**空间桁架**。各杆件的连接部位称为**节点**。桁架结构由于其结构轻、跨度大、节约材料等优点在工程中大量使用。如图 3-17(a)所示的桥梁拱架、图 3-17(b)所示的房屋屋架、图 3-17(c)所示的起重机机身和悬臂等都是桁架结构。

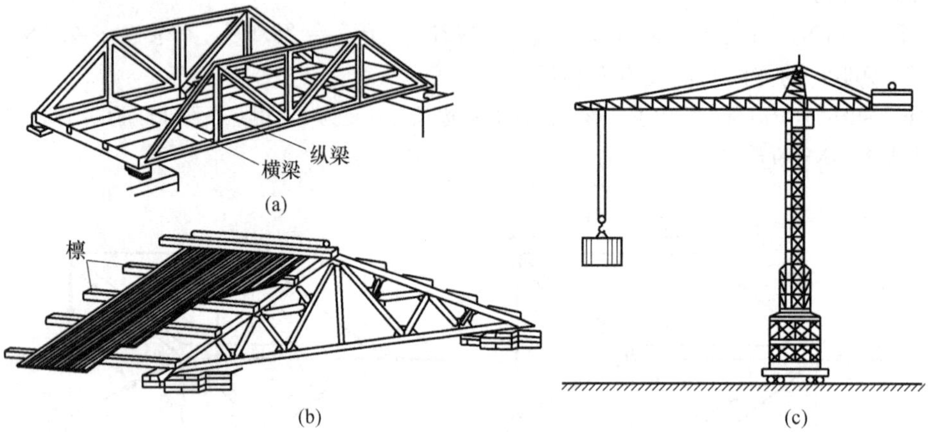

图 3-17

3.4.2　桁架的力学模型

工程中的实际桁架结构比较复杂，需要加以简化，才能进行力学分析。

1. 节点的简化

桁架杆件端部的实际连接方式有铆接、焊接、螺栓连接等，一般不能自由转动，因此杆端都有约束力偶。理论分析和实测结果表明，杆端的约束力偶很小，可以忽略不计。因此，用光滑铰链代替工程实际中的各类节点，如图 3-18 所示，从而使分析计算大大简化，计算精度也满足工程实际的需要。

2. 杆件的简化

用直杆代替工程实际中的各类杆件。

3. 载荷的简化

(1) 忽略杆重或等效简化到节点上；
(2) 所有的载荷作用在节点上，未作用在节点上的载荷等效简化到节点上。

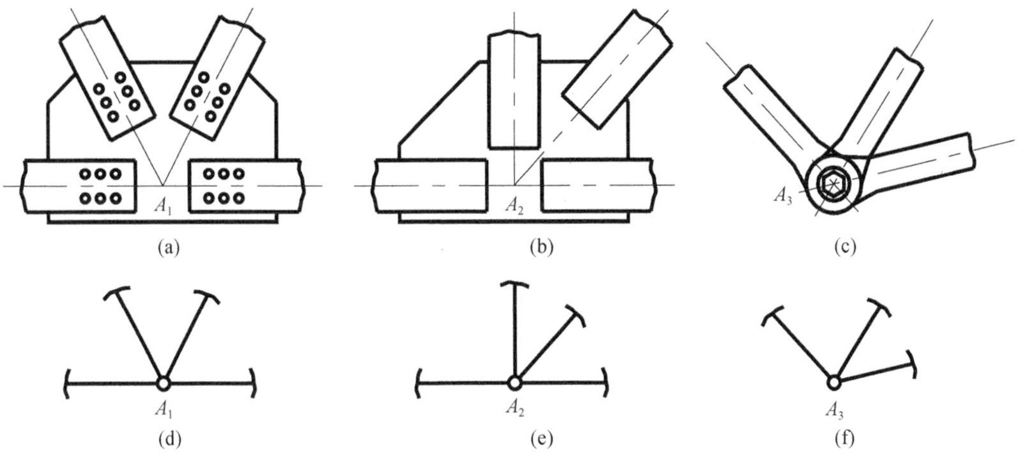

图 3-18

显然经过以上的简化处理，桁架中的所有杆件都是二力杆。经上述简化处理后的桁架称为理想桁架。

3.4.3　桁架的内力计算

1. 节点法

以节点为研究对象，逐个考察其受力与平衡，从而求解全部杆件受力的方法称为节点法。由于节点上的力系是平面汇交力系，只有两个独立平衡方程，所以用节点法求解时所选节点的未知量的个数不能超过两个，一般求解时首选两杆节点。另外，由于杆件较多，因此受力分析时**假设所有杆件均受拉**。

例 3-11　如图 3-19(a)所示平面桁架，在节点 C 处受一集中力 $F=10\text{kN}$ 的作用。试求各杆内力。

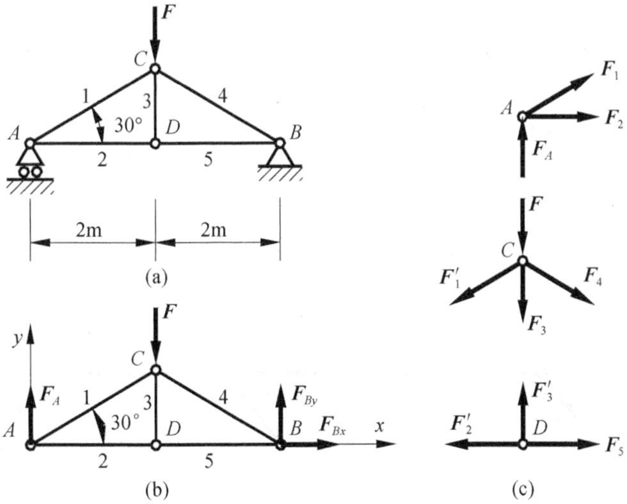

图 3-19

解:(1) 取系统为研究对象,受力分析如图 3-19(b)所示,列平衡方程

$$\sum F_x = 0,\quad F_{Bx} = 0$$

$$\sum F_y = 0,\quad F_{By} - F + F_A = 0$$

$$\sum M_A(\boldsymbol{F}) = 0,\quad -F \times 2 + F_{By} \times 4 = 0$$

求解得

$$F_{Bx} = 0,\quad F_A = F_{By} = 5\text{kN}$$

(2) 再分别取节点 A、C、D 为研究对象,受力分析如图 3-19(c)所示,对节点 A,列平衡方程得

$$\sum F_x = 0,\quad F_2 + F_1 \cos 30° = 0$$

$$\sum F_y = 0,\quad F_A + F_1 \sin 30° = 0$$

求解得

$$F_1 = -10\text{kN},\quad F_2 = 8.66\text{kN}$$

对节点 C,列平衡方程得

$$\sum F_x = 0,\quad -F_1' \cos 30° + F_4 \cos 30° = 0$$

$$\sum F_y = 0,\quad -F - F_3 - (F_1' + F_4)\sin 30° = 0$$

求解得

$$F_4 = -10\text{kN},\quad F_3 = 0$$

对节点 D,列平衡方程得

$$\sum F_x = 0,\quad -F_2' + F_5 = 0$$

求解得

$$F_5 = 8.66\text{kN}$$

受力分析时假设各杆受拉,计算结果 F_2、F_5 为正,表明 2、5 杆受拉;而计算结果 F_1、F_4 为负,表明 1、4 杆受压。

桁架结构中往往存在内力为零的杆件,如图 3-19(a)中的 3 杆,这类杆件称为**零杆**或**零力杆**。零杆很多时候可以在力学计算之前判断出来,这样可以减少计算工作量。

桁架结构中有两类特殊节点,如图 3-20(a)、图 3-20(b)所示的连接两根杆件的 L 形节点,如图 3-20(c)、图 3-20(d)所示的连接三根杆件的 T 形节点,这些节点处往往存在零杆。

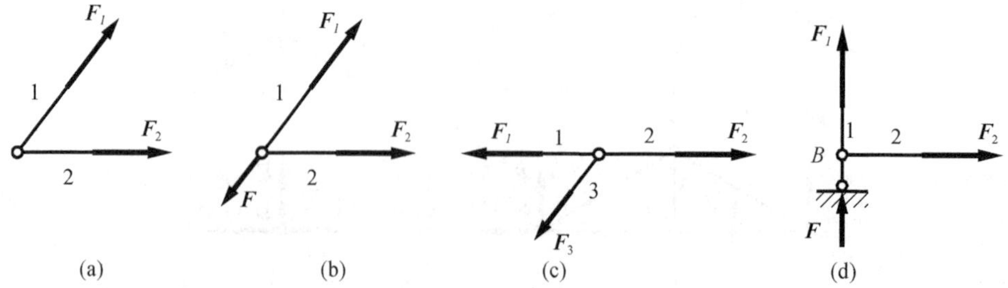

图 3-20

如图3-20(a)所示的L形节点，节点上没有载荷作用时，两根杆件皆为零杆；图3-20(b)所示的L形节点，节点上有载荷作用且载荷沿某根杆件轴线时，则另一根杆件2为零杆。

如图3-20(c)所示的T形节点，节点上没有载荷作用时，则3杆为零杆；图3-20(d)所示的T形节点，把支座视为一个链杆，此时2杆为零杆。

实际上，图3-20(c)、图3-20(d)所示的T形节点，如果节点上没有外力的作用，除了存在零杆外，可以看出共线的两根杆的内力相等。

2. 截面法

用假想截面将桁架截开，取其中一部分为研究对象，应用平衡方程，求解被截杆件内力的方法称为截面法。求解部分杆件的内力时用截面法比较简便；由于截开部分上的力系通常是平面一般力系，只有三个独立平衡方程，因此暴露出的未知量的数目不宜超过三个。

例3-12　如图3-21(a)所示平面桁架，各杆件的长度都等于1m。在节点E、G、F处受集中力$F_E=10\text{kN}$、$F_G=7\text{kN}$、$F_F=5\text{kN}$的作用。试求1、2、3杆的内力。

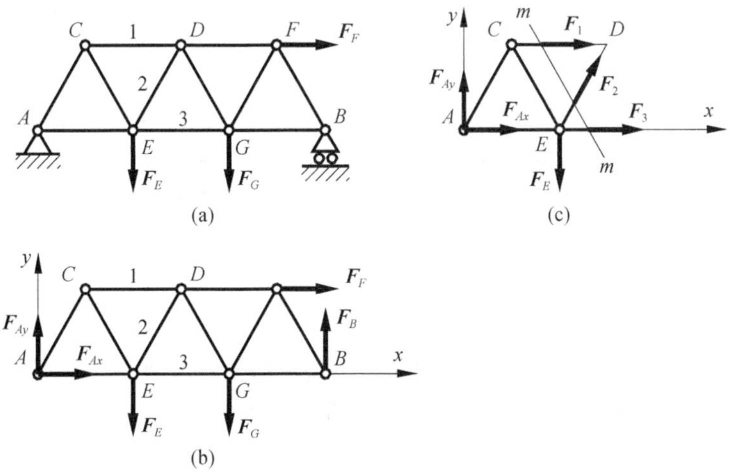

图3-21

解：(1) 取系统为研究对象，受力分析如图3-21(b)所示，列平衡方程有

$$\sum F_x=0,\quad F_{Ax}+F_F=0$$

$$\sum F_y=0,\quad F_{Ay}+F_B-F_E-F_G=0$$

$$\sum M_A(\boldsymbol{F})=0,\quad -F_E\times 1-F_G\times 2-F_F\times 1\times\sin 60^\circ+F_B\times 3=0$$

求解得

$$F_{Ax}=-5\text{kN},\quad F_{Ay}=7.557\text{kN},\quad F_B=9.44\text{kN}$$

(2) 再取截面m-m左侧部分为研究对象，受力分析如图3-21(c)所示，列平衡方程有

$$\sum F_y=0,\quad F_{Ay}+F_2\sin 60^\circ-F_E=0$$

$$\sum M_D(\boldsymbol{F})=0,\quad F_E\times 0.5+F_3\times 1\times\sin 60^\circ-F_{Ay}\times 1.5+F_{Ax}\times 1\times\sin 60^\circ=0$$

$$\sum M_E(\boldsymbol{F})=0,\quad -F_{Ay}\times 1-F_1\times 1\times\sin 60^\circ=0$$

求解得

$$F_1 = -8.726\text{kN}, \quad F_2 = 2.821\text{kN}, \quad F_3 = 12.32\text{kN}$$

受力分析时假设各杆受拉，计算结果 F_2、F_3 为正，表明 2、3 受拉；而计算结果 F_1 为负，表明 1 杆受压。

3.5 考虑摩擦时的平衡问题

在前面进行物体的受力分析时，均未考虑摩擦，即假设物体之间的接触是完全光滑的，这当然是对实际问题的一种理想化处理。这种理想化，在物体间接触面足够光滑或有较好的润滑时，所产生的误差并不大，这正是我们前几章假设接触面约束力只有法向分量的依据。但摩擦是机械运动中普遍存在的现象，实际接触面都是非光滑的。在一些问题中，如机床的夹紧装置、摩擦传动、摩擦制动器等，摩擦成为主要因素而必须加以考虑。此时就必须放弃光滑接触面模型，研究摩擦所引起的约束力。本节研究考虑摩擦时物体的平衡问题，这是对前述理想光滑约束的一种补充。

3.5.1 滑动摩擦

两个相互接触的物体，当它们之间产生了相对滑动或相对滑动的趋势时，在接触面间就产生了彼此阻碍运动的约束力，这种现象称为**滑动摩擦**，这种沿接触面切线方向的约束力称为**滑动摩擦力**，用符号 F_f 表示。滑动摩擦又分为静滑动摩擦和动滑动摩擦两种。

1. *静滑动摩擦*

1) 静滑动摩擦力

静滑动摩擦力用 $\boldsymbol{F}_{fs}$表示，下面用一简单实例来说明静滑动摩擦力的性质。

设重为 $\boldsymbol{F}_P$ 的重物放在粗糙的水平地面上，并施加水平向右的主动力 $\boldsymbol{F}$，如图 3-22 所示，其大小由零逐渐增大。

当 $F=0$ 时，如图 3-22(a)所示，因物体没有相对滑动的趋势(处于平衡状态)，所以摩擦力必定等于零；逐渐增加 F，在其未达到某一值之前物体虽有向右滑动的趋势，但仍能保持静止状态，其受力如图 3-22(b)所示，列平衡方程

$$\sum F_x = 0, \quad F - F_{fs} = 0$$

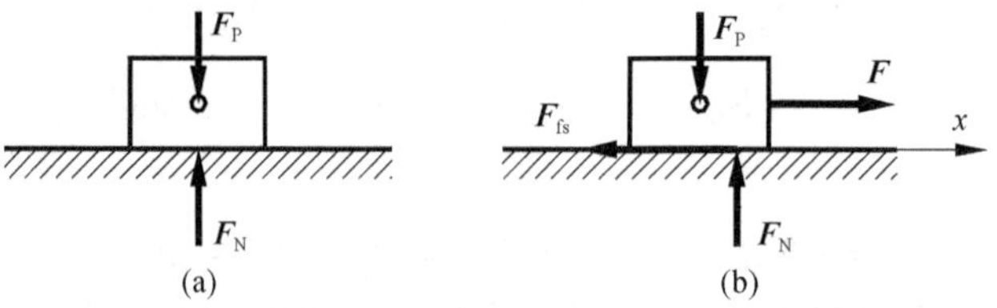

图 3-22

解方程得

$$F_{fs} = F$$

由此可见静滑动摩擦力的大小和方向都可以由平衡方程确定，一般静滑动摩擦力的方向和

相对滑动的趋势方向相反，当问题复杂不易判断时也可以假设，这为某些复杂的考虑摩擦时的平衡问题的求解提供了方便。

2）静滑动摩擦定律

静滑动摩擦力 F_{fs}不能无限增大，当主动力 F 超过某一值时，物体将开始滑动。这表明静滑动摩擦力存在一个最大值 $F_{fs,max}$，即

$$0 \leqslant F_{fs} \leqslant F_{fs,max}$$

$F_{fs,max}$称为**最大静滑动摩擦力**。当主动力 F 的大小等于最大静滑动摩擦力时，物体处于将要滑动和尚未滑动的运动状态，这时的运动状态称为**临界平衡状态**。

实验证明，最大静滑动摩擦力与接触面间的法向约束力 F_N 成正比，即

$$F_{fs,max} = f_s F_N \tag{3-12}$$

这称为**静滑动摩擦定律**或**库仑摩擦定律**。式中的比例系数 f_s 称为**静滑动摩擦因数**，是一个无量纲量，它与相互接触物体的材料及其表面状况（粗糙度、温度及湿度等）有关，在一般情况下与接触面的面积大小无关。常见材料的静滑动摩擦因数的参考值在一般的工程手册上都可以查到，当需要较准确的 f_s 值时应在给定条件下直接由实验求得。

应该指出，表示库仑摩擦定律的式(3-12)是一个近似公式，它并未完全反映出静滑动摩擦的复杂现象。由于该公式简单，应用方便，且具有足够的准确性，所以至今在工程技术中仍被广泛地应用。

静滑动摩擦力的方向和相对滑动的趋势方向相反，当问题复杂不易判断静滑动摩擦力的方向时也可以假设。但最大的静滑动摩擦力的方向却不能假定。这是因为最大静滑动摩擦力是由库仑摩擦定律确定，由于 f_s 为正，因此 $F_{fs,max}$和 F_N 符号相同。F_N 的方向总是确定的，F_N 恒为正，因而 $F_{fs,max}$也为正，方向不能假设，只能通过运动趋势来判断。

2. 动滑动摩擦

当两物体接触面间相对滑动时，沿接触面切线方向的约束力称为**动滑动摩擦力**，用 F_{fd}表示。实验证明，动滑动摩擦力与接触面间的法向约束力 F_N 成正比，即

$$F_{fd} = f_d F_N \tag{3-13}$$

式中的比例系数 f_d 称为**动滑动摩擦因数**，是一个无量纲量，它与相互接触物体的材料及其表面状况有关，在一般情况下动滑动摩擦因数小于静滑动摩擦因数，即

$$f_d < f_s$$

3. 摩擦角与自锁现象

1）全约束力和摩擦角

当有摩擦时，支承面对平衡物体的约束力包含法向约束力 $\boldsymbol{F}_N$ 和切向约束力 $\boldsymbol{F}_{fs}$（即静滑动摩擦力）。这两个分力的几何和 $\boldsymbol{F}_R = \boldsymbol{F}_{fs} + \boldsymbol{F}_N$，称为支承面的**全约束力**，它的作用线与接触面的公法线成一偏角 φ，如图 3-23(a)所示。当物块处于平衡的临界状态时，静滑动摩擦力达到最大值，偏角 φ 也达到最大值 φ_m，如图 3-23(b)所示。全约束力与法线间的夹角的最大值 φ_m，称为**摩擦角**。由图可得

$$\tan\varphi_m = \frac{F_{fs,max}}{F_N} = \frac{f_s F_N}{F_N} = f_s \tag{3-14}$$

即摩擦角的正切等于静滑动摩擦因数。可见，摩擦角与摩擦因数一样，都是表示材料的表面性质的量。

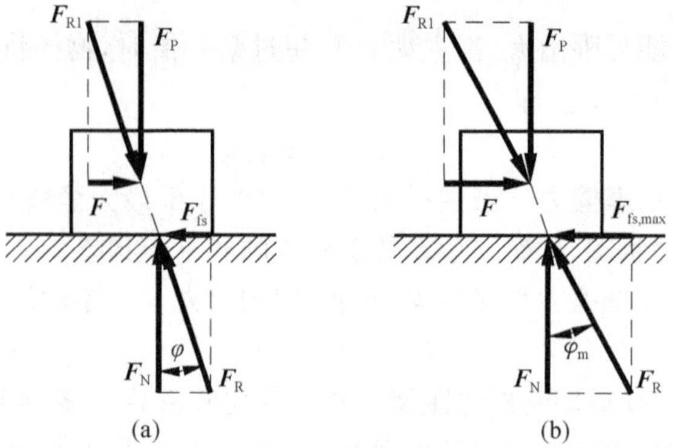

图 3-23

2）自锁现象及其应用

物块平衡时，静摩擦力不一定达到最大值，可在零与最大值 $F_{fs,max}$ 之间变化，所以全约束力与法线间的夹角 φ 也在零与摩擦角 φ_m 之间变化，即

$$0 \leqslant \varphi \leqslant \varphi_m \tag{3-15}$$

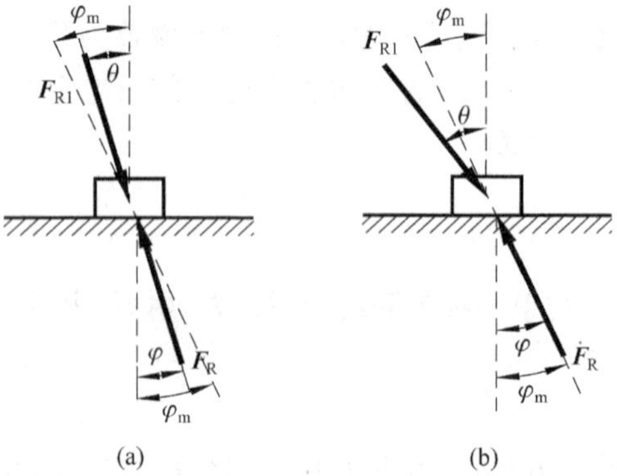

图 3-24

由于静滑动摩擦力不可能超过最大值，因此全约束力的作用线也不可能超出摩擦角以外，即全约束力必在摩擦角之内。由此可知：如果作用于物块的全部主动力的合力 $\boldsymbol{F}_{R1}$ 的作用线在摩擦角 φ_m 之内，则无论这个力多大，物块必保持静止。这种现象称为**自锁**。因为在这种情况下，主动力的合力 $\boldsymbol{F}_{R1}$ 与法线间的夹角 $\theta<\varphi_m$，因此，$\boldsymbol{F}_{R1}$ 和全约束力 $\boldsymbol{F}_R$ 必能满足二力平衡条件，且 $\theta=\varphi<\varphi_m$，如图 3-24(a)所示。自锁条件可表示为

$$\theta \leqslant \varphi_m \tag{3-16}$$

如果全部主动力的合力 $\boldsymbol{F}_{R1}$ 的作用线在摩擦角 φ_m 之外，则无论这个力怎样小，物块一定会滑动。因为在这种情况下，$\theta>\varphi_m$，而 $\varphi\leqslant\varphi_m$，支承面的全约束力 $\boldsymbol{F}_R$ 和主动力的合力 $\boldsymbol{F}_{R1}$ 不能满足二力平衡条件，如图 3-24(b)所示。

如图 3-25(a)所示，物块在倾角为 α 的斜面上处于平衡。主动力为重力 $\boldsymbol{F}_P$，则由二力平衡条件，全约束力 $\boldsymbol{F}_R$ 也必须沿铅垂方向，它与斜面法向之间的夹角等于 $\varphi=\theta=\alpha$，故平衡时应有

$$\alpha \leqslant \varphi_m$$

此即斜面的自锁条件。上述结果也可用来测定两种材料之间的摩擦因数。分别用两种材料制成斜面和物块，逐渐增大斜面倾角，直至物块在自重作用下开始下滑，如图 3-25(b)所示。这时的 α 角就等于摩擦角，其正切就是静摩擦因数。

$$f_s = \tan\varphi_m = \tan\alpha$$

斜面的自锁条件就是螺纹(图 3-26(a))的自锁条件。因为螺纹可以看成为绕在一圆柱体上的斜面，如图 3-26(b)所示，螺纹升角 α 就是斜面的倾角，如图 3-26(c)所示。螺母相当于斜面上

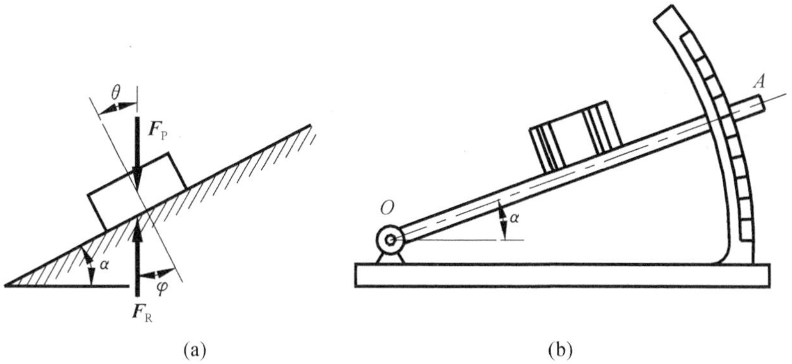

图 3-25

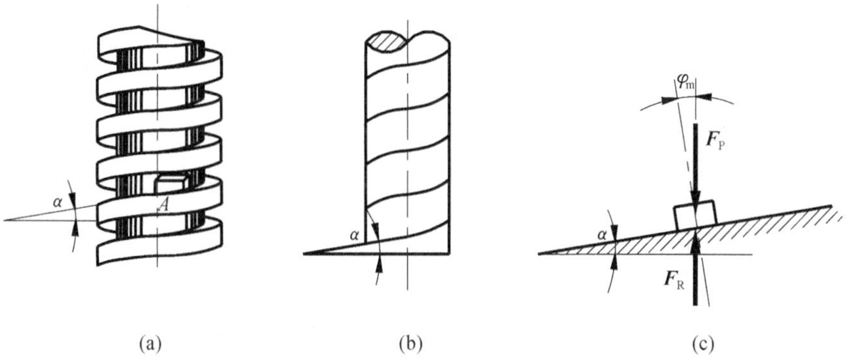

图 3-26

的滑块，加于螺母的轴向载荷 $\boldsymbol{F}_{\mathrm{P}}$，相当于物块 A 的重力。要使螺纹自锁，必须使螺纹的升角 α 小于或等于摩擦角 φ_{m}。

若螺旋千斤顶的螺杆与螺母之间的摩擦因数为 $f_{\mathrm{s}}=0.1$，则

$$\tan\varphi_{\mathrm{m}} = f_{\mathrm{s}} = 0.1$$

得

$$\varphi_{\mathrm{m}} = 5°43'$$

为保证螺旋千斤顶自锁，一般取螺纹升角 $\alpha=4°\sim4°30'$。

3.5.2　考虑摩擦时的平衡问题

求解考虑摩擦时的平衡问题与前面所研究的平衡问题的方法与步骤没有本质上的差异，但它也有自身的特点：

(1) 受力分析时必须考虑接触面间的摩擦力。

(2) 由于静滑动摩擦力的大小有一个范围 $0\leqslant F_{\mathrm{fs}}\leqslant F_{\mathrm{fs,max}}$，因此求解结果往往在一个范围内变化。

(3) 通常分析临界状态，此时 $F_{\mathrm{fs,max}}=f_{\mathrm{s}}F_{\mathrm{N}}$，相当于提供了一个补充方程。

(4) 一般不取系统为研究对象。系统的各部分间一般存在摩擦力，取系统为研究对象时摩擦力则暴露不出来。

例 3-13　如图 3-27(a)所示梯子一端靠在光滑的墙面上，另一端放在粗糙的地面上。已知：静滑动摩擦因数 f_s，梯子长 $AB=l$，梯子可视为均质杆，重 $\boldsymbol{F}_P$。求：

(1) 梯子在 α_1 位置保持平衡时，梯子与地面的摩擦力和其余的约束力；

(2) 梯子不滑倒，α 的取值范围。

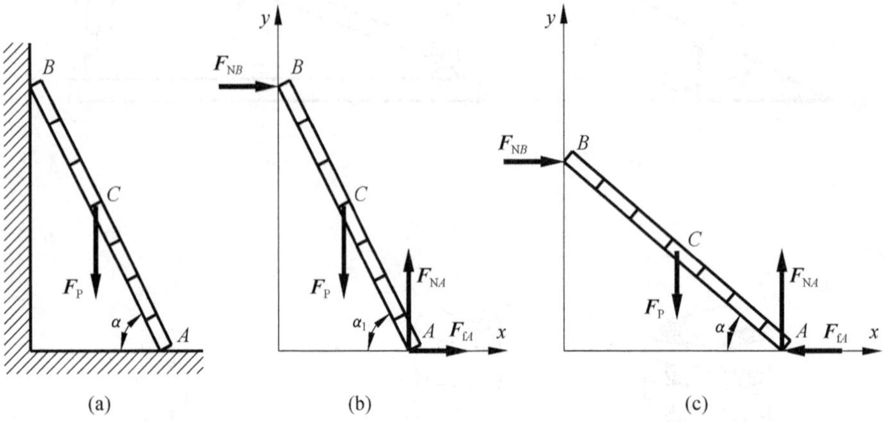

图 3-27

解：(1) 求 α_1 位置时的摩擦力和约束力。

假设摩擦力方向如图 3-27(b)所示

$$\sum M_A(\boldsymbol{F}) = 0,\quad F_P \times \frac{l}{2}\cos\alpha_1 - F_{NB} \times l\sin\alpha_1 = 0$$

$$\sum F_x = 0,\quad F_{fA} + F_{NB} = 0$$

$$\sum F_y = 0,\quad -F_P + F_{NA} = 0$$

联立求解得

$$F_{NB} = \frac{F_P\cos\alpha_1}{2\sin\alpha_1},\quad F_{NA} = F_P,\quad F_{fA} = -\frac{F_P\cos\alpha_1}{2\sin\alpha_1}$$

负号表示摩擦力的方向与假设方向相反。

(2) 求梯子不滑倒，α 取值范围。

根据滑动趋势确定最大静滑动摩擦力的方向，如图 3-27(c)所示。

$$\sum M_A(\boldsymbol{F}) = 0,\quad F_P \times \frac{l}{2}\cos\alpha - F_{NB}l\sin\alpha = 0$$

$$\sum F_y = 0,\quad F_{NA} - F_P = 0$$

$$\sum F_x = 0,\quad F_{fA} - F_{NB} = 0$$

$$F_{fA} = f_s F_{NA}$$

联立求解得

$$\alpha = \operatorname{arccot}(2f_s)$$

显然梯子不滑倒，α 的取值范围为

$$90^\circ \geqslant \alpha \geqslant \operatorname{arccot}(2f_s)$$

说明：(1) 静滑动摩擦力的方向可以假设，并由平衡方程确定。

(2) 最大静滑动摩擦力的方向必须根据运动趋势方向确定，不得假设。读者可以假设 $F_{fs,max}$ 的方向向右，然后利用平衡方程求解 α，看看会得到什么结果。

例 3-14　图 3-28(a)所示为一凸轮挺杆机构。已知挺杆与滑道之间的摩擦因数为 f_s，滑道宽度为 b，挺杆直径为 d。凸轮与挺杆接触处的摩擦不计。问凸轮偏置量 a 多大时挺杆才不致被卡住。挺杆自重不计。

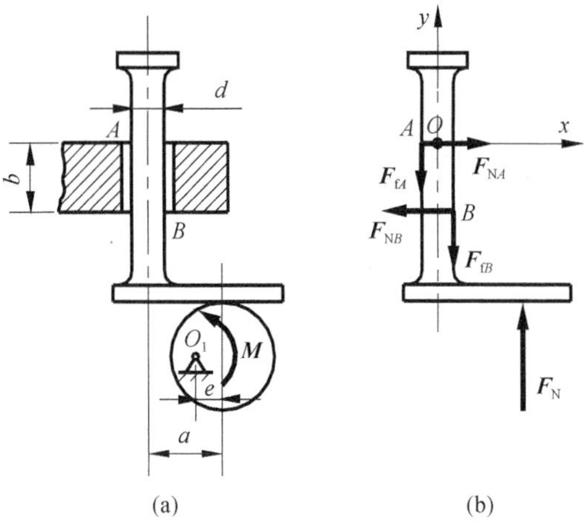

图 3-28

解：选挺杆为研究对象，画出其受力图(图 3-28(b))。由于挺杆与滑道间总有间隙，故可认为在凸轮约束力作用下挺杆偏斜而与滑道仅在 A、B 两点接触。挺杆受平面一般力系作用，建立坐标系 xOy，列出平衡方程：

$$\sum F_x = 0, \quad F_{NA} - F_{NB} = 0$$

$$\sum F_y = 0, \quad -F_{fA} - F_{fB} + F_N = 0$$

$$\sum M_O(\boldsymbol{F}) = 0, \quad F_N \cdot a - F_{NB} \cdot b - F_{fB} \cdot d/2 + F_{fA} \cdot d/2 = 0$$

考虑挺杆将动未动的临界状态，摩擦力都达到最大值，有

$$F_{fA} = f_s F_{NA}, \quad F_{fB} = f_s F_{NB}$$

联立求解可得

$$a = b/2f_s$$

偏置量 a 越小则机构越不易被卡住(例如 $a=0$)，故临界状态时的 a 是其最大值。要保证机构不被卡住，必须使 $a<b/2f_s$。由结果可知，机构是否会被卡住，不仅与 a 有关，还与尺寸 b 有关，b 太小时也容易被卡住。

例 3-15　如图 3-29(a)所示一棱柱体重 $F_P=480\text{N}$，置于水平面上，接触面间的静摩擦因数 $f_s=1/3$。棱柱体上有外力 $\boldsymbol{F}$ 作用，若 $\boldsymbol{F}$ 逐渐增加，问棱柱体是先滑动还是先翻倒？并求出其运动的最小值 F_{min}。

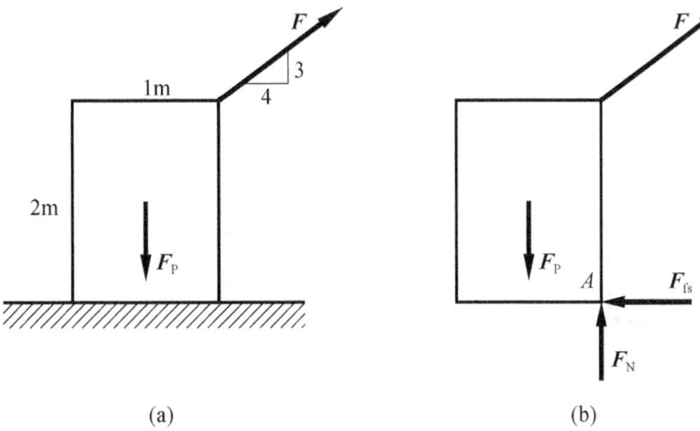

图 3-29

解:本题属于判断存在摩擦时物体是否翻倒的问题,可首先假定处于翻倒的临界状态,然后根据结果进行分析。

取棱柱体为研究对象,当棱柱体处于刚要翻倒的临界状态,其受力如图 3-29(b)所示。列出平衡方程有

$$\sum F_x = 0,\quad \frac{4}{5}F - F_{fs} = 0$$

$$\sum F_y = 0,\quad -F_P + F_N + \frac{3}{5}F = 0$$

$$\sum M_A(\boldsymbol{F}) = 0,\quad F_P \times 0.5 - \frac{4}{5}F \times 2 = 0$$

求解得

$$F = \frac{5}{16}F_P = 150\text{N}$$

$$F_{fs} = \frac{4}{5}F = 120\text{N}$$

$$F_N = F_P - \frac{3}{5}F = 390\text{N}$$

而

$$F_{fs,max} = f_s F_N = \frac{1}{3} \times 390 = 130\text{N}$$

因为 $F_{fs} < F_{fs,max}$,所以棱柱体先翻倒,而且 $F_{min} = 150\text{N}$

例 3-16　尖劈起重装置如图 3-30(a)所示。尖劈 A 的顶角为 α,B 块上受力 $\boldsymbol{F}_P$ 的作用。A 块与 B 块之间的静摩擦因数为 f(有滚珠处摩擦力忽略不计)。如不计 A 块与 B 块的自重,试求保持平衡时主动力 $\boldsymbol{F}$ 的范围。

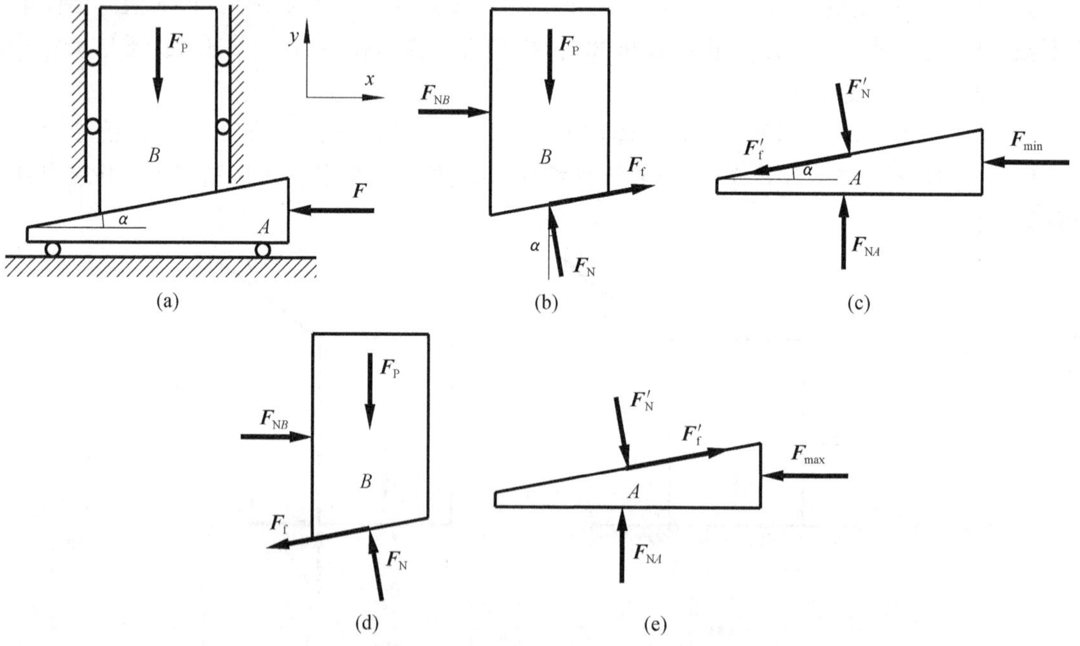

图 3-30

解:本题属于求解结果存在一个范围的问题,因此,需要研究两种临界状态。

(1) 当 B 块处于向下滑的临界状态时,A 块上的主动力 $\boldsymbol{F}$ 为保持平衡时的最小力 $\boldsymbol{F}_{\min}$,B 块与 A 块的受力如图 3-30(b)、图 3-30(c)所示。

图 3-30(b)中,$\sum F_y = 0$

$$F_N\cos\alpha + F_f\sin\alpha - F_P = 0$$

图 3-30(c)中,$\sum F_x = 0$

$$F'_N\sin\alpha - F'_f\cos\alpha - F_{\min} = 0$$

临界状态

$$F_f = fF_N$$

求解得

$$F_{\min} = \frac{\sin\alpha - f\cos\alpha}{\cos\alpha + f\sin\alpha}F_P$$

(2) 当 B 块处于向上滑的临界状态时,A 块上的主动力 $\boldsymbol{F}$ 为保持平衡时的最大力 $\boldsymbol{F}_{\max}$,B 块与 A 块的受力如图 3-30(d)、图 3-30(e)所示。

图 3-30(d)中,$\sum F_y = 0$

$$F_N\cos\alpha - F_f\sin\alpha - F_P = 0$$

图 3-30(e)中,$\sum F_x = 0$

$$F'_N\sin\alpha + F'_f\cos\alpha - F_{\max} = 0$$

临界状态

$$F_f = fF_N$$

求解得

$$F_{\max} = \frac{\sin\alpha + f\cos\alpha}{\cos\alpha - f\sin\alpha}F_P$$

若令 $\tan\varphi_m = f$,则求解结果为

$$F_P\tan(\alpha - \varphi_m) \leqslant F \leqslant F_P\tan(\alpha + \varphi_m)$$

读者可以思考 $\alpha < \varphi_m$ 时会出现什么情况。

*3.5.3　滚动摩阻

由实践可知,使滚子滚动比使它滑动更省力。所以在工程中,为了提高效率、减轻劳动强度,常利用物体的滚动代替物体的滑动。

设在水平面上有一滚子,重量为 $\boldsymbol{F}_P$,半径为 R,在其中心上作用一水平力 $\boldsymbol{F}_1$,当力 $\boldsymbol{F}_1$ 不大时,滚子仍保持静止。若滚子的受力情况如图 3-31(a)所示,则滚子不可能保持平衡。因为静滑动摩擦力 $\boldsymbol{F}_{fs}$与力 $\boldsymbol{F}_1$ 组成一力偶,将使滚子发生滚动。但是,实际上当力 $\boldsymbol{F}_1$ 不大时,滚子是可以平衡的。这是因为滚子和地面实际上并不是刚体,它们在力的作用下都会发生变形,有一个接触面,如图 3-31(b)所示。在接触面上,物体受分布力的作用,这些力向点 A 简化,得到一个力 $\boldsymbol{F}$ 和一个力偶,力偶的矩为 M_f,如图 3-31(c)所示。这个力 $\boldsymbol{F}$ 可分解为摩擦力 $\boldsymbol{F}_{fs}$ 和法向约束力 $\boldsymbol{F}_N$,这个矩为 M_f 的力偶称为**滚动摩阻力偶**(简称**滚阻力偶**),它与力偶($\boldsymbol{F}_1$,$\boldsymbol{F}_{fs}$)平衡,它的转向与滚动的趋势方向相反,如图 3-31(d)所示。

研究证明,与滑动摩擦力一样,滚动摩阻力偶 M_f 也有最大值 $M_{f,\max}$,且 $M_{f,\max}$与法向约束力 $\boldsymbol{F}_N$ 成正比,亦即

$$0 \leqslant M_f \leqslant M_{f,\max} \tag{3-17}$$

$$M_{f,max} = \delta F_N \tag{3-18}$$

式中 δ 称为**滚动摩阻系数**。与滑动摩擦因数不同，δ 具有长度的量纲。不同材料的滚动摩阻系数可由实验测得。

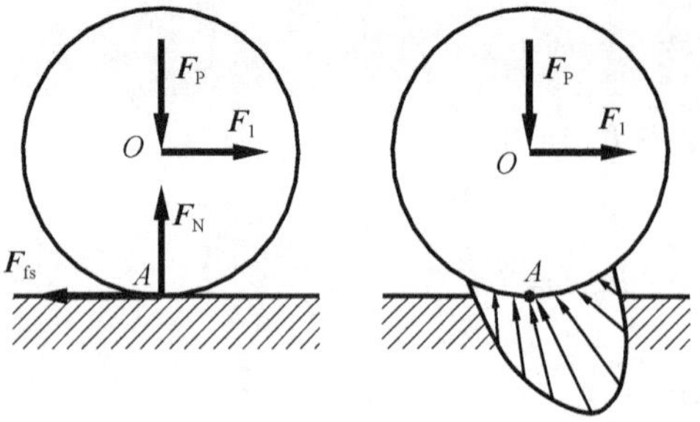

图 3-31

习　题

3.1　试求图示外伸梁的约束力。其中图(a) $F=20\text{kN}$，$M=60\text{kN}\cdot\text{m}$；图(b) $F=F'=10\text{kN}$。$F_1=20\text{kN}$，$q=20\text{kN/m}$，$d=0.8\text{m}$。

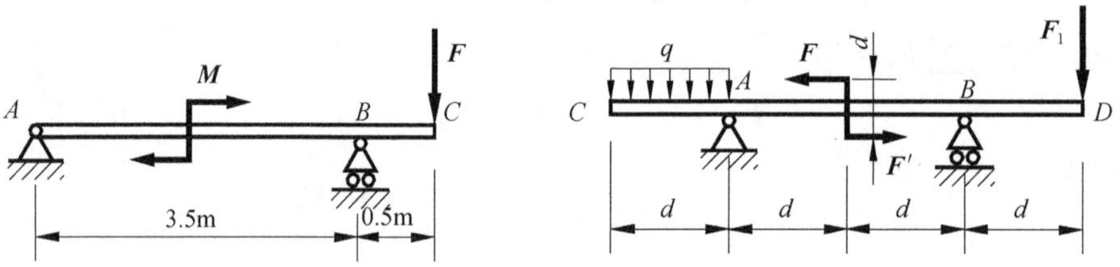

习题 3.1 图

3.2　如图所示对称屋架 ABC 的 A 端可简化为固定铰支座，B 端可简化为滚动铰支座，屋架重 $F_P=100\text{kN}$，AC 边受风压可视为均布载荷，垂直于 AC 边，载荷集度 $q=1\text{kN/m}$。试求 A、B 处的约束力。

3.3　露天厂房立柱的底部是杯形基础。立柱底部用混凝土砂浆与杯形基础固连在一起。已知吊车梁传来的铅垂载荷 $F=60\text{kN}$，风载 $q=2\text{kN/m}$，立柱自重 $F_P=40\text{kN}$，$a=0.5\text{m}$，$h=10\text{m}$。试求立柱底部的约束力。

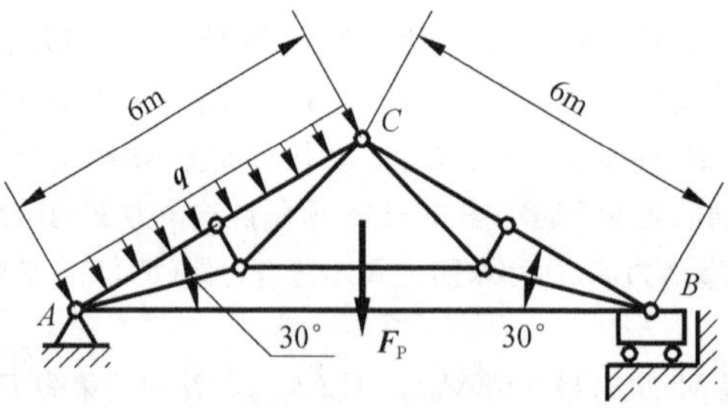

习题 3.2 图

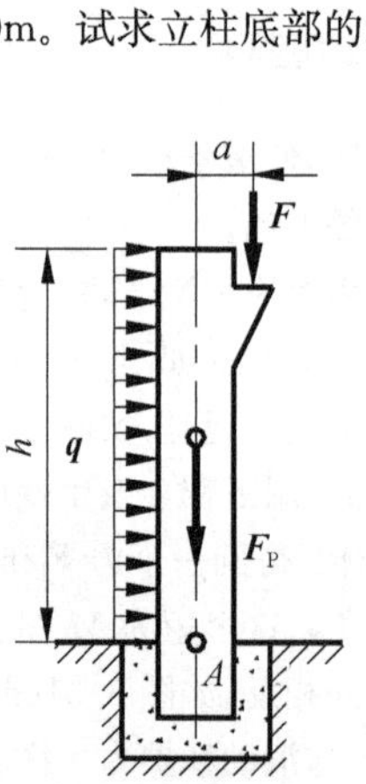

习题 3.3 图

3.4　水塔固定在支架 $ABCD$ 上，如图所示。水塔和支架总重力 $F_P=160\text{kN}$，风载 $q=16\text{kN/m}$。为保证水塔平衡，试求 A、B 间的最小距离。

3.5　图示汽车起重机车体重 $F_{P1}=26\text{kN}$，吊臂重 $F_{P2}=4.5\text{kN}$，起重机旋转及固定部分重 $F_{P3}=31\text{kN}$。设吊臂在起重机对称面内，试求汽车的最大起重量 F_P。

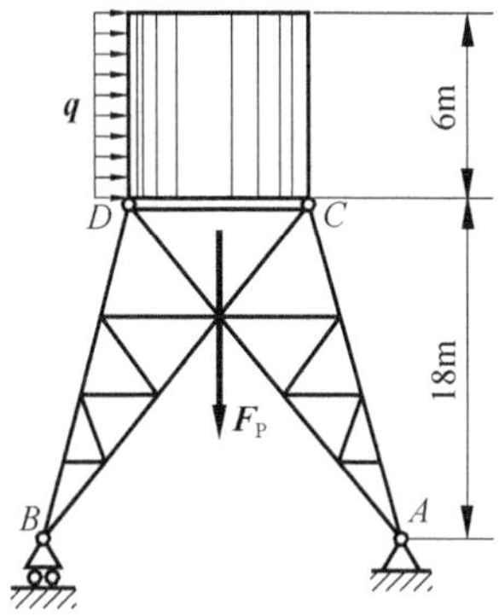

习题 3.4 图

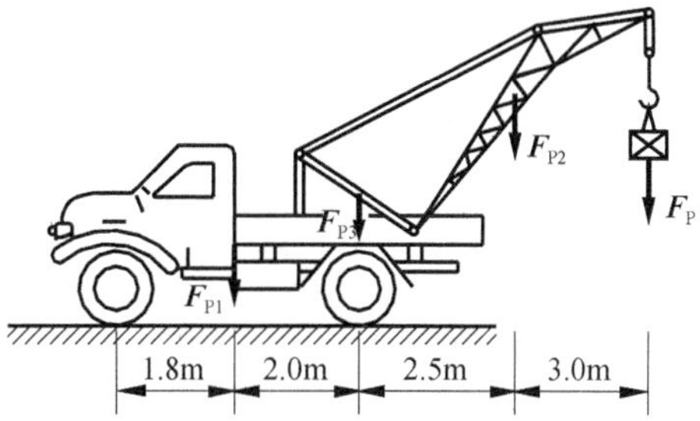

习题 3.5 图

3.6　在图示结构中，各杆的自重忽略不计。在杆件 AB 上作用一力偶矩为 M 的力偶，试求支座 A 和 C 的约束力。

3.7　梁的支座和载荷如图所示。求支座 A、C 处的约束力。

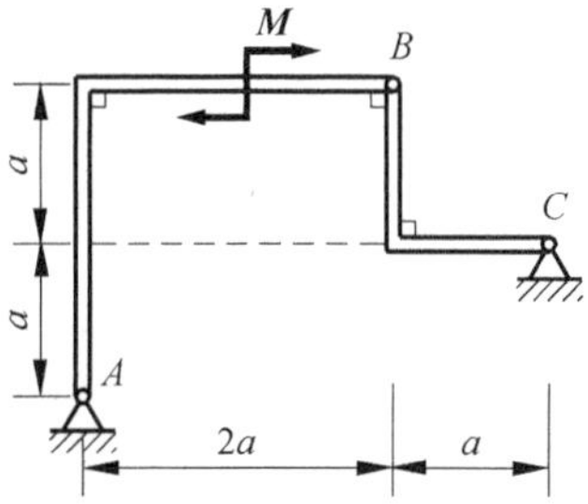

习题 3.6 图

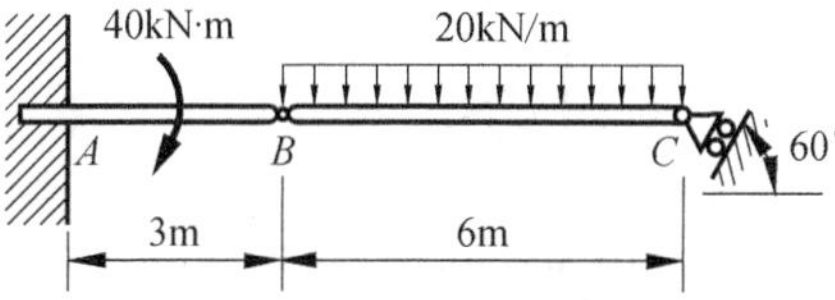

习题 3.7 图

3.8　如图所示，组合梁由 AC 和 DC 两段铰接构成，起重机放在梁上。已知起重机重 $F_{P1}=50\text{kN}$，重心在铅垂线 EC 上，起重载荷 $F_{P2}=10\text{kN}$。如不计梁重，求支座 A，B 和 D 三处的约束力。

3.9　活动梯子置于光滑水平面上，并在铅垂面内，梯子两部分 AC 和 AB 各重为 F_{P1}，重心在中点，彼此用铰链 A 和绳子 DE 连接。一人重为 F_P 立于 F 处，尺寸如图。试求绳子 DE 的拉力和 B、C 两点的约束力。

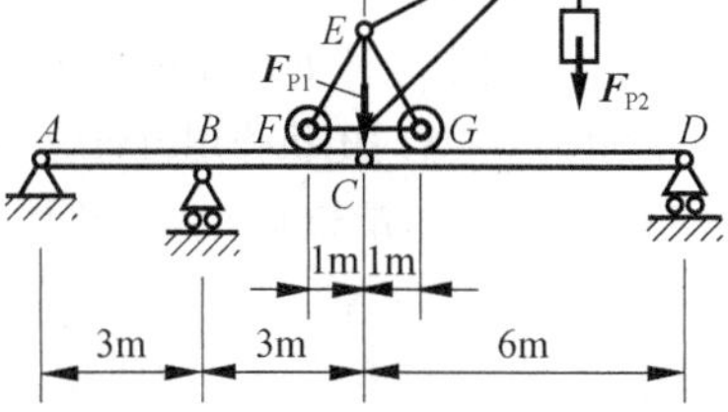

习题 3.8 图

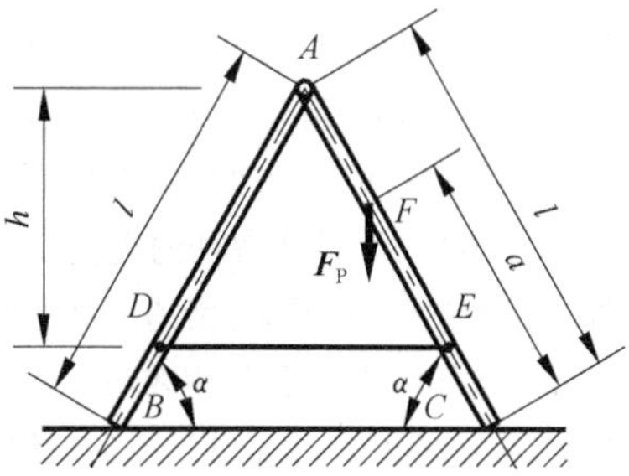

习题 3.9 图

3.10　图示结构，由曲梁 $ABCD$ 和杆 CE、BE、GE 构成。A、B、C、E、G 均为光滑铰链。已知 $F=20\text{kN}$，$q=10\text{kN/m}$，$M=20\text{kN}\cdot\text{m}$，$a=2\text{m}$，假设各构件自重不计，求 A、G 处约束力及杆 BE、CE 所受力。

3.11　构架由杆 AB、AC 和 DF 组成，如图所示。杆 DF 上的销子 E 可在杆 AC 的光滑槽内滑动，不计各杆的重量，在水平杆 DF 的一端作用铅垂力 F。求铅垂杆 AB 上铰链 A、D 和 B 所受的力。

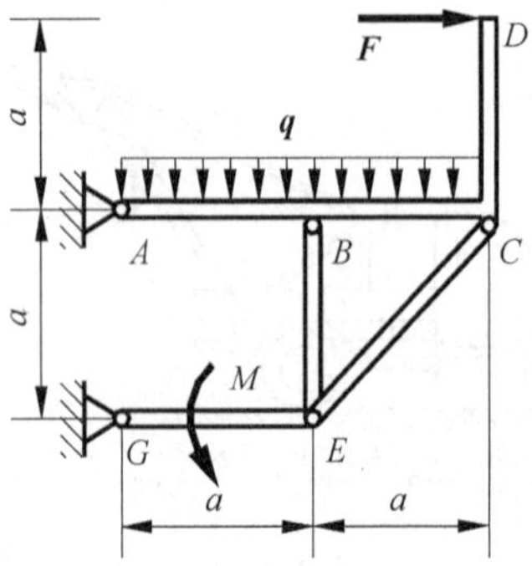

习题 3.10 图

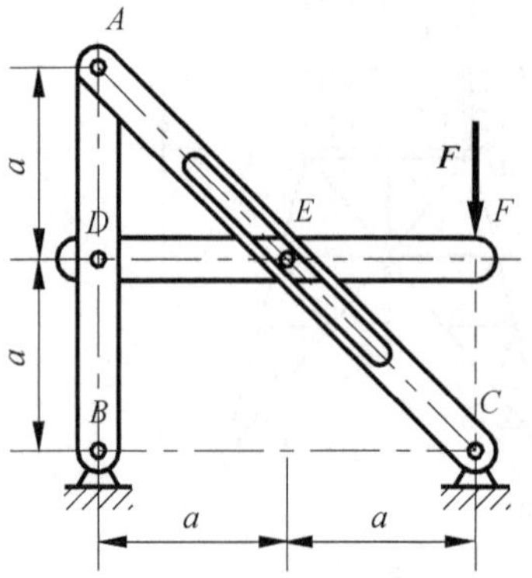

习题 3.11 图

3.12　图示构架中，物体 W 重 1200N，由细绳跨过滑轮 E 而水平系于墙上，尺寸如图所示。不计杆和滑轮的自重，求支承 A 和 B 处的约束力，以及杆 BC 的内力 F_{BC}。

3.13　图示为汽车台秤简图，BCF 为整体台面，杠杆 AB 可绕轴 O 转动，B、C、D 三处均为铰链，杆 DC 处于水平位置。试求平衡时砝码重 F_{P1} 与汽车重 F_{P2} 的关系。

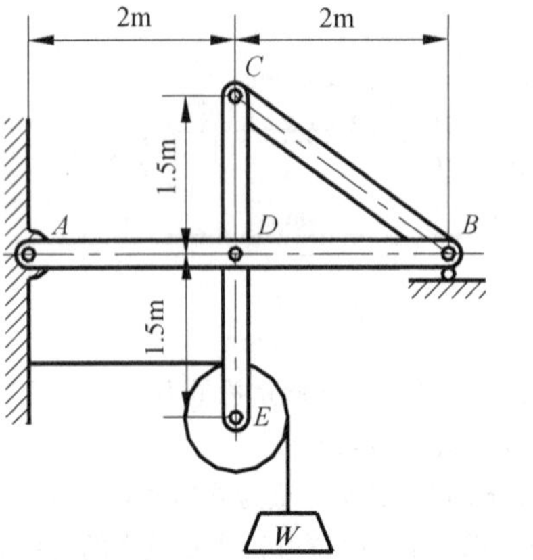

习题 3.12 图

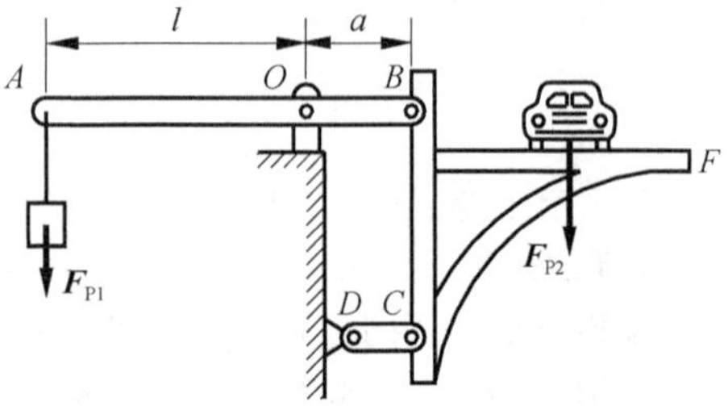

习题 3.13 图

3.14　在齿条送料机构中，杠杆 $AB=500\text{mm}$，$AC=100\text{mm}$，齿条受到水平阻力的作用。已知 $F_1=5\text{kN}$，各构件自重不计，试求匀速移动齿条时在点 B 的作用力 F 的大小。

3.15　如图所示，轧碎机的活动额板 $AB=600\text{mm}$。设机构工作时石块施于板的垂直力 $F=1000\text{N}$。又 $BC=CD=600\text{mm}$，$OE=100\text{mm}$。略去各杆的重量，试根据平衡条件计算在图示位置时电机作用力偶矩 M 的大小。

3.16　图示一滑道连杆机构，在滑道连杆上作用着水平力 F。已知 $OA=r$，滑道倾角为 β，机构重量和各处摩擦均不计。试求当机构平衡时，作用在曲柄 OA 上的力偶矩 M 与角 θ 之间的关系。

3.17　图示空间构架由三根不计自重的杆组成，在 O 端用球铰链连接，A、B 和 C 端则用球铰链固定在垂直板上，若拴在 O 端的重物 $F_P=10\text{kN}$，试求铰链 A、B、C 的约束力。

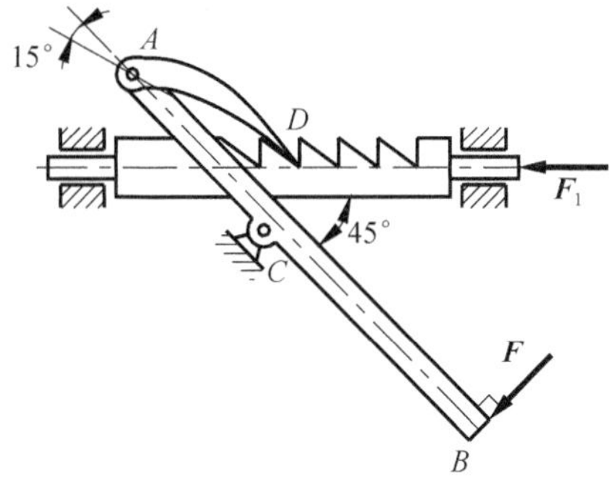

习题 3.14 图

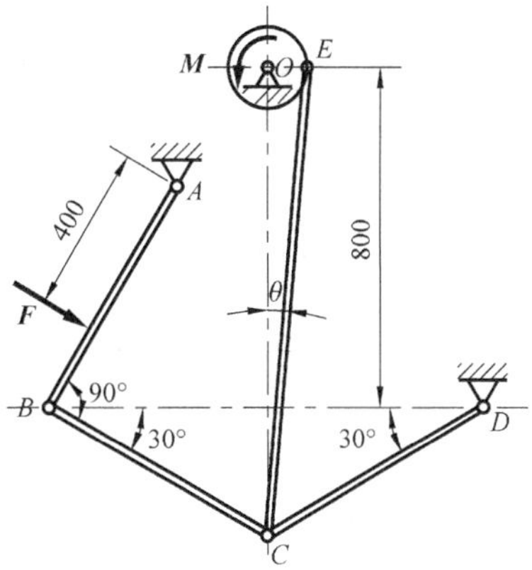

习题 3.15 图

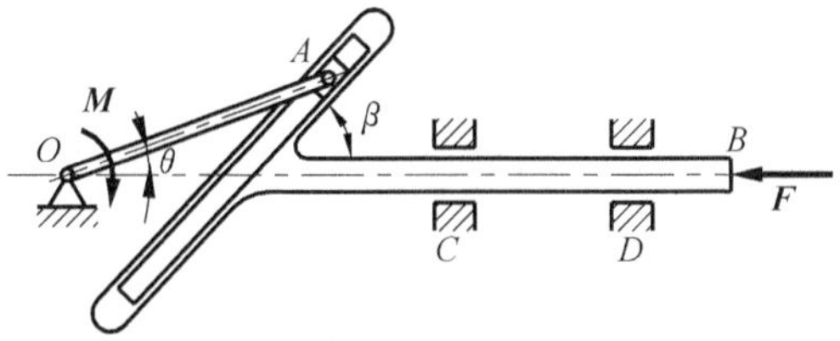

习题 3.16 图

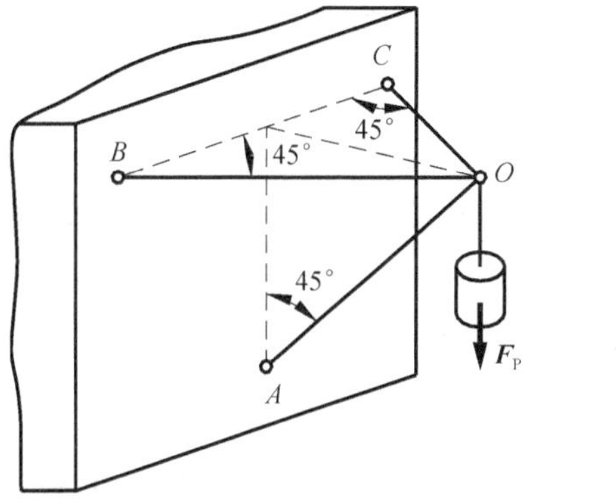

习题 3.17 图

3.18　无重曲杆 $ABCD$ 有两个直角，且平面 ABC 与平面 BCD 垂直。杆的 D 端为球铰支座，另一 A 端受轴承支持，如图所示。在曲杆的 AB、BC 和 CD 上作用三个力偶，力偶所在平面分别垂直于 AB、BC 和 CD 三线段。已知力偶矩 M_2 和 M_3，求使曲杆处于平衡的力偶矩 M_1 和支座约束力。

3.19　绞车的结构简图如图所示。铰车轴水平放置，轴上固连一齿轮和一鼓轮，它们的半径分别为 $R=200\text{mm}$，$r=100\text{mm}$。系有重物的绳子缠绕在鼓轮上，重物被匀速提起。已知被提起的物体重 $F_P=10\text{kN}$，$\alpha=20°$，绞车各部分的尺寸如图所示。若不计绞车自身的重量，试求齿轮上的力 F 和轴承 A、B 处的约束力。

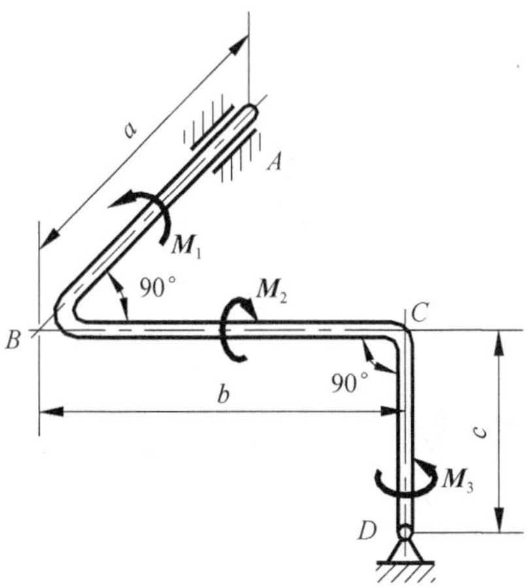

习题 3.18 图

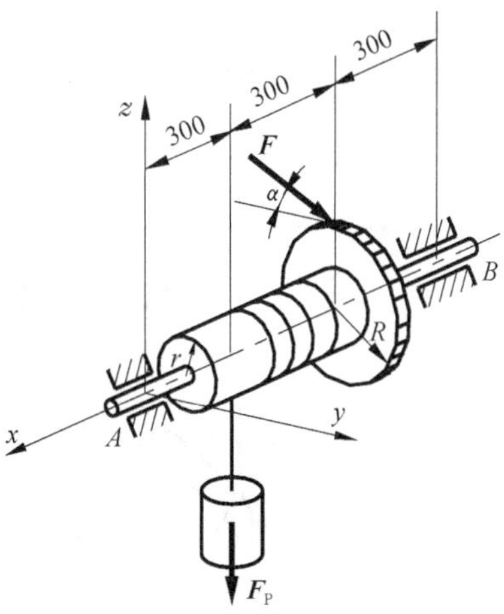

习题 3.19 图

3.20　图示六杆支撑一水平板，在板角处受铅垂力 F 作用。设板和杆自重不计，求各杆的内力。

3.21　图示长方形均质薄板重 $F_P=200\text{N}$，用球铰链 A 和蝶铰链 B 固定在墙上。并用绳子 CE 维持在水平位置。求绳子拉力及支承约束力。（提示：由于间隙，蝶铰约束相当于轴心为 y 轴的轴承，只有两个约束力分量。）

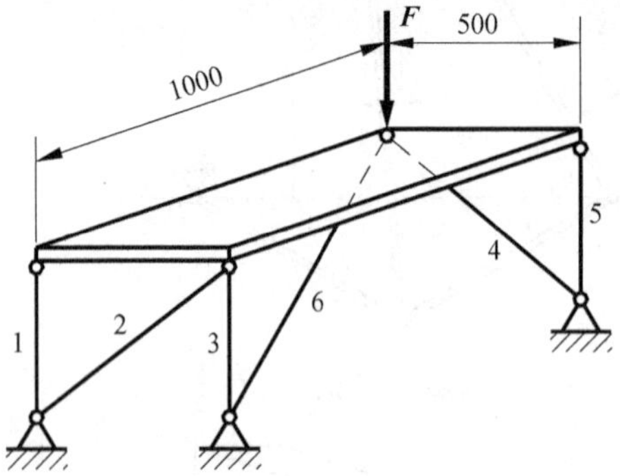

习题 3.20 图

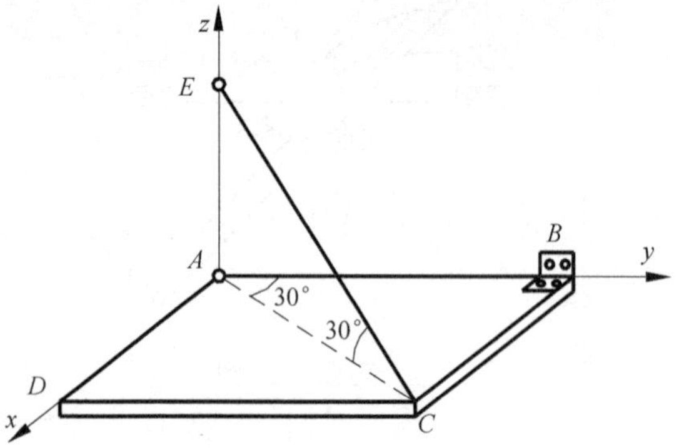

习题 3.21 图

3.22　如图所示传动轴以向心轴承 A、B 支承。圆柱直齿轮节圆直径 $d=173\text{mm}$，压力角 $\alpha=20°$。在法兰盘上作用一力偶矩 $M=1.03\text{kN}\cdot\text{m}$ 的力偶。重力和摩擦不计。试求传动轴匀速转动时 A、B 两轴承的约束力。

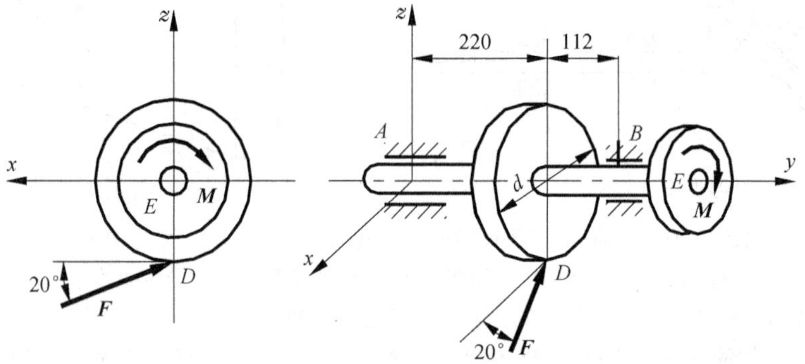

(a)　　(b)

习题 3.22 图

3.23　试判断图示桁架的零杆。

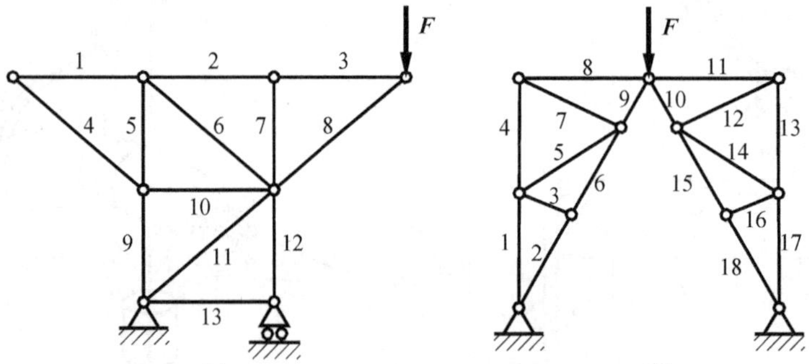

(a)　　(b)

习题 3.23 图

3.24　求图示桁架各杆的内力。

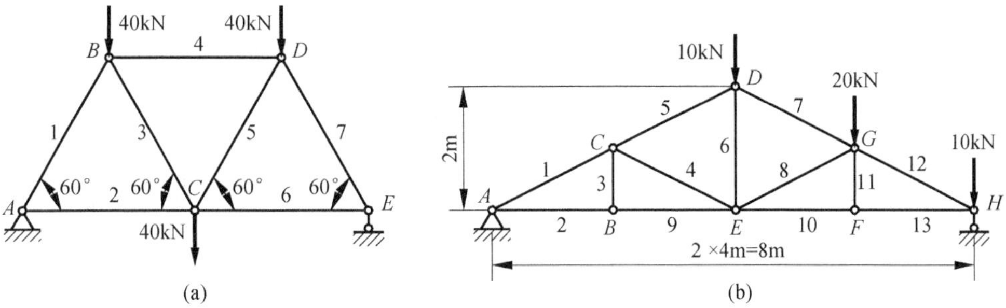

习题 3.24 图

3.25　求图示桁架 1、2、3 杆的内力。

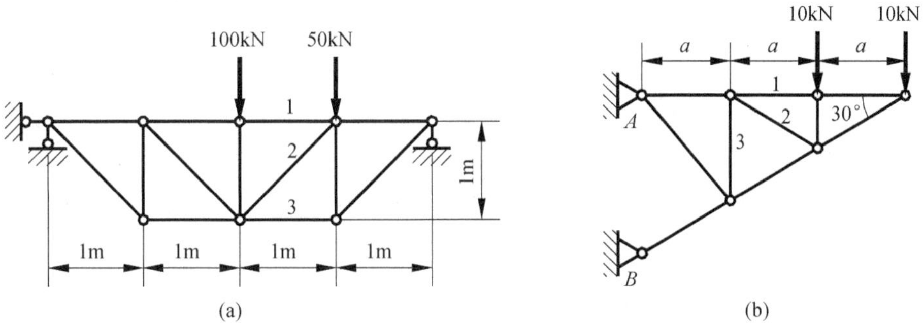

习题 3.25 图

3.26　平面桁架受力如图所示。ABC 为等边三角形，且 $AD=DB$。求杆 CD 的内力。

3.27　平面桁架的支座和载荷如图所示，求 1、2、3 杆的内力。

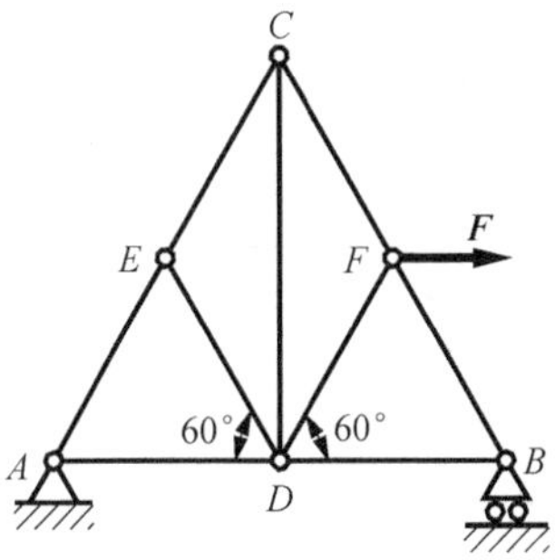

习题 3.26 图

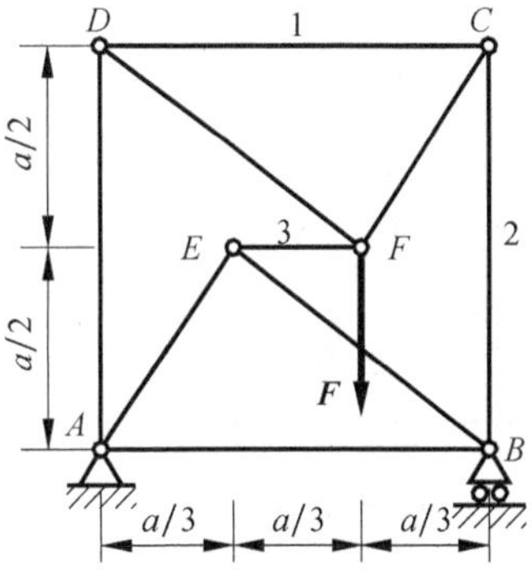

习题 3.27 图

3.28　均质箱体 A 的宽度 $b=1\text{m}$，高 $h=2\text{m}$，重 200kN，放在倾角 $\theta=20°$的斜面上。箱体与斜面之间的摩擦因数 $f_s=0.2$。今在箱体的 C 点系一无重软绳，方向如图示，绳的另一端绕过滑轮 D 挂一重物 E。已知 $BC=a=1.8\text{m}$。求使箱体处于平衡状态的重物 E 的重量。

3.29　如图所示，欲转动一置于 V 形槽中的棒料，需作用一力偶，力偶矩 $M=1500\text{N}\cdot\text{cm}$，已知棒料重 $F_P=$

400N，直径 $D=25\mathrm{cm}$，不计滚动摩阻。试求棒料与 V 形槽之间的摩擦因数 f_s。

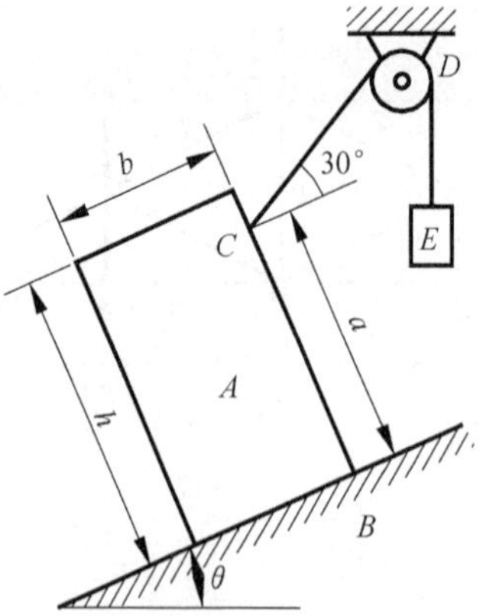

习题 3.28 图

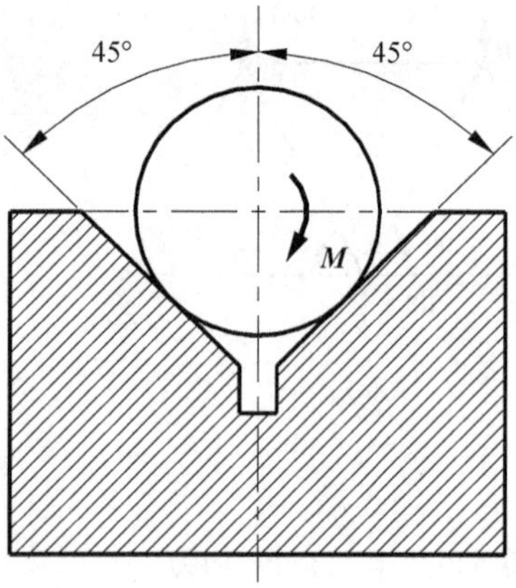

习题 3.29 图

3.30　长 l 质量 $m_1=20\mathrm{kg}$ 的梯子靠在墙上，与水平面夹角 $\theta=60°$。梯子与墙和地面间的摩擦因数均为 $f_s=0.25$。质量 $m_2=65\mathrm{kg}$ 的油漆工人往梯子上爬。试求人能达到的最高点到点 A 的距离 s。若人要爬到梯顶 B，则 θ 角应在什么范围内？

3.31　电工攀登电线杆所用的脚套钩如图所示。设电杆直径 $d=300\mathrm{mm}$，A、B 两点间垂直距离 $b=100\mathrm{mm}$，套钩与电线杆间摩擦因数 $f_s=0.5$。试问保证套钩在电线杆上不打滑时，脚踏力 $\boldsymbol{F}$ 到电杆轴线的距离 l 应为多大？

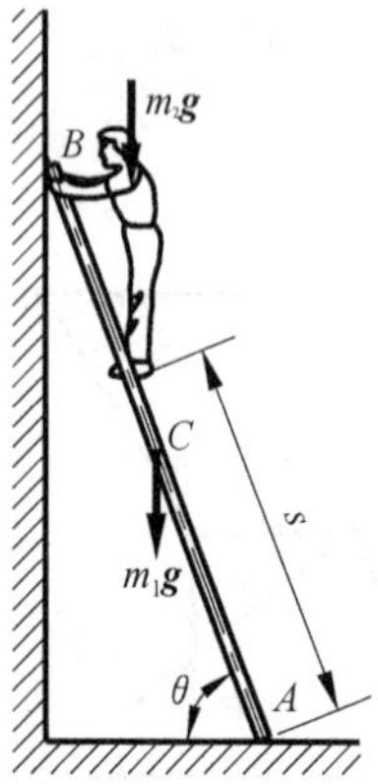

习题 3.30 图

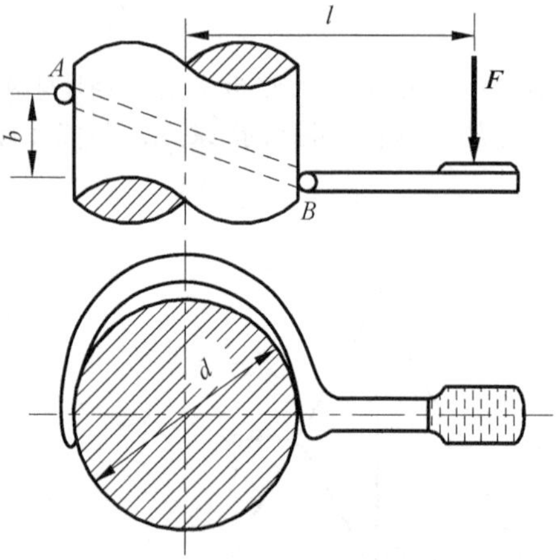

习题 3.31 图

3.32　重 $F_P=210\mathrm{N}$ 的轮子半径 $r_2=200\mathrm{mm}$，轮轴半径 $r_1=100\mathrm{mm}$。在轮轴绕有绳索并挂有重物 A 如图。设接触处的摩擦因数均为 $f_s=0.25$。求平衡时重物 A 的最大重量。

3.33　砖夹的宽度为 25cm，曲杆 AGB 与 $GCED$ 在 G 点铰接。砖的重量为 F_P，提砖的合力 F 作用在砖夹的对称中心线上，尺寸如图所示。如砖夹与砖之间的摩擦因数 $f_s=0.5$，试问 b 应为多大才能把砖夹起（b 是 G 点到砖块上所受正压力作用线的垂直距离）。

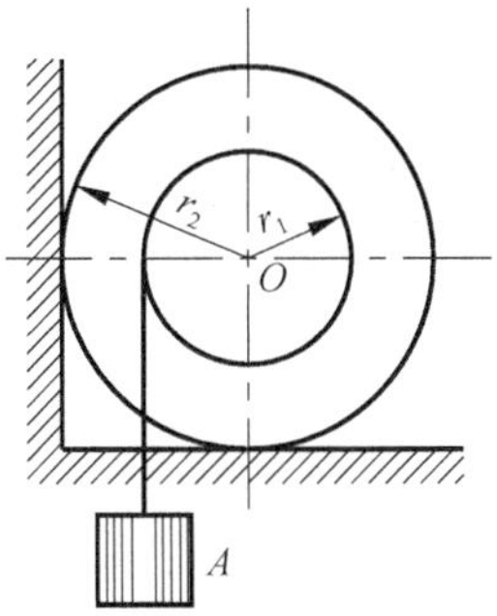

习题 3.32 图

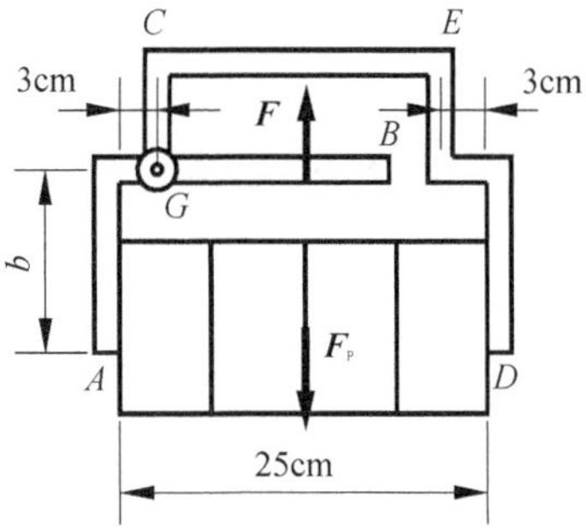

习题 3.33 图

3.34　图示为凸轮顶杆机构，在凸轮上作用有力偶，其力偶矩为 M，顶杆上作用有力 F。已知顶杆与导轨之间的静摩擦因数为 f_s，偏心距为 e，凸轮与顶杆之间的摩擦可忽略不计。要使顶杆在导轨中向上运动而不致被卡住，试问滑道的长度 l 应为多少？

3.35　在平面曲柄连杆滑块机构中，曲柄 OA 长为 r，作用有力偶矩为 M 的力偶，滑块 B 与水平面之间的摩擦因数为 f_s。OA 水平，连杆与铅垂线的夹角为 θ，力 F 与水平面成 β 角。求机构在图示位置保持平衡时力 F 的值。（不计机构自重，$\theta>\varphi_m=\arctan f_s$）

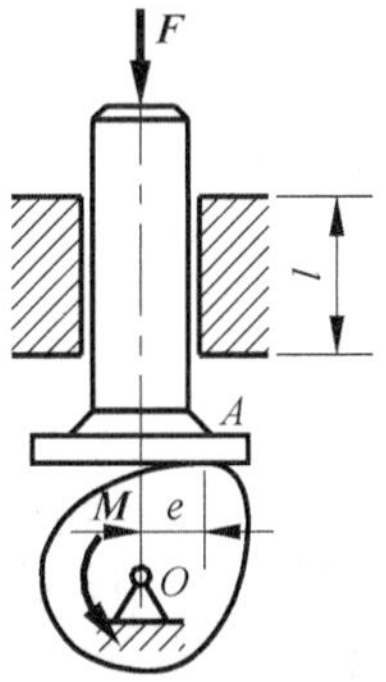

习题 3.34 图

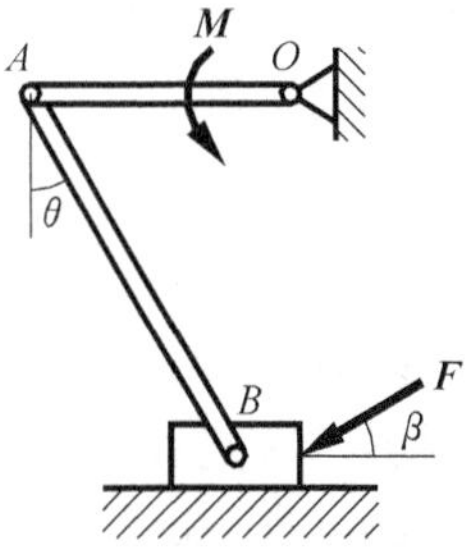

习题 3.35 图

3.36　尖劈顶重装置如图所示。尖劈的顶角 $\alpha=8°$，所有接触面间的摩擦角均为 $\varphi_m=11°$。铅垂载荷 $F_1=10\text{kN}$ 作用于 B 上，水平力 F 作用在 A 上。A、B 的自重均可略去不计。试求平衡时力 F 的值。

3.37　匀质杆 AB 和 BC 在 B 端铰接，A 端铰接在墙上，C 段靠在墙上，如图所示。墙与 C 端接触处的摩擦因数 $f_s=0.5$，两杆长度相等并重力相同。试确定平衡时的最大角 θ。铰链中的摩擦忽略不计。

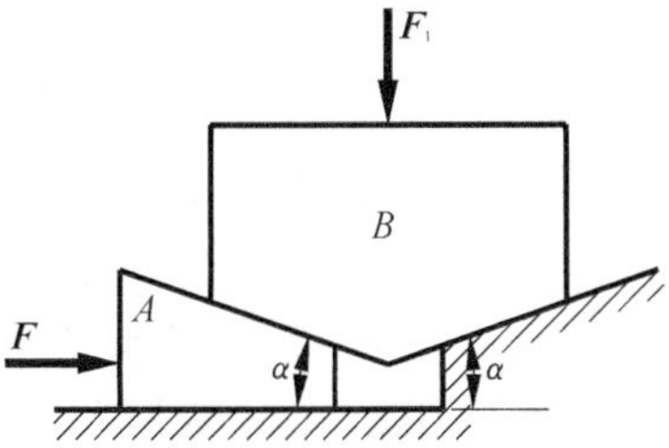

习题 3.36 图

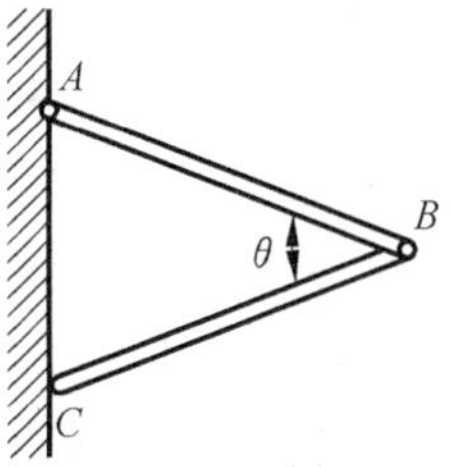

习题 3.37 图

第二篇　材 料 力 学

第一篇的静力学研究刚体及刚体系统在力的作用下的平衡规律，而第二篇的材料力学则是研究变形固体在外力作用下的变形与破坏规律。在材料力学中将主要研究构件的强度、刚度和稳定性问题。

第 4 章　材料力学的基本假设和基本概念

4.1　材料力学的基本假设

制作构件所用的材料是多种多样的，但它们都具有一个共同特点，即都是固体，而且在受力后会产生变形。在外力作用下会发生变形的固体称为可变形固体。材料力学所研究的构件即是由可变形固体制成的。

对于真实的固体就其具体组成和微观结构来看，是一个非常复杂的研究对象。为了便于进行分析，根据其主要性质作如下假设。

1. 连续性假设

假设在构件的整个体积内毫无空隙地充满了物质。实际上，在一般工程材料的内部均存在不同程度的空隙(包括材料的缺陷和夹杂物等)。然而，当空隙的大小和构件的尺寸相比极为微小时，通常即可将它们忽略不计，即认为材料是密实的。这样，物体内的一些物理量(如各点的位移)既可用坐标的连续函数表示，也可采用微积分等数学分析方法表示。至于空隙或缺陷的影响不能忽略的情况，则将在有关教材中专门讨论。

2. 均匀性假设

材料在外力作用下所表现的性能，称为材料的**力学性能**。**假设物体内各点处的力学性能都相同**。对于实际材料，其基本组成部分的力学性能往往存在不同程度的差异。例如，金属是由许许多多微小的晶粒组成的(图 4-1)，各个晶粒的力学性能不完全相同，晶粒交界处的晶界物质与晶粒本身的力学性能也不相同。但是，由于构件的尺寸一般均远大于其组成部分的尺寸(如 $1mm^3$ 的钢材内包含了数万甚至数十万个晶粒)，材料的性能实际上即代表了所有组成部分性能的统计平均值。因此，在材料力学中，假设材料的力学性能与其在构件中的位置无关，即认为是均匀的。按此假设，从构件内部任何部位所切取的微小正六面体(简称单元体)，都具有与构件完全相同的性能。同样，通过试件所测得的材料性能，也可用于构件内的任何部位。

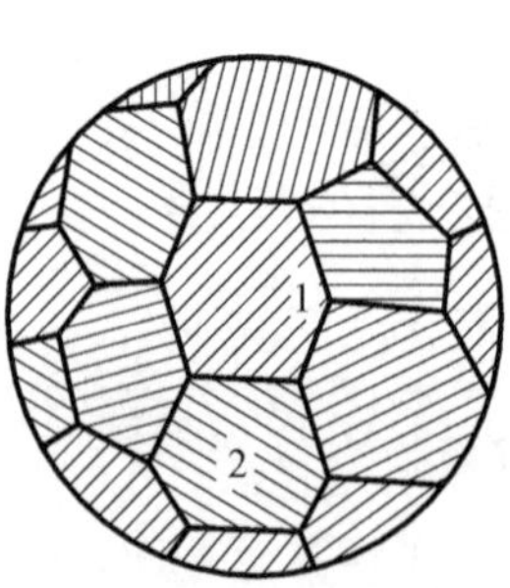

图 4-1

3. 各向同性假设

假设物体内任一点处沿各个方向的力学性能都相同。沿各个方向具有相同力学性能的材料称为**各向同性材料**。例如，玻璃即为典型的各向同性材料。至于工程中常用的金属，就其每个晶粒来说，属于各向异性体(图 4-1)，但由于构件所含晶粒极多，而且它们在构件内的排列又是极不规则的，因此，按统计学的观点，仍可假设金属的力学性能与所取方向无关，即认为是各向同性的。应该指出，金属材料经辗压后，其中某些晶粒往往沿一定方向排列，因而表现出一定程度的各向异性。但当其不显著时，也可忽略不计，而认为是各向同性的。至于由增强纤维(碳纤维、硼纤维等)和基体材料(环氧树脂等)制成的复合材料(图 4-2)，则属于各向异性体，在“复合材料力学”中有论述。

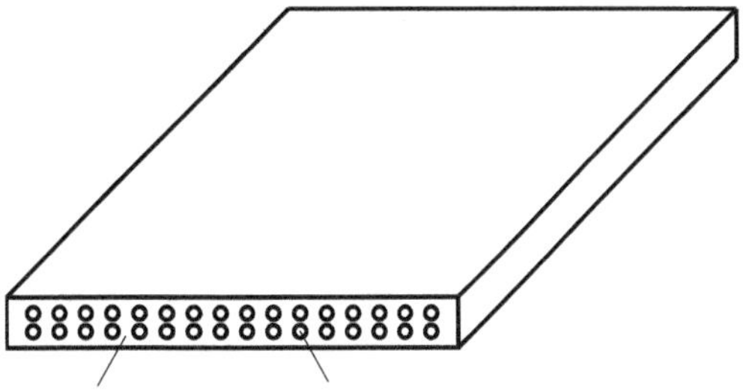

图 4-2

4. 线性弹性假设

假设构件的所有变形在卸载后都能恢复，且在加载时力与变形成正比关系。这样的变形称为线性弹性变形，不能恢复的变形称为塑性变形。大多数工程材料在受力和变形不大时基本符合这一假设。

5. 小变形条件

工程中的大多数构件在外力作用下，其几何尺寸的改变量和构件的原始尺寸相比是一个很微小的量，这种变形称为小变形。当我们在研究物体的平衡和整体运动时，完全可以忽略这种小变形，采用刚体模型，利用原始尺寸建立平衡方程和运动方程进行分析和计算；在研究物体的变形时，可以忽略高阶无穷小量，建立起线性的变形几何关系。在两种情形下，都可大大简化分析和计算。

综上所述，在材料力学中，将实际材料看做是连续、均匀和各向同性的可变形固体，大多数情况下只限于研究线弹性范围内的小变形情况。实践表明，在此基础上所建立的理论是正确的，也是符合工程要求的。

4.2　内力与截面法

由物理学可知，即使不受外力作用，构件内部相连各部分之间也存在着相互作用力。由于外力作用，构件将发生变形，构件内部相连部分之间的相互作用力也将发生改变，其改变量即是材料力学中所研究的**内力**。构件的强度、刚度及稳定性，与内力的大小及其在构件内部的分布情况密切相关。因此，内力分析是解决构件强度、刚度与稳定性问题的基础。

由刚体静力学可知，为了分析两物体之间的相互作用力，必须将这两物体分离。同样，要分析构件的内力，例如要分析如图 4-3(a)所示杆件横截面 m-m 上的内力，也必须假想地沿该截面将杆件切开，如图 4-3(b)所示。由连续性假设可知，内力是作用在切开截面上的连续分布力。

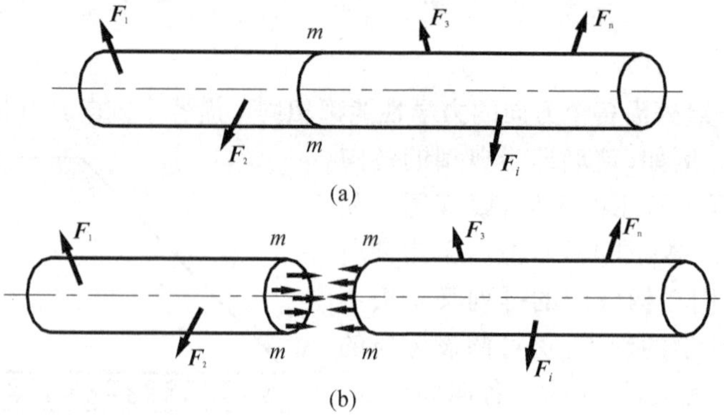

图 4-3

应用力系简化理论,将上述分布内力向横截面的任一点(例如形心 C 点)简化,得一个力 $\boldsymbol{F}$ 与一个力偶 $\boldsymbol{M}$(图 4-4(a))。为了分析内力,沿截面轴线方向建立坐标轴 x,在所切横截面内建立坐标轴 y 与 z,并将力 $\boldsymbol{F}$ 与力偶 $\boldsymbol{M}$ 沿上述三轴分解(图 4-4(b)),得内力分量 F_N、F_{Sy} 与 F_{Sz} 以及内力偶矩分量 T、M_y 与 M_z。

沿轴线的内力分量 F_N,称为**轴力**;作用线位于所切横截面的内力分量 F_{Sy} 与 F_{Sz},称为**剪力**;力偶矩矢 $\boldsymbol{M}$ 沿轴线的分量 T,称为**扭矩**;力偶矩矢 $\boldsymbol{M}$ 位于所切横截面的分量 M_y 与 M_z,称为**弯矩**。上述内力与作用在切开杆段上的外力保持平衡,因此,列出平衡方程

$$\sum F_x = 0,\quad \sum F_y = 0,\quad \sum F_z = 0$$

$$\sum M_x = 0,\quad \sum M_y = 0,\quad \sum M_z = 0$$

即可建立内力与外力间的关系,从而确定内力。为叙述简单,以后将内力分量及内力偶矩分量统称为内力分量。

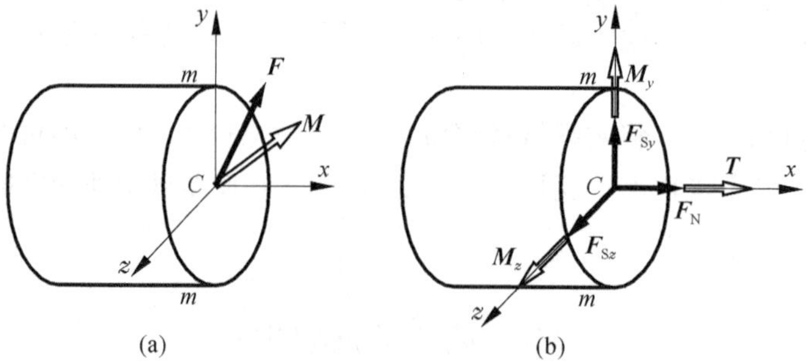

图 4-4

将杆件假想地切开以显示内力,并由平衡条件建立内力与外力间的关系,由外力确定内力的方法,称为**截面法**,它是分析杆件内力的一般方法。由以上分析可以看出用截面法求解内力的基本步骤可以概括为四个字:**截**、**取**、**代**、**平**。"截"即用假想的截面在欲求内力处将构件一分为二;"取"即选取其中的一部分为研究对象;"代"即用一个力和一个力偶来等效代替截面上的分布内力系;"平"即列平衡方程求解内力。

应该指出，在很多情况下，杆件横截面上仅存在一种、两种或三种内力分量。如图 4-5(a)所示杆 AB，A 端承受沿杆件轴线的集中载荷 F 作用，显然，杆件横截面上的唯一内力分量为轴力 F_N(图 4-5(b))，其值则为 $F_N=F$。

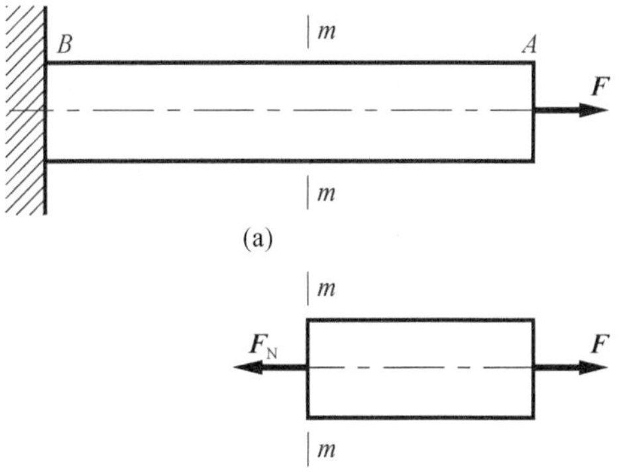

图 4-5

例 4-1　小型压力机的框架如图 4-6(a)所示。在力 $\boldsymbol{F}$ 的作用下，试求立柱横截面 m-m 上的内力。

解：(1) 用截面 m-m 将框架一分为二；

(2) 取出截面 m-m 以上部分为研究对象(图 4-6(b))；

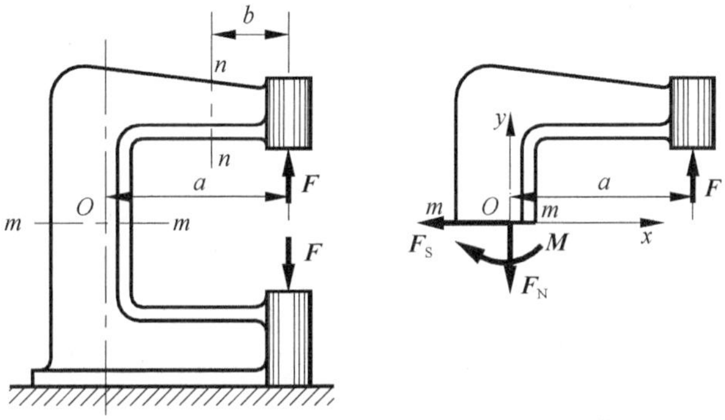

图 4-6

(3) 将截面 m-m 上的内力向截面形心 O 简化，得到一对正交分力 $\boldsymbol{F}_N$、$\boldsymbol{F}_S$ 和一个力偶 $\boldsymbol{M}$；

(4) 列平衡方程

$$\sum F_x = 0,\quad F_S = 0$$

$$\sum F_y = 0,\quad F - F_N = 0$$

$$\sum M_O = 0,\quad Fa - M = 0$$

求解得 m-m 截面上的内力

$$F_S = 0,\quad F_N = F,\quad M = Fa$$

4.3　应力的概念

如上所述，在外力作用下，构件内部相连两部分之间将产生内力，并沿截面连续分布。为了描述内力的分布情况，现引入内力分布集度的概念，截面上一点处内力的集度，称为该点的**应力**。

如图 4-7(a)所示，在截面 m-m 上任一点 K 的周围取一微小面积 ΔA，并设作用在该面积上的内力为 $\Delta\boldsymbol{F}$，则 $\Delta\boldsymbol{F}$ 与 ΔA 的比值，称为 ΔA 内的平均应力，并用 $\boldsymbol{p}_m$ 表示，即

$$\boldsymbol{p}_m = \frac{\Delta\boldsymbol{F}}{\Delta A}$$

一般情况下，内力沿截面并非均匀分布，平均应力的大小与方向将随所取面积 ΔA 的大小而

异。为了更精确地描述内力的分布情况，应使 ΔA 趋于零，由此所得平均应力的极限值，称为截面 m-m 上 K 点处的**全应力或总应力**，并用 $\boldsymbol{p}$ 表示，即

$$\boldsymbol{p} = \lim_{\Delta A \to 0} \frac{\Delta \boldsymbol{F}}{\Delta A} \tag{4-1}$$

显然，全应力 $\boldsymbol{p}$ 的方向即 $\Delta \boldsymbol{F}$ 的极限方向。为了分析方便，通常将全应力 $\boldsymbol{p}$ 沿截面法向与切向分解为两个分量(图 4-7(b))。

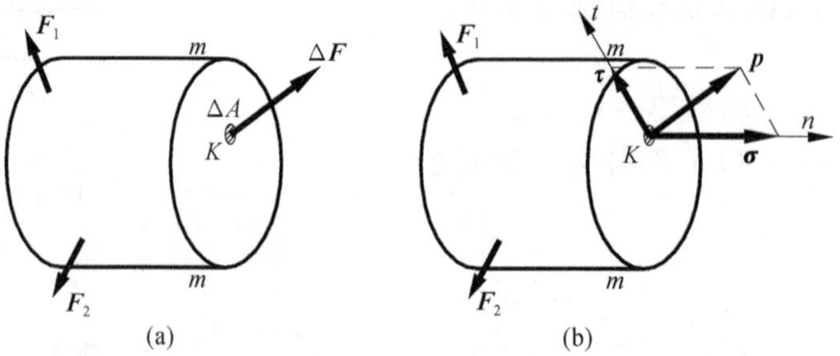

图 4-7

沿截面法向的应力分量，称为**正应力**，并用 σ 表示；沿截面切向的应力分量，称为**切应力**，并用 τ 表示。显然

$$p^2 = \sigma^2 + \tau^2 \tag{4-2}$$

在我国法定计量单位中，力与面积的基本单位分别为 N 与 m^2，应力的单位为 Pa，其名称为"帕斯卡"，$1Pa = 1N/m^2$。应力的常用单位为 MPa，其值为 $1MPa = 10^6 Pa$。

4.4 应变的概念

在外力作用下，构件发生变形，同时引起应力。为了研究构件的变形及其内部的应力分布，需要了解构件内部各点处的变形程度，即**应变**。为此，假想地从如图 4-7 所示构件内 k 点处分割出细小的单元体(图 4-8(a))。

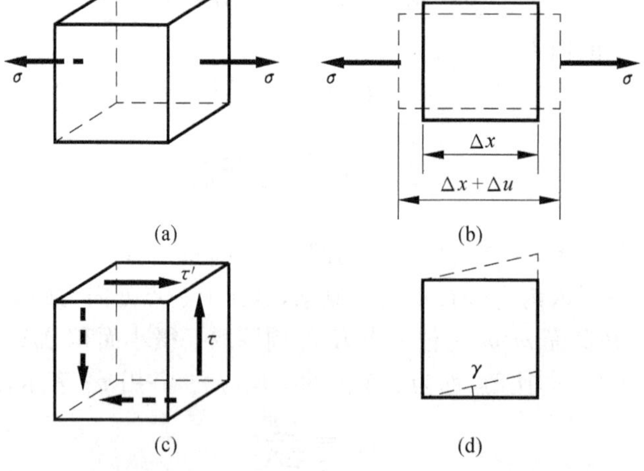

图 4-8

构件受力后，各单元体的位置发生变化，同时，单元体棱边的长度发生改变(图 4-8(b))，相邻棱边的夹角一般也发生改变(图 4-8(d))。

设棱边的原长为 Δx，变形后的长度为 $\Delta x+\Delta u$，即长度改变量为 Δu。则 Δu 与 Δx 的比值称为平均线应变，并用 ε_m 表示，即

$$\varepsilon_m = \frac{\Delta u}{\Delta x}$$

一般情况下，棱边各点处的变形程度并不相同，平均线应变的大小将随棱边的长度而改变。为了精确地描述沿棱边的变形情况，应选取无限小的单元体，由此所得平均线应变的极限值，即

$$\varepsilon = \lim_{\Delta x \to 0} \frac{\Delta u}{\Delta x} \tag{4-3}$$

称为沿棱边的**线应变**。采用类似方法，还可确定该点处沿其他任意方向的线应变。

当棱边长度发生改变时，相邻棱边的夹角一般也发生改变。单元体相邻棱边所夹直角的改变量(图 4-8(d))，称为**切应变**，并用 γ 表示，单位用弧度(rad)表示。

一般情况下，线应变 ε 和正应力 σ 有直接对应关系，切应变 γ 和切应力 τ 有直接对应关系。

显然，线应变与切应变均为无量纲量。

综上所述，构件的整体变形，是各单元体的局部变形的组合结果，而单元体的局部变形程度，则可用线应变与切应变来度量。

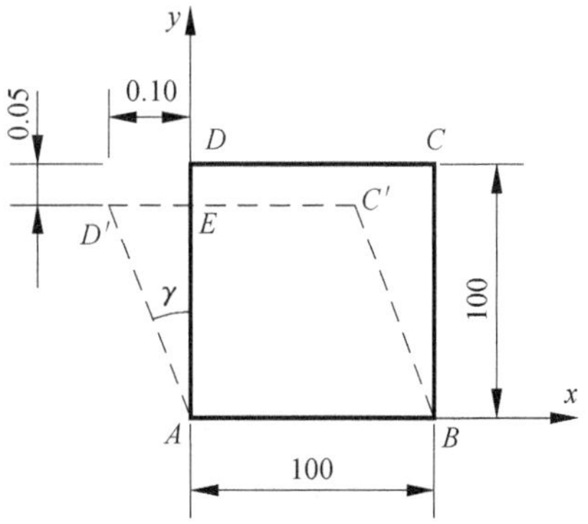

图 4-9

例 4-2　如图 4-9 所示板件 $ABCD$，其变形如图中虚线所示。试求棱边 AB 与 AD 的平均线应变以及 A 点处直角 BAD 的切应变。(图中单位为 mm)

解：棱边 AB 的长度未改变，故其平均线应变为

$$\varepsilon_{m,x} = 0$$

可以看出，棱边 AD 的长度改变量为

$$\begin{aligned}\Delta u &= \overline{AD'} - \overline{AD} = \sqrt{(0.100-0.05\times10^{-3})^2+(0.10\times10^{-3})^2}\,\text{m} - 0.100\text{m} \\ &= -4.99\times10^{-5}\,\text{m}\end{aligned}$$

所以，AD 棱边的平均线应变为

$$\varepsilon_{m,y} = \frac{\Delta u}{\overline{AD}} = \frac{-4.99\times10^{-5}}{0.100} = -4.99\times10^{-4} \tag{a}$$

负号表示棱边 AD 为缩短变形。

A 点处直角 BAD 的切应变 γ 为一很小的量，因此

$$\gamma \approx \tan\gamma = \frac{\overline{D'E}}{\overline{AE}} = \frac{0.10\times10^{-3}\,\text{m}}{(0.100-0.05\times10^{-3})\,\text{m}} = 1.00\times10^{-3}\,\text{rad}$$

应当指出，一般构件的变形均很小。在这种情况下，由于切应变 γ 很小，直线 AD' 的长度与该直线在 y 轴上的投影 AE 的长度的差值极小。因此，在计算线应变 $\varepsilon_{m,y}$ 时，通常即以投影 AE 的长度代替直线 AD' 的长度。于是得棱边 AD 的平均线应变为

$$\varepsilon_{m,y} = \frac{\overline{AE}-\overline{AD}}{\overline{AD}} = \frac{(0.100-0.05\times10^{-3})-0.100}{0.100} = -5.00\times10^{-4}$$

与式(a)所述解答相比，误差仅为 0.2%。

4.5 杆件变形的基本形式

作用在杆件上的外力是多种多样的，所以，杆件的变形也是多种多样的。但分析后发现，它们或为下述基本变形形式之一，或为下述几种基本变形形式的组合。杆件的基本变形形式有**轴向拉伸**或**轴向压缩**、**扭转**、**弯曲**和**剪切**(图 4-10)。

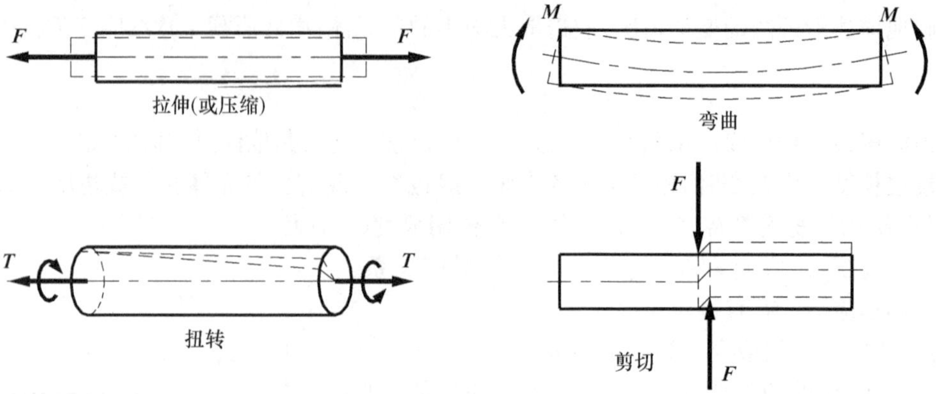

图 4-10

1. 轴向拉伸或压缩

当杆件承受沿轴线方向的拉力或压力时，杆件将产生轴向伸长或压缩变形，这种变形称为轴向拉伸或压缩变形。简单桁架在载荷作用下，桁架中的杆件就产生轴向拉伸或压缩变形。

2. 扭转

当力偶的作用面为杆件的横截面时，杆件的横截面将产生绕杆件轴线的相对转动，这种变形称为扭转变形，机械中传动轴的主要变形就是扭转变形。

3. 弯曲

当外力垂直于杆件的轴线或外力偶的作用面通过杆件的轴线时，杆件的轴线将由直线变成曲线，这种变形称为弯曲变形。

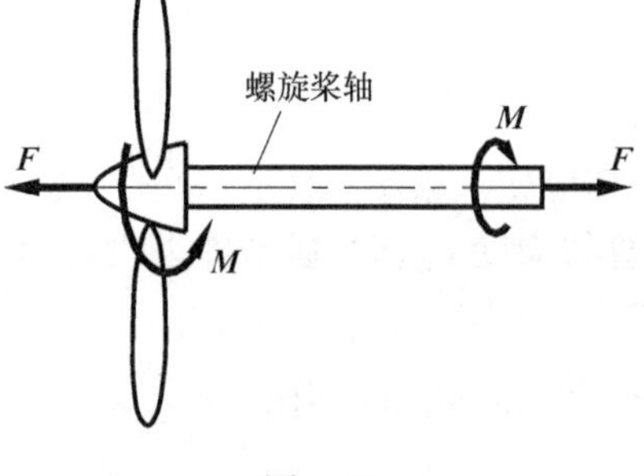

图 4-11

4. 剪切

当杆件承受大小相等、方向相反、作用线相互平行、距离很近且垂直于杆件轴线的外力时，杆件的相邻部分将产生相互错动，这种变形称为剪切变形。

由两种或两种以上基本变形组成的变形形式称为**组合变形**。如图 4-11 所示螺旋桨轴，其变形形式即属于拉、扭组合变形。

本书首先讨论变形的基本形式，然后研究变形的组合形式。

习　　题

4.1　试求图 4-6 所示小型压力机的框架 n-n 截面上的内力。

4.2　试求图示构件截面 1-1 上的内力。

4.3　简易吊车如图所示。试求截面 1-1 和 2-2 上的内力。

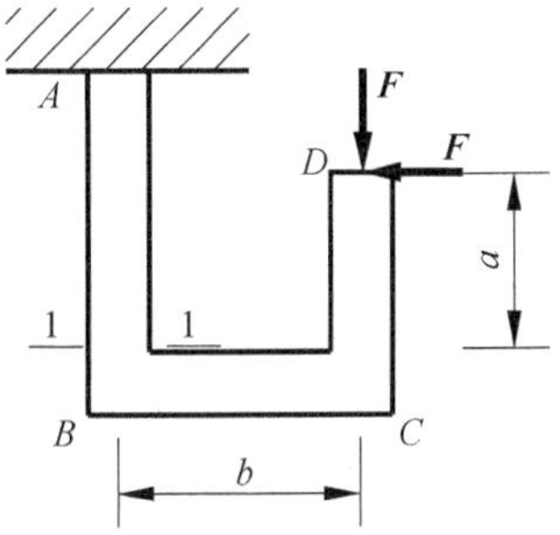

习题 4.2 图

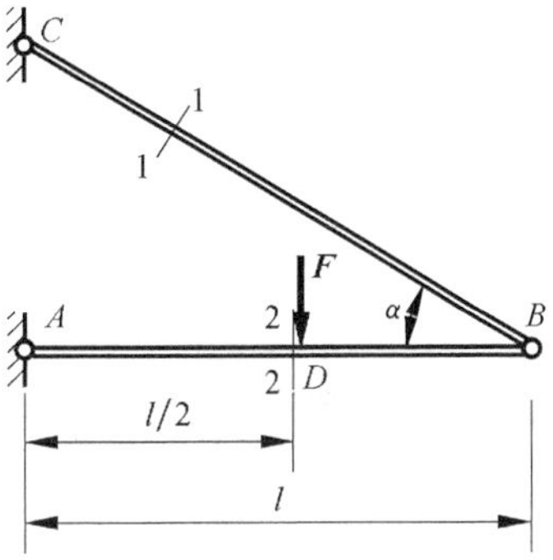

习题 4.3 图

4.4　如图(a)和图(b)所示两个矩形微元体，虚线表示其变形后的情况，该二微元体在 A 处的切应变分别记为$(\gamma_A)_a$ 与$(\gamma_A)_b$，试确定其大小。

4.5　构件变形如图中虚线所示。试求棱边 AB 与 AD 的平均线应变，以及 A 点处的切应变。

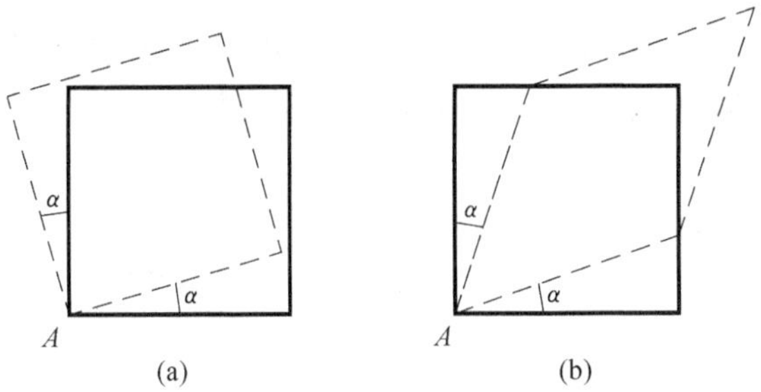

习题 4.4 图

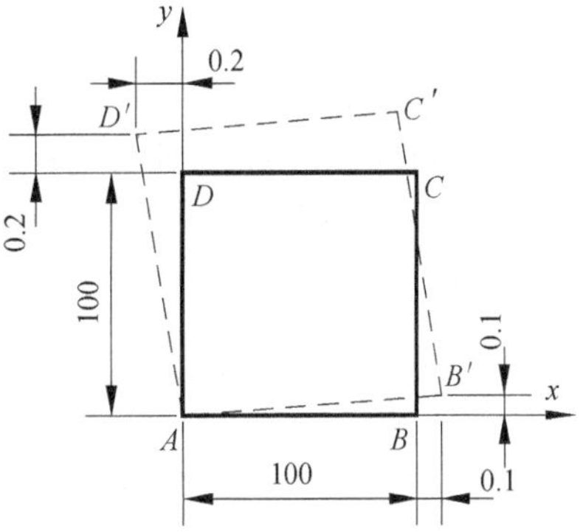

习题 4.5 图

第 5 章　轴向拉伸与压缩

5.1　引　　言

在不同形式的外力作用下，杆件的变形与应力也相应不同。

杆件变形的一种最基本的形式为轴向拉伸或压缩，如图 5-1(a)所示的简单起重装置中，钢索受拉、撑杆受压；如图 5-1(b)所示活塞杆受压。

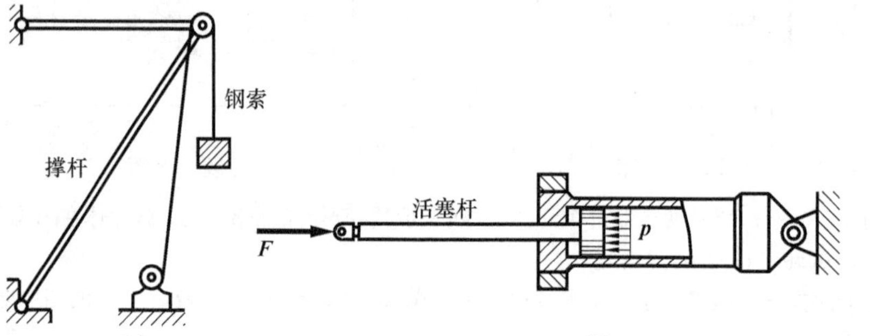

图 5-1

在轴向拉伸或压缩时，外力或其合力的作用线沿杆件轴线，而杆件的主要变形为轴向伸长或缩短(图 5-2)。作用线沿杆件轴线的载荷称为**轴向载荷**。以轴向拉压变形为主要变形的杆件，称为**拉压杆**。

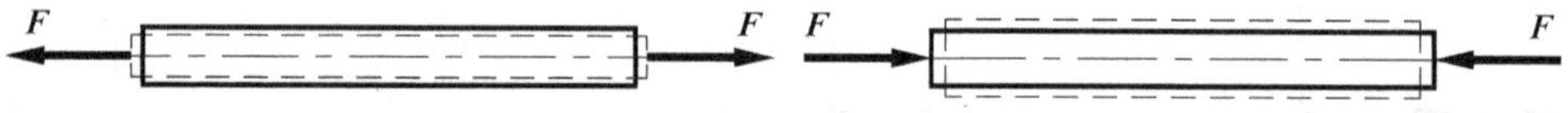

图 5-2

本章研究拉压杆的内力、应力和变形，材料在拉伸与压缩时的力学性能，以及拉压杆的强度计算。此外，本章还将简要介绍拉压杆的简单超静定问题。

5.2　轴力与轴力图

5.2.1　轴力

在轴向载荷 $\boldsymbol{F}$ 作用下(图 5-3(a))，杆件横截面上的内力分量必沿杆件轴线(图 5-3(b))。作用线垂直于横截面并通过其形心的内力分量，即前述轴力，用 $\boldsymbol{F}_{\mathrm{N}}$ 表示。

轴力或为拉力，或为压力(图 5-4)，为区别起见，通常规定拉力为正，压力为负。按此规定，如图 5-3(b)所示轴力为正，如图 5-4(b)所示轴力为负。

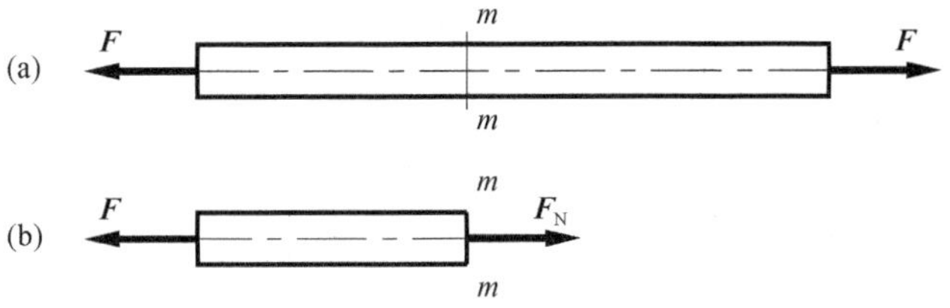

图 5-3

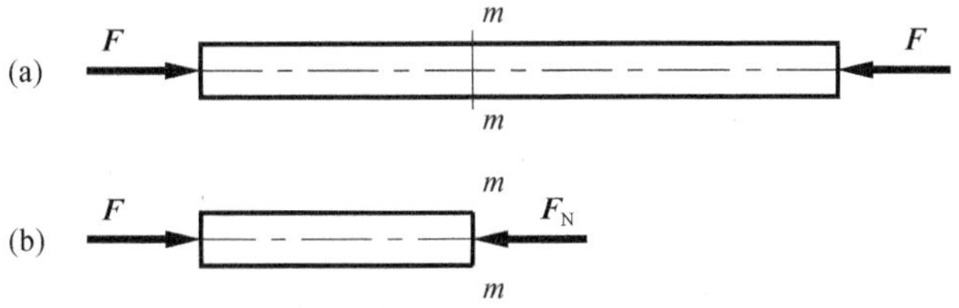

图 5-4

5.2.2　轴力计算

如图 5-5(a)所示拉压杆，承受三个轴向载荷。由于在横截面 B 处作用有外力，杆件的 AB 与 BC 段的轴力将不相同，需要分段研究。

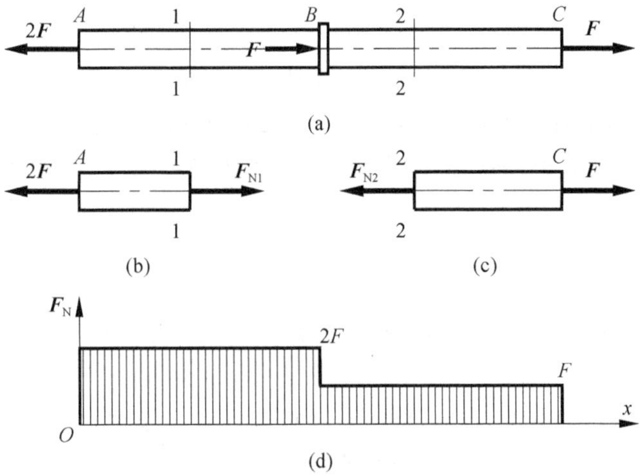

图 5-5

利用截面法，在 AB 段内任一横截面 1-1 处假想将杆件切开，并选切开后的左段为研究对象(图 5-5(b))，由平衡方程

$$\sum F_x = 0, \quad F_{N1} - 2F = 0$$

得 AB 段的轴力为

$$F_{N1} = 2F$$

对于 BC 段，仍用截面法，在任一横截面 2-2 处假想将杆件切开，为计算简单，选切开后的右段为研究对象(图 5-5(c))，由平衡方程

$$\sum F_x = 0, \quad F - F_{N2} = 0$$

得 BC 段的轴力为

$$F_{N2} = F$$

综上所述，可将计算轴力的方法概述如下：

(1) 在需要求轴力的横截面处，假想将杆切开，并选切开后的任一杆段为研究对象。

(2) 画所选杆段的受力图，为计算简便，可将轴力假设为拉力，即采用所谓**设正法**。

(3) 建立所选杆段的平衡方程，并由已知的外力来计算切开截面上的未知轴力。

5.2.3 轴力图

以上分析表明，在 AB 与 BC 杆段内轴力不同。为了形象地表示轴力沿杆轴(即杆件轴线)的变化情况，确定最大轴力的大小及所在截面的位置，常采用图线表示法。作图时，以平行于杆轴的坐标表示横截面的位置，垂直于杆轴的另一坐标表示轴力，于是，轴力沿杆轴的变化情况即可用图线表示。

表示轴力沿杆轴变化情况的图线，称为轴力图。如图 5-5(a)所示杆的轴力图即如图 5-5(d)所示，最大轴力为 $F_{N,max}=2F$。

5.3 轴向拉压杆的应力

5.3.1 拉压杆横截面上的应力

研究拉压杆横截面上的应力，需要解决三个问题：一是截面上各点处产生何种应力(正应力 σ 或切应力 τ)；二是截面上各种应力的分布规律；三是如何计算各点处的应力数值。

通常可通过变形几何关系、物理关系和静力学关系来确定应力的分布和导出应力计算公式，具体步骤如下。

1. 变形几何关系

通常可以通过试验来观察拉压杆件的变形，得到其变形几何关系。

1) 观察变形现象

如图 5-6(a)所示为一等截面直杆，试验前，在杆表面画两条垂直于杆轴的横线 1-1 与 2-2，然后，在杆两端施加一对大小相等、方向相反的轴向载荷 $\boldsymbol{F}$。从试验中观察到：横线 1-1 与 2-2 仍为直线，且仍垂直于杆件轴线，只是间距增大，分别平移至图示 1′-1′与 2′-2′位置。

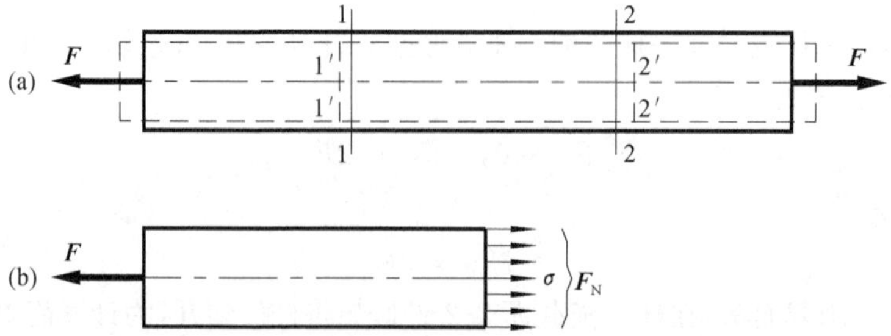

图 5-6

2）假设与推论

根据上述现象，对杆内变形作如下假设：**变形后横截面仍保持平面，且仍与杆轴线垂直，只是横截面间沿杆轴线做相对平移**。此假设称为拉压杆的**平面假设**。

根据现象可知，直杆轴向拉压时，横截面上各点处只产生线应变，不产生切应变。因此得到如下推论：**直杆受轴向拉压时，横截面上只产生正应力** σ**，没有切应力** τ，即回答了前面提出的第一个问题。

3）变形几何关系

如果设想杆件是由无数纵向“纤维”所组成，则由上述假设可知，任意两横截面间的所有纤维的变形均相同。这表明：**横截面上各点处的线应变都相等**。

2. 物理关系

一点处的正应力与该点处的线应变存在一定的关系（该关系可以是线性的，也可以是非线性的，当然在材料力学中通常是线性关系。），由于横截面上各点处的线应变相等，而且材料是均匀的，由此推知：**直杆受轴向拉压时，正应力** σ **沿横截面均匀分布**，其分布情况如图 5-6(b)所示。

3. 静力学关系

若在横截面上任取一微面积 $\mathrm{d}A$，其上的微内力为 $\sigma\mathrm{d}A$。设横截面面积为 A，截面上的轴力为 F_{N}，则截面上所有微面积 $\mathrm{d}A$ 上的微内力 $\sigma\mathrm{d}A$ 之和应等于轴力 F_{N}，即

$$F_{\mathrm{N}}=\int_A\sigma\mathrm{d}A$$

根据正应力均匀分布的结论，上式可写为

$$F_{\mathrm{N}}=\int_A\sigma\mathrm{d}A=\sigma A$$

于是得到

$$\sigma=\frac{F_{\mathrm{N}}}{A}\tag{5-1}$$

式(5-1)已为试验所证实，适用于横截面为任意形状的等截面拉压杆。

上式表明，正应力与轴力具有相同的正负符号，即拉应力为正，压应力为负。

5.3.2　正应力公式的适用性

从正应力公式的推导可以看到，公式能否成立与两个条件有关：横截面上内力分量只有轴力，且轴向变形在整个横截面上是均匀的。第一个条件要求外力的合力的作用线沿杆的轴线，第二个条件则与下列因素有关。

1. 载荷形式的影响

在沿横向均布的轴向力作用下，杆件的轴向变形显然是均匀的。当作用在杆端的轴向外力沿横截面非均匀分布（如集中力）时，外力作用点附近各截面的应力也为非均匀分布。但**圣维南(Saint-Venant)原理**指出：**力作用于杆端的方式，只影响杆端局部范围的应力分布，影响区的轴向范围约离杆端 1～2 个杆的横向尺寸**。此原理已为大量试验与计算所证实。例如，如图 5-7(a)所示承受集中力 $\boldsymbol{F}$ 作用的杆，其截面宽度为 h，在 $x=h/4$ 与 $h/2$ 处的横截面 1-1 与 2-2

上，应力为非均匀分布(图 5-7(b)(c))，但在 $x=h$ 处的横截面 3-3 上，应力则趋向均匀(图 5-7(d))。因此，只要外力的合力的作用线沿杆件轴线，且在离外力作用面稍远处，横截面上的应力均可视为均匀分布的。

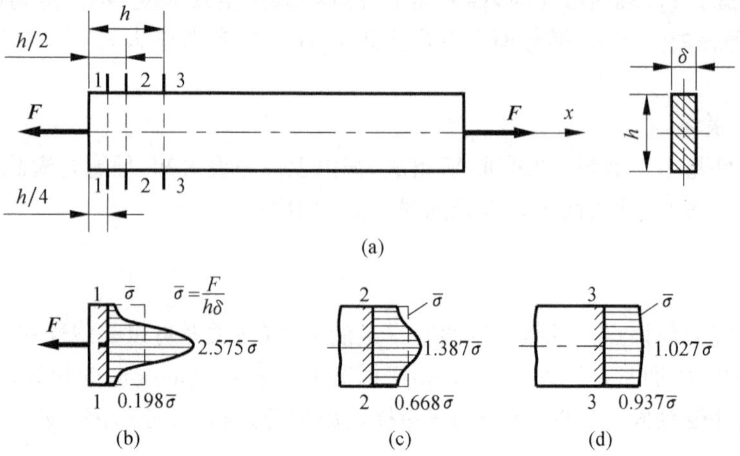

图 5-7

2. 应力集中的影响

上面的分析说明，在加力点的附近区域，由于局部变形，应力的数值会比一般截面上大。除此以外，当构件的几何形状不连续，如开孔或截面突变等处，也会产生很高的局部应力。如图 5-8 所示为开孔板条承受轴向载荷时，通过孔中心线的截面上的应力分布。显然，该截面上的应力不再均匀分布，最大应力 σ_{max} 显著超过该截面的平均应力。像这种**几何形状不连续处应力局部增大的现象，称为应力集中**。在该截面及附近区域横截面上的正应力不能用式(5-1)计算，但距几何形状不连续处稍远的横截面上的正应力仍可用式(5-1)计算。

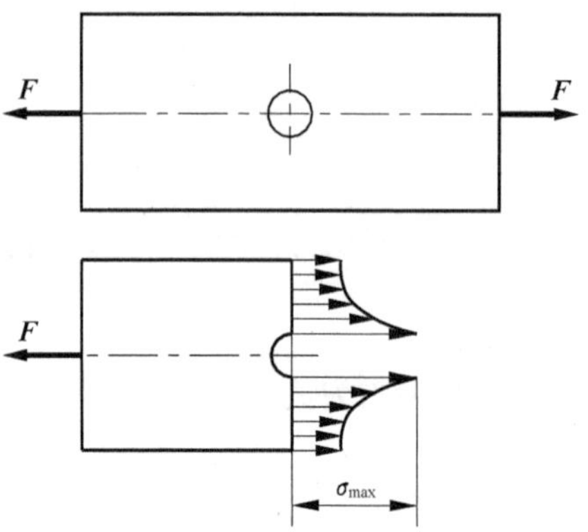

图 5-8

应力集中的程度用应力集中因数 K 表示，其定义为

$$K=\frac{\sigma_{max}}{\sigma_n} \tag{5-2}$$

式中，σ_n 为名义应力；σ_{max}为最大局部应力。名义应力是在不考虑应力集中的条件下求得的。最大局部应力 σ_{max}则是由解析理论(如弹性力学)、实验或数值办法(如有限元法与边界元法)等确定的。

5.3.3 拉压杆斜截面上的应力

以上研究了拉压杆横截面上的应力，为了更全面地了解杆内的应力情况，现在进一步研究斜截面上的应力。

考虑如图 5-9(a)所示拉杆，利用截面法，沿任一斜截面 m-m 将杆切开，该截面的方位以其

外法线 On 与 x 轴的夹角 α 表示。由前述分析可知，杆内各纵向纤维的变形相同，因此，在相互平行的截面 m-m 与 m'-m' 间，各纤维的变形也相同。因此，斜截面 m-m 上的应力（全应力）p_α 沿截面均匀分布（图 5-9(b)），且其方向与杆轴平行。

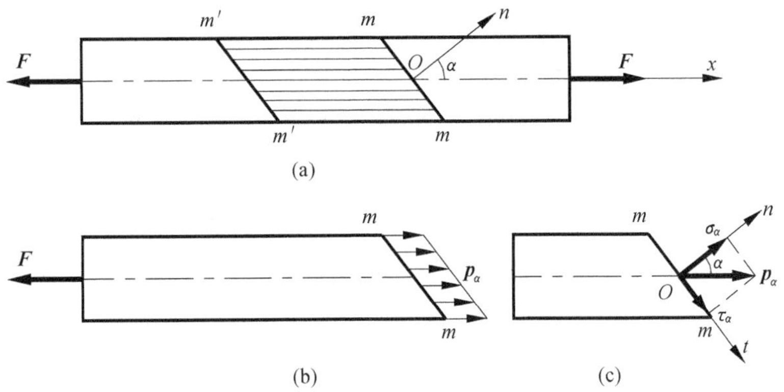

图 5-9

设杆件横截面的面积为 A，则根据上述分析，可得杆左段的平衡方程为

$$p_\alpha \frac{A}{\cos\alpha} - F = 0$$

由此得截面 m-m 上各点处的应力为

$$p_\alpha = \frac{F\cos\alpha}{A} = \sigma\cos\alpha$$

式中，$\sigma = F/A$，代表杆件横截面上的正应力。

将应力 p_α 沿截面法向与切向分解（图 5-9(c)），得斜截面上的正应力与切应力分别为

$$\sigma_\alpha = p_\alpha\cos\alpha = \sigma\cos^2\alpha \tag{5-3}$$

$$\tau_\alpha = p_\alpha\sin\alpha = \frac{\sigma}{2}\sin2\alpha \tag{5-4}$$

可见，在拉压杆的任一斜截面上，不仅存在正应力，而且存在切应力，其大小则均随截面方位变化。

由式(5-3)可知，当 $\alpha = 0°$ 时，正应力最大，其值为

$$\sigma_{\max} = \sigma$$

即拉压杆的最大正应力发生在横截面上，其值为 σ。

由式(5-4)可知，当 $\alpha = 45°$ 时，切应力最大，其值为

$$\tau_{\max} = \frac{\sigma}{2}$$

即拉压杆的最大切应力发生在与杆轴成 45°的斜截面上，其值为 $\sigma/2$。

为便于应用上述公式，现对方位角与切应力的正负符号作如下规定：以坐标轴 x 为始边，方位角 α 为逆时针转向者为正；将截面外法线 On 沿顺时针方向旋转 90°，与该方向同向的切应力为正。按此规定，如图 5-9(c)所示的 α 与 τ_α 均为正。

例 5-1　如图 5-10(a)所示右端固定的阶梯形圆截面杆，同时承受轴向载荷 $\boldsymbol{F}_1$ 与 $\boldsymbol{F}_2$ 作用，试计算杆内横截面上的最大正应力。已知载荷 $F_1 = 20\text{kN}$，$F_2 = 50\text{kN}$，直径 $d_1 = 20\text{mm}$，$d_2 = 30\text{mm}$。

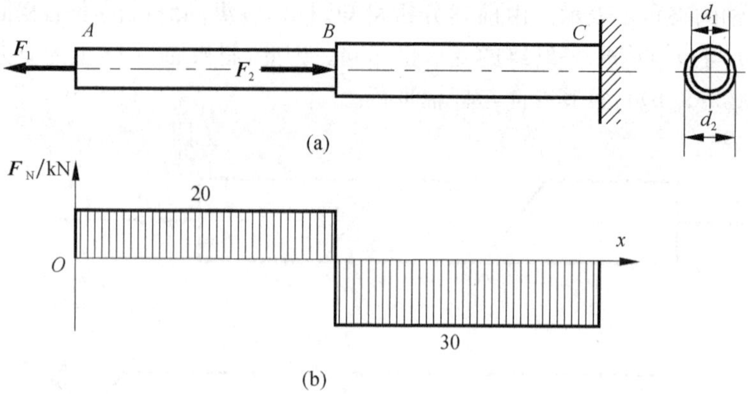

图 5-10

解:(1) 轴力分析。

设 AB 与 BC 段的轴力均为拉力,并分别用 $F_{N,AB}$ 与 $F_{N,BC}$ 表示,则由截面法可知

$$F_{N,AB} = F_1 = 2.0 \times 10^4\,\text{N}$$

$$F_{N,BC} = F_1 - F_2 = -3.0 \times 10^4\,\text{N}$$

所得 $F_{N,BC}$ 为负,说明该段轴力的实际方向与所设方向相反,即轴力为压力。根据上述轴力值,画杆的轴力图如图 5-10(b)所示。

(2) 应力分析。

AB 段的轴力较小,但横截面面积也较小,BC 段的轴力虽较大,但横截面面积也较大,因此,应对两段杆的应力进行分析计算。

由式(5-1)可知,AB 段内任一横截面的正应力为

$$\sigma_{AB} = \frac{F_{N,AB}}{A_{AB}} = \frac{4F_{N,AB}}{\pi d_1^2} = \frac{4 \times (2.0 \times 10^4\,\text{N})}{\pi(20 \times 10^{-3}\,\text{m})^2} = 6.37 \times 10^7\,\text{Pa} = 63.7\,\text{MPa} \quad (\text{拉应力})$$

而 BC 段内任一横截面的正应力则为

$$\sigma_{BC} = \frac{F_{N,BC}}{A_{BC}} = \frac{4F_{N,BC}}{\pi d_2^2} = \frac{4 \times (-3.0 \times 10^4\,\text{N})}{\pi(30 \times 10^{-3}\,\text{m})^2} = -4.24 \times 10^7\,\text{Pa} = -42.4\,\text{MPa} \quad (\text{压应力})$$

可见,杆内横截面上的最大正应力为

$$\sigma_{\max} = \sigma_{AB} = 63.7\,\text{MPa}$$

例 5-2　如图 5-11(a)所示轴向受压等截面杆,横截面面积 $A=400\text{mm}^2$,载荷 $F=50\text{kN}$,试求斜截面 m-m 上的正应力与切应力。

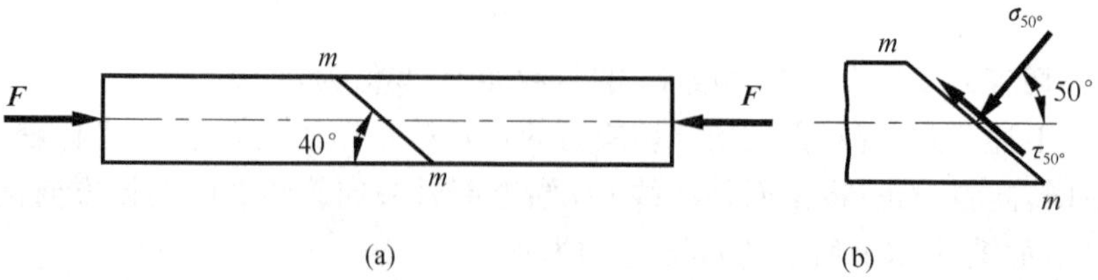

图 5-11

解:杆件横截面上的正应力为

$$\sigma = \frac{F_N}{A} = \frac{-50\times10^3\,\text{N}}{400\times10^{-6}\,\text{m}^2} = -1.25\times10^8\,\text{Pa} = -125\,\text{MPa}$$

斜截面 m-m 的方位角为

$$\alpha = 50^\circ$$

于是,由式(5-3)与式(5-4),得斜截面 m-m 上的正应力与切应力分别为

$$\sigma_{50^\circ} = \sigma\cos^2\alpha = (-1.25\times10^8\,\text{Pa})\cos^2 50^\circ = -5.16\times10^7\,\text{Pa} = -51.6\,\text{MPa}$$

$$\tau_{50^\circ} = \frac{\sigma}{2}\sin 2\alpha = \frac{-1.25\times10^8\,\text{Pa}}{2}\sin 100^\circ = -6.16\times10^7\,\text{Pa} = -61.6\,\text{MPa}$$

其方向则如图 5-11(b)所示。

5.4　材料拉伸和压缩时的力学性能

构件的强度、刚度与稳定性,不仅与构件的形状、尺寸及所受外力有关,而且与材料的力学性能有关。了解材料基本力学性能的主要手段是在常温静载下进行试验。常温即室温,静载则指加载速度极其平稳缓慢。试验所用的试样的制备和形状尺寸,试验方法和测试要求,各国都制定了相应的标准,我国的国家标准①中也作了详细规定。本节研究材料在拉伸和压缩时的力学性能。

5.4.1　拉伸试验与应力-应变曲线

材料的力学性能由试验测定。拉伸试验是研究材料力学性能最基本、最常用的试验。标准拉伸试样如图 5-12 所示,标记 m 与 n 之间的杆段为试验段,其长度 l 称为**标距**。对于试验段直径为 d 的圆截面试样(图 5-12(a)),通常规定

$$l = 10d \quad 或 \quad l = 5d$$

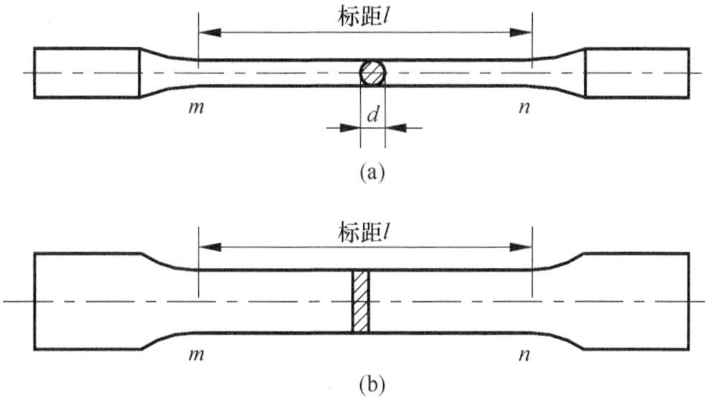

图 5-12

而对于试验段横截面面积为 A 的矩形截面试样(图 5-12(b)),则规定

$$l = 11.3\sqrt{A} \quad 或 \quad l = 5.65\sqrt{A}$$

试验时,首先将试样安装在材料试验机的上、下夹头内(图 5-13),并在标记 m 与 n 处安装测

① GB228.1—2010《金属材料拉伸试验第 1 部分:室温试验方法》,GB7314—2005《金属材料室温压缩试验方法》等。

量轴向变形的仪器。然后开动机器，缓慢加载。随着载荷 $\boldsymbol{F}$ 的增大，试样逐渐被拉长，试验段的拉伸变形用 Δl 表示。拉力 F 与变形 Δl 间的关系曲线如图 5-13 所示，称为试样的**载荷-变形曲线**或**拉伸图**。试验一直进行到试样断裂为止。

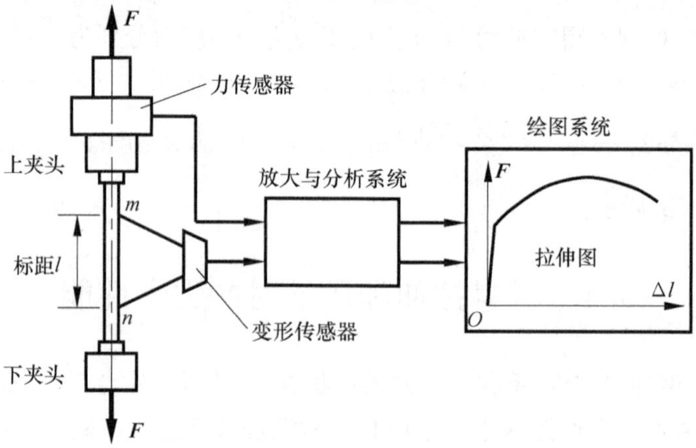

图 5-13

显然，拉伸图不仅与试样的材料有关，而且与试样的横截面尺寸及标距的大小有关。例如，试验段的横截面面积越大，将其拉断所需之拉力越大；在同一拉力作用下，标距越大，拉伸变形 Δl 也越大。因此，不宜用试样的拉伸图表征材料的力学性能。

将拉伸图的纵坐标 F 除以试样横截面的原面积 A，将其横坐标 Δl 除以试验段的原长 l（即标距），由此所得应力与应变的关系曲线，称为材料的**应力-应变图**或**应力-应变曲线**。

5.4.2　低碳钢拉伸时的力学性能

含碳量低于 0.3% 的低碳钢是工程中广泛应用的金属材料，其应力-应变图具有典型意义。如图 5-14 所示为低碳钢 Q235 的应力-应变图，现以该曲线为基础，并结合试验过程中所观察到的现象，介绍低碳钢的力学性能。

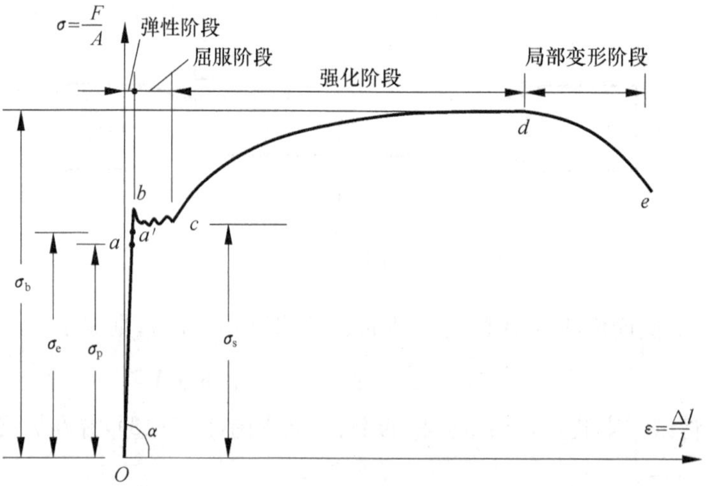

图 5-14

1. 弹性阶段：Oa'段

在这一阶段，材料的变形是**弹性变形**，即如果在这一阶段将载荷全部卸去，变形能够完全消失，应力为零时应变也为零。对应于 a'点的应力 σ_e 称为**弹性极限**。其中，Oa 段为直线，表示应变与应力成正比，这就是 1678 年英国物理学家胡克(R. Hooke)在大量实验的基础上归纳出来的**胡克定律**

$$\sigma = E\varepsilon$$

直线阶段最高点 a 所对应的正应力，称为材料的**比例极限**，并用 σ_p 表示；而直线 Oa 的斜率，数值上即等于材料的弹性模量 E。低碳钢 Q235 的比例极限 $\sigma_p \approx 200\text{MPa}$，弹性模量 $E \approx 200\text{GPa}$。

2. 屈服阶段：bc 段

超过比例极限之后，应力与应变之间不再保持正比关系。当应力达到一定值时，应力虽不增加(或在微小范围内波动)，而变形却急剧增长，材料失去抵抗变形能力的现象，称为**屈服**。这一阶段曲线的最低点所对应的应力称为材料的**屈服极限**，并用 σ_s 表示，低碳钢 Q235 的屈服极限 $\sigma_s = 235\text{MPa}$。如果试样表面光滑，则当材料屈服时，试样表面将出现与轴线约成 45°的线纹(图 5-15)。如前所述，在杆件的 45°斜截面上，作用有最大切应力，因此，上述线纹是由材料沿该截面产生滑移所造成。材料屈服时试样表面出现的线纹，通常称为**滑移线**。

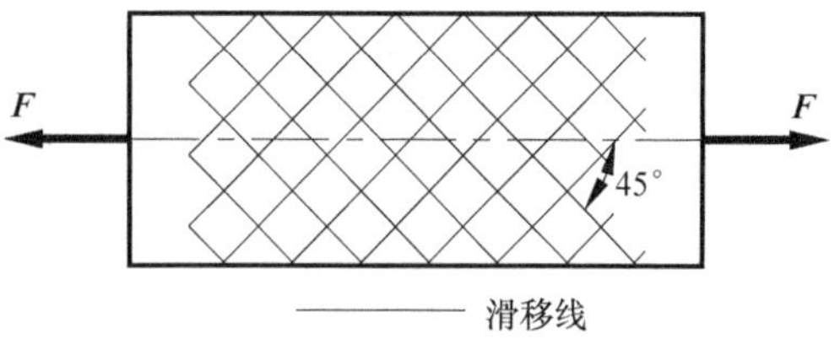

图 5-15

3. 强化阶段：cd 段

经过屈服阶段之后，材料又具有了抵抗变形的能力。这时，要使材料继续变形需要增大应力。经过屈服滑移之后，材料重新呈现抵抗继续变形能力的现象，称为**应变硬化**。强化阶段的最高点 d 所对应的正应力，称为材料的**强度极限**，并用 σ_b 表示。低碳钢 Q235 的强度极限 $\sigma_b \approx 380\text{MPa}$。强度极限是材料所能承受的最大应力。

4. 缩颈阶段：de 段

当应力增至最大值 σ_b 之后，试样的某一局部显著收缩(图 5-16)，产生所谓**缩颈现象**。这一阶段试样的变形集中发生在缩颈区，故又称为**局部变形阶段**。在该阶段由于截面减小，试样承载能力降低，F 随之减小，相应的应力 σ 也随之减小，应力-应变曲线相应呈现下降，最后试样在缩颈处断裂。

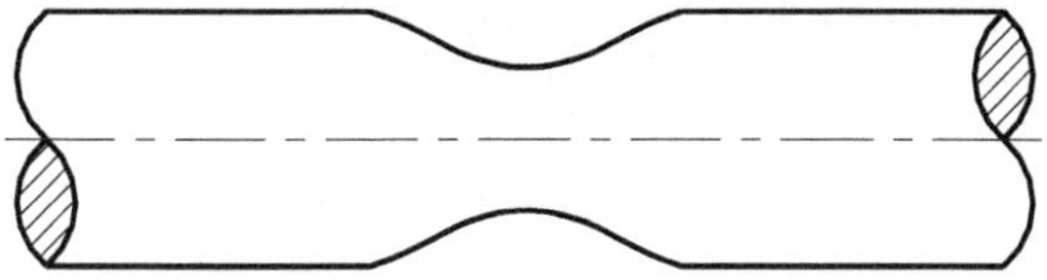
图 5-16

综上所述，在整个拉伸过程中，材料经历了弹性、屈服、强化与缩颈四个阶段，并存在三个特征点，相应的应力依次为弹性极限、屈服极限与强度极限。

5. 卸载规律与冷作硬化

试验表明，如果当应力小于比例极限时停止加载，并将载荷逐渐减小至零，即卸去载荷，则可以看到，在卸载过程中应力与应变之间仍保持正比关系，并沿直线 Oa 回到 O 点(图 5-17)，变形完全消失。

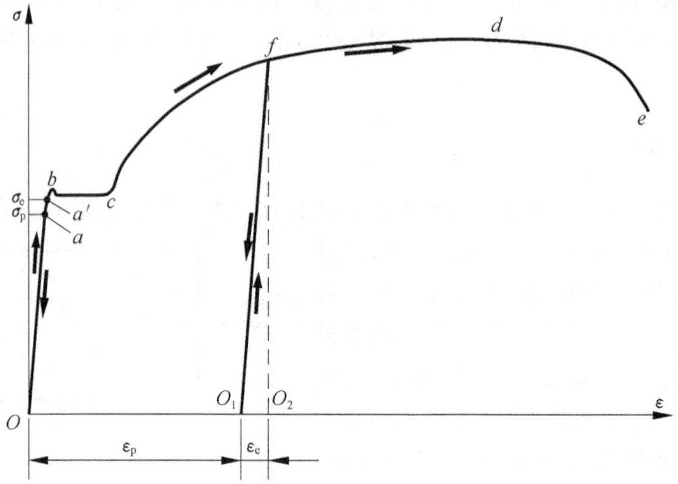

图 5-17

在超过弹性极限之后，如在强化阶段某一点 f 逐渐减小载荷，则卸载过程中的应力-应变曲线如图中的 fO_1 所示，该直线与 Oa 几乎平行。线段 O_1O_2 代表随卸载而消失的应变即弹性应变；而线段 OO_1 则代表应力减小至零时残留的应变，即塑性应变或残余应变。由此可见，当应力超过弹性极限后，材料的应变包括弹性应变与塑性应变，但在卸载过程中，应力与应变之间仍保持线性关系。

试验中还发现，如果卸载至 O_1 点后立即重新加载，则加载时的应力、应变关系基本上沿卸载时的直线 O_1f 变化，过 f 点后仍沿原曲线 fde 变化，并至 e 点断裂。因此，如果将卸载后已有塑性变形的试样当作新试样重新进行拉伸试验，其比例极限或弹性极限将得到提高，而断裂时的残余变形则减小。预加塑性变形，而使材料的比例极限或弹性极限提高的现象，称为**冷作硬化**。工程中常利用冷作硬化，以提高某些构件(例如钢筋与链条等)在弹性范围内的承载能力。

6. 材料的塑性

试样断裂时的残余变形最大。材料能经受较大塑性变形而不破坏的能力，称为材料的**塑性**或**延性**。材料的塑性用延伸率或断面收缩率来度量。

设断裂时试验段的长度为 l_1，试验段原长为 l，即

$$\delta=\frac{l_1-l}{l}\times 100\% \tag{5-5}$$

称为材料的**延伸率**；如果试验段横截面的原面积为 A，断裂后断口的横截面面积为 A_1，所谓**断面**

收缩率即为

$$\psi = \frac{A - A_1}{A} \times 100\% \tag{5-6}$$

低碳钢 Q235 的延伸率 $\delta \approx 25\% \sim 30\%$，断面收缩率 $\psi \approx 60\%$。

塑性好的材料，在轧制或冷压成型时不易断裂，并能承受较大的冲击载荷。在工程中，通常将延伸率 $\delta \geqslant 5\%$的材料称为**塑性材料**；延伸率 $\delta < 5\%$的材料称为**脆性材料**。结构钢与硬铝等为塑性材料；而工具钢、灰口铸铁与陶瓷等则属于脆性材料。

5.4.3　其他材料拉伸时的力学性能

如图 5-18 所示为锰钢与硬铝等金属材料的应力-应变图。可以看出，它们断裂时均具有较大的残余变形，即均属于塑性材料。不同的是，有些材料不存在明显的屈服阶段。对于不存在明显屈服阶段的塑性材料，工程中通常以卸载后产生数值为 0.2%的残余应变的应力作为屈服应力，称为**名义屈服极限**，并用 $\sigma_{0.2}$表示，如图 5-19 所示。

至于脆性材料，例如灰口铸铁与陶瓷等，从开始受力直至断裂，变形始终很小，既不存在屈服阶段，也无颈缩现象。如图 5-20 所示为灰口铸铁拉伸时的应力-应变曲线，断裂时的应变仅为 0.4%～0.5%，断口则垂直于试样轴线，即断裂发生在最大拉应力作用面。

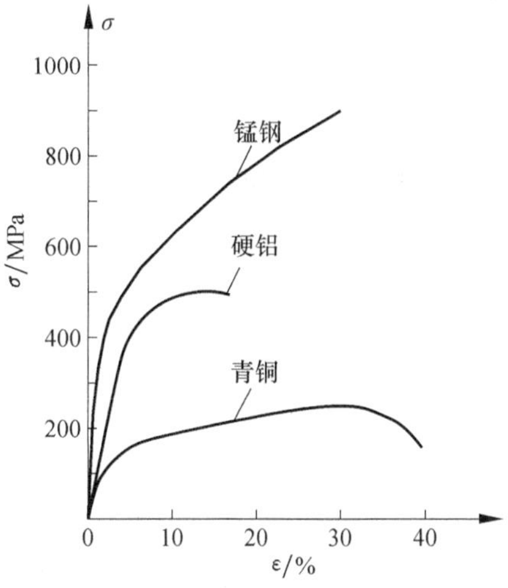

图 5-18

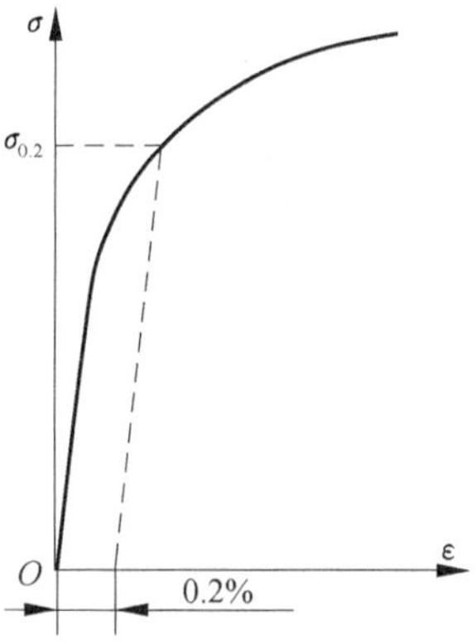

图 5-19

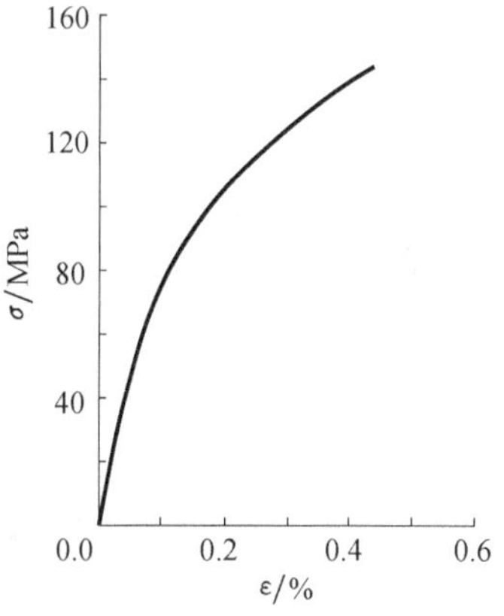

图 5-20

近年来，复合材料得到广泛应用。复合材料具有强度高、刚度大与比重小的特点。碳/环氧（即碳纤维增强环氧树脂基体）是一种常用复合材料，如图 5-21 所示为某种碳/环氧复合材料沿纤维方向与垂直于纤维方向的拉伸应力-应变曲线。可以看出，材料的力学性能随加力方向变化，即为各向异性，而且，断裂时残余变形很小。其他复合材料也具有类似特点。

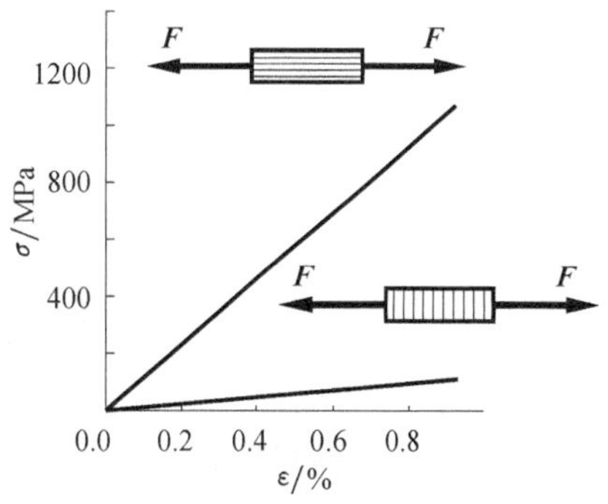

图 5-21

5.4.4　材料在压缩时的力学性能

材料受压时的力学性能由压缩试验测定。一般细长杆压缩时容易产生失稳现象，因此在金属压缩试验中，常采用短粗圆柱形试件。

低碳钢在压缩时的应力-应变曲线如图 5-22(a)中的虚线所示，为便于比较，图中还画出了拉伸时的应力-应变曲线。可以看出，在屈服之前，压缩曲线与拉伸曲线基本重合，压缩与拉伸时的屈服极限与弹性模量大致相同。不同的是，随着压力不断增大，低碳钢试样将越压越“扁平”。(图 5-22(b))。

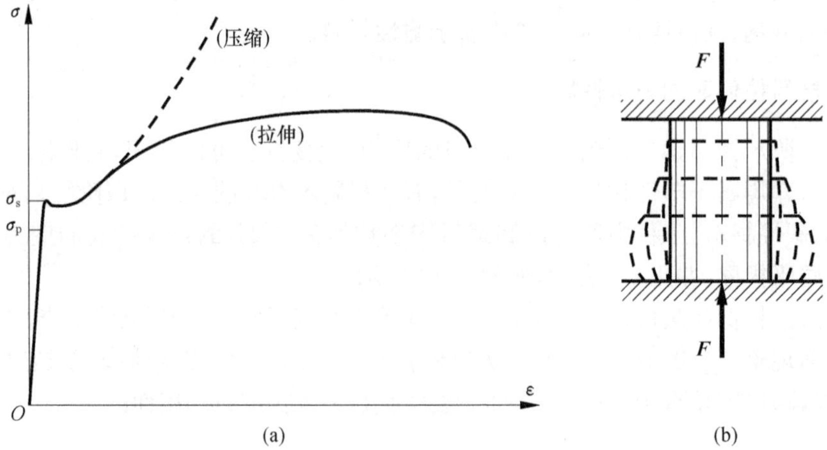

图 5-22

灰口铸铁压缩时的应力-应变曲线如图 5-23(a)所示，压缩强度极限远高于拉伸强度极限(为 3～4 倍)。其他脆性材料如混凝土与石料等也具有上述特点，所以，脆性材料宜用作承压构件。灰口铸铁压缩破坏的形式如图 5-23(b)所示，断口的方位角为 55°～60°。由于在该截面上存在较大切应力，因此，灰口铸铁压缩破坏的方式是剪断。

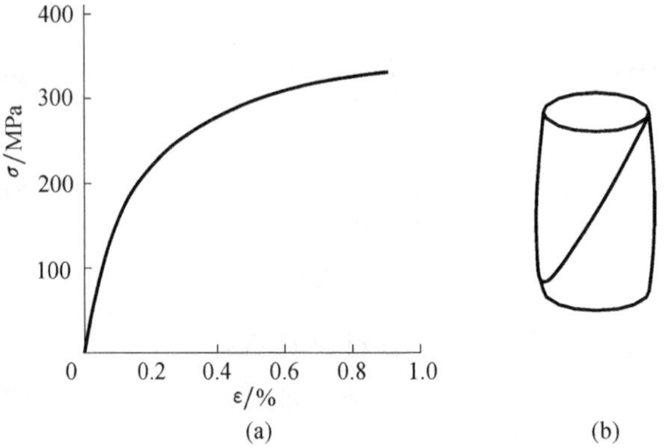

图 5-23

5.5 拉压强度条件及应用

5.5.1 失效与许用应力

前述试验表明，当正应力达到强度极限 σ_b 时，会引起断裂；当正应力达到屈服极限 σ_s 时，将产生屈服或出现显著塑性变形。构件工作时发生断裂或显著塑性变形，一般都是不容许的。所以，从强度方面考虑，断裂是构件破坏或失效的一种形式，同样，屈服或出现显著塑性变形，也是构件失效的一种形式，一种广义的破坏。

根据上述情况，通常将**材料失效时的应力统称为材料的极限应力**，并用 σ_u 表示。对于脆性材料，强度极限为其唯一强度指标，因此以强度极限作为极限应力；对于塑性材料，由于其屈服极限小于强度极限，故通常以屈服极限作为极限应力。

根据分析计算所得构件的应力，称为工作应力。在理想的情况下，为了充分利用材料的强度，似乎可使构件的工作应力接近于材料的极限应力。但实际上不可能，原因是作用在构件上的外力常常估计不准确；构件的外形与所受外力往往比较复杂，计算所得应力通常均带有一定程度的近似性；实际材料的组成与品质等难免存在差异，不能保证构件所用材料与标准试样具有完全相同的力学性能，更何况由标准试样测得的力学性能，本身也带有一定分散性，这种差别在脆性材料中尤为显著；等等。所有这些因素，都有可能使构件的实际工作条件比设想的要偏于不安全的一面。除上述原因外，为了确保安全，构件还应具有适当的强度储备，特别是对于因破坏将带来严重后果的构件，更应给予较大的强度储备。

由此可见，构件工作应力的最大容许值，必须低于材料的极限应力。对于由一定材料制成的具体构件，**工作应力的最大容许值，称为材料的许用应力**，并用$[\sigma]$表示。许用应力与极限应力的关系为

$$[\sigma]=\frac{\sigma_u}{n} \tag{5-7}$$

式中，n 为大于 1 的因数，称为**安全因数**。

如上所述，安全因数是由多种因素决定的。各种材料在不同工作条件下的安全因数或许用应力，可从有关规范或设计手册中查到。在一般静强度计算中，对于塑性材料，按屈服极限所规定的安全因数 n_s 通常取为 1.5～2.2；对于脆性材料，按强度极限所规定的安全因数 n_b 通常取为 3.0～5.0，甚至更大。

5.5.2　强度条件

根据以上分析，为了保证拉压杆在工作时不致因强度不够而失效，杆内的最大工作应力 σ_{max} 不得超过材料的许用应力$[\sigma]$，即要求

$$\sigma_{max}=\left(\frac{F_N}{A}\right)_{max}\leqslant[\sigma] \tag{5-8}$$

上述判据称为拉压杆的**强度条件**。对于等截面拉压杆，式(5-8)则变为

$$\sigma_{max}=\frac{F_{N,max}}{A}\leqslant[\sigma] \tag{5-9}$$

式(5-8)、式(5-9)中的 F_N、$F_{N,max}$均取绝对值。

利用上述条件，可以解决以下几类问题。

1. 校核强度

当已知拉压杆的截面尺寸、许用应力与所受外力时，通过比较工作应力与许用应力的大小，以判断该杆在所受外力作用下能否安全工作。

2. 选择截面尺寸

如果已知拉压杆所受外力和许用应力，根据强度条件可以确定该杆所需横截面面积，从而确定截面尺寸。例如对于等截面拉压杆，其所需横截面面积为

$$A \geqslant \frac{F_{N,max}}{[\sigma]} \tag{5-10}$$

3. 确定许可载荷

如果已知拉压杆的截面尺寸和许用应力，根据强度条件可以确定该杆所能承受的最大轴力，其值为

$$F_{N,max} \leqslant A[\sigma] \tag{5-11}$$

然后根据内外力的关系确定许可载荷。

最后还应指出，如果工作应力的最大值 σ_{max} 超过了许用应力 $[\sigma]$，但只要超过量（即 σ_{max} 与 $[\sigma]$ 之差）不大，例如不超过许用应力的 5%，在工程计算中仍然是允许的。

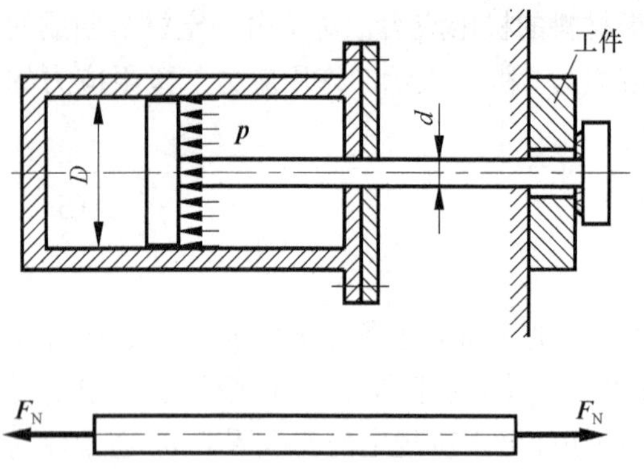

图 5-24

例 5-3　如图 5-24 所示的气动夹具。已知汽缸的内径 $D=140$mm，汽缸气压 $p=0.6$MPa，活塞杆材料的许用应力 $[\sigma]=80$MPa，试设计活塞杆的直径 d。

解：(1) 活塞杆轴力分析。

活塞杆左端承受活塞上的气体压力，右端承受工件的约束力，由对称性可知活塞杆为拉伸变形。轴力 F_N 由气体压力乘活塞的受压面积求得，在未求得活塞杆的横截面面积之前，计算活塞的受压面积时，可暂将活塞杆的横截面面积略去不计，这样处理偏向于安全

$$F_N = p \times \frac{\pi D^2}{4} = 0.6 \times 10^6\,\text{Pa} \times \frac{\pi \times (140 \times 10^{-3}\,\text{m})^2}{4} = 9236\text{N}$$

(2) 截面设计。

由式(5-10)，得活塞杆横截面所需面积为

$$A \geqslant \frac{F_N}{[\sigma]}$$

即要求

$$\frac{\pi d^2}{4} \geqslant \frac{F_N}{[\sigma]}$$

由此得

$$d \geqslant \sqrt{\frac{4F_N}{\pi[\sigma]}} = \sqrt{\frac{4 \times 9236\text{N}}{\pi \times 80 \times 10^6\,\text{Pa}}} = 0.0122\text{m}$$

取活塞杆的直径为

$$d = 12\text{mm}$$

(3) 强度校核。

由于在设计计算过程中多次近似处理，因此需要对所设计的活塞杆进行强度校核。

工作应力

$$\sigma=\frac{F_N}{A}=\frac{p\times\left(\frac{\pi D^2}{4}-\frac{\pi d^2}{4}\right)}{\frac{\pi d^2}{4}}=0.6\times10^6\text{Pa}\times\frac{(140\times10^{-3}\text{m})^2-(12\times10^{-3}\text{m})^2}{(12\times10^{-3}\text{m})^2}$$

$$=81.07\times10^6\text{Pa}=81.07\text{MPa}>[\sigma]$$

虽然工作应力超过许用应力，但

$$\frac{\sigma-[\sigma]}{[\sigma]}\times100\%=\frac{81.07\text{MPa}-80\text{MPa}}{80\text{MPa}}\times100\%=1.34\%<5\%$$

仍可视作满足强度条件，即最终仍选取活塞杆的直径 $d=12$mm。

例 5-4　简易起重设备如图 5-25 所示，杆 AC 由两根 80mm×80mm×7mm 的等边角钢组成，杆 AB 由两根 No. 10 工字钢组成。材料为 Q235，许用应力$[\sigma]=170$MPa。试求许可载荷$[F]$。

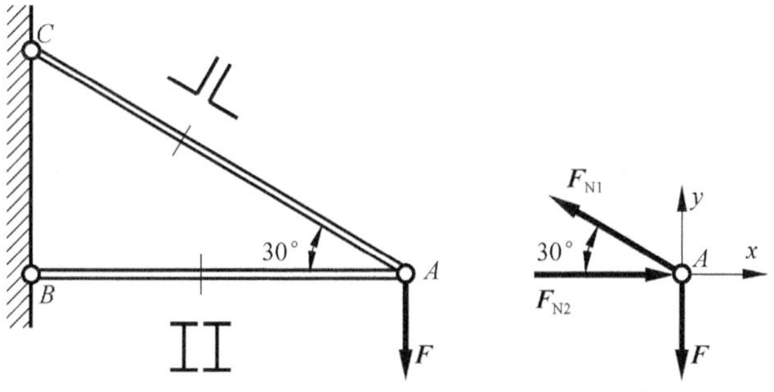

图 5-25

解：(1) 轴力分析。

设杆 AC 与 AB 的轴力分别为 F_{N1} 与 F_{N2}（图 5-25(b)），则根据节点 A 的平衡方程

$$\sum F_x=0,\quad F_{N2}-F_{N1}\cos30^\circ=0$$

$$\sum F_y=0,\quad F_{N1}\sin30^\circ-F=0$$

得

$$F_{N1}=2F\quad（拉力）$$

$$F_{N2}=\sqrt{3}F\quad（压力）$$

(2) 确定 F 的许用值。

查型钢表得 AC 杆的横截面面积 $A_1=1086\times10^{-6}\text{m}^2\times2=2172\times10^{-6}\text{m}^2$，$AB$ 杆的横截面面积 $A_2=1434.5\times10^{-6}\text{m}^2\times2=2869\times10^{-6}\text{m}^2$。

杆 AC 的强度条件为

$$\sigma_{AC}=\frac{F_{N1}}{A_1}=\frac{2F}{A_1}\leqslant[\sigma]$$

由此得

$$F\leqslant\frac{A_1[\sigma]}{2}=\frac{(2172\times10^{-6}\text{m}^2)\times(170\times10^6\text{Pa})}{2}=1.84\times10^5\text{N}=184\text{kN}$$

杆 AB 的强度条件为

$$\sigma_{AB}=\frac{F_{N2}}{A_2}=\frac{\sqrt{3}F}{A_2}\leqslant[\sigma]$$

由此得

$$F\leqslant\frac{A_2[\sigma]}{\sqrt{3}}=\frac{(2869\times10^{-6}\mathrm{m}^2)\times(170\times10^6\mathrm{Pa})}{\sqrt{3}}=2.82\times10^5\mathrm{N}=282\mathrm{kN}$$

可见，桁架所能承受的最大载荷即许可载荷为

$$[F]=184\mathrm{kN}$$

5.6　轴向拉压时的变形

当杆件承受轴向载荷时，其轴向与横向尺寸均发生变化(图 5-26)，轴线方向的变形称为杆的**轴向变形**或**纵向变形**；垂直轴线方向的变形称为杆的**横向变形**。

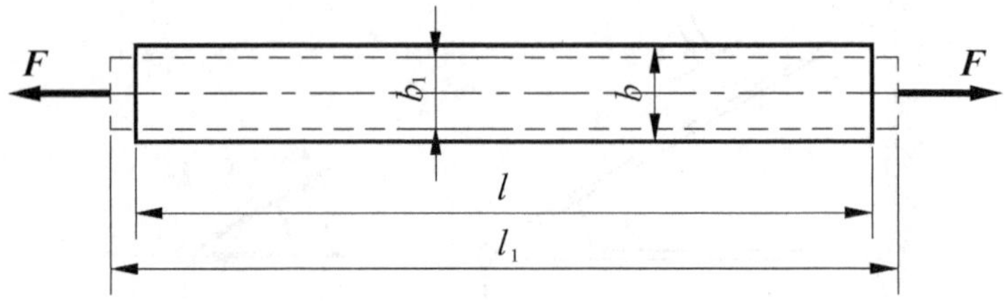

图 5-26

5.6.1　拉压杆的轴向变形与胡克定律

轴向拉压试验表明，在比例极限内，正应力与线应变成正比，满足**胡克定律**

$$\sigma=E\varepsilon \tag{5-12}$$

现在，利用胡克定律来研究拉压杆的轴向变形。

设杆件原长为 l(图 5-26)，横截面面积为 A，在轴向拉力 F 作用下杆长变为 l_1，则杆的轴向变形与轴向线应变分别为

$$\Delta l=l_1-l$$

$$\varepsilon=\frac{\Delta l}{l} \tag{a}$$

横截面上的正应力为

$$\sigma=\frac{F_N}{A} \tag{b}$$

将式(a)与式(b)代入式(5-12)，于是得

$$\Delta l=\frac{F_N l}{EA} \tag{5-13}$$

上述关系式仍称为胡克定律，适用于等截面常轴力拉压杆。它表明，在比例极限内，拉压杆的轴向变形 Δl 与轴力 F_N 及杆长 l 成正比，与乘积 EA 成反比。乘积 EA 称为**抗拉压刚度**。显然，对于一给定长度的杆，在一定轴向载荷作用下，拉压刚度越大，杆的轴向变形越小。由式(5-

13)可知,轴向变形 Δl 与轴力 F_N 具有相同的正负符号,即伸长为正,缩短为负。

当杆的横截面尺寸或轴力沿轴线变化时,式(5-13)应作修正。取 dx 长的微段进行研究,在微段内可以认为截面和轴力都没有变化,可按式(5-13)计算其变形

$$\Delta(dx) = \frac{F_N(x)dx}{EA(x)}$$

整根杆的变形可用积分求出

$$\Delta l = \int_0^l \frac{F_N(x)dx}{EA(x)} \tag{5-14}$$

对于由不同截面组成的阶梯形直杆,可以分段计算各段的变形,再相加得到整根杆的变形,可表示为

$$\Delta l = \sum \frac{F_{Ni}l_i}{E_iA_i} \tag{5-15}$$

5.6.2　拉压杆的横向变形与泊松比

如图 5-26 所示杆件的原宽度为 b,在轴向拉力作用下,杆件宽度变为 b_1,则杆的横向变形与横向线应变分别为

$$\Delta b = b_1 - b$$

$$\varepsilon' = \frac{\Delta b}{b} \tag{5-16}$$

试验表明,轴向拉伸时,杆沿轴向伸长,其横向尺寸减小;轴向压缩时,杆沿轴向缩短,其横向尺寸则增大(图 5-2),横向线应变 ε'与轴向线应变 ε 恒为异号。试验还表明,在比例极限内,横向线应变与轴向线应变成正比。

将横向线应变与轴向线应变之比的绝对值用 μ 表示,则由上述试验可知

$$\mu = \left|\frac{\varepsilon'}{\varepsilon}\right| = -\frac{\varepsilon'}{\varepsilon}$$

或

$$\varepsilon' = -\mu\varepsilon \tag{5-17}$$

比例系数 μ 称为**泊松比**。在比例极限内,泊松比 μ 是一个常数,其值随材料而异,由试验测定。对于绝大多数各向同性材料,$0<\mu<0.5$。

将式(5-12)代入式(5-17),得

$$\varepsilon' = -\frac{\mu\sigma}{E} \tag{5-18}$$

例 5-5　如图 5-27 所示矿井升降机。因钢缆很长,其自重引起的应力和变形应予以考虑。设钢缆长 l,横截面积为 A,材料弹性模量为 E,密度为 ρ。求钢缆匀速起吊重 F 的吊笼时产生的变形。

解:(1) 内力计算。

钢缆的力学计算简图如图 5-27(b)所示。自重视为均匀分布的线分布力,其载荷集度 $q(x)=\rho gA$,用截面法求出截面的轴力,如图 5-27(c)所示,轴力为

$$F_N(x) = F + q(x) \times x = F + \rho gAx$$

轴力图如图 5-27(d)所示。最大轴力发生在上端

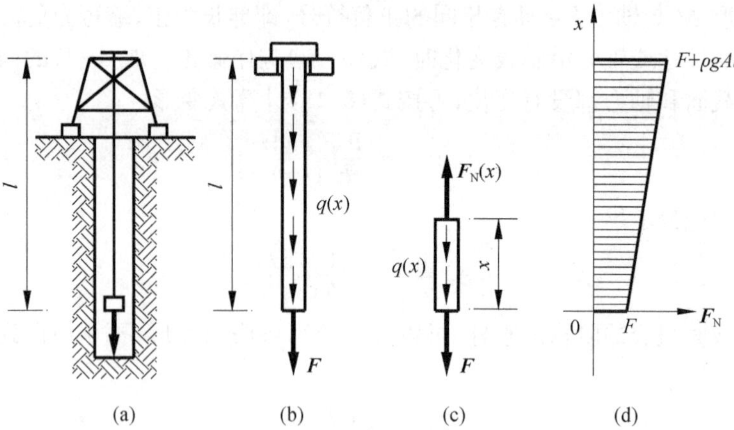

图 5-27

$$F_{N,\max} = F + \rho g A l$$

(2) 变形计算。

钢缆的变形可由式(5-14)计算,钢缆的总伸长量为

$$\Delta l = \int_0^l \frac{F_N(x)\mathrm{d}x}{EA} = \frac{Fl}{EA} + \frac{\rho g A l^2}{2EA} = \frac{Fl}{EA} + \frac{F_P l}{2EA}$$

式中,F_P 为钢缆的自重。结果表明,钢缆自重引起的伸长量相当于重力作用在重心($l/2$ 处)时引起的伸长量。

例 5-6 如图 5-28(a)所示托架,已知 $F=40\text{kN}$,圆截面钢杆 AB 的直径 $d=20\text{mm}$,杆 BC 是工字钢,其横截面面积为 1430mm^2,钢的弹性模量 $E=200\text{GPa}$。试求托架在 $\boldsymbol{F}$ 力的作用下,节点 B 的铅垂位移和水平位移。

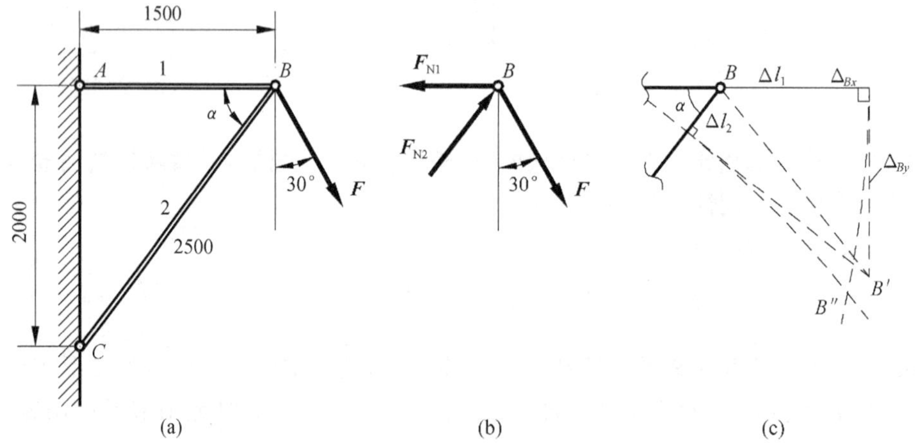

图 5-28

解:(1) 计算 AB、BC 两杆的轴力。

取节点 B 为研究对象,受力分析如图 5-28(b)所示

$$\Sigma F_x = 0, \quad F_{N1} = F\sin 30° + F_{N2}\cos\alpha$$

$$\Sigma F_y = 0, \quad -F\cos 30° + F_{N2}\sin\alpha = 0$$

求解得

$$F_{N1} = 46\text{kN}\quad（受拉），\quad F_{N2} = 43.3\text{kN}\quad（受压）$$

(2) 计算 AB、BC 两杆的变形

$$\Delta l_1 = \frac{F_{N1} l_1}{EA_1} = \frac{46 \times 10^3 \text{N} \times 1500 \times 10^{-3} \text{m}}{200 \times 10^9 \text{Pa} \times \frac{\pi}{4} \times (20 \times 10^{-3})^2 \text{m}^2} = 1.1 \times 10^{-3} \text{m} = 1.1\text{mm}$$

$$\Delta l_2 = \frac{F_{N2} l_2}{EA_2} = \frac{43.3 \times 10^3 \text{N} \times 2500 \times 10^{-3} \text{m}}{200 \times 10^9 \text{Pa} \times 1430 \times 10^{-6} \text{m}^2} = 0.38 \times 10^{-3} \text{m} = 0.38\text{mm}$$

(3) 求 B 点位移。

以 A 点为圆心，$(l_1+\Delta l_1)$ 为半径作圆，再以 C 点为圆心，$(l_2-\Delta l_2)$ 为半径作圆，两圆弧相交于 B'' 点(图 5-28(c))。因为 Δl_1 和 Δl_2 与原杆相比非常小，属于小变形，可以采用切线代替圆弧的近似方法，两切线相交于 B' 点，利用三角关系求出 B 点的水平位移和铅垂位移。

水平位移

$$\Delta_{Bx} = \Delta l_1 = 1.1\text{mm}$$

铅垂位移

$$\Delta_{By} = \left(\frac{\Delta l_2}{\cos\alpha} + \Delta l_1\right)\cot\alpha = \left(0.38 \times \frac{5}{3}\text{mm} + 1.1\text{mm}\right) \times \frac{3}{4} = 1.3\text{mm}$$

5.7　简单拉压超静定问题

5.7.1　超静定问题分析

为了确定超静定问题的未知量，除应利用平衡方程外，还必须研究变形，并借助变形与力之间的关系，以建立补充方程。现以图 5-29(a)为例，介绍超静定问题的分析方法。

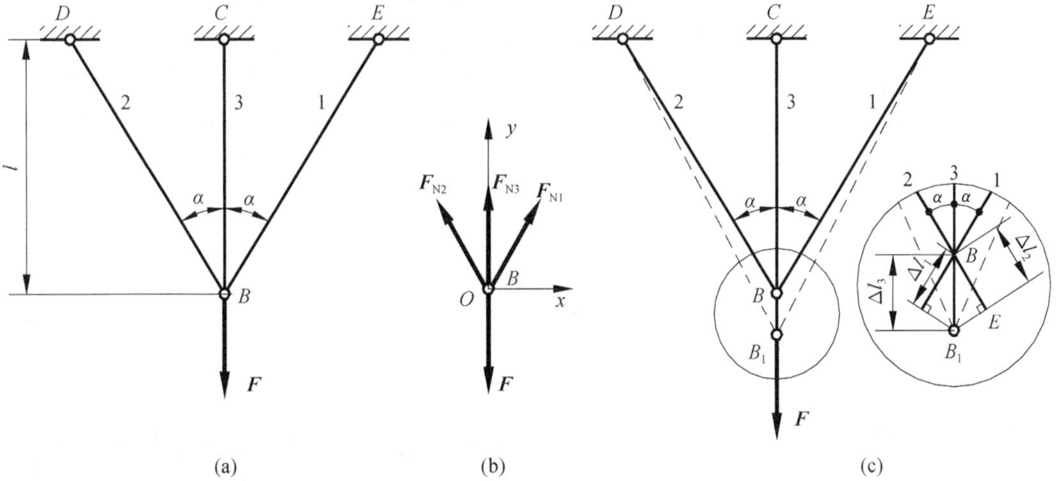

图 5-29

设杆 1 与杆 2 各截面的拉压刚度均相同，$E_1A_1 = E_2A_2$，杆 3 各截面的拉压刚度均为 E_3A_3，杆 3 的长度为 l。在载荷 F 作用下，三杆均伸长，故可设三杆均受拉，节点 B 的受力如图 5-29(b)所示，其平衡方程为

$$\sum F_x = 0,\quad F_{N2}\sin\alpha - F_{N1}\sin\alpha = 0 \tag{a}$$

$$\sum F_y = 0,\quad F_{N1}\cos\alpha + F_{N2}\cos\alpha + F_{N3} - F = 0 \tag{b}$$

三杆原先交于一点 B，变形后它们仍应交于一点。此外，由于杆 1 与杆 2 的受力和拉压刚度均相同，节点 B 应沿铅垂方向下移，各杆的变形关系如图 5-29(c)所示。可以看出，为保证三杆变形后仍交于一点。即保证结构的连续性，杆 1、杆 2 的变形 Δl_1、Δl_2 与杆 3 的变形 Δl_3 之间应满足如下关系

$$\Delta l_1 = \Delta l_2 = \Delta l_3\cos\alpha \tag{c}$$

此为保证结构连续性所应满足的变形几何关系，称为**变形协调条件**或**变形协调方程**。

设三杆均处于线弹性范围，则由胡克定律可知，各杆的变形与轴力间的关系为

$$\Delta l_1 = \frac{F_{N1}l_1}{E_1A_1},\quad \Delta l_3 = \frac{F_{N3}l_3}{E_3A_3}$$

$$l_1 = l/\cos\alpha,\quad l_3 = l$$

将上述关系式代入式(c)，得以轴力表示的变形协调方程即补充方程为

$$F_{N1} = \frac{E_1A_1}{E_3A_3}\cos^2\alpha \cdot F_{N3} \tag{d}$$

最后，联立求解平衡方程式(a)、式(b)与补充方程式(d)，于是得

$$F_{N1} = F_{N2} = \frac{F\cos^2\alpha}{\dfrac{E_3A_3}{E_1A_1} + 2\cos^3\alpha}$$

$$F_{N3} = \frac{F}{1 + 2\dfrac{E_1A_1}{E_3A_3}\cos^3\alpha}$$

所得结果均为正，说明各杆轴力均为拉力的假设是正确的。

综上所述，求解超静定问题必须考虑以下三个方面：满足平衡方程，满足变形协调条件和符合力与变形间的物理关系（如在线弹性范围之内，即符合胡克定律）。概言之，即应综合考虑静力学、几何与物理三方面。材料力学的许多基本理论，也正是从这三方面进行综合分析后建立的。

例 5-7　如图 5-30(a)所示结构中，设 AB 为刚性杆，1、2 两杆的横截面的面积相等，材料相同。杆 2 与铅垂线的夹角为 α，试求杆 1、2 的内力。

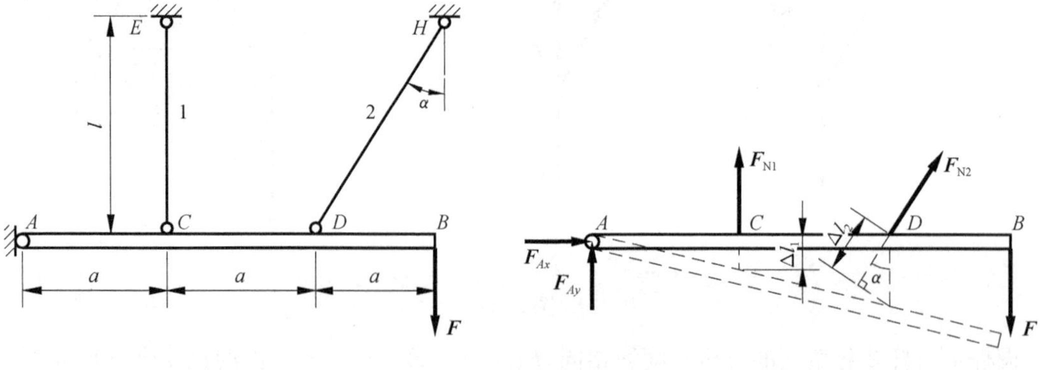

图 5-30

解:(1) 平衡方程。

取 AB 杆为研究对象,受力分析如图 5-30(b)所示,列平衡方程

$$\sum M_A(\boldsymbol{F}) = 0, \quad -F\times 3a + F_{N1}\times a + (F_{N2}\cos\alpha)\times 2a = 0 \tag{a}$$

(2) 变形协调条件。

由于 AB 杆被视为刚体,系统变形如图 5-30(b)所示,其变形协调条件为

$$\frac{\Delta l_2}{\cos\alpha} = 2\Delta l_1 \tag{b}$$

(3) 物理方程。

由胡克定律有

$$\Delta l_1 = \frac{F_{N1}l}{EA}, \quad \Delta l_2 = \frac{F_{N2}l}{EA\cos\alpha} \tag{c}$$

联立式(a)、式(b)和式(c)求解得

$$F_{N1} = \frac{3F}{1+4\cos^3\alpha}\ (拉力), \quad F_{N2} = \frac{6F\cos^2\alpha}{1+4\cos^3\alpha}\ (拉力)$$

5.7.2　超静定问题的特点

1. 超静定结构的内力与杆件的刚度有关

由图 5-29 的实例解答可以看出,杆的轴力 F_N 不仅与载荷 F 有关,而且与杆的拉压刚度有关。一般说来,增大超静定结构某杆的刚度,该杆的轴力也相应增大。

2. 温度变化会在超静定结构中产生温度应力

温度变化可引起构件的变形,即我们熟知的热胀冷缩现象。静定结构可以自由变形,温度均匀变化时不会引起构件的内力。但在超静定结构中,由于温度变化引起的变形受到约束,因此各杆段一般将引起应力。这种**由于温度变化在超静定结构中产生的应力称为温度应力**。

例 5-8　如图 5-31 所示杆 AB,两端固定。若杆件的弹性模量 E 和横截面面积 A、杆件的线膨胀系数 α 均已知,杆件安装时无初应力,当温度升高 ΔT 时,试计算杆件的温度应力。

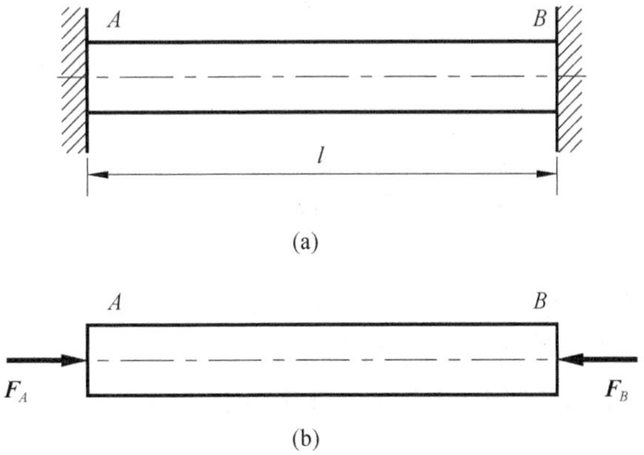

图 5-31

解:由于等直杆 AB 两端固定,当温度升高 ΔT 时,其变形受到限制而产生约束力,其受力如图 5-31(b)所示。

(1) 平衡方程。

$$F_A - F_B = 0 \tag{a}$$

两个未知力，一个平衡方程，故为一次超静定问题，需要补充一个方程。

(2) 变形协调条件。

由于 AB 两端固定，其变形协调条件为

$$\Delta l = 0$$

由于杆件的变形包括温度引起的变形和轴力引起的变形两部分，故变形协调条件可写为

$$\Delta l = \Delta l_{\mathrm{T}} + \Delta l_{\mathrm{F}} = 0 \tag{b}$$

(3) 物理方程。

根据材料的线膨胀定律和胡克定律，有

$$\Delta l_{\mathrm{T}} = \alpha l \Delta T \tag{c}$$

$$\Delta l_{\mathrm{F}} = \frac{F_{\mathrm{N}} l}{EA} = \frac{-F_A l}{EA} \tag{d}$$

将式(c)与式(d)代入式(b)，即得补充方程为

$$\alpha l \Delta T - \frac{F_A l}{EA} = 0 \tag{e}$$

最后，联立各式求解得

轴力

$$F_{\mathrm{N}} = \alpha E \Delta T A$$

温度应力

$$\sigma = \frac{F_{\mathrm{N}}}{A} = \alpha E \Delta T$$

若杆的材料为钢，其 $\alpha = 12.5 \times 10^{-6}\,℃^{-1}$，$E = 200\mathrm{GPa}$，当温度变化 $\Delta T = 40℃$时，杆内的温度应力可达到 100MPa。而普通碳素钢的 σ_s 在 230MPa 左右，可见，当温度变化较大时，温度应力也是很可观的。因此，在工程上常采用一些措施来降低或减小温度应力。例如，钢轨接头处、混凝土路面上、建筑物中要留适当的伸缩缝。

3. 加工误差会在超静定结构中产生装配应力

构件在制造加工时，尺寸上的误差总是难以避免的。对静定结构来说，加工误差只会引起构件装配后结构形状的微小变化，不会引起内力。但对于超静定结构来说，有这种尺寸误差的构件，必须采取强制方法才能将其装配，所以将引起构件的应力，这种应力称为**装配应力**。

例 5-9 吊桥链条的一节由三根长为 l 的钢杆组成。若三杆的横截面面积相等，中间杆略短于名义长度，误差值为 $\delta = l/2000$，试求各杆的装配应力。

解：如不计两端连接螺栓的变形，可将链条的一节简化为如图 5-32(b)所示的超静定结构。当把中间杆与两侧杆一同固定于两端的刚体时，中间杆将受到拉伸，而两侧杆则受到压缩，最后在图 5-32(b)中的虚线所示的位置上，三杆的变形互相协调。

(1) 平衡方程

$$F_{\mathrm{N1}} + F_{\mathrm{N3}} = F_{\mathrm{N2}}$$

由对称性有

$$F_{\mathrm{N1}} = F_{\mathrm{N3}}$$

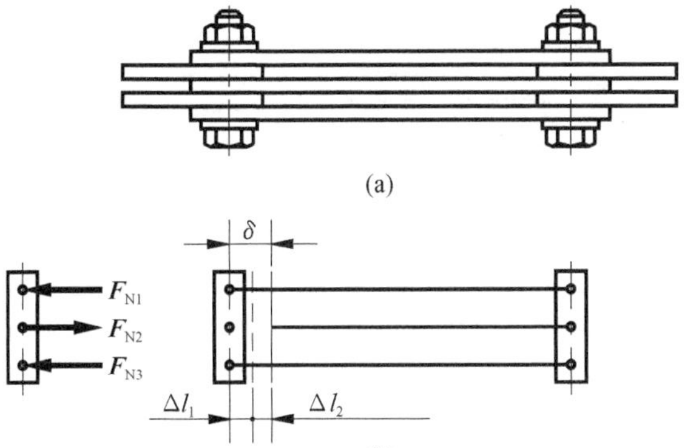

图 5-32

(2) 变形协调条件

$$\Delta l_1 + \Delta l_2 = \delta$$

(3) 物理方程

$$\Delta l_1 = \frac{F_{N1} l}{EA}, \quad \Delta l_2 = \frac{F_{N2} l}{EA}$$

将物理方程代入变形协调条件中,得到补充方程

$$F_{N1} + F_{N2} = \frac{EA}{2000}$$

联立求解得

$$F_{N1} = \frac{EA}{6000}, \quad F_{N2} = \frac{EA}{3000}$$

若取 $E=200\text{GPa}$,则装配应力为

$$\sigma_1 = \sigma_3 = \frac{F_{N1}}{A} = \frac{E}{6000} = 33.3\text{MPa}, \quad \sigma_2 = \frac{F_{N2}}{A} = \frac{E}{3000} = 66.6\text{MPa}$$

可见,很小的加工误差(千分之一)就将引起可观的装配应力。

习　题

5.1　试求图示各杆的轴力,指出轴力的最大值,并画各杆的轴力图。

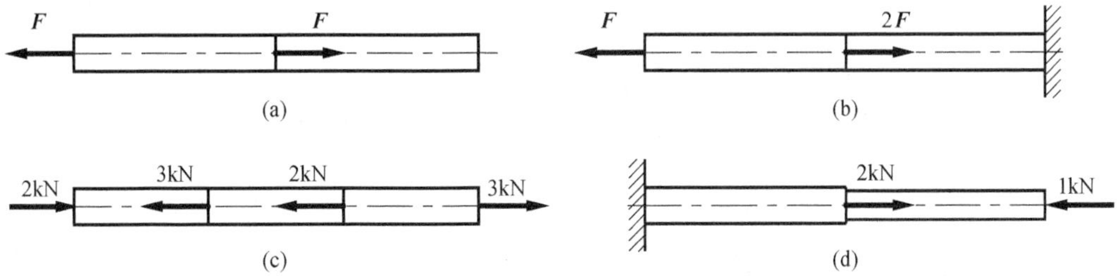

习题 5.1 图

5.2　如图所示阶梯形圆截面杆,承受轴向载荷 $F_1=50\text{kN}$ 与 F_2 作用,AB 与 BC 段的直径分别为 $d_1=20\text{mm}$,$d_2=30\text{mm}$,如欲使 AB 段与 BC 段横截面上的正应力相同,试求载荷 F_2 之值。

5.3　图示结构的 1 和 2 部分皆可视为刚体,钢拉杆 BC 的截面为圆,直径为 10mm,试求钢拉杆的应力。

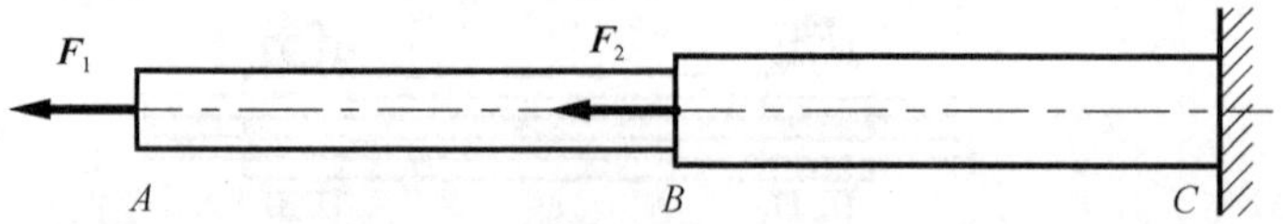

习题 5.2 图

5.4　图示木杆，承受轴向荷载 $F=10\text{kN}$ 作用，杆的横截面面积 $A=1000\text{mm}^2$，胶合面的方位角 $\theta=45°$，试求该截面上的正应力和切应力，并画出应力的方向。

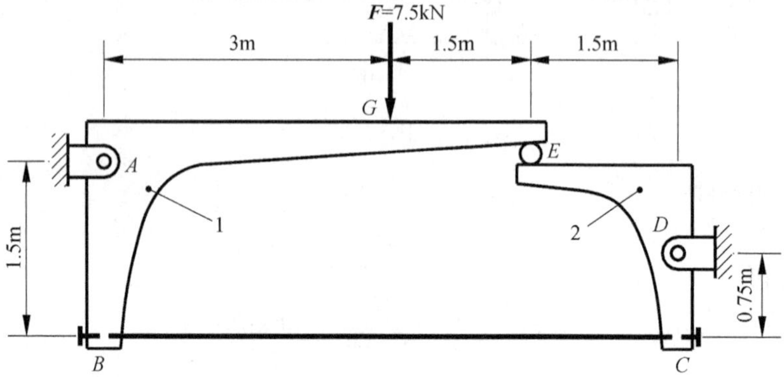

习题 5.3 图

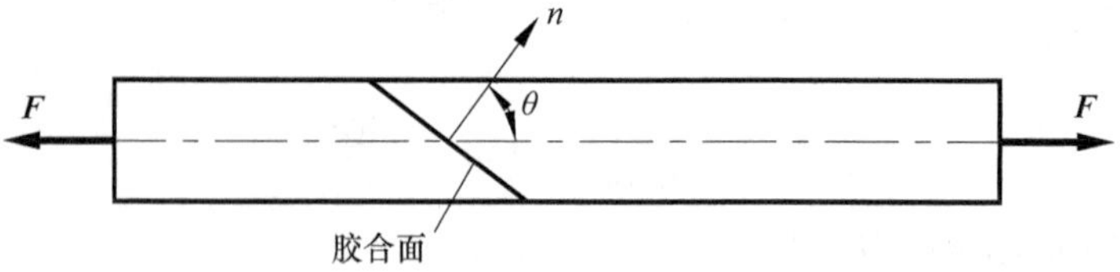

习题 5.4 图

5.5　某材料的应力-应变曲线如图所示，试根据该曲线确定：

(1) 材料的弹性模量 E 与比例极限 σ_p；

(2) 当应力增加到 $\sigma=350\text{MPa}$ 时，材料的线应变 ε，以及相应的弹性应变 ε_e 与塑性应变 ε_p。

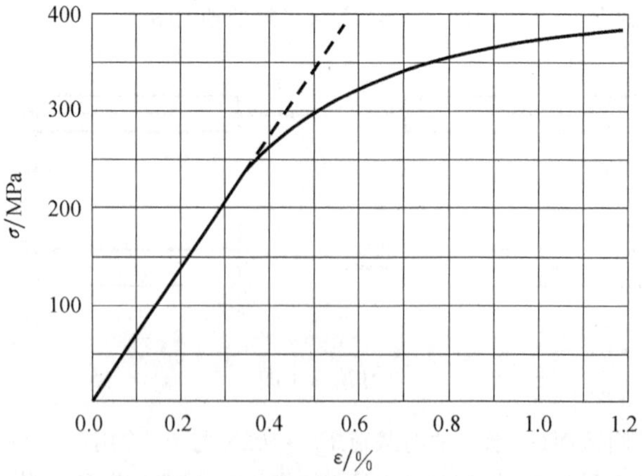

习题 5.5 图

5.6　图示硬铝板式试件，$a=2\text{mm}$，$b=20\text{mm}$，$l=70\text{mm}$，在轴向拉力 $F=6\text{kN}$ 作用下，测得试验段伸长 $\Delta l=0.15\text{mm}$，板宽缩短 $\Delta b=0.014\text{mm}$，试计算硬铝的弹性模量 E 和泊松比 μ。

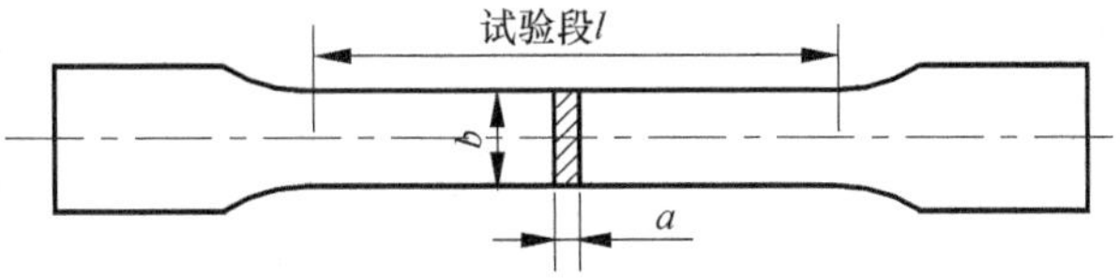

习题 5.6 图

5.7　某拉伸试验机结构如图所示，试验机的杆 CD 材料与试样 AB 材料相同，均为低碳钢，$\sigma_p=200\text{MPa}$，$\sigma_s=240\text{MPa}$，$\sigma_b=400\text{MPa}$，试验机最大拉力为 $F_{max}=100\text{kN}$。试求：

(1) 试验机作拉断试验时，试样的最大直径；

(2) 取安全因数 $n=2$ 时，杆 CD 的横截面面积；

(3) 试样直径 $d=10\text{mm}$，欲测弹性模量 E 时的最大载荷。

5.8　用钢索起吊一钢管如图所示，已知钢管重 $F_P=10\text{kN}$，钢索的直径 $d=40\text{mm}$，许用应力$[\sigma]=10\text{MPa}$，试校核钢索的强度。

5.9　图示桁架，杆 1 为圆截面钢杆，杆 2 为正方形截面木杆，在节点 A 处承受铅垂方向的载荷 F 作用，试确定钢杆的直径 d 与木杆截面的边宽 b。已知载荷 $F=50\text{kN}$，钢的许用应力$[\sigma_s]=160\text{MPa}$，木的许用应力$[\sigma_w]=10\text{MPa}$。

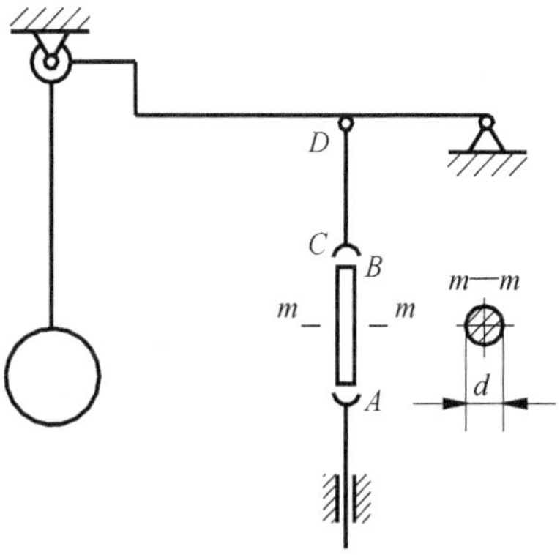

习题 5.7 图

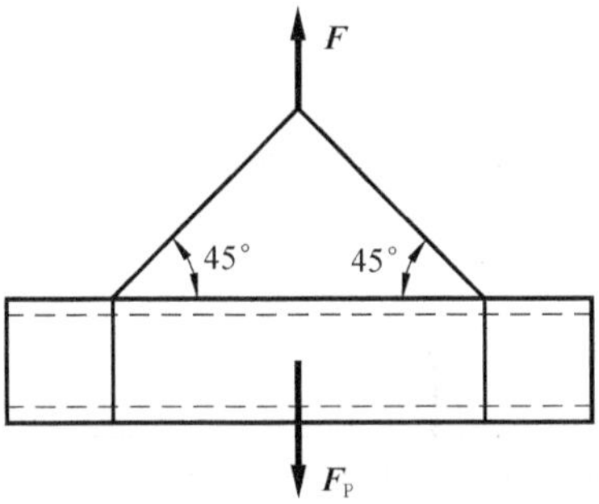

习题 5.8 图

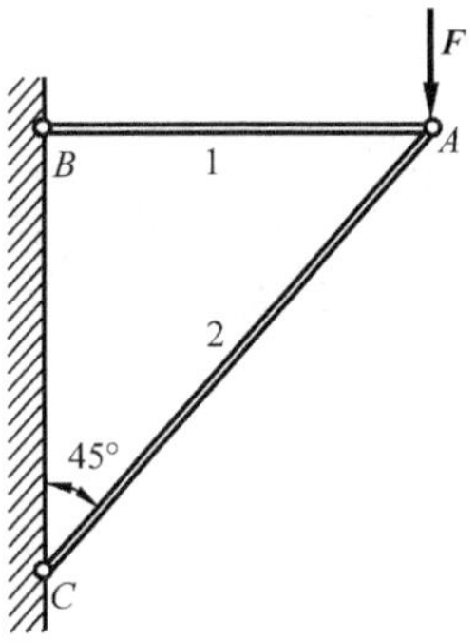

习题 5.9 图

5.10　图示滑轮由 AB、AC 两圆截面杆支撑，起重绳索的一端绕在卷筒上，滑轮与立柱间的绳索与 AC 杆平行。已知 AB 杆由 Q235 钢制成，$[\sigma]=160\text{MPa}$，直径 $d_1=20\text{mm}$；AC 杆由铸铁制成，$[\sigma_c]=100\text{MPa}$，直径 $d_2=40\text{mm}$。试计算可吊起的最大重量$[F]$。

5.11　汽缸如图所示，内径 $D=560\text{mm}$，气体压强 $p=2.5\text{MPa}$，活塞杆直径 $d=100\text{mm}$，杆材料的屈服极限 $\sigma_s=300\text{MPa}$。

(1) 试求活塞杆的工作安全因数；

(2) 若连接汽缸与汽缸盖的螺栓直径 $d_1=30\text{mm}$，螺栓材料的许用应力$[\sigma]=60\text{MPa}$。求所需螺栓数。

5.12　图示阶梯形杆 AC，$F=10\text{kN}$，$l_1=l_2=400\text{mm}$，$A_1=2A_2=100\text{mm}^2$，$E=200\text{GPa}$，试计算杆 AC 的轴向变形 Δl。

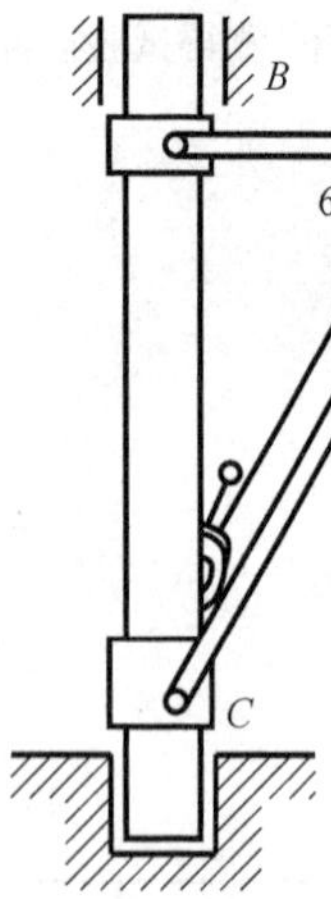

习题 5.10 图

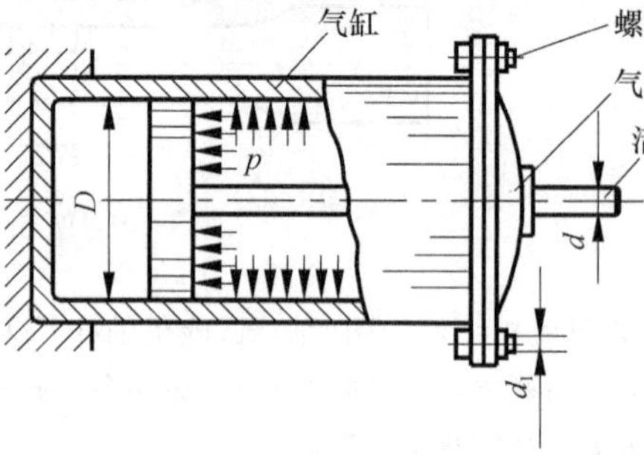

习题 5.11 图

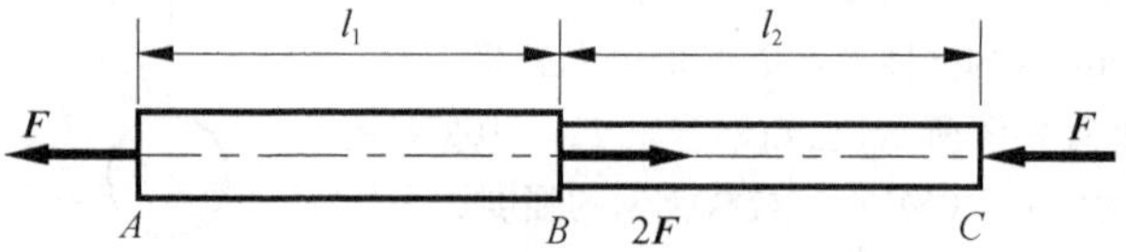

习题 5.12 图

5.13 一木柱受力如图所示。柱的横截面为边长 200mm 的正方形，材料可认为符合胡克定律，其弹性模量 $E=10\text{GPa}$。如果不计柱的自重，试：

(1) 作轴力图；

(2) 求各段柱横截面上的应力；

(3) 求各段柱的纵向线应变；

(4) 求柱的总变形。

5.14 图示两个水平刚性杆用 1、2 两竖杆连接，两竖杆间距为 a，杆 1、2 的拉压刚度分别是 EA 和 $2EA$，F 力作用线距左杆为 x。试求加力点 B、C 的间距改变量。

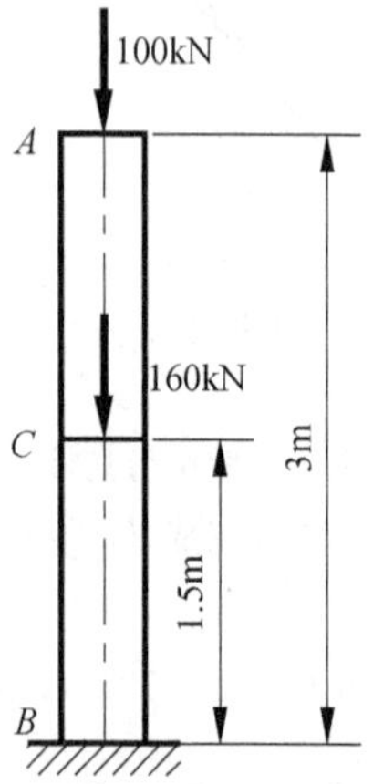

习题 5.13 图

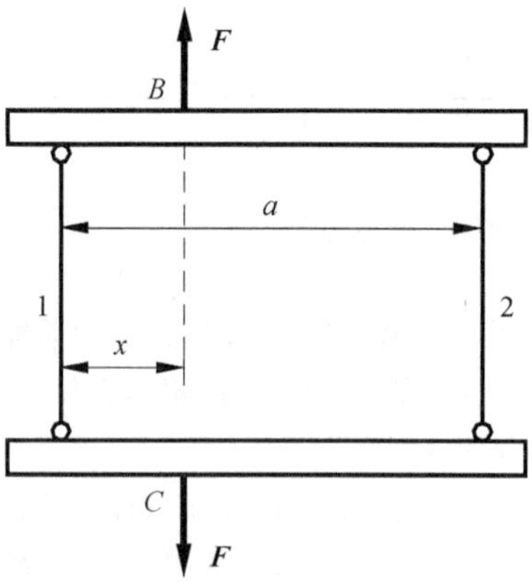

习题 5.14 图

5.15 图示结构，已知 AB 杆直径 $d=30\text{mm}$，$a=1\text{m}$，$E=210\text{GPa}$。

(1) 若测得 AB 杆的应变 $\varepsilon=7.15\times10^{-4}$，试求载荷 F 值。

(2) 设 CD 杆为刚性杆，若 AB 杆的许用应力 $[\sigma]=160\text{MPa}$，试求许可载荷 $[F]$ 及对应的 D 点的铅垂位移。

5.16　图示结构，设 CG 为刚体，BC 为铜杆，AG 为钢杆，两杆的横截面面积分别为 A_1 和 A_2，长度分别为 l_1 和 l_2，弹性模量分别为 E_1 和 E_2。如果要求 CG 始终保持水平，试求距离 x。

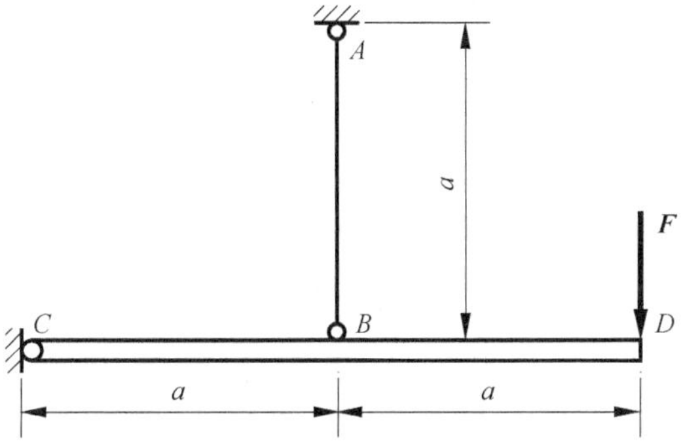

习题 5.15 图

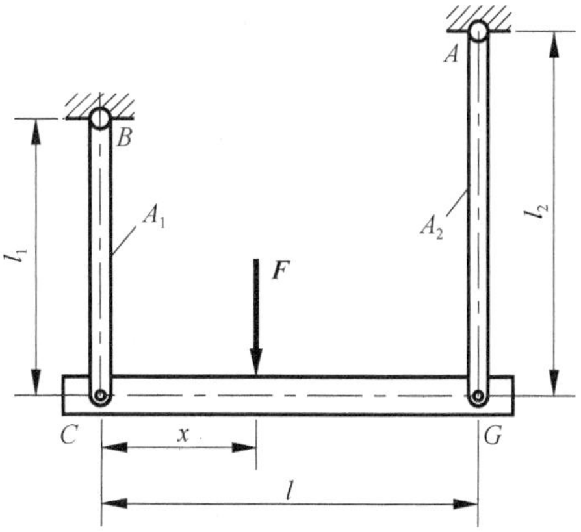

习题 5.16 图

5.17　图示打入黏土的木桩长为 L，顶上压力为 $\boldsymbol{F}$。设压力全由摩擦力来平衡，且沿木桩单位长度内的摩擦力 f 按抛物线 $f=Ky^2$ 变化，这里 K 为常数。若 $F=420\text{kN}$，$L=12\text{m}$，$A=6.4\times10^4\text{mm}^2$，$E=10\text{GPa}$，试确定常数 K，并求木桩的缩短量。

5.18　在图示结构中，设 AC 为刚体，1、2、3 三杆的横截面面积相等，材料相同。试求三杆的轴力。

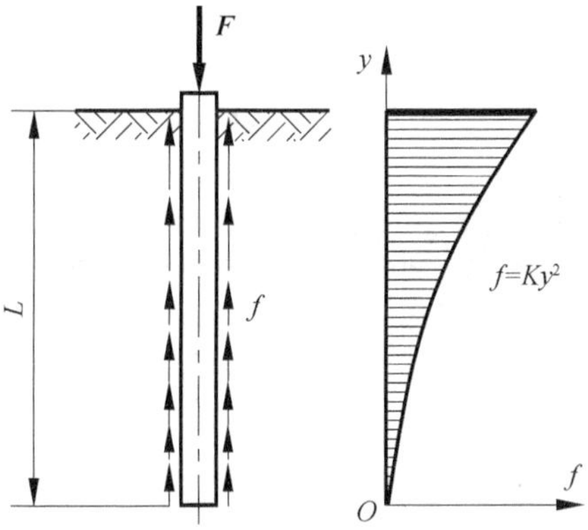

习题 5.17 图

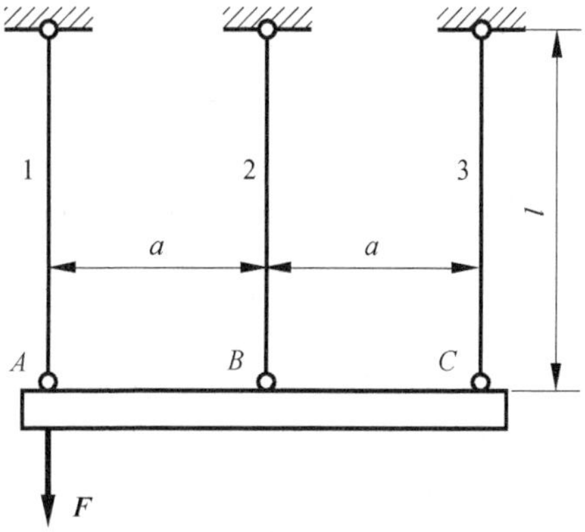

习题 5.18 图

5.19　图示结构，梁 BD 为刚体，杆 1 与杆 2 用同一种材料制成，横截面面积均为 $A=300\text{mm}^2$，许用应力$[\sigma]=160\text{MPa}$，载荷 $F=50\text{kN}$，试校核杆的强度。

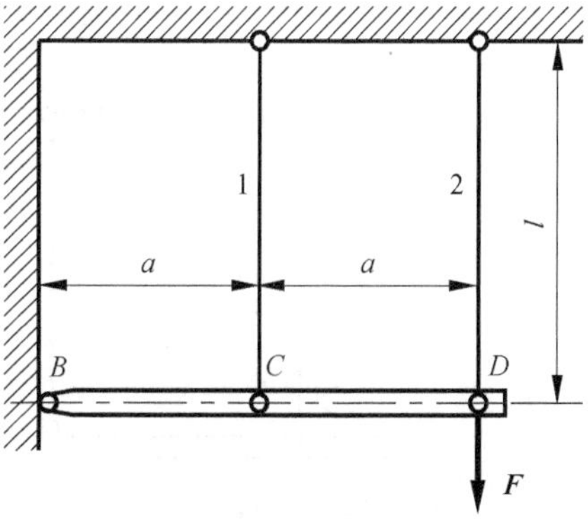

习题 5.19 图

5.20　放在水平面上的四脚方桌如图所示。四条腿的材料、长度和横截面面积都相同。不考虑桌面和地面的变形。求载荷 F 作用在桌面上 A 点时四条腿所受的力。

5.21　图示木制短柱的四角用四个 40mm×40mm×4mm 的等边角钢加固。已知角钢的许用应力$[\sigma_s]=160\text{MPa}$，弹性模量 $E_s=200\text{GPa}$；木材的许用应力$[\sigma_w]=12\text{MPa}$，弹性模量 $E_w=10\text{GPa}$。试求许可载荷$[F]$。

5.22　两钢杆如图所示。已知 $A_1=100\text{mm}^2$，$A_2=200\text{mm}^2$，材料的线膨胀系数 $\alpha=12.5\times10^{-6}\,℃^{-1}$，弹性模量 $E=210\text{GPa}$。求温度升高 30℃时各杆段横截面上的最大正应力。

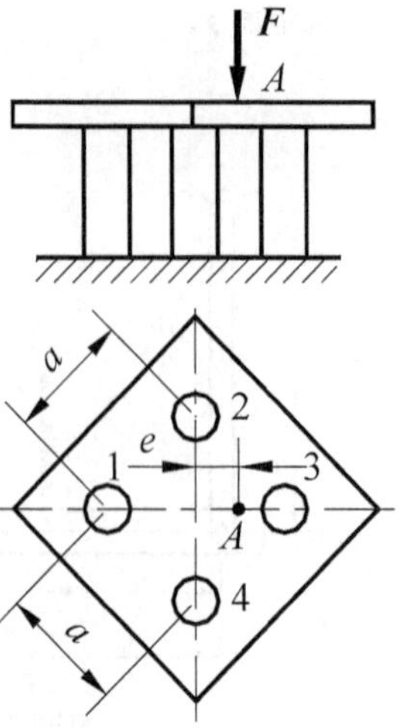

习题 5.20 图

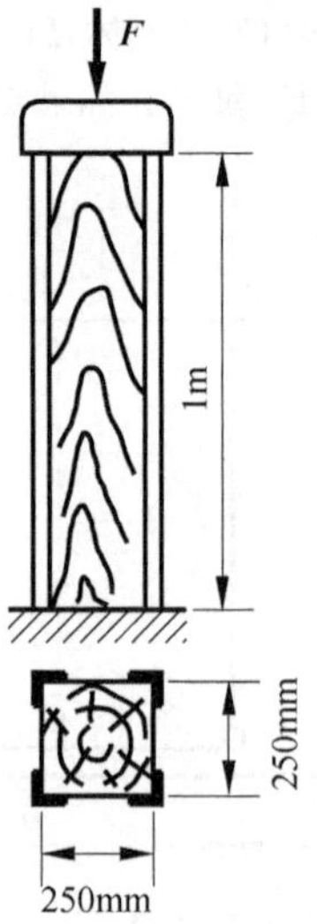

习题 5.21 图

5.23　图示结构中两根钢杆截面面积相同，$A=1000\text{mm}^2$，$E=200\text{GPa}$，钢的线膨胀系数 $\alpha=12.5\times10^{-6}℃^{-1}$。若杆 BC 温度下降 20℃，杆 BD 温度不变。求两杆内的应力。

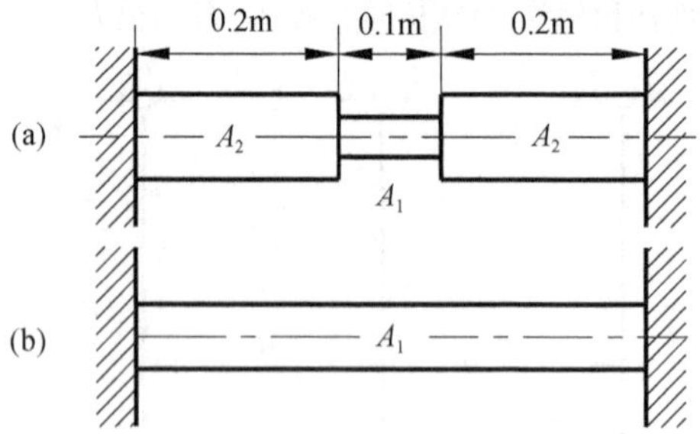

习题 5.22 图

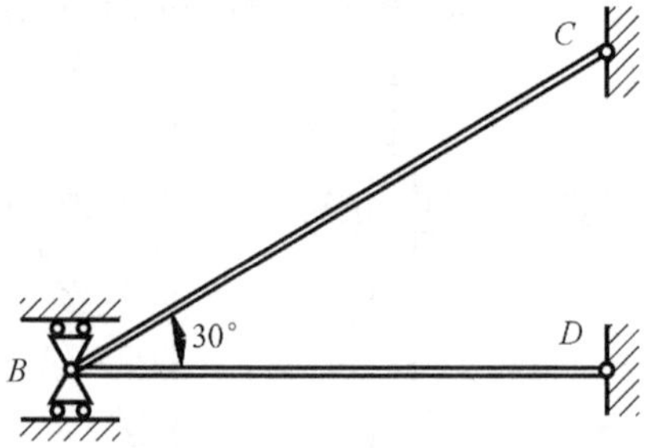

习题 5.23 图

5.24　图示刚性梁吊在相同材料的两根钢杆上，材料的 $E=200\text{GPa}$，$[\sigma]=160\text{MPa}$，$\delta=0.1\text{mm}$，两杆横截面面积相同，强行装配后再加载。试选择杆截面面积。

5.25　图示结构，杆 AB、AC 在 A 点铰接，长度均为 500mm，横截面面积为 A，弹性模量为 $E=200\text{GPa}$。杆 DF 的横截面面积为 $2A$，弹性模量为 $E=200\text{GPa}$。DF 杆在制造时短了 0.8mm，强行将其与 A 点连接。试求其装配应力。

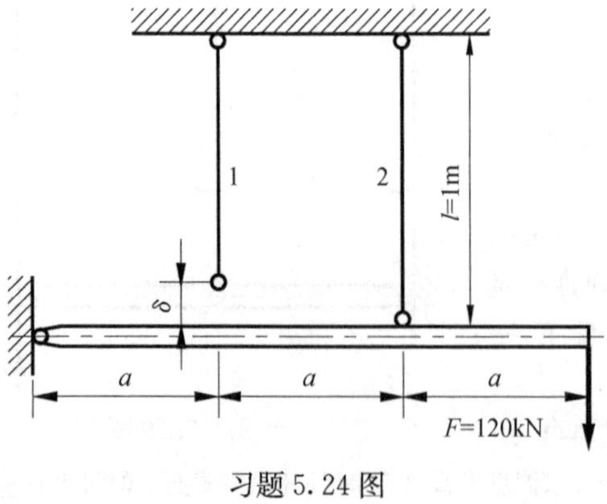

习题 5.24 图

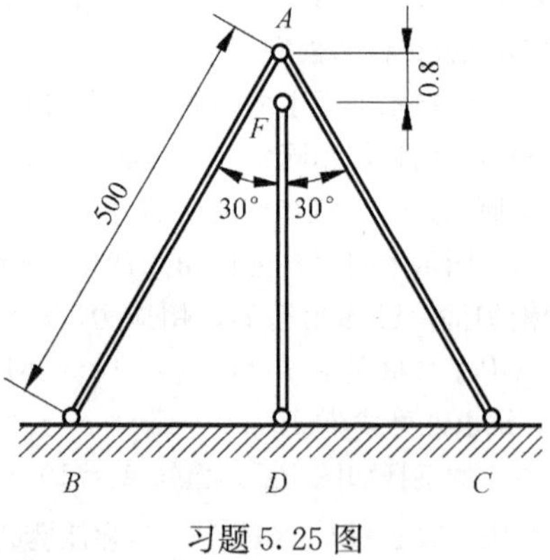

习题 5.25 图

第 6 章　连接件的实用计算

6.1 引　　言

在工程结构中，构件与构件之间常采用螺栓、铆钉、销轴、键块、焊缝等部件连接，这些起连接作用的部件统称为**连接件**。例如，如图 6-1 所示钢结构中的铆钉连接，如图 6-2 所示传动机构中轴与齿轮间的键连接。由受力图可以看出，一般连接件的尺寸较小，受力与变形复杂，而且在很大程度上还受到加工工艺的影响，要精确计算其应力和变形比较困难，同时也不实用。因此工程中通常采用简化分析方法，即实用计算法。其要点是：对连接件的受力和应力进行简化，从而计算出连接件的“名义应力”；同时根据简化，做同类连接件的破坏实验，并采用同样的计算方法，由破坏载荷确定材料的极限应力。实验表明，只要简化合理，并有充分的实验依据，这种简化分析方法能够保障结构的安全。

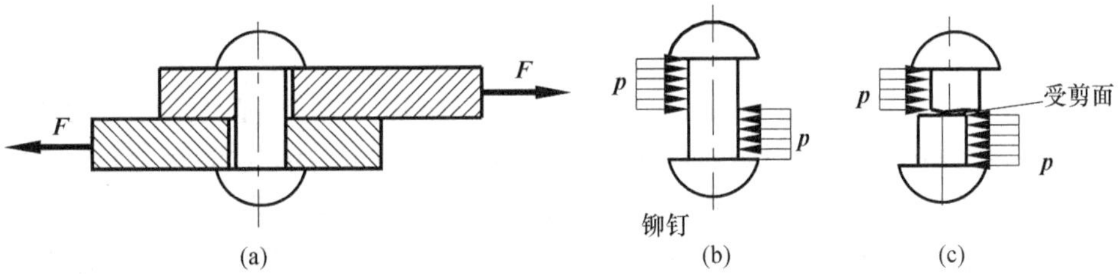

图 6-1

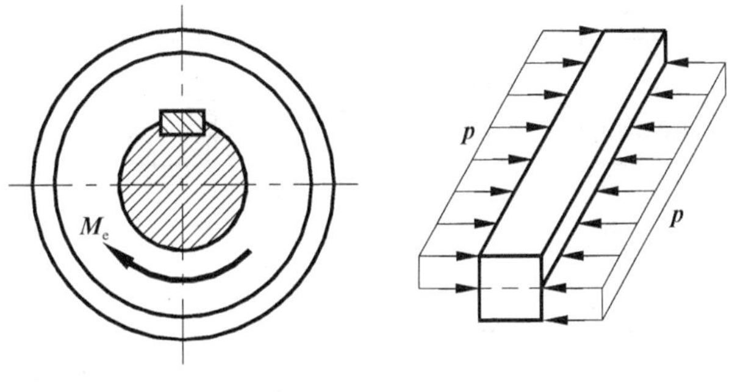

图 6-2

连接件的连接方式，主要有以下几种形式：

(1) 铆钉连接：将一端带有预制钉头的铆钉，插于被连接构件的钉孔中，利用铆钉枪或压铆机将另一端压为封闭钉头，如图 6-1 所示。

(2) 键块连接：主要用于轴传动的连接，如图 6-2、图 6-3 所示。

(3) 螺栓连接：主要用于安装连接可装拆的结构中，如图 6-4 所示。

(4) 焊缝连接：焊缝连接是钢结构的主要连接方式，如图 6-5 所示。

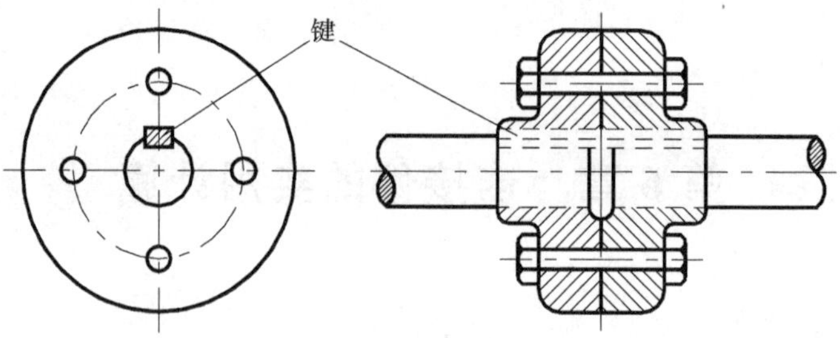

图 6-3

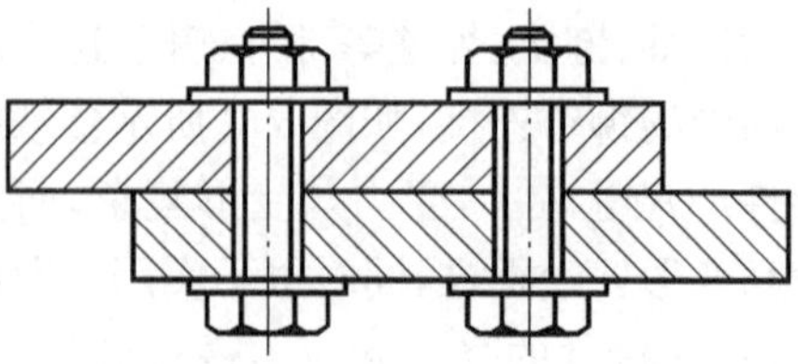

图 6-4

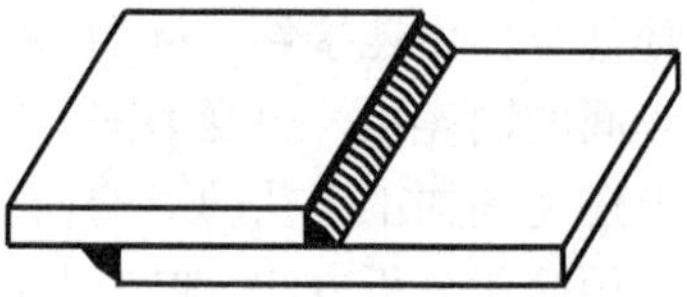

图 6-5

6.2　连接件的实用计算

6.2.1　剪切实用计算

考虑如图 6-6(a)所示的螺栓连接，在两钢板上分别施加拉力 $\boldsymbol{F}$，显然螺栓在两侧面上分别受到大小相等、方向相反、作用线相距很近的两组分布外力系的作用(图 6-6(b))。试验表明，当上述外力过大时，螺栓将沿 m-m 面被剪断，这种变形形式称为**剪切**。发生剪切变形的截面，称为**剪切面**；有一个剪切面的，称为**单剪切**，如图 6-6 所示；有两个剪切面的，称为**双剪切**，如图 6-7 所示。

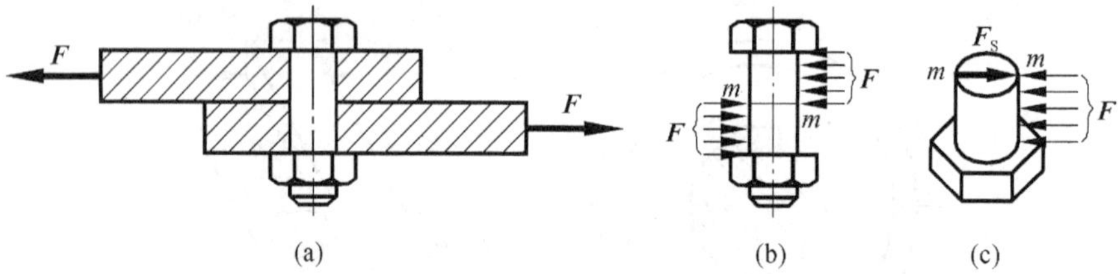

图 6-6

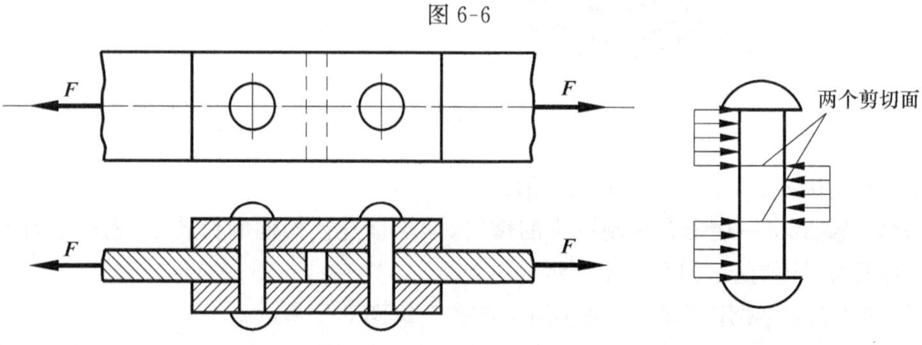

图 6-7

讨论剪切的内力和应力时，利用截面法从剪切面将受剪构件分成两部分，并以其中一部分为研究对象，如图 6-6(c)所示。剪切面上的内力 F_S 与截面相切，称为**剪力**，由平衡方程即可求得。

实用计算中，假设在剪切面上的剪切应力是均匀分布的。以 A 表示剪切面面积，则剪切面上的应力为

$$\tau = \frac{F_S}{A} \tag{6-1}$$

式(6-1)所得的 τ 称为**名义切应力**。

在连接件的剪切面上，应力的实际分布情况比较复杂，切应力并非均匀分布。所以要用实验的方式，使试样受力尽可能地接近连接件的实际情况，求得试样失效时的极限载荷。用式(6-1)得到剪切破坏时材料的极限切应力 τ_u，再除以安全因数 n，即得到材料的许用切应力$[\tau]$。则剪切的强度条件可表示为

$$\tau = \frac{F_S}{A} \leqslant [\tau] \tag{6-2}$$

根据以上的剪切强度条件，可以进行：①强度校核；②截面尺寸设计；③确定许用载荷等强度计算。

例 6-1　已知 $F=100\text{kN}$，销钉直径 $d=30\text{mm}$，材料的许用切应力$[\tau]=60\text{MPa}$，试校核销钉的剪切强度。若强度不够，应该用多大直径的销钉？

解：销钉受力如图 6-8 所示。根据受力情况，销钉中段相对于左、右两段，沿 m-m 和 n-n 两个面上下错动，有两个剪切面，为双剪切。由平衡方程容易求出

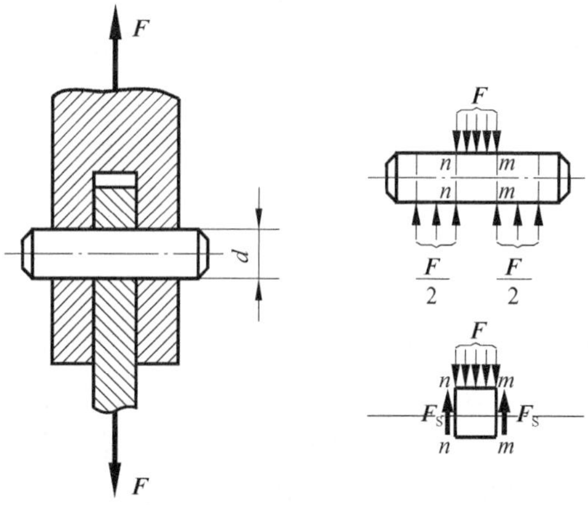

图 6-8

$$F_S = \frac{F}{2}$$

销钉横截面上的切应力为

$$\tau = \frac{F_S}{A} = \frac{100\times10^3\text{N}}{2\times\frac{\pi}{4}\times(30\times10^{-3}\text{m})^2} = 70.77\times10^6\text{Pa} = 70.77\text{MPa}$$

$$\tau = 70.77\text{MPa} > [\tau]$$

故销钉不满足强度要求。

由材料的强度条件可知

$$\tau = \frac{F_S}{A} = \frac{F_S}{\pi d^2/4} \leqslant [\tau]$$

满足强度条件的销钉的直径为

$$d \geqslant \sqrt{\frac{4\times F_S}{\pi[\tau]}} = \sqrt{\frac{4\times100\times10^3\text{N}}{2\times3.14\times60\times10^6\text{Pa}}} \approx 3.26\times10^{-2}\text{m} = 32.6\text{mm}$$

取 $d=33\text{mm}$

例 6-2　已知钢板厚度 $\delta=10\text{mm}$，其剪切极限应力为 $\tau_u=300\text{MPa}$。若用冲床将钢板冲出直径 $d=25\text{mm}$ 的孔，问需要多大的冲剪力 F？

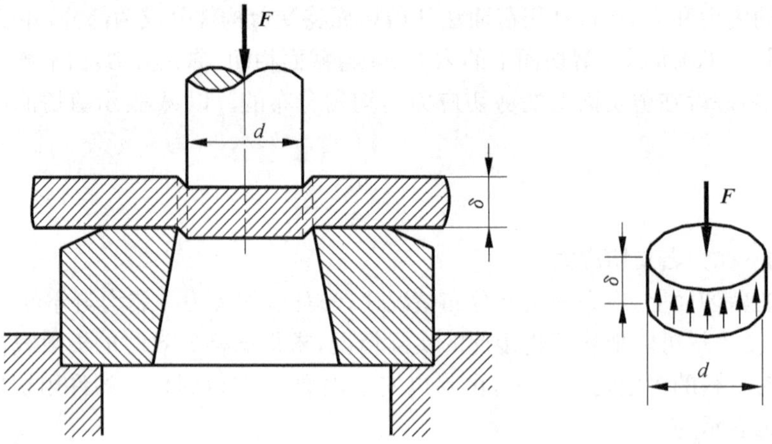

(a) (b)

图 6-9

解:剪切面是钢板内被冲头冲出的圆饼体的柱形侧面,如图 6-9 所示。其面积为

$$A = \pi d\delta = \pi(25 \times 10^{-3}\text{m}) \times (10 \times 10^{-3}\text{m}) = 785 \times 10^{-6}\text{m}^{-2}$$

冲孔所需要的冲剪力应为

$$F \geqslant A\tau_{\text{u}} = (785 \times 10^{-6}\text{m}^{-2}) \times (300 \times 10^{6}\text{Pa}) = 236 \times 10^{3}\text{N} = 236\text{kN}$$

6.2.2 挤压实用计算

连接件和被连接件在相互传递力时,将发生彼此间的局部承压现象,称为**挤压**。在接触面上的总压紧力称为**挤压力**,并记为 F_{bs},相应的应力称为**挤压应力**。例如,在如图 6-10 所示的销钉连接中,销钉与钢板就相互压紧。这就可能使销钉或钢板的铆钉孔产生局部塑性变形,也就是销钉孔被压成长圆孔的情况,当然销钉也可能被压成扁圆柱。显然挤压力可根据被连接件所受的外力,并由静力平衡条件求得。

在挤压面上,应力分布一般也比较复杂,如图 6-11 所示,所以在实用计算时,可以采用以下公式近似计算挤压面上的最大挤压应力,其具体表达式为

$$\sigma_{\text{bs}} = \frac{F_{\text{bs}}}{A_{\text{bs}}} \tag{6-3}$$

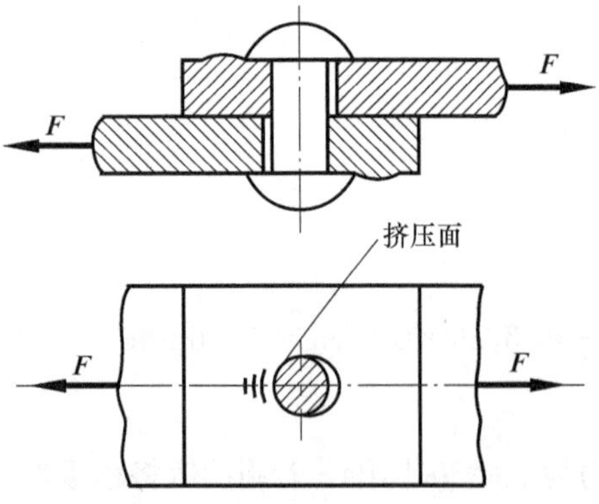

图 6-10

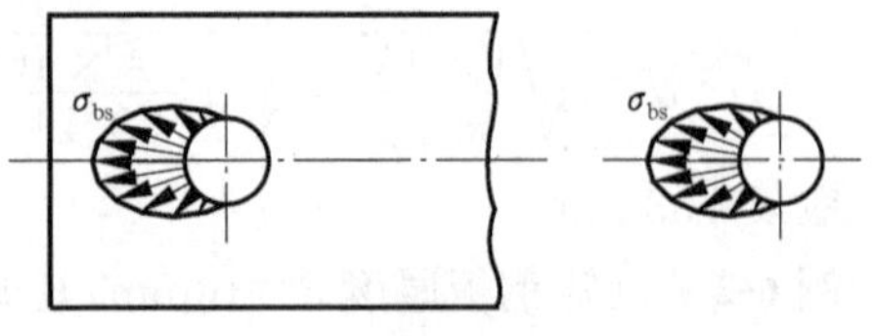

图 6-11

根据式(6-3)计算所得的应力称为**名义挤压应力**。其中，A_{bs}表示有效挤压面积，当接触面为平面时，有效挤压面面积 A_{bs} 即为实际接触面的面积，如图 6-12(a)所示；当接触面为圆柱面时，有效挤压面面积 A_{bs} 为实际接触面在直径平面上的投影面积，如图 6-12(b)所示。实验分析表明，这类圆柱状连接件与钢板孔壁间接触面上的理论挤压应力沿圆柱面的变化情况如图 6-11 所示，其挤压应力的最大值与按公式(6-3)计算得到的名义挤压应力值相近。

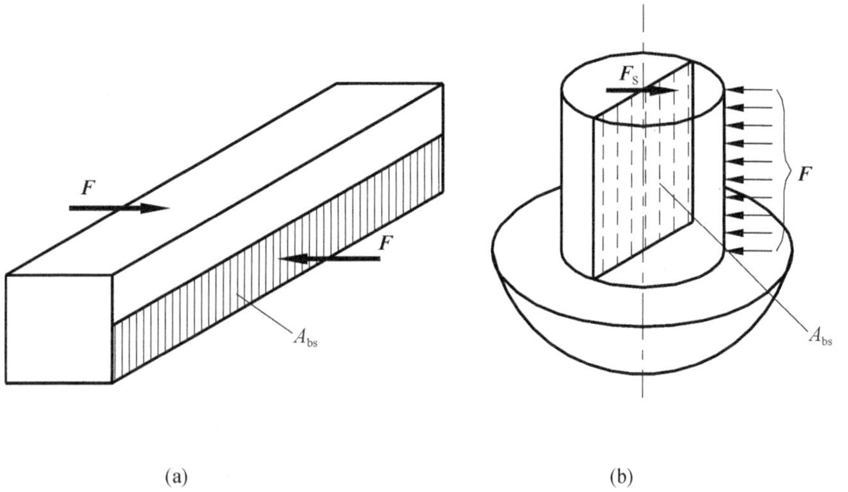

图 6-12

然后通过直接实验，并按名义挤压应力公式得到材料的极限挤压应力，从而确定许用挤压应力$[\sigma_{bs}]$。于是挤压强度条件为

$$\sigma_{bs}=\frac{F_{bs}}{A_{bs}}\leqslant[\sigma_{bs}] \tag{6-4}$$

例 6-3　如图 6-13 所示机床花键主轴有 8 个齿。轮与轴的配合长度 $l=60$mm，外力偶矩 $M_e=4$kN · m。轮与轴的许用挤压应力为$[\sigma_{bs}]=140$MPa，试校核花键轴的挤压强度。

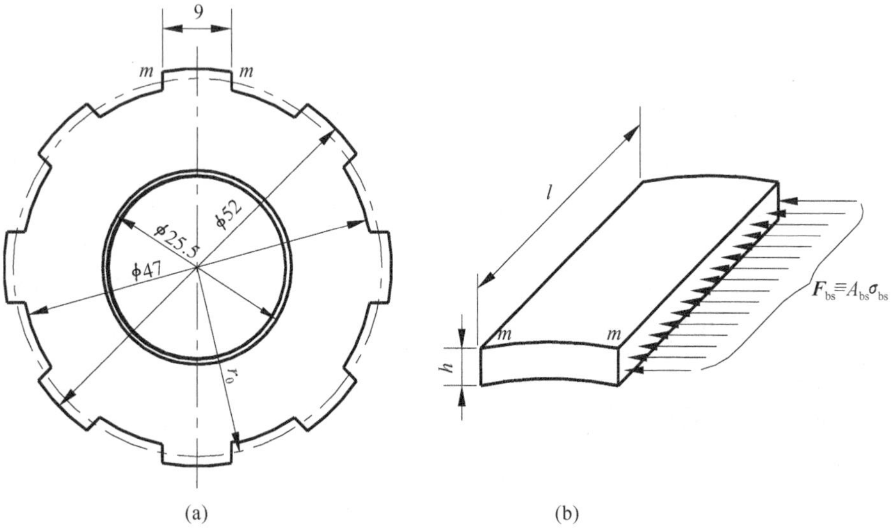

图 6-13

解:由于花键轴齿的位置对称,故每个挤压面上的挤压力相等,挤压应力分布如图 6-13(b)所示。挤压力大小为

$$F_{bs}=\frac{M_e}{8r_0}=\frac{4\times10^3\text{N}\cdot\text{m}}{8\times\left[\frac{47}{2}+\frac{1}{2}\times\left(\frac{52-47}{2}\right)\right]\times10^{-3}\text{m}}=20.2\times10^3\text{N}$$

有效挤压面积为

$$h=\frac{52-47}{2}\times10^{-3}\text{m}=2.5\times10^{-3}\text{m}$$

$$A_{bs}=hl=2.5\times10^{-3}\text{m}\times60\times10^{-3}\text{m}=150\times10^{-6}\text{m}^2$$

则键的挤压应力为

$$\sigma_{bs}=\frac{F_{bs}}{A_{bs}}=\frac{20.2\times10^3\text{N}}{150\times10^{-6}\text{m}^2}=135\text{MPa}<[\sigma_{bs}]=140\text{MPa}$$

故花键轴满足挤压强度要求。

例 6-4 如图 6-14 所示铆钉接头,铆钉和板的材料相同,受轴向力 F 作用,试求该拉力的许用值。已知板宽 $b=15$mm,板厚 $\delta=2$mm,边距 $a=10$mm,铆钉直径 $d=4$mm,许用拉应力$[\sigma]=160$MPa,许用切应力$[\tau]=100$MPa,许用挤压应力$[\sigma_{bs}]=300$MPa。

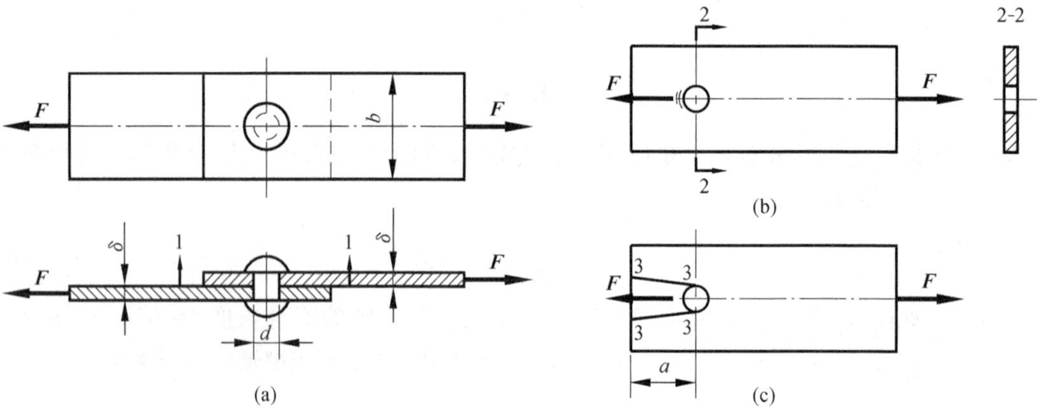

图 6-14

解:(1) 接头破坏形式分析。

铆接接头的破坏形式可能有以下四种:铆钉沿横截面 1-1 被剪断(图 6-14(a));铆钉与孔壁互相挤压,产生显著塑性变形(图 6-14(b));板沿截面 2-2 被拉断(图 6-14(b));板沿截面 3-3 被剪断(图 6-14(c))。

实验表明,当边距 a 足够大且大于铆钉直径 d 的 2 倍时(图 6-14(c)),最后一种形式的破坏通常即可避免。因此,铆接接头的强度分析,主要是针对前三种破坏形式而言。

(2) 剪切强度分析。

铆钉剪切面 1-1 上的切应力为

$$\tau=\frac{F_S}{A}=\frac{4F_S}{\pi d^2}$$

根据切应力强度条件 $\tau=\dfrac{4F}{\pi d^2}\leqslant[\tau]$有

$$F \leqslant \frac{\pi d^2[\tau]}{4} = \frac{\pi \times (4 \times 10^{-3}\,\text{m})^2 \times 100 \times 10^6\,\text{Pa}}{4} = 1257\text{N}$$

(3) 挤压强度分析。

铆钉与孔壁的名义挤压应力为

$$\sigma_{bs} = \frac{F_{bs}}{A_{bs}} = \frac{F}{d\delta}$$

由挤压强度条件 $\sigma_{bs}=\dfrac{F_{bs}}{A_{bs}}\leqslant[\sigma_{bs}]$有

$$F \leqslant \delta d[\sigma_{bs}] = 2 \times 10^{-3}\,\text{m} \times 4 \times 10^{-3}\,\text{m} \times 300 \times 10^6\,\text{Pa} = 2400\text{N}$$

(4) 拉伸强度分析。

横截面 2-2 上的正应力最大，其值

$$\sigma_{max} = \frac{F_N}{A} = \frac{F}{(b-d)\delta}$$

由拉压强度条件 $\sigma_{max}=\dfrac{F_N}{A}=\dfrac{F}{(b-d)\delta}\leqslant[\sigma]$有

$$F \leqslant (b-d)\delta[\sigma] = (15 \times 10^{-3}\,\text{m} - 4 \times 10^{-3}\,\text{m}) \times 2 \times 10^{-3}\,\text{m} \times 160 \times 10^6\,\text{Pa} = 3250\text{N}$$

综合考虑以上三方面，可见接头的许用拉力$[F]=1257\text{N}$。

习　题

6.1　图示木榫接头，截面为正方形，承受轴向拉力 $F=10\text{kN}$，已知木材的顺纹许用应力$[\tau]=1\text{MPa}$，$[\sigma_{bs}]=8\text{MPa}$，截面边长 $b=114\text{mm}$，试根据剪切与挤压强度确定尺寸 a 及 l。

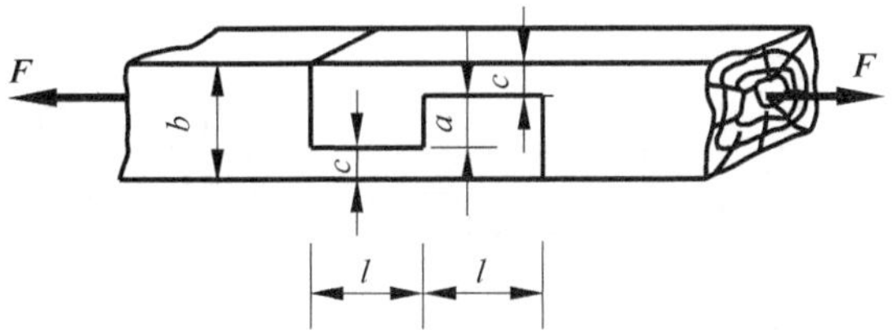

习题 6.1 图

6.2　图示拉杆头部的尺寸如图所示，杆的许用切应力$[\tau]=100\text{MPa}$，许用挤压应力$[\sigma_{bs}]=240\text{MPa}$，试确定许可载荷 F。

6.3　如图所示夹剪，销子 C 的直径 $d=6\text{mm}$。现欲剪与销子同直径的铜丝，若力 $F=280\text{N}$，$a=40\text{mm}$，$b=20\text{mm}$。求铜丝与销子截面上的平均切应力。

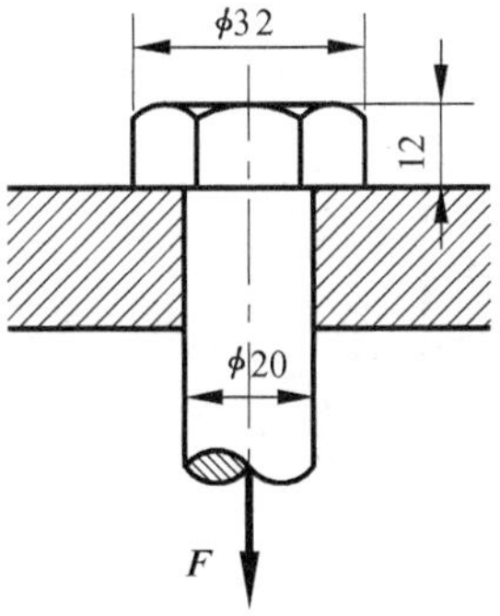

习题 6.2 图

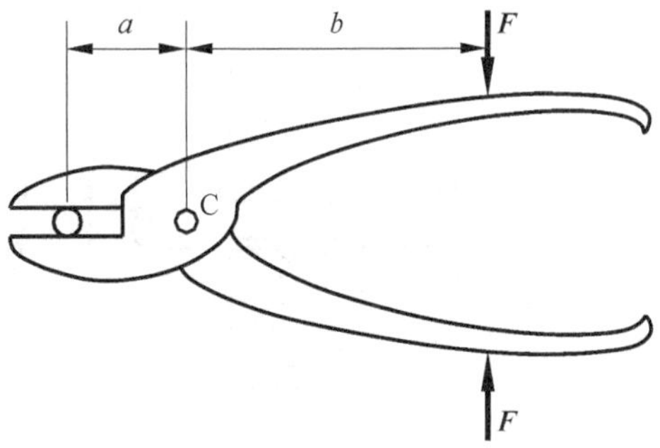

习题 6.3 图

6.4 如图所示螺栓连接。$F=80\text{kN}$，$b=80\text{mm}$，$\delta=10\text{mm}$，$d=22\text{mm}$，螺栓的许用切应力$[\tau]=135\text{MPa}$，钢板的许用挤压应力$[\sigma_{bs}]=300\text{MPa}$，许用拉应力$[\sigma]=175\text{MPa}$。试校核接头的强度。

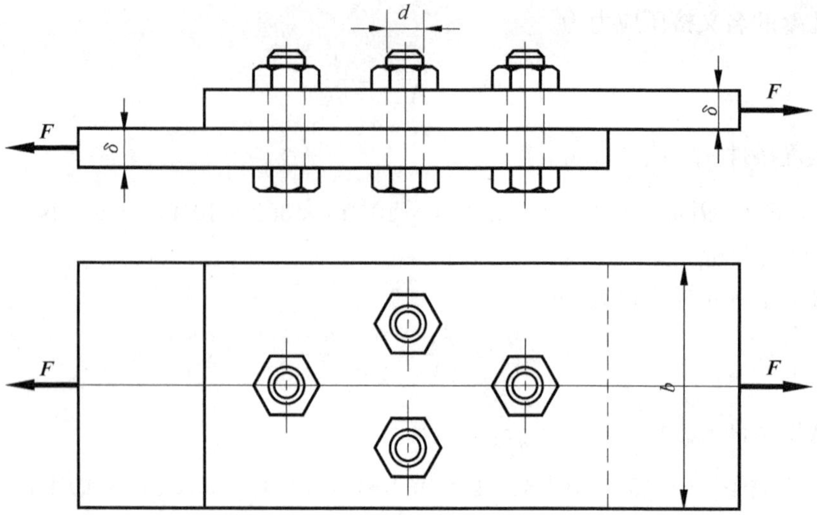

习题 6.4 图

6.5 如图所示凸缘联轴节传递的力偶矩 $M_e=200\text{N}\cdot\text{m}$，凸缘之间用 8 只螺栓连接，对称地分布在 $D_0=100\text{mm}$ 的圆周上。若螺栓的许用切应力$[\tau]=60\text{MPa}$，试求螺栓所需的直径。

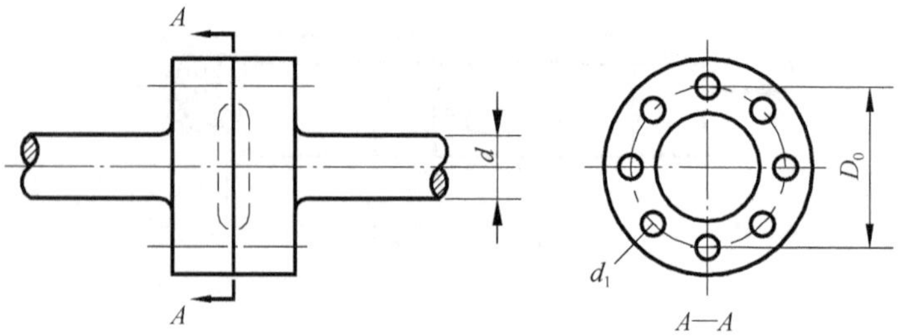

习题 6.5 图

6.6 如图所示齿轮与轴用平键连接。已知轴的直径 $d=70\text{mm}$，键的尺寸为 $b\times h\times l=20\text{mm}\times12\text{mm}\times100\text{mm}$，传递的力偶矩为 $M_e=2\text{kN}\cdot\text{m}$；键材料的许用切应力$[\tau]=80\text{MPa}$，$[\sigma_{bs}]=200\text{MPa}$。试校核键的强度。

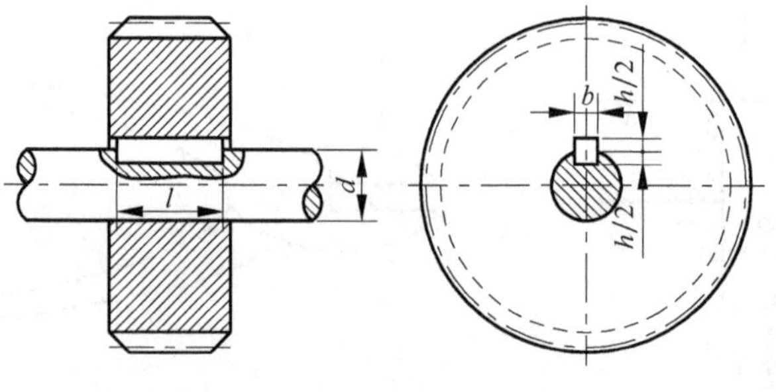

习题 6.6 图

6.7　图示用两个铆钉将 140mm×140mm×12mm 的等边角钢铆接在立柱上，构成支托。若 F=30kN 且离两铆钉的距离相同，铆钉的直径 d=21mm，试求铆钉的切应力和挤压应力。

6.8　图示销钉式安全离合器，允许传递的外力偶矩 M_e=300N·m，销钉材料的极限应力 τ_u=360MPa，轴的直径 D=30mm，为保证 M_e>300N·m 时销钉被剪断，试设计销钉的直径 d。

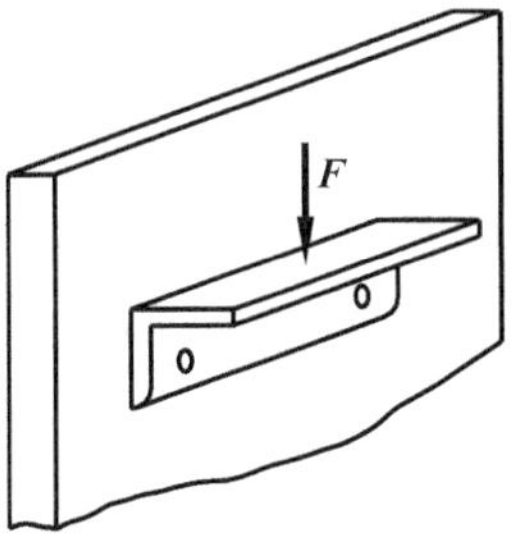

习题 6.7 图

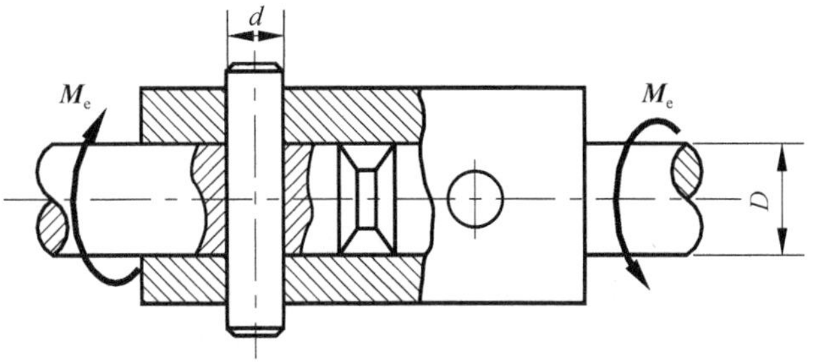

习题 6.8 图

第7章　扭　　转

7.1　引　　言

攻丝的丝锥在攻丝时(图7-1)，通过绞杆在丝锥上端作用一个力偶，丝锥下端则受到工件的阻力偶的作用，丝锥将产生扭转变形。在工程实际中，有很多以扭转变形为主的杆件。例如，拧螺丝的螺丝刀(图7-2)、车床的光杆、搅拌机轴、汽车传动轴等。

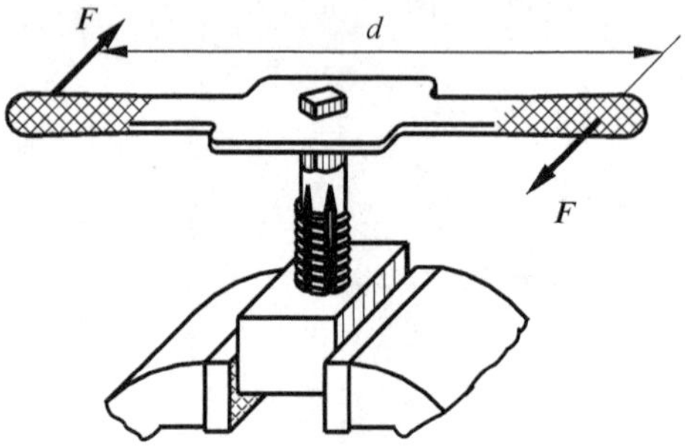

图7-1

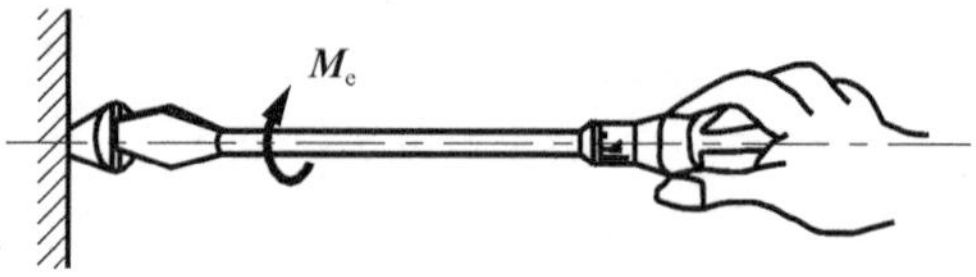

图7-2

以上受扭杆件的特点是：在垂直杆轴平面内作用的力偶使杆件发生扭转变形，致使杆件任意两个横截面都发生绕轴线的相对转动(图7-3)。

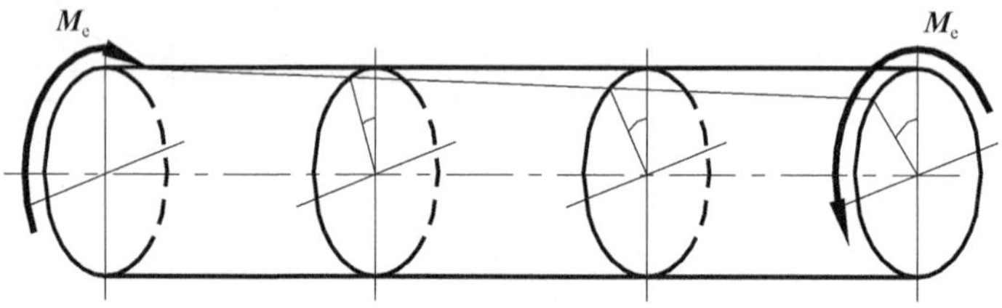

图7-3

工程上通常将产生扭转变形的构件称为**轴**，上面提到的承受扭转变形的轴类零件，其截面大都为圆形，所以本章着重讨论圆截面等直杆的扭转。这是工程中最常见也是最简单的情况，对于非圆截面杆的扭转只作简单介绍。

7.2　扭矩和扭矩图

7.2.1　外力偶矩的计算

传动轴是通过转动传递动力的构件，其外力矩一般不是直接给出的，通常已知轴所传递的功率和轴的转速。若已知轴的转速为n(r/min)(图7-4)，带轮的功率为P(kW)，由$P=M_e\omega=$

$M_e 2\pi n/60$，得

$$\{M_e\}_{N\cdot m} = 9549 \frac{\{P\}_{kW}}{\{n\}_{r/min}} \tag{7-1}$$

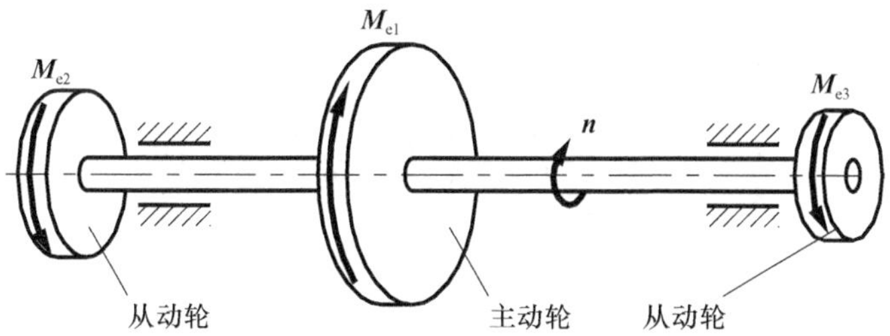

图 7-4

在传动轴上，主动轮外力偶的转向与轴的转动方向相同，而从动轮上的外力偶的转向与轴的转动方向相反。当轴匀速转动时，主动轮上的外力偶矩等于从动轮上外力偶矩之和。

7.2.2 轴的扭矩

求出作用在轴上的外力偶后，即可利用截面法计算任意截面上的内力。以如图 7-5(a)所示圆轴为例，设一假想平面将轴分为两段，取其中一部分(图 7-5(b))进行受力分析。因为力偶只能与力偶平衡，所以横截面上的内力应是一个力偶，由对轴线的力矩平衡方程

$$\Sigma M_x = 0, \quad T - M_e = 0$$

得

$$T = M_e$$

T 称为扭矩，扭矩的正负规定为：扭矩矢量的指向与横截面外法线方向一致时为正；反之为负。按照这一规则，在图 7-5 中无论就哪一部分来说，截面上的扭矩都是正的。

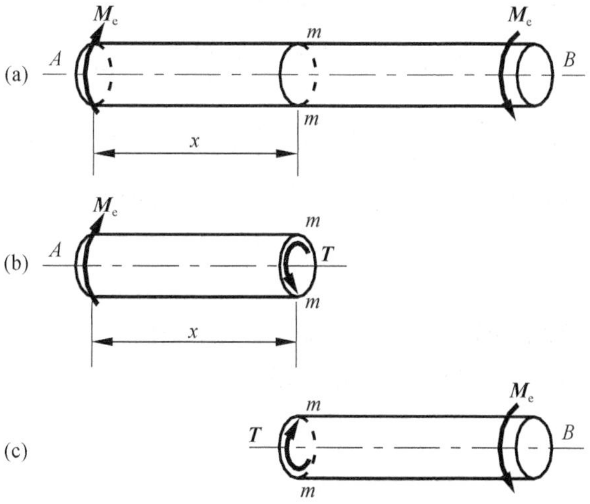

图 7-5

7.2.3 扭矩图

若作用于轴上的外力偶矩多于两个，与拉压问题中作轴力图一样，也可用图线表示沿轴线各

横截面上扭矩的变化情况,这种图线称为**扭矩图**。下面用例题来说明扭矩图的绘制。

例 7-1　如图 7-6(a)所示传动轴,主动轮 A 输入功率 $P_A=36\text{kW}$,从动轮 B、C、D 输出功率分别为 $P_B=P_C=11\text{kW}$,$P_D=14\text{kW}$,轴的转速 $n=300\text{r/min}$。试作轴的扭矩图。

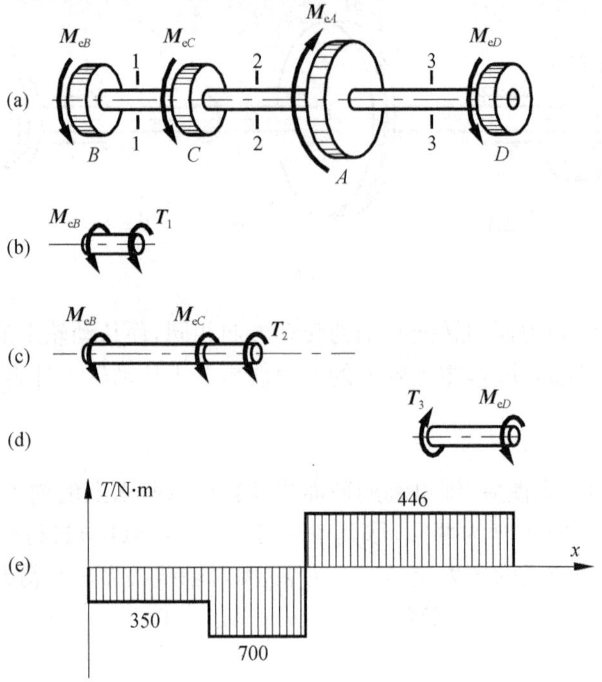

图 7-6

解:(1) 按式(7-1)计算外力偶矩

$$M_{eA}=9549\frac{P_A}{n}=\left(9549\times\frac{36}{300}\right)\text{N}\cdot\text{m}=1146\text{N}\cdot\text{m}$$

$$M_{eB}=M_{eC}=9549\frac{P_B}{n}=\left(9549\times\frac{11}{300}\right)\text{N}\cdot\text{m}=350\text{N}\cdot\text{m}$$

$$M_{eD}=9549\frac{P_D}{n}=\left(9549\times\frac{14}{300}\right)\text{N}\cdot\text{m}=446\text{N}\cdot\text{m}$$

(2) 分段(轴中间存在集中力偶和分布力偶的起、止截面时需要分段)。由于轴的中间段 C、A 截面分别作用集中力偶,BC、CA 和 AD 三段的内力(扭矩 T)不同,因此需将轴分成 BC、CA 和 AD 三段分析。

(3) 计算各段任意截面的扭矩。在 BC 段以 T_1 表示截面 1-1 上的扭矩,截面上扭矩均设为正值,从 BC 段任意截面取左边部分进行研究,如图 7-6(b)所示,列平衡方程

$$\sum M_x=0,\quad T_1+M_{eB}=0$$

得

$$T_1=-M_{eB}=-350\text{N}\cdot\text{m}$$

BC 段中各横截面的扭矩都为 $-350\text{N}\cdot\text{m}$。

从 CA 段任意截面取左边部分进行研究,如图 7-6(c)所示,由平衡方程

$$\sum M_x=0,\quad T_2+M_{eB}+M_{eC}=0$$

得
$$T_2=-M_{eB}-M_{eC}=-700\text{N}\cdot\text{m}$$

CA 段中各横截面的扭矩都为$-700\text{N}\cdot\text{m}$。

从 AD 段任意截面取右边部分进行研究，如图 7-6(d)所示，求得

$$\sum M_x=0,\quad -T_3+M_{eD}=0$$

$$T_3=M_{eD}=446\text{N}\cdot\text{m}$$

AD 段中各横截面的扭矩都为 $446\text{N}\cdot\text{m}$。

如果以横坐标表示横截面的位置，纵坐标表示相应截面上的扭矩，作出轴的扭矩图如图 7-6(e)所示。从图中可以看到，最大扭矩发生在 AC 段，且$|T_{\max}|=700\text{N}\cdot\text{m}$。

7.3　圆轴扭转时的应力分析和强度计算

7.3.1　圆轴扭转时的应变和应力的特点

工程上对圆轴进行强度计算，首先必须了解横截面上的应力。下面通过实心圆轴的变形实验来了解实心圆轴的应力和应变的分布规律。

1. 平面假设

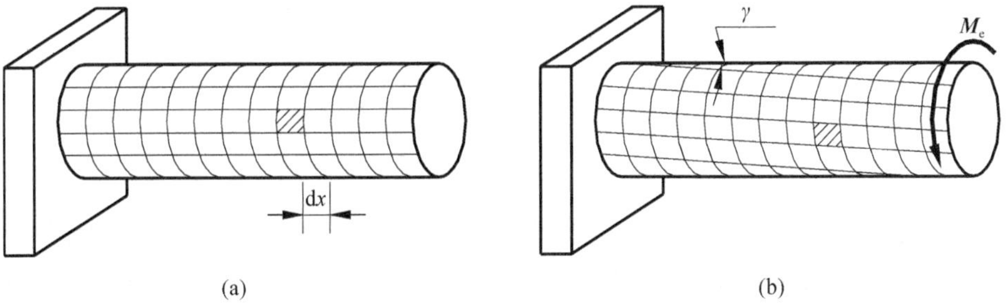

图 7-7

考虑一端固定的等直圆轴，在自由端受力偶 M_e 作用发生扭转变形，为了观察圆轴的变形，在其表面等距离画上圆周线和纵向线，形成矩形网格(图 7-7(a))。如图 7-7(b)所示，在受扭发生小变形后，轴表面发生变形，可以观察到圆轴表面上各圆周线的形状、大小和间距均未改变，仅是各圆周线做了相对转动，各纵向线均倾斜一微小角度 γ。

根据上述观察到的现象，圆轴扭转变形有如下特点：

(1) 圆轴扭转变形前的横截面，变形后仍保持为平面，仍与轴线垂直，此即**平面假设**。

(2) 变形后圆周线的形状和大小不变，半径线仍为直线。

(3) 各横截面的间距保持不变。

比较图 7-7(a)和图 7-7(b)中的小方格在扭转前后的变形，可以看出，小方格变形后在轴向和圆周方向均无伸长或缩短，即在这两个方向上无线应变，但小方格的两对边发生了相对错动，使直角改变了一角度 γ。这种直角的改变在第 4 章中称为“切应变”。根据平面假设，圆轴由外表面至轴线的所有同心圆柱面上的小方格也都只发生切应变。这表明，圆轴扭转时，其横截面上只有切应力而无正应力。

2. 切应力互等定理

用相邻的两个横截面和两个纵截面，从圆轴中取出边长分别为 $\mathrm{d}x$、$\mathrm{d}y$ 和 $\mathrm{d}z$ 的微小单元体(图 7-8)。单元体左、右两侧面是圆轴横截面的一部分，所以横截面上无正应力，只有切应力，且数值相等，方向相反。于是组成一个力偶矩为$(\tau \mathrm{d}z\mathrm{d}y)\mathrm{d}x$ 的力偶。为保持平衡，单元体的上、下面上必须有切应力，由 $\sum F_x = 0$ 知上、下两个面上存在大小相等、方向相反的切应力 τ'，并组成力偶矩为$(\tau' \mathrm{d}z\mathrm{d}x)\mathrm{d}y$ 的力偶与左右面上的力偶平衡。由平衡方程

$$\sum M_z = 0, \quad (\tau \mathrm{d}z\mathrm{d}y)\mathrm{d}x = (\tau' \mathrm{d}z\mathrm{d}x)\mathrm{d}y$$

得

$$\tau = \tau' \tag{7-2}$$

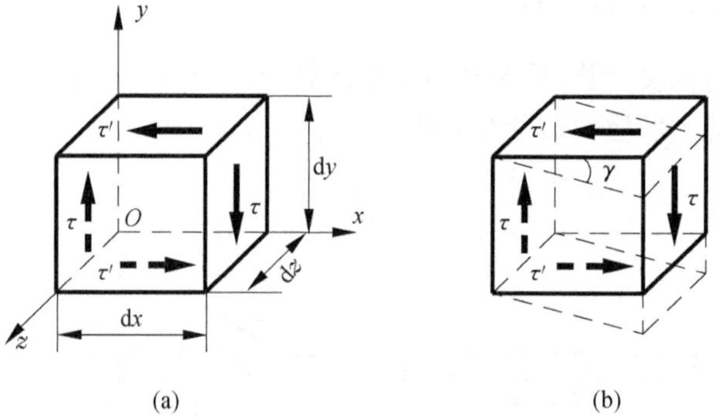

图 7-8

这表明，在相互垂直的两个平面上，切应力必然成对出现，而且数值相等，两者都垂直于两个平面的交线，方向共同指向或者共同背离该交线，此结论称为**切应力互等定理**。需要指出的是，切应力互等定理不仅在扭转时满足，其他任何变形下也同样满足。

如图 7-8 所示单元体各面上只有切应力的状态称为纯剪切状态。

7.3.2 等直圆轴横截面上的应力

通过前边的研究知道横截面上只有切应力没有正应力，为了研究应力的分布规律，就必须了解切应变的分布规律，然后研究应力和应变之间的关系。

1. 变形几何关系

为了研究应变的分布规律，在圆轴上用相距 $\mathrm{d}x$ 的横截面分离出一个微段，如图 7-9(a)所示。由图可知变形后，纵向线段$\overline{AB}$变为$\overline{AB'}$，$\overline{AB}$和$\overline{AB'}$的夹角为 γ(切应变)，$\widehat{BB'}$对应横截面的圆心角 $\mathrm{d}\varphi$，由几何关系得

$$\widehat{BB'} = \gamma \mathrm{d}x = R\mathrm{d}\varphi$$

即

$$\gamma = R\frac{\mathrm{d}\varphi}{\mathrm{d}x}$$

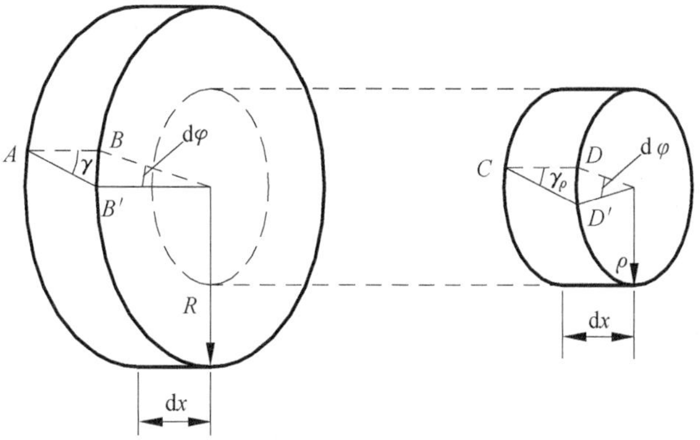

(a) (b)

图 7-9

为了研究横截面上任意点的切应变，从圆轴截面内取半径为 ρ 的微段，如图 7-9(b)所示，同理可得

$$\gamma_\rho = \rho \frac{\mathrm{d}\varphi}{\mathrm{d}x} \tag{7-3}$$

式(7-3)表明，横截面上任意点的切应变同该点到圆心的距离 ρ 成正比关系。

2. 物理关系

实验结果表明，在弹性范围内切应力与切应变的关系如图 7-10 所示，即当切应力小于剪切比例极限 τ_{p} 时，τ 与 γ 成线性正比关系

$$\tau = G\gamma \tag{7-4}$$

式(7-4)称为**剪切胡克定律**，式中 G 为比例常数，称为材料的**切变模量**，其单位与应力相同。

对于各向同性材料，在弹性范围内，三个弹性常量 E、μ 和 G 存在以下关系

$$G = \frac{E}{2(1+\mu)} \tag{7-5}$$

将式(7-3)代入式(7-4)得

$$\tau_\rho = G\gamma_\rho = G\rho \frac{\mathrm{d}\varphi}{\mathrm{d}x} \tag{7-6}$$

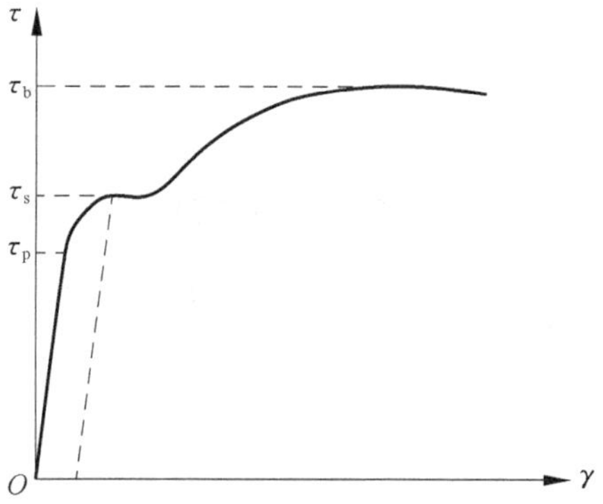

图 7-10

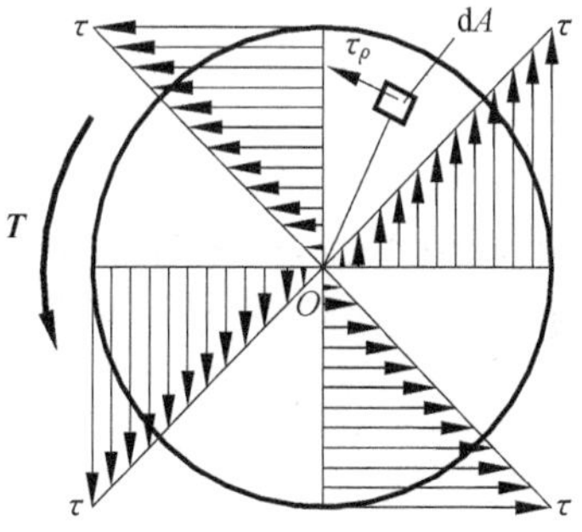

图 7-11

式(7-6)表明，圆轴在扭转时横截面上的切应力沿直径线性分布，截面中心的切应力为零，周边上的点切应力最大，因为 γ_ρ 发生在垂直于半径的平面内，所以 τ_ρ 也与半径垂直且切应力的指向与横截面上的扭矩 T 的转向一致，分布如图 7-11 所示。

3. 静力学关系

根据图 7-11 所示，横截面上任意点的切应力和扭矩有如下静力学关系

$$\int_A \rho\tau_\rho \mathrm{d}A = T$$

将式(7-6)代入得

$$G\frac{\mathrm{d}\varphi}{\mathrm{d}x}\int_A \rho^2 \mathrm{d}A = T$$

式中，$\int_A \rho^2 \mathrm{d}A = I_P$ 称为截面的极惯性矩，代入上式，得

$$\frac{\mathrm{d}\varphi}{\mathrm{d}x} = \frac{T}{GI_P} \tag{7-7}$$

把式(7-7)代入式(7-6)，得到圆轴扭转横截面上任意点的切应力公式

$$\tau_\rho = \frac{T}{I_P}\rho \tag{7-8}$$

当 $\rho=R$ 时，表示圆轴边缘处的切应力最大，为

$$\tau_{\max} = \frac{T}{I_P}R = \frac{T}{\frac{I_P}{R}} = \frac{T}{W_P} \tag{7-9}$$

式中，$W_P=\frac{I_P}{R}$称为**抗扭截面系数**，它是与截面形状和尺寸有关的量。

对于实心圆截面

$$I_P = \frac{\pi D^4}{32}, \quad W_P = \frac{\pi D^3}{16}$$

对于空心圆截面

$$I_P = \frac{\pi D^4}{32}(1-\alpha^4), \quad W_P = \frac{\pi D^3}{16}(1-\alpha^4)$$

式中，$\alpha=\frac{d}{D}$，d 和 D 分别为圆截面的内外直径。

7.3.3 圆轴扭转强度计算

工程上要求圆轴扭转时的最大切应力不得超过材料的许用切应力[τ]，即

$$\tau_{\max} = \left(\frac{T}{W_P}\right)_{\max} \leqslant [\tau] \tag{7-10}$$

对于等截面圆轴

$$\tau_{\max} = \frac{T_{\max}}{W_P} \leqslant [\tau] \tag{7-11}$$

式(7-10)和式(7-11)称为**圆轴扭转强度条件**，式(7-10)和式(7-11)中的 T 和 $T_{\max}$ 皆取绝对值。

试验表明，材料许用正应力[σ]和许用切应力[τ]有如下近似关系：

塑性材料：[τ]=(0.5～0.6)[σ]。

脆性材料：[τ]=(0.8～1.0)[σ]。

例 7-2 汽车传动轴外径 D=76mm，壁厚 δ=2.5mm，汽车功率 P=66.2kW，传动轴转速 n=320r/min，传动轴材料的许用应力[τ]=100MPa，试校核轴的强度。

解：(1) 按公式(7-1)计算传动轴的扭矩。

$$T_{\max} = M_e = 9549\,\frac{P}{n} = 9549 \times \frac{66.2}{320}\mathrm{N\cdot m} = 1975\mathrm{N\cdot m}$$

(2) 按式(7-9)计算最大切应力。

主传动轴的内外径之比

$$\alpha = \frac{d}{D} = \frac{D - 2\delta}{D} = \frac{76\text{mm} - 2 \times 2.5\text{mm}}{76\text{mm}} = 0.934$$

抗扭截面系数为

$$W_{\text{P}} = \frac{\pi D^3}{16}(1 - \alpha^4) = \frac{\pi \times (76 \times 10^{-3}\text{m})^3}{16}(1 - 0.934^4) = 2.06 \times 10^{-5}\text{m}^3$$

$$\tau_{\max} = \frac{T_{\max}}{W_{\text{P}}} = \frac{1975\text{N} \cdot \text{m}}{2.06 \times 10^{-5}\text{m}^3} = 9.59 \times 10^7\text{Pa} = 95.9\text{MPa} < [\tau]$$

故该轴满足强度条件。

例 7-3 如果把上例中的汽车传动轴改为实心轴，要求它与原来的空心轴强度相同，试确定实心轴的直径，并和原空心轴进行比较。

解：要求强度相同，即实心轴的最大切应力 $\tau_{\max}$ 也为 95.9MPa，仍可由强度设计准则确定实心轴的直径 d。

由 $\tau_{\max} = \dfrac{T_{\max}}{W_{\text{P}}} \leqslant [\tau]$，$W_{\text{P}} = \dfrac{\pi d^3}{16}$ 得

$$d \geqslant \sqrt[3]{\frac{16 \times T_{\max}}{\pi \tau_{\max}}} = \sqrt[3]{\frac{16 \times 1975\text{N} \cdot \text{m}}{3.14 \times 95.9 \times 10^6\text{Pa}}} = 4.72 \times 10^{-2}\text{m}$$

即 $d = 47.2\text{mm}$，实心轴和空心轴的截面积分别为

$$A_{实} = \frac{\pi d^2}{4} = 1749\text{mm}^2, \quad A_{空} = \frac{\pi D^2}{2}(1 - \alpha^2) = 580\text{mm}^2$$

$$A_{实} / A_{空} = 3$$

可见实心轴截面积为空心轴的 3 倍。采用空心轴节省 2/3 的材料，自重也相应减少 2/3。这是由于实心轴横截面上的切应力沿半径呈线性规律分布，圆心附近的应力很小，这部分材料没有充分发挥作用，而空心轴的材料潜力得到较充分的发挥(特别是 α 较大，即壁较薄时)。从强度考虑，空心圆轴比实心轴设计合理。当然，空心轴的加工工艺复杂，成本高，壁厚太薄时还会发生局部皱折而失稳。因而空心轴主要用在对构件重量要求比较严格的部门，如飞机、汽车的传动轴、钻杆等。

7.4 圆轴扭转时的变形计算和刚度设计

7.4.1 圆轴扭转的变形

轴的扭转变形是用两横截面之间绕轴线的相对扭转角 φ 来度量的。

如图 7-9 所示长度为 $\text{d}x$ 的微段左右两个截面间的相对扭转角 $\text{d}\varphi$，由式 $\dfrac{\text{d}\varphi}{\text{d}x} = \dfrac{T}{GI_{\text{P}}}$ 得

$$\text{d}\varphi = \frac{T}{GI_{\text{P}}}\text{d}x$$

沿轴线积分，便可求出距离为 l 的两个横截面间的相对扭转角为

$$\varphi = \int_l \frac{T}{GI_{\text{P}}}\text{d}x$$

当扭矩为常数，且 GI_{P} 也为常量时，相距 l 的两横截面的相对扭转角为

$$\varphi=\frac{Tl}{GI_{\mathrm{P}}} \tag{7-12}$$

当扭矩分段为常数时，应分段计算各段的扭转角，然后代数相加，得到两端截面的相对扭转角为

$$\varphi=\sum\frac{T_i l_i}{G_i I_{\mathrm{P}i}} \tag{7-13}$$

式中，GI_{P} 称为圆轴的**扭转刚度**，它反映了截面抵抗扭转变形的能力。

若两截面之间 T 有变化，或极惯性矩 I_{P} 有变化，或材料不同（G 变化），则应通过积分或者分段计算出各段的扭转角，然后代数相加。

7.4.2　圆轴扭转刚度条件

扭转角与两截面间的距离 l 的大小有关，为了消除 l 的影响，工程中受扭圆轴的刚度常用单位长度扭转角来度量。即

$$\theta=\frac{\mathrm{d}\varphi}{\mathrm{d}x}=\frac{T}{GI_{\mathrm{P}}} \tag{7-14}$$

在进行轴的刚度设计时，工程上习惯用(°)/m 来表示许用扭转角[θ]，将式(7-14)得到的 θ 进行单位换算，可得

$$\theta=\frac{T}{GI_{\mathrm{P}}}\times\frac{180}{\pi} \tag{7-15}$$

圆轴的**刚度设计准则**为

$$\theta_{\max}=\left(\frac{T}{GI_{\mathrm{P}}}\right)_{\max}\times\frac{180}{\pi}\leqslant[\theta] \tag{7-16}$$

对于等截面圆轴

$$\theta_{\max}=\frac{T_{\max}}{GI_{\mathrm{P}}}\times\frac{180}{\pi}\leqslant[\theta] \tag{7-17}$$

单位长度许用扭转角[θ]的大小可根据轴的使用精度、生产要求和工作条件等因素决定，可从有关设计手册中查到。对一般传动轴，[θ]为 0.5～1(°)/m，对于精密机器的轴，常取 0.15～0.30(°)/m。

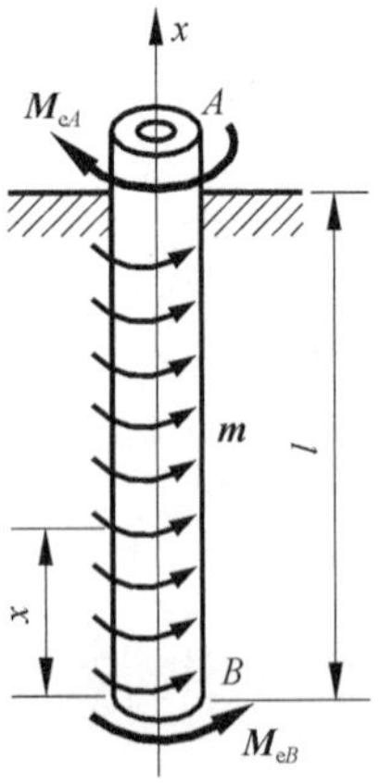

图 7-12

例 7-4　如图 7-12 示钻探机，钻杆的外径 $D=60\mathrm{mm}$，内径 $d=50\mathrm{mm}$，$l=80\mathrm{m}$。A 端的输入功率 $P=15\mathrm{kW}$，钻杆的转速 $n=180\mathrm{r/min}$，B 端力偶 M_{eB} 为钻头的破岩力矩。材料的切变模量 $G=80\mathrm{GPa}$，如土壤对钻杆的阻力形成的力偶矩为 $m=6.20\mathrm{N\cdot m/m}$ 的均布力偶，试求钻杆 AB 两端的相对扭转角。

解：(1) 外力计算。

由式(7-1)求得钻杆的驱动力矩

$$M_{eA}=9549\frac{P}{n}=796\mathrm{N\cdot m}$$

由方程 $\sum M_x=0$ 得

$$M_{eB}+ml-M_{eA}=0$$

求得

$$M_{eB}=M_{eA}-ml=300\mathrm{N\cdot m}$$

(2) 内力计算。

以 B 端为坐标原点建立图示坐标系，则任一截面上的扭矩为

$$T(x)=-M_{eB}-mx$$

(3) 变形计算。

$$\varphi_{AB}=\int_0^l \frac{T(x)}{GI_P}\mathrm{d}x=\int_0^l \frac{-M_{eB}-mx}{GI_P}\mathrm{d}x=-0.832\mathrm{rad}=-47.7°$$

例 7-5　主传动钢轴，传递功率 $P=60\mathrm{kW}$，转速 $n=250\mathrm{r/min}$，传动轴的许用切应力 $[\tau]=40\mathrm{MPa}$，许用单位长度扭转角 $[\theta]=0.5(°)/\mathrm{m}$，切变模量 $G=80\mathrm{GPa}$，试计算传动轴所需的直径。

解：(1) 轴的扭矩。

$$T_{max}=M_e=9549\frac{P}{n}=9549\times\frac{60}{250}\mathrm{N\cdot m}=2292\mathrm{N\cdot m}$$

(2) 按强度条件计算轴的直径。

$$\tau_{max}=\frac{T_{max}}{W_P}\leqslant[\tau]$$

$$d\geqslant\sqrt[3]{\frac{16\times T_{max}}{\pi[\tau]}}=\sqrt[3]{\frac{16\times 2292\mathrm{N\cdot m}}{\pi\times 40\times 10^6\mathrm{Pa}}}=66.3\times10^{-3}\mathrm{m}=66.3\mathrm{mm}$$

(3) 按刚度条件计算轴的直径。

$$\theta_{max}=\frac{T_{max}}{GI_P}\times\frac{180}{\pi}\leqslant[\theta]$$

$$d\geqslant\sqrt[4]{\frac{32\times T_{max}\times 180}{G\pi^2[\theta]}}=\sqrt[4]{\frac{32\times 180\times 2292\mathrm{N\cdot m}}{\pi^2\times 0.5\times 80\times 10^9\mathrm{Pa}}}=76.0\times10^{-3}\mathrm{m}=76\mathrm{mm}$$

故应按刚度条件确定轴的直径，取 $d=76\mathrm{mm}$。可见，在该传动轴的设计中，刚度要求是决定性因素。

例 7-6　两端固定的圆截面杆 AB，在截面 C 处受到一扭转力偶矩 M_e 作用，如图 7-13(a)所示。已知杆的扭转刚度为 GI_P，试求杆两端的约束力偶矩。

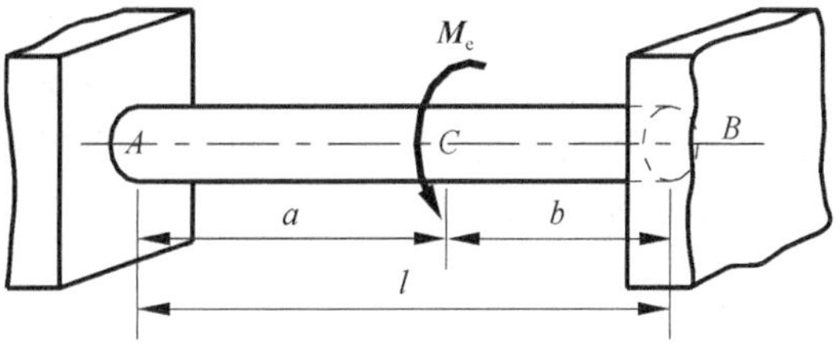

(a)

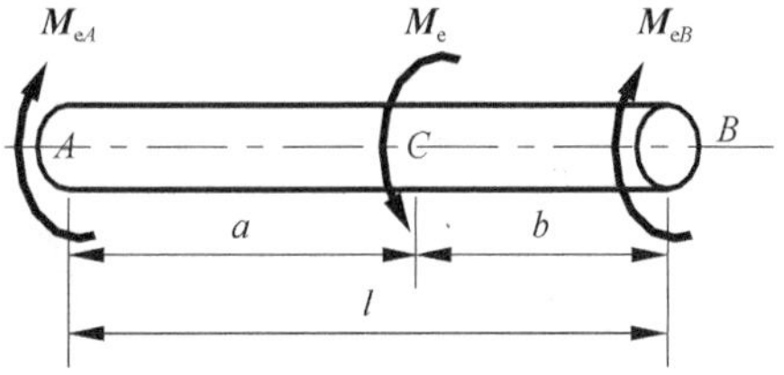

(b)

图 7-13

解：(1) 平衡方程。

研究 AB 杆，受力分析如图 7-13(b)所示，由平衡方程得

$$\Sigma M_x=0,\quad M_{eA}+M_{eB}=M_e \qquad (a)$$

(2) 变形协调条件。

由于 A、B 两端固定，所以 A、B 两端的相对扭转角等于零。

$$\varphi_{AB}=\varphi_{AC}+\varphi_{CB}=0 \qquad (b)$$

(3) 物理方程。

在弹性范围内变形与力之间满足线性关系，有

$$\varphi_{AC}=\frac{T_{AC}l_{AC}}{GI_P}=\frac{M_{eA}a}{GI_P},\quad \varphi_{CB}=\frac{T_{CB}l_{CB}}{GI_P}=-\frac{M_{eB}b}{GI_P} \qquad (c)$$

式(a)、式(b)、式(c)联立求解,得

$$M_{eA}=\frac{M_e b}{l},\quad M_{eB}=\frac{M_e a}{l}$$

结果为正,表明原假设方向是正确的。

*7.5 非圆截面杆的扭转

7.5.1 引言

在工程中,圆轴是最常用的。但也经常会遇到非圆截面杆的扭转问题。例如内燃机曲柄臂就是矩形截面,农业机械中有时采用方轴作为传动轴。对于非圆截面杆,平面假设不再成立。横截面将由原来的平面变为曲面,即发生了**翘曲**(图 7-14)。

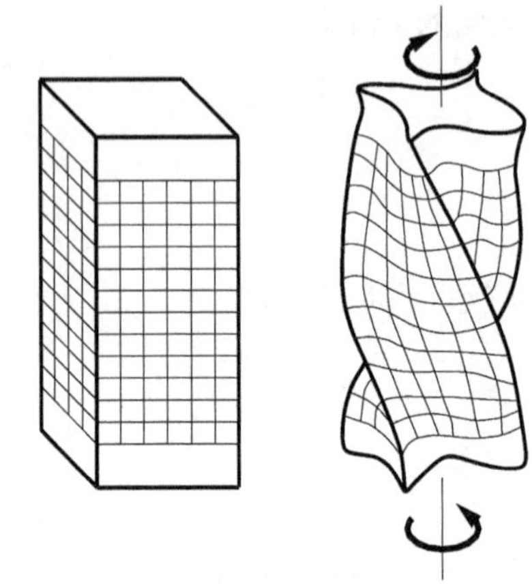

(a) (b)

图 7-14

根据横截面的翘曲是否受到约束限制,非圆截面杆的扭转可分为自由扭转和约束扭转两种。如果杆件扭转时,各横截面均可自由翘曲,不受到约束的影响,横截面上没有正应力只有切应力,称为自由扭转。反之,如果杆件扭转时,各横截面的翘曲受到限制,则横截面上不仅有切应力,还有正应力,称为约束扭转。

自由扭转只有在等直杆两自由端受扭转力偶作用时才会发生,这种情况在工程实际中较少。但是,对于矩形、椭圆形等实体截面杆来说,因不均匀翘曲所产生的正应力一般很小,可以忽略不计,可作为自由扭转处理。下面简单介绍矩形截面杆的自由扭转问题。

7.5.2 矩形截面杆的自由扭转

矩形截面杆自由扭转时横截面上的切应力分布十分复杂,由切应力互等定理可知:截面周边各点处的切应力一定与周边平行,截面凸角处的切应力一定为零。横截面切应力分布如图 7-15 所示,最大切应力发生在长边中点

$$\tau_{max}=\frac{T}{\alpha h b^2} \tag{7-18}$$

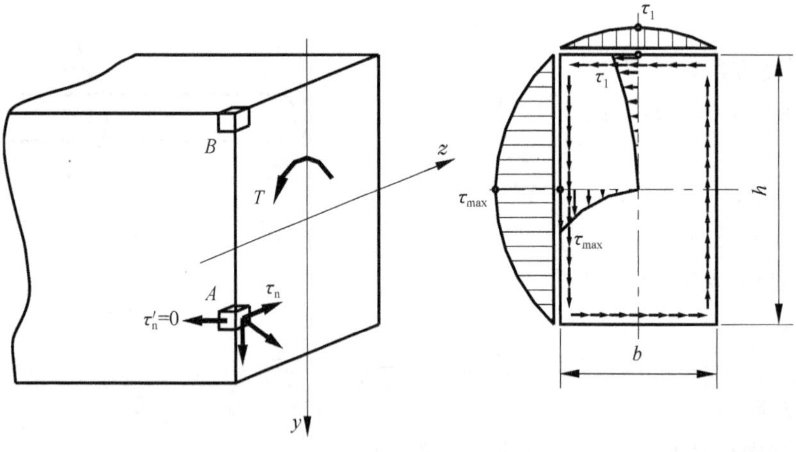

图 7-15

短边中点的切应力 τ_1 的大小为

$$\tau_1 = \gamma\tau_{max} \tag{7-19}$$

单位长度扭转角 θ 的大小为

$$\theta = \frac{T}{\beta G b^3 h} \tag{7-20}$$

式中，α,β,γ 是和边长比 h/b 有关的系数，见表 7-1。当 $h/b \geqslant 10$ 时，即为狭长矩形时，$\alpha \approx \beta \approx 1/3$，$\gamma \approx 0.74$。

表 7-1　矩形截面扭转计算系数

$\frac{h}{b}$	1.00	1.20	1.50	1.75	2.00	2.50	3.00	4.00	5.00	6.00	8.00	10.00	∞
α	0.208	0.219	0.231	0.239	0.246	0.258	0.267	0.282	0.291	0.299	0.307	0.313	0.333
β	0.141	0.166	0.196	0.214	0.229	0.249	0.263	0.281	0.291	0.299	0.307	0.313	0.333
γ	1.00	0.93	0.86	0.82	0.80	0.77	0.75	0.74	0.74	0.74	0.74	0.74	0.74

习　　题

7.1　试求下列轴指定截面的扭矩并作轴的扭矩图。

7.2　钻机功率 $P=10\text{kW}$，转速 $n=180\text{r/min}$，钻杆钻入土层深度 $l=40\text{m}$，若土壤对钻杆的阻力可以看作沿钻杆均匀分布的力偶，试求阻力偶的分布集度 m，并作钻杆的扭矩图。

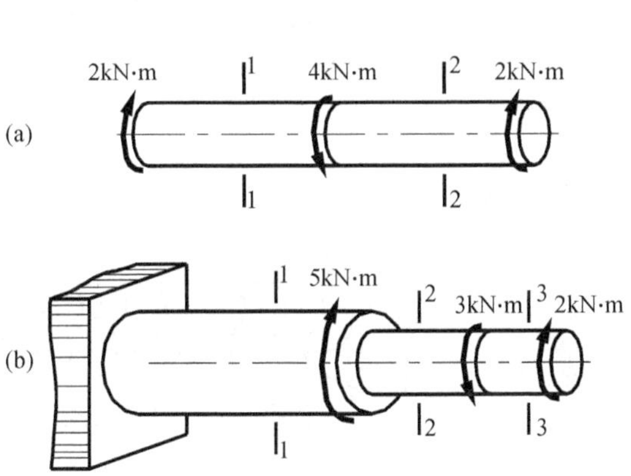

习题 7.1 图

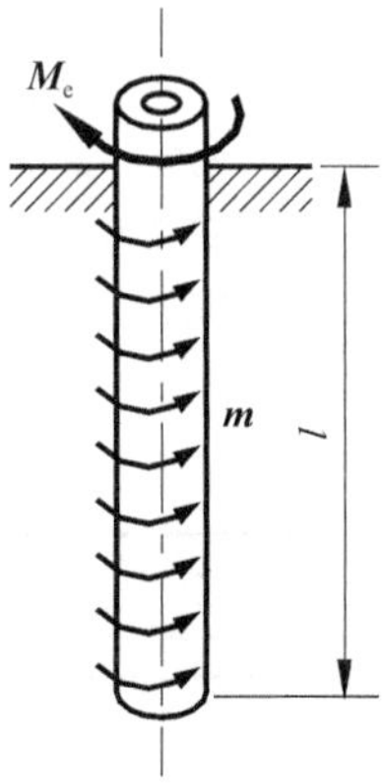

习题 7.2 图

7.3　如图所示传动轴，转速 $n=350\text{r/min}$，主动轮 Ⅱ 的输出功率 $P_2=70\text{kW}$，从动轮 Ⅰ 和 Ⅲ 传递的功率为 $P_1=P_3=20\text{kW}$，从动轮 Ⅳ 传递的功率为 $P_4=30\text{kW}$。

(1) 试作轴的扭矩图；

(2) 若将轮 Ⅱ 和轮 Ⅲ 的位置互换，试比较扭矩图有何变化并分析对轴的受力是否有利？

7.4　T 为圆轴横截面上扭矩，试画出截面上与 T 对应的切应力分布图。

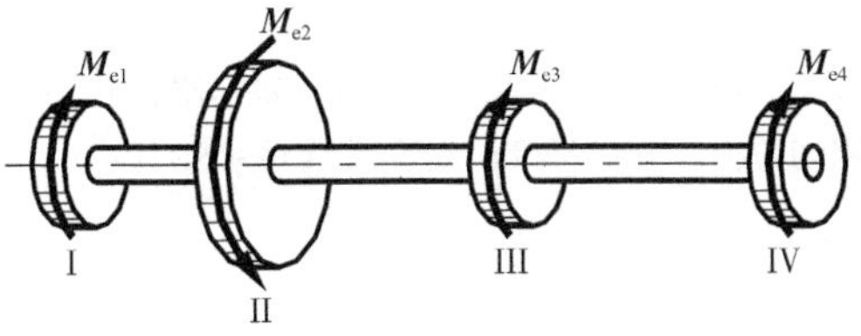

习题 7.3 图

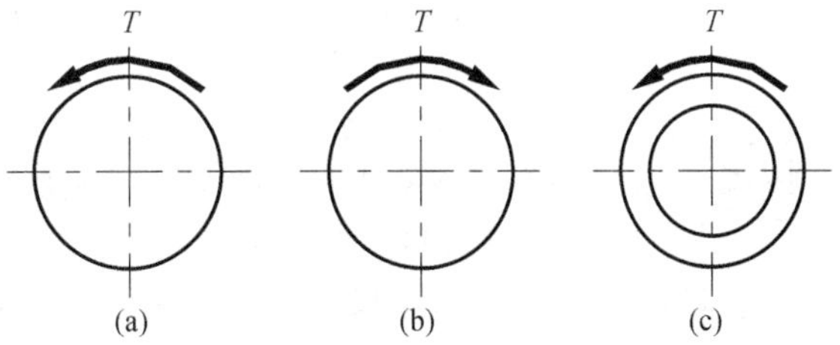

习题 7.4 图

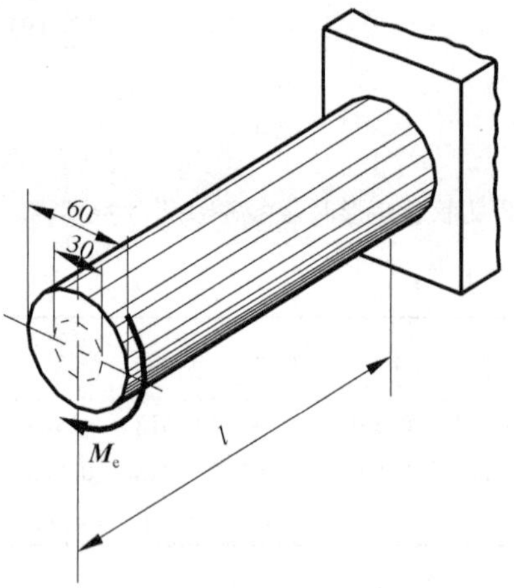

习题 7.6 图

7.5　直径 $D=50\text{mm}$ 的圆轴，受到扭矩 $T=2.15\text{kN}\cdot\text{m}$ 的作用。试求距离轴心 10mm 处的切应力，并求轴横截面上的最大切应力。

7.6　如图所示实心圆轴承受扭转外力偶作用，其力偶矩 $M_e=3\text{kN}\cdot\text{m}$。试求：

(1) 轴横截面上的最大切应力；

(2) 轴横截面上半径 $r=15\text{mm}$ 以内部分承受的扭矩占全部横截面上扭矩的百分比；

(3) 去掉 $r=15\text{mm}$ 以内部分，横截面上的最大切应力增加的百分比。

7.7　已知汽车主传动轴外径 $D=89\text{mm}$，壁厚 $\delta=2.5\text{mm}$，材料为 20 号钢，许用切应力 $[\tau]=70\text{MPa}$，传递的最大扭矩 $T=1930\text{N}\cdot\text{m}$。试校核此轴的强度。

7.8　如图所示，实心轴和空心轴通过牙嵌式离合器连接在一起，已知轴的转速 $n=100\text{r/min}$，传递的功率 $P=7.5\text{kW}$，材料的许用切应力 $[\tau]=40\text{MPa}$。试选择实心轴直径 D_1 和内外径比值 $\alpha=0.5$ 的空心轴的外径 D_2。

7.9　阶梯形圆杆，AE 段为空心轴，外径 $D=140\text{mm}$，内径 $d=100\text{mm}$；BC 段为实心，直径 $d=100\text{mm}$。外力偶矩 $M_{eA}=18\text{kN}\cdot\text{m}$，$M_{eB}=32\text{kN}\cdot\text{m}$，$M_{eC}=14\text{kN}\cdot\text{m}$。已知：$[\tau]=80\text{MPa}$，$[\theta]=1.2(^\circ)/\text{m}$，$G=80\text{GPa}$。试校核轴的强度和刚度。

7.10　图示圆轴承受集度为 m 的均匀分布的扭力矩作用，已知轴的抗扭刚度 GI_P 和长度 l，试求 B 截面的扭转角 φ_B。

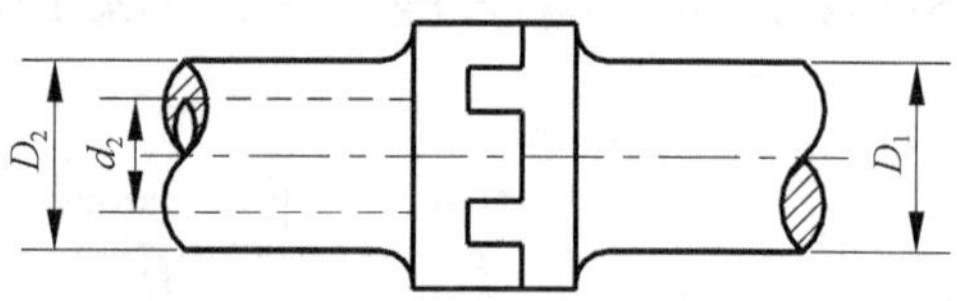

习题 7.8 图

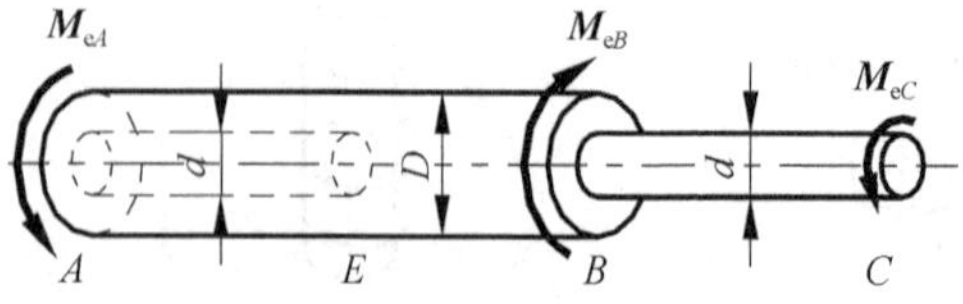

习题 7.9 图

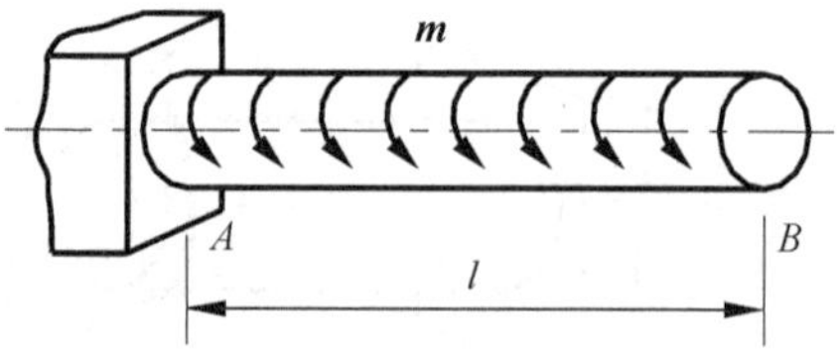

习题 7.10 图

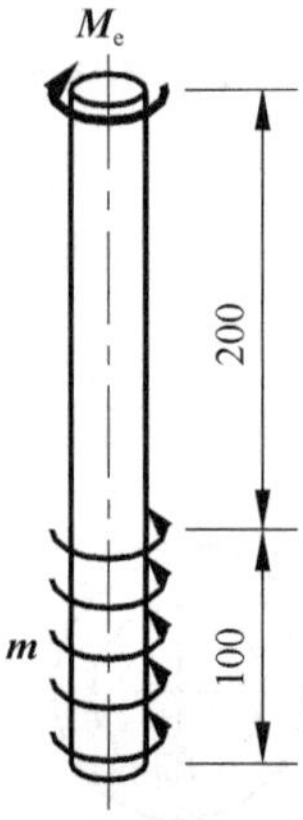

习题 7.11 图

7.11　钻杆直径 $d=20\text{mm}$，下部受均布的摩擦力偶 m 作用。材料的许用应力 $[\tau]=70\text{MPa}$，切变模量 $G=80\text{GPa}$。求：

(1) 许用的最大驱动力矩 M_e。

(2) 最大驱动力矩作用下上端相对下端的扭转角。

7.12　变截面圆轴受力如图。已知扭转外力偶矩 $M_{e1}=1765\text{N}\cdot\text{m}$，$M_{e2}=1171\text{N}\cdot\text{m}$，材料的切变模量 $G=80\text{GPa}$，试：

(1) 确定轴内的最大切应力，并指出其作用位置；

(2) 确定轴内最大单位长度扭转角 θ_{max}。

7.13　如图所示某传动轴设计要求转速 $n=500\text{r/min}$，输入功率 $P_1=370\text{kW}$，输出功率为 $P_2=150\text{kW}$ 及 $P_3=220\text{kW}$。已知材料的许用切应力 $[\tau]=70\text{MPa}$，切变模量 $G=80\text{GPa}$，许用单位长度扭转角 $[\theta]=1(^\circ)/\text{m}$。试确定：

(1) AB 段直径 d_1 和 BC 段直径 d_2。

(2) 若全轴选同一直径，该值应为多少？

(3) 主动轮与从动轮如何安排才使传动轴的受力更为合理？

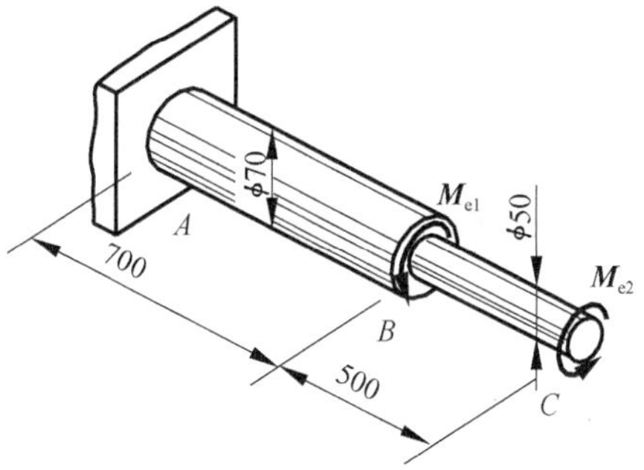

习题 7.12 图

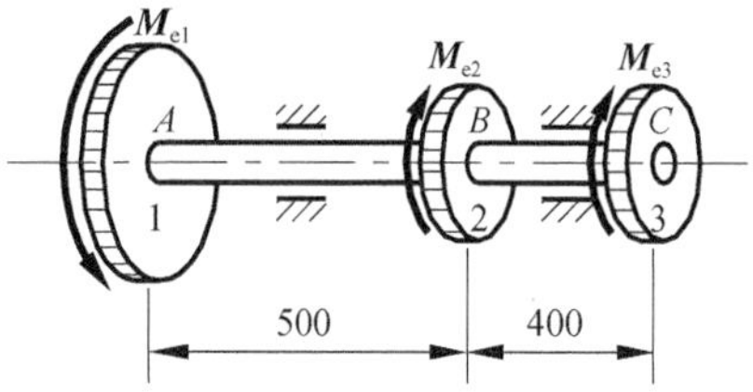

习题 7.13 图

7.14　某钢轴直径 $D=80\text{mm}$，受到扭矩 $T=2.4\text{kN}\cdot\text{m}$，材料的许用切应力 $[\tau]=45\text{MPa}$，单位长度许用扭转角 $[\theta]=0.5(°)/\text{m}$，切变模量 $G=80\text{GPa}$，试校核此轴的强度和刚度。

7.15　一钢轴受扭矩 $T=1.2\text{kN}\cdot\text{m}$，材料的许用切应力 $[\tau]=50\text{MPa}$，单位长度许用扭转角 $[\theta]=0.5(°)/\text{m}$，切变模量 $G=80\text{GPa}$，试选择轴的直径。

7.16　AB 和 CD 两轴的 B、C 两端以凸缘相连接，A、D 两端则都是固定端。由于两个凸缘的螺栓孔的中心线未能完全重合，形成一角度为 ψ 的误差(见图)。当两个凸缘由螺栓连接后，试求两轴的装配扭矩。

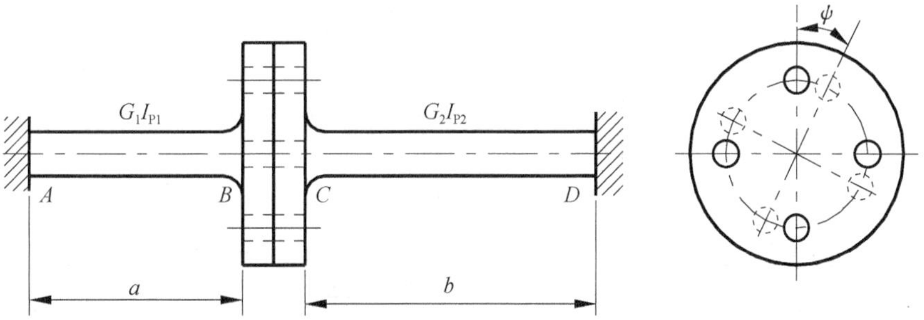

习题 7.16 图

7.17　图示圆轴的两端固定，在 C、D 两截面上分别作用矩为 M_{e1} 和 M_{e2} 的扭转力偶，试求约束力偶矩。

7.18　如图所示阶梯形圆轴，两端刚性固结。左段直径 $d_1=60\text{mm}$，右段直径 $d_2=40\text{mm}$，在变截面处作用一外力偶矩 M_e。材料的单位长度许用扭转角 $[\theta]=0.35(°)/\text{m}$，切变模量 $G=80\text{GPa}$，试确定容许外力偶矩 M_e。

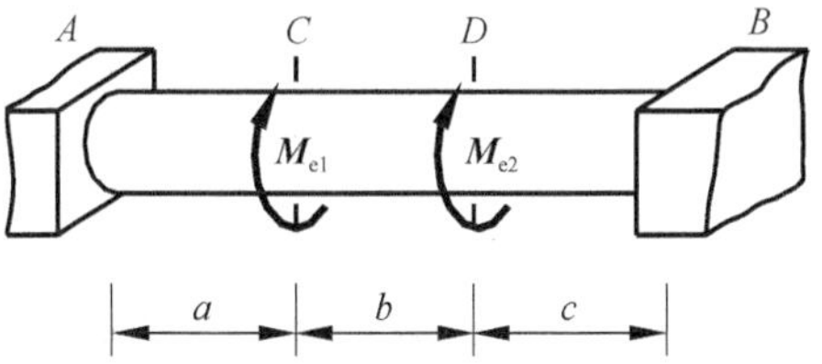

习题 7.17 图

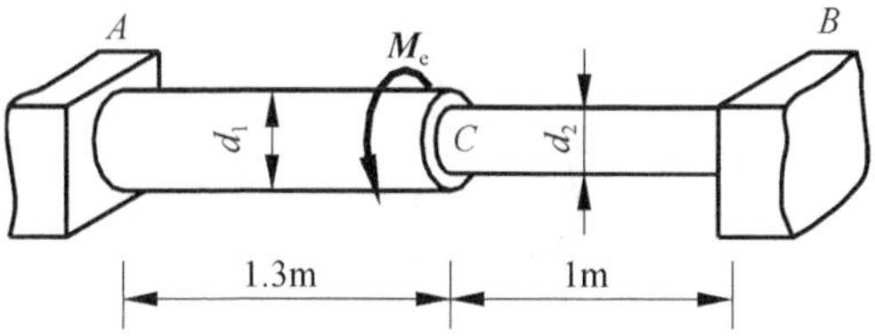

习题 7.18 图

第 8 章　弯 曲 内 力

8.1　引　　言

8.1.1　弯曲的概念

当杆件受到垂直于杆件轴线的外力(通常称为横向力)或外力偶(外力偶矩矢垂直于杆的轴线)作用时,杆件将发生弯曲变形。弯曲变形特点:①杆件轴线由直线变成曲线;②任意两横截面绕垂直于杆轴线的轴做相对转动。如图 8-1 所示行车大梁和如图 8-2 所示火车轮轴均发生弯曲变形。凡以弯曲变形为主的杆件通常称为**梁**。

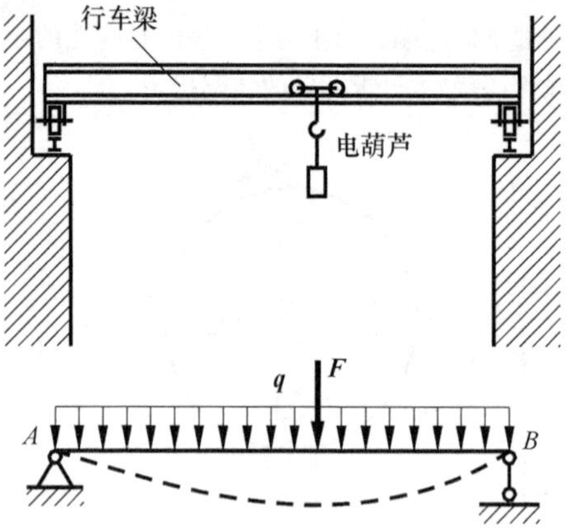

图 8-1

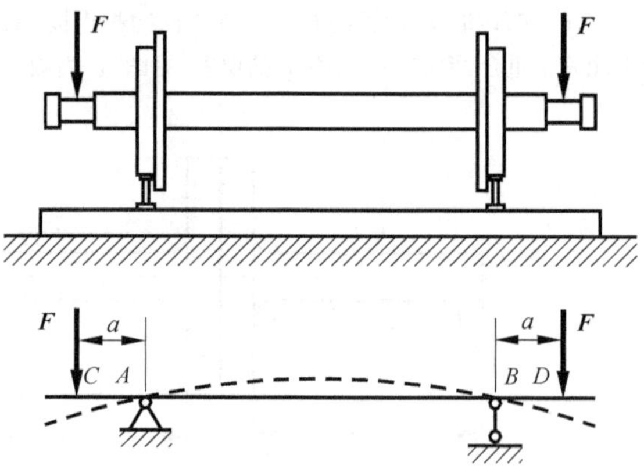

图 8-2

在弯曲变形中,如果直杆的轴线变形为载荷作用的纵向平面内的一条平面曲线,这类弯曲称为**平面弯曲**。工程中常用的梁,其横截面一般都有一个对称轴(图 8-3),各横截面的对称轴组成梁的纵向对称平面,如图 8-4 所示。当所有载荷都作用在纵向对称平面内时,梁的轴线将在纵向

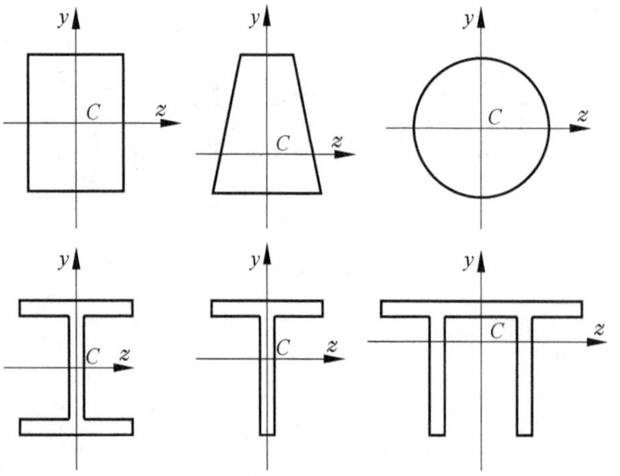

图 8-3

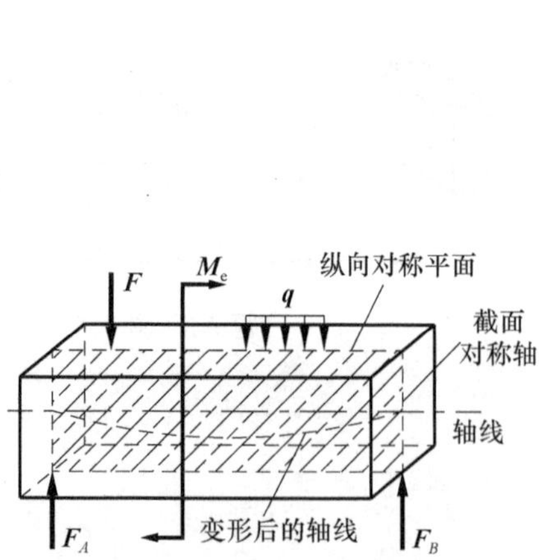

图 8-4

对称面内变形成一条平面曲线，工程中将这种弯曲称为**对称弯曲**。显然对称弯曲是平面弯曲的一种特殊情况。

本章讨论梁横截面上的内力，在第10章和第11章中将分别讨论梁的应力和变形。

8.1.2 梁的计算简图及分类

1. 梁结构简化

不管直梁的横截面形状多么复杂，都可以简化为一直杆并用梁的轴线来表示(图8-1和图8-2)。

2. 支座的几种基本形式

(1) 可动铰支座，如图8-2所示火车轮轴右侧车轮处，当钢轨不与车轮凸缘靠紧挤压时，钢轨仅限制车轮在支承面的线位移，可简化为可动铰支座。

(2) 固定铰支座，如图8-2所示火车轮轴左侧车轮处，当钢轨与车轮凸缘靠紧挤压时，钢轨不仅限制车轮在支承面的线位移，还限制了轮轴轴线方向线位移。这种限制支承处任何方位的线位移的约束可简化为固定铰支座。

(3) 固定支座，如图8-5所示水闸立柱下端处，地基对立柱约束使其既不能有相对移动，也不能有相对转动，这种约束形式可简化为固定支座(或称为固定端)。

3. 载荷的简化

如图8-1所示吊车对梁的作用力，其作用力分布范围远小于吊车梁的长度，所以可简化为集中力，而梁的自重则连续分布作用于梁上，其分布范围与梁自身长度相同，它可简化为分布载荷。沿梁轴线分布的力称为分布载荷，其大小用单位长度上所受的力——载荷集度 q 表示，单位为N/m(图8-5)。集中力偶可理解为梁上力向轴线简化后所得的力偶矩。

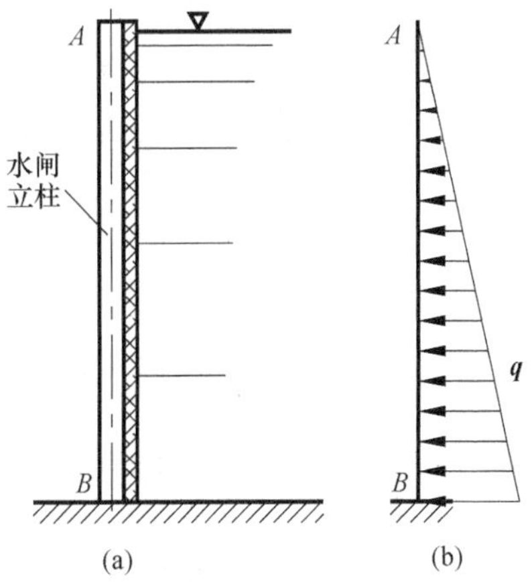

图8-5

4. 静定梁的分类

梁的支座反力可由静平衡方程确定，这种梁称为静定梁。而支座反力不能全由平衡方程确定的梁称为超静定梁，这类梁支座反力的求解将在第11章中讨论。常见的单跨静定梁有以下三种。

(1) 简支梁。一端是可动铰支座，另一端是固定铰支座的梁(图8-6(a))。

(2) 外伸梁。一端或两端伸出支座外的简支梁(图8-6(b))。

(3) 悬臂梁。一端为固定支座，另一端自由的梁(图8-6(c))。

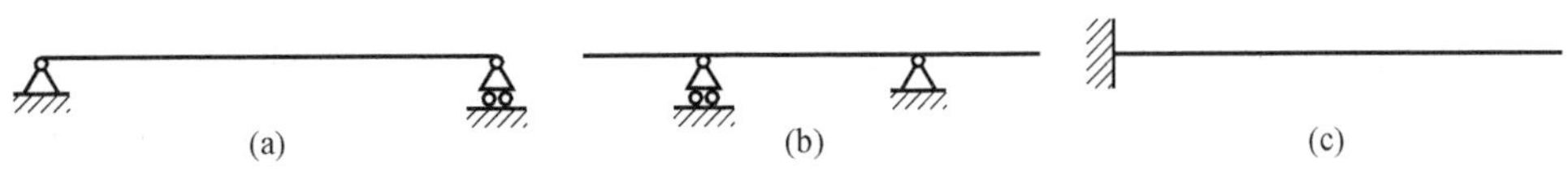

图8-6

8.2 梁的内力——剪力和弯矩

若静定梁上的载荷已知，并利用平衡方程求出支座反力，则作用于梁上的外力均为已知量。此时可用截面法求梁的内力。为求任意截面 $m—m$（距 A 端 x 远处）上的内力，用假想截面将梁从该处截开（图 8-7(a)）。可任选一段分析，若取左段分析（图 8-7(b)），为使左段梁保持平衡，截面上的分布内力向截面形心 C 点简化，必得到一个与梁轴线垂直的力 F_S（显然轴线方向的轴力为 0）和力偶矩为 M 的力偶。其中，力 F_S 称为**剪力**，力偶 M 称为**弯矩**。

根据左段梁的平衡条件，由平衡方程

$$\sum F_y = 0,\quad F_A - F_1 - F_S = 0$$

$$\sum M_C = 0,\quad M + F_1(x-a) - F_A x = 0$$

得

$$F_S = F_A - F_1 \tag{a}$$

$$M = F_A x - F_1(x-a) \tag{b}$$

由式(a)、式(b)可以看出，剪力 F_S 等于截面 $m—m$ 以左所有外力在 y 轴（梁轴的垂线）上投影的代数和；弯矩 M 等于截面 m-m 以左所有外力对截面形心的力矩的代数和。

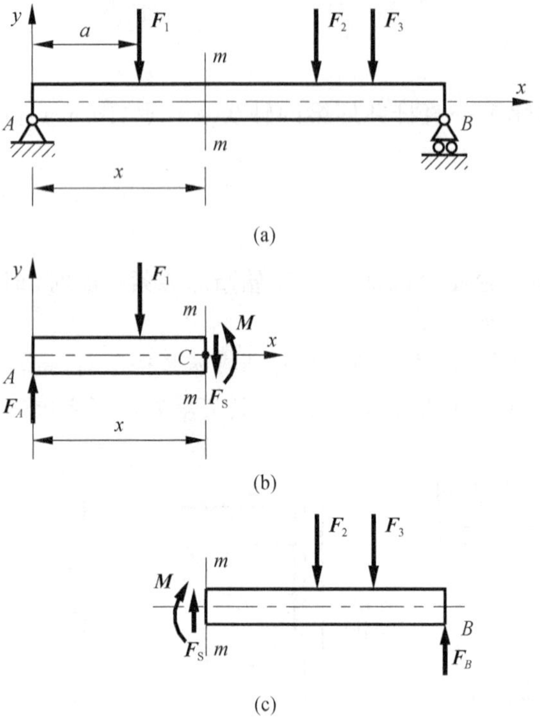

图 8-7

如取梁右段分析，可用相同的方法求得截面 m-m 上的剪力 F_S 和弯矩 M，为了使取左段或取右段计算同一截面上的剪力和弯矩不但数值相等而且符号一致，把剪力和弯矩的符号规定与梁的变形联系起来，并作如下规定：若剪切变形与如图 8-8(a)所示相同，即**梁段发生左侧截面向上、右侧截面向下的相对错动时，剪力为正，反之为负（也可理解为剪力绕所取研究对象顺时针转动时为正，逆时针转动时为负）**；若弯曲变形与如图 8-8(c)所示相同，即**梁段发生上凹下凸的变形时，弯矩为正，反之为负（也可理解为使梁下部受拉的弯矩为正，受压为负）**。

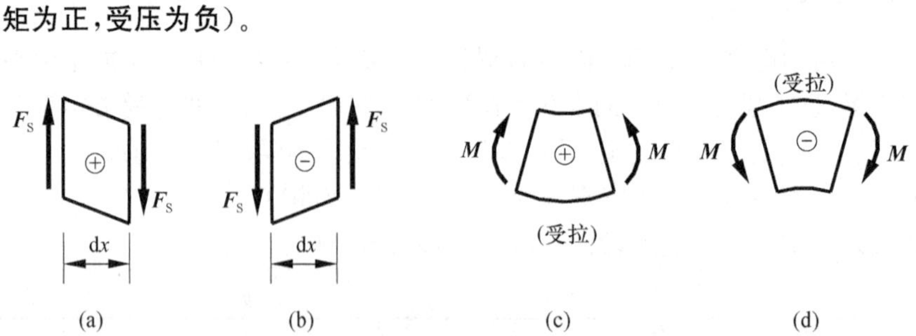

图 8-8

例 8-1 求如图 8-9(a)所示外伸梁上 1-1、2-2、3-3、4-4 横截面上的剪力 F_S 和弯矩 M。

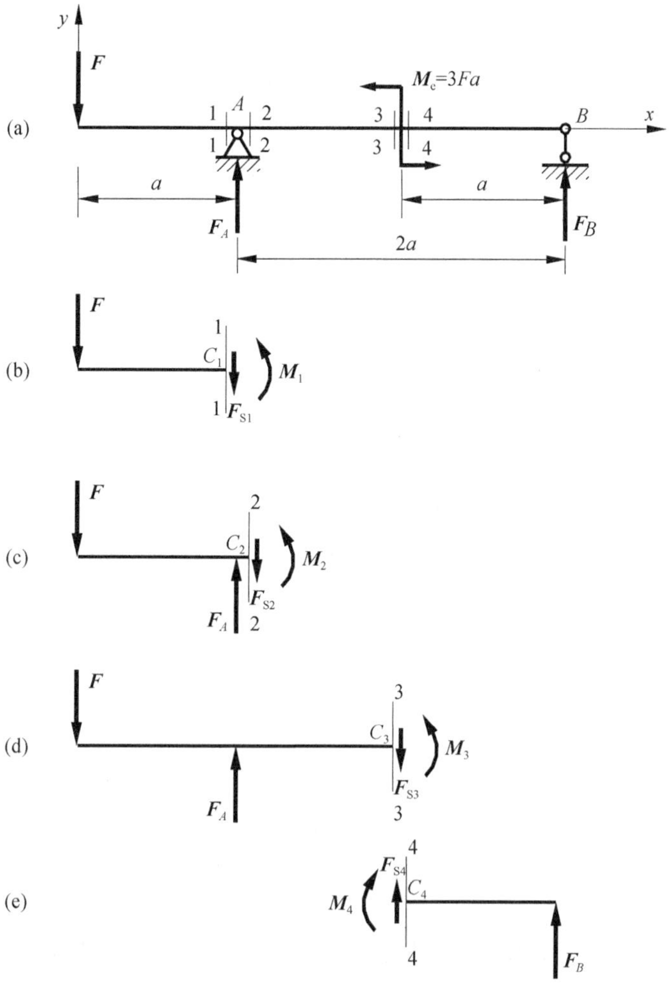

图 8-9

解:(1) 求支座反力。

首先取整个梁为研究对象,由平衡方程 $\sum M_A = 0$ 和 $\sum F_y = 0$ 求得支座反力

$$F_A = 3F(\uparrow), \quad F_B = -2F(\downarrow)$$

(2) 求 1-1 截面上的剪力 F_{S1} 和弯矩 M_1。

取 1-1 截面左段梁为分离体,并假设截面上的内力 F_{S1} 和 M_1 均为正,如图 8-9(b)所示,由平衡方程

$$\sum F_y = 0, \quad -F - F_{S1} = 0$$

$$\sum M_{C1} = 0, \quad M_1 + Fa = 0$$

得

$$F_{S1} = -F, \quad M_1 = -Fa$$

(3) 求 2-2 截面上的剪力 F_{S2} 和弯矩 M_2。

取 2-2 截面左段梁为分离体,并设 F_{S2} 和 M_2 均为正,如图 8-9(c)所示,由平衡方程

$$\sum F_y = 0, \quad F_A - F - F_{S2} = 0$$

$$\sum M_{C2} = 0, \quad M_2 + Fa = 0$$

得

$$F_{S2} = F_A - F = 2F, \quad M_2 = -Fa$$

(4) 求 3-3 截面上的剪力 F_{S3} 和弯矩 M_3。

取 3-3 截面左段梁为分离体,并设 F_{S3} 和 M_3 均为正,如图 8-9(d)所示,由平衡方程

$$\sum F_y = 0, \quad F_A - F - F_{S3} = 0$$

$$\sum M_{C3} = 0, \quad M_3 + F \times 2a - F_A \times a = 0$$

得

$$F_{S3} = F_A - F = 2F, \quad M_3 = Fa$$

(5) 求 4-4 截面上的剪力 F_{S4} 和弯矩 M_4。

为计算简便,取 4-4 截面右段梁为分离体,并设 F_{S4} 和 M_4 均为正,如图 8-9(e)所示,由平衡方程

$$\sum F_y = 0, \quad F_{S4} + F_B = 0$$

$$\sum M_{C4} = 0, \quad -M_4 + F_B \times a = 0$$

得

$$F_{S4} = -F_B = 2F, \quad M_4 = F_B \times a = -2Fa$$

以上四个截面的剪力和弯矩计算结果为正的,说明剪力和弯矩实际方向与假设正方向相同;计算结果为负的,说明剪力和弯矩实际方向与假设正方向相反。

由此例可得以下结论:

(1) 在集中力作用处,该横截面上的剪力值发生突变,且突变值为集中力的大小,而该横截面上的弯矩无突变。

(2) 在集中力偶作用处,该横截面上的弯矩值发生突变,且突变值为集中力偶的大小,而该横截面上的剪力无变化。

(3) 梁横截面上的内力可直接由该横截面任意一侧梁上的外力来计算,即

横截面的剪力 F_S,在数值上等于横截面左侧或右侧所有外力(包括集中力和分布载荷)在垂直于梁轴线方向投影的代数和。即

$$F_S = \sum F_y \tag{8-1}$$

在计算时,一定是取横截面同一侧的所有外力,而且在上述求和表达式中的外力相对所求截面为顺时针转向时取正,反之取负。此规律可记为"**顺时针转向剪力为正**"。

横截面的弯矩 M,在数值上等于横截面左侧或右侧所有外力对所求横截面形心 C 点的力矩的代数和。即

$$M = \sum M_C \tag{8-2}$$

在计算时,仍只取横截面同一侧的所有载荷,而且按上述表达式求截面弯矩时,需假想将所求横截面固定,若载荷使所考虑梁段的下部受拉时,该载荷对所求截面形心取矩为正,反之为负。此规律可记为"**下部受拉弯矩为正**"。

例 8-2　一外伸梁，所受载荷如图 8-10 所示，求截面 C、截面 B 偏左和截面 B 偏右上的剪力和弯矩。

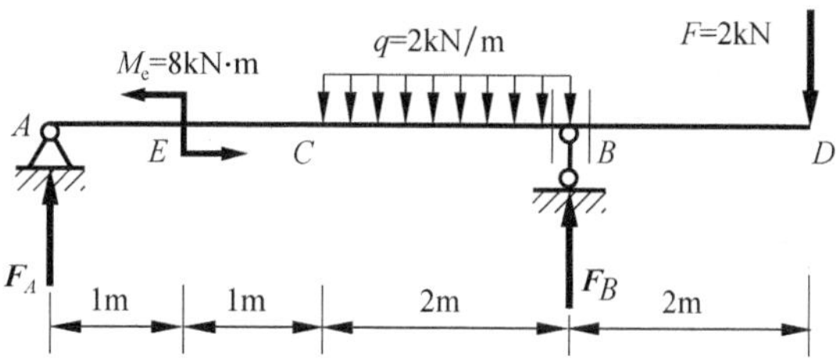

图 8-10

解：(1) 求支座反力。

由平衡方程 $\sum M_A = 0$ 和 $\sum M_B = 0$ 得

$F_B = 4\text{kN}(\uparrow)$，　$F_A = 2\text{kN}(\uparrow)$

(2) 求指定截面上的剪力和弯矩。

截面 C：取 C 截面左侧所有载荷计算，由式(8-1)和式(8-2)得

$$F_{SC} = F_A = 2\text{kN}$$

$$M_C = F_A \times 2 - M_e = 2\text{kN} \times 2\text{m} - 8\text{kN} \cdot \text{m} = -4\text{kN} \cdot \text{m}$$

截面 B 偏左：取右侧所有载荷计算，由式(8-1)和式(8-2)得

$$F_{SB左} = F - F_B = 2\text{kN} - 4\text{kN} = -2\text{kN}$$

$$M_{B左} = -F \times 2 = -2\text{kN} \times 2\text{m} = -4\text{kN} \cdot \text{m}$$

截面 B 偏右：仍取右侧所有载荷计算，由式(8-1)和式(8-2)得

$$F_{SB右} = F = 2\text{kN}$$

$$M_{B右} = -F \times 2 = -2\text{kN} \times 2\text{m} = -4\text{kN} \cdot \text{m}$$

8.3　剪力方程、弯矩方程、剪力图和弯矩图

由上节例 8-1 可知，在一般情况下，剪力和弯矩随梁的横截面位置而变化。若沿梁轴线方向建立 x 坐标轴表示横截面位置，则梁的各横截面上的剪力和弯矩可表示为 x 的函数，即

$$F_S = F_S(x)$$

$$M = M(x)$$

这两个函数表达式称为梁的**剪力方程**和**弯矩方程**。

由于在集中力作用处，剪力发生突变，在集中力偶作用处，弯矩发突变。因此通常在梁全长上各横截面的剪力和弯矩不能由同一个函数描述，而需要分段加以考察。一般情况下，在集中力、集中力偶以及分布载荷起止截面处均需要分段描述梁的剪力方程和弯矩方程。

为了一目了然地看出梁的各横截面上的剪力和弯矩随着横截面位置而变化的情况，并确定梁内最大剪力与弯矩发生的位置及其数值，可仿照轴力图和扭矩图类似的作图方法，在直角坐标系 F_S-x 和 M-x 中画出二者的变化图，即**剪力图**和**弯矩图**。

绘制剪力图和弯矩图的具体步骤为：

(1) 分段(在集中力、集中力偶作用处以及分布载荷起止横截面处)，并写出各段的剪力方程和弯矩方程(一般情况，简支梁和外伸梁需要先求支座反力)。

(2) 建立 F_S-x 和 M-x 坐标系，由剪力方程 $F_S(x)$ 和弯矩方程 $M(x)$ 描绘剪力图和弯矩图。

(3) 在控制截面处标出剪力值和弯矩值。

下面举例说明。

例 8-3　如图 8-11(a)所示简支梁在 C 截面处作用集中力 F，试写出此梁的剪力方程和弯矩方程，并作出剪力图和弯矩图。

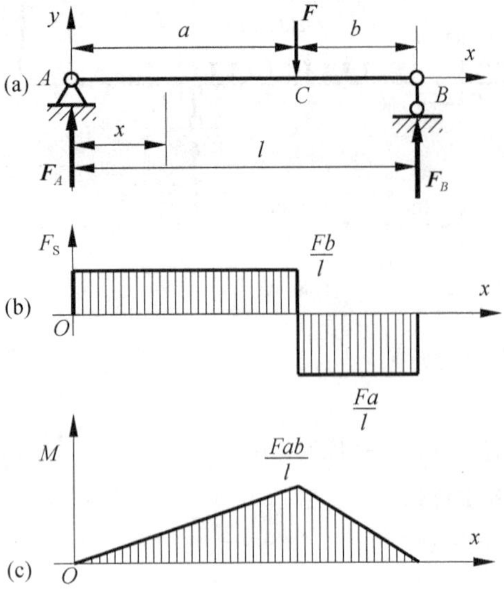

图 8-11

解:(1) 求支座反力。

由平衡方程 $\sum M_B = 0$ 和 $\sum M_A = 0$ 求得支座反力为

$$F_A = \frac{Fb}{l}(\uparrow),\quad F_B = \frac{Fa}{l}(\uparrow)$$

(2) 分段,在集中力 F 处将梁分为 AC 和 CB 两段。写出两段的剪力方程和弯矩方程。

AC 段:在 AC 段内任意横截面左侧的外力只有支座反力 F_A,取出左侧,剪力方程和弯矩方程可分别由式(8-1)和式(8-2)快速写出为

$$F_S(x) = F_A = \frac{Fb}{l}\quad (0 < x < a)$$

$$M(x) = F_A x = \frac{Fb}{l}x\quad (0 \leqslant x \leqslant a)$$

CB 段:在 CB 段内任意横截面右侧的外力只有支座反力 F_B,取右侧,剪力方程和弯矩方程可分别由式(8-1)和式(8-2)快速写出为

$$F_S(x) = -F_B = -\frac{Fa}{l}\quad (a < x < l)$$

$$M(x) = F_B(l-x) = \frac{Fa}{l}(l-x)\quad (a \leqslant x \leqslant l)$$

(3) 建立 F_S-x 和 M-x 坐标系,作出剪力图和弯矩图。

剪力图:由于 AC 段剪力方程为常数 Fb/l,因此剪力图为一条在 x 轴上方并平行于 x 轴的直线段,其值为 Fb/l;CB 段剪力方程为常数 $-Fa/l$,因此剪力图为一条在 x 轴下方并平行于 x 轴的直线段,其值为 $-Fa/l$,如图 8-11(b)所示。

弯矩图:由于 AC 段弯矩方程为 x 的一次函数,因此弯矩图为一条斜直线段,其斜直线段两端点值可由弯矩方程确定为

$$x = 0,\quad M(0) = \frac{Fb}{l}\times 0 = 0$$

$$x = a,\quad M(a) = \frac{Fb}{l}\times a = \frac{Fab}{l}$$

同理,CB 段弯矩方程为 x 的一次函数,因此弯矩图仍为一条斜直线段,其斜直线段两端点值可由弯矩方程确定为

$$x = a,\quad M(a) = \frac{Fa}{l}\times(l-a) = \frac{Fab}{l}$$

$$x = l,\quad M(l) = \frac{Fa}{l}\times(l-l) = 0$$

其弯矩图如图 8-11(c)所示。从剪力图和弯矩图可以看出,在集中力 F 作用处,剪力发生突变,突变值为集中力 F 大小,在该横截面上的弯矩无突变。

例 8-4 如图 8-12(a)所示齿轮轴上有斜齿轮时,齿轮啮合力中的轴向推力向轴线简化后,得力偶矩为 M_e 的力偶。试作力偶 M_e 作用下简支梁齿轮轴的剪力图和弯矩图。

解:(1) 求支座反力。

由平衡方程 $\sum M_B = 0$ 和 $\sum M_A = 0$ 求得支座反力为

$$F_A = \frac{M_e}{l}(\uparrow),\quad F_B = \frac{M_e}{l}(\downarrow)$$

(2) 分段，在集中力偶 M_e 处将梁分为 AC 和 CB 两段，写剪力方程和弯矩方程。

AC 段：在 AC 段内任意横截面左侧的外力只有支座反力 F_A，取出左侧，剪力方程和弯矩方程可分别由式(8-1)和式(8-2)快速写出为

$$F_S(x) = F_A = \frac{M_e}{l} \quad (0 < x \leqslant a)$$

$$M(x) = F_A x = \frac{M_e}{l}x \quad (0 \leqslant x < a)$$

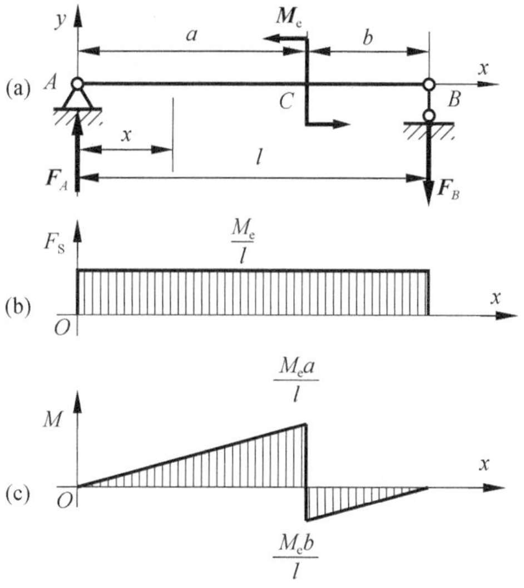

图 8-12

CB 段：在 CB 段内任意横截面右侧的外力只有支座反力 F_B，取出右侧，剪力方程和弯矩方程可分别由式(8-1)和式(8-2)快速写出为

$$F_S(x) = F_B = \frac{M_e}{l} \quad (a \leqslant x < l)$$

$$M(x) = -F_B(l-x) = -\frac{M_e}{l}(l-x) \quad (a < x \leqslant l)$$

(3) 建立 F_S-x 和 M-x 坐标系，作出剪力图和弯矩图。

剪力图：由于 AC 和 CB 段剪力方程均为常数 M_e/l，因此剪力图为一条在 x 轴的上方并平行于 x 轴的直线段，其值为 M_e/l，如图 8-12(b)所示。

弯矩图：由于 AC 段弯矩方程为 x 的一次函数，因此弯矩图为一条斜直线段，其斜直线段两端点值可由弯矩方程确定为

$$x = 0,\quad M(0) = 0$$

$$x = a,\quad M(a) = \frac{M_e a}{l}$$

同理，CB 段弯矩方程为 x 的一次函数，因此弯矩图仍为一条斜直线段，其斜直线段两端点值可由弯矩方程确定为

$$x = a,\quad M(a) = -\frac{M_e b}{l}$$

$$x = l,\quad M(l) = 0$$

其弯矩图如图 8-12(c)所示。从剪力图和弯矩图可以看出，在集中力偶 M_e 作用处，该横截面上的剪力无突变，弯矩发生突变，突变值为集中力偶 M_e 大小。

例 8-5　如图 8-13(a)所示简支梁，受向下均布荷载 q 作用，试列出该梁的剪力方程和弯矩方程，并作出剪力图和弯矩图。

解：(1) 求支座反力。

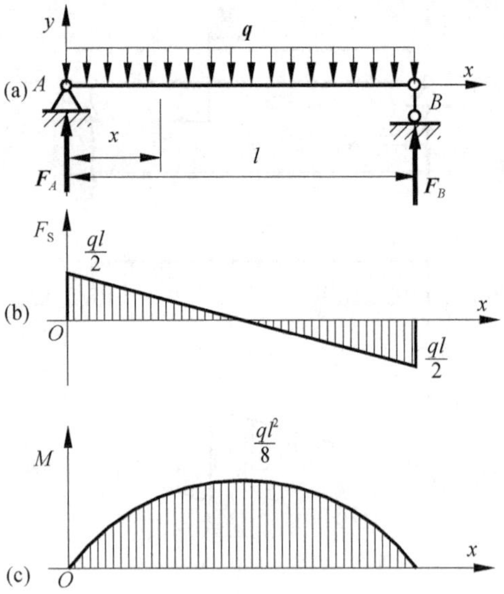

图 8-13

由对称关系可知此梁的支座反力

$$F_A = F_B = \frac{ql}{2}(\uparrow)$$

(2) 剪力方程和弯矩方程。

取出简支梁任意横截面左侧，外力有支座反力 F_A 和所取横截面左侧段均布荷载 q，剪力方程和弯矩方程可分别由式(8-1)和式(8-2)快速写出为

$$F_S(x) = F_A - qx = \frac{ql}{2} - qx \qquad (0 < x < l)$$

$$M(x) = F_A x - qx \cdot \frac{x}{2} = \frac{ql}{2}x - \frac{q}{2}x^2 \quad (0 \leqslant x \leqslant l)$$

(3) 建立 F_S-x 和 M-x 坐标系，作出剪力图和弯矩图。

剪力图：由于剪力方程为 x 的一次函数，因此剪力图为一条斜直线段，斜直线段两端点值分别为

$$F_S(0) = \frac{ql}{2}, \quad F_S(l) = -\frac{ql}{2}$$

剪力图如图 8-13(b)所示。

弯矩图：由于弯矩方程为 x 的二次函数，因此弯矩图为一条二次抛物线段，要绘此曲线，至少需确定曲线上的三个点(一般为两个端点和曲线段的极值点)，其抛物线段两端点值分别为

$$M(0) = \frac{ql}{2} \cdot 0 - \frac{q}{2} \cdot 0^2 = 0, \quad M(l) = \frac{ql}{2} \cdot l - \frac{q}{2} \cdot l^2 = 0$$

考察曲线段的极值点位置及其值，为此求 $M(x)$对 x 的一阶导数并令其为零

$$\frac{dM(x)}{dx} = \frac{ql}{2} - qx = 0$$

得：$x = l/2$

弯矩的极值在距左端 $l/2$ 的横截面上，其极值为

$$M\left(\frac{l}{2}\right) = \frac{ql}{2} \cdot \frac{l}{2} - \frac{q}{2} \cdot \left(\frac{l}{2}\right)^2 = \frac{ql^2}{8}$$

弯矩图如图 8-13(c)所示。

例 8-6　试绘出如图 8-14(a)所示简支梁的剪力图和弯矩图。

解：(1) 求支座反力

$$\sum M_B = 0, \quad 3qa^2 + q \times 2a \times a - F_A \times 3a = 0$$

$$\sum M_A = 0, \quad F_B \times 3a + 3qa^2 - q \times 2a \times 2a = 0$$

得

$$F_A = \frac{5}{3}qa, \quad F_B = \frac{1}{3}qa$$

(2) 分段，在集中力偶 M_e 处将梁分为 AC 和 CB 两段，AC 段剪力方程和弯矩方程为

$$F_S(x)=F_A=\frac{5}{3}qa \quad (0<x\leqslant a)$$

$$M(x)=F_Ax=\frac{5}{3}qax \quad (0\leqslant x<a)$$

CB 段：取 CB 段内任意横截面右侧为分离体，剪力方程和弯矩方程可分别由式(8-1)和式(8-2)快速写出为

$$F_S(x)=-F_B+q(3a-x)=\frac{8}{3}qa-qx \quad (a\leqslant x<3a)$$

$$M(x)=F_B(3a-x)-\frac{q}{2}(3a-x)^2=\frac{1}{3}qa(3a-x)-\frac{q}{2}(3a-x)^2 \quad (a<x\leqslant 3a)$$

(3) 建立 F_S-x 和 M-x 坐标系，作出剪力图和弯矩图。

剪力图：AC 段的剪力为常数，该段剪力图是一条水平直线段，其值为 $5qa/3$；CB 段的剪力为 x 的线性函数，该段剪力图为一条斜直线段，其两端点剪力值为

$$F_S(a)=\frac{5}{3}qa,\quad F_S(3a)=-\frac{1}{3}qa$$

剪力图如图 8-14(b)所示。

弯矩图：AC 段弯矩为 x 的线性函数，该段弯矩图为一条斜直线段，其两端点弯矩值为

$$M(0)=0,\quad M(a)=\frac{5}{3}qa^2$$

CB 段弯矩为 x 的二次函数，该段弯矩图为二次抛物线线段，需确定三个横截面的弯矩值。两端点弯矩分别为

$$M(a)=-\frac{4}{3}qa^2,\quad M(3a)=0$$

此外，常需考察该段内弯矩有无极值，因此求 $M(x)$ 对 x 的一阶导数并令其为零，即

$$\frac{dM(x)}{dx}=-\frac{1}{3}qa+\frac{q}{2}\times 2(3a-x)$$

$$=\frac{8}{3}qa-qx=0$$

得 $x=8a/3$，极值弯矩为

$$M_{极值}=\frac{1}{3}qa\times\left(3a-\frac{8}{3}a\right)-\frac{1}{2}q\times\left(3a-\frac{8}{3}a\right)^2$$

$$=\frac{1}{18}qa^2$$

弯矩图如图 8-14(c)所示。

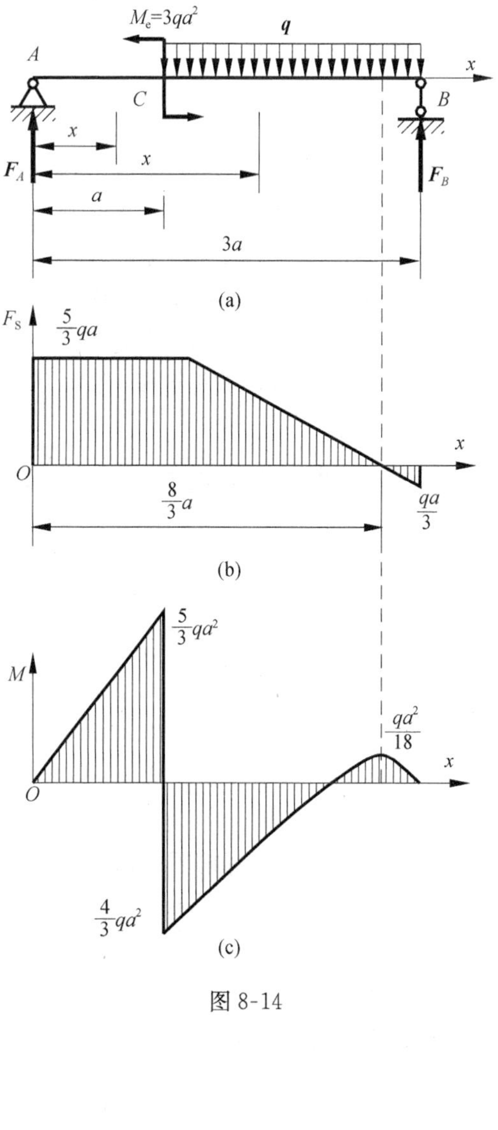

图 8-14

8.4 载荷集度、剪力和弯矩的关系

从例 8-5 的剪力方程和弯矩方程可以看到，将 $M(x)$ 对 x 求一阶导数，这刚好是剪力方程 $F_S(x)$，而再将剪力方程 $F_S(x)$ 对 x 求一阶导数得 $dF_S(x)/dx=-q$，即载荷集度，这两个结论在例 8-6 也同样成立。其实，这些关系在直梁中是普遍存在的。下面就从一般情况来推证这些关系式。

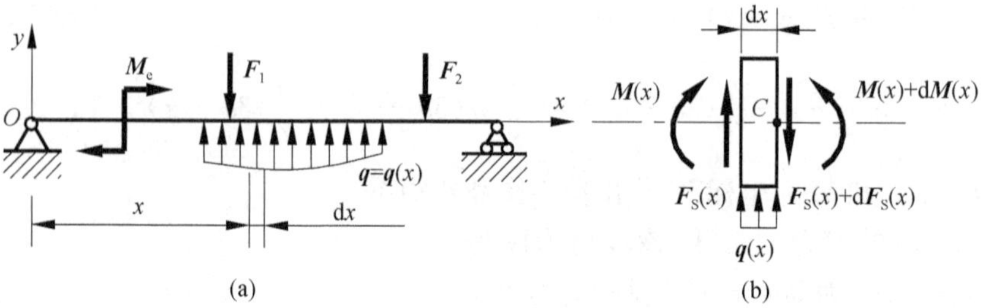

图 8-15

如图 8-15(a)所示，受集中力、集中力偶及分布载荷作用的梁，分布载荷的集度 $q(x)$ 是 x 的连续函数，且规定**向上为正**，沿梁的轴线记为 x 轴，且**规定向右为正**。在梁的 x 截面处取出 dx 微段如图 8-15(b)所示，微段左端横截面上的剪力和弯矩分别为 $F_S(x)$ 和 $M(x)$，在微段中作用有分布载荷，因此，在微段的右端横截面上的剪力和弯矩将分别有一改变量 $dF_S(x)$ 和 $dM(x)$。所以，微段右端横截面上剪力和弯矩分别为 $F_S(x)+dF_S(x)$ 和 $M(x)+dM(x)$，微段上的这些内力均设为正，由于取出的是微段，在微段上的分布载荷可简化为一均布载荷 $q(x)$，记微段右端横截面的形心为 C。

由微段的平衡方程 $\sum F_y=0$ 和 $\sum M_C=0$，得

$$F_S(x)-[F_S(x)+dF_S(x)]+q(x)dx=0$$

$$-M(x)+[M(x)+dM(x)]-F_S(x)dx-q(x)dx\cdot\frac{dx}{2}=0$$

整理以上两式，并忽略第二式中的高阶微量项 $q(x)dx\cdot dx/2$，得

$$\frac{dF_S(x)}{dx}=q(x) \tag{8-3}$$

$$\frac{dM(x)}{dx}=F_S(x) \tag{8-4}$$

以上关系式即直梁载荷集度、剪力和弯矩的微分关系。如果将式(8-4)对 x 取导数，并利用式(8-3)可得

$$\frac{d^2M(x)}{dx^2}=\frac{dF_S(x)}{dx}=q(x) \tag{8-5}$$

根据以上关系式可以得出表 8-1 结论，并可以利用这些结论快速作出剪力图和弯矩图。

表 8-1　载荷作用处剪力图和弯矩图的变化规律

载荷	分布载荷 q					集中力 F		集中力 M_e		自由端、中间铰、端铰处无集中力偶
	$q=0$			$q=$常数		F	F	M_e	M_e	
				$q>0$	$q<0$					
F_S 图						F	F	无变化		
M 图	$F_S>0$	$F_S=0$	$F_S<0$					M_e	M_e	零

例 8-7　如图 8-16(a)所示，$q=1\text{kN/m}$，$F_1=F_2=2\text{kN}$，$M_e=10\text{kN}\cdot\text{m}$，试根据载荷集度与剪力和弯矩关系快速绘出外伸梁的剪力图和弯矩图。

解：(1) 求支座反力。

由平衡方程 $\sum M_B=0$ 及 $\sum M_A=0$ 可求得支座反力为

$$F_A=7\text{kN},\quad F_B=5\text{kN}$$

(2) 根据梁上外力作用位置，将梁分成 AC、CD、DB、BE 四段绘制 F_S 图和 M 图。

(3) 建立 F_S-x 和 M-x 坐标系，作出剪力图和弯矩图。

剪力图：

AC 段作用有均布载荷，且值为负，应为向右下倾斜直线段。而

$$F_{SA右}=7\text{kN},\quad F_{SC左}=F_{SA右}-q\times 4=3\text{kN}$$

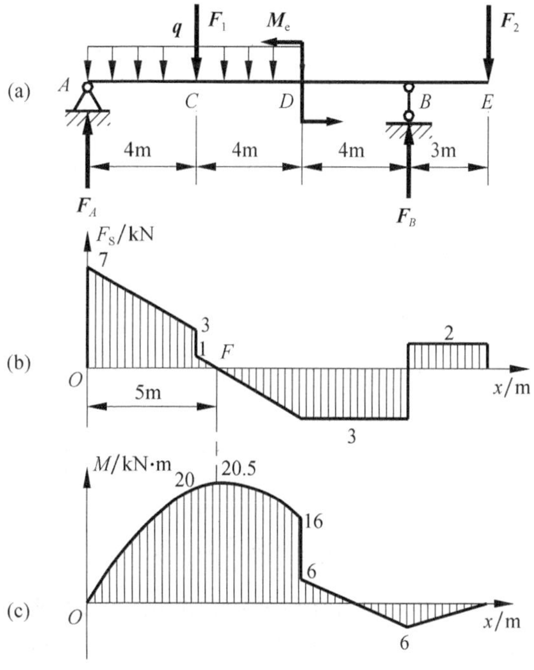

图 8-16

CD 段作用有均布载荷，且值为负，仍为向右下倾斜直线段。而在 C 截面作用向下集中力 F_1，在该横截面剪力发生负突变，突变值为 F_1 值，因此

$$F_{SC右}=F_{SC左}-F_1=1\text{kN},\quad F_{SD左}=F_{SC右}-q\times 4=-3\text{kN} \tag{a}$$

DB 段无分布载荷，为一水平直线段

$$F_{SD右}=F_{SD左}=F_{SB左}=-3\text{kN} \tag{b}$$

BE 段无分布载荷，仍为一水平直线段。而在 B 截面作用向上支座反力 F_B，在 B 截面剪力发生正突变，突变值为 F_B 值，因此

$$F_{SB右}=F_{SB左}+F_B=F_{SE左}=2\text{kN}$$

剪力图如图 8-16(b)所示。

弯矩图：

AC 段作用有均布载荷，且值为负，应为开口向下的二次抛物线段。由剪力图可知该段内弯矩无极值，A 为端铰且无集中力偶作用，弯矩为零，只需计算 C 截面偏左侧弯矩，其值为

$$M_{C左} = F_A \times 4 - q \times 4 \times 2 = 20\text{kN} \cdot \text{m}$$

CD 段作用有均布载荷，且值为负，应为开口向下的二次抛物线段。由剪力图可知在 F 截面存在 $F_S=0$，该段内在该截面弯矩有极值，由

$$\begin{cases} \dfrac{CF}{FD} = \dfrac{1}{3} \\ CF + FD = 4 \end{cases} \qquad \therefore CF = 1\text{m}, \quad AF = 5\text{m}$$

$$M_F = M_{极} = F_A \times 5 - q \times 5 \times \frac{5}{2} - F_1 \times 1 = 20.5\text{kN} \cdot \text{m}$$

$$M_{C右} = M_{C左} = 20\text{kN} \cdot \text{m}$$

$$M_{D左} = F_A \times 8 - q \times 8 \times 4 - F_1 \times 4 = 16\text{kN} \cdot \text{m}$$

DB 段无分布载荷，由剪力图知该段剪力为负常数，因此弯矩图为向右下倾斜直线段。而在 D 截面作用一集中力偶 M_e，弯矩图突变应与集中力偶 M_e 相似(即负突变)，且其突变值为 M_e 的值，所以

$$M_{D右} = M_{D左} - M_e = 6\text{kN} \cdot \text{m}$$

$$M_{B左} = M_{D右} - 3 \times 4 = -6\text{kN} \cdot \text{m}$$

BE 段无分布载荷，由剪力图知该段剪力为正常数，因此弯矩图为向右上倾斜直线段。由于 E 截面为自由端且无集中力偶，弯矩为零。而

$$M_{B右} = M_{B左} = -6\text{kN} \cdot \text{m}$$

弯矩图如图 8-16(c)所示。

*8.5 静定平面刚架和曲杆的内力图

8.5.1 静定平面刚架和静定平面曲杆

在工程中，将由**若干杆件通过刚节点连接而成的结构称为刚架**。刚架是由梁和柱组成的结构。与桁架不同，刚架的杆与杆之间由刚节点连接，这种连接保证杆与杆连接处不能相对转动，夹角保持不变，且能传递全部内力。对于有些构件，如吊钩、链环、拱等，**其轴线为一条曲线，这类构件称为曲杆**。当刚架和曲杆各部分以及外力均在同一平面时，称此类刚架和曲杆为**平面刚架和平面曲杆**。由静力平衡条件可以求出全部约束力和内力的平面刚架和平面曲杆称为**静定平面刚架和静定平面曲杆**。

8.5.2 静定平面刚架和静定平面曲杆的内力图

对于平面刚架和曲杆来说，其横截面上一般有轴力、剪力和弯矩三个内力，其内力图的作法和步骤与轴向拉压、弯曲内力图相同，但因各构件取向不同，内力图的画法习惯按以下进行约定：

(1) 轴力图可画在刚架和曲杆的任意一侧，但应注明正、负号(轴力规定为拉正压负)。

(2) 剪力图可画在刚架和曲杆的任意一侧，但应注明正、负号(凡使构件微段有顺时针转动趋势的剪力为正，相反为负)。

(3) 弯矩图画在受压一侧，不必注明正负(对于曲杆，其弯矩正负规定为使曲杆曲率增加的弯矩为正，相反为负；对于刚架，其弯矩正负可以人为假设水平部分与梁弯矩正负规定相同，竖直或斜直部分使刚架内侧受拉

为正)。

下面通过具体例子来说明平面刚架和曲杆内力图的作法。

例 8-8 已知 $F=2qa$,作出如图 8-17(a)所示平面刚架的内力图。

解:写内力方程时,一般应先求出刚架的支座反力。此题由于刚架 C 处是自由端,故写水平杆部分时,把 x 轴坐标原点取在 C 点,并取右段杆部分来分析任意截面的内力;而对竖直杆把 y 轴坐标原点取在 B 点,并取上段为研究对象来分析任意截面内力,则可不必求出支座反力。据此可分段写出各段内力方程为

CB 段

$$F_N(x)=0 \qquad (0\leqslant x\leqslant 2a)$$
$$F_S(x)=qx \qquad (0\leqslant x< 2a)$$
$$M(x)=-qx^2/2 \qquad (0\leqslant x\leqslant 2a)$$

BD 段

$$F_N(y)=-2qa \qquad (0< y\leqslant a)$$
$$F_S(y)=0 \qquad (0\leqslant y< a)$$
$$M(y)=-2qa^2 \qquad (0< y\leqslant a)$$

DA 段

$$F_N(y)=-2qa \qquad (a\leqslant y< 3a)$$
$$F_S(y)=2qa \qquad (a< y< 3a)$$
$$M(y)=-2qa^2-2qa(y-a)=-2qay \qquad (a\leqslant y< 3a)$$

根据各段的内力方程即可画出轴力、剪力和弯矩图分别如图 8-17(b)、(c)和(d)所示。对于 CB 段的弯矩图由剪力图知该段中间无极值弯矩,C、B 截面弯矩为该段的极值弯矩,只需算出 C、B 截面弯矩即可绘出弯矩图。在刚节点 B 处,无集中力偶作用,CB 杆和 BD 杆在 B 截面的弯矩相同,同画在刚架一侧,这是刚节点处弯矩图特点。

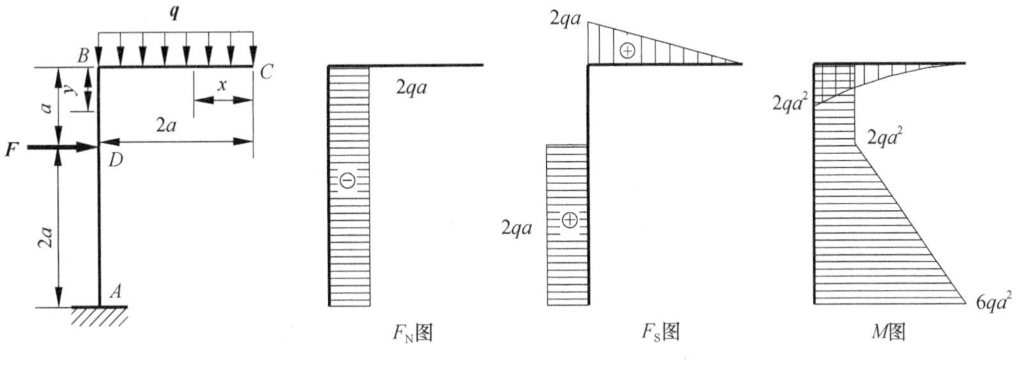

(a) (b) (c) (d)

图 8-17

例 8-9 一端固定的四分之一圆环,其半径为 R,在其轴线平面内作用一集中力 F,如图 8-18(a)所示。试作出此平面曲杆的内力图。

解:由于该曲杆为环状曲杆,采用极坐标建立坐标系写内力方程较为方便。现取环的中心 O 为极点,以 OB 为极轴,以 θ 来表示横截面的位置(图 8-18(a))。由截面法,在曲杆任意截面 m-m 处截开,并取右边部分为分离体,假设所求截面内力均为正(图 8-18(b)),由平衡方程 $\sum F_n=0$、$\sum F_t=0$ 及 $\sum M_C=0$,可求得轴力、剪力和弯矩方程分别为

$$F_N(\theta)=-F\sin\theta \qquad (0\leqslant\theta<\pi/2)$$
$$F_S(\theta)=F\cos\theta \qquad (0<\theta<\pi/2)$$
$$M(\theta)=FR\sin\theta \qquad (0\leqslant\theta<\pi/2)$$

以曲杆的轴线为基线，作出曲杆的轴力图、剪力图和弯矩图，分别如图 8-18(c)、(d)和(e)所示。

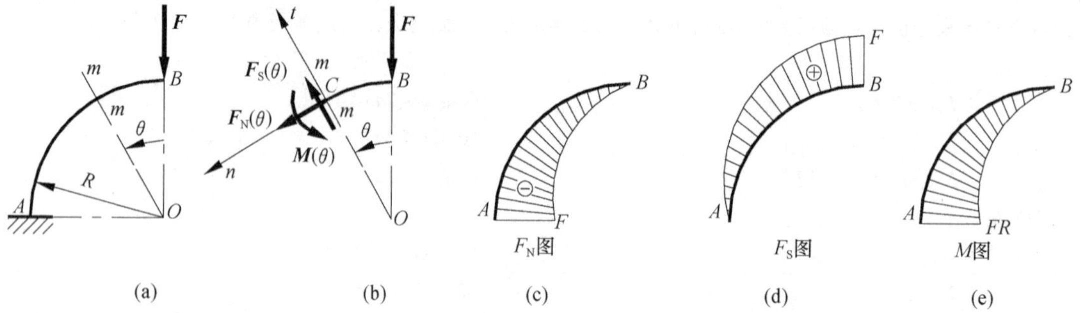

图 8-18

习　　题

8.1　求图示各梁中指定截面的剪力和弯矩。

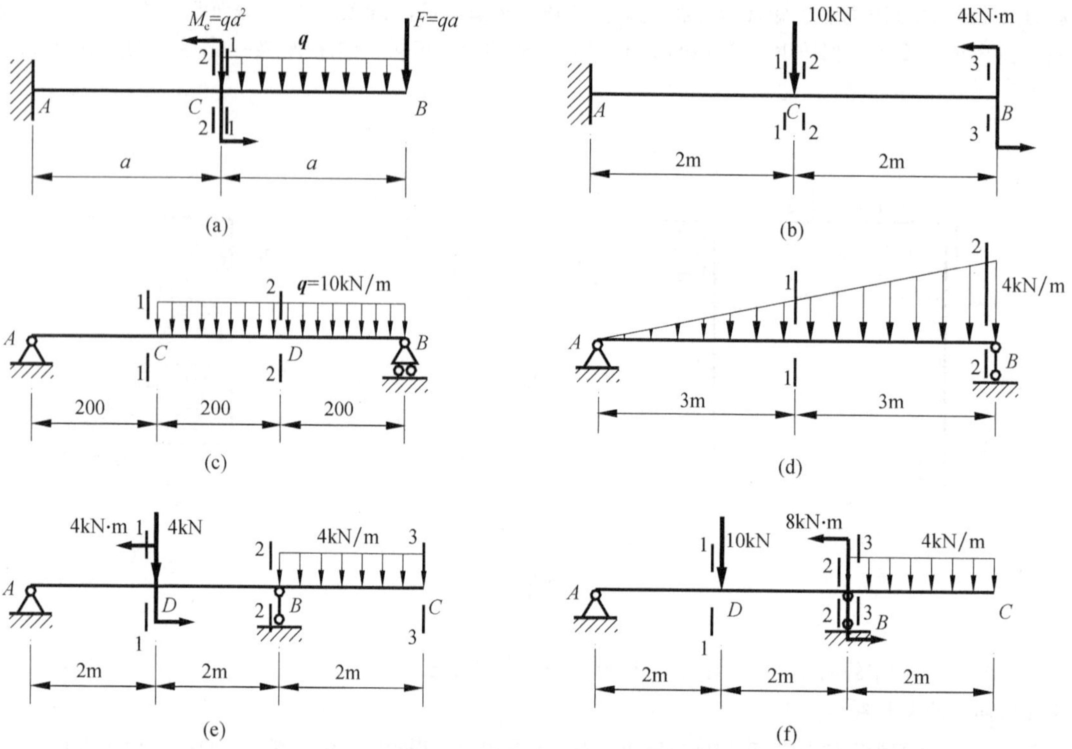

习题 8.1 图

8.2　列出下列梁的剪力方程和弯矩方程，并作出剪力图和弯矩图。

8.3　利用载荷集度、剪力和弯矩的微分关系，作出下列梁的剪力图和弯矩图。

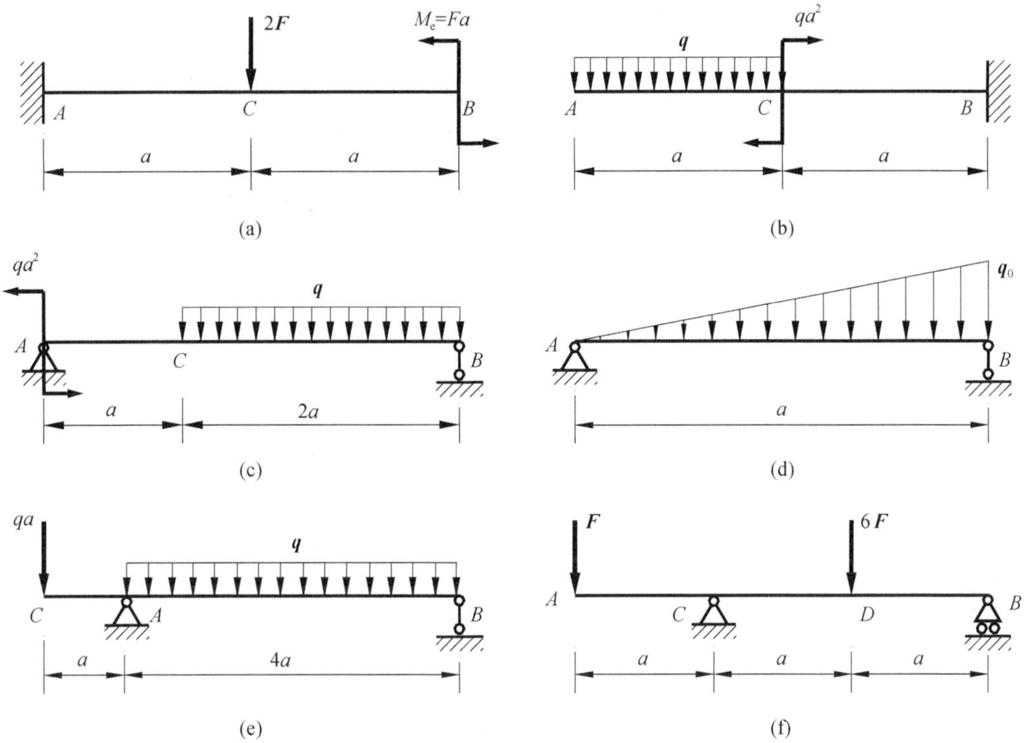
2F
Me=Fa
A
C
B
a
a
(a)
qa²
q
A
C
B
a
a
(b)
qa²
q
A
C
B
a
2a
(c)
q0
A
B
a
(d)
qa
q
C
A
B
a
4a
(e)
F
6F
A
C
D
B
a
a
a
(f)

习题 8.2 图

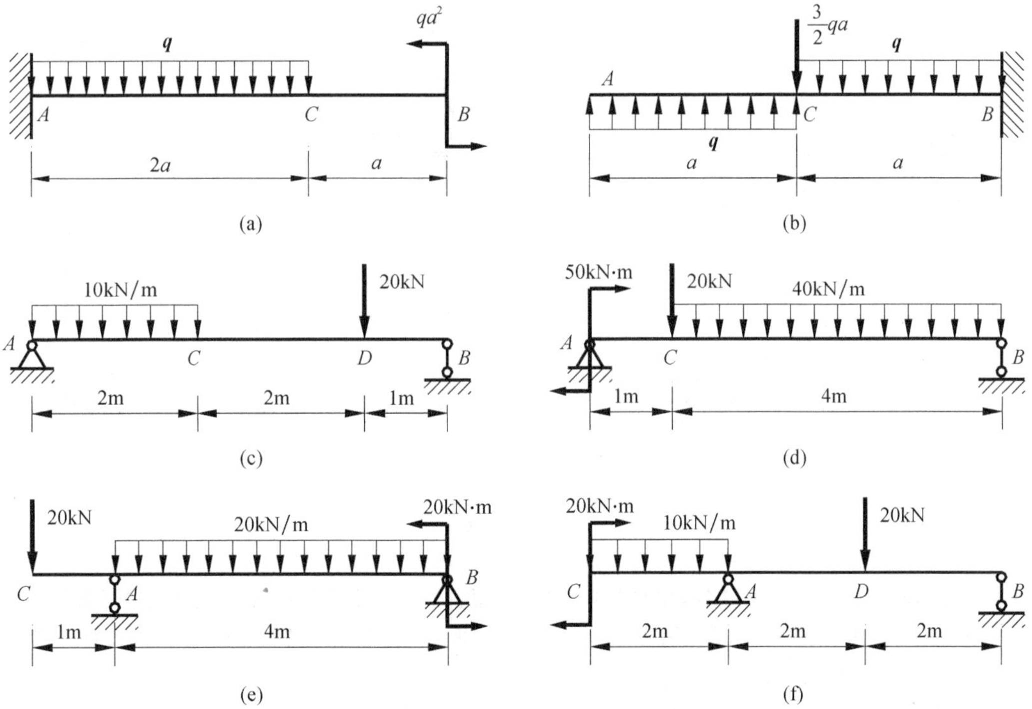
q
qa²
A
C
B
2a
a
(a)
3/2qa
q
A
C
B
q
a
a
(b)
10kN/m
20kN
A
C
D
B
2m
2m
1m
(c)
50kN·m
20kN
40kN/m
A
C
B
1m
4m
(d)
20kN
20kN/m
20kN·m
C
A
B
1m
4m
(e)
20kN·m
10kN/m
20kN
C
A
D
B
2m
2m
2m
(f)

习题 8.3 图

8.4　利用载荷集度、剪力和弯矩的关系检查和改正下列梁的剪力图和弯矩图。

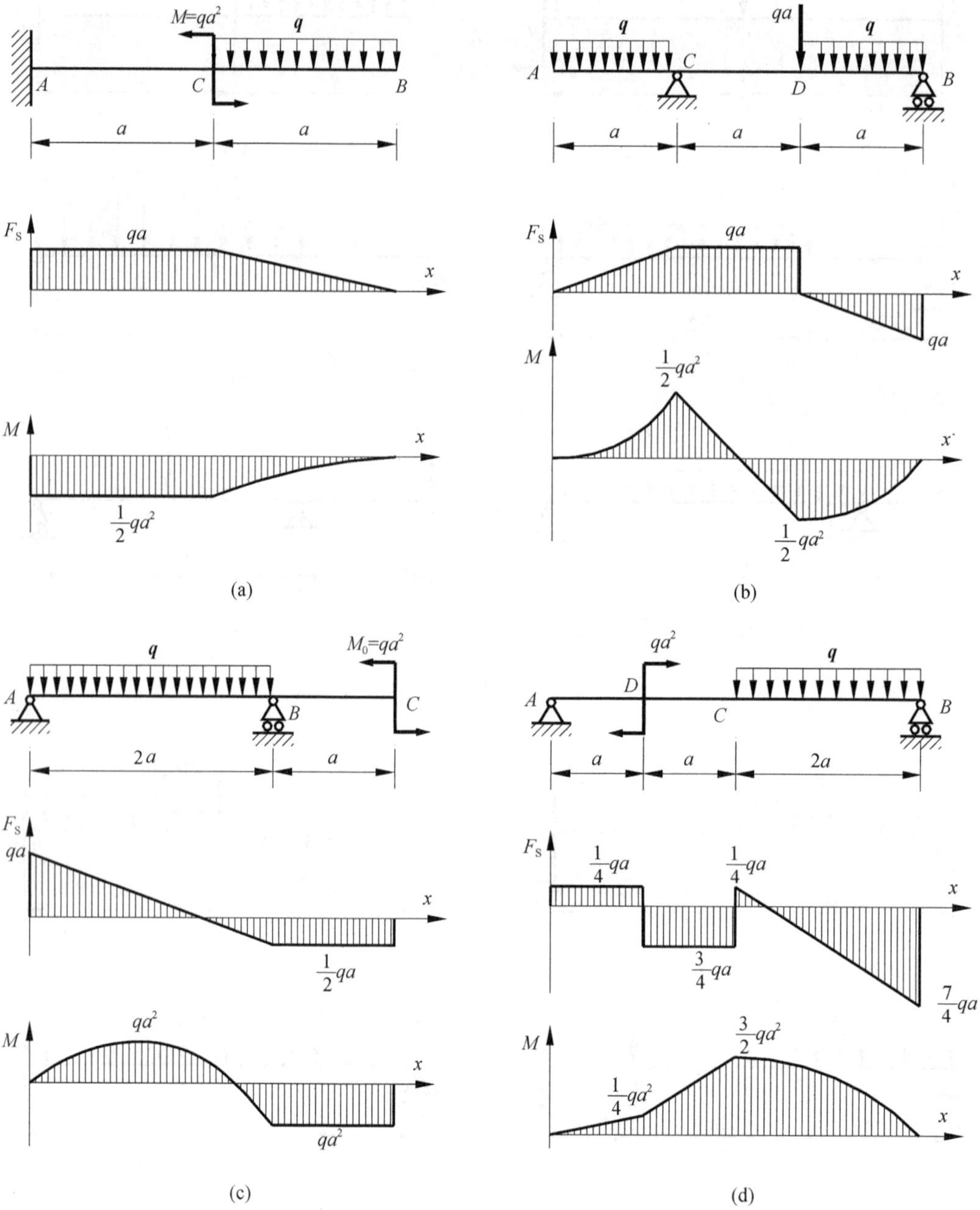

习题 8.4 图

8.5　跳水跳板后端为固定铰支座，中间支承可前后移动。对应于体重为 F_P 的运动员的中间支承距后端固定铰支座为 a。为使体重不同的运动员站在跳板前端时在跳板中产生的最大弯矩相同，求中间支承的调节距离 Δa 与体重变化 ΔF_P 之间的关系。

8.6　利用弯曲内力的知识，说明为何将标准双杠的尺寸设计成 $a=l/4$。

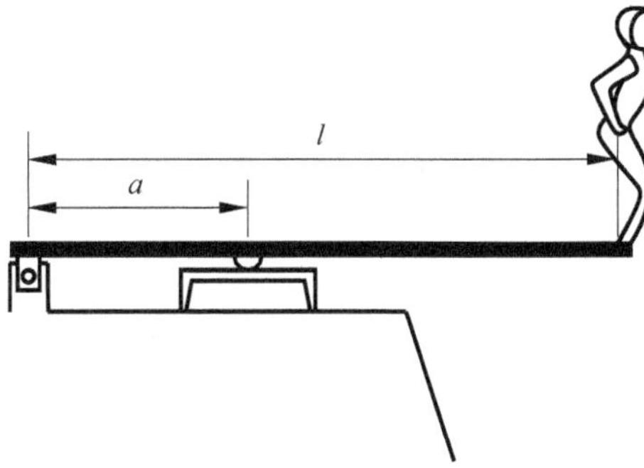

习题 8.5 图

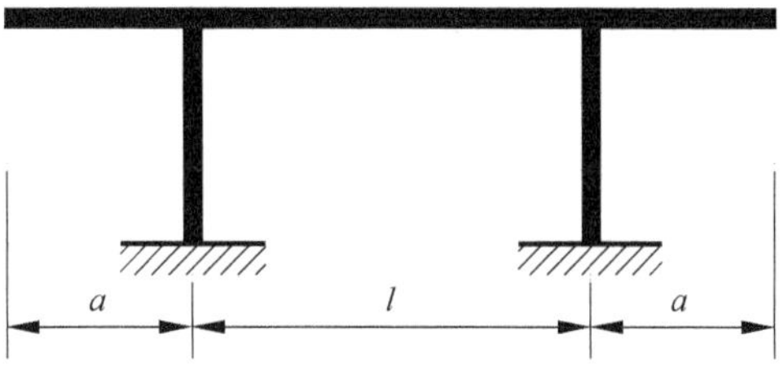

习题 8.6 图

8.7 已知梁的弯矩图如图所示,试作出梁的载荷图和剪力图。

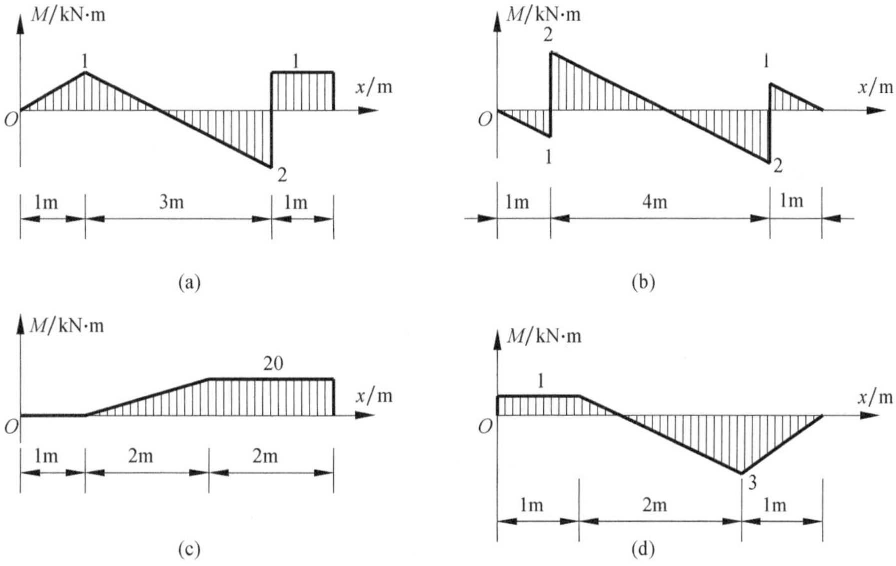

习题 8.7 图

8.8 作出图示多跨静定梁的剪力图和弯矩图。

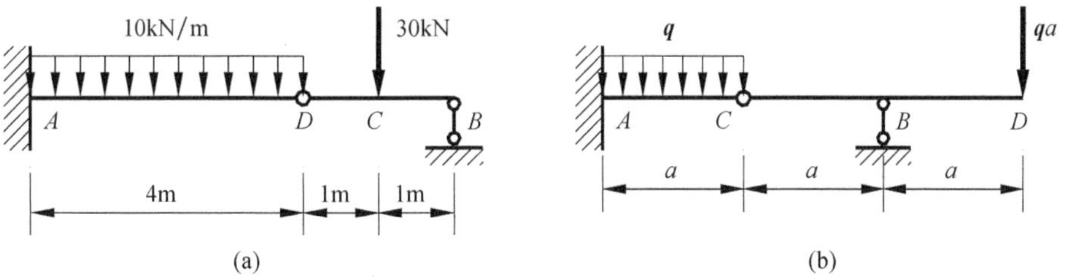

习题 8.8 图

8.9 作出下列静定刚架结构弯矩图。

8.10 写出各曲杆的轴力、剪力和弯矩方程(曲杆的轴线均为半圆形)。

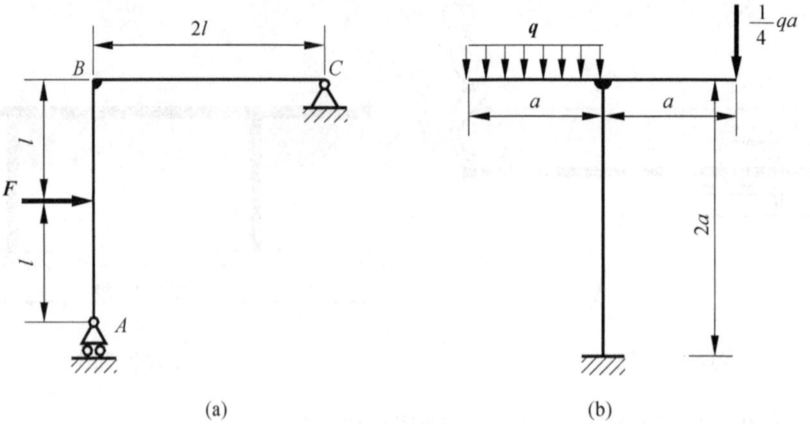

习题 8.9 图

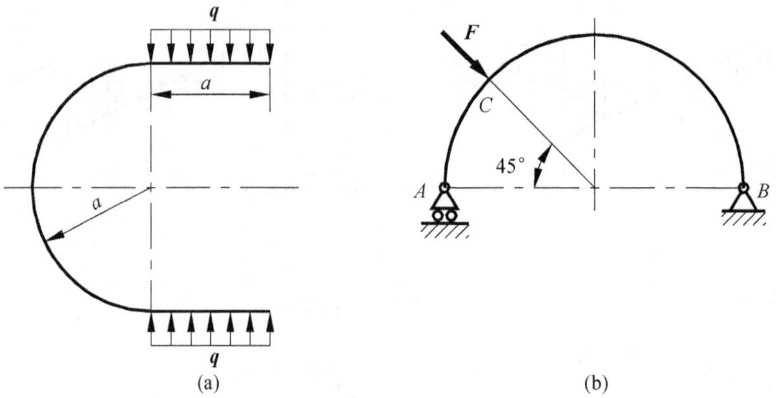

习题 8.10 图

第 9 章　截面的几何性质

计算构件在外力作用下的变形和应力时，将要涉及横截面的一些几何量，如截面的面积、形心、静矩、极惯性矩、惯性矩和惯性积，这些几何量与截面的形状和尺寸有关。通常把上述几何量称为截面的几何性质。下面具体介绍这些几何性质的定义和计算方法。

9.1　静　　矩

1. 截面的静矩

任意截面如图 9-1 所示，其面积为 A，yOz 为所在截面内的直角坐标系。在坐标为(y,z)处取微面积 $\mathrm{d}A$，则称 $z\mathrm{d}A$ 和 $y\mathrm{d}A$ 分别为微面积 $\mathrm{d}A$ 对 y 轴和 z 轴的静矩。而遍及整个截面面积 A 的积分

$$S_y = \int_A z\mathrm{d}A, \quad S_z = \int_A y\mathrm{d}A \tag{9-1}$$

则分别定义为该截面对 y 轴和 z 轴的**静矩或一次矩**（又称面积一次矩）。

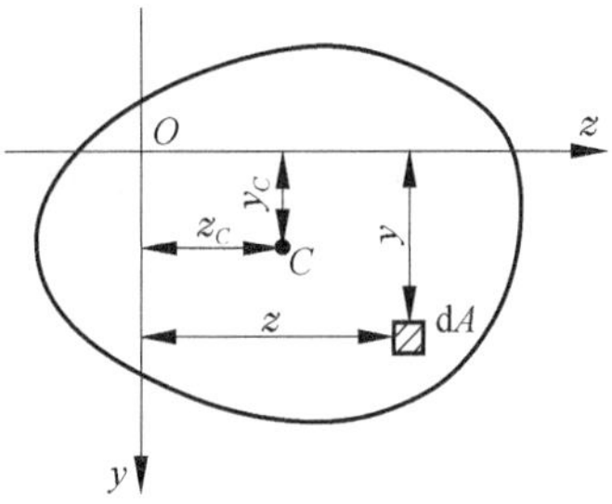

图 9-1

由静矩的定义可知，截面的面积对轴的静矩不仅与截面的形状和尺寸大小有关，而且与所选坐标轴的位置有关，同一截面对不同的坐标轴其静矩是不相同的。而且静矩的数值可正、可负，也可以等于零。其量纲为长度的三次方（如 m^3、mm^3）。

2. 静矩与形心的关系

对于均质等厚度薄板，假设平分薄板厚度的中间面的形状与图 9-1 相同，在图示坐标系下，由式(2-12)可得截面形心 C 点的坐标 y_C 和 z_C 分别为

$$y_C = \frac{\int_A y\mathrm{d}A}{A}, \quad z_C = \frac{\int_A z\mathrm{d}A}{A} \tag{9-2}$$

将式(9-1)代入式(9-2)可得截面形心坐标与截面相对坐标轴的静矩之间的关系为

$$y_C = \frac{S_z}{A}, \quad z_C = \frac{S_y}{A} \tag{9-3a}$$

或改写为

$$S_y = z_C \cdot A, \quad S_z = y_C \cdot A \tag{9-3b}$$

由式(9-3a)或式(9-3b)可知：坐标轴通过截面的形心，截面对该坐标轴的静矩为零；反之，如果截面对某个轴的静矩为零，则该轴必定通过截面的形心。通常将通过截面形心的坐标轴称为**形心轴**。

当一个截面 A 由 $A_1, A_2, \cdots, A_n$ 共 n 个简单截面组合而成时，由静矩的定义式(9-1)，以及

式(9-3b)得

$$S_y=\int_A z\mathrm{d}A=\int_{A_1} z\mathrm{d}A+\int_{A_2} z\mathrm{d}A+\cdots+\int_{A_n} z\mathrm{d}A$$

$$=z_{C1}\cdot A_1+z_{C2}\cdot A_2+\cdots+z_{Cn}\cdot A_n=\sum_{i=1}^{n}(z_{Ci}\cdot A_i)$$

式中，$z_{C1},z_{C2},\cdots,z_{Ci},\cdots,z_{Cn}$分别是$A_1,A_2,\cdots,A_i,\cdots,A_n$的形心坐标。同理还可求得$S_z$。因此有

$$S_y=\sum_{i=1}^{n}(z_{Ci}\cdot A_i),\quad S_z=\sum_{i=1}^{n}(y_{Ci}\cdot A_i) \tag{9-4}$$

将式(9-4)代入式(9-3a)得组合截面形心坐标的计算公式为

$$y_C=\frac{\sum_{i=1}^{n}(y_{Ci}\cdot A_i)}{\sum_{i=1}^{n}A_i},\quad z_C=\frac{\sum_{i=1}^{n}(z_{Ci}\cdot A_i)}{\sum_{i=1}^{n}A_i} \tag{9-5}$$

9.2 惯性矩、惯性积、极惯性矩和惯性半径

9.2.1 截面的惯性矩、惯性积和极惯性矩

任意截面如图9-2所示，其面积为A，在该截面内建立坐标系yOz，在坐标为(y,z)的任意一点处取一微面积$\mathrm{d}A$，则$z^2\mathrm{d}A$和$y^2\mathrm{d}A$分别称为微面积对y轴和z轴的惯性矩。而遍及整个截面面积A的积分

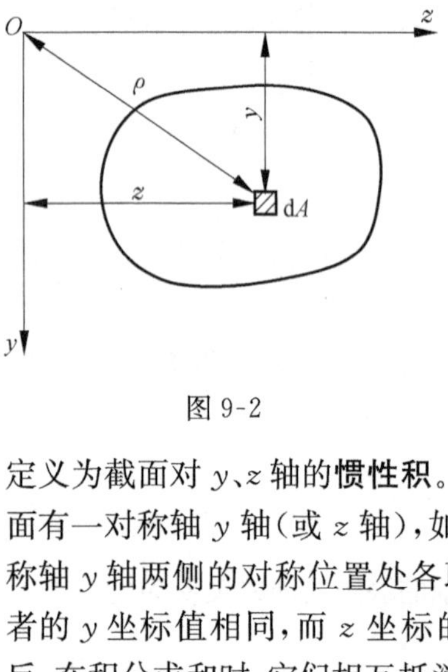

图9-2

$$I_y=\int_A z^2\mathrm{d}A,\quad I_z=\int_A y^2\mathrm{d}A \tag{9-6}$$

分别定义为截面对y轴和z轴的**惯性矩**(或称为截面面积对y轴和z轴的二次矩)。

微面积$\mathrm{d}A$与两坐标y、z的乘积$yz\mathrm{d}A$称为微面积对y、z轴的惯性积。而遍及整个截面面积A的积分

$$I_{yz}=\int_A yz\mathrm{d}A \tag{9-7}$$

定义为截面对y、z轴的**惯性积**。由定义可知，如果截面有一对称轴y轴(或z轴)，如图9-3所示，则在对称轴y轴两侧的对称位置处各取一微面积$\mathrm{d}A$，则两者的y坐标值相同，而z坐标的数值相等但符号相反，在积分求和时，它们相互抵消，致使整个截面的惯性积I_{yz}等于零。因此，只要截面具有一个对称轴，截面对包含这些对称轴在内的正交坐标轴的惯性积必等于零。

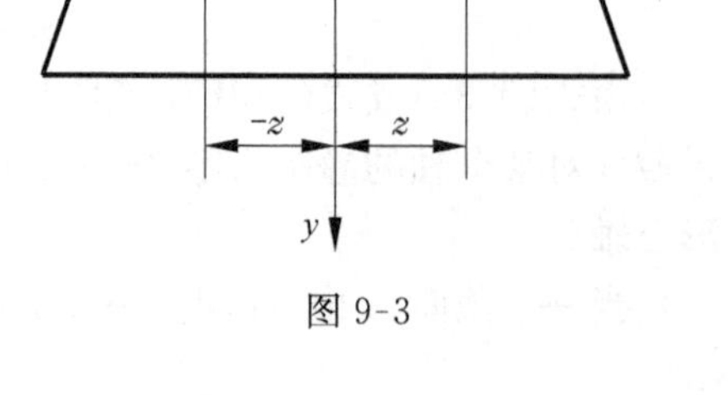

图9-3

微面积$\mathrm{d}A$与该微面积到原点O的距离ρ的平方的乘积$\rho^2\mathrm{d}A$称为微面积对坐标原点O的极惯性矩。而遍及整个截面面积A的积分

$$I_p = \int_A \rho^2 dA \tag{9-8}$$

定义为截面对坐标原点 O 的**极惯性矩**。由图 9-2 可知，$\rho^2 = y^2 + z^2$，故有

$$I_p = \int_A \rho^2 dA = \int_A (y^2 + z^2) dA = \int_A z^2 dA + \int_A y^2 dA = I_y + I_z \tag{9-9}$$

所以，截面对任一点的极惯性矩，恒等于该截面对以该点为坐标原点建立的直角坐标系的两坐标轴的惯性矩之和。

由上述定义可知，同一截面对不同的坐标轴的惯性矩及惯性积是不同的。由于积分式中的 z^2、y^2 和 ρ^2 总是正的，故惯性矩和极惯性矩的值恒为正。而坐标 y 与 z 的乘积可正可负，也可能等于零，因此，惯性积可能为正或负，也可能为零。惯性矩、极惯性矩和惯性积的量纲相同，均为长度的四次方（如 m^4、mm^4）。

例 9-1 试求如图 9-4 所示矩形截面对其对称轴 y 轴和 z 轴的惯性矩 I_y 和 I_z。

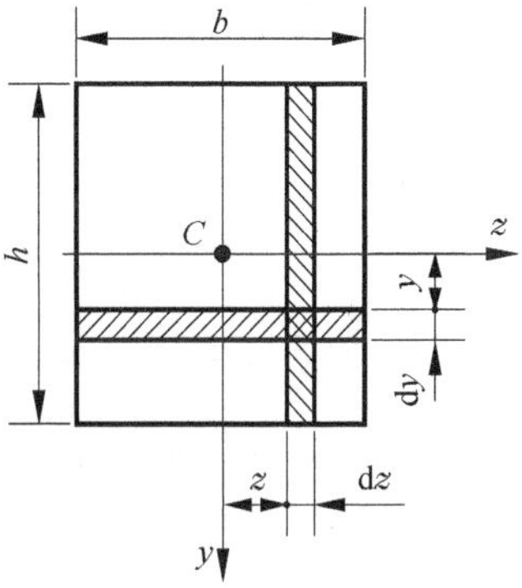

图 9-4

解：如图 9-4 所示，在离 y 轴距离为 z 值处取平行于 y 轴且高为 h，宽为 dz 的微矩形，其面积 $dA = h \cdot dz$，由式(9-6)得矩形截面对 y 轴的惯性矩 I_y 为

$$I_y = \int_A z^2 dA = \int_{-b/2}^{b/2} z^2 \cdot h \cdot dz = \frac{hb^3}{12}$$

同理，在离 z 轴距离为 y 值处取平行于 z 轴且宽为 b，高为 dy 的微矩形，其面积 $dA' = b \cdot dy$，由式(9-6)得矩形截面对 z 轴的惯性矩 I_z 为

$$I_z = \int_A y^2 dA' = \int_{-\frac{h}{2}}^{\frac{h}{2}} y^2 \cdot b \cdot dy = \frac{bh^3}{12}$$

例 9-2 试求如图 9-5 所示圆形截面对其对称轴 y 轴和 z 轴的惯性矩 I_y 和 I_z。

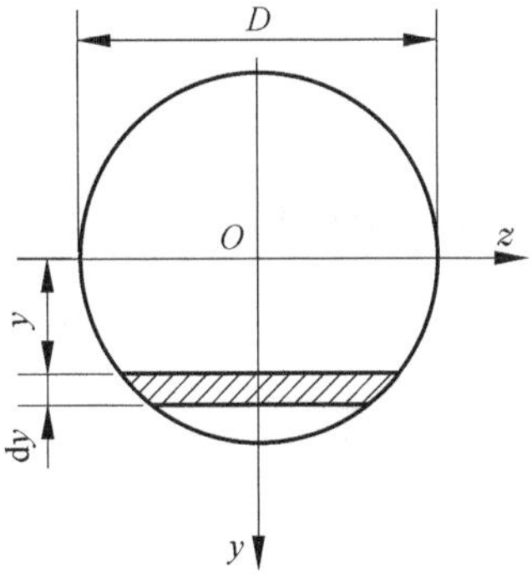

图 9-5

解：如图 9-5 所示，取平行于 z 轴的微面积 dA，则

$$dA = 2\sqrt{(D/2)^2 - y^2} \cdot dy$$

由式(9-6)得矩形截面对 z 轴的惯性矩 I_z 为

$$I_z = \int_A y^2 dA = \int_{-D/2}^{D/2} y^2 \cdot 2\sqrt{(D/2)^2 - y^2} dy = \frac{\pi D^4}{64}$$

由于圆形截面对圆心是极对称的，它对任一形心轴的惯性矩均相等，所以有

$$I_y = I_z = \frac{\pi D^4}{64}。$$

由式(9-9)可得

$$I_p = I_y + I_z = \frac{\pi D^4}{32}$$

式中，I_p 为圆形截面对圆心的极惯性矩，与扭转一章中所得圆形截面对圆心的极惯性矩相同。

如果某截面 A 由 $A_1, A_2, \cdots, A_n$ 共 n 个简单截面组合而成，由惯性矩的定义可知：截面 A 对某轴的惯性矩等于各个简单截面 $A_1, A_2, \cdots, A_n$ 对该轴的惯性矩之和，惯性积也有类似的结论，故有

$$I_y = \sum_{i=1}^{n} I_{yi}, \quad I_z = \sum_{i=1}^{n} I_{zi}, \quad I_{yz} = \sum_{i=1}^{n} I_{yzi} \tag{9-10}$$

式中，I_{yi}、I_{zi} 和 I_{yzi} 分别为第 i 块简单截面对 y 轴、z 轴的惯性矩和惯性积。

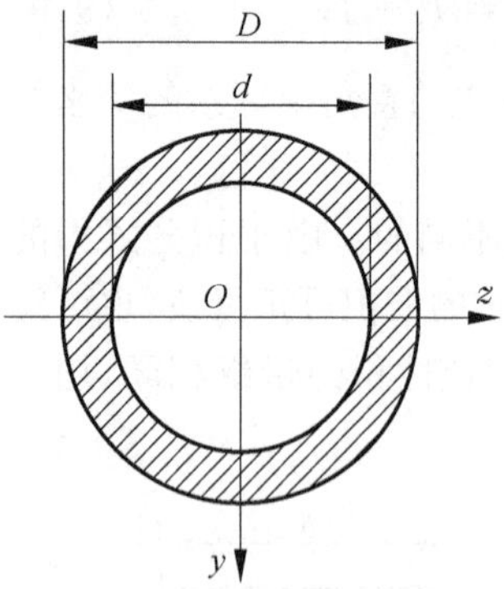

图 9-6

例 9-3 试求如图 9-6 所示空心圆截面对其对称轴 y 轴和 z 轴的惯性矩 I_y 和 I_z。

解：该空心圆截面可以看成是直径为 D 的大圆挖去直径为 d 的小圆（大圆与小圆的圆心重合）。由于挖去部分的面积应取负值，因此在应用式(9-10)计算截面对坐标轴的惯性矩时，挖去部分的面积对坐标轴的惯性矩应代负号，此法称为**负面积法**。

由于该空心圆截面对圆心是极对称的，它对任一形心轴的惯性矩均相等，所以有

$$I_z = I_y = \frac{\pi D^4}{64} - \frac{\pi d^4}{64} = \frac{\pi D^4}{64}(1 - \alpha^4)$$

式中，

$$\alpha = d/D$$

9.2.2 截面的惯性半径

有时候，还把惯性矩写成截面面积 A 与某一长度平方的乘积，即

$$I_y = A \cdot i_y^2, \quad I_z = A \cdot i_z^2 \tag{9-11a}$$

或改写为

$$i_y = \sqrt{\frac{I_y}{A}}, \quad i_z = \sqrt{\frac{I_z}{A}} \tag{9-11b}$$

式中，i_y、i_z 分别称为截面对 y 轴和 z 轴的**惯性半径**。

9.3 平行移轴公式

虽然同一截面对平行的两对坐标轴的惯性矩和惯性积均不相同，但是，当两对坐标轴中的一对坐标轴是截面的形心轴时，截面对这两对坐标轴的惯性矩和惯性积存在着简单的关系。利用这种关系，对组合截面的惯性矩和惯性积的计算将明显得到简化。

如图 9-7 所示的任意截面，C 为截面的形心，一对形心坐标轴为 y_C 轴和 z_C 轴，y 轴和 z 轴分别与形心轴 y_C 轴和 z_C 轴平行，在 yOz 坐标系下形心 C 点坐标为(b,a)。在如图 9-7 所示截面中任取一微面积 $\mathrm{d}A$，该微面积在两坐标系中的坐标关系为

$$y = y_C + b, \quad z = z_C + a$$

代入式(9-6)和式(9-7)得

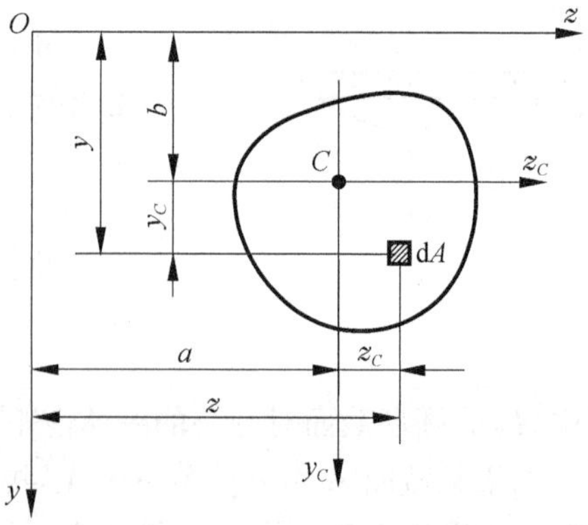

图 9-7

$$I_y=\int_A z^2\mathrm{d}A=\int_A(z_C+a)^2\mathrm{d}A$$
$$=\int_A z_C^2\mathrm{d}A+a^2\int_A\mathrm{d}A+2a\int_A z_C\mathrm{d}A$$
$$I_z=\int_A y^2\mathrm{d}A=\int_A(y_C+b)^2\mathrm{d}A$$
$$=\int_A y_C^2\mathrm{d}A+b^2\int_A\mathrm{d}A+2b\int_A y_C\mathrm{d}A$$
$$I_{yz}=\int_A yz\mathrm{d}A=\int_A(y_C+b)(z_C+a)\mathrm{d}A$$
$$=\int_A y_Cz_C\mathrm{d}A+a\int_A y_C\mathrm{d}A+b\int_A z_C\mathrm{d}A+ab\int_A\mathrm{d}A$$

式中，$\int_A z_C^2\mathrm{d}A=I_{y_C}$；$\int_A y_C^2\mathrm{d}A=I_{z_C}$；$\int_A y_Cz_C\mathrm{d}A=I_{y_Cz_C}$；$\int_A\mathrm{d}A=A$；$\int_A z_C\mathrm{d}A=S_{y_C}=0$；$\int_A y_C\mathrm{d}A=S_{z_C}=0$。

因此，上述三式可进一步简化为

$$I_y=I_{y_C}+a^2A,\quad I_z=I_{z_C}+b^2A,\quad I_{yz}=I_{y_Cz_C}+abA \tag{9-12}$$

式(9-12)即为惯性矩和惯性积的平行移轴公式。在应用式(9-12)求惯性积时需要注意 a 和 b 是有正负的，它们是形心 C 点在坐标系 yOz 下的坐标值。由式(9-12)还可以看出，在一组平行轴中，截面对通过形心的坐标轴的惯性矩是最小的。

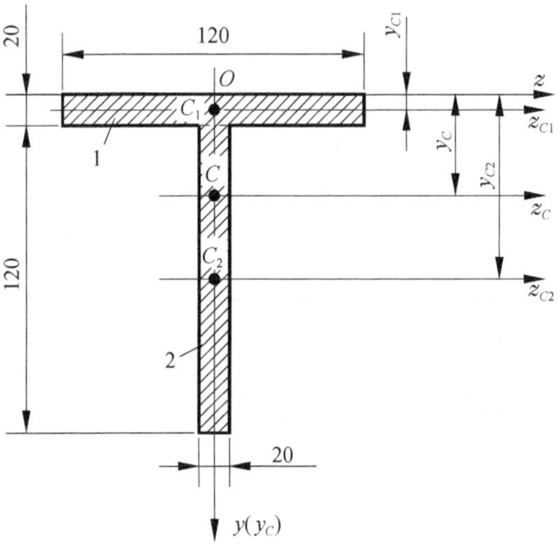

图 9-8

例 9-4　求如图 9-8 所示的 T 形截面对形心轴 y_C 轴和 z_C 轴的惯性矩 I_{y_C} 和 I_{z_C}。

解：将 T 形截面看作由 1、2 两个矩形截面组成。

现取截面的对称轴为 y 轴，则形心必位于 y 轴上，再取 T 形截面的顶边为 z 轴(图 9-8)。每一矩形截面的面积和形心坐标分别为

矩形 1：$A_1=120\text{mm}\times20\text{mm}=2400\text{mm}^2$

$$y_{C1}=10\text{mm},\quad z_{C1}=0$$

矩形 2：$A_2=20\text{mm}\times120\text{mm}=2400\text{mm}^2$

$$y_{C2}=20\text{mm}+60\text{mm}=80\text{mm},\quad z_{C2}=0$$

由式(9-4)得 T 形截面对 z 轴的静矩为

$$S_z=S_{z,1}+S_{z,2}$$
$$=120\times20\times10\text{mm}^3+20\times120\times80\text{mm}^3$$
$$=216\times10^3\text{mm}^3$$
$$y_C=\frac{S_z}{A}=\frac{216\times10^3\text{mm}^3}{2\times120\times20\text{mm}^2}=45\text{mm}$$

由式(9-4)得 T 形截面对 y 轴的静矩为

$$S_y = S_{y,1} + S_{y,2} = 120 \times 20 \times 0\text{mm}^3 + 20 \times 120 \times 0\text{mm}^3 = 0$$

$$z_C = \frac{S_y}{A} = \frac{0}{2 \times 120 \times 20\text{mm}^2} = 0$$

由平行移轴公式可求得 1、2 矩形对 y_C 轴和 z_C 轴的惯性矩如下

矩形 1：

$$I_{y_C,1} = I_{y,1} = \frac{20 \times 120^3}{12}\text{mm}^4 = 2.88 \times 10^6\text{mm}^4$$

$$I_{z_C,1} = I_{z_{C1},1} + (y_{C1} - y_C)^2 \cdot A_1$$

$$= \frac{120 \times 20^3}{12}\text{mm}^4 + (10 - 45)^2 \times 120 \times 20\text{mm}^4 = 3.02 \times 10^6\text{mm}^4$$

矩形 2：

$$I_{y_C,2} = I_{y,2} = \frac{120 \times 20^3}{12}\text{mm}^4 = 0.08 \times 10^6\text{mm}^4$$

$$I_{z_C,2} = I_{z_{C2},2} + (y_{C2} - y_C)^2 \cdot A_2$$

$$= \frac{20 \times 120^3}{12}\text{mm}^4 + (80 - 45)^2 \times 20 \times 120\text{mm}^4 = 5.82 \times 10^6\text{mm}^4$$

所以，T 形截面对形心轴 y_C 轴和 z_C 轴的惯性矩分别为

$$I_{y_C} = I_{y_C,1} + I_{y_C,2} = (2.88 + 0.08) \times 10^6\text{mm}^4 = 2.96 \times 10^6\text{mm}^4$$

$$I_{z_C} = I_{z_C,1} + I_{z_C,2} = (3.02 + 5.82) \times 10^6\text{mm}^4 = 8.84 \times 10^6\text{mm}^4$$

该例题中 y 轴为 T 形截面的对称轴，计算结果得 $S_y = 0, z_C = 0$。由此可得以下结论：对于具有对称轴的截面，则截面对于其对称轴的静矩为零，且对称轴通过截面的形心。

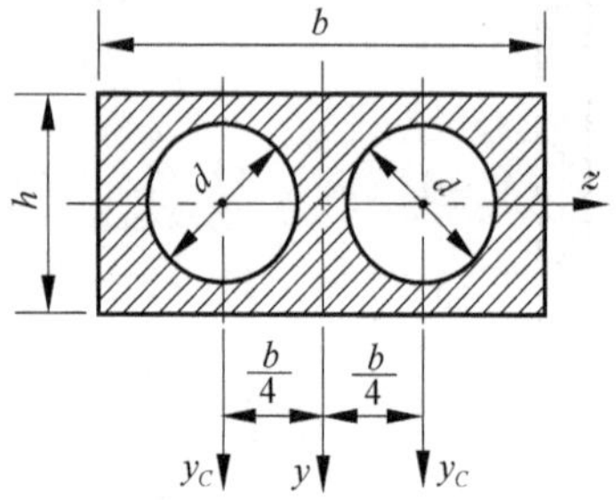

图 9-9

例 9-5　试计算如图 9-9 所示截面对对称轴 y 轴和 z 轴的惯性矩 I_y 和 I_z。

解：该截面可看成是由矩形截面减去两个直径为 d 的圆截面所组成。

矩形截面对 y 轴和 z 轴的惯性矩 $I_{y,\text{I}}$ 和 $I_{z,\text{I}}$ 分别为

$$I_{y,\text{I}} = \frac{hb^3}{12},\quad I_{z,\text{I}} = \frac{bh^3}{12}$$

减去的圆形截面本身的形心轴 z_C 轴与 z 轴重合，y_C 轴与 y 轴的距离 $a = b/4$，而圆形截面对本身形心轴 y_C 轴和 z_C 轴的惯性矩 $I_{y_C,\text{II}} = I_{z_C,\text{II}} = \pi d^4/64$，面积 $A_{\text{II}} = \pi d^2/4$，由平行移轴公式(9-12)得圆形截面对 y 轴和 z 轴的惯性矩 $I_{y,\text{II}}$ 和 $I_{z,\text{II}}$ 分别为

$$I_{y,\text{II}} = I_{y_C,\text{II}} + a^2 A_{\text{II}} = \frac{\pi d^4}{64} + \left(\frac{b}{4}\right)^2 \cdot \frac{\pi d^2}{4},\quad I_{z,\text{II}} = I_{z_C,\text{II}} = \frac{\pi d^4}{64}$$

因此，整个截面对 y 轴和 z 轴的惯性矩 I_y 和 I_z 分别为

$$I_y = I_{y,\text{I}} - 2I_{y,\text{II}} = \frac{hb^3}{12} - 2\left[\frac{\pi d^4}{64} + \left(\frac{b}{4}\right)^2 \cdot \frac{\pi d^2}{4}\right] = \frac{hb^3}{12} - \frac{\pi d^2}{32}(d^2 + b^2)$$

$$I_z = I_{z,\text{I}} - 2I_{z,\text{II}} = \frac{bh^3}{12} - 2 \times \frac{\pi d^4}{64} = \frac{bh^3}{12} - \frac{\pi d^4}{32}$$

*9.4　转轴公式、主惯性轴和主惯性矩

9.4.1　惯性矩和惯性积的转轴公式

平行移轴公式给出了平行轴之间的惯性矩和惯性积之间的关系，转轴公式将给出当坐标轴绕其坐标原点转动任意 α 夹角后（**α 规定顺时针为正，逆时针为负**），两对坐标轴的惯性矩和惯性积之间的关系。

如图 9-10 所示，坐标系 yOz 与坐标系 $y_\alpha Oz_\alpha$ 具有同一坐标原点 O，截面对 y、z 轴的惯性矩和惯性积分别为 I_y、I_z 和 I_{yz}；对 y_α、z_α 轴的惯性矩和惯性积分别为 I_{y_α}、I_{z_α} 和 $I_{y_\alpha z_\alpha}$。截面中任意微面积 $\mathrm{d}A$ 在这两组坐标系之间的关系为

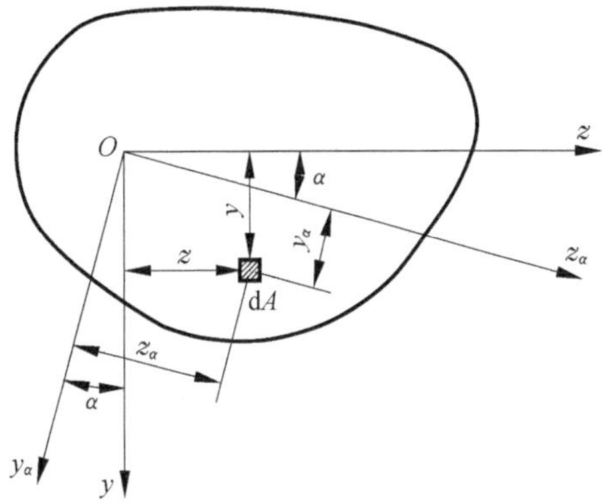

图 9-10

$$y_\alpha = y\cos\alpha - z\sin\alpha$$

$$z_\alpha = y\sin\alpha + z\cos\alpha$$

截面对 z_α 的惯性矩 I_{z_α} 为

$$\begin{aligned} I_{z_\alpha} &= \int_A y_\alpha^2 \mathrm{d}A = \int_A (y\cos\alpha - z\sin\alpha)^2 \mathrm{d}A \\ &= \int_A (y^2\cos^2\alpha + z^2\sin^2\alpha - 2yz\sin\alpha\cos\alpha)\mathrm{d}A \\ &= \frac{I_z + I_y}{2} + \frac{I_z - I_y}{2}\cos 2\alpha - I_{yz}\sin 2\alpha \end{aligned} \tag{9-13a}$$

同理可得

$$I_{y_\alpha} = \frac{I_z + I_y}{2} - \frac{I_z - I_y}{2}\cos 2\alpha + I_{yz}\sin 2\alpha \tag{9-13b}$$

$$\begin{aligned} I_{y_\alpha z_\alpha} &= \int_A y_\alpha z_\alpha \mathrm{d}A = \int_A (y\cos\alpha - z\sin\alpha)(y\sin\alpha + z\cos\alpha)\mathrm{d}A \\ &= \int_A [y^2\sin\alpha\cos\alpha - z^2\sin\alpha\cos\alpha + yz(\cos^2\alpha - \sin^2\alpha)]\mathrm{d}A \\ &= \frac{I_z - I_y}{2}\sin 2\alpha + I_{yz}\cos 2\alpha \end{aligned} \tag{9-13c}$$

将式(9-13a)和式(9-13b)相加可得

$$I_y + I_z = I_{y_\alpha} + I_{z_\alpha}$$

这表明，**截面对通过同一点的任意一对正交坐标轴的两惯性矩之和是一常数**。

9.4.2　截面的主惯性轴和主惯性矩

由式(9-13c)可知，$I_{y_\alpha z_\alpha}$ 与转过的夹角 α 有关，可正可负，甚至为零。当 $\alpha=\alpha_0$ 而且 $I_{y_0 z_0}=0$ 时，这一对坐标轴称为**主惯性轴（简称主轴）**。**截面对主惯性轴的惯性矩称为主惯性矩**。当主惯性轴通过形心时，此时的主惯性轴称为**形心主惯性轴（简称形心主轴）**。截面对形心主惯性轴的惯性矩称为**形心主惯性矩**。由于截面的对称轴通过截面的形心且截面对对称轴的惯性积也等于零，因此可有以下结论：**对称轴为截面的形心主轴，过形心且与对称轴垂直的坐标轴也为截面形心主轴**。

现在来确定主惯性轴的位置。令 $\alpha=\alpha_0$ 时，$I_{y_0 z_0}=0$，由式(9-13c)得

$$\frac{I_z - I_y}{2}\sin 2\alpha_0 + I_{yz}\cos 2\alpha_0 = 0$$

即有

$$\tan 2\alpha_0 = \frac{-2I_{yz}}{I_z - I_y} \tag{9-14}$$

则

$$\cos 2\alpha_0 = \frac{1}{\sqrt{1+\tan^2 2\alpha_0}} = \frac{I_z - I_y}{\sqrt{(I_z - I_y)^2 + 4I_{yz}^2}}$$

$$\sin 2\alpha_0 = \frac{\tan 2\alpha_0}{\sqrt{1+\tan^2 2\alpha_0}} = \frac{-2I_{yz}}{\sqrt{(I_z - I_y)^2 + 4I_{yz}^2}}$$

将 $\sin 2\alpha_0$、$\cos 2\alpha_0$ 分别代入式(9-13a)和式(9-13b)可得主惯性矩公式为

$$I_{y_{\alpha_0}} = \frac{I_z + I_y}{2} - \sqrt{\left(\frac{I_z - I_y}{2}\right)^2 + I_{yz}^2} \tag{9-15a}$$

$$I_{z_{\alpha_0}} = \frac{I_z + I_y}{2} + \sqrt{\left(\frac{I_z - I_y}{2}\right)^2 + I_{yz}^2} \tag{9-15b}$$

现探讨一下截面对过某一点的所有坐标轴的惯性矩的极值，令 $\alpha=\alpha_1$ 时，I_{z_α} 取极值，则有

$$\frac{dI_{z_\alpha}}{d\alpha} = (I_z - I_y)(-\sin 2\alpha) - 2I_{yz}\cos 2\alpha = 0$$

即

$$\tan 2\alpha_1 = \frac{-2I_{yz}}{I_z - I_y}$$

由此求得的 α_1 与式(9-14)所求得的 α_0 相同。由此说明 I_{z_0} 为截面对通过同一点所有坐标轴的惯性矩的最大值，I_{y_0} 则为最小值(即主惯性矩为截面对通过同一点所有坐标轴的极值惯性矩)。

习　　题

9.1　试求以下各截面的阴影线面积对 z 轴的静矩。

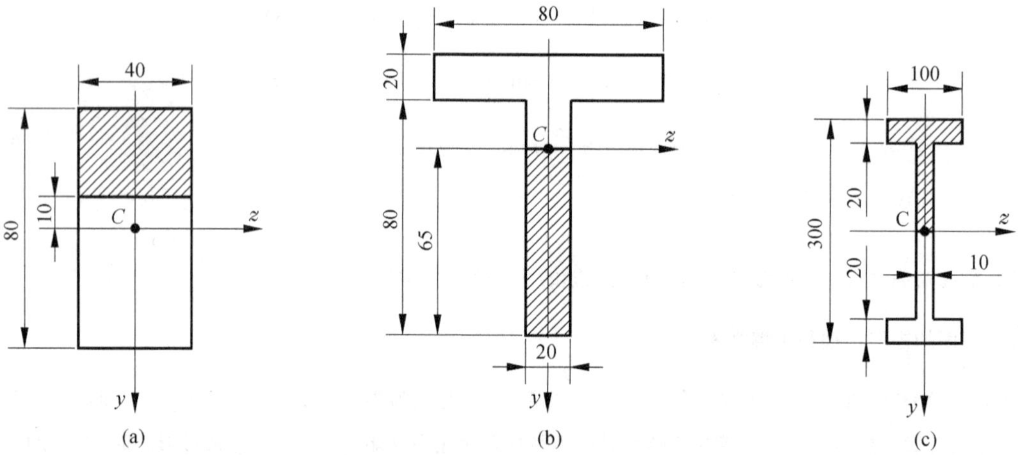

习题 9.1 图

9.2　试求图示四分之一圆形截面对 y、z 轴的惯性矩和惯性积。

9.3　试求习题 9.1 图中各截面对其水平形心轴 z 轴的惯性矩。

9.4　试求图中各截面对其水平形心轴的惯性矩。

9.5　试求图示截面的惯性矩 I_y、I_z 和惯性积 I_{yz}。

9.6　试求图示截面对 y_1、z_1 的惯性矩和惯性积。

9.7　试确定图示截面的形心主轴位置，并计算形心主惯性矩。

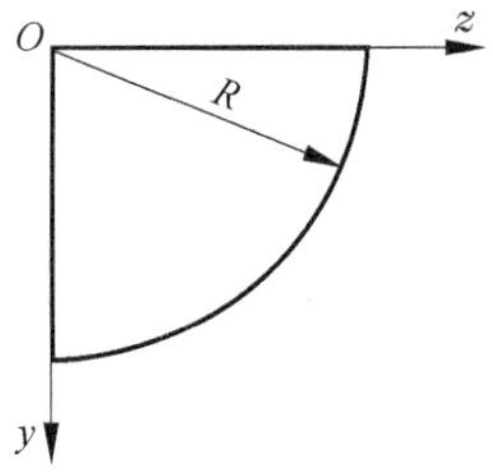

习题 9.2 图

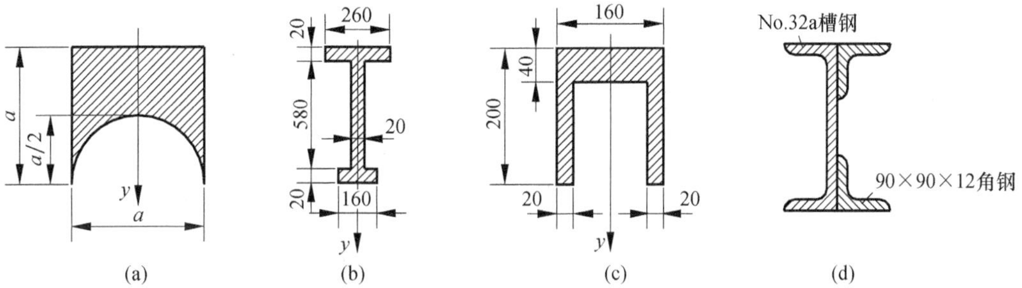

习题 9.4 图

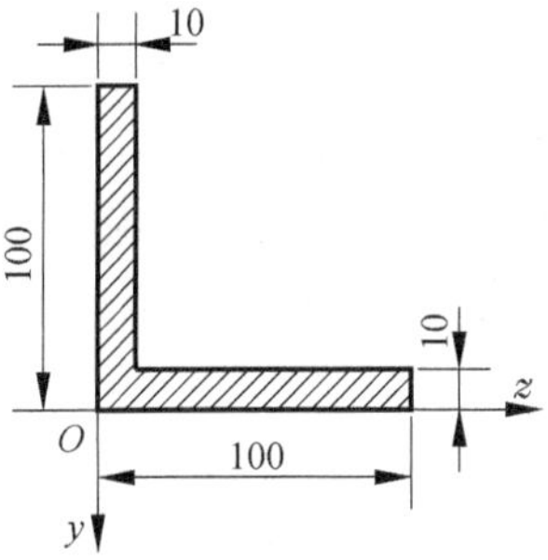

习题 9.5 图

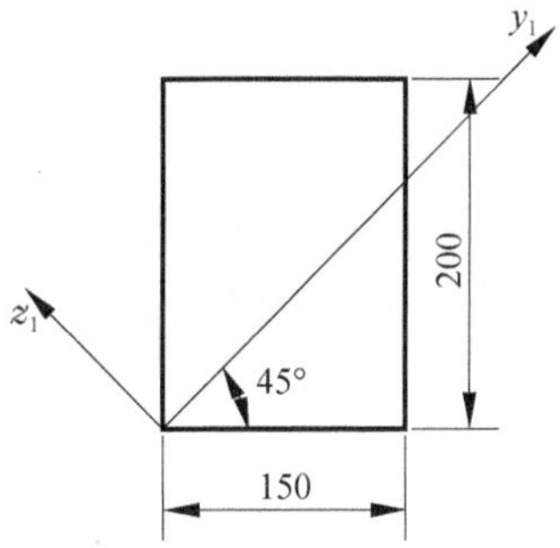

习题 9.6 图

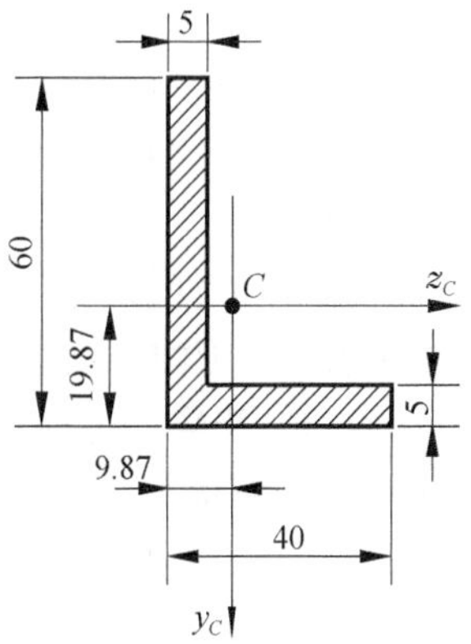

习题 9.7 图

第 10 章　弯曲应力及弯曲强度

10.1　纯弯曲时梁的正应力

一般来说，直梁在纵向对称平面内受横向力作用时，横截面上既有剪力又有弯矩，这种弯曲称为**横力弯曲**，如图 8-2 所示火车轮轴的 CA 段和 BD 段的弯曲变形。若梁横截面上内力只有弯矩而无剪力，这种弯曲称为**纯弯曲**，如图 8-2 所示火车轮轴的 AB 段的弯曲变形。本节将按照分析横截面上应力的一般方法，分析纯弯曲梁上横截面上正应力。

10.1.1　平面假设与变形几何关系

将纯弯曲梁的表面画上如图 10-1(a)所示平行于轴线和垂直于轴线的直线，在梁的纵向对称面内两端施加一对集中力偶(力偶矩为 $\boldsymbol{M}_e$)，梁的变形如图 10-1(b)所示，可以看出梁的表面变形有如下特征：①平行于轴线的纵向线变成彼此平行的弧线，靠顶面的纵向线缩短，靠底面的纵向线伸长；②垂直于轴线的横向线仍然为直线，只是发生相对转动，仍与变形后的纵向线正交。

根据上述变形特征，可作出如下假设：**梁的横截面在梁变形后仍保持为平面，并仍垂直于变形后的轴线，只是绕着截面上的某一轴转过一角度**。此即纯弯曲梁弯曲时的**平面假设**。此外在纯弯曲变形中，还认为各纵向线之间并无相互挤压(即纵向截面上无正应力)。沿着横截面的高度，由底层线段的伸长应连续地逐渐变为顶层线段的缩短，中间必有一层线段的长度不变，这一层称为**中性层**，中性层与横截面的交线称为**中性轴**(图 10-2)。因此中性层上各点正应力为零。由变形特点知，当梁产生纯弯曲时，其横截面上只有正应力而无剪应力。横截面上各点处于单向拉伸或单向压缩状态。

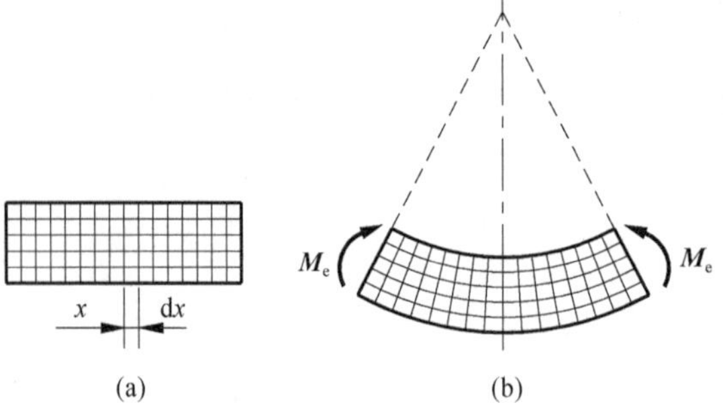

图 10-1

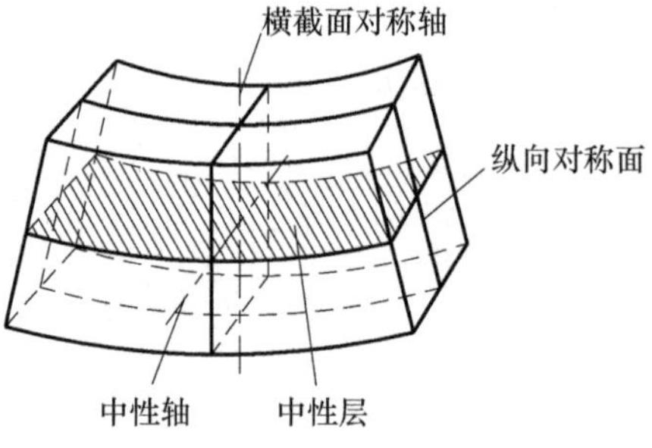

图 10-2

根据平面假设，不难得出沿梁的高度方向纵向变形之间的几何关系。

从梁上任意截取一微段 dx，变形前后分别如图 10-3(a)和图 10-3(b)所示。现建立 $Oxyz$ 坐标系，y 轴为横截面的对称轴，z 轴为中性轴，x 轴为通过原点沿横截面的法线(图 10-3(c))。根据平面假设，相距 dx 的两个横截面，变形后绕各自中性轴相对转了一个 $d\theta$ 角(图 10-3(b))，并

仍保持为平面。这使距中性层为 y 的线段 bb 的长度变为

$$\widehat{b'b'} = (\rho + y)\mathrm{d}\theta$$

式中，ρ 为中性层的曲率半径。

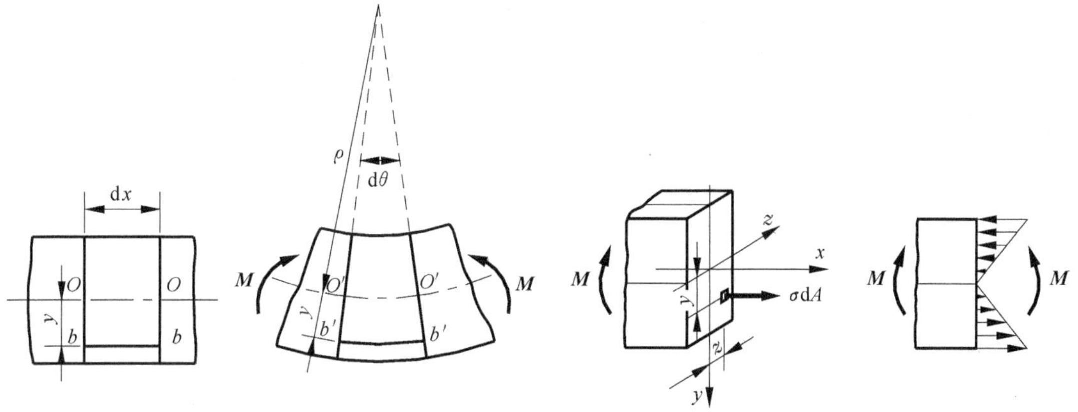

(a)　(b)　(c)　(d)

图 10-3

线段 bb 的原长度为 $\overline{bb} = \mathrm{d}x = \overline{OO}$。由于变形前后中性层内线段 OO 的长度不变，故有

$$\overline{bb} = \mathrm{d}x = \overline{OO} = \widehat{O'O'} = \rho\mathrm{d}\theta$$

线段 bb 的线应变为

$$\varepsilon = \frac{(\rho + y)\mathrm{d}\theta - \rho\mathrm{d}\theta}{\rho\mathrm{d}\theta} = \frac{y}{\rho} \tag{a}$$

可见，纵向应变 ε 与它到中性层的距离成正比。

10.1.2　物理关系

在弹性范围内，横截面上各点正应力与线应变满足胡克定律

$$\sigma = E\varepsilon$$

将式(a)代入上式可得

$$\sigma = E\frac{y}{\rho} \tag{b}$$

式(b)表明横截面上各点处的正应力与它到中性层的距离成正比，即沿着横截面的高度，正应力按直线规律变化，如图 10-3(d)所示。

10.1.3　静力关系

横截面上的微内力 $\sigma\mathrm{d}A$ 组成垂直于横截面的空间平行力系(图 10-3(c))。这一内力系只可能简化成三个内力分量，即平行于 x 轴的轴力 F_N，分别绕 y 轴、z 轴的力偶 M_y 和 M_z。即

$$F_N = \int_A \sigma\mathrm{d}A,\quad M_y = \int_A z\sigma\mathrm{d}A,\quad M_z = \int_A y\sigma\mathrm{d}A$$

以上所列的横截面上内力应与截面左侧的外力平衡。而纯弯曲时截面左侧外力只有 M_e，由平衡方程 $\sum F_x = 0$，$\sum M_y = 0$ 和 $\sum M_z = 0$ 得

$$F_N = \int_A \sigma \mathrm{d}A = 0 \tag{c}$$

$$M_y = \int_A z\sigma \mathrm{d}A = 0 \tag{d}$$

横截面上内力系最终只有一力偶 M_z，即横截面的弯矩 M

$$M_z = \int_A y\sigma \mathrm{d}A = M = M_e \tag{e}$$

将式(b)代入式(c)得

$$\int_A \sigma \mathrm{d}A = \frac{E}{\rho}\int_A y \mathrm{d}A = 0$$

式中，E/ρ 不等于零，必有 $\int_A y\mathrm{d}A = 0$，则横截面对 z 轴的静矩等于零，即 z 轴(中性轴)必定通过横截面的形心。这就确定了 z 轴的位置，这也表明 x 轴与梁的轴线重合。

将式(b)代入式(d)得

$$\int_A z\sigma \mathrm{d}A = \frac{E}{\rho}\int_A yz \mathrm{d}A = 0$$

同理，式中 E/ρ 不等于零，必有 $I_{yz} = \int_A yz\mathrm{d}A = 0$，说明 y 轴、z 轴为主轴，即可得 y 轴、z 轴为形心主轴。

将式(b)代入式(e)得

$$M = \int_A y\sigma \mathrm{d}A = \frac{E}{\rho}\int_A y^2 \mathrm{d}A = \frac{EI_z}{\rho} \tag{f}$$

式中，积分 $\int_A y^2\mathrm{d}A = I_z$ 为横截面对 z 轴(中性轴) 的惯性矩。式(f)可写成

$$\frac{1}{\rho} = \frac{M}{EI_z} \tag{10-1}$$

式中，$1/\rho$ 代表梁轴线变形后的曲率。

式(10-1)表明 EI_z 越大，曲率 $1/\rho$ 越小，即弯曲变形越小，故 EI_z 称为**抗弯刚度**。再将式(10-1)代入式(b)并消去 $1/\rho$ 得

$$\sigma = \frac{M}{I_z}y \tag{10-2}$$

在以上讨论中，为了方便，把梁横截面画成矩形，但推导过程中并没有用过矩形的几何特性，所以，公式适用于梁有纵向对称面，且载荷作用于纵向对称面的所有情况，即适用于对称截面梁纯弯曲的所有情况。

10.2　横力弯曲时梁的正应力及弯曲强度计算

工程问题中的梁一般都是横力弯曲，由于梁横截面有剪力，在横截面有切应力存在，横截面将不再保持为平面而发生翘曲。同时，在横力弯曲中，纵向线段之间也往往存在微小正应力。这就与纯弯曲正应力公式推导略有差异。尽管如此，对于横截面有剪力的细长梁(若 $h/l \leqslant 0.2$，h 为横截面的高度，l 为梁的跨度)，公式(10-1)和公式(10-2)也适用，因为此时剪力的影响远远小于弯矩的影响，将纯弯曲正应力公式应用于横力弯曲，引起的误差非常微小，能够达到工程问题

所需的精度。而且这两个公式也可近似用于小曲率梁($h/\rho_0 \leqslant 0.2$,ρ_0 为曲梁轴线的曲率半径)。

在横力弯曲时各截面的弯矩一般不同,对于等截面梁,横截面上的最大正应力发在弯矩最大的截面上且离中性轴最远的边缘处,其值为

$$\sigma_{\max} = \frac{M_{\max} y_{\max}}{I_z} \tag{10-3}$$

式中,$M_{\max}$指的是弯矩绝对值的最大值,$y_{\max}$指的是离中性轴 z 轴的距离的最大值。现引用记号

$$W_z = \frac{I_z}{y_{\max}} \tag{10-4}$$

则式(10-3)可改写为

$$\sigma_{\max} = \frac{M_{\max}}{W_z} \tag{10-5}$$

式(10-4)中的 W_z 称为**抗弯截面系数**,它与截面的几何形状和尺寸有关,故它是横截面的几何性质之一。

若横截面是高为 h,宽为 b 的矩形,且中性轴与 h 边垂直,则

$$W_z = \frac{I_z}{y_{\max}} = \frac{bh^3/12}{h/2} = \frac{bh^2}{6}$$

若横截面是直径为 d 的圆形,则

$$W_z = \frac{I_z}{y_{\max}} = \frac{\pi d^4/64}{d/2} = \frac{\pi d^3}{32}$$

类似轴向拉伸和压缩时的强度条件,限定最大弯曲正应力不得超过许用正应力,于是可得梁的弯曲正应力强度条件为

$$\sigma_{\max} = \frac{M_{\max}}{W_z} \leqslant [\sigma] \tag{10-6}$$

对于抗拉和抗压强度相等的材料(如低碳钢),只要绝对值最大的正应力不超过许用正应力即可。对于抗拉和抗压强度不相等的材料(如铸铁),则拉和压的最大正应力都不应超过各自的许用拉应力和许用压应力。

例 10-1　如图 10-4(a)所示的空心悬臂支架,所承受载荷 $F=1.0\text{kN}$,其中 1-1 横截面尺寸如图 10-4(b)所示,求(1) 1-1 截面最大正应力;(2) 若支架为实心,求 1-1 截面的最大正应力。

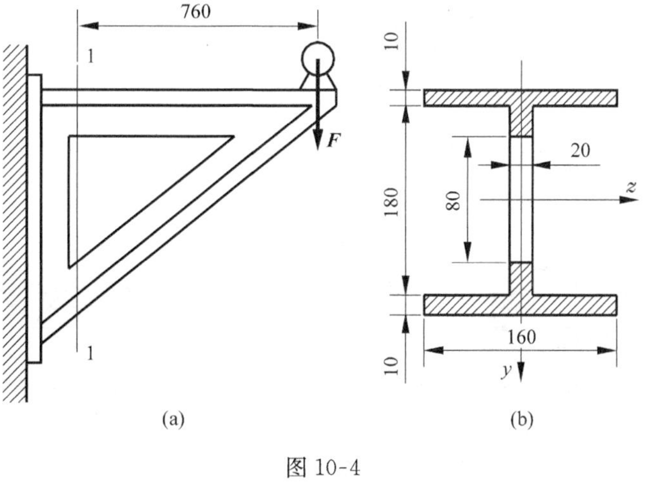

图 10-4

解:(1) 1-1 横截面上弯矩 $M_{1\text{-}1}$。

$$M_{1\text{-}1} = 1.0 \times 10^3 \times 760 \times 10^{-3}\text{N} \cdot \text{m} = 0.76\text{kN} \cdot \text{m}$$

(2) 当支架为空心时,1-1 截面对中性轴 z 轴的惯性矩为

$$I_{z,空} = \left(\frac{1.6 \times 2^3}{12} - \frac{1.4 \times 1.8^3}{12} - \frac{0.2 \times 0.8^3}{12}\right) \times 10^8 \text{mm}^4 = 3.78 \times 10^7 \text{mm}^4$$

最大正应力为

$$\sigma_{\max,空} = \frac{M_z y_{\max}}{I_{z,空}} = \frac{0.76 \times 10^3 \text{N} \cdot \text{m} \times 100 \times 10^{-3} \text{m}}{3.78 \times 10^{-5} \text{m}^4} = 2.01 \times 10^6 \text{Pa} = 2.01 \text{MPa}$$

(3) 当支架为实心时,1-1 截面对中性轴 z 轴的惯性矩为

$$I_{z,实} = \left(\frac{1.6 \times 2^3}{12} - \frac{1.4 \times 1.8^3}{12}\right) \times 10^8 \text{mm}^4 = 3.86 \times 10^7 \text{mm}^4$$

此时最大正应力为

$$\sigma_{\max,实} = \frac{M_z y_{\max}}{I_{z,实}} = \frac{0.76 \times 10^3 \text{N} \cdot \text{m} \times 100 \times 10^{-3} \text{m}}{3.86 \times 10^{-5} \text{m}^4} = 1.97 \times 10^6 \text{Pa} = 1.97 \text{MPa}$$

由计算结果可知,在 1-1 截面上,空心与实心最大正应力相差仅约为 2%,但开孔时可减轻自重,而且更经济,因此工程中一些梁构件常做成空心截面。

例 10-2 如图 10-5(a)所示 T 型截面铸铁外伸梁,其横截面的尺寸和形心位置如图 10-5(b)所示。铸铁的许用拉应力为$[\sigma_t]=30\text{MPa}$,许用压应力为$[\sigma_c]=160\text{MPa}$,试校核梁的强度并画出最大拉应力和最大压应力所在截面的正应力分布图(不计梁的自重)。

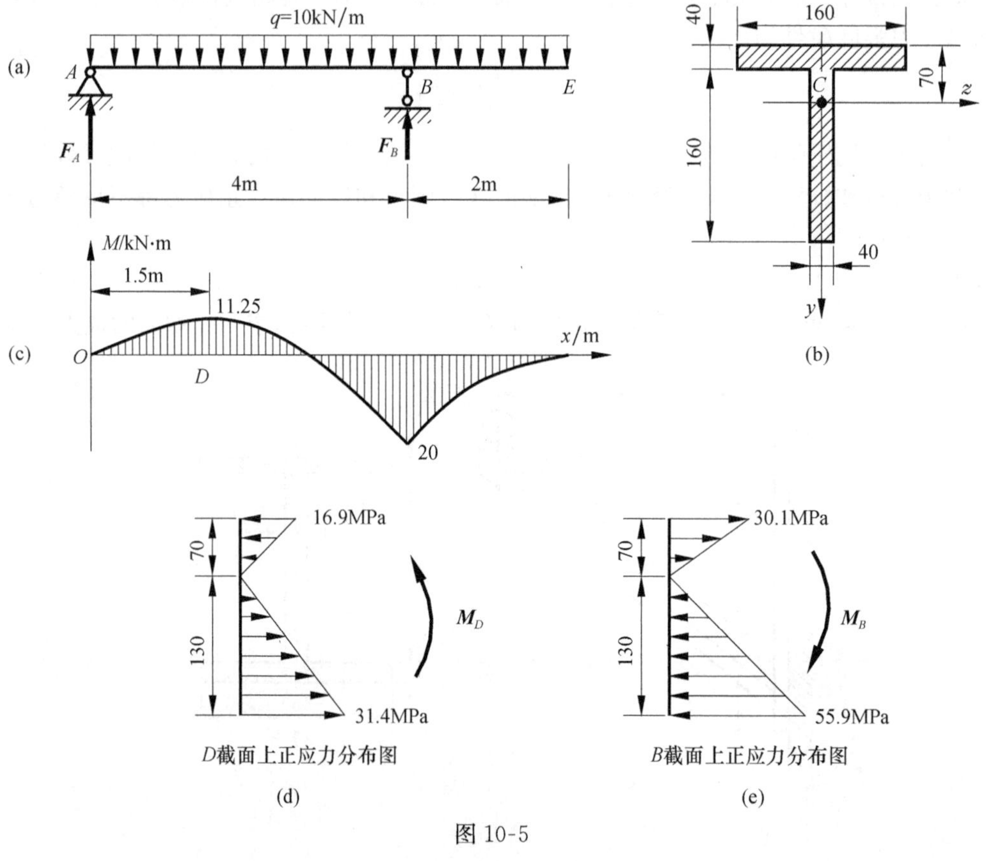

图 10-5

解:(1) 取整体为研究对象,由平衡方程 $\sum M_B = 0$ 和 $\sum M_A = 0$,求出支座反力为

$$F_A = 15\text{kN}(\uparrow), \quad F_B = 45\text{kN}(\uparrow)$$

(2) 作出弯矩图,如图 10-5(c)所示。由弯矩图可知最大负弯矩在 B 截面,其值为 $M_B = 10\times 2^2/2 = 20\text{kN}\cdot\text{m}$,最大正弯矩在 AB 段内,为求 AB 段内的极值正弯矩,先写出 AB 段的弯矩方程为

$$M(x) = F_A \cdot x - \frac{1}{2}qx^2 = 15x - 5x^2$$

由 $\dfrac{\mathrm{d}M(x)}{\mathrm{d}x} = 0$,即 $15-10x=0$,所以 $x=1.5\text{m}$,因此,当 $x=1.5\text{m}$ 时(即 D 截面),弯矩有一极值,其值为

$$M_D = F_A \cdot x - \frac{1}{2}qx^2 = 15\text{kN}\times 1.5\text{m} - \frac{1}{2}\times 10\text{kN/m}\times(1.5\text{m})^2 = 11.25\text{kN}\cdot\text{m}$$

(3) 再把横截面分成顶板和腹板两块矩形,利用平行移轴公式求出横截面对中性轴 z 轴的惯性矩 I_z 为

$$\begin{aligned} I_z &= \left[\frac{160\times 40^3}{12} + 160\times 40\times(70-20)^2\right]\text{mm}^4 + \left[\frac{40\times 160^3}{12} + 40\times 160\times(130-80)^2\right]\text{mm}^4 \\ &= 4651\times 10^4\,\text{mm}^4 \end{aligned}$$

(4) 求最大拉、压应力。由于 B 截面上的弯矩为最大负弯矩,因此 B 截面上最大拉应力和压应力分别位于截面的上、下边缘处,设下边缘和上边缘上各点离中性轴的距离分别为 y_1 和 y_2,由公式(10-3)可得

$$(\sigma_{\text{t,max}})_B = \frac{M_B y_2}{I_z} = \frac{20\times 10^3\text{N}\cdot\text{m}\times 70\times 10^{-3}\text{m}}{4651\times 10^{-8}\text{m}^4} = 30.1\times 10^6\text{Pa} = 30.1\text{MPa}$$

$$(\sigma_{\text{c,max}})_B = \frac{M_B y_1}{I_z} = \frac{20\times 10^3\text{N}\cdot\text{m}\times 130\times 10^{-3}\text{m}}{4651\times 10^{-8}\text{m}^4} = 55.9\times 10^6\text{Pa} = 55.9\text{MPa}$$

由于 D 截面上的弯矩为最大正弯矩,因此 D 截面上最大拉应力和压应力分别位于截面的下、上边缘处,虽然 $|M_D| < |M_B|$,但是 D 截面的下边缘处受拉,该处离中性轴的距离大于 B 截面最大拉应力离中性轴的距离(即 $y_1 > y_2$),因此 D 截面最大拉应力有可能大于 B 截面最大拉应力。D 截面最大压应力则一定小于 B 截面最大压应力。D 截面最大拉、压应力分别为

$$(\sigma_{\text{t,max}})_D = \frac{M_D y_1}{I_z} = \frac{11.25\times 10^3\text{N}\cdot\text{m}\times 130\times 10^{-3}\text{m}}{4651\times 10^{-8}\text{m}^4} = 31.4\times 10^6\text{Pa} = 31.4\text{MPa}$$

$$(\sigma_{\text{c,max}})_D = \frac{M_D y_2}{I_z} = \frac{11.25\times 10^3\text{N}\cdot\text{m}\times 70\times 10^{-3}\text{m}}{4651\times 10^{-8}\text{m}^4} = 16.9\times 10^6\text{Pa} = 16.9\text{MPa}$$

计算表明:$\sigma_{\text{t,max}}$发生在 D 截面下边缘,其大小为 31.4MPa,且略微超过了许用拉应力,但其相对误差并不到 5%,仍可认为拉应力满足梁的强度要求。$\sigma_{\text{c,max}}$发生在 B 截面下边缘,其大小为 55.9MPa,小于许用压应力,因此压应力也满足梁的强度要求。最大拉应力截面(D 截面上)和最大压应力截面(B 截面上)的正应力分布图分别如图 10-5(d)和图 10-5(e)所示。

10.3　弯曲切应力及强度条件

横力弯曲时,梁横截面上除了有弯矩还有剪力,因此,在横截面上也就存在切应力。在材料

力学中,分析弯曲切应力的方法与分析弯曲正应力的方法是近似的,即对切应力在横截面上的分布作基本符合实际的假设,然后再利用分离体的平衡条件得出弯曲切应力的计算公式,随着截面的不同,所作的假设也略有差异,故分几种截面形状来讨论梁上横截面上的切应力。本节中只限于研究横向力作用在梁的纵向对称平面内的情况。

10.3.1 矩形截面梁

如图 10-6(a)所示矩形截面梁任意横截面上,剪力 F_S 应与截面的对称轴 y 重合(图 10-6(b))。可对横截面上的切应力分布作以下假设:①横截面上各点处切应力 τ 的方向平行于 F_S;②切应力沿截面宽度 b 均匀分布。对于截面高 h 大于宽度 b 的情况,由上述假设为基础得到的解与精确解相比有足够的精度。根据上述两个假设可知,在距中性轴为 y 的横线 pq 上,各点的切应力 τ 都相等且平行于 F_S。由切应力互等定理可知,在包含 pq 且与中性层平行的 pr 平面上,也必然有与 τ 相等的 τ',而且沿宽度 b,τ' 也均匀分布(图 10-6(d))。取出长为 dx 的微段,在截面 m-n 和 m_1-n_1 上的弯矩分别为 M 和 $M+dM$(图 10-6(c))。若再以平行于中性层且距中性层为 y 的 pr 平面,从微段中截出一部分 $prnn_1$(图 10-6(d)),在这一截出部分的左侧面 rn 上,作用着因弯矩 M 引起的正应力;而在右侧面 pn_1 上,作用着因弯矩 $M+dM$ 引起的正应力。在顶面 pr 上作用着切应力 τ'。上述三种应力都平行于 x 轴。在右侧面 pn_1 上正应力的合力 F_{N2} 为

$$F_{N2}=\int_{A_1}\sigma dA=\int_{A_1}\frac{(M+dM)y_1}{I_z}dA=\frac{(M+dM)}{I_z}\int_{A_1}y_1dA=\frac{(M+dM)}{I_z}S_z^* \tag{g}$$

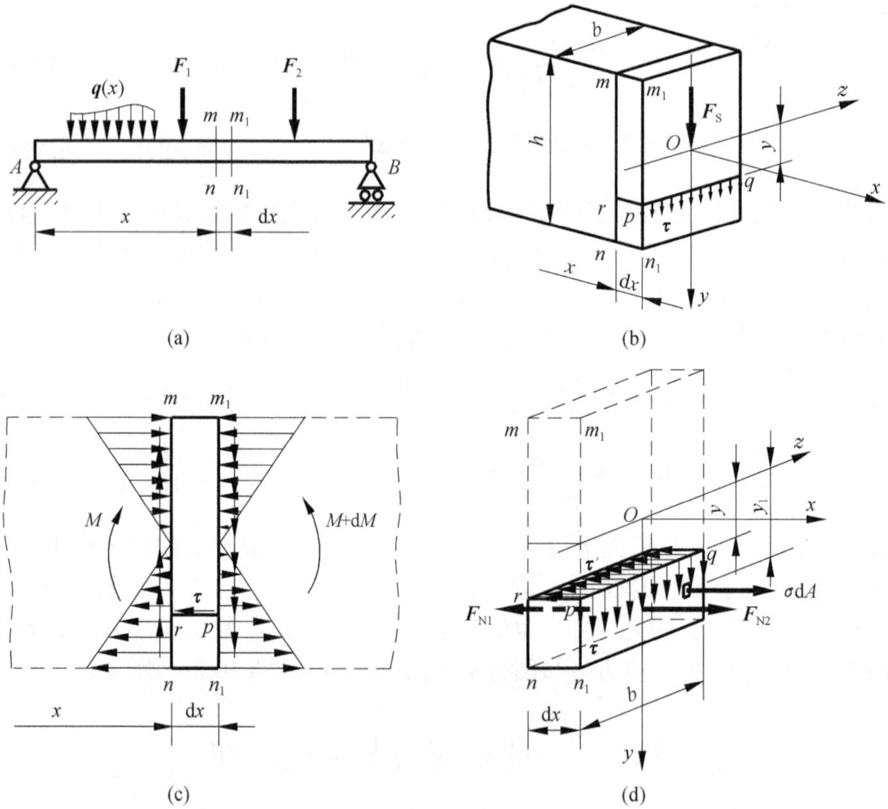

图 10-6

式中，A_1 为侧面 pn_1 的面积，其中

$$S_z^* = \int_{A_1} y_1 \mathrm{d}A \tag{h}$$

仿照式(g)，将弯矩 $M+\mathrm{d}M$ 换作 M，可以求得左侧面 rn 上正应力的合力 F_{N1} 为

$$F_{N1} = \frac{M}{I_z} S_z^* \tag{i}$$

在顶面 pr 上 τ' 的合力为 $\tau' b \mathrm{d}x$，由平衡方程 $\sum F_x = 0$，可得

$$F_{N2} - F_{N1} - \tau' b \mathrm{d}x = 0$$

将式(g)和式(i)代入上式，整理可得

$$\tau' = \frac{\mathrm{d}M}{\mathrm{d}x} \frac{S_z^*}{bI_z} = \frac{F_S S_z^*}{bI_z}$$

由切应力互等定理，由于 $\tau = \tau'$，所以

$$\tau = \frac{F_S S_z^*}{bI_z} \tag{10-7}$$

式中，F_S 为横截面的剪力，b 为截面的宽度，I_z 为整个截面对中性轴的惯性矩，S_z^* 为截面上距中性轴为 y 的横线以下部分截面面积对中性轴的静矩。

对矩形截面(图 10-7)，可取 $\mathrm{d}A = b\mathrm{d}y_1$，于是式(h)可写成

$$S_z^* = \int_{A_1} y_1 \mathrm{d}A = \int_y^{h/2} b y_1 \mathrm{d}y_1 = \frac{b}{2}\left(\frac{h^2}{4} - y^2\right)$$

将上式代入式(10-7)，则

$$\tau = \frac{F_S}{2I_z}\left(\frac{h^2}{4} - y^2\right) \tag{10-8}$$

由式(10-8)可知，沿截面高度切应力 τ 按抛物线规律变化。当 $y = \pm h/2$ 时，$\tau = 0$。这表明截面上、下边缘各点处切应力等于零。当 $y = 0$ 时，τ 为最大值，即最大切应力出现在中性轴上。在式(10-8)中，令 $y = 0$，并有 $I_z = bh^3/12$，于是有

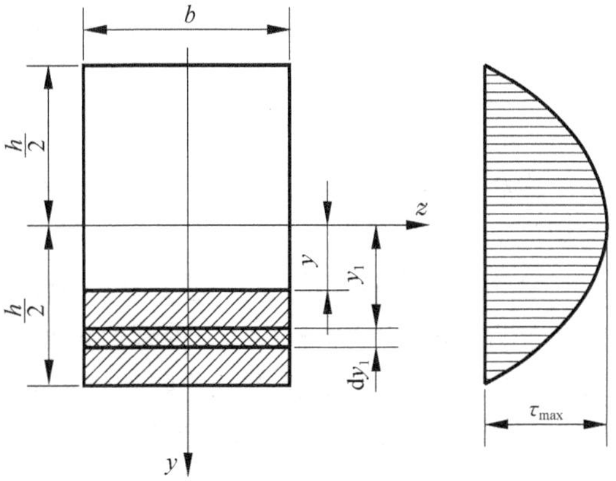

图 10-7

$$\tau_{\max} = \frac{3}{2}\frac{F_S}{bh} = \frac{3}{2}\frac{F_S}{A} \tag{10-9}$$

10.3.2　工字形截面梁

工字形截面(图 10-8(a))由腹板和上、下翼缘组成。因此在横力弯曲条件下，腹板和上、下翼缘上均有切应力存在。首先讨论腹板上的切应力分布情况。由于腹板为狭长的矩形，切应力的分布规律可采用矩形截面的假设，根据假设，并采用推导矩形截面切应力的方法，可得腹板上 y 处的弯曲切应力为

$$\tau = \frac{F_S S_z^*}{\delta I_z} = \frac{F_S}{8I_z\delta}[b(h_0^2 - h^2) + \delta(h^2 - 4y^2)] \tag{10-10}$$

式中，S_z^* 为截面上距中性轴为 y 的横线以下部分截面面积对中性轴的静矩；I_z 为整个截面对中

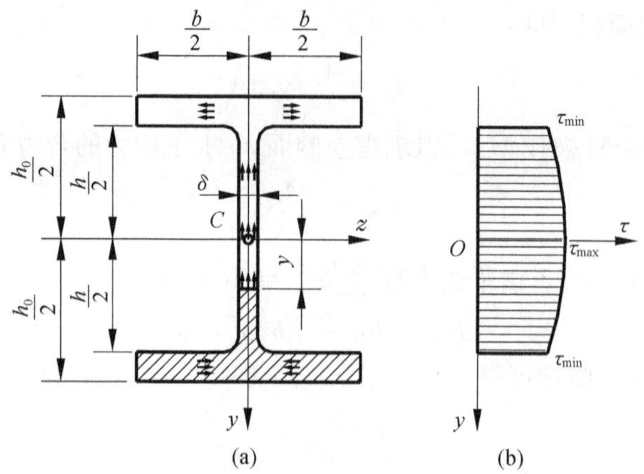

图 10-8

性轴的惯性矩。

由此可得腹板上切应力沿腹板的高度按二次抛物线规律变化(图 10-8(b))，在中性轴处($y=0$)和在腹板与翼缘的交接处($y=\pm h/2$)，腹板切应力分别达到最大值和最小值，其值分别为

$$\tau_{\max}=\frac{F_{S}}{8I_{z}\delta}[bh_{0}^{2}-(b-\delta)h^{2}] \tag{10-11}$$

$$\tau_{\min}=\frac{F_{S}}{8I_{z}\delta}(bh_{0}^{2}-bh^{2})$$

由于腹板的宽度 δ 远小于翼缘的宽度 b，最大和最小切应力差值很小，因此，可近似认为腹板上的切应力均匀分布。

至于翼缘上的切应力，一般比较复杂，除了有平行于 y 轴的切应力 τ_y，还有与翼缘长边平行的水平方向的切应力 τ_z。由于翼缘厚度很薄，切应力 τ_y 很小可忽略不计，故水平切应力 τ_z 是翼板上的主要切应力，其值也可仿照求矩形截面上切应力的方法求得。由于翼缘上的 τ_z 最大值也很小，并无实际意义，一般并不计算。

计算表明，工字形截面上、下翼缘主要承担弯矩，而腹板主要承担剪力。因此，工程中工字形截面上 $\tau_{\max}$ 可以近似用 $\tau_{\max}=F_S/A_{腹}$ 来计算。由于在腹板与翼缘的交接处，切应力分布比较复杂，而且存在应力集中现象，为了减小应力集中，宜在交接处倒圆角。而 T 型、槽形等截面由几个矩形组成，它们的腹板也为狭长矩形，其腹板的应力沿其高也呈二次抛物线分布，仍可用公式(10-7)计算，最大切应力仍在截面的中性轴上。

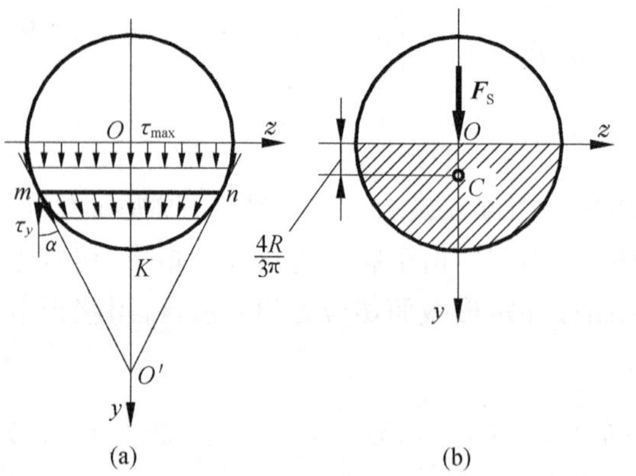

图 10-9

10.3.3　圆形及薄壁圆环截面梁

在圆形截面上，切应力分布比较复杂，在平行于中性轴(z 轴)的 m-n 线上的切应力 τ 均指向过 m、n 两点的切线的交点 O'(图 10-9)，且在 y 轴方向的分量 τ_y 沿 m-n 均匀分布，根据这一假设，可按式(10-7)来计算横截面上任意点处的 τ_y。由此可见圆截面上的最大切应力仍发生在

中性轴上，且沿中性轴均匀分布，其方向平行于剪力 F_S，其值为

$$\tau_{\max} = \frac{4F_S}{3A} \tag{10-12}$$

将此式代入公式(10-7)计算时，$S^*_{z,\max}=(\pi D^2/8)\cdot(2D/3\pi)=D^3/12$，$b=D$，$I_z=\pi D^4/64$，其中，公式(10-12)中 $A=\pi D^2/4$ 为圆截面的面积。可见圆形截面弯曲的最大切应力是平均切应力的 4/3 倍。

对于如图 10-10 所示的薄壁圆环形截面，其应力分布如图所示，最大切应力仍发生在中性轴上。利用公式(10-7)计算 $\tau_{\max}$时，其中，$S^*_{z,\max}=\pi R_0\delta\cdot(2R_0/\pi)=2R_0^2\delta$，$b=2\delta$，$I_z=\pi R_0^3\delta$，可以求得中性轴处的最大切应力为

$$\tau_{\max} = \frac{F_S S^*_{z,\max}}{bI_z} = \frac{F_S\cdot 2R_0^2\delta}{2\delta\cdot\pi R_0^3\delta} = 2\frac{F_S}{A} \tag{10-13}$$

式中，$A=2\pi R_0\delta$ 为薄壁圆环截面的面积。由此可见薄壁圆环截面最大弯曲切应力是其平均切应力的 2 倍。

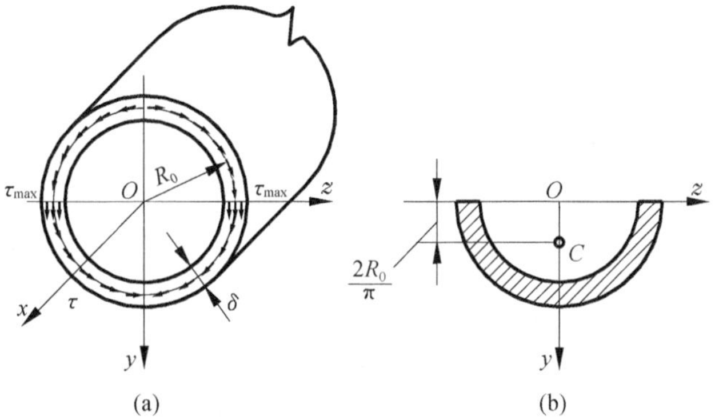

图 10-10

10.3.4　弯曲切应力强度条件

横力弯曲等直梁中，除了满足正应力强度条件外，还需满足切应力强度要求，由于等直梁最大切应力发生在中性轴处，而中性轴上正应力 $\sigma=0$，所以中性轴处各点的应力状态为纯剪切应力状态(第 12 章将详细讨论)，可以按照纯剪切状态下的强度条件表示为

$$\tau_{\max} = \frac{F_{S,\max}S^*_{z,\max}}{bI_z} \leqslant [\tau] \tag{10-14}$$

式中，$F_{S,\max}$为剪力绝对值的最大值，$S^*_{z,\max}$为中性轴以下面积对中性轴 z 轴的静矩。

对于一般的细长梁，其弯曲强度主要取决于正应力的强度条件，只要满足了正应力强度条件，切应力的强度条件也都能满足。但在下列情况下需要进行梁的切应力强度校核：

(1) 梁的跨度较短，或在支座附近有较大的集中载荷作用。在此情况下，梁的弯矩 M 较小，而剪力 F_S 却很大，需要校核切应力强度。

(2) 铆接或焊接的组合截面(如工字形)钢梁，当其腹板厚度与高度之比小于型钢截面的相应比值时，腹板的切应力较大，切应力需要强度校核；焊接、铆接或胶合而成的梁，在焊缝、铆接或胶合面处较薄弱，这些薄弱面处需要校核切应力强度。

(3) 由木材做成的梁，由于木材顺纹方向抗剪强度较差，因此，此类梁可能由于横力弯曲时因中性层的切应力过大而使梁沿中性层发生剪切破坏。

例 10-3　矩形截面简支梁受两个集中力 $F=35\text{kN}$ 作用，如图 10-11(a)所示。已知矩形截面的高宽比为 $h/b=6/5$，材料为红松，其弯曲许用正应力 $[\sigma]=10\text{MPa}$，顺纹许用切应力 $[\tau]=1.1\text{MPa}$。试选择梁的截面尺寸。

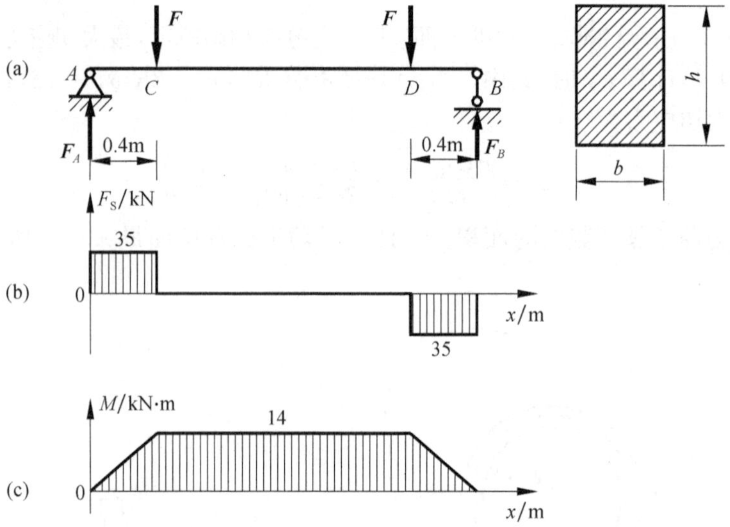

图 10-11

解:(1) 由对称性求得支座反力为

$$F_A = F_B = 35\text{kN}$$

(2) 作出梁的剪力图和弯矩图分别如图 10-11(b)和图 10-11(c)所示。由内力图可得

$$F_{S,\max} = 35\text{kN},\quad M_{\max} = 14\text{kN}\cdot\text{m}$$

(3) 按正应力强度条件选择截面尺寸，由式(10-6)可得

$$\sigma_{\max} = \frac{M_{\max}}{W_z} = \frac{14\times10^3\text{N}\cdot\text{m}}{\dfrac{1}{6}\times\dfrac{5h}{6}\times h^2} \leqslant [\sigma] = 10\times10^6\text{Pa}$$

所以可得

$$h \geqslant \sqrt[3]{\frac{14\times10^3\text{N}\cdot\text{m}\times6\times6}{5\times10\times10^6\text{Pa}}} = 0.216\text{m} = 216\text{mm},\quad b = \frac{5}{6}h = 180\text{mm}$$

(4) 按剪应力强度条件选择截面尺寸，由式(10-9)可得

$$\tau_{\max} = 1.5\times\frac{F_{S,\max}}{A} = 1.5\times\frac{35\times10^3\text{N}}{\dfrac{5h}{6}\times h} \leqslant [\tau] = 1.1\times10^6\text{Pa}$$

故

$$h \geqslant \sqrt{\frac{1.5\times35\times10^3\text{N}\times6}{5\times1.1\times10^6\text{Pa}}} = 0.239\text{m} = 239\text{mm}$$

取

$$h = 240\text{mm},\quad b = \frac{5}{6}h = 200\text{mm}$$

由于载荷离支座较近，且木材的顺纹许用切应力较小，故该梁的强度是由切应力强度条件控制的。

例 10-4　简易起重设备如图 10-12(a)所示。吊车大梁跨长 $l=5\text{m}$，由 No. 20a 工字钢制成，材料的许用正应力$[\sigma]=160\text{MPa}$，许用切应力$[\tau]=100\text{MPa}$。试确定最大起重量 F_P。

解：吊车梁可简化为受集中载荷作用的简支梁。由于载荷是沿梁移动的，故首先应确定最不利的加载位置。设载荷作用处距 A 端距离为 x，则由梁的平衡条件可求出支座反力

$$F_A = F_P(l-x)/l,\quad F_B = F_Px/l$$

最大弯矩发生在载荷作用的截面 C 处，现确定截面 C 的位置

$$M_C = F_Ax = F_Px(l-x)/l$$

由 $\mathrm{d}M_C/\mathrm{d}x=0$，可得 $x=l/2$，即载荷作用于跨中截面时弯矩最大，如图 10-12(b)所示。且

$$M_{max} = M_C = F_Pl/4$$

左段梁剪力 $F_S=F_A=F_P(l-x)/l$，右段梁剪力 $F_S=-F_B=-F_Px/l$，则当载荷作用于支座附近时，即 $x\to0$ 和 $x\to l$ 时，剪力达到其最大值，且 $F_{S,max}\to F_P$，如图 10-12(c)所示。

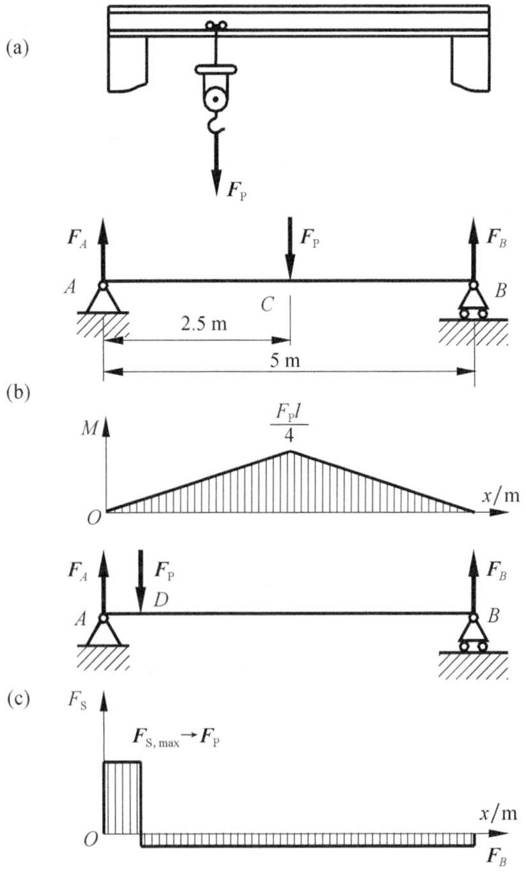

图 10-12

先按正应力强度条件确定许可载荷。由型钢表查得 No. 20a 工字钢的 $W_z=237\text{cm}^3$。由正应力强度条件

$$M_{max} = F_Pl/4 \leqslant W_z[\sigma]$$

求得，$F_P\leqslant 4W_z[\sigma]/l=30.3\text{kN}$

再校核切应力强度，由型钢表查得 $I_z/S^*_{z,max}=17.2\text{cm}$，$b=7\text{mm}$。由切应力强度条件

$$\tau_{max}=\frac{F_{S,max}S^*_{z,max}}{bI_z}=\frac{F_PS^*_{z,max}}{bI_z}$$

$$=\frac{30.3\times10^3\text{N}}{17.2\times7\times10^{-5}\text{m}^2}=25.2\text{MPa}<[\tau]$$

可见，对于热轧型钢，按正应力强度计算结果一般情况下完全可保证切应力强度。可取许用载荷为 30kN。

例 10-5　如图 10-13(a)所示跨度为 6m 的简支钢梁，该梁采用 No. 32a 工字钢，其中中间区段焊接上两块 100mm×10mm×3000mm 钢板。材料为 Q235 钢，其许用正应力$[\sigma]=170\text{MPa}$，许用切应力$[\tau]=100\text{MPa}$。试校核该梁的强度。

解：(1) 计算简支梁的支座反力为

$$F_A = 80\text{kN},\quad F_B = 70\text{kN}$$

作出剪力图和弯矩图分别如图 10-13(b)和图 10-13(c)所示，由剪力图和弯矩图可得

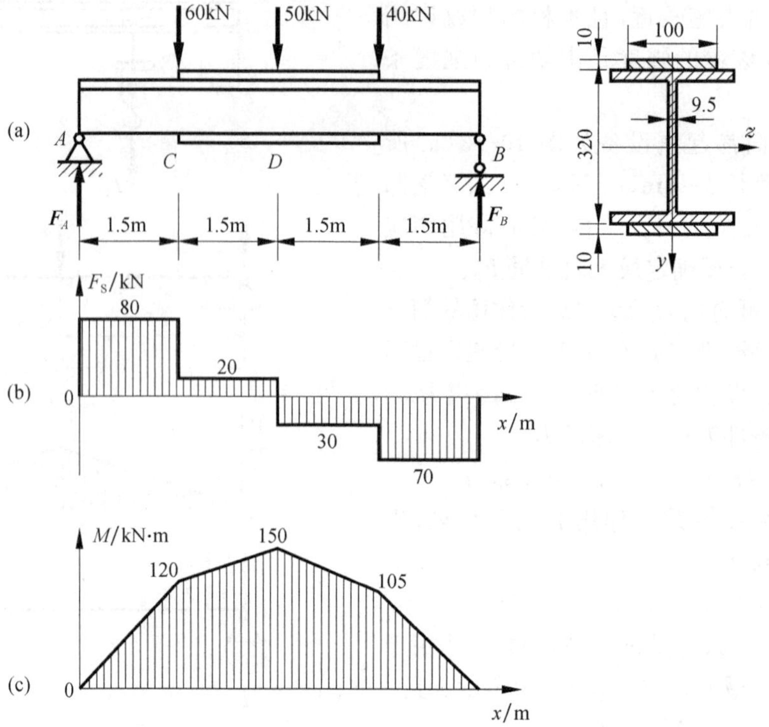

图 10-13

$$F_{S,\max} = 80\text{kN}, \quad M_{\max} = 150\text{kN} \cdot \text{m}$$

在截面变化处(C 截面)的弯矩为

$$M_C = 120\text{kN} \cdot \text{m}$$

(2) 先按正应力强度条件进行校核。对于加强段,其横截面对中性轴的惯性矩可分成由 No. 32a 工字钢和加强板两部分对中性轴惯性矩之和求得,由型钢表查得 No. 32a 工字钢的 $I_z = 11075.5 \times 10^4 \text{mm}^4$,加强段横截面的惯性矩为

$$I_z = 11075.5 \times 10^4 \text{mm}^4 + 2\left[\frac{100 \times 10^3}{12} + 100 \times 10\left(\frac{320}{2} + \frac{10}{2}\right)^2\right]\text{mm}^4 = 16522 \times 10^4 \text{mm}^4$$

相应抗弯截面系数为

$$W_z = \frac{I_z}{y_{\max}} = \frac{16522 \times 10^4 \text{mm}^4}{\left(\dfrac{320}{2} + 10\right)\text{mm}} = 972 \times 10^3 \text{mm}^3$$

由式(10-6)得

$$\sigma_{\max} = \frac{M_{\max}}{W_z} = \frac{150 \times 10^3 \text{N} \cdot \text{m}}{972 \times 10^{-6} \text{m}^3} = 154.3 \times 10^6 \text{Pa} = 154.3\text{MPa} < [\sigma]$$

(3) 校核过渡截面 C 处的强度,虽然 $M_C < M_{\max}$,但此截面对中性轴的抗弯截面系数相对最大弯矩所在截面对中性轴的抗弯截面系数也较小,因此需要校核截面的正应力强度。由型钢表查得 No. 32a 工字钢的 $W_z = 692.2 \times 10^3 \text{mm}^3$。由式(10-6)得

$$\sigma_{C,\max} = \frac{M_C}{W_z} = \frac{120 \times 10^3 \text{N} \cdot \text{m}}{692.2 \times 10^{-6} \text{m}^3} = 173.4 \times 10^6 \text{Pa} = 173.4\text{MPa} > [\sigma]$$

虽然 $\sigma_{C,\max}$ 大于$[\sigma]$,两者相对误差未超过 5%,所以仍可认为安全。

(4) 按切应力强度条件校核。最大切应力位于未加强的区段内，按型钢表查得 No. 32a 工字钢的 $I_z/S_{z,\max}^*=274.6\text{mm}$，腹板的厚度 $b=9.5\text{mm}$。由公式(10-7)有

$$\tau_{\max}=\frac{F_{S,\max}S_{z,\max}}{bI_z}=\frac{80\times10^3\text{N}}{9.5\times10^{-3}\text{m}\times274.6\times10^{-3}\text{m}}$$
$$=30.7\times10^6\text{Pa}=30.7\text{MPa}<[\tau]$$

计算结果表明该梁安全。

注意观察该梁的弯矩图，在支座附近的区段，弯矩较小，而中间区段，弯矩较大，因此把梁制成阶梯状，既可节省材料，又可减轻自重。这种阶梯状变截面梁在工程中广泛运用。

*10.4　非对称截面梁的平面弯曲、开口薄壁截面的弯曲中心

10.4.1　非对称截面梁的平面弯曲

前面研究的弯曲是外力(横向力和力偶)作用在梁的纵向对称平面内而发生的对称弯曲的情形。现在讨论横截面没有对称轴，而外力偶作用在形心主惯性平面(横截面的形心主轴与梁的轴线所构成的平面)内(或作用在与形心主惯性平面相平行的平面内)的弯曲问题。

在图 10-14 中，C 为横截面的形心，y、z 轴分别为截面的形心主轴。在杆的两端与形心主惯性平面(xy 平面)相平行的平面内作用一对力偶，取出左段为分离体(图 10-14(a))。在所取坐标系中，可得到与 10.1 中相同的三个静力学条件

$$F_N=\int_A\sigma\text{d}A=0 \tag{10-15a}$$

$$M_y=\int_A z\sigma\text{d}A=0 \tag{10-15b}$$

$$M_z=\int_A y\sigma\text{d}A=M=M_e \tag{10-15c}$$

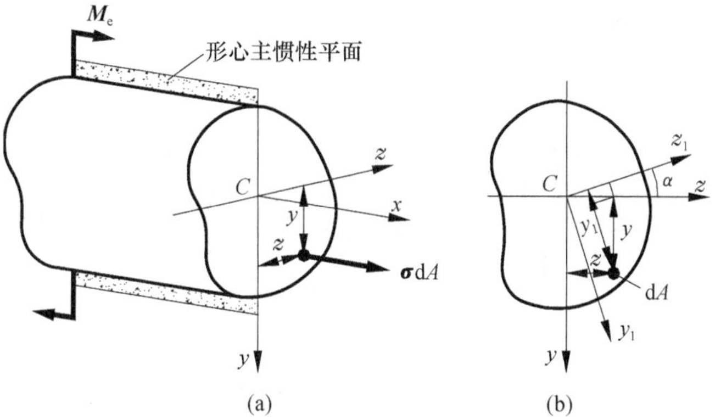

图 10-14

实验表明，非对称截面梁在纯弯曲时平面假设仍成立。然而由于没有对称关系，暂时没有理由认为中性轴与 y 轴正交。此时，设中性轴为 z_1 轴(图 10-14(b))，则横截面上任一点处的纵向线应变必与该点到 z_1 轴的距离 y_1 成正比。重复 10.1 中对变形几何方程和物理方程的推导过程，同样可以得到

$$\varepsilon=\frac{y_1}{\rho},\quad \sigma=E\cdot\varepsilon=E\frac{y_1}{\rho}$$

将以上所得正应力公式代入式(10-15(a))，得到的结论仍是 z_1 轴必须为形心轴。这样 z_1 轴与形心主轴 y、z 轴

相交于原点(形心)。

在图 10-14(b)中,将微面积的坐标 y_1 用形心主轴的坐标来表示

$$y_1 = y\cos\alpha + z\sin\alpha$$

将 y_1 代入正应力 $\sigma = Ey_1/\rho$ 公式,再代入式(10-14b)得

$$\frac{E}{\rho}\int_A z(y\cos\alpha + z\sin\alpha)\mathrm{d}A = \frac{E}{\rho}(I_{yz}\cos\alpha + I_y\sin\alpha) = 0$$

因为 $E/\rho \neq 0$,$I_{yz}=0$,而 I_y 为正值,即有 $\sin\alpha=0$,即 $\alpha=0$。这应说明,即使非对称截面梁,只要外力偶作用在与形心主惯性平面(xy 平面)相平行的平面内(或作用在 xy 平面内),中性轴仍与形心主轴重合。

将正应力 $\sigma = Ey_1/\rho$ 公式再代入式(10-15c),得到最后结果与式(10-1)和式(10-2)相同。在这种情况下,梁的轴线将在形心主惯性平面(xy 平面)内弯成一条平面曲线,它与外力偶作用平面相重合或平行。这就是纯弯曲中**平面弯曲**的一般情况。从以上分析可以看出,在纯弯曲时,满足静力学条件中的式(10-15b),乃是发生平面弯曲的条件。

10.4.2　开口薄壁截面的弯曲中心

非对称截面梁在纯弯曲时的正应力公式,同样可以应用于受横力作用而发生平面弯曲的情况。这时也可用 10.3 中的公式来计算横截面上的弯曲切应力。但是需要指出:并不是横向力作用在与形心主轴相平行的任意位置,都能保证只发生平面弯曲,这要看横截面上切向内力分量所对应的三个静力学条件能否满足。

如图 10-15 所示 T 形截面梁,z 轴为横截面的对称轴;设载荷 F 的作用线与形心主轴 y 相距为 z_1 而使梁发生平面弯曲。由 10.3 中的分析可知,水平板上在 y 方向的切应力很小,可以忽略不计;而竖直板上的切应力分布如图 10-15(b)所示,其方向均与竖直边平行,相应的合力 F_{Sf} 几乎就等于横截面的剪力 F_{Sy},而作用在竖直板的中线上。

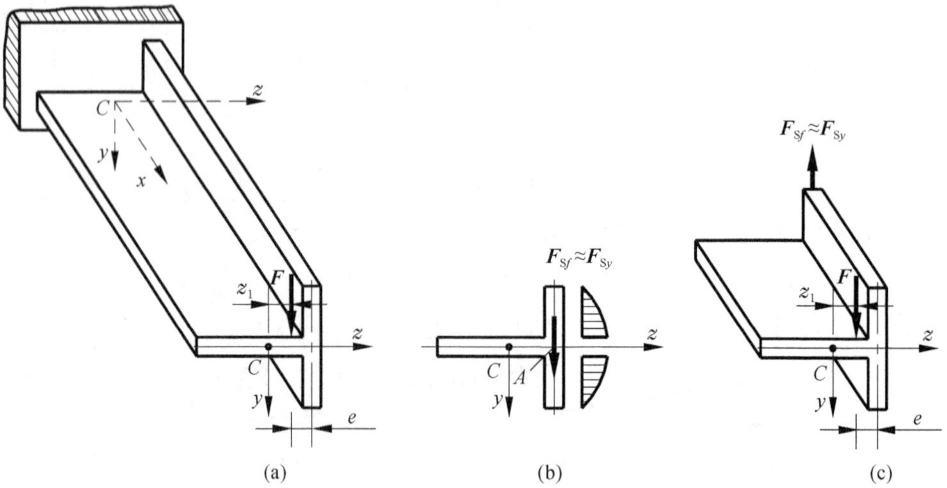

图 10-15

现在取一段梁作为分离体(图 10-15(c))来研究与切向内力分量相关的三个平衡条件。在 y 方向应有$F_{Sy}=F$,在 z 方向有 $F_{Sz}=0$,这是自然成立的,因为 τ 方向与 y 轴平行。关键在于 $\sum M_x = 0$ 能否满足,由于$F_{Sf}(F_{Sy})$ 在横截面上的作用线位置是恒定的,所以要使这个条件得到满足,也就是保证梁只发生平面弯曲,必须让横向力 F 也作用在竖直板的中线上。这样,梁的轴线将在形心主惯性平面(xy 平面)内弯成一条平面曲线,该面与 F 力的作用线相平行。这是平面弯曲的一般情况。

假设让 F 力作用在自由端截面的对称轴 z 轴上,由于对称性,横截面上剪力 F_{Sz} 的作用线必与对称轴 z 重

合，这时与切向内力分量相关的三个静力学条件自然都能得到满足。

上述两个剪力(F_{Sy}、F_{Sz})作用线的交点(图 10-15(b)中的 A 点)称为截面的**弯曲中心**(简称**弯心**)。由此可见，只要横向力通过弯心并与一个形心主轴平行，则梁将发生平面弯曲。如果横向力 F 与一个形心主轴平行但未通过弯心，则可将此力向弯心简化得到一个通过弯心的力 F 和一个力偶矩为 Fe 的力偶，前者使梁发生平面弯曲，后者使梁发生扭转。如果梁横向力通过弯心但不与形心轴平行时，可将横向力沿两个形心主轴主向分解成两个分力，它们将分别引起平面弯曲，关于这两个弯曲的组合称为斜弯曲，第 13 章(组合变形)将详细讨论。从上述的讨论可以看出，平面弯曲时剪力作用线的位置与横向力的大小无关，只与截面的形状有关，因此，弯心的位置是横截面的几何特性。

以下几条简单规则可用来确定一些常见薄壁截面梁的弯曲中心位置。

(1) 具有两条对称轴或反对称轴的截面，弯曲中心与截面形心重合。

(2) 有一条对称轴的截面，其弯曲中心必在此对称轴上。

(3) 若薄壁截面是由一些简单图形截面组成，而且每一块简单图形截面的中心线为汇交于同一点的直线，则此交点即为截面的弯曲中心。

表 10-1 列出了几种常见开口薄壁截面的弯曲中心位置。

表 10-1　几种常见开口薄壁截面的弯曲中心位置

项次	1	2	3	4	5	6	7
截面形状	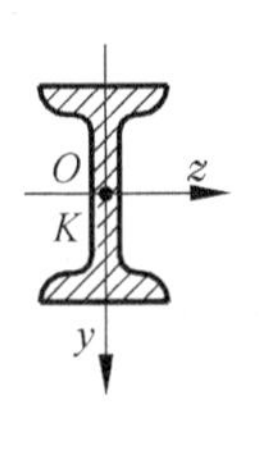	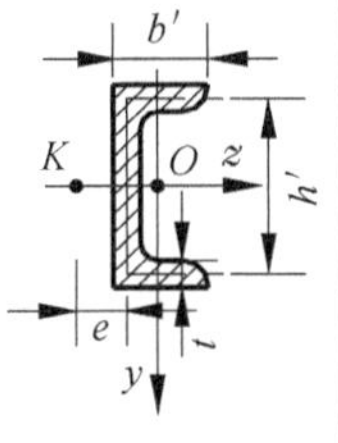	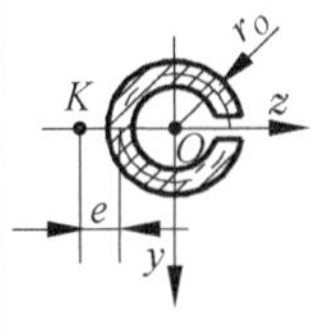	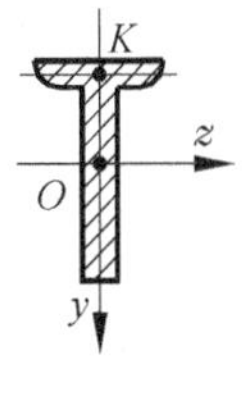	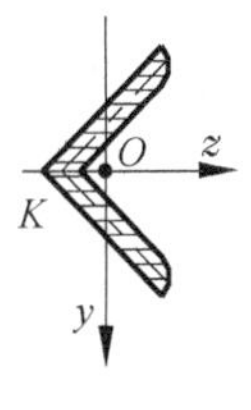	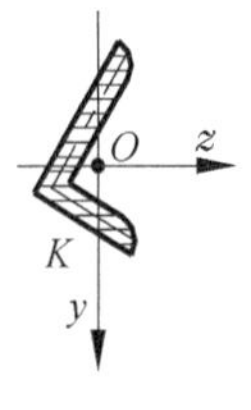	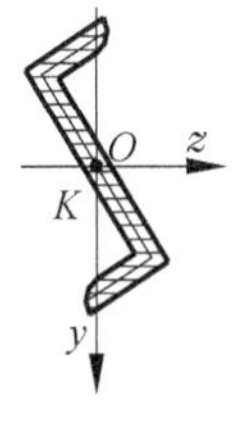
弯曲中心的位置	与形心重合	$e=\frac{b'^2h'^2t}{4I_z}$	$e=r_O$	在两个狭长矩形中线的交点			与形心重合

10.5　提高梁弯曲强度的措施

提高梁的强度是指在不增加和不减少材料的条件下使梁能承受更大的载荷而不发生强度失效。一般来说，弯曲正应力的强度条件

$$\sigma_{\max}=\frac{M_{\max}}{W_z}\leqslant[\sigma](塑性材料),\quad \begin{cases}\sigma_{t,\max}\leqslant[\sigma_t]\\ \sigma_{c,\max}\leqslant[\sigma_c]\end{cases}(脆性材料)$$

是弯曲强度计算的主要依据。因此从这一条件看出，要提高梁承载能力主要从以下三方面着手：

(1) 在不改变横截面情况下(即不改变 W_z)，减小 $M_{\max}$。

(2) 在不改变支承条件和载荷作用位置和形式的情况下(即不改变 $M_{\max}$)，增大 W_z。

(3) 合理利用材料的力学性能，充分发挥材料的强度潜力。

10.5.1　合理布置载荷和支座

在不改变横截面情况下，改善梁的受力，尽量降低梁内的最大弯矩，也就提高了梁的强度。在不能够平移支座情况下，合理布置载荷位置或增加附梁来减小 $M_{\max}$，如图 10-16(a)所示简支

梁中间作用集中载荷。若增加长为 $l/2$ 附梁(图 10-16(b)),可使简支梁的最大弯矩由原来的 $Fl/4$ 减小到 $Fl/8$,最大弯矩减小一半。若将载荷布置在支座 $l/6$ 处(图 10-16(c)),也可使简支梁的最大弯矩由原来的 $Fl/4$ 减小到 $5Fl/36$,最大弯矩明显减小,这也是工程中常见齿轮传动轴将齿轮安装在轴承附近位置的原因。

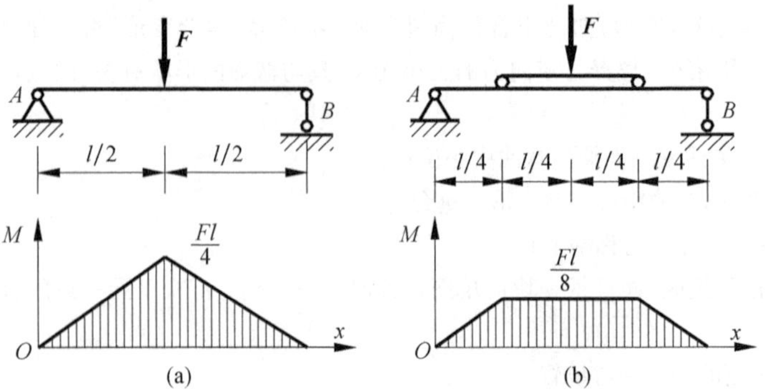

图 10-16

在可移动梁支座的情况下,通过支座平移来减小 M_{max},如图 10-17(a)所示分布载荷简支梁。通过两端支座向中间平移 $0.2l$ 后(图 10-17(b)),分布载荷简支梁的最大弯矩由原来的 $ql^2/8$ 减小到 $ql^2/40$,最大弯矩减小了 4/5。

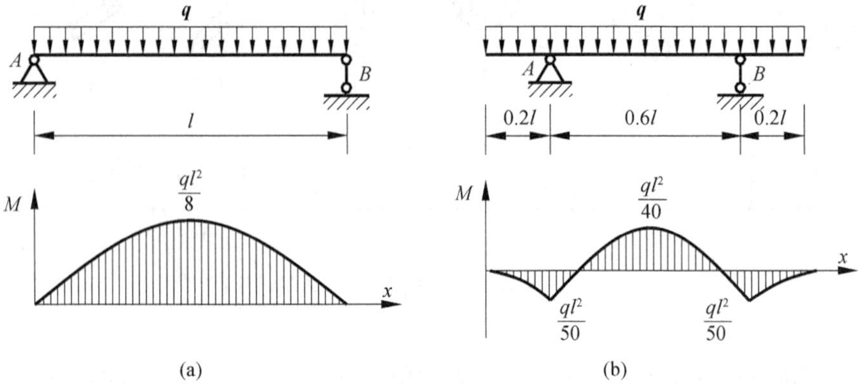

图 10-17

通过上述情况可得出以下结论:通过合理的支承移动和合理布置载荷作用位置可以明显减小 M_{max};在可能的工程前提下,尽量将集中力分散成多个力作用在梁上。

10.5.2　合理选择梁的横截面

在不改变支承条件和载荷作用位置和形式的情况下,而且在不增加和不减少材料的条件下增大 W_z,即使 W_z/A 增加。对于高为 h,宽为 b 的矩形截面

$$\frac{W_z}{A}=\frac{bh^2/6}{bh}=\frac{h}{6}$$

由此可见,在保持面积不变情况下,高度 h 越大越合理。但是不可能过分减小宽度 b 来增加高度 h,这样将使梁结构发生失稳。因此又要使高度增加,而不失稳,因此常把截面做成工字形,以及

由角钢构成的工字形和箱形截面(图 10-18)。对于常见截面形状的 W_z/A 比值见表 10-2。

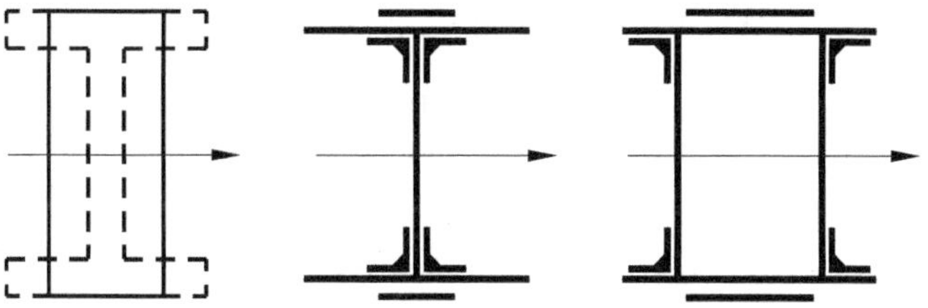

图 10-18

表 10-2　常见的几种截面的 W_z/A

截面形状	矩形	圆形	槽钢	工字钢
W_z/A	$0.167h$	$0.125d$	$(0.27\sim0.31)h$	$(0.27\sim0.31)h$

通过上述情况可得出如下结论:在不增加和不减少材料的条件下增大 W_z,只有尽可能将材料远离中性轴铺放。

10.5.3　合理利用材料的力学性能·等强度梁

由于塑性材料抗拉和抗压强度相等,因此对于用塑性材料做成的梁结构,应采用中性轴为对称轴的截面,如圆形、矩形、工字形等,使拉、压正应力同时达到许用正应力。而脆性材料抗拉和抗压强度不相等,如铸铁,宜受压而不宜受拉,应使中性轴偏于受拉一侧。因此对于脆性材料,应采用不对称截面,如 T 形、上下不对称的工字形截面(图 10-19),并使宽边受拉。只要调整截面中性轴的位置使拉压边缘的距离满足 $y_t/y_c=[\sigma_t]/[\sigma_c]$,即可使拉、压应力同时达到许用的拉、压正应力,此时横截面上材料的力学性能得到充分的利用。

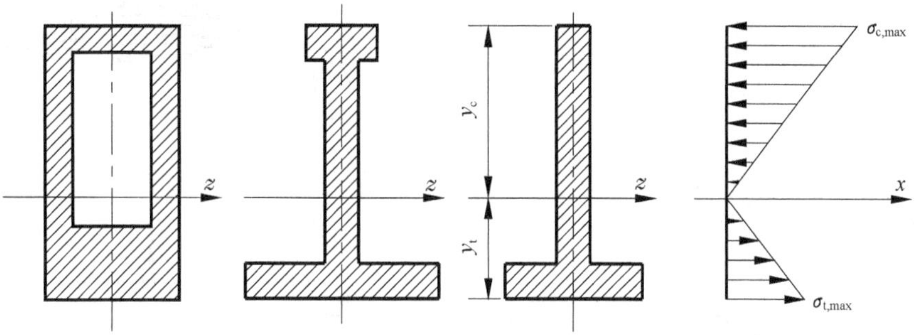

图 10-19

如图 10-20 所示,简支梁中间截面作用集中载荷的横力弯曲梁,弯矩一般沿轴线变化,显然该等截面梁的非危险截面的材料潜力没有得到充分发挥,因此可做成变截面梁,最好使梁各横截面的最大正应力同时达到材料的许用正应力,工程中将此类梁称为**等强度梁**。因此等强度梁截面尺寸设计变化规律:

$$\sigma_{max}=\frac{M(x)}{W_z(x)}=[\sigma] \tag{10-16}$$

对于如图 10-20 所示矩形截面梁,若保持梁的高度 h 不变,宽度 b 为轴线 x 的函数,即 $b=$

$b(x)$，由对称性，只讨论 $0\leqslant x\leqslant l/2$ 范围左半段。由式(10-16)得

$$W_z(x)=\frac{b(x)h^2}{6}=\frac{M(x)}{[\sigma]}=\frac{Fx/2}{[\sigma]}$$

由此得出

$$b(x)=\frac{3F}{[\sigma]h^2}x$$

可见截面宽度 $b(x)$ 是 x 的一次函数，如图 10-20(c)所示。由以下式子得出在端截面，$x=0$，$b(x)=0$，表明面积为零。显然不能满足切应力强度条件，应由切应力强度条件确定截面宽度的最小值 $b_{\min}$。由式(10-9)得

$$\tau_{\max}=\frac{3}{2}\frac{F_S}{b_{\min}h}=\frac{3}{2}\frac{F/2}{b_{\min}h}=[\tau]$$

由此得出

$$b_{\min}=\frac{3F}{4h[\tau]}$$

若设想把上述等强度梁分成若干狭条，如图 10-20(d)所示，然后把这些狭条叠加起来，并使其略微拱起，就成为车辆上经常使用的叠板弹簧(图 10-21(a))。等强度梁设计广泛用于各种工程，如钢板弹簧、鱼腹梁(图 10-21(b))，对于圆截面的等强度梁截面直径的变化规律，考虑到加工的方便和结构的需要，通常加工成阶梯状变截面圆轴(图 10-21(c))。

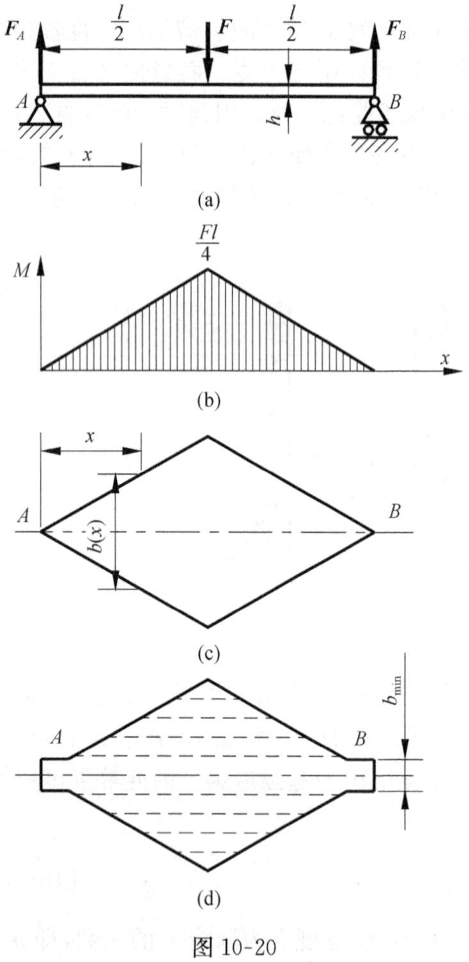

图 10-20

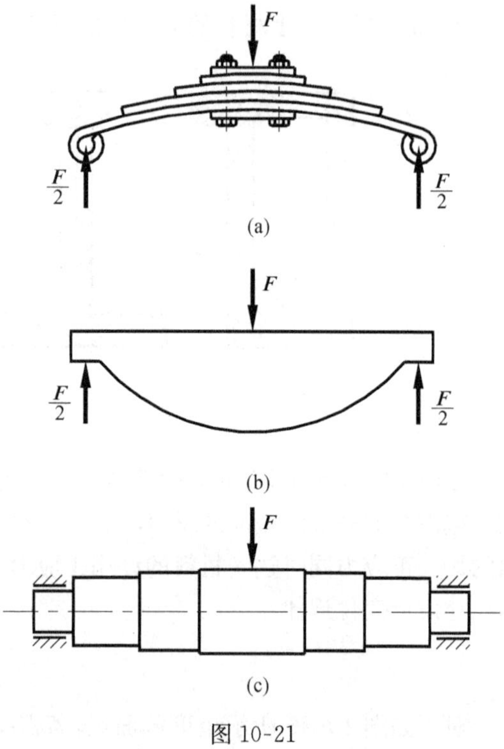

图 10-21

习　题

10.1　直径 $d=3\text{mm}$ 的高强度钢丝，绕在直径 $D=1000\text{mm}$ 的轮缘上，已知材料的弹性模量 $E=200\text{GPa}$。求钢丝横截面上的最大弯曲正应力。

10.2　试计算图示矩形截面简支梁1-1截面上点 a 和点 b 处的正应力。

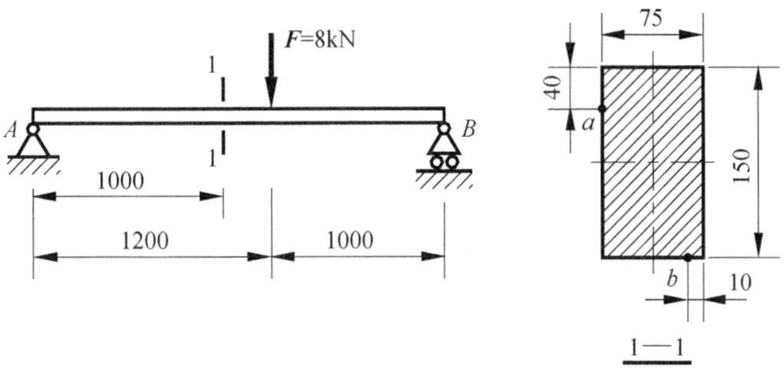

习题10.2图

10.3　如图所示，由No.16工字钢制成的简支梁在跨度中间截面受集中载荷 F 作用。在截面 c-c 处梁的下边缘上用标距 $l_0=20\text{mm}$ 的引伸仪测得纵向伸长量 $\Delta l=0.008\text{mm}$。已知 $l=1.5\text{m}$，$a=1\text{m}$，材料的弹性模量 $E=210\text{GPa}$。试求力 F 的大小。

10.4　从我国晋朝的营造方式中，已可以看出梁截面的高宽比约为 $h/b=3/2$。试从理论上证明这是由直径为 d 的圆木中锯出一个强度最大的矩形截面梁的最佳比值。

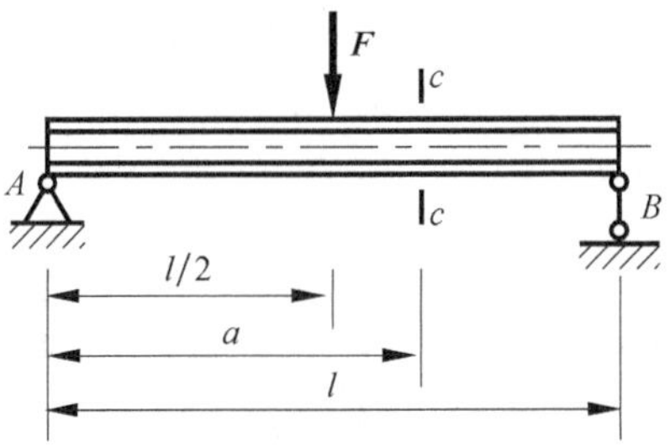

习题10.3图

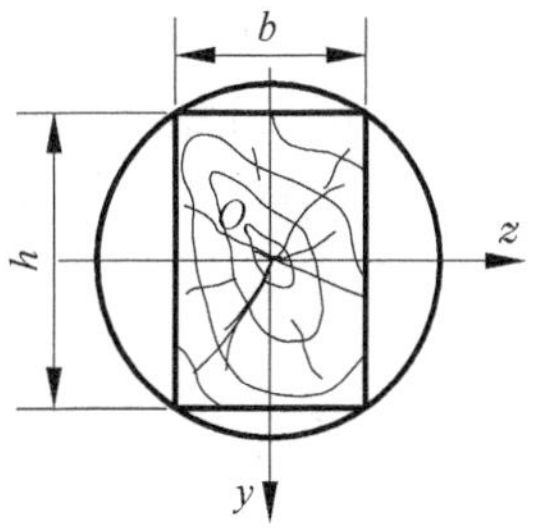

习题10.4图

10.5　图示圆轴的外伸部分为空心轴。试作出轴的弯矩图，并求轴的最大正应力。

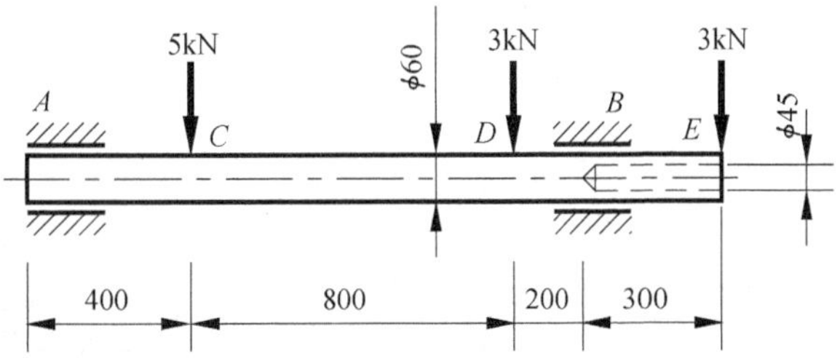

习题10.5图

10.6　压板的尺寸和载荷如图所示。材料为45钢，$\sigma_s=380\text{MPa}$，取安全系数 $n=1.5$。试校核压板的强度。

10.7　矩形截面悬臂梁如图所示，已知 $l=4\text{m}$，$b/h=2/3$，$q=10\text{kN/m}$，$[\sigma]=10\text{MPa}$，试确定横截面的尺寸 h 和 b。

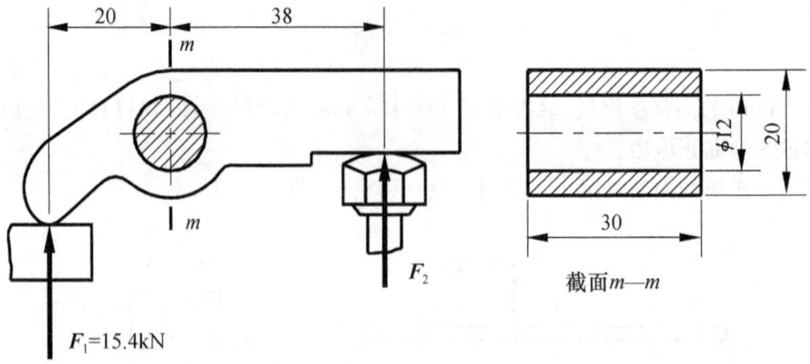

习题 10.6 图

10.8　一外伸梁所受荷载如图所示，已知材料为 Q235 钢，其弯曲许用正应力$[\sigma]=170\text{MPa}$。要求：

(1) 若梁为实心圆截面，选择实心圆截面的直径 d；

(2) 若采用内外径之比 $d_1/D_1=0.8$ 的空心圆截面，求 d_1 和 D_1 的值；

(3) 求前后两种截面的面积之比 A_1/A_2。

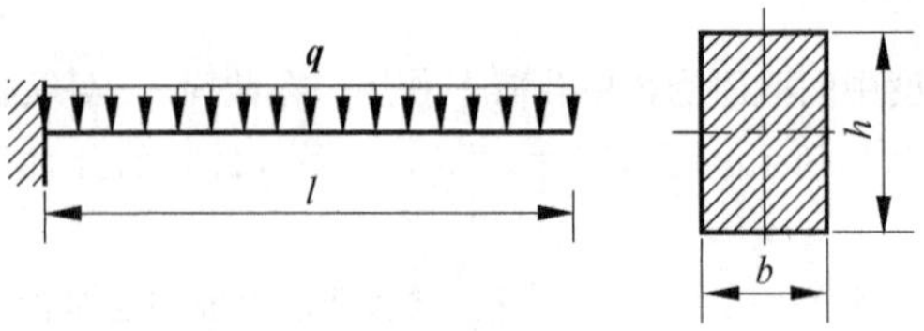

习题 10.7 图

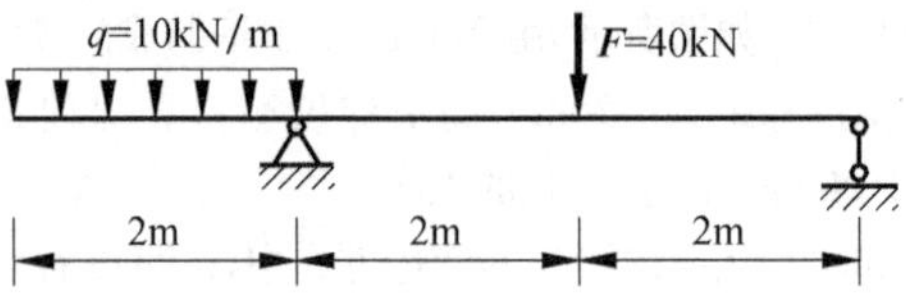

习题 10.8 图

10.9　No. 20a 工字钢梁的支承和受力如图所示，若$[\sigma]=160\text{MPa}$，试确定许可载荷$[F]$。

10.10　梁 AD 为 No. 10 工字钢，B 处用圆钢杆 BC 悬挂，如图所示。已知圆杆直径 $d=20\text{mm}$，梁和杆的许用正应力均为$[\sigma]=160\text{MPa}$。试求许可均布载荷集度$[q]$。

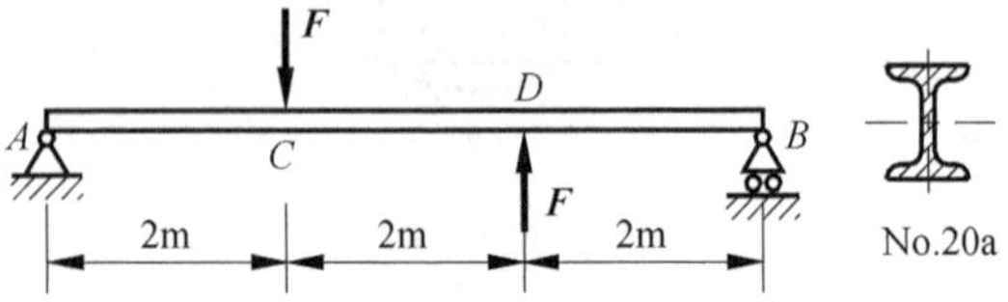

习题 10.9 图

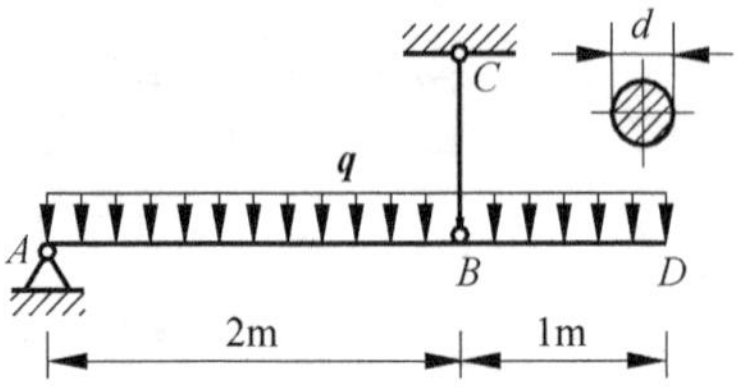

习题 10.10 图

10.11　一铸铁梁如图所示。已知材料的拉伸强度极限 $\sigma_{b,t}=150\text{MPa}$，压缩强度极限 $\sigma_{b,c}=630\text{MPa}$。试求梁的安全因数。

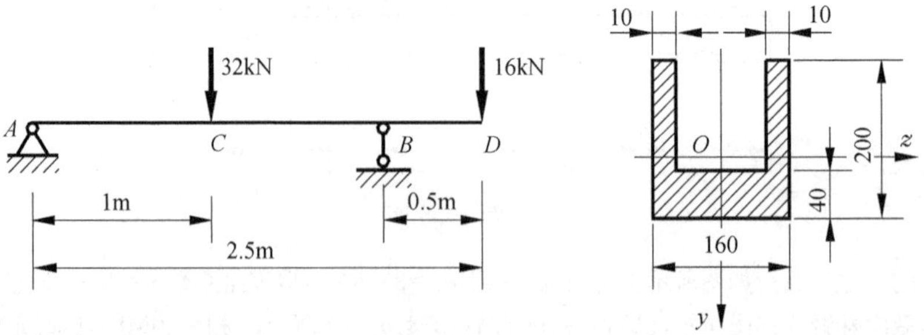

习题 10.11 图

10.12　铸铁梁的载荷和横截面的尺寸如图所示。许用拉应力$[\sigma_t]=40$MPa，许用压应力$[\sigma_c]=160$MPa，试按正应力的强度条件校核梁的强度。如载荷不变，但将 T 形截面倒置成为⊥形，是否合理？何故？

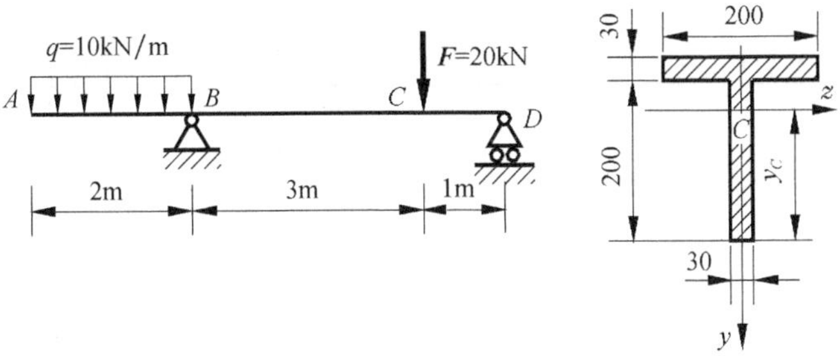

习题 10.12 图

10.13　已知图示铸铁简支梁的 $I_z=645.6\times10^6\,\text{mm}^4$，$E=120$GPa，许用拉应力$[\sigma_t]=30$MPa，许用压应力$[\sigma_c]=90$MPa。试求：

(1) 许可载荷$[F]$；

(2) 在许可载荷作用下，梁下边缘的总伸长量。

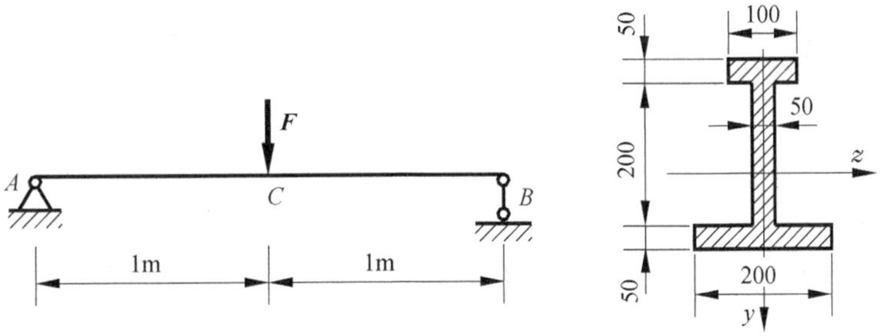

习题 10.13 图

10.14　试计算图示工字形截面梁内的最大弯曲正应力和最大切应力。

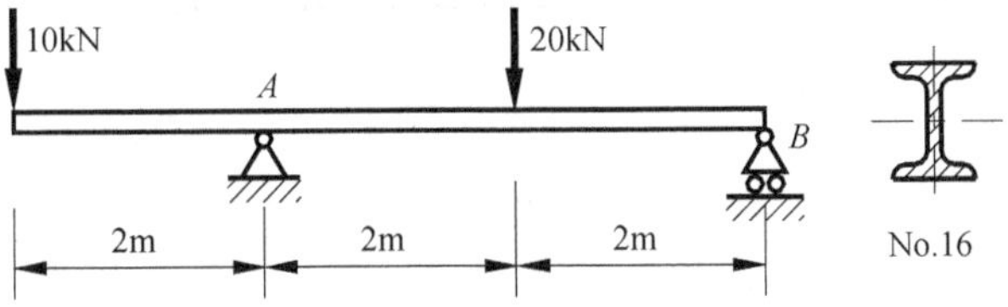

习题 10.14 图

10.15　图示梁由两根 No. 36a 工字钢铆接而成。铆钉间距 $s=150$mm，直径 $d=20$mm，许用切应力$[\tau]=90$MPa。梁横截面上的剪力 $F_S=40$kN。试校核铆钉的剪切强度。

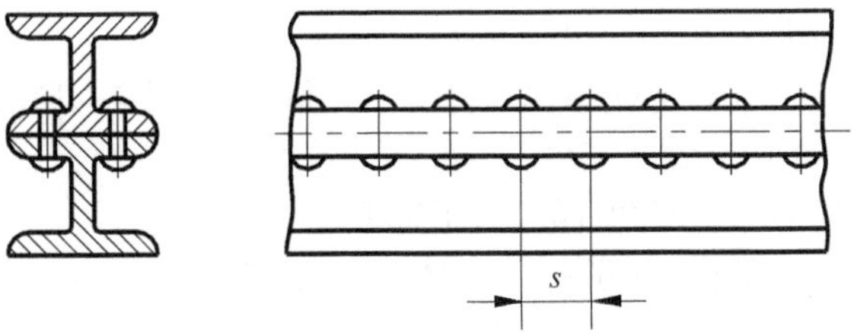

习题 10.15 图

10.16　矩形截面外伸梁所受荷载如图所示。设截面的高宽之比 $h/b=2$，材料为红松，其弯曲许用正应力 $[\sigma]=10\text{MPa}$，许用切应力 $[\tau]=1.1\text{MPa}$。试选择该梁的截面尺寸。

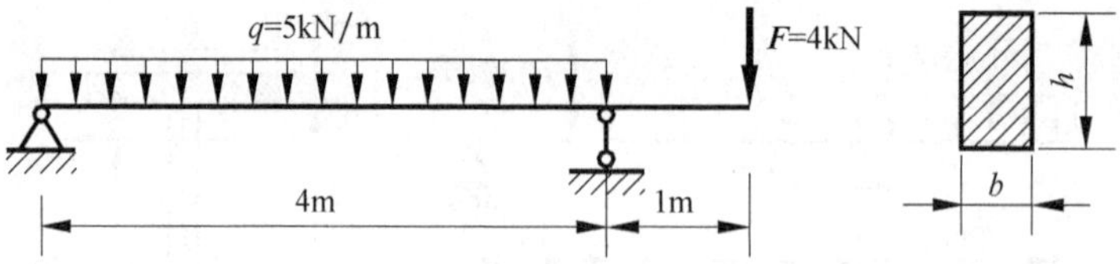

习题 10.16 图

10.17　起重机下的梁由两根工字钢组成，如图所示，起重机自重 $F_P=50\text{kN}$，起吊重量 $F=10\text{kN}$。许用正应力 $[\sigma]=160\text{MPa}$，许用切应力 $[\tau]=100\text{MPa}$。若暂不考虑梁的自重，试按正应力强度条件选择工字钢型号，再按切应力强度条件进行校核。

10.18　由三根木条胶合而成的悬臂梁截面尺寸如图所示，跨度 $l=1\text{m}$。若胶合面上许用切应力为 0.34MPa，木材的许用正应力为 $[\sigma]=10\text{MPa}$，许用切应力 $[\tau]=1\text{MPa}$，试求许可载荷 $[F]$。

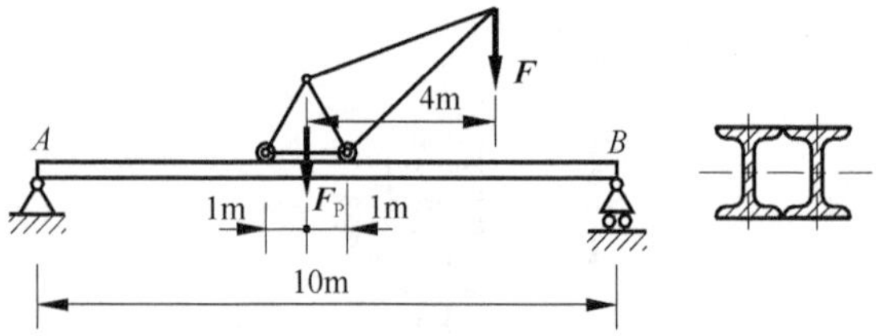

习题 10.17 图

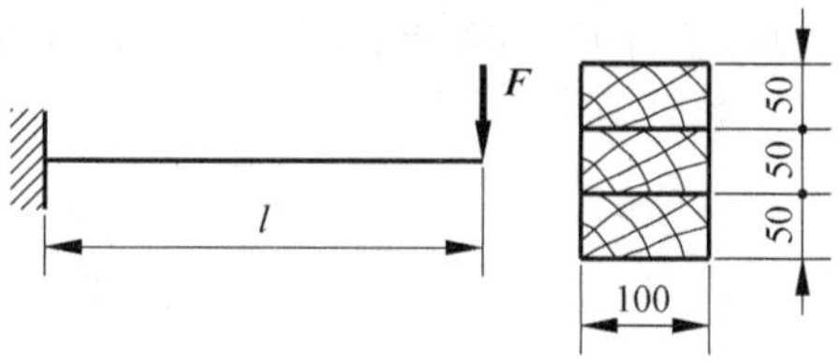

习题 10.18 图

10.19　当载荷 F 直接作用在跨长为 $l=6\text{m}$ 的简支梁 AB 的中点时，梁内最大正应力超过许可值 30%。为了消除过载现象，配置了如图所示的辅助梁 CD，试求辅助梁的最小跨长 a。

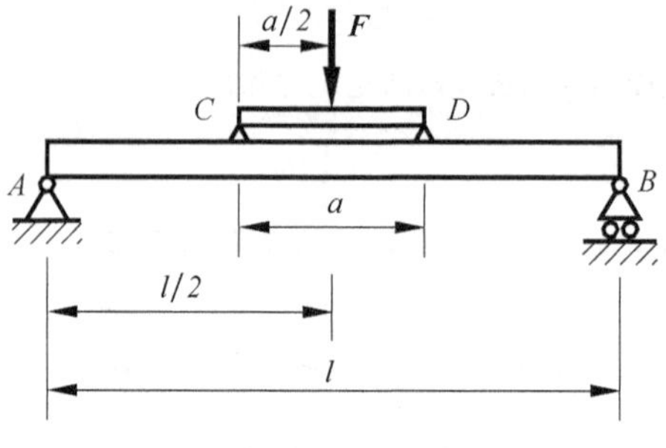

习题 10.19 图

10.20　图示吊车梁，电葫芦及重物的重量之和 $F_P=50\text{kN}$，梁长 $l=10\text{m}$。梁由两根 No. 22b 工字钢及焊接在其上、下翼缘上的两块钢板组成。每块钢板的长度均为 a，截面尺寸为 220mm×6mm。材料的 $[\sigma]=140\text{MPa}$。试对吊车梁进行强度校核，并求加强钢板的最小长度 $a_{\min}$。

10.21　某工厂用一台 150kN 的吊车和一台 200kN 的吊车借助一辅助梁共同吊起重 $F_P=300\text{kN}$ 的设备如图所示。

(1) 试问 x 应在什么范围内才能保证两台吊车都不超载？

(2) 辅助梁为工字钢，材料的许用正应力 $[\sigma]=160\text{MPa}$，试选择其型号。

10.22　一变宽度矩形截面悬臂梁，截面高度 $h=10\text{mm}$，在自由端受集中力 $F=2\text{kN}$ 作用。材料为 Q235 钢，其弯曲许用正应力 $[\sigma]=170\text{MPa}$，许用切应力 $[\tau]=100\text{MPa}$。若该梁为等强度梁（各横截面上的最大弯曲正应力均等于[σ])，试确定截面宽度 $b(x)$ 沿梁长的变化规律。为保证剪切强度，确定自由端处的 b_{min} 值。

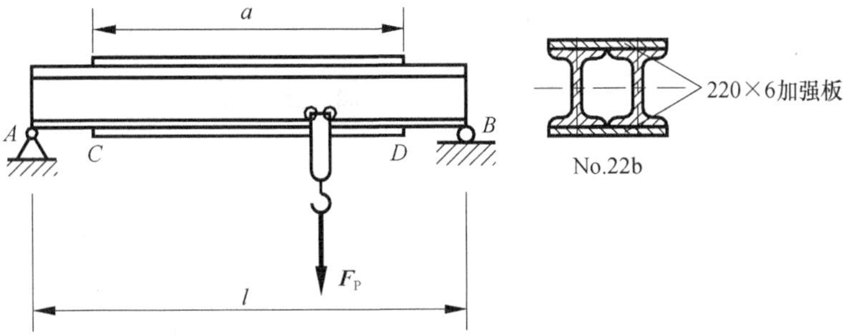

习题 10.20 图

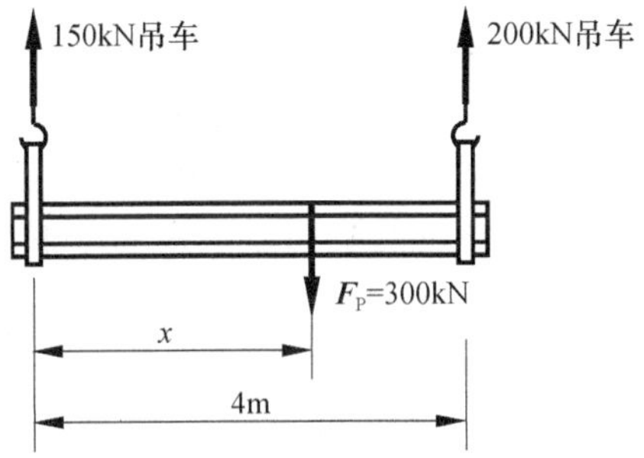

习题 10.21 图

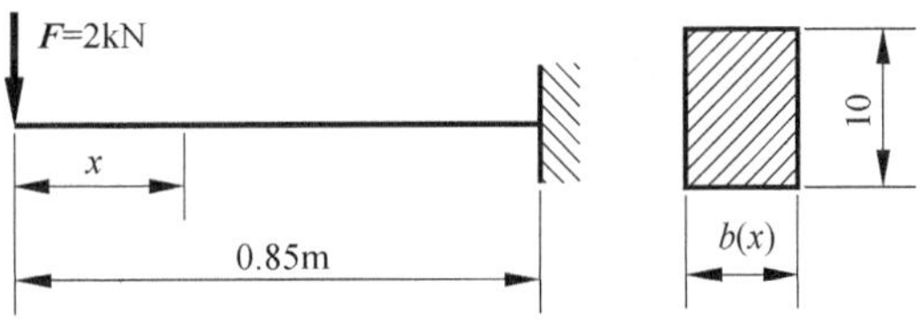

习题 10.22 图

第11章　弯曲变形

11.1　引　　言

工程中,为了保证梁在载荷作用下能正常工作,除了要求梁有足够的强度,还往往要求梁的弹性变形不能过大,即还要满足梁的刚度要求。因为梁的弹性变形过大将影响结构和机械设备正常工作。例如,齿轮轴弯曲变形过大将影响齿轮的正常啮合,引起噪声,甚至导致齿轮与齿轮之间或轴与轴承之间的不均匀磨损(图11-1)。又如精密机床主轴变形过大将影响加工精度(图11-2)。再如楼盖中梁的变形过大,会造成平顶开裂,抹灰层脱落。吊车梁的弹性变形过大,会妨碍吊车的正常运行,甚至发生安全事故。这些工程实例说明了限制梁弯曲变形的必要性。此外,梁弯曲变形的计算还与超静定结构的求解、振动计算密切相关。下面将针对梁的弯曲变形作详细的讨论。

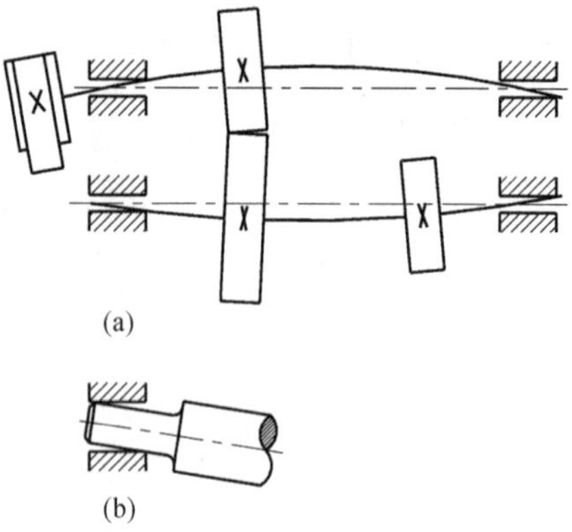

图11-1

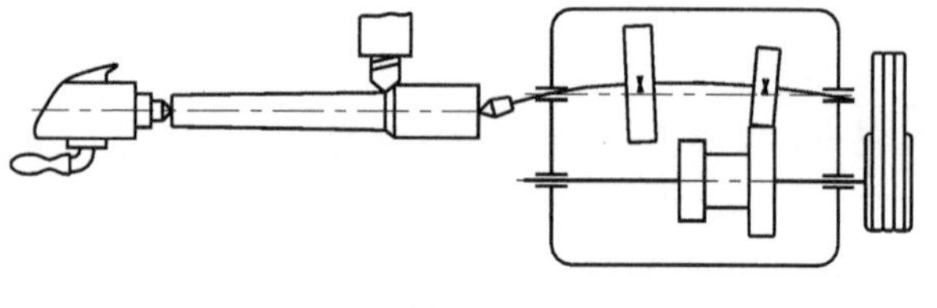

图11-2

直梁在平面弯曲时,其轴线将在形心主惯性平面内弯成一条光滑的平面曲线 $AC'B$(图11-3),**该曲线称为梁的挠曲线。任一横截面的形心在垂直于原来轴线方向的线位移称为该截面的挠度**,用 w 来表示(由于工程中梁的挠度均远小于其跨度,挠曲线是一条非常平缓的曲线,所以任一横截面的形心在轴线方向的线位移分量可忽略不计,仅考虑铅垂线位移 w)。**任一横截面对其**

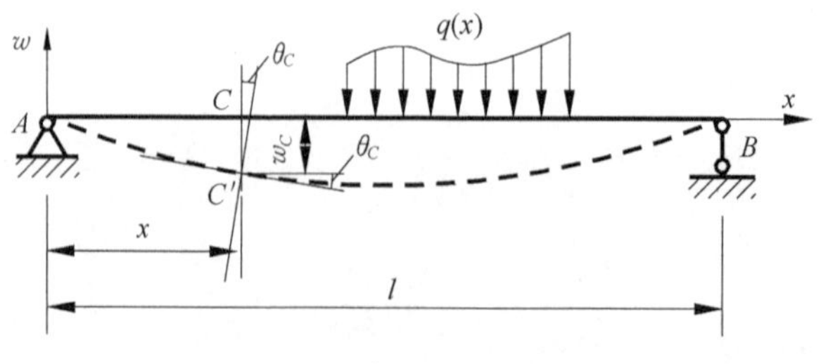

图11-3

原方位的角位移称为该截面的转角,用θ来表示。由于一般细长梁中可忽略剪力对其变形的影响,所以认为弯曲变形后所得挠曲线仍与横截面保持正交,任意横截面的转角θ也等于挠曲线在该截面的切线与原轴线的夹角(图 11-3)。

为了表示挠度和转角随截面位置变化的规律,取变形前的轴线为x轴,与轴线垂直向上为w轴(图 11-3),则挠曲线的方程(简称挠曲线方程)可表示为

$$w = w(x) \tag{11-1}$$

由于是小变形,θ非常小,故转角方程可表示为

$$\theta = \theta(x) \approx \tan[\theta(x)] = \frac{\mathrm{d}w(x)}{\mathrm{d}x} \tag{11-2}$$

即挠曲线上任一点处切线的斜率等于该点处截面的转角。

挠度和转角是描述梁位移的两个基本量,其正负可作如下规定。在如图 11-3 所示的坐标系中,**挠度 w 向上为正,向下为负;转角 θ 逆时针转向为正,顺时针转向为负**。对于梁而言,其变形和位移是两个不同的概念,但又相互联系。由纯弯曲梁的变形中性层曲率公式$1/\rho=M/EI$可知,梁的弯曲变形仅与梁的弯矩和梁的抗弯刚度有关,而梁的位移不但与梁的弯矩和梁的抗弯刚度有关,而且还与梁的约束条件有关。

11.2 梁的挠曲线近似微分方程

在建立纯弯曲梁的正应力公式时(式(10-1)),曾得到弯曲变形时中性层的曲率公式为

$$\frac{1}{\rho} = \frac{M}{EI}$$

对于横力弯曲,梁横截面上的内力不但有弯矩,而且有剪力,如果梁的跨度远大于梁横截面的高度,剪力对梁的位移的影响很小,可以忽略不计。如果矩形截面简支钢梁受均布载荷作用,当跨度大于横截面的高度的 10 倍时,若略去剪力对位移的影响,其最大挠度的相对误差不超过 3%。所以对于纯弯曲梁中性层的曲率公式,在以上条件下的横力弯曲中仍可适用,各横截面的曲率可表示为

$$\frac{1}{\rho(x)} = \frac{M(x)}{EI} \tag{11-3a}$$

由数学中微分知识可得,平面曲线$w=w(x)$的曲率可用以下式表示

$$\frac{1}{\rho(x)} = \pm \frac{\mathrm{d}^2 w/\mathrm{d}x^2}{[1+(\mathrm{d}w/\mathrm{d}x)^2]^{3/2}} \tag{11-3b}$$

由于挠曲线通常是一条极其平坦的曲线,$(\mathrm{d}w/\mathrm{d}x)^2 \ll 1$,故可得到下列的近似曲率公式

$$\frac{1}{\rho(x)} = \pm \frac{\mathrm{d}^2 w}{\mathrm{d}x^2} \tag{11-3c}$$

$\mathrm{d}^2 w/\mathrm{d}x^2$ 与弯矩的关系如图 11-4 所示,图中挠度w向上为正。由该图可以看出,当梁段承受正弯矩时,梁的挠曲线为凹曲线(图 11-4(a)),$\mathrm{d}^2 w/\mathrm{d}x^2$ 为正;反之,当梁段承受负弯矩时,梁的挠曲线为凸曲线(图 11-4(b)),$\mathrm{d}^2 w/\mathrm{d}x^2$ 为负。上述说明弯矩M与$\mathrm{d}^2 w/\mathrm{d}x^2$恒为同号,因此式(11-3c)右端应取正号,即得梁的挠曲线近似微分方程为

$$\frac{\mathrm{d}^2 w}{\mathrm{d}x^2} = \frac{M(x)}{EI} \tag{11-3}$$

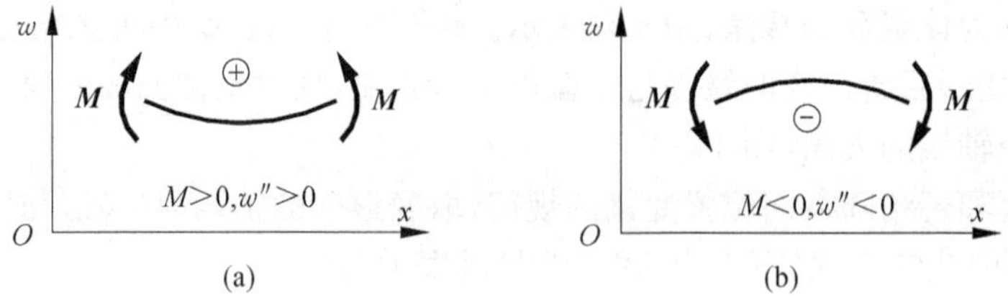

图 11-4

11.3　积分法求梁的位移

对于等截面直梁，EI 为常量，将式(11-3)写成 $EI\mathrm{d}^2w/\mathrm{d}x^2=M(x)$，左右同时积分一次，即可得到转角方程

$$EI\theta(x)=EI\frac{\mathrm{d}w(x)}{\mathrm{d}x}=\int M(x)\mathrm{d}x+C \tag{11-4}$$

将式(11-4)左右再同时积分一次可得挠曲线方程

$$EIw(x)=\int\left[\int M(x)\mathrm{d}x\right]\mathrm{d}x+Cx+D \tag{11-5}$$

式中，C 和 D 为积分常数。按照 8.4 节写梁的弯矩方程时需要分段，梁的挠曲线近似微分方程也应分段建立，因此按照积分法得出的每一段挠曲线近似微分方程均含有两个积分常数。要求出所有的积分常数不但要用到梁的支承约束条件，而且还要用到梁的连续性条件。**支承约束条件和连续性条件统称为梁的边界条件**。连续性条件指的是，在写弯矩方程分段处，如果梁是整根梁，在分段处左右两段梁应具有相同的挠度和转角；如果梁是由几根杆用中间铰连接起来的，则在中间铰处只满足其左右两段梁的挠度相同，但转角则将出现间断。

常见梁的支承约束条件为

铰支座(固定铰和滚动铰)　　　$w=0$

固定端　　　　　　　　　　　$w=0$，　$\theta=0$

例 11-1　如图 11-5 所示悬臂梁的抗弯刚度 EI 为常量，求该悬臂梁的转角方程和挠曲线方程，并求 B 端处的转角和挠度。

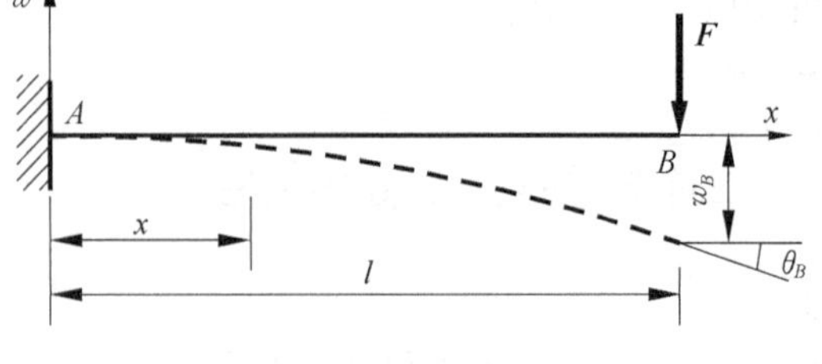

图 11-5

解：(1) 建立坐标系，列出弯矩方程

$$M(x)=-F(l-x)\quad(0<x\leqslant l)$$

(2) 由式(11-4)积分得

$$EI\theta(x)=\int[-F(l-x)]\mathrm{d}x+C$$

$$=\frac{Fx^2}{2}-Flx+C \tag{a}$$

由式(11-5)再积分得

$$EIw(x)=\int EI\theta(x)\mathrm{d}x=\frac{Fx^3}{6}-\frac{Flx^2}{2}+Cx+D \tag{b}$$

(3) 由支承约束条件确定积分常数

$$x=0\text{ 时，}\quad\theta(0)=0$$

$$x = 0\text{ 时}，\quad w(0) = 0$$

将 $x=0$ 分别代入式(a)和式(b)得

$$C = 0,\quad D = 0$$

将积分常数分别代入式(a)和式(b)，得转角方程和挠曲线方程分别为

$$\theta(x) = \frac{1}{EI}\left(\frac{F}{2}x^2 - Flx\right)$$

$$w(x) = \frac{1}{EI}\left(\frac{Fx^3}{6} - \frac{Flx^2}{2}\right)$$

(4) 以 B 截面的坐标 $x=l$ 代入以上两式，得 B 截面的转角和挠度分别为

$$\theta_B = \frac{1}{EI}\left(\frac{Fl^2}{2} - Fl^2\right) = -\frac{Fl^2}{2EI}(\curvearrowright)$$

$$w_B = \frac{1}{EI}\left(\frac{Fl^3}{6} - \frac{Fl^3}{2}\right) = -\frac{Fl^3}{3EI}(\downarrow)$$

θ_B 和 w_B 均为负，表示 B 截面的转角是顺时针转向，挠度是向下的。

例 11-2 如图 11-6 所示简支梁作用有集中力 F，抗弯刚度 EI 为常量，而且 $a>b$，求该梁的转角方程和挠曲线方程，并求梁的最大转角和最大挠度。

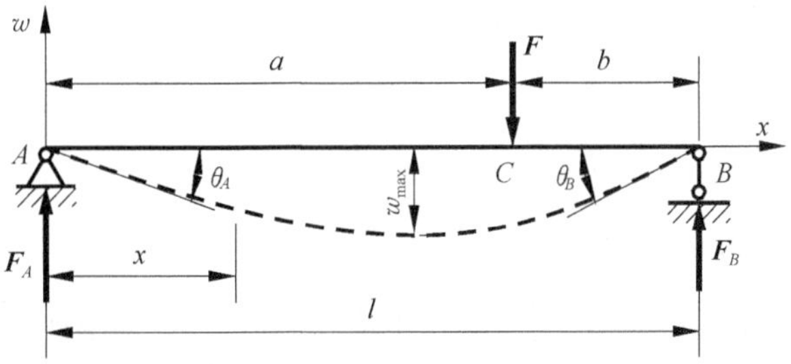

图 11-6

解:(1) 求支座反力，并写出梁的弯矩方程。

简支梁的支座反力

$$F_A = \frac{Fb}{l}(\uparrow),\quad F_B = \frac{Fa}{l}(\uparrow)$$

建立坐标系，列出弯矩方程为

AC 段

$$M(x) = \frac{Fb}{l}x \quad (0 \leqslant x \leqslant a)$$

CB 段

$$M(x) = \frac{Fbx}{l} - F(x-a) \quad (a \leqslant x \leqslant l)$$

(2) 由式(11-4)和式(11-5)进行积分得转角方程和挠曲线方程。

由于 AC 段和 CB 段的弯矩方程不同，挠曲线微分方程也不同，因此应在 C 截面分成两段分别积分。积分的结果为

AC 段($0\leqslant x\leqslant a$)		CB 段($a\leqslant x\leqslant l$)	
$EIw''(x)=\frac{Fb}{l}x$		$EIw''(x)=\frac{Fbx}{l}-F(x-a)$	
$EI\theta(x)=\frac{Fbx^2}{2l}+C_1$	(c)	$EI\theta(x)=\frac{Fbx^2}{2l}-\frac{F}{2}(x-a)^2+C_2$	(e)
$EIw(x)=\frac{Fbx^3}{6l}+C_1x+D_1$	(d)	$EIw(x)=\frac{Fbx^3}{6l}-\frac{F}{6}(x-a)^3+C_2x+D_2$	(f)

(3) 由支承约束条件和连续性条件确定积分常数。

连续性条件

$$x=a\text{ 时},\quad w^-(a)=w^+(a)$$

$$x=a\text{ 时},\quad \theta^-(a)=\theta^+(a)$$

将 $x=a$ 分别代入式(c)、式(d)、式(e)、式(f),并应用上述连续性条件得

$$C_1=C_2,\quad D_1=D_2$$

支承约束条件

$$x=0\text{ 时},\quad w(0)=0$$

$$x=l\text{ 时},\quad w(l)=0$$

将 $x=0$ 代入式(d)得

$$D_1=D_2=0$$

将 $x=l$ 代入式(f)得

$$C_1=C_2=-\frac{Fb}{6l}(l^2-b^2)$$

将四个积分常数分别代入式(c)、式(d)、式(e)、式(f),得转角方程和挠曲线方程分别为

AC 段($0\leqslant x\leqslant a$)		CB 段($a\leqslant x\leqslant l$)	
$\theta(x)=-\frac{Fb}{6EIl}(l^2-b^2-3x^2)$	(g)	$\theta(x)=-\frac{Fb}{6EIl}\left[(l^2-b^2-3x^2)+\frac{3l}{b}(x-a)^2\right]$	(i)
$w(x)=-\frac{Fbx}{6EIl}(l^2-b^2-x^2)$	(h)	$w(x)=-\frac{Fb}{6EIl}\left[(l^2-b^2-x^2)x+\frac{l}{b}(x-a)^3\right]$	(j)

(4) 求最大转角和挠度。

由该梁的挠曲线的大致形状可知,其最大转角(指绝对值)只能为 θ_A 或 θ_B,它们的值分别为

$$\theta_A=\theta(0)=-\frac{Fab}{6EIl}(l+b),\quad \theta_B=\frac{Fab}{6EIl}(l+a)$$

当 $a>b$ 时

$$\theta_{\max}=\theta_B=\frac{Fab}{6EIl}(l+a)(\curvearrowleft)$$

最大挠度出现在 $\mathrm{d}w/\mathrm{d}x=\theta=0$ 的截面,在当 $a>b$ 时,$\theta=0$ 的截面在 AC 段内,令式(g)等于零,得

$$-\frac{Fb}{6EIl}(l^2-b^2-3x_0^2)=0$$

$$x_0=\sqrt{\frac{l^2-b^2}{3}}=\sqrt{\frac{(a+2b)a}{3}}$$

将 $x=x_0$ 代入式(h)得最大挠度为

$$w_{\max}=w(x_0)=-\frac{Fb}{9\sqrt{3}EIl}\sqrt{(l^2-b^2)^3}(\downarrow)$$

一般来说，作用一个集中力的简支梁最大挠度与跨中截面的挠度十分接近，因此可用跨中截面挠度近似代替最大挠度。将 $x=l/2$ 代入式(h)得跨中截面的挠度为

$$w\left(\frac{l}{2}\right)=-\frac{Fb}{48EI}(3l^2-4b^2)(\downarrow)$$

为了估计以上近似代替带来的误差，考虑极端情形，$a\gg b$，此时，b^2 项可忽略不计，$x=l/\sqrt{3}=0.577l$，最大挠度 $w_{\max}=-\sqrt{3}Fl^2b/(27EI)=-0.0641Fl^2b/(EI)$，而跨中截面的挠度 $w(l/2)=-Fbl^2/(16EI)=-0.0625Fbl^2/(EI)$，相对误差 $\delta=2.5\%$，精度能够满足工程的要求。

11.4　叠加法求梁的位移

由于梁的挠曲线近似微分方程是在小变形且材料服从胡克定律的情况下得到的，在这些条件下，梁的挠度和转角与载荷之间成线性关系。因此，当梁上同时作用多个载荷时，某截面的挠度和转角等于各个载荷单独作用下在该截面产生的挠度和转角的代数和。这就是计算梁的位移的**叠加法**。叠加法中经常遇到的简单载荷作用下的挠度和转角见表 11-1。

表 11-1　梁在简单载荷作用下的变形

序号	梁的简图	挠曲线方程	端截面转角	最大挠度
1	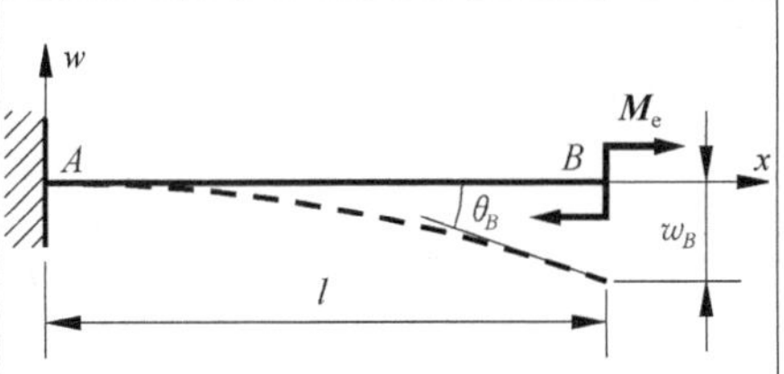	$w=-\dfrac{M_ex^2}{2EI}$	$\theta_B=-\dfrac{M_el}{EI}$	$w_B=-\dfrac{M_el^2}{2EI}$
2	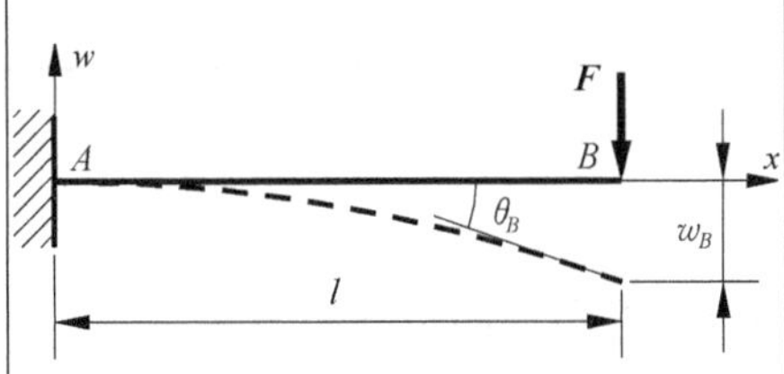	$w=-\dfrac{Fx^2}{6EI}(3l-x)$	$\theta_B=-\dfrac{Fl^2}{2EI}$	$w_B=-\dfrac{Fl^3}{3EI}$
3	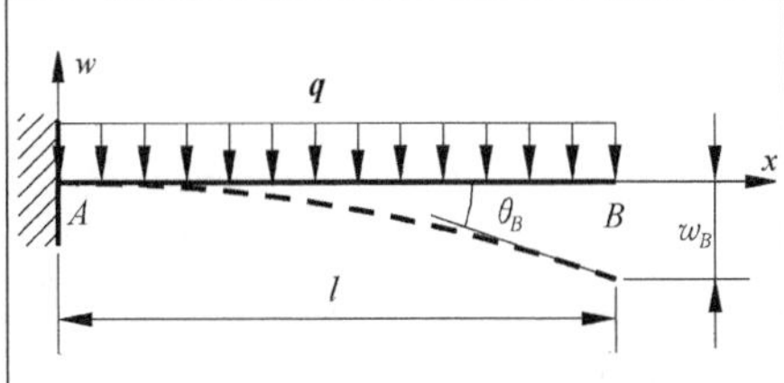	$w=-\dfrac{qx^2}{24EI}(x^2-4lx+6l^2)$	$\theta_B=-\dfrac{ql^3}{6EI}$	$w_B=-\dfrac{ql^4}{8EI}$

续表

序号	梁的简图	挠曲线方程	端截面转角	最大挠度
4	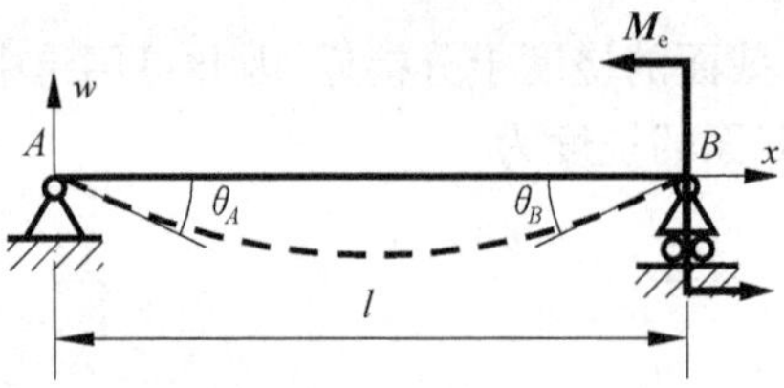	$w=-\frac{M_e x}{6EIl}(l^2-x^2)$	$\theta_A=-\frac{M_e l}{6EI}$ $\theta_B=\frac{M_e l}{3EI}$	在 $x=\frac{l}{\sqrt{3}}$ 处， $w_{max}=-\frac{M_e l^2}{9\sqrt{3}EI}$ 在 $x=\frac{l}{2}$ 处， $w_{\frac{l}{2}}=-\frac{M_e l^2}{16EI}$
5	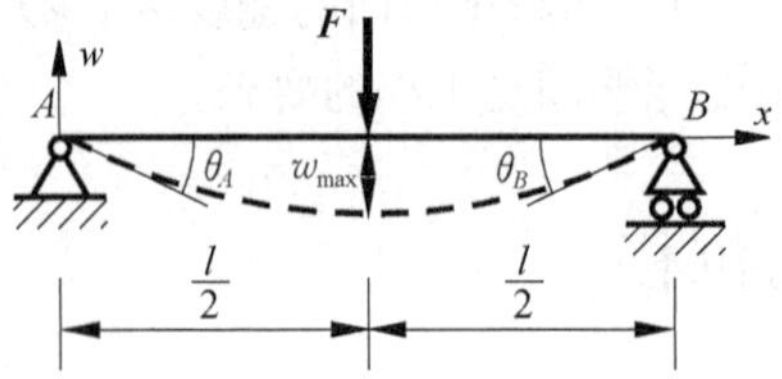	$w=-\frac{Fx}{48EI}(3l^2-4x^2)$ $\left(0\leqslant x\leqslant\frac{1}{2}\right)$	$\theta_A=-\theta_B$ $=-\frac{Fl^2}{16EI}$	$w_{max}=-\frac{Fl^3}{48EI}$
6	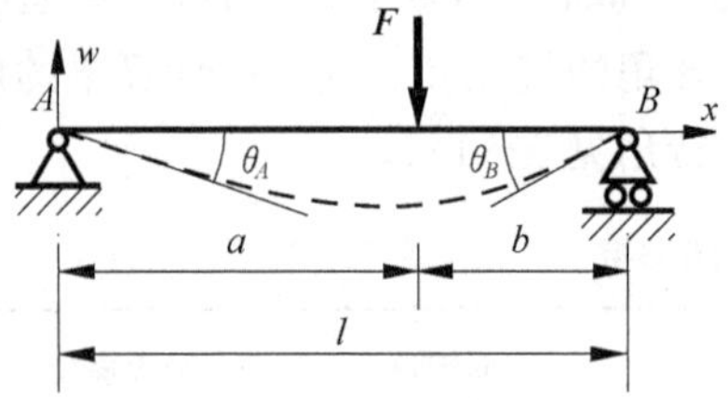	$w=-\frac{Fbx}{6EIl}(l^2-x^2-b^2)$ $(0\leqslant x\leqslant a)$ $w=-\frac{Fb}{6EIl}\left[\frac{1}{b}(x-a)^3+(l^2-b^2)x-x^3\right]$ $(a\leqslant x\leqslant l)$	$\theta_A=-\frac{Fab(l+b)}{6EIl}$ $\theta_B=\frac{Fab(l+a)}{6EIl}$	设 $a>b$， 在 $x=\sqrt{\frac{l^2-b^2}{3}}$ 处， $w_{max}=-\frac{Fb(l^2-b^2)^{3/2}}{9\sqrt{3}EI}$ 在 $x=\frac{l}{2}$ 处， $w_{\frac{l}{2}}=\frac{Fb(3l^2-4b^2)}{48EI}$
7	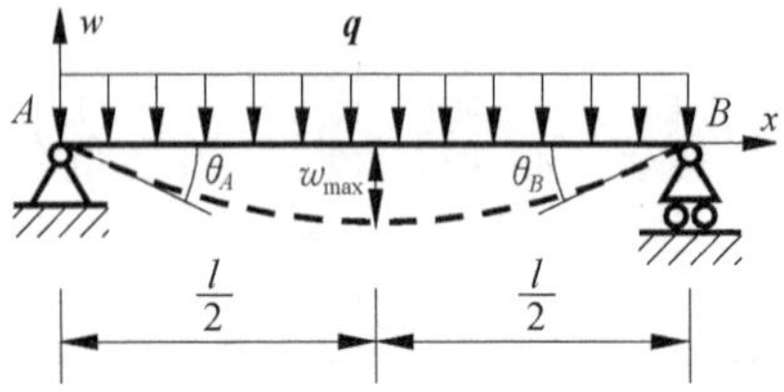	$w=-\frac{qx}{24EI}(l^3-2lx^2+x^3)$	$\theta_A=-\theta_B$ $=-\frac{ql^3}{24EI}$	$w_{max}=-\frac{5ql^4}{384EI}$

例 11-3　已知如图 11-7(a)所示悬臂梁，EI 为常量，用叠加法求该梁自由端 B 截面的挠度 w_B 和转角 θ_B。

解：集中力 F 单独作用下(图 11-7(b))，由表 11-1(2)查得 C 截面的位移为

$$\theta_{C,F_1}=\theta_{B,F_1}=-\frac{F_1a^2}{2EI}=-\frac{Pa^2}{EI}$$

$$w_{C,F_1}=-\frac{F_1a^3}{3EI}=-\frac{2Pa^3}{3EI}$$

$$w_{B,F_1}=w_{C,F_1}+\theta_{C,F_1}\cdot a$$

$$=-\frac{2Pa^3}{3EI}-\frac{Pa^2}{EI}\times a=-\frac{5Pa^3}{3EI}$$

M_e 单独作用(图 11-7(c))，由表 11-1(1)查得 B 截面的位移为

$$\theta_{B,M_{e1}}=\frac{M_{e1}(2a)}{EI}=\frac{2Pa^2}{EI}$$

$$w_{B,M_{e1}}=\frac{M_{e1}(2a)^2}{2EI}=\frac{2Pa^3}{EI}$$

将载荷 F 和 M_e 在 B 截面产生的位移进行叠加，即得悬臂梁自由端处 B 截面的最终位移

$$\theta_B=\theta_{B,M_{e1}}+\theta_{B,F_1}$$

$$=\frac{2Pa^2}{EI}-\frac{Pa^2}{EI}=\frac{Pa^2}{EI}(\curvearrowleft)$$

$$w_B=w_{B,M_{e1}}+w_{B,F_1}$$

$$=\frac{2Pa^3}{EI}-\frac{5Pa^3}{3EI}=\frac{Pa^3}{3EI}(\uparrow)$$

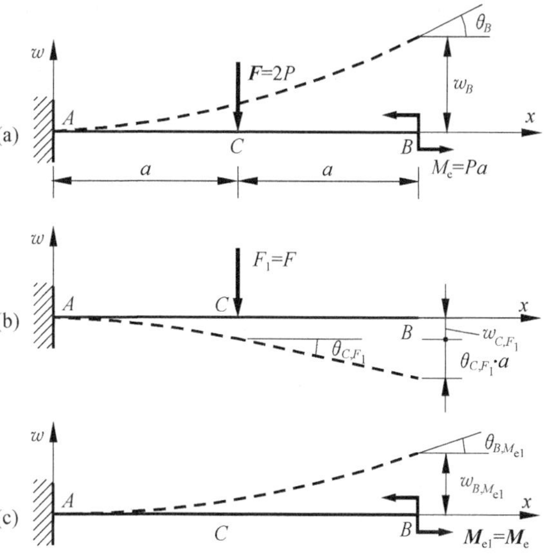

图 11-7

例 11-4　如图 11-8(a)所示外伸梁在自由端处作用一个集中力 F，求该梁 C 截面的转角 θ_C 和挠度 w_C 以及 D 截面的挠度 w_D。

解：该外伸梁可看成由简支梁 AB 及附着在 B 截面的悬臂梁 BC 所组成，其计算简图如图 11-8(b)和图 11-8(c)所示。当研究外伸梁 AB 段内的位移时，应将 AB 段看成简支梁，而且应将 BC 段移去，并由 B 截面的内力(剪力 F_{SB} 和弯矩 M_B)来代替 BC 段对 AB 段的作用。该内力等于 BC 段上所有载荷向 B 截面简化的结果。通过这样处理，简支梁 AB 段受力与外伸梁中 AB 段的受力情况相同，因此，按简支梁 AB 段所求得 AB 段内任意截面的位移，即为外伸梁 AB 内同一截面的位移值。当研究外伸梁 BC 段的位移时，由于 BC 段是附在简支梁 AB 上的悬臂梁，当简支梁 B 截面有角位移时，将引起悬臂梁 BC 段的刚性位移。因此，外伸梁 BC 段的位移应为由简支梁 B 截面的角位移引起悬臂梁 BC 段的

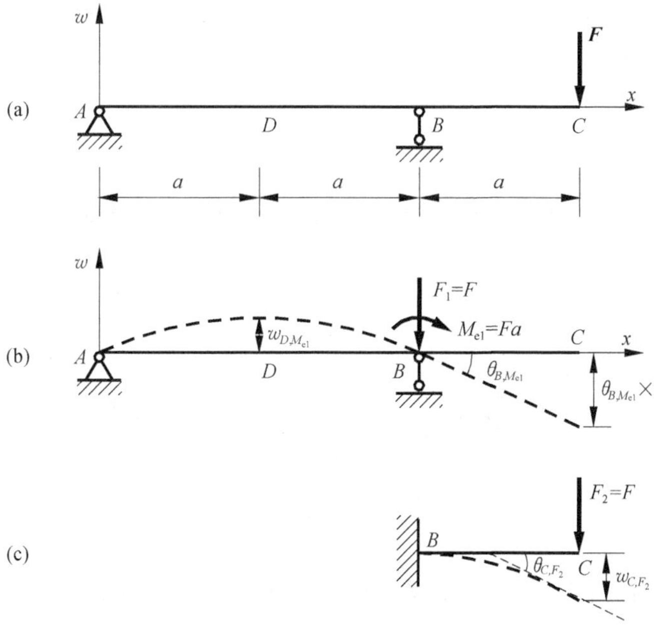

图 11-8

刚性位移和悬臂梁 BC 段其他载荷引起 BC 段位移的代数和。

由图 11-8(b)计算简支梁 AB 段的位移，由于简支梁上的集中力 F_1 作用在支座 B 处，该载荷不会使梁 AB 段产生弯曲变形，即不会使 AB 段产生位移，而载荷 M_{e1} 使 AB 段引起的位移可由表 11-1(4)查得

$$\theta_{B,M_{e1}} = \theta_{C,M_{e1}} = -\frac{(Fa)\cdot(2a)}{3EI} = -\frac{2Fa^2}{3EI},\quad w_{D,M_{e1}} = \frac{(Fa)\cdot(2a)^2}{16EI} = \frac{Fa^3}{4EI}$$

由图 11-8(c)计算 BC 段悬臂梁的位移，由表 11-1(2)查表得

$$\theta_{C,F_2} = -\frac{Fa^2}{2EI},\quad w_{C,F_2} = -\frac{Fa^3}{3EI}$$

外伸梁 C 截面的转角和挠度为

$$\theta_C = \theta_{C,M_{e1}} + \theta_{C,F_2} = -\frac{2Fa^2}{3EI} - \frac{Fa^2}{2EI} = -\frac{7Fa^2}{6EI}(\curvearrowright)$$

$$w_C = \theta_{B,M_{e1}} \times a + w_{C,F_2} = -\frac{2Fa^2}{3EI} \times a - \frac{Fa^3}{3EI} = -\frac{Fa^3}{EI}(\downarrow)$$

外伸梁 D 截面的挠度为

$$w_D = w_{D,M_{e1}} = \frac{Fa^3}{4EI}(\uparrow)$$

例 11-5 已知如图 11-9(a)所示简支梁，EI 为常量，求该梁 A、B 截面的转角 θ_A 和 θ_B，以及 C 截面的挠度 w_C。

解：为了利用表 11-1 中的结果直接查表得各所求截面的位移，可将原载荷处理为正对称载荷(图 11-9(b))和反对称载荷(图 11-9(c))两种情况的叠加。

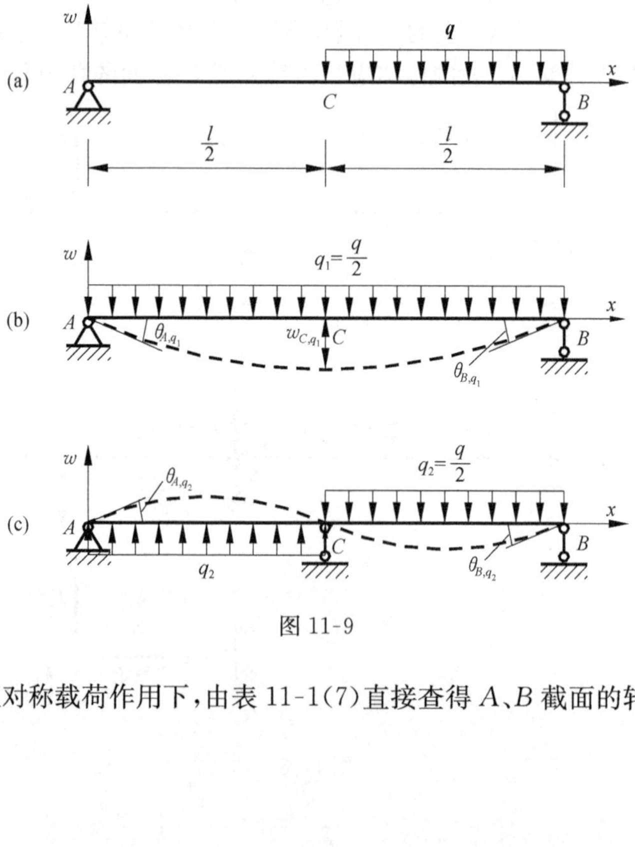

图 11-9

在图 11-9(b)正对称载荷作用下，由表 11-1(7)直接查得 A、B 截面的转角及 C 截面的挠度分别为

$$\theta_{A,q_1} = -\theta_{B,q_1} = -\frac{(q/2)\times l^3}{24EI} = -\frac{ql^3}{48EI}$$

$$w_{C,q_1} = -\frac{5\times(q/2)\times l^4}{384EI} = -\frac{5ql^4}{768EI}$$

由对称性可知：当对称结构作用正对称载荷时，挠曲线相对于对称截面成正对称，在对称截面的转角和剪力为零，挠度不等于零；而当对称结构作用反对称载荷时，挠曲线相对于对称截面成反对称，在对称截面的挠度和弯矩为零，转角不等于零。在如图 11-9(c)所示的反对称载荷作用下，C 截面的挠度为零，而转角不为零，因此，可将 C 截面看成一铰支座，于是可将 AC 段和 CB 段分别看成作用均布载荷的简支梁，可由表 11-1(7)直接查得 A、B 截面的转角分别为

$$\theta_{A,q_2} = \theta_{B,q_2} = \frac{(q/2)\times(l/2)^3}{24EI} = \frac{ql^3}{384EI}$$

将相应位移进行叠加后得 A、B 截面的转角 θ_A 和 θ_B，以及 C 截面的挠度 w_C 分别为

$$\theta_A = \theta_{A,q_1} + \theta_{A,q_2} = -\frac{ql^3}{48EI} + \frac{ql^3}{384EI} = -\frac{7ql^3}{384EI}(\curvearrowright)$$

$$\theta_B = \theta_{B,q_1} + \theta_{B,q_2} = \frac{ql^3}{48EI} + \frac{ql^3}{384EI} = \frac{9ql^3}{384EI}(\curvearrowleft)$$

$$w_C = w_{C,q_1} = -\frac{5ql^4}{768EI}(\downarrow)$$

例 11-6　如图 11-10(a)所示变截面悬臂梁在自由端处作用一集中力 F，已知 $I_1 = 2I_2$，材料弹性模量为 E，求自由端 C 截面的挠度 w_C。

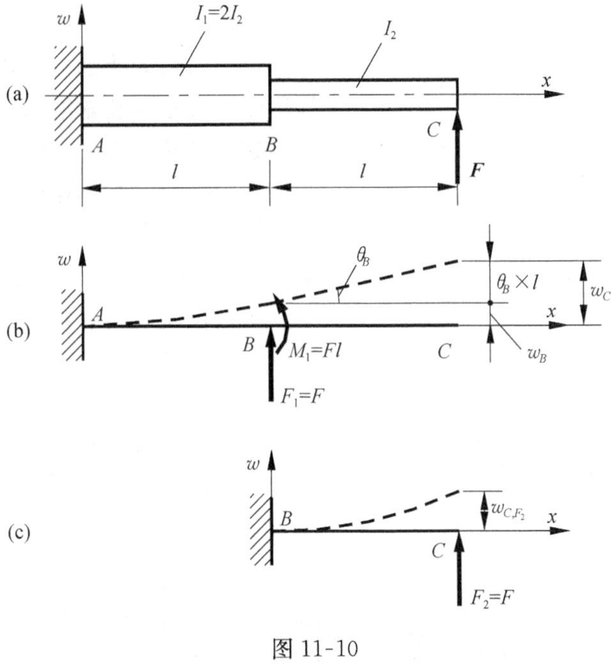

图 11-10

解：由于 AB 段和 BC 段的抗弯刚度不同，求解 C 截面位移必须将 AC 段分成 AB 段悬臂梁和附加在 AB 上的 BC 段悬臂梁两部分，而 C 截面的位移应为由这两部分的弯曲变形所共同引起 C 截面位移的叠加。

先研究 AB 段悬臂梁变形引起 C 截面的位移(图 11-10(b))。AB 段悬臂梁变形是由 BC 段对 AB 段的作用力($M_1=Fl$ 和 $F_1=F$)所引起,该截面的转角和挠度可由表 11-1(1)、(2)直接查得

$$\theta_B=\theta_{B,M_1}+\theta_{B,F_1}=\frac{(Fl)l}{EI_1}+\frac{Fl^2}{2EI_1}=\frac{3Fl^2}{2EI_1}$$

$$w_B=w_{B,M_1}+w_{B,F_1}=\frac{(Fl)l^2}{2EI_1}+\frac{Fl^3}{3EI_1}=\frac{5Fl^3}{6EI_1}$$

B 截面的位移会带动附加在 AB 段悬臂梁上的 BC 段悬臂梁产生刚性位移,由此引起 C 截面的挠度 w_{C1} 为

$$w_{C1}=w_B+\theta_B\cdot l=\frac{5Fl^3}{6EI_1}+\frac{3Fl^2}{2EI_1}\cdot l=\frac{7Fl^3}{3EI_1}$$

再研究 BC 部分,由 BC 部分弯曲变形产生的 C 截面的位移,可由悬臂梁自由端作用一个集中力 $F_2=F$,并由表 11-1(2)直接查表得

$$w_{C,F_2}=\frac{Fl^3}{3EI_2}$$

叠加 AB 段和 BC 段变形引起的 C 截面的位移,得

$$w_C=w_{C1}+w_{C,F_2}=\frac{7Fl^3}{3EI_1}+\frac{Fl^3}{3EI_2}=\frac{3Fl^3}{EI_1}(\uparrow)$$

11.5　简单超静定梁

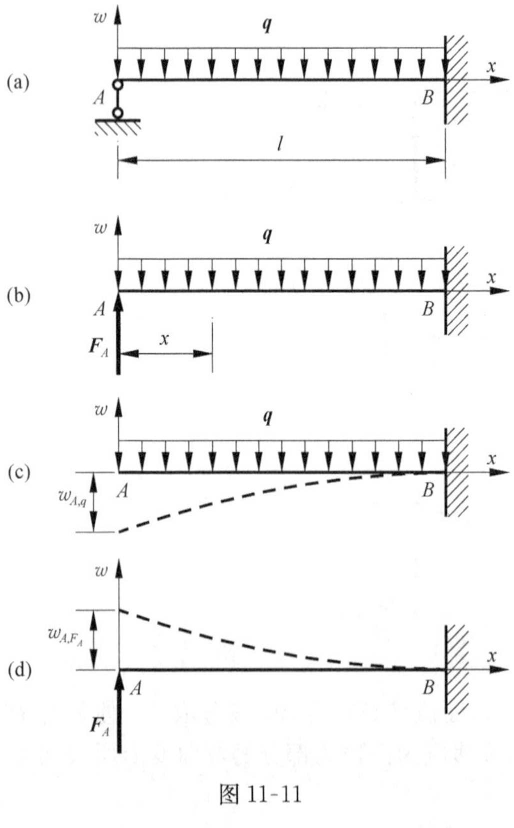

图 11-11

在工程中为了减小梁的挠度和应力,常给静定梁增加支承,如图 11-11(a)所示。这样,**梁的支座反力数目大于独立平衡方程的数目,因而只靠平衡方程是不能求解所有的支座反力,这种梁称为超静定梁**。在图 11-11(a)A 端处的可动铰约束,它**并非为维持梁的平衡必需的约束,将此类约束称为多余约束,与之相应的约束力称为多余约束力,或称为冗力。显然多余约束或多余约束力的数目就是超静定的次数**。

求解超静定梁,与求解拉、压超静定问题相似,关键在于根据多余约束所提供的位移条件建立补充方程,现以如图 11-11(a)所示等截面超静定梁为例,来具体说明超静定梁的解法。设梁的 EI 为常量。

此梁有一个多余约束,是一次超静定梁,若取铰 A 为多余约束,相应的支座反力 F_A 为多余约束力,如图 11-11(b)所示。**解除多余约束所得的系统,称为基本静定系统,又称为基本系统或静定基。若在基本系统上加上载荷和多余约束力,此时所得的静定梁称为原超静定梁的相当系统。**

在图 11-11(b)的相当系统中,由于其受力情况和位移情况与原超静定梁完全相同,因此在去掉多余约束(A 截面)处必须满足原超静定结构所提供的位移条件($w_A=0$),此位移条件又称为**变形协调条件**。在相当系统中 A 截面的位移可由图 11-11(c)和图 11-11(d)中 A 截面的位移叠加求得,即

$$w_A = w_{A,q} + w_{A,F_A} = 0$$

由表 11-1(3)和 11-1(2)查得

$$w_{A,q} = -\frac{ql^4}{8EI}, \quad w_{A,F_A} = \frac{F_A l^3}{3EI}$$

将 $w_{A,q}$和 w_{A,F_A} 代入变形协调条件得补充方程为

$$-\frac{ql^4}{8EI} + \frac{F_A l^3}{3EI} = 0$$

由此解得

$$F_A = \frac{3}{8}ql(\uparrow)$$

所得 F_A 为正,表示 A 支座的约束力实际方向与假设向上方向相同。求出 F_A 后,可以利用相当系统的平衡条件求得固定端 B 处的约束力为

$$F_B = \frac{5}{8}ql(\uparrow), \quad M_B = \frac{ql^2}{8}(\curvearrowright)$$

上述求解超静定梁的方法,也称为**变形比较法**。对于上述超静定结构约束力求解,也可通过积分法求其相当系统的挠曲线方程,并运用边界条件来求解,其求解过程如下。

首先判断超静定结构的超静定次数并确定其相当系统如图 11-11(b)所示。相当系统的弯矩方程为

$$M(x) = F_A x - \frac{1}{2}qx^2 \quad (0 \leqslant x \leqslant l)$$

由式(11-4)得相当系统的转角方程为

$$EI\theta(x) = \int M(x)\mathrm{d}x + C = \frac{F_A}{2}x^2 - \frac{1}{6}qx^3 + C$$

由式(11-5)得相当系统的挠曲线方程为

$$EIw(x) = \int EI\theta(x)\mathrm{d}x + D = \frac{F_A}{6}x^3 - \frac{1}{24}qx^4 + Cx + D$$

由于相当系统的变形与原超静定结构的变形相同,因此相当系统的边界条件有

$$x = 0, \quad w(0) = 0$$
$$x = l, \quad \theta(l) = 0, \quad w(l) = 0$$

即得

$$D = 0$$

$$\frac{F_A}{2}l^2 - \frac{q}{6}l^3 + C = 0$$

$$\frac{F_A}{6}l^3 - \frac{q}{24}l^4 + Cl + D = 0$$

解得

$$F_A=\frac{3ql}{8},\quad C=-\frac{ql^3}{48},D=0$$

同样可以利用相当系统的平衡条件求得固定端 B 处的约束反力为

$$F_B=\frac{5}{8}ql(\uparrow),\quad M_B=\frac{ql^2}{8}(\curvearrowright)$$

超静定结构的相当系统不是唯一的，视方便而定。图 11-11(a)结构中如果把固定端 B 处的转角约束作为多余约束，所选择的相当系统就是简支梁，此时相当系统如图 11-12 所示。其变形协调条件为

$$\theta_B=\theta_{B,q}+\theta_{B,M_B}=0$$

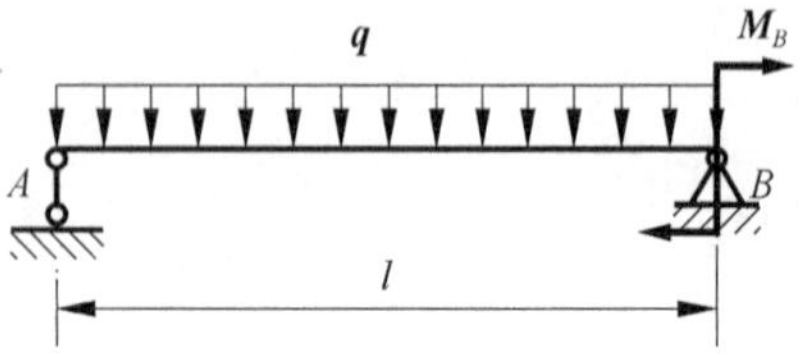

图 11-12

由表 11-1(7)和表 11-1(4)查得

$$\theta_{B,q}=\frac{ql^3}{24EI}$$

$$\theta_{B,M_B}=-\frac{M_Bl}{3EI}$$

将 $\theta_{B,q}$、θ_{B,M_B} 代入变形协调条件得补充方程为

$$\frac{ql^3}{24EI}-\frac{M_Bl}{3EI}=0$$

由此解得

$$M_B=\frac{ql^2}{8}(\curvearrowright)$$

这与前面得到的结果完全相同。

由上述可知，采用变形比较法求解简单超静定梁的具体步骤为：

(1) 确定超静定梁的超静定次数，并建立超静定结构的相当系统；

(2) 在多余约束处多余约束力方向根据变形协调条件建立补充方程；

(3) 计算相当系统多余约束处多余约束力方向的位移，并由补充方程求解多余约束力；

(4) 通过对相当系统支座反力、强度和刚度等计算来实现对超静定梁的支座反力、强度和刚度等的计算。

例 11-7　如图 11-13(a)所示，由两根槽钢焊接而成的双跨梁，受均布载荷 $q=20\text{kN/m}$ 作用，已知梁的长度 $l=4\text{m}$，抗弯截面系数 $W_z=79.4\text{cm}^3$，材料的许用正应力$[\sigma]=160\text{MPa}$。试校核该梁的强度。

解：该梁为一次超静定结构，选取滚动铰 C 为多余约束，去掉相应的多余约束并用多余约束力 F_C 代替多余约束的作用，得相应的相当系统如图 11-13(b)所示。

比较如图 11-13(a)、(b)所示的超静定梁和相应的相当系统得变形协调条件为

$$w_C=0$$

对如图 11-13(b)所示的相当系统，由叠加法查表 11-1(5)、(7)得

$$w_C=w_{C,q}+w_{C,F_C}=-\frac{5ql^4}{384EI}+\frac{F_Cl^3}{48EI}$$

将其代入变形协调条件得补充方程为

$$-\frac{5ql^4}{384EI}+\frac{F_Cl^3}{48EI}=0$$

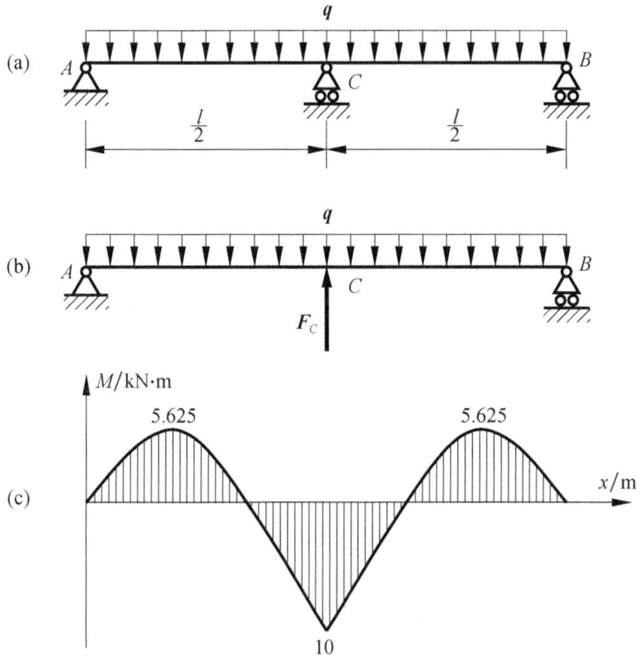

图 11-13

解得

$$F_C=\frac{5}{8}ql=\frac{5}{8}\times 20\text{kN/m}\times 4\text{m}=50\text{kN}$$

对简支梁 AB 作出在载荷 q 和 F_C 共同作用下的弯矩图，即为原超静定梁的弯矩图，如图 11-13(c)所示。由弯矩图可知，C 截面的弯矩绝对值最大，即为危险截面，其弯矩值为

$$M_{\max}=|M_C|=10\text{kN}\cdot\text{m}$$

危险截面上的最大正应力

$$\sigma_{\max}=\frac{M_{\max}}{W_z}=\frac{10\times 10^3\text{N}\cdot\text{m}}{79.4\times 10^{-6}\text{m}^3}=126\times 10^6\text{Pa}=126\text{MPa}<[\sigma]=160\text{MPa}$$

故该梁满足强度条件。

11.6　梁的刚度条件与提高梁刚度的措施

11.6.1　梁的刚度条件

在工程中，梁能正常工作，不仅要求其有足够的强度，而且还要求其有足够的刚度，即要限制梁的最大挠度和最大转角并使其不得超过规定的容许值[δ]和[θ]，即得梁的刚度条件

$$|w|_{\max}\leqslant[\delta] \tag{11-6}$$

$$|\theta|_{\max}\leqslant[\theta] \tag{11-7}$$

对于不同的构件，其[δ]和[θ]有不同的规定，可从相应的设计规范或手册中查得。例如，对于跨度为 l 的桥式起重机梁，其许用挠度为

$$[\delta] = \frac{l}{750} \sim \frac{l}{500}$$

对于一般的传动轴，其许用挠度为

$$[\delta] = \frac{3l}{10000} \sim \frac{5l}{10000}$$

在安装齿轮或滑动轴承处，轴的许用转角为

$$[\theta] = 0.001\text{rad}$$

11.6.2　提高梁刚度的措施

由表 11-1 可见，梁的位移与载荷成正比，与梁抗弯刚度 EI 成反比，对于受集中力偶、集中力和均布载荷作用的梁，梁的最大挠度分别与跨度的二次方、三次方和四次方成正比。因此为了减小梁的位移，可以采取以下措施。

1. 改善结构形式以减小弯矩

引起弯曲变形的主要因素是弯矩，减小弯矩也就减小了弯曲变形产生的位移，这往往可以通过改变结构形式的方法来实现。改善结构的形式主要指合理布置支承和载荷，在这方面采取的措施与提高梁的强度所采取的措施相同。例如尽量使集中力靠近支座，如图 11-14(a)所示轴，应尽可能地使齿轮和带轮靠近支座，以减小传动力 F_1 和 F_2 引起的弯矩。又如将集中力分散成分布力，也可达到减小弯矩的效果。例如，在长为 l 的等截面简支梁跨中作用集中力 F 时，最大挠度为 $w_{max}=Fl^3/(48EI)$(表 11-1(5))。如果将集中力 F 分散成均布载荷 q，而且 $F=ql$，则最大挠度为 $w_{max}=5ql^4/(384EI)=5Fl^3/(384EI)$，可使最大挠度降低 37.5%。

(a)

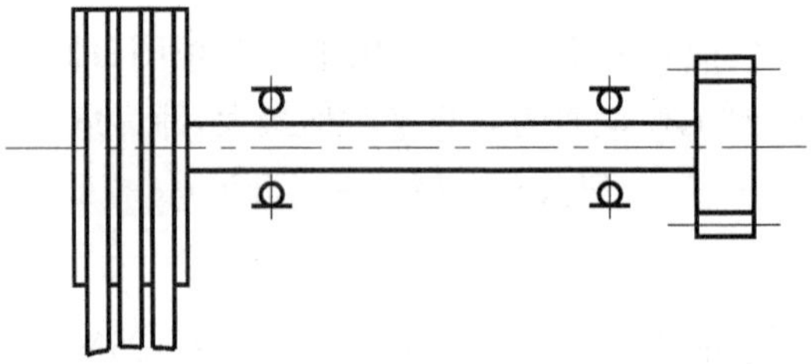

(b)

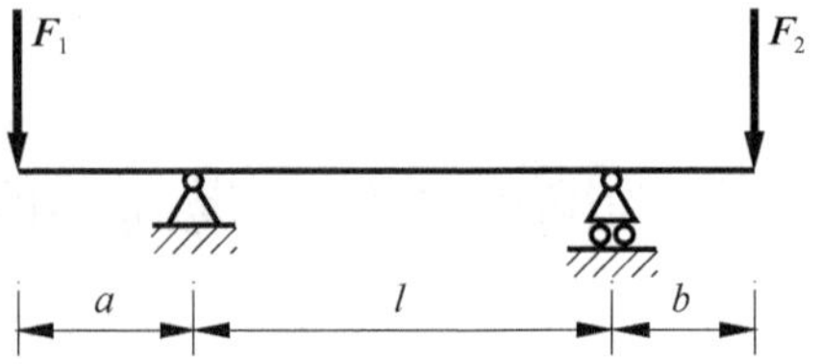

图 11-14

2. 选择合理截面，增大抗弯刚度

选择合理截面形状，增大惯性矩 I，这与 10.5 节中讨论的梁的合理截面一样，在截面面积不变的情况下，应尽可能将更多的材料布置得离中性轴远一些，所以工程中常采用工字形、圆形和箱形等截面形式，以增大截面的惯性矩 I，这是提高梁的抗弯刚度的主要途径。需要注意的是弯曲位移与梁全长各截面的惯性矩均有关，而强度只与弯矩最大的截面(危险截面)的惯性矩有关。

因此,必须提高梁的各截面的弯曲刚度。这也就是为什么等强度梁的截面形状不仅没有提高梁的刚度,反而降低了梁的刚度。此外,选用弹性模量 E 较高的材料也能提高梁的刚度。但是,对于钢材来说,虽然各种钢材的强度有很大差异,但是弹性模量 E 却相差很小,故选用高强度钢并不能有效提高梁的刚度。

3. 减小梁的跨度或增加支承

由于受集中力偶、集中力和均布载荷作用的梁,梁的最大挠度分别与跨度的二次方、三次方和四次方成正比,因此减小梁的跨度是提高梁刚度的最主要措施。在工程条件允许的情况,可以通过支座的平移来实现减小梁的跨度。例如,将如图 11-15(a)所示简支梁的两个支座向梁中间分别移动 $l/4$ 时,而使其成为两端外伸的外伸梁(图 11-15(b)),这就明显减小了梁的跨度,梁的最大挠度减小了 91.25%。当梁的支座不能平移时,可在梁的中间某个位置增加支承来减小梁的跨度,以减小梁变形产生的最大位移。如图 11-15(c)所示,在梁的中间增加一个支座来减小梁的跨度。需要指出的是,增加支承使原来的静定梁变成了超静定梁,超静定梁对制造精度、装配技术的要求较高,而且支座的沉陷会引起梁横截面上产生剪力和弯矩,温度变化也会产生温度应力,分析计算也较静定梁复杂。

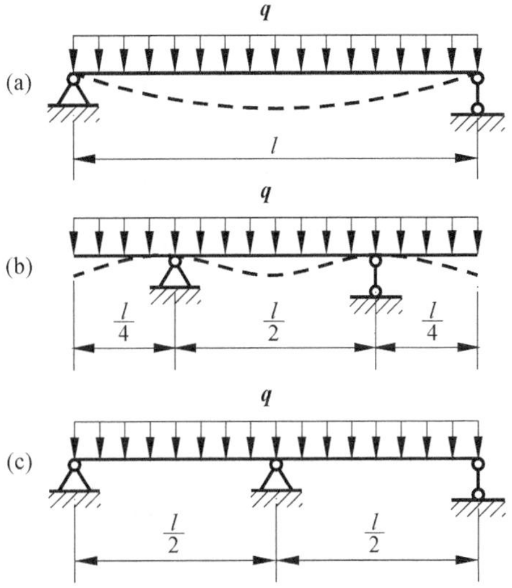

图 11-15

习 题

11.1 试写出图示各梁的边界条件。在图(b)中,弹簧刚度为 k(N/m),图(c)中,BC 杆抗拉压刚度为 EA。

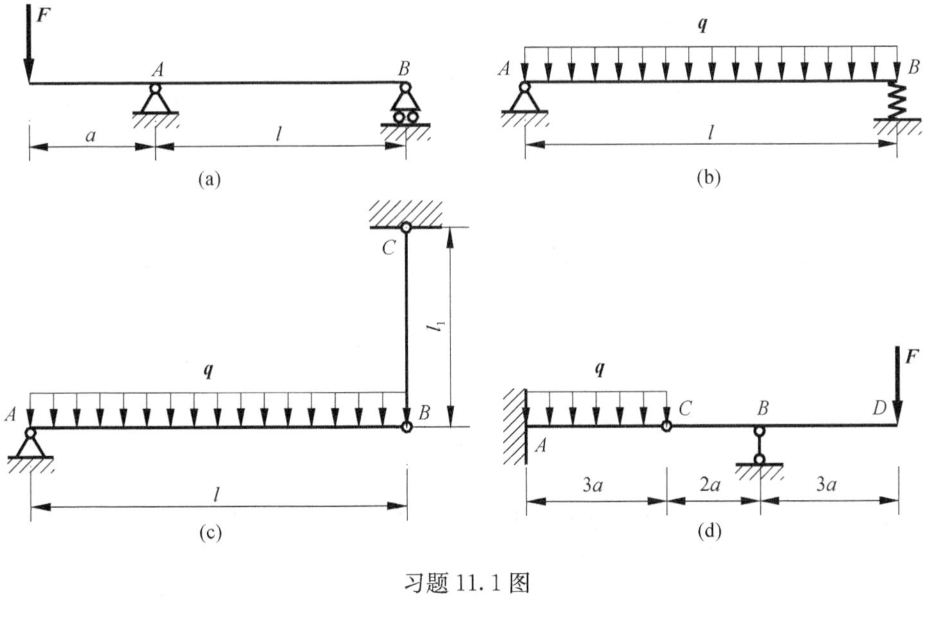

习题 11.1 图

11.2　试用积分法求图示梁的转角方程和挠曲线方程，并求$|\theta|_{\max}$和$|w|_{\max}$。设EI为常量。

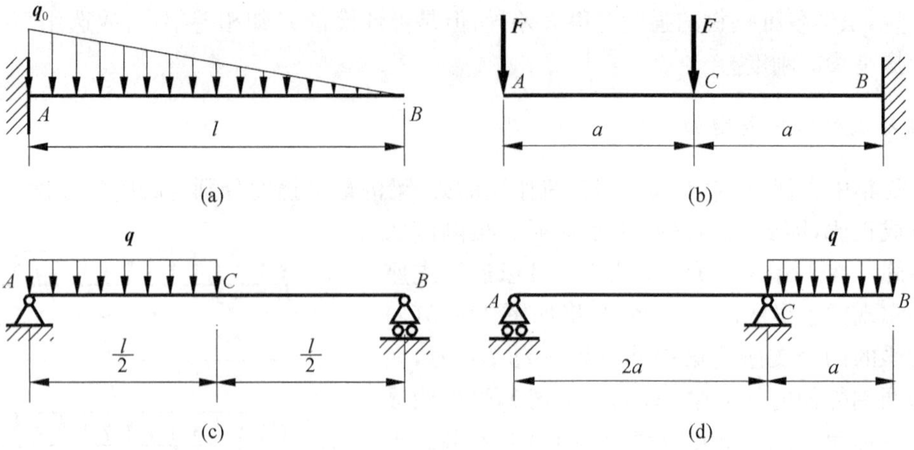

习题 11.2 图

11.3　试用叠加法求图示梁A截面的挠度和B截面的转角。设EI为常量。

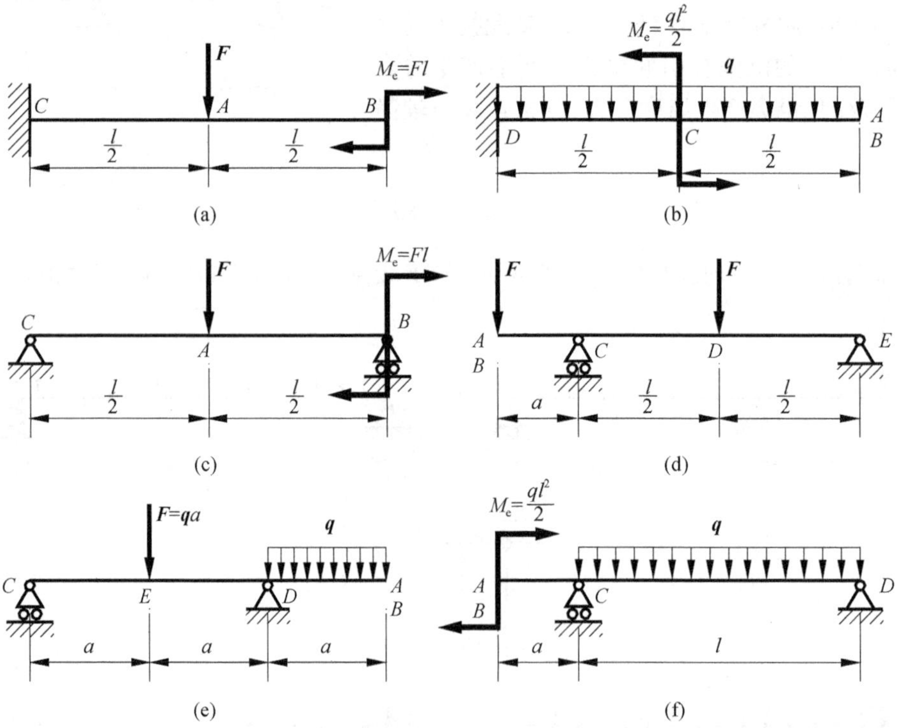

习题 11.3 图

11.4　试由叠加法求图示组合梁中间铰C处的挠度w_C，并绘出组合梁的挠曲线大致形状。设EI为常量。

11.5　由AB轴与AC轴刚性连接而成的直角折杆CAB如图所示。A处为一轴承，允许AC轴的端截面在轴承内自由转动，但不能上下移动。已知$F=60\text{N}$，$E=210\text{GPa}$，$G=0.4E$。试求B截面的铅垂位移。

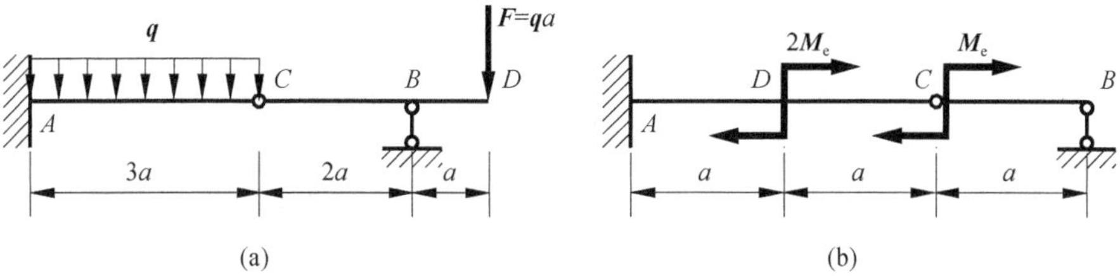

习题 11.4 图

11.6 试求图示阶梯形梁 C 截面的挠度 w_C 和转角 θ_C。已知 $I_2=2I_1$,E 为常量。

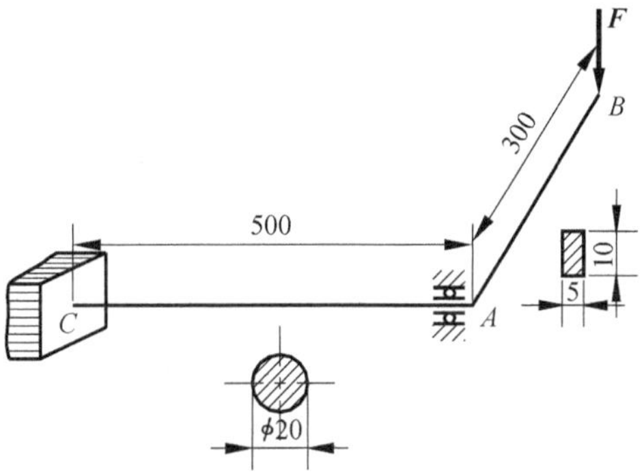

习题 11.5 图

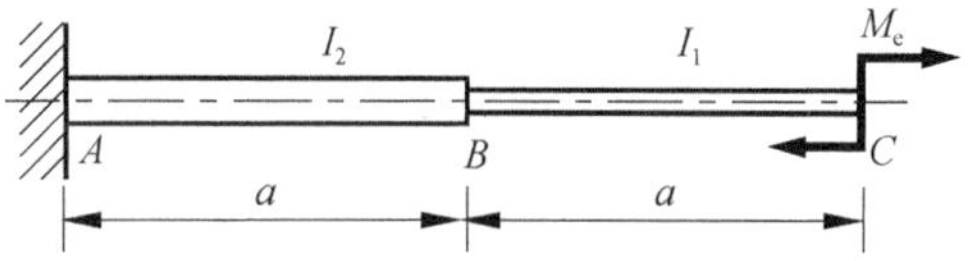

习题 11.6 图

11.7 如图所示组合梁,试求集中力 F 作用处 D 截面的挠度。设 EI 为常量。

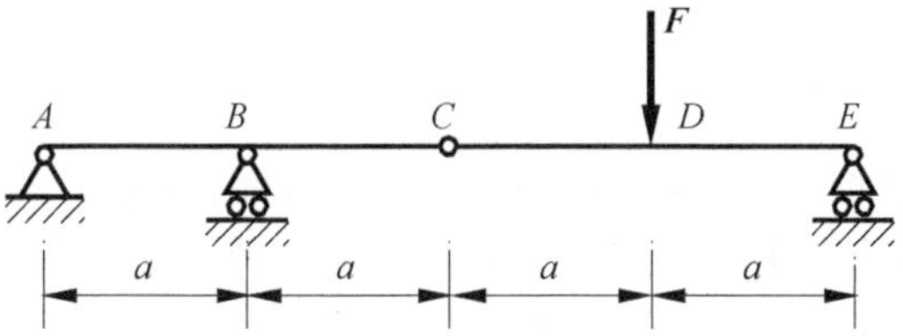

习题 11.7 图

11.8 图示桥式起重机的最大载荷为 $F=20\text{kN}$。起重机的大梁为 No. 32a 工字钢,弹性模量 $E=210\text{GPa}$,$l=8.76\text{m}$,梁的许用挠度$[\delta]=l/500$。试校核大梁的刚度。

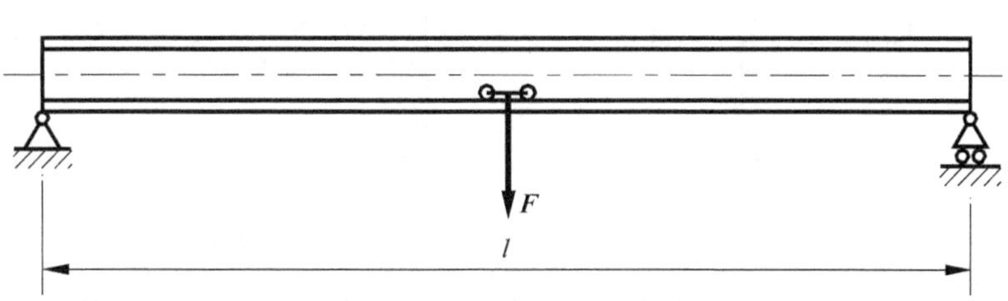

习题 11.8 图

11.9 图示简支梁拟用直径为 d 的圆木制成矩形截面,如图 $b=d/2,h=\sqrt{3}d/2$,已知$[\sigma]=10\text{MPa}$,$[\tau]=1\text{MPa}$,$E=10\text{GPa}$,梁的许用挠度$[\delta]=l/250$,试确定圆木的直径。

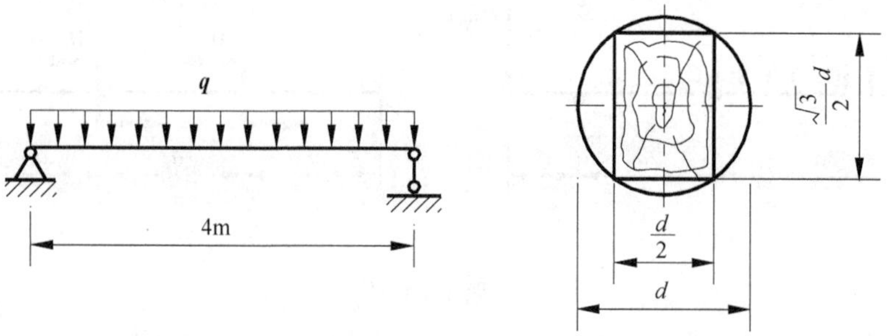

习题 11.9 图

11.10 试判断图示各梁的超静定次数，确定基本静定系统，画出相当系统，并写出变形协调条件。

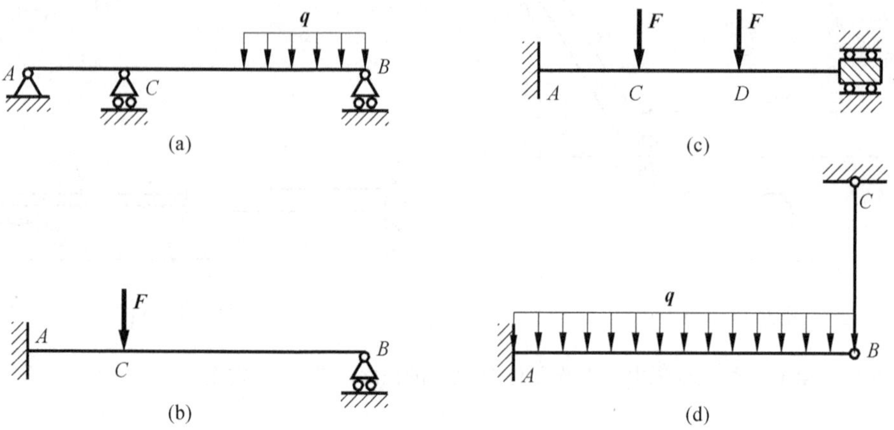

习题 11.10 图

11.11 试用变形比较法求解图示超静定梁，并作出梁的剪力图和弯矩图。

11.12 图示悬臂梁 AB 在自由端受集中力 F 作用。为增加其强度和刚度，用材料和截面均与 AB 梁相同的短梁 DE 加固，二者在 C 处的连接可视为简支。求：

(1) AB 梁在 C 处所受的支反力 F_C；

(2) 梁 AB 的最大弯矩和 B 处的挠度比未加固时的数值减少了多少？

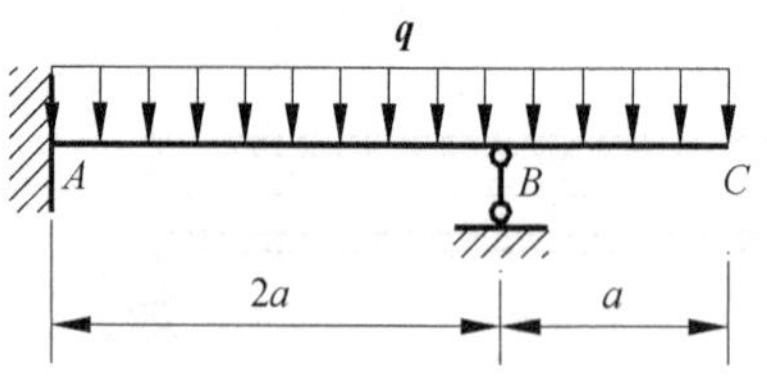

习题 11.11 图

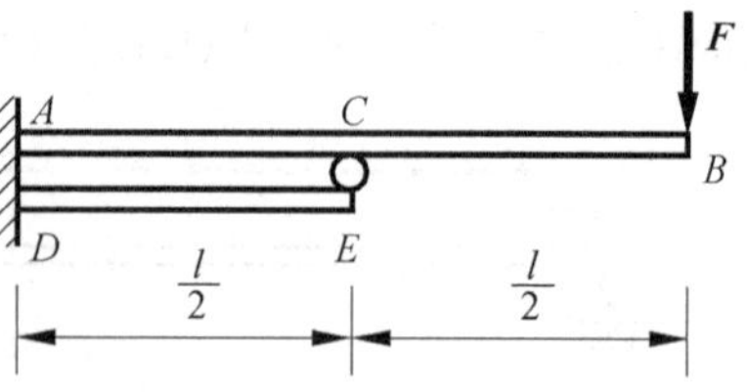

习题 11.12 图

11.13 图示两根梁的材料相同、横截面的惯性矩为 I_1 和 I_2。在载荷 F 作用前，两梁刚好接触。试求在载荷 F 作用下，两梁分别承担的载荷。

11.14 图示结构，悬臂梁 AB 与简支梁 DG 均用 No. 18 工字钢制成，BC 为圆截面钢杆，直径 $d=20\text{mm}$，梁与杆的弹性模量均为 $E=200\text{GPa}$，$F=30\text{kN}$，试计算梁内最大弯曲正应力与杆内最大正应力以及 C 截面的竖直位移。

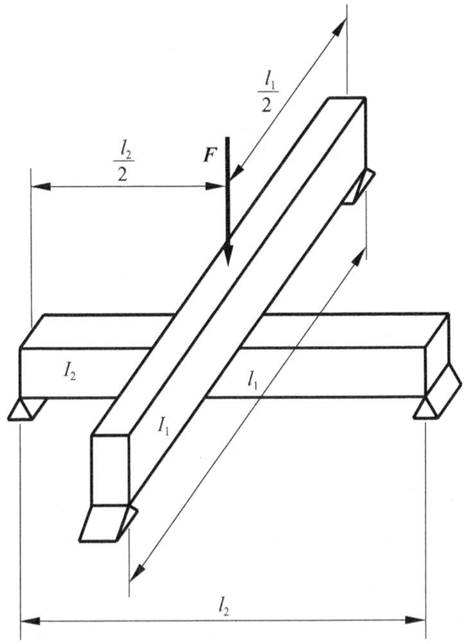

习题 11.13 图

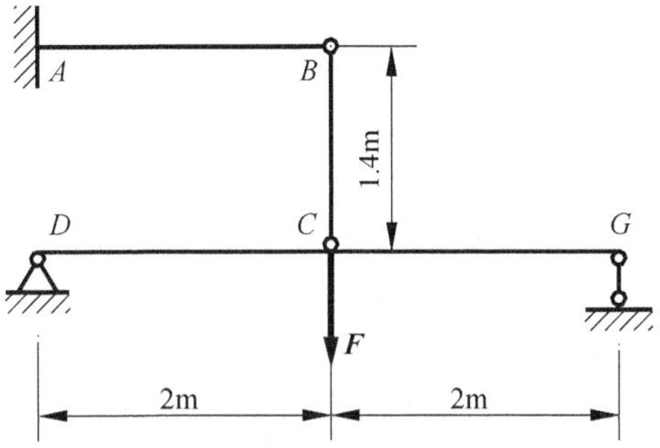

习题 11.14 图

第 12 章　应力状态分析和强度理论

12.1 引　　言

12.1.1 点的应力状态的概念

由圆轴扭转和梁的弯曲应力分析得知，受力物体内不同的点的应力未必相同。下面的实验现象将表明，即使同一点，当微面的方向不同时，微面上的应力也是不相同的。

实验 1，在矩形截面的直杆表面画上一个与杆轴线成 45°夹角的微小正方形，在直杆受到轴向拉伸后，微小正方形变成了菱形，如图 12-1(a)所示。这表明正交线元发生了切应变，由纯剪切概念得知，在这些微面上必有切应力产生。

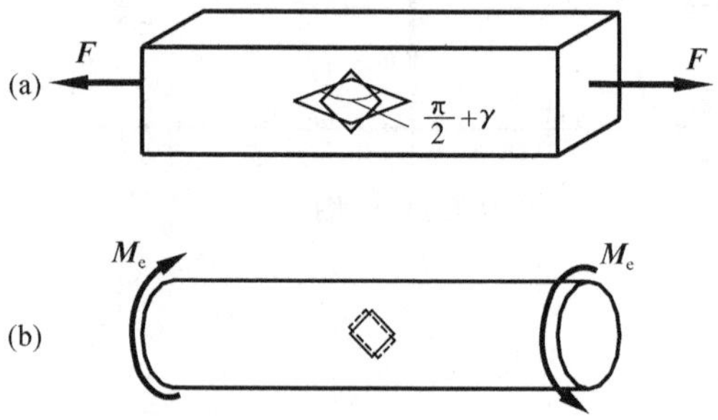

图 12-1

实验 2，在圆轴表面画上一个与杆轴线成 45°夹角的微小正方形，在圆轴受扭后，微小正方形变成了长方形，如图 12-1(b)所示。这表明正交线元没有产生切应变，即 45°斜微面上不会有切应力产生，由本章后面的分析可知伸长方向的斜微面上有拉应力，而缩短方向的斜面上有压应力产生。

所以，受力物体内某点在不同方向的微面上的应力一般是不相同的，于是我们定义：**变形固体内一点处所有方向的微面上的应力的集合称为该点的应力状态**。

12.1.2 点的应力状态的表示方法

围绕受力物体内一点用假想的若干个微面截取出一个微元体(通常取正六面微元体，但不限于正六面微元体)，并画出这些微面上的应力。这些画有微面上应力的微元体称为应力**单元体**，如图 12-2 所示，用来表示一点的应力状态。应力状态分析的任务之一就是根据这几个面上的应力去描述所有方向的微面上的应力。

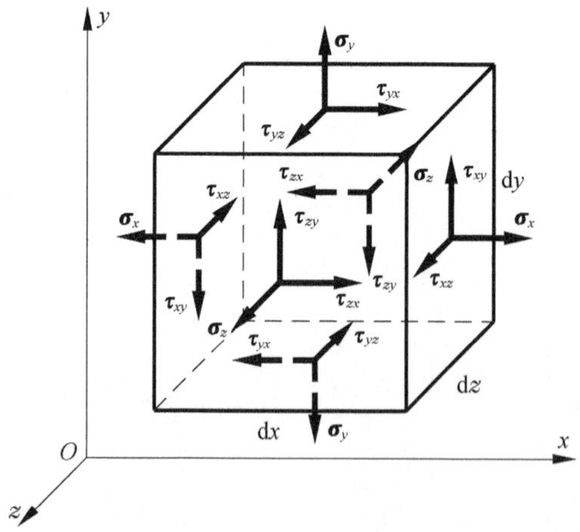

图 12-2

绘制应力单元体图的规则：

(1) 因为微面充分小，所以假定应力在微面上均匀分布，为简化力学模型，这些均布的应力只用一个箭头表示；

(2) 为了清楚地表示出各个微面上的正应力和切应力，我们规定用 σ_x，σ_y，σ_z 分别表示作用在 x，y，z 微面上的正应力，即下标表示正应力的作用面。用 τ_{xy}、τ_{xz}，τ_{yx}、τ_{yz}，τ_{zx}、τ_{zy} 分别表示作用在 x，y，z

微面上的切应力，即第一个下标表示切应力的作用面，第二个下标表示切应力的方向；

(3) 在正交微面上存在正应力的情况下，其上切应力仍然满足切应力互等定理，例如图中 $|\tau_{yx}|=|\tau_{xy}|$。

从受力物体内截取出应力单元体是点的应力状态分析的第一步骤，称为**建立点的应力状态**。本章重点结合圆轴拉伸-扭转组合变形来分析点的应力状态，更多的杆件组合变形将在下一章详细分析。

例 12-1　如图 12-3(a)所示圆轴受拉伸-扭转组合变形，设已知横截面面积 A 和抗扭截面系数 W_p，试建立 B 点的应力状态。

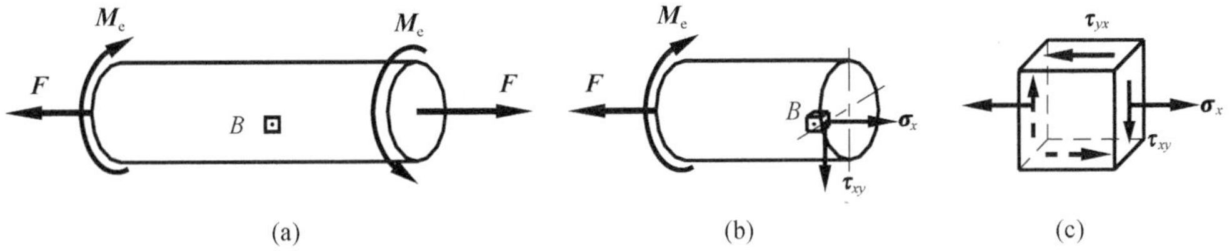

图 12-3

解：在小变形的情况下，可以假设拉伸与扭转这两种基本变形相互不影响、一点的应力状态可以叠加。

B 点所在横截面上的内力为

$$F_N = F,\quad T = M_e$$

横截面上 B 点处应力为 $\sigma_x = F_N/A$、$\tau_{xy} = T/W_p$，如图 12-3(b)所示，并根据切应力互等定理即可绘出 B 点的应力单元体如图 12-3(c)所示。

说明：本题容易出现的错误是没有正确理解单元体各微面的位置和 B 点所在横截面上的基本应力。导致：第一个错误是右微面上切应力 τ_{xy} 的方向不正确(向上)；第二个错误是将切应力画在前微面上；第三个错误是未按照切应力互等定理画各微面上切应力。

例 12-2　如图 12-4(a)所示简支梁上的 A、B 两点位于跨中截面的左侧，C 点位于跨中截面的右侧，试用单元体表示 A、B、C 三点的应力状态。

解：(1) 计算内力。

剪力图和弯矩图如图 12-4(b)、(c)所示。

(2) 取单元体。

在 A 点处取单元体如图 12-4(d)所示，其横截面上的应力的方向由相应的内力方向确定，其值为

$$\sigma_A = \frac{M}{W_z} = \frac{3Fl}{bh^2}$$

在 B 点处取单元体如图 12-4(e)所示，其横截面上的应力的方向由相应的内力方向确定，并注意切应力互等定理，应力的值为

$$\sigma_B = 0.5\sigma_A = \frac{3Fl}{2bh^2},\quad \tau_B = \frac{F_S S_z^*}{I_z b} = \frac{9F}{16bh}$$

在 C 点处取单元体如图 12-4(f)所示，其值为

$$\tau_C = \frac{F_S S_z^*}{I_z b} = \frac{3F}{4bh}$$

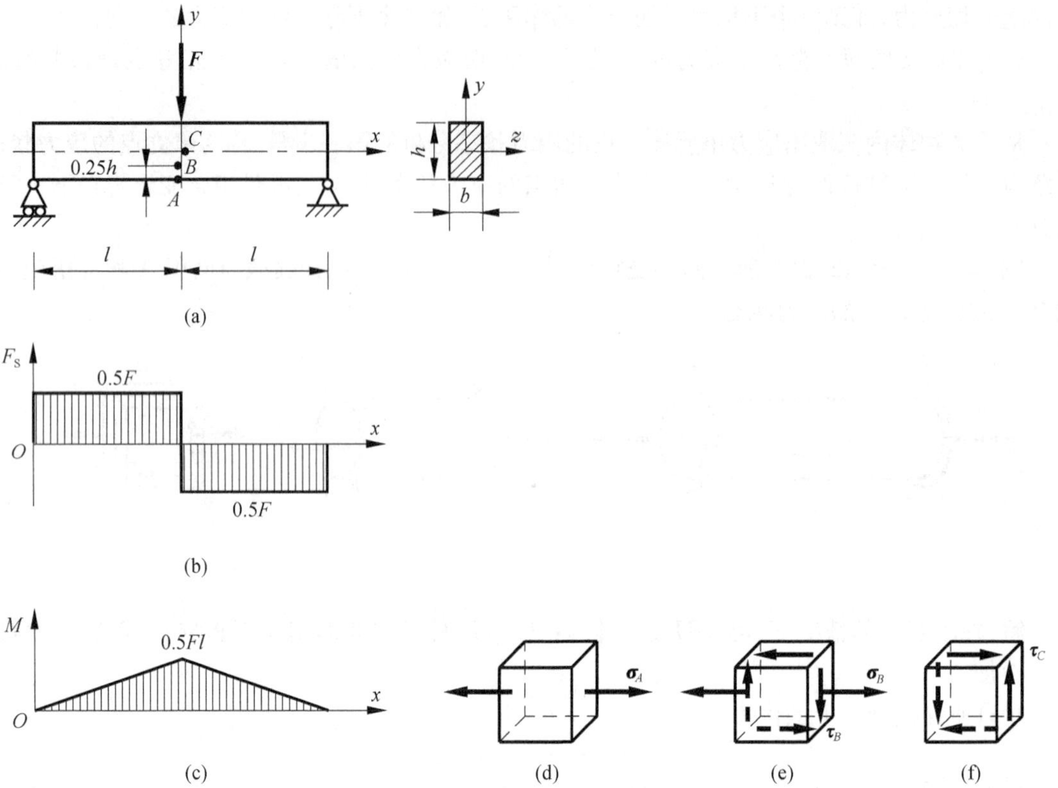

图 12-4

12.1.3　分析应力状态的意义

电测应力分析是力学分析和工程应用中一种重要的非破坏性应力测量方法，该方法能方便地测得受力物体表面某方向的线应变，但如何根据这些测得的应变来分析该点的应力状态呢(注意，在复杂受力情况下，单向胡克定律 $\sigma=E\varepsilon$ 是不正确的，即使变形在线弹性范围内)？如果能正确分析该点的应力状态，就能进一步分析杆件上作用的外力情况，参见习题 12.12 和习题 12.13，如果将习题 12.12 中应变片的方向由 45°改为 30°又该如何计算呢？所以**电测应力分析是应力状态分析的目的之一。**

在杆件的基本变形分析中，我们建立了单向受力危险点的强度条件和纯剪切危险点的强度条件，统称为简单强度条件。所谓简单是因为可以直接通过实验建立材料的破坏条件。但对于例 12-1 中的圆轴拉伸-扭转组合变形，因拉与扭的大小组合有无限种，欲直接通过某种大小组合的实验来建立具有一定通用性的圆轴拉伸-扭转的材料破坏条件和强度条件是不可能的。**建立杆件在复杂受力情况下危险点的强度条件是应力状态分析的目的之二。**

12.1.4　应力状态分类

1. 主应力、主方向定义

一点处切应力为零的微面称为主平面，主平面的外法线方向称为主方向。主平面上的正应力称为主应力。

需要注意的是：主平面上的切应力一定为零，而主应力也可以为零。

2. 主应力单元体定理

本章可以证明：**在受力物体内任一点，一定存在三个相互正交的主平面，与平行微面构成用正六面体表示的主应力单元体，三个主平面上的主应力按代数值分别称为第一、第二、第三主应力，记作 σ_1、σ_2、σ_3（即 $\sigma_1 \geqslant \sigma_2 \geqslant \sigma_3$），对应的三个主方向分别称为第一、第二、第三主方向。**

3. 应力状态分类

三个主应力按非零主应力的个数为
- 单向应力状态：只有一个主应力非零。
- 二向应力状态：只有两个主应力非零。
- 三向应力状态：三个主应力都不为零。

其中，单向应力状态又称为**简单应力状态**，二向和三向应力状态又称为**复杂应力状态**，单向和二向应力状态又称为**平面应力状态**。对于平面应力状态的应力单元体，可以用二维视图取代三维视图。

在例 12-1 中的 B 点是几向应力状态还不明确，因为还没有分析得到其主应力。但可以肯定是平面应力状态，因前后微面是主应力为零的主平面。

钢轨上与火车车轮接触的一点，处在三向受压的应力状态（图 12-5(a)）。低碳钢圆截面杆受拉出现颈缩后，在颈缩区中心一点，处在三向受拉的应力状态（图 12-5(b)）。

下面举一个工程中常见的二向应力状态的例子。

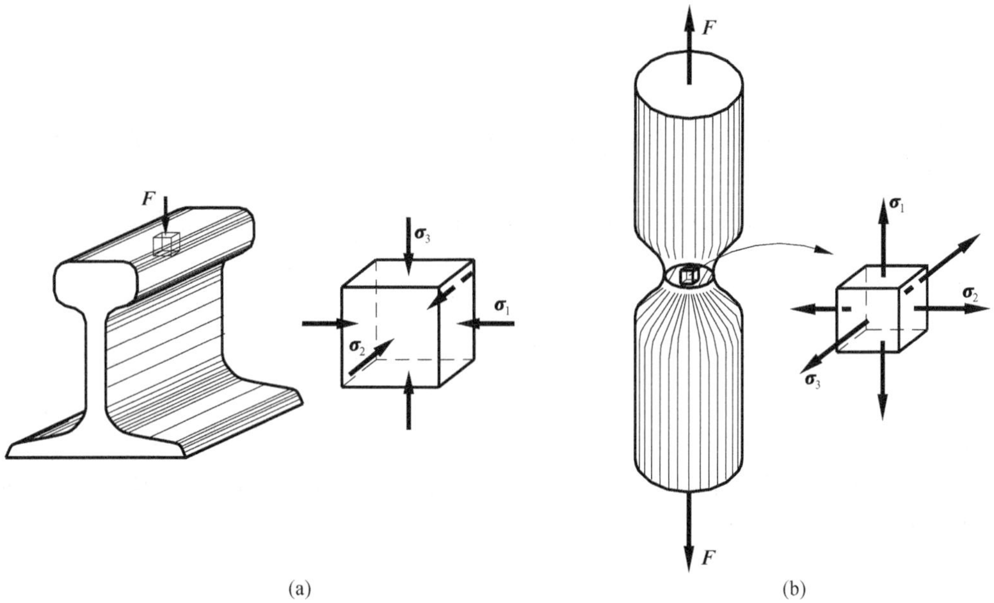

图 12-5

例 12-3　已知如图 12-6(a)所示的薄壁容器的内压集度为 p，圆筒直径 D，壁厚 δ（设 $D \geqslant 20\delta$，工程中将满足该条件的圆筒称为**薄壁圆筒**），试分析圆筒壁上 B 点的应力状态。

解：在轴线方向的变形性质与杆件受轴向拉伸的性质相同，横截面上只有均匀分布的正应力（称为**轴向应力**）σ_x（图 12-6(b)）。

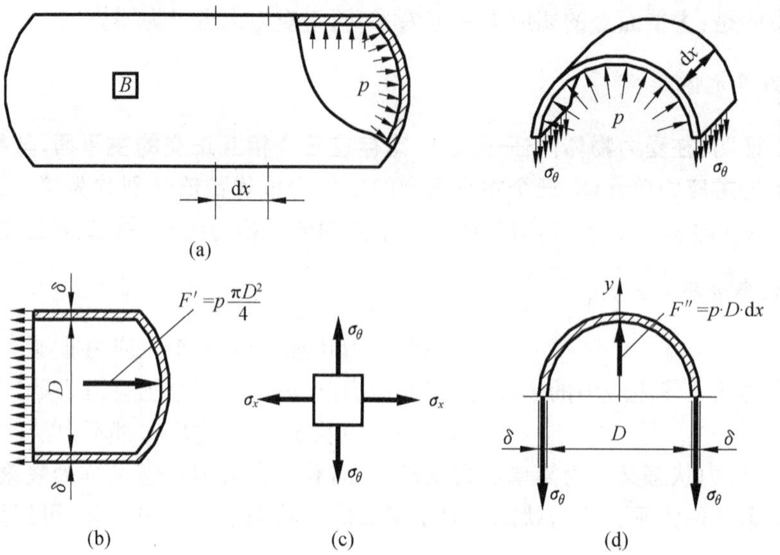

图 12-6

封头上内压力沿圆筒轴线方向的合力 F'(等于内压 p 乘封头垂直于圆筒轴线的投影面积)

横截面上的轴力

$$F_{\mathrm{N}} = F' = p \cdot \frac{\pi D^2}{4}$$

轴向应力

$$\sigma_x = \frac{F_{\mathrm{N}}}{A} = \frac{p \cdot \frac{\pi D^2}{4}}{\pi D\delta} = \frac{pD}{4\delta} \tag{12-1a}$$

根据轴对称性和薄壁条件,纵截面上只有沿圆周切线方向的正应力(称为**周向应力**)σ_θ(图 12-6(d))。

半圆筒上内压力沿 y 轴方向的合力(等于内压 p 乘半圆筒垂直于 y 轴的投影面积)

$$F'' = p \cdot D \cdot \mathrm{d}x$$

由

$$\sum F_y = 0,\quad F'' - \sigma_\theta \cdot 2\delta \cdot \mathrm{d}x = 0$$

得周向应力

$$\sigma_\theta = pD/(2\delta) \tag{12-1b}$$

B 点处内壁上的 p 远小于 σ_x 和 σ_θ 而忽略不计,应力单元体如图 12-6(c)所示,为二向受拉的应力状态 $\sigma_1 = \sigma_\theta, \sigma_2 = \sigma_x, \sigma_3 = 0$

由于纵截面上的周向应力 σ_θ 较大,故这类薄壁压力容器的破裂通常都发生在纵截面上。

12.2 平面应力状态分析

平面应力状态分析的任务之一是通过微元体上的已知应力求微元体上的未知应力,常用的方法有三种:①当微元体上的应力个数较少时,可直接建立平衡方程求解,称为单元体平衡法;②当微元体上应力个数较多时,直接建立平衡方程求解则比较麻烦而且容易出错。于是用平衡方程导出公式，直接将公式用于平面应力状态分析，称为公式解析法；③用公式描述一点的应力状态较为抽象，于是德国工程师莫尔(O. Mohr)创立了一种更直观的分析方法，称为应力圆(或莫尔圆)法。

12.2.1　单元体平衡法

例 12-4　已知某点处的应力单元体如图 12-7 所示，求微面上的未知切应力 τ_{xy}。

解：设斜微面的面积为 dA，列平衡方程：

$$\sum F_y = 0,$$

$$\tau_{xy} \cdot dA \cdot \sin60° - \sigma_y \cdot dA \cdot \cos60° = 0$$

解得：$\tau_{xy} = 57.7\text{MPa}$

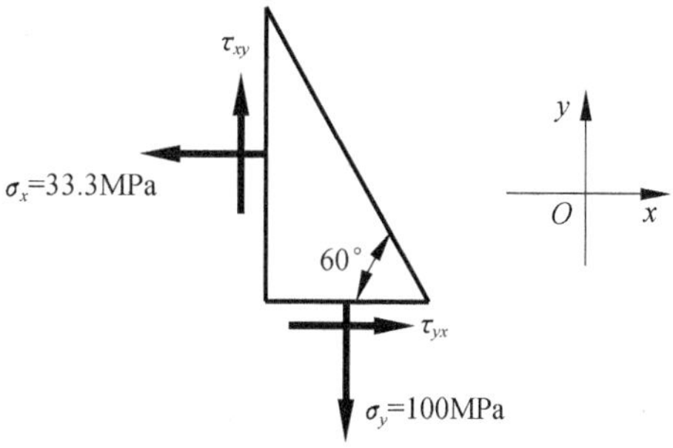

图 12-7

12.2.2　公式解析法

已知如图 12-8(a)所示平面应力状态的最一般情况，现在来分析其任一斜微面上的应力。即已知 σ_x、σ_y、τ_{xy}、α，求 σ_α、τ_α。为确保结果作为公式来应用，在应力状态的分析中对应力和微面的方向都作了严格的**正负号规定**：正应力 σ——沿微面的外法线方向为正，即拉应力为正；切应力 τ——沿微面外法线方向顺时针转 90°所得的方向为正，即顺剪为正；微面的方向角 α——以 x 轴为基准转到微面的外法线方向，若 α 角为逆时针，则为正(图 12-8(c)中除 τ_{yx} 为负以外，其余各量均为正号)。

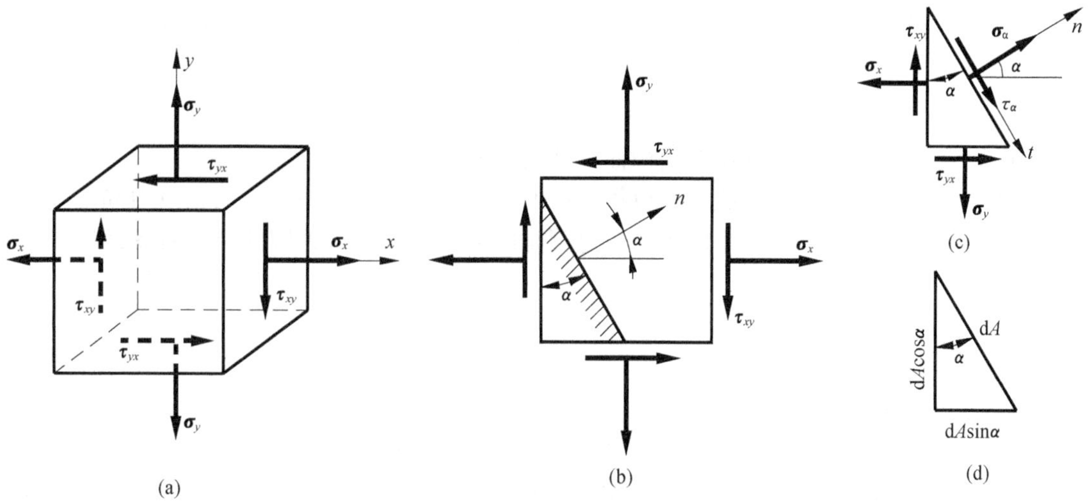

图 12-8

根据三角形微元体的平衡条件 $\begin{cases} \sum F_n = 0 \\ \sum F_t = 0 \end{cases}$，可解得如下计算任一**斜微面上应力的公式**

$$\begin{cases} \sigma_\alpha = \dfrac{\sigma_x + \sigma_y}{2} + \dfrac{\sigma_x - \sigma_y}{2}\cos2\alpha - \tau_{xy}\sin2\alpha \\ \tau_\alpha = \dfrac{\sigma_x - \sigma_y}{2}\sin2\alpha + \tau_{xy}\cos2\alpha \end{cases} \tag{12-2}$$

现举例说明这些公式的正确使用。

例 12-5 薄壁圆筒受力如图 12-9(a)所示。已知 $F=20\text{kN}$,$M_e=600\text{N}\cdot\text{m}$,横截面 $A=314\text{mm}^2$,$W_p=7854\text{mm}^3$。试用公式解析法求 B 点处指定斜微面上的应力。

解:建立 B 点的应力状态如图 12-9(b)所示,微面上的应力

$$\sigma=\frac{F_N}{A}=\frac{-F}{A}=-\frac{20\times10^3 N}{314\text{mm}^2}=-63.7\text{MPa}$$

$$\tau=\frac{T}{W_p}=\frac{M_e}{W_p}=\frac{600\times10^3 N\cdot\text{mm}}{7854\text{mm}^3}=76.4\text{MPa}$$

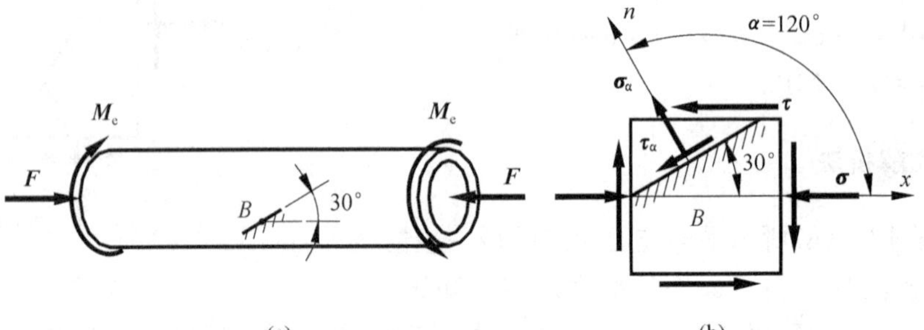

图 12-9

将 $\sigma_x=-63.7\text{MPa}$,$\sigma_y=0$,$\tau_{xy}=76.4\text{MPa}$,$\alpha=120°$(或 $\alpha=-60°$,请读者思考为什么)代入式(12-2),得

$$\sigma_{120°}=\frac{-63.7\text{MPa}+0\text{MPa}}{2}+\frac{-63.7\text{MPa}-0\text{MPa}}{2}\cos240°-(76.4\text{MPa})\sin240°=50.2\text{MPa}$$

$$\tau_{120°}=\frac{-63.7\text{MPa}-0\text{MPa}}{2}\sin240°+(76.4\text{MPa})\cos240°=-10.6\text{MPa}$$

按正负号规定,将实际方向画在斜微面上(图 12-9(b))。

根据斜微面上的应力公式,我们可以用解析的方法进一步分析一点处的正应力和切应力的极值,读者可参考有关教材。本书略去解析过程是因为用下面的应力圆法可以直观地得到这些极值结果。

12.2.3 应力圆法

1. 应力空间与应力圆

斜微面上应力公式(12-2)是以 2α 为参数的参数方程,我们可以在 σ-τ 坐标平面上来研究这个参数方程。σ-τ 坐标平面被称为**应力空间**。我们现在来分析斜微面上应力公式在应力空间的轨迹。将式(12-2)的参数 α 消去可得

$$\left(\sigma_\alpha-\frac{\sigma_x+\sigma_y}{2}\right)^2+\tau_\alpha^2=\left(\frac{\sigma_x-\sigma_y}{2}\right)^2+\tau_{xy}^2$$

这是一个圆的方程,其圆心 C 的横坐标为$\frac{\sigma_x+\sigma_y}{2}$,纵坐标为 0,半径为$\sqrt{\left(\frac{\sigma_x-\sigma_y}{2}\right)^2+\tau_{xy}^2}$,这个圆称为**应力圆(或莫尔圆)**,参见图 12-10(b)。

2. 作应力圆的典型方法

σ 轴和 τ 轴选择同一比例尺建立应力空间(σ-τ 坐标平面);根据 x 微面和 y 微面上的已知应

力(图 12-10(a))在应力空间上确定应力圆上的两个点：$A_x(\sigma_x,\tau_{xy})$，$A_y(\sigma_y,\tau_{yx})$；用直线连接 A_x、A_y 两点，交横轴于点 C。显然 C 点横坐标为 $(\sigma_x+\sigma_y)/2$、纵坐标为 0，即 C 点为应力圆圆心；因 A_x 为圆周上的点，故可以 CA_x 为半径作圆即得应力圆(图 12-10(b))。

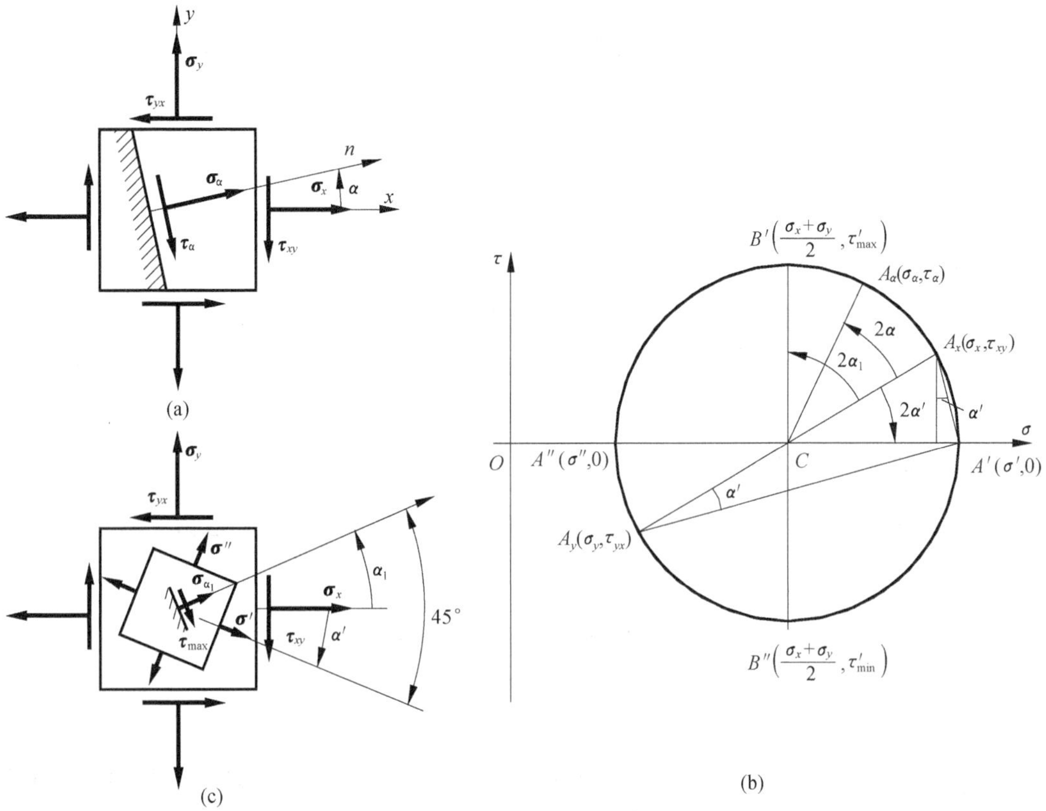

图 12-10

上述作应力圆的方法称为**两点定圆法**，读者可以思考，其实只要知道应力单元体上任意两个微面上的应力，就可以确定应力圆上的两点，从而作出应力圆。

3. 利用应力圆确定 α 斜微面上的应力

容易证明以 CA_x 为圆心角的量度基准，按 α 的正负号规定转 2α 角，所得点 A_α 的坐标$(\sigma_\alpha,\tau_\alpha)$即为单元体上 α 斜微面上的应力(图 12-10(a)、(b))。需要说明的是，由于图解精度较差，现在很少直接用应力圆法图解结果。**但若圆心角为某些特殊角，则利用应力圆作解析计算是分析应力状态行之有效的方法**。

4. 应力圆的特点

点面对应，夹角 2 倍，转向相同。

从上述分析可以看出，应力圆上的一个点对应单元体上一个面；应力圆上两点之间的圆心角是单元体上对应的两个面的法线的夹角的两倍，且转向相同。

12.2.4　主应力与主方向的确定

如图 12-10(b)所示的应力圆上存在两个特殊的点 $A'(\sigma',0)$和 $A''(\sigma'',0)$，这两点的切应力为零，故这两点的横坐标 σ' 和 σ'' 即是主应力，显然主应力就是正应力的极值。从图 12-10(b)可知，$OA'=OC+CA'=OC+CA_x$，$OA''=OC-CA''=OC-CA_x$，得**主应力计算公式**

$$\left.\begin{matrix}\sigma' \\ \sigma''\end{matrix}\right\}=\frac{\sigma_x+\sigma_y}{2}\pm\sqrt{\left(\frac{\sigma_x-\sigma_y}{2}\right)^2+\tau_{xy}^2} \tag{12-3}$$

在应用时，**根据 $\boldsymbol{\sigma'}$ 和 $\boldsymbol{\sigma''}$ 的计算结果，再比较主应力 $\boldsymbol{\sigma_z=0}$，即可确定 $\boldsymbol{\sigma_1}$、$\boldsymbol{\sigma_2}$ 和 $\boldsymbol{\sigma_3}$。**

从图 12-10(b)，$|\tan\alpha'|=\dfrac{\sigma'-\sigma_x}{\tau_{xy}}$，考虑到从 CA_x 量度到 CA' 的圆心角 $2\alpha'$ 为负值，得主应力 σ' 作用面的**主方向计算公式**

$$\alpha'=\arctan\left(\frac{\sigma_x-\sigma'}{\tau_{xy}}\right) \tag{12-4}$$

从图 12-10(b)可得较小主应力 σ'' 与较大主应力 σ' 的圆心角为 180°，对应到应力单元体上即两主平面正交，这证明了上节中的主应力单元体定理。

从应力圆图还可得到如下结论：**正交的两微面上正应力之和为常数（如 $\boldsymbol{\sigma'+\sigma''=\sigma_x+\sigma_y}$）。**在计算正交微面上的应力时常应用这一结论。

12.2.5 主切应力及其作用面

在应力状态中，切应力也随微面方向的变化而变化，其极值称为**主切应力**。图 12-10(b)的应力圆上有两个特殊的点：$B'\left(\dfrac{\sigma_x+\sigma_y}{2},\tau'_{\max}\right)$ 和 $B''\left(\dfrac{\sigma_x+\sigma_y}{2},\tau'_{\min}\right)$，显然 $\tau'_{\max}$ 和 $\tau'_{\min}$ 为切应力的极大值和极小值，其大小等于应力圆的半径，得**主切应力计算公式**

$$\left.\begin{matrix}\tau'_{\max} \\ \tau'_{\min}\end{matrix}\right\}=\pm\frac{\sigma'-\sigma''}{2}=\pm\sqrt{\left(\frac{\sigma_x-\sigma_y}{2}\right)^2+\tau_{xy}^2} \tag{12-5}$$

从图 12-10(b)可知从 CA' 到 CB' 的圆心角为 90°，即极大值主切应力 $\tau'_{\max}$ 作用面的法线方向为以**较大主应力的主方向为基准正转 45°**，若以 x 轴为基准，则 $\boldsymbol{\alpha_1=\alpha'+45°}$。

而且，**$\boldsymbol{\tau'_{\max}}$ 与 $\boldsymbol{\tau'_{\min}}$ 的作用面正交**（应力圆上圆心角为 180°），这验证了在存在正应力的正交微面上，切应力依然满足切应力互等定理，故在应用式(12-5)时只需计算 $\tau'_{\max}$。

从应力圆图还可得到如下结论：**$\boldsymbol{\tau'_{\max}}$ 等于主应力公式的第二项，其作用面上的正应力 $\boldsymbol{\sigma_{\alpha_1}}$ 等于主应力公式的第一项。**在需要同时计算主应力和主切应力时常应用这一结论。

例 12-6　试分析例 12-5 中 B 点的主应力和主切应力，并将结果用应力单元体表示。

解：根据例 12-5 的应力单元体，$\sigma_x=-63.7\text{MPa}$，$\sigma_y=0$，$\tau_{xy}=76.4\text{MPa}$ 代入主应力计算公式(12-3)，得

$$\left.\begin{matrix}\sigma' \\ \sigma''\end{matrix}\right\}=\left[\frac{-63.7+0}{2}\pm\sqrt{\left(\frac{-63.7-0}{2}\right)^2+76.4^2}\right]\text{MPa}$$

$$=(-31.85\pm82.77)\text{MPa}=\begin{cases}50.9 \\ -114.6\end{cases}\text{MPa}$$

得 B 点的三个主应力

$$\sigma_1=\sigma'=50.9\text{MPa},\quad \sigma_2=\sigma_z=0,\quad \sigma_3=\sigma''=-114.6\text{MPa}$$

根据主方向计算公式(12-4)，得

$$\alpha'=\arctan\left(\frac{-63.7-50.9}{76.4}\right)=-56.3°$$

根据主应力计算公式的第二项，主切应力为

$$\tau'_{\max} = 82.77\text{MPa}$$

其作用面法向

$$\alpha_1 = -56.3^\circ + 45^\circ = -11.3^\circ$$

根据主应力计算公式的第一项，该微面上正应力为

$$\sigma_{\alpha_1} = -31.85\text{MPa}$$

这些结果的应力单元体如图 12-11(b)所示。

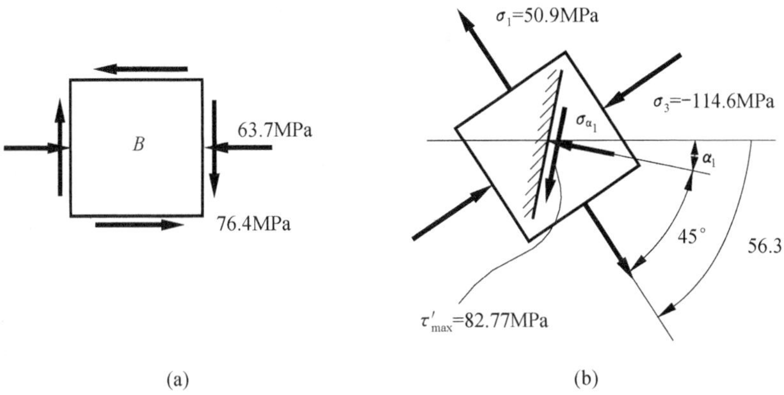

图 12-11

12.3　特殊三向应力状态分析

本节限于讨论已知一个非零主应力(设该主应力为 $\sigma_z \neq 0$，图 12-12(a))的三向应力状态。

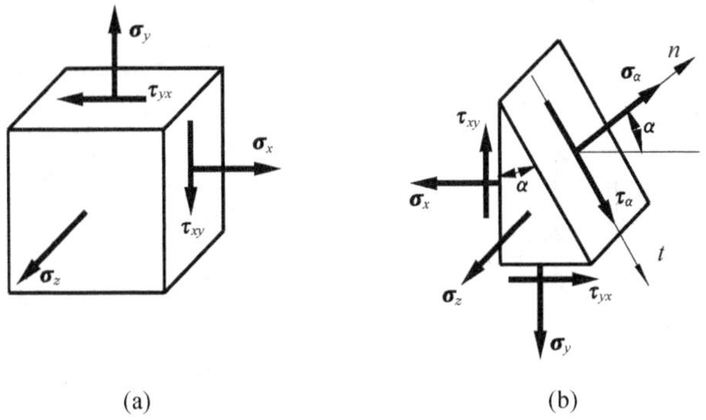

图 12-12

12.3.1　与 z 轴平行的斜微面上的应力分析

显然非零主应力 σ_z 的存在不会影响 $\sum F_n = 0$ 和 $\sum F_t = 0$ 的平衡条件，故平面应力状态($\sigma_z = 0$)的分析方法和公式完全适用于这种特殊的三向应力状态(图 12-12(b))。

于是我们可以计算主应力 σ' 和 σ''，并与非零主应力 σ_z 比较而得到该应力状态的主应力单元体，应力状态的其他分析均可建立在此主应力单元体的基础上进行。

12.3.2 三向应力状态的应力圆

设已知某点应力状态的主应力单元体(图 12-13(a)),因 σ_3 并不影响 xy 平面内的平衡方程,故可暂不考虑 σ_3。按平面应力状态分析的应力圆法,可在应力空间确定两点 $A_1(\sigma_1,0)$ 和 $A_2(\sigma_2,0)$ 而作出应力圆如图 12-13(b)所示,该应力圆上任一点 $A_\alpha(\sigma_\alpha,\tau_\alpha)$ 的坐标描述了应力单元体上与 z 轴(即第 3 主方向)平行的 α 斜微面上的应力(图 12-13(c))。同理,$A_2(\sigma_2,0)$ 和 $A_3(\sigma_3,0)$ 两点所确定的应力圆上点的坐标描述了应力单元体上与 x 轴(即第 1 主方向)平行的微面上的应力。而由点 $A_1(\sigma_1,0)$ 和 $A_3(\sigma_3,0)$ 所确定的应力圆上的点的坐标则描述了与 y 轴(即第 2 主方向)平行的微面上的应力。如图 12-13(b)所示的应力圆称为**三向应力圆**。

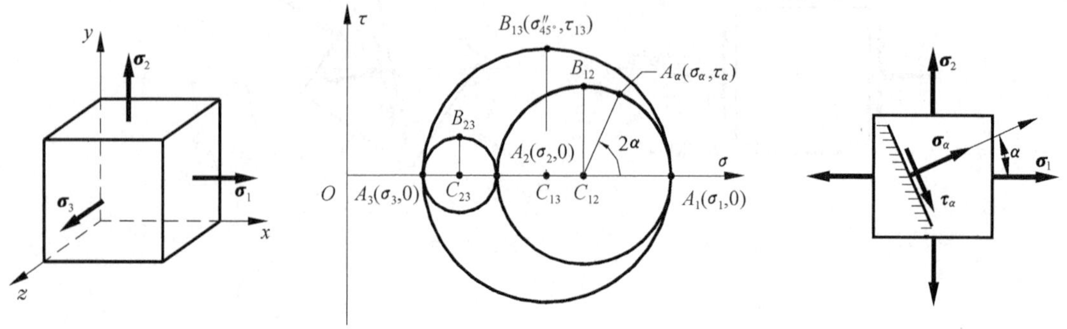

(a) (b) (c)

图 12-13

弹性力学分析表明:对任意方向的斜微面(图 12-14(a))上的应力,在应力空间上所对应的点一定位于三向应力圆所确定的闭区域内(图 12-14(b)中阴影线范围内)。

值得指出的是,单向和二向应力状态(设主应力 $\sigma_z=0$)实际上也能作出三向应力圆,请读者思考这些情况下的三向应力圆有什么特征。

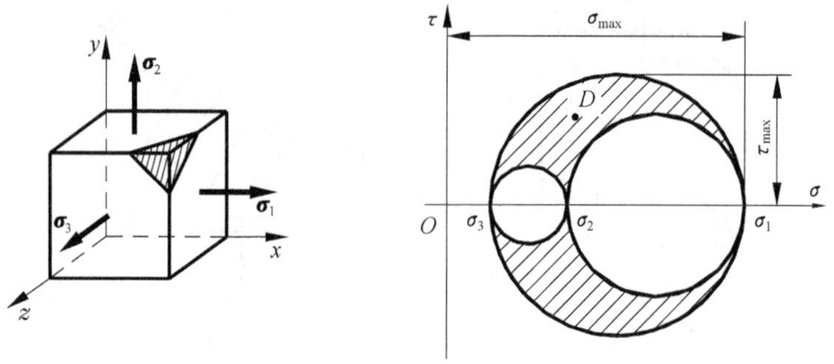

(a) (b)

图 12-14

12.3.3 三个主切应力与最大切应力

在三向应力圆(图 12-13(b))上有三个特殊的点 B_{12}、B_{23} 和 B_{13},这三个点的纵坐标分别等于三个应力圆的半径,描述了一点应力状态的**三个主切应力**

$$\tau_{12}=\frac{\sigma_1-\sigma_2}{2},\qquad \tau_{23}=\frac{\sigma_2-\sigma_3}{2},\qquad \tau_{13}=\frac{\sigma_1-\sigma_3}{2}\tag{12-6}$$

它们分别作用在平行于第三、第一和第二主方向的 45°斜微面上，见图 12-15。

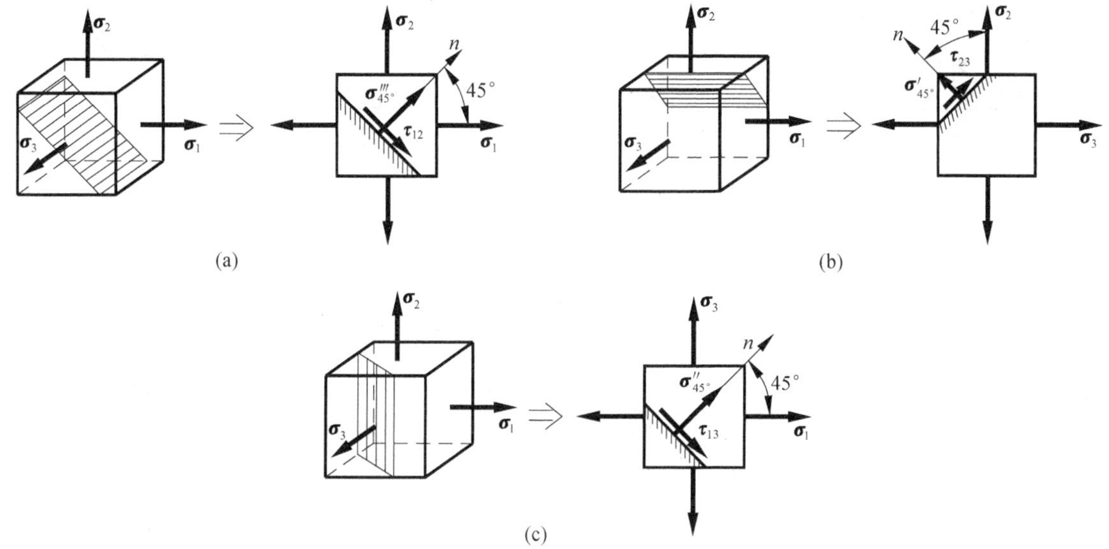

图 12-15

最大切应力

$$\tau_{max} = \tau_{13} = \frac{\sigma_1 - \sigma_3}{2} \qquad (12\text{-}7)$$

其作用面法线方向为，从 $\boldsymbol{\sigma}_1$ 向 $\boldsymbol{\sigma}_3$ 主方向正转 45°。

例 12-7　分析如图 12-16(a)所示应力状态的主应力和最大切应力。应力单位为 MPa。

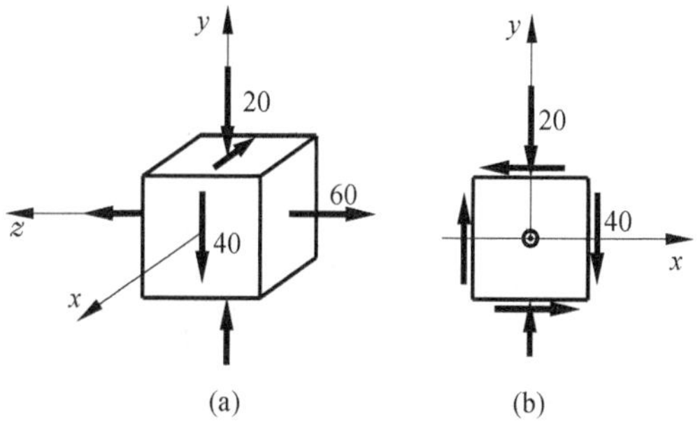

图 12-16

解：为方便描述，建立空间坐标系 xyz，并将单元体绕 y 轴逆时针旋转 90°(图 12-16(b))。则已知，$\sigma_x=0$，$\sigma_y=-20\text{MPa}$，$\tau_{xy}=40\text{MPa}$。

代入主应力计算公式(12-3)

$$\left.\begin{matrix}\sigma' \\ \sigma''\end{matrix}\right\} = \frac{0-20}{2}\text{MPa} \pm \sqrt{\left(\frac{0+20}{2}\right)^2 + 40^2}\,\text{MPa} = (-10 \pm 41.2)\text{MPa} = \left\{\begin{matrix}31.2 \\ -51.2\end{matrix}\right.\text{MPa}$$

得该点的三个主应力

$$\sigma_1 = \sigma_z = 60\text{MPa}, \quad \sigma_2 = \sigma' = 31.2\text{MPa}, \quad \sigma_3 = \sigma'' = -51.2\text{MPa}$$

代入最大切应力计算公式(12-7)

$$\tau_{max} = \frac{60\text{MPa} - (-51.2\text{MPa})}{2} = 55.6\text{MPa}$$

12.4　广义胡克定律

本节只讨论各向同性材料在复杂应力状态下发生线弹性小变形时的应力和应变之间的关系。

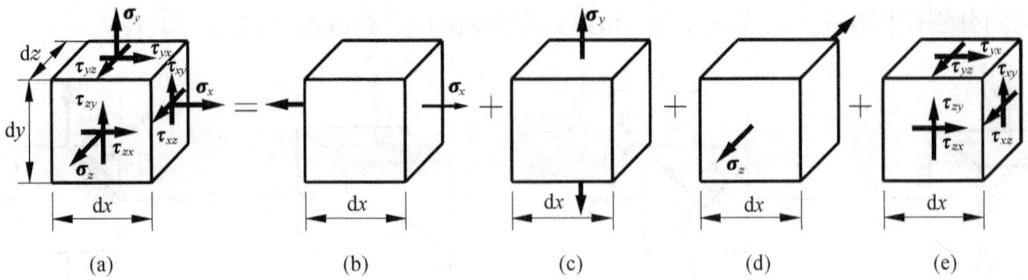

图 12-17

12.4.1 广义胡克定律

研究如图 12-17(a)所示的应力状态。假设变形仍处在线弹性小变形范围,则前述叠加原理仍适用于应力状态分析。由弹性力学理论可以证明,正应力只引起线应变,切应力只引起同一平面上的切应变。如图 12-17(b)所示的线元 dx 的线应变,由单向应力状态下的胡克定律确定,$\varepsilon_x^b=\sigma_x/E$。如图 12-17(c)、(d)所示的线元 d$x$ 的线应变,由单向胡克定律和泊松公式确定,$\varepsilon_x^c=-\mu\sigma_y/E$,$\varepsilon_x^d=-\mu\sigma_z/E$。如图 12-17(e)所示应力状态,线元 d$x$ 在小变形条件下没有线应变,但正交线元 dx、dy、dz 有切应变,服从剪切胡克定律 $\gamma=\tau/G$。根据叠加原理 $\varepsilon_x=\varepsilon_x^b+\varepsilon_x^c+\varepsilon_x^d=[\sigma_x-\mu(\sigma_y+\sigma_z)]/E$,$y$ 方向和 z 方向线应变的分析同理,于是可得**广义胡克定律**

$$\begin{cases}\varepsilon_x=\dfrac{1}{E}[\sigma_x-\mu(\sigma_y+\sigma_z)]\\ \varepsilon_y=\dfrac{1}{E}[\sigma_y-\mu(\sigma_z+\sigma_x)]\\ \varepsilon_z=\dfrac{1}{E}[\sigma_z-\mu(\sigma_x+\sigma_y)]\\ \gamma_{xy}=\dfrac{\tau_{xy}}{G},\quad \gamma_{yz}=\dfrac{\tau_{yz}}{G},\quad \gamma_{zx}=\dfrac{\tau_{zx}}{G}\end{cases}\tag{12-8}$$

对于如图 12-17(a)所示的应力状态,我们可以求得主应力单元体,得到三个主应力 σ_1、σ_2、σ_3。一点处沿三个主方向的线应变称为**主应变**,规定用 ε_1、ε_2、ε_3 分别表示沿第一、第二、第三主方向的线应变。**主应力-主应变广义胡克定律**

$$\begin{cases}\varepsilon_1=\dfrac{1}{E}[\sigma_1-\mu(\sigma_2+\sigma_3)]\\ \varepsilon_2=\dfrac{1}{E}[\sigma_2-\mu(\sigma_3+\sigma_1)]\\ \varepsilon_3=\dfrac{1}{E}[\sigma_3-\mu(\sigma_1+\sigma_2)]\end{cases}\tag{12-9}$$

*12.4.2 体积胡克定律

设一点处微元体变形前的体积 dV=dx · dy · dz,则变形后的体积 dV'=$(1+\varepsilon_x)$dx · $(1+\varepsilon_y)$dy · $(1+\varepsilon_z)$dz,体积的相对改变量称为一点处的**体积应变 $\boldsymbol{\theta}$**。

$$\theta=\frac{\mathrm{d}V'-\mathrm{d}V}{\mathrm{d}V}=\frac{(1+\varepsilon_x)\mathrm{d}x\cdot(1+\varepsilon_y)\mathrm{d}y\cdot(1+\varepsilon_z)\mathrm{d}z-\mathrm{d}x\cdot\mathrm{d}y\cdot\mathrm{d}z}{\mathrm{d}x\cdot\mathrm{d}y\cdot\mathrm{d}z}=\varepsilon_x+\varepsilon_y+\varepsilon_z\tag{12-10}$$

将广义胡克定律代入上式可得**体积胡克定律**

$$\theta = \frac{\sigma_m}{K} \tag{12-11}$$

式中，$\sigma_m = (\sigma_x + \sigma_y + \sigma_z)/3$，称为**一点处的平均应力**；$K = E/[3(1-2\mu)]$，称为各向同性材料的**体积弹性模量**。

由以上分析可知：**微元体的弹性体积改变只与该点处应力状态的平均应力有关，而单位体积改变等于该点处沿任意方向的三个正交线应变之和**。

例 12-8　若在例 12-5 中的 B 点贴一沿 30°方向的应变片(图 12-18(a))，试计算该应变片所测得的应变值。已知圆筒材料的 $E=210\text{GPa}$，$\mu=0.28$。

解：要计算 30°方向的线应变，必须先计算出以该方向为基准的三个相互正交的微面上的应力(图 12-18(b))，根据例 12-5，120°微面上的正应力 $\sigma_{120^\circ}=50.2\text{MPa}$。

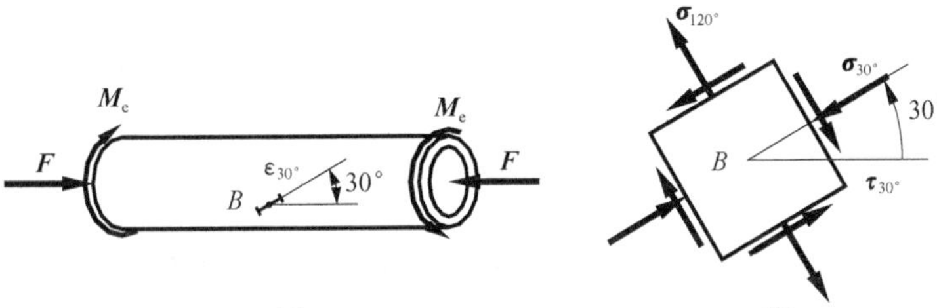

(a)　　　(b)

图 12-18

可根据关于正交面上正应力的结论来计算 30°微面上的正应力

$$\sigma_{30^\circ} = \sigma_x + \sigma_y - \sigma_{120^\circ} = -63.7\text{MPa} + 0\text{MPa} - 50.2\text{MPa} = -113.9\text{MPa}$$

而 $\sigma_z = 0$，代入广义胡克定律式(12-8)，

$$\varepsilon_{30^\circ} = \frac{1}{E}[\sigma_{30^\circ} - \mu(\sigma_{120^\circ} + \sigma_z)]$$

$$= \frac{10^6\,\text{Pa}}{210\times10^9\,\text{Pa}} \times [-113.9 - 0.28\times(50.2+0)] = -6.09\times10^{-4}$$

例 12-9　证明各向同性材料三个弹性常数之间的关系：$G=E/[2(1+\mu)]$。

解：分析如图 12-19(a)所示的纯剪切单元体，由剪切胡克定律

$$\gamma = \frac{\tau}{G} \tag{a}$$

为了联系 E、μ，需要分析线应变。纯剪切单元体除线元 dx、dy 没有线应变外，其他任何方向的线元都有线应变。为了计算简单，我们分析 −45°方向的线应变，为此需要先计算 ±45°方向微面上的正应力。

根据已知两点 $A_x(0,\tau)$，点 $A_y(0,-\tau)$ 作应力圆(图 12-19(b))，由应力圆得

$$\sigma_{-45^\circ} = \tau(=\sigma_1),\quad \sigma_z = 0(=\sigma_2),\quad \sigma_{45^\circ} = -\tau(=\sigma_3)\quad (\text{图 12-19(a)})$$

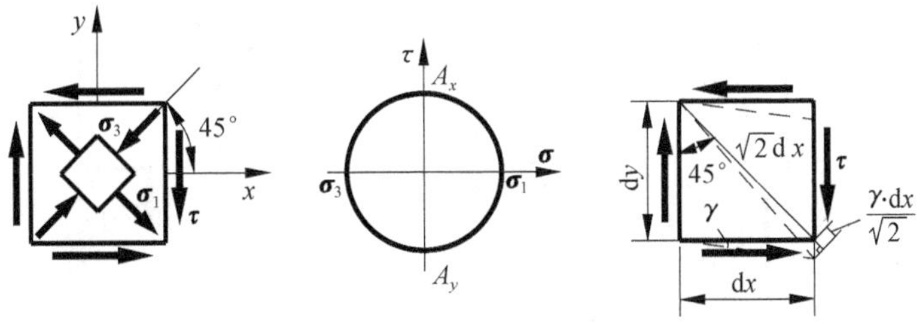

(a)　　　(b)　　　(c)

图 12-19

将其代入广义胡克定律式(12-9)得

$$\varepsilon_{-45^\circ}=\varepsilon_1=\frac{1}{E}[\sigma_{-45^\circ}-\mu(\sigma_z+\sigma_{45^\circ})]=\frac{1}{E}[\tau-\mu(0-\tau)]=\frac{1+\mu}{E}\tau \tag{b}$$

作变形几何分析确定 ε_{-45° 与 γ 的关系,取 $dx=dy$,则 -45° 方向线元原长度 $=\sqrt{2}dx$、伸长量为 $\gamma\cdot dx/\sqrt{2}$(图 12-19(c))。所以

$$\varepsilon_{-45^\circ}=\frac{\text{伸长量}}{\text{原长度}}=\frac{\gamma}{2}$$

将式(a)、(b)代入上式,即可得证。

12.5 弹性应变能的概念

为了研究塑性材料在复杂应力状态下的破坏(12.6 节),以及复杂结构在外力作用下的位移(第 15 章),都需要建立变形固体弹性应变能的概念。

12.5.1 弹性应变能的概念

钟表发条和拉弓射箭给我们的启发:当物体发生弹性变形时,物体内将储存一定的能量。这些能量被称为**弹性应变能**,它与物体所发生的弹性变形程度有关,而且可以通过物体弹性变形的恢复而释放出来。

先来分析一根等截面直杆轴向拉伸时(图 12-20(a))所储存的弹性应变能。设直杆长 l,横截面面积 A,受轴向外力 F 作用。假设变形在线弹性范围,则杆件伸长 Δl 与作用力 F 之间的关系是线性的(图 12-20(b))。杆件逐渐伸长的同时,外力 F 将会做功 $W_F=F\cdot\Delta l/2$(图 12-20(b)的拉伸图中阴影区域的面积)。假如加载过程非常缓慢,变形过程不产生能量耗散,则**外力 F 所做的功 W_F 全部转化为拉杆的弹性应变能 V_ε**

$$V_\varepsilon=W_F \tag{12-12}$$

式(12-12)称为**功能原理**。

故如图 12-20(a)所示拉杆的弹性应变能 $V_\varepsilon=F\cdot\Delta l/2$。

一般情况下,杆件内部各点处的应力和变形并不相同,于是需要研究一点处单位体积的微元体所储存的弹性应变能,称为**弹性应变能密度(或弹性比能)** $v_\varepsilon=dV_\varepsilon/dV$,其中,$dV$ 代表微元体的体积。

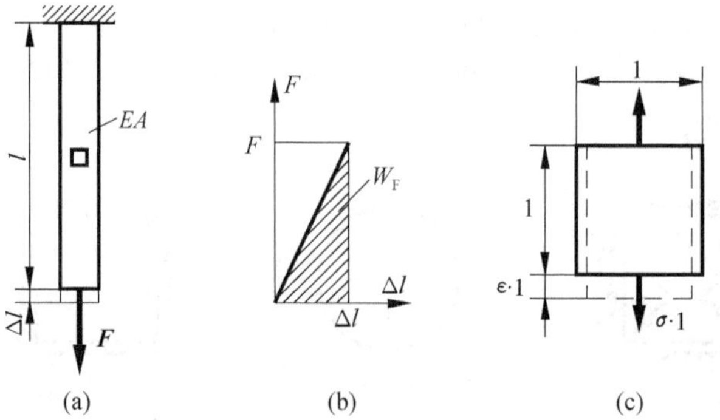

图 12-20

由于如图 12-20(a)所示拉杆的变形是处处均匀的,因此,单向应力状态的点的弹性应变能

密度为

$$v_\varepsilon = \frac{V_\varepsilon}{V} = \frac{\frac{1}{2}F \cdot \Delta l}{A \cdot l} = \frac{1}{2}\sigma\varepsilon$$

该式表明：**一点处的弹性应变能密度在数值上等于单位体积微元体上的内力功**（图 12-20(c)，其中，内力=$\sigma \cdot 1$，位移=$\varepsilon \cdot 1$）

12.5.2　复杂应力状态下的弹性应变能密度

弹性应变能具有和弹性力作功相同的一个性质是 V_ε（或弹性应变能密度 v_ε）与变形过程无关，只与变形的最终状态有关。即决定于外力（或应力）的最终数值与加载次序无关。对于复杂应力状态（图 12-21(a)），我们假设 σ_1、σ_2 和 σ_3 从零开始以不变的比例同时达到最终数值，称为**比例加载**。则三个主平面上的内力（等于主应力乘以单位面积）在三个主方向的位移（等于主应变乘以单位长度）上做的内力功等于**复杂应力状态下的弹性应变能密度**

$$v_\varepsilon = \frac{1}{2}\sigma_1\varepsilon_1 + \frac{1}{2}\sigma_2\varepsilon_2 + \frac{1}{2}\sigma_3\varepsilon_3 \tag{12-13a}$$

将广义胡克定律代入式(12-13a)可得

$$v_\varepsilon = \frac{1}{2E}[\sigma_1^2 + \sigma_2^2 + \sigma_3^2 - 2\mu(\sigma_1\sigma_2 + \sigma_2\sigma_3 + \sigma_3\sigma_1)] \tag{12-13b}$$

12.5.3　应变能密度的分解

分解如图 12-21(a)所示的复杂应力状态为图 12-21(b)和图 12-21(c)。其中，$\sigma_m = (\sigma_x + \sigma_y + \sigma_z)/3$，称为一点处的**平均应力**。

将如图 12-21(b)所示的主应力代入式(12-13b)，得其弹性应变能密度为

$$v_V = \frac{1}{2E}[\sigma_1'^2 + \sigma_2'^2 + \sigma_3'^2 - 2\mu(\sigma_1'\sigma_2' + \sigma_2'\sigma_3' + \sigma_3'\sigma_1')] = \frac{3(1-2\mu)}{2E}\sigma_m^2$$

因为该单元体不会发生形状改变而只有体积改变，而且容易证明该单元体与如图 12-21(a)所示的单元体有相同的体积改变。v_V 称为一点处的**体积改变能密度**。

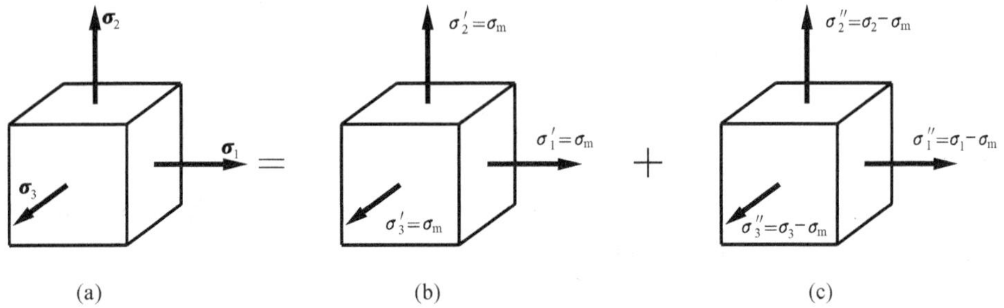

图 12-21

将如图 12-21(c)所示的主应力代入式(12-13b)，得其弹性应变能密度为

$$v_d = \frac{1}{2E}[\sigma_1''^2 + \sigma_2''^2 + \sigma_3''^2 - 2\mu(\sigma_1''\sigma_2'' + \sigma_2''\sigma_3'' + \sigma_3''\sigma_1'')]$$

$$= \frac{1+\mu}{6E}[(\sigma_1 - \sigma_2)^2 + (\sigma_2 - \sigma_3)^2 + (\sigma_1 - \sigma_3)^2] \tag{12-14}$$

因为该单元体的平均应力 $\sigma''_m=(\sigma''_1+\sigma''_2+\sigma''_3)/3=0$，即该单元体不会发生体积改变而只产生形状改变。$v_d$ 称为一点处的**形状改变能密度(或畸变能密度)**。

可以证明 $v_\varepsilon=v_V+v_d$，表明如图 12-21(a)所示应力状态分解的重要意义在于将一点处的弹性应变能按不同的作用进行了分解。由式(12-14)可知：一点处的形状改变能密度只与三个主切应力有关。下一节在研究材料屈服破坏的原因时将会用到形状改变能密度这一概念。

12.6 强度理论及其应用

12.6.1 强度理论的概念

在 12.1 节中已经指出，杆件在复杂受力的情况下，不能直接通过实验来建立具有一定通用性的材料破坏条件和强度条件。对于复杂应力状态，需要使用强度理论。**强度理论是关于材料发生强度失效力学因素的假说**。假设材料在任何应力状态下某种形式的失效是由某一力学因素引起，通过分析简单应力状态下的失效结果，建立起复杂应力状态与简单应力状态下测得的材料破坏力学因素之间的关系，即 $f(\sigma_1,\sigma_2,\sigma_3)=\sigma_s$(或 σ_b)，该关系称为强度理论的**材料破坏条件**。进而考虑安全储备，建立起危险点在复杂应力状态下的强度条件。

12.6.2 静载下材料的破坏形式

静载下材料的破坏分为**脆性断裂和屈服(即塑性变形)**两种形式。

脆性断裂的特征是变形极其微小，其中黑色金属断口粗糙灰暗。黑色金属屈服的特征是材料内部产生不可恢复的塑性滑移。

材料发生脆性断裂还是发生屈服，不仅与材料本身的性质有关，还与材料所处的应力状态有关。例如，淬火钢球能在铸铁块上压出圆坑，即作为脆性材料的铸铁在三向受压的应力状态下也能产生一定的塑性变形而不发生破裂；冬天有时可见铸铁管因内部水柱的结冰而发生平行于管道轴线方向的破裂，显然冰块单向受力的强度远小于铸铁材料，但这里的冰块处于三向受压的应力状态而铸铁管处于二向受拉的应力状态。

12.6.3 四个经典强度理论

1. 最大拉应力理论(第一强度理论)

材料破坏假说：无论一点的应力状态简单与复杂，只要其最大拉应力 $\sigma_{t,max}$ 达到某极限值 K，该点处材料就会发生脆性断裂。

根据该假说，复杂应力状态下的材料脆断条件是：$\sigma_{t,max}=\sigma_1=K$。$K$ 值由单向拉伸实验确定：$\sigma_{t,max}=\sigma_1=\sigma_b=K$。得该理论的材料破坏条件为

$$\sigma_1=\sigma_b$$

考虑安全储备得最大拉应力理论的强度条件：

$$\sigma_1\leqslant[\sigma]=\frac{\sigma_b}{n} \tag{12-15}$$

该强度理论存在的问题是，如单向受压，由于 $\sigma_1<0$，则该强度理论的结论是无论多大的压力，材料都不会发生强度破坏；其次，该理论也没有反映 σ_2、σ_3 对材料脆性断裂的影响。其实，每一个**强度理论都只有一定的适用范围**。该理论现在主要用于脆性材料以拉为主(即 $\sigma_1\geqslant|\sigma_3|$)的

应力状态。

2. 最大拉应变理论(第二强度理论)

材料破坏假说:无论一点的应力状态简单与复杂,只要其最大拉应变 $\varepsilon_{t,max}$ 达到某极限值 K,该点处材料就会发生脆性断裂。

根据该假说,复杂应力状态下的材料脆性断裂条件是:$\varepsilon_{t,max}=\varepsilon_1=[\sigma_1-\mu(\sigma_2+\sigma_3)]/E=K$。$K$ 值由单向拉伸实验确定:$\varepsilon_{t,max}=\sigma_1/E=\sigma_b/E=K$。得该理论的材料破坏条件为

$$\sigma_1-\mu(\sigma_2+\sigma_3)=\sigma_b$$

最大拉应变理论的强度条件为

$$\sigma_1-\mu(\sigma_2+\sigma_3)\leqslant[\sigma] \tag{12-16}$$

该理论存在较大的近似性,即材料的变形满足胡克定律,直到发生脆性断裂。故该理论现在在工程中已较少使用,但却被用于研究具有内部裂纹的材料以判断裂纹是否会进一步扩展的断裂力学分析中。

3. 最大切应力理论(第三强度理论)

材料破坏假说:无论一点的应力状态简单与复杂,只要其最大切应力 τ_{max} 达到某极限值 K,该点处材料就会发生屈服。

根据该假说,复杂应力状态的材料屈服条件是:$\tau_{max}=(\sigma_1-\sigma_3)/2=K$。$K$ 值由单向拉伸实验确定:$\tau_{max}=\sigma_1/2=\sigma_s/2=K$。得该理论的材料破坏条件为

$$\sigma_1-\sigma_3=\sigma_s$$

最大切应力理论的强度条件为

$$\sigma_1-\sigma_3\leqslant[\sigma]=\frac{\sigma_s}{n} \tag{12-17}$$

4. 形状改变能密度理论(第四强度理论)

材料破坏假说:无论一点的应力状态简单与复杂,只要其形状改变能密度 v_d 达到某极限值 K,该点处材料就会发生屈服。

根据该假说,复杂应力状态的材料屈服条件是

$$v_d=\frac{1+\mu}{6E}[(\sigma_1-\sigma_2)^2+(\sigma_2-\sigma_3)^2+(\sigma_1-\sigma_3)^2]=K$$

K 值由单向拉伸实验确定:$v_d=\frac{1+\mu}{6E}[\sigma_1^2+\sigma_1^2]=\frac{1+\mu}{6E}[\sigma_s^2+\sigma_s^2]=K$。得该理论的材料破坏条件为

$$\sqrt{\frac{1}{2}[(\sigma_1-\sigma_2)^2+(\sigma_2-\sigma_3)^2+(\sigma_1-\sigma_3)^2]}=\sigma_s$$

形状改变能密度理论的强度条件为

$$\sqrt{\frac{1}{2}[(\sigma_1-\sigma_2)^2+(\sigma_2-\sigma_3)^2+(\sigma_1-\sigma_3)^2]}\leqslant[\sigma] \tag{12-18}$$

第三、第四强度理论的验证与选用:第三、第四强度理论现在都被广泛用于各种金属塑性材料的非三向受拉的应力状态。那么有什么区别呢?数学上可以证明 $\sigma_1-\sigma_3\geqslant$

$\sqrt{[(\sigma_1-\sigma_2)^2+(\sigma_2-\sigma_3)^2+(\sigma_1-\sigma_3)^2]/2}$，表明可能出现这种情况，即按第四强度理论结论是安全的，而按第三强度理论结论是不安全的。但大量的关于低碳钢、铜、铝等金属塑性材料的实验结果表明，按照第四强度理论的材料破坏条件计算结果更准确。第三强度理论没有考虑中间主应力 σ_2 对材料屈服的影响，使计算结果偏于保守（或者说偏于安全），但计算式简单，所以在工程中也得到了广泛的应用。

12.6.4　莫尔强度理论

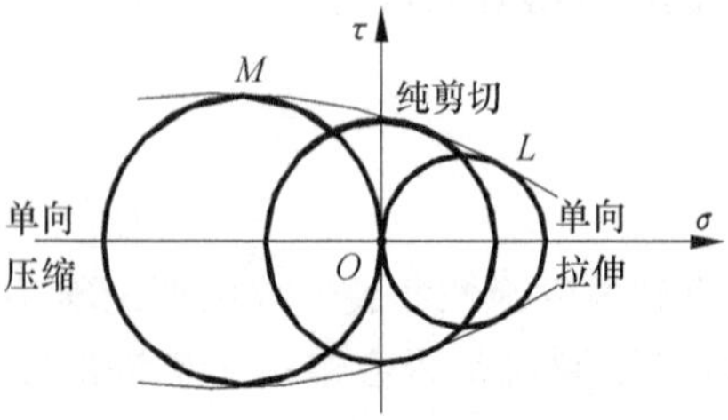

图 12-22

莫尔强度理论在建立强度理论的思想和方法上完全不同于上述的经典强度理论，该理论是根据有限的实验结果用唯象学的方法，在应力空间推理材料的破坏条件，而不管材料破坏的内在力学因素是什么。

根据材料单向拉伸、单向压缩、纯剪切的破坏性实验结果，在应力空间分别作出它们对应破坏时的应力圆（称为**极限应力圆**，图 12-22），再作出与三个应力圆相切的两条包络线。可以推理，如果根据某点的应力状态而作出的最大应力圆（由 σ_1，σ_3 确定）在两条包络线所夹的区域内，则微元体材料不会发生强度破坏；而当应力圆与包络线相切时，为微元体材料发生强度破坏的条件。

建立强度条件时为了简化，只考虑单向拉伸和单向压缩的许用应力，作出两个应力圆，用其公切线代替包络线（图 12-23）。图中 $[\sigma_t]$ 和 $[\sigma_c]$ 分别为材料的许用拉应力和许用压应力。若某点应力状态的最大应力圆在两公切线内，则这样的应力状态是安全的。应力圆与两公切线相切为应力状态的最大许用状态，可由此推出莫尔强度条件。由图 12-23 可知

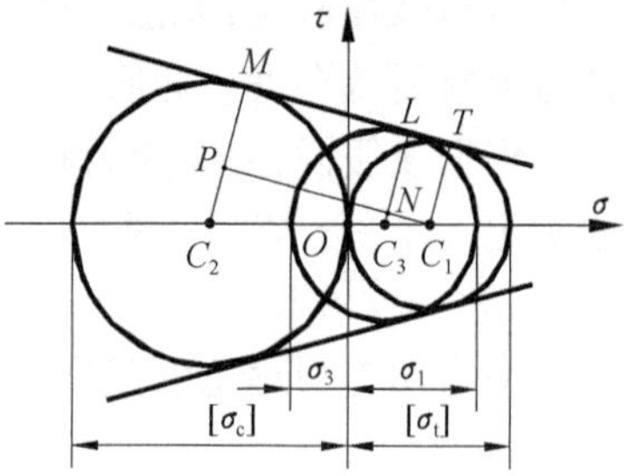

图 12-23

$$\frac{C_3N}{C_2P}=\frac{C_3C_1}{C_2C_1}$$

$$C_3N=C_3L-C_1T=\frac{\sigma_1-\sigma_3}{2}-\frac{[\sigma_t]}{2}$$

$$C_2P=C_2M-C_1T=\frac{[\sigma_c]}{2}-\frac{[\sigma_t]}{2}$$

$$C_3C_1=C_1O-C_3O=\frac{[\sigma_t]}{2}-\frac{\sigma_1+\sigma_3}{2}$$

$$C_2C_1=C_1O+OC_2=\frac{[\sigma_t]}{2}+\frac{[\sigma_c]}{2}$$

以上诸式可解得 $\sigma_1-\frac{[\sigma_t]}{[\sigma_c]}\sigma_3=[\sigma_t]$。

莫尔强度理论的强度条件为

$$\sigma_1-\frac{[\sigma_t]}{[\sigma_c]}\sigma_3\leqslant[\sigma_t] \tag{12-19}$$

对抗拉和抗压强度相等的材料（$[\sigma_t]=[\sigma_c]$），上式退化为第三强度理论的强度条件。从这个意义上讲，莫尔强度理论是针对抗拉和抗压强度不等的材料，对第三强度理论的一种修正理论。

莫尔强度理论能较好地适用于铸铁等脆性材料的 $\sigma_1 \geqslant 0$ 且 $\sigma_3 \leqslant 0$ 的应力状态，也可用于弹簧钢等塑性较低的材料。

12.6.5　强度理论的应用

1. 强度理论的统一形式

为了应用描述的方便，将强度理论统一记作为

$$\sigma_{ri} \leqslant [\sigma] \quad (i = 1,2,3,4,M) \tag{12-20a}$$

σ_{ri}称为**强度理论的相当应力（或等效应力）**，其中

$$\begin{aligned} \sigma_{r1} &= \sigma_1 \\ \sigma_{r2} &= \sigma_1 - \mu(\sigma_2 + \sigma_3) \\ \sigma_{r3} &= \sigma_1 - \sigma_3 \\ \sigma_{r4} &= \sqrt{\frac{1}{2}[(\sigma_1 - \sigma_2)^2 + (\sigma_2 - \sigma_3)^2 + (\sigma_3 - \sigma_1)^2]} \\ \sigma_{rM} &= \sigma_1 - \frac{[\sigma_t]}{[\sigma_c]}\sigma_3 \end{aligned} \tag{12-20b}$$

2. 强度理论的选用

材料的强度问题极为复杂。人们虽然已经建立了许多强度理论，但都只能被某些试验所证实，其适用范围都是有限的。在对构件作强度计算时，要根据具体情况加以选用。综合上述各强度理论的适用性，给出选用建议：

在常温、静载、复杂应力状态条件下，对于拉、压屈服强度相等的塑性材料，如低碳钢、铜、铝等，一般选择第三或第四强度理论（除非接近三向等值拉伸应力状态，这时，材料将发生脆性断裂）；对于拉、压强度不等的脆性材料，如铸铁、石料等，以拉为主时，选用第一强度理论，以压为主时，选用莫尔强度理论。

3. 强度理论举例

分析复杂应力状态的强度的步骤一般为：

(1) 建立危险点的应力状态。

(2) 计算该危险点的主应力。

(3) 选择适用的强度理论计算强度。

例 12-10　利用强度理论建立许用切应力$[\tau]$与许用正应力$[\sigma]$之间的关系。

解：纯剪切应力状态有简单形式的强度条件：

$$\tau \leqslant [\tau] \tag{a}$$

在例 12-9 中分析了纯剪切应力状态的主应力

$$\sigma_1 = \tau, \quad \sigma_2 = 0, \quad \sigma_3 = -\tau$$

该应力状态的脆性材料，适用于第一强度理论或莫尔强度理论。

$$\sigma_{r1} = \sigma_1 = \tau \leqslant [\sigma]$$

比较式(a)得$[\tau]=[\sigma]$

$$\sigma_{rM}=\sigma_1-\frac{[\sigma_t]}{[\sigma_c]}\sigma_3=\tau+\frac{1}{4}\tau=\frac{5}{4}\tau\leqslant[\sigma]\left(\text{其中，铸铁的}\frac{[\sigma_t]}{[\sigma_c]}=\frac{1}{4}\right)$$

即 $\tau \leqslant 4[\sigma]/5$，比较式(a)得 $[\tau]=0.8[\sigma]$

若为塑性材料，该应力状态适用于第三或第四强度理论。

$$\sigma_{r3}=\sigma_1-\sigma_3=2\tau \leqslant [\sigma]$$

即 $\tau \leqslant [\sigma]/2$，比较式(a)得，$[\tau]=0.5[\sigma]$

$$\sigma_{r4}=\sqrt{\frac{1}{2}[(\sigma_1-\sigma_2)^2+(\sigma_2-\sigma_3)^2+(\sigma_3-\sigma_1)^2]}=\sqrt{3}\tau \leqslant [\sigma]$$

即 $\tau \leqslant [\sigma]/\sqrt{3}$，比较式(a)得 $[\tau]=0.577[\sigma]$

于是，在工程中取

$$[\tau]=\begin{cases}(0.8\sim 1.0)[\sigma] & (\text{脆性材料})\\(0.5\sim 0.6)[\sigma] & (\text{塑性材料})\end{cases}$$

例 12-11 设已知薄壁内压圆筒直径 $D=1\text{m}$，内压 $p=2\text{MPa}$，材料屈服极限 $\sigma_s=240\text{MPa}$，取安全系数 $n=4$。试设计圆筒壁厚度 δ。

解：首先确定构件中危险点的位置和应力状态，显然筒壁上所有的点都有相同的应力状态，故任取一点分析

$$\sigma_1=\sigma_\theta=\frac{pD}{2\delta},\quad \sigma_2=\sigma_x=\frac{pD}{4\delta},\quad \sigma_3=0$$

根据给定的材料和应力状态，适用于第三或第四强度理论

$$\sigma_{r3}=\sigma_1-\sigma_3=\frac{pD}{2\delta}\leqslant[\sigma]=\frac{\sigma_s}{n}$$

解得
$$\delta \geqslant \frac{pDn}{2\sigma_s}=16.7\text{mm}\approx 17\text{mm}$$

$$\sigma_{r4}=\sqrt{\frac{1}{2}[(\sigma_1-\sigma_2)^2+(\sigma_2-\sigma_3)^2+(\sigma_3-\sigma_1)^2]}=\frac{\sqrt{3}pD}{4\delta}\leqslant[\sigma]=\frac{\sigma_s}{n}$$

解得
$$\delta \geqslant \frac{\sqrt{3}pDn}{4\sigma_s}=14.4\text{mm}\approx 15\text{mm}$$

可见，第三强度理论偏于保守。

例 12-12 圆截面杆受力如图 12-24(a)所示，已知 $M_e=Fd/10$，测得 K 点处 30°方向线应变 $\varepsilon_{30°}=143\times10^{-6}$，圆杆直径 $d=10\text{mm}$，钢材 $E=200\text{GPa}$，$\mu=0.3$，$[\sigma]=160\text{MPa}$。试按第三强度理论校核圆杆的强度。

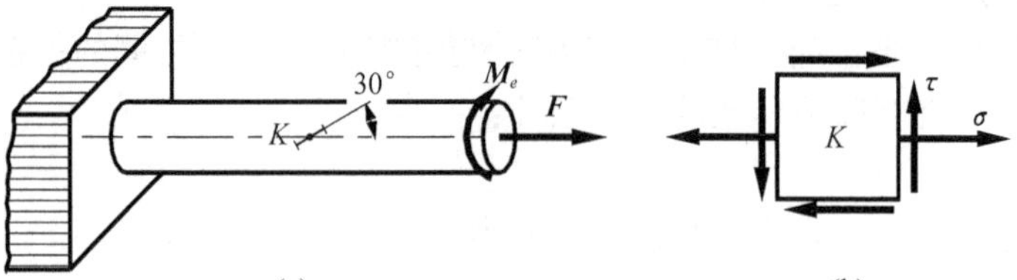

图 12-24

解：首先计算 K 点处横截面上各基本应力

$$\sigma=\frac{F}{A}=\frac{4F}{\pi d^2},\quad \tau=\frac{M_e}{W_p}=\frac{16\times\frac{1}{10}Fd}{\pi d^3}=\frac{1.6F}{\pi d^2}$$

解得：$\sigma=2.5\tau$。

建立 K 点的应力状态(图 12-24(b))，

$$\sigma_x=\sigma,\quad \sigma_y=0,\quad \tau_{xy}=-\tau$$

分析 30°和−60°两正交斜微面上的应力

$$\sigma_{30^\circ}=\frac{\sigma}{2}+\frac{\sigma}{2}\cos 60^\circ+\tau\sin 60^\circ=\frac{3}{4}\sigma+\frac{\sqrt{3}}{2}\tau=2.741\tau$$

$$\sigma_{-60^\circ}=\frac{\sigma}{2}+\frac{\sigma}{2}\cos(-120^\circ)+\tau\sin(-120^\circ)=\frac{1}{4}\sigma-\frac{\sqrt{3}}{2}\tau=-0.241\tau$$

应用广义胡克定律

$$E\varepsilon_{30^\circ}=\sigma_{30^\circ}-\mu\sigma_{-60^\circ}=2.813\tau$$

以上可以解得 K 点的 σ 和 τ，以及外力 F 和 M_e。

确定危险点的位置和应力状态：该圆轴所有横截面上都有相同的轴力和扭矩，横截面上 σ 均匀分布，切应力 τ 线性分布，所以圆轴表层任一点都是危险点，可取 K 点分析，其主应力为

$$\left.\begin{matrix}\sigma'\\ \sigma''\end{matrix}\right\}=\frac{\sigma}{2}\pm\sqrt{\left(\frac{\sigma}{2}\right)^2+\tau^2}$$

得

$$\sigma_1=\frac{\sigma}{2}+\sqrt{\left(\frac{\sigma}{2}\right)^2+\tau^2},\quad \sigma_2=0,\quad \sigma_3=\frac{\sigma}{2}-\sqrt{\left(\frac{\sigma}{2}\right)^2+\tau^2}$$

应用第三强度理论

$$\sigma_{r3}=\sigma_1-\sigma_3=\sqrt{\sigma^2+4\tau^2}=\sqrt{2.5^2+4}\tau=3.2\tau=3.2\times\frac{E\varepsilon_{30^\circ}}{2.813}$$

$$=\frac{3.2\times 200\times 10^9\,\text{Pa}\times 143\times 10^{-6}}{2.813}=32.5\times 10^6\,\text{Pa}=32.5\text{MPa}<[\sigma]$$

所以，圆杆的强度安全。

讨论：图 12-24(b)是工程构件尤其是杆件组合变形中最为常见的应力状态(记作 σ-τ 状态)。这些构件主要使用塑性材料，适用第三或第四强度理论，例中已经得到第三强度理论的强度条件为

$$\sigma_{r3}=\sqrt{\sigma^2+4\tau^2}\leqslant[\sigma] \tag{12-21a}$$

将例中的主应力代入式(12-18)可得第四强度理论的强度条件为

$$\sigma_{r4}=\sqrt{\sigma^2+3\tau^2}\leqslant[\sigma] \tag{12-21b}$$

由此可知**塑性材料 $\boldsymbol{\sigma}$-$\boldsymbol{\tau}$ 状态的强度**只与 σ、τ 的大小有关而与正负号无关。

习　题

12.1　图示两杆分别给出了四个点的应力状态，其中，图(a)中，____点的应力状态是错误的；图(b)中____点的应力状态是错误的。

12.2　图示悬臂木梁，矩形横截面高 $h=200$mm，宽 $b=60$mm。在点 A 处，木材纤维与水平面的倾角 $\alpha=20°$。求 A 点处沿纤维方向的斜微面上的应力。(提示：注意微面的法线方向)

12.3　已知两点的应力状态如图(a)，(b)所示(应力单位：MPa)，试用解析法求：

(1) 指定斜截面上的应力；

(2) 主应力值和方向，并画出主单元体图；

(3) 主切应力。

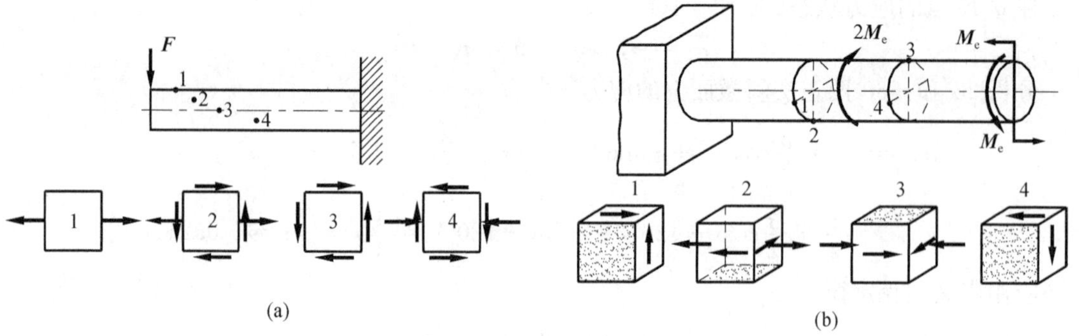

习题 12.1 图

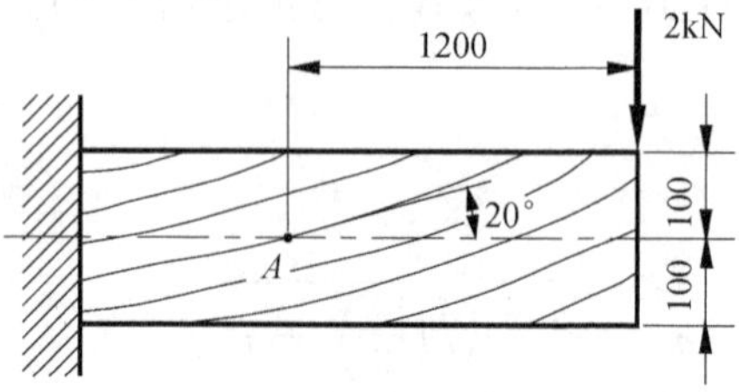

习题 12.2 图

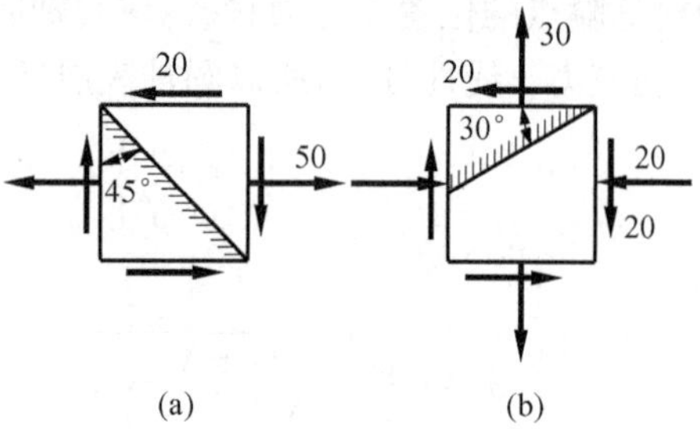

习题 12.3 图

12.4　图示薄壁圆筒受轴向力 F 和扭转力偶 M_e 作用，$F=20\text{kN}$，$M_e=600\text{N}\cdot\text{m}$。圆筒直径 $d=50\text{mm}$，壁厚 $\delta=2\text{mm}$。试求：

(1) 点 A 处指定斜截面上的应力；

(2) 点 A 处主应力的大小和方向，并画出主微元体图。

12.5　已知某点的应力状态如图所示，试求该点的主应力，并画出主单元体图。(提示：利用该点的主方向为已知建立恰当的微元体)

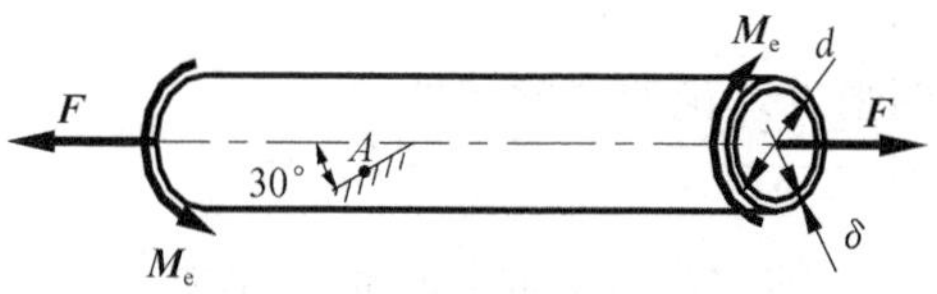

习题 12.4 图

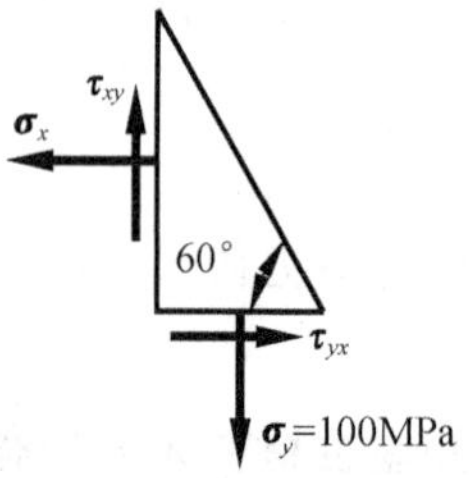

习题 12.5 图

12.6　已知一点处的两个相交平面上作用的应力如图(应力单位：MPa)。试求该点的主应力和主方向，并画出主单元体图。(提示：若用公式解析，需要恰当选择参考方向来建立坐标系和截取单元体；若用应力圆求解较为简便)。

12.7　根据图示(a)、(b)、(c)、(d)四个平面应力状态的应力圆，分别画出它们的主应力单元体(要求标出应力的大小)。

12.8　已知两端固定杆的材料弹性常数 $G=80\text{GPa}$，$\mu=0.3$，横截面面积 $A=100\text{mm}^2$，材料线胀系数 $\alpha=12.5\times10^{-6}℃^{-1}$，温度升高 30℃。

(1) 求作杆上 B 点 45°方向的应力单元体；

(2) 求该单元体变形后的顶角 φ(提示:应用剪切胡克定律)。

12.9　试求图示应力状态(应力单位:MPa)的主应力和最大切应力。

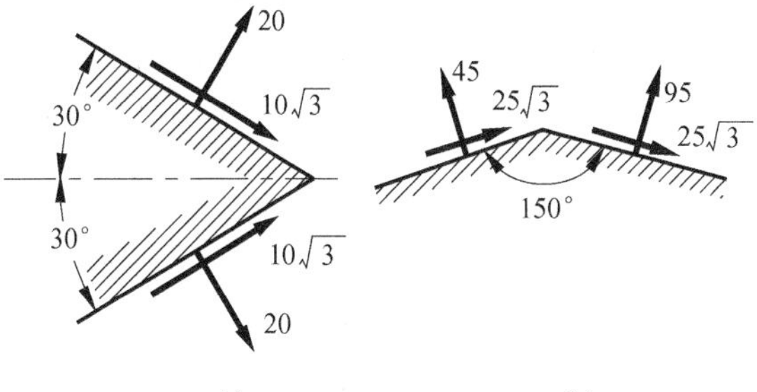

(a)　(b)

习题 12.6 图

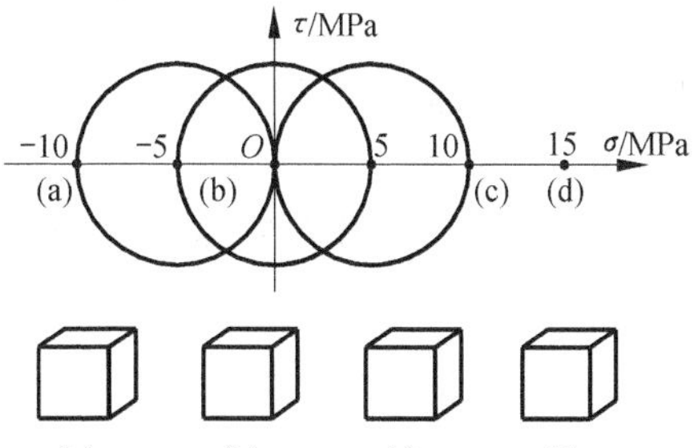

(a)　(b)　(c)　(d)

习题 12.7 图

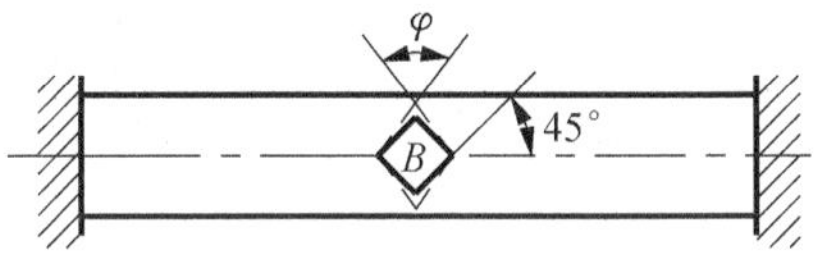

习题 12.8 图

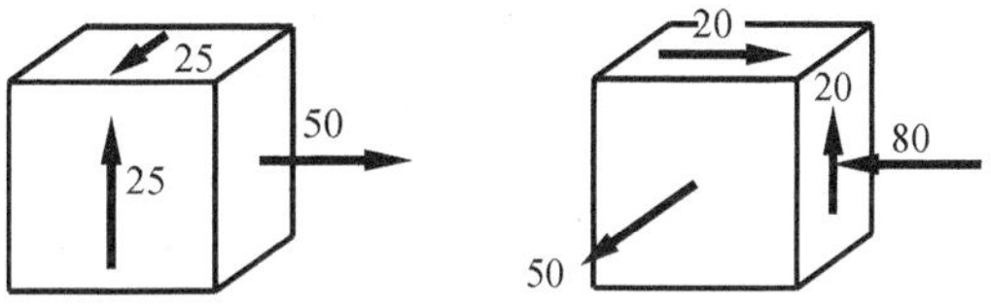

(a)　(b)

习题 12.9 图

12.10　在槽形刚性模中放置一边长 $a=10\text{mm}$ 的立方体钢块。上表面承受压力 $F=6\text{kN}$ 作用。已知钢的 $E=210\text{GPa}$,$\mu=0.33$,钢块与槽壁间无摩擦。试求三个主应力。

12.11　一拉杆如图所示。已知载荷 F、截面尺寸 b 和 h、材料弹性常数 E 和 μ。试求线段 AB 的变形 Δl_{AB}。

12.12　在空心圆轴表面测得一点 B 的 45°方向线应变 $\varepsilon_{45^\circ}=200\times10^{-6}$。已知材料弹性常数 $G=80\text{GPa}$、$\mu=0.28$。求作用在圆轴上的外力偶矩 M_e(提示:E 为间接已知)

12.13　在 No.28a 工字钢梁的中性层上的 B 点处,测得沿 45°方向的线应变 $\varepsilon_{45^\circ}=-260\times10^{-6}$。已知钢材的 $E=210\text{GPa}$,$\mu=0.28$。求作用在梁上的载荷 F。

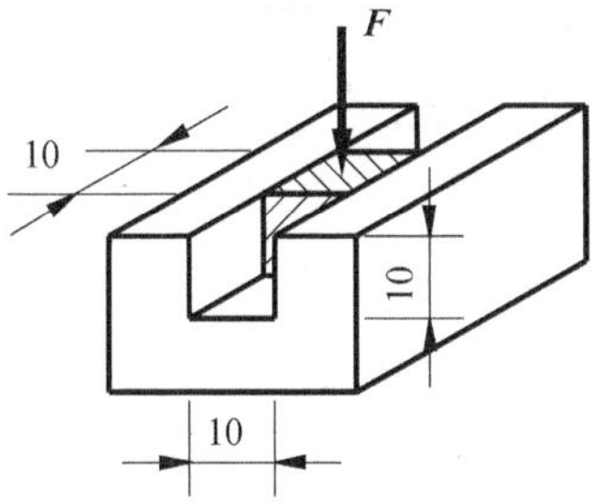

习题 12.10 图

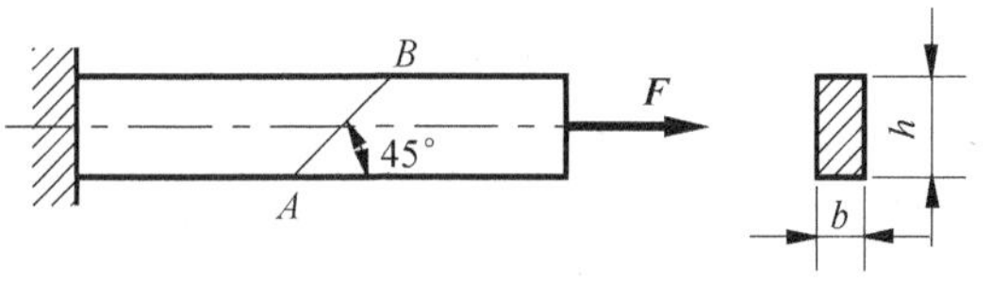

习题 12.11 图

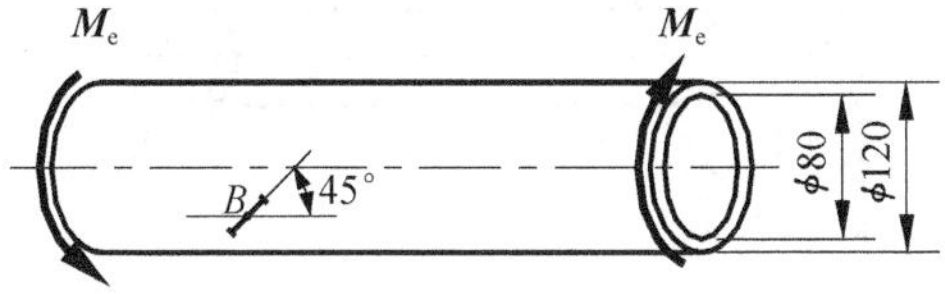

习题 12.12 图

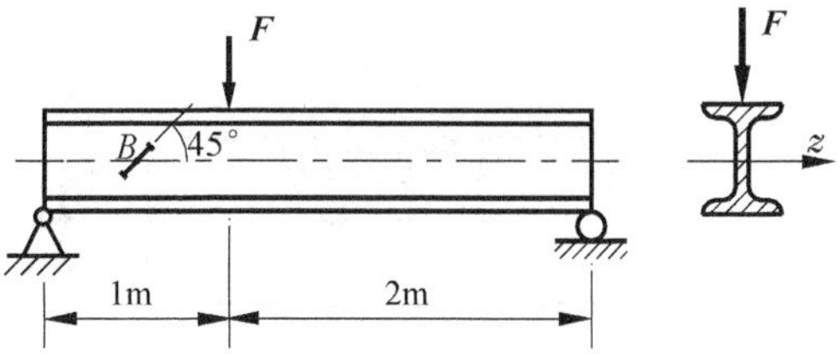

习题 12.13 图

12.14　两端密封的薄壁圆筒半径为 r、壁厚为 δ。当加上内压时，在圆筒外表面上测得轴向（平行圆筒轴线方向）线应变 ε_0。已知材料弹性常数 E、μ。试求内压集度 p。

12.15　阶梯轴由①②两段组成，测得与杆端固连的垂直于轴线的小指针在杆端横截面内转过微小位移 $\Delta=5\text{mm}$，同时测得表面与轴线成 45°角方向的线应变 $\varepsilon=1000\times10^{-6}$。已知材料 $E=200\text{GPa}$，$\mu=0.32$。求

(1) 轴段①内的最大拉应力；

(2) 外力偶矩 M_{e1} 和 M_{e2} 的大小。

12.16　试用第三强度理论分析图示四个应力状态（应力单位：MPa）中哪个最危险。

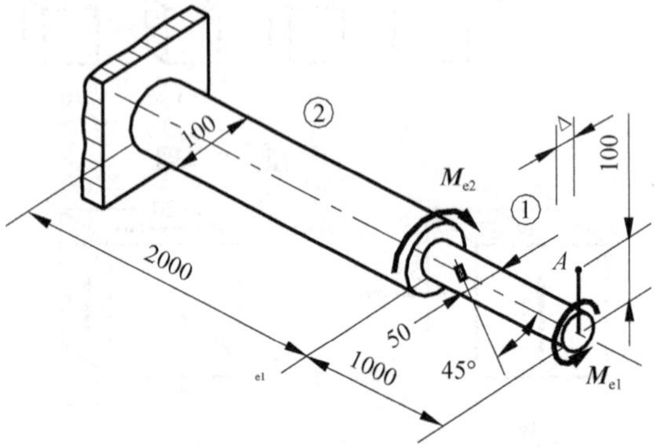

习题 12.15 图

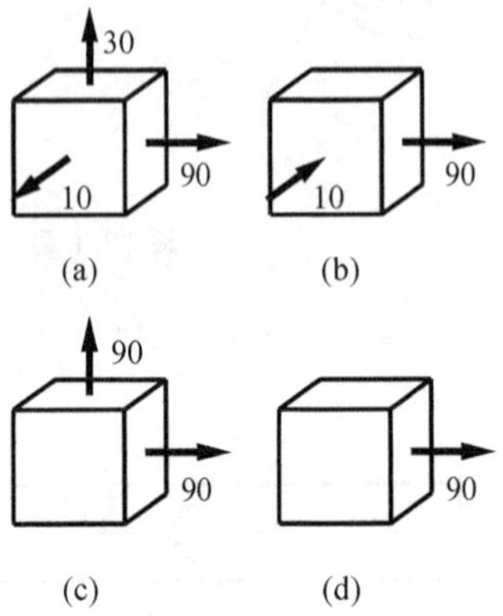

习题 12.16 图

12.17　某构件上危险点的应力状态如图所示，其中 $\sigma=116.7\text{MPa}$，$\tau=46.3\text{MPa}$。材料为钢，许用应力 $[\sigma]=160\text{MPa}$。试校核此构件强度是否安全。

12.18　已知铸铁构件上危险点的应力状态如图所示，应力单位 MPa。若铸铁的拉伸许用应力 $[\sigma_t]=30\text{MPa}$，试校核该点的强度是否安全。

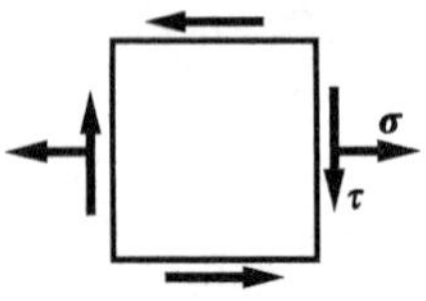

习题 12.17 图

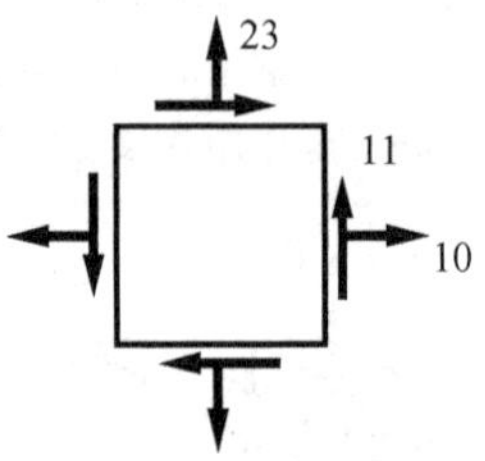

习题 12.18 图

12.19　两端封闭的铸铁管如图所示。管的内径为 300mm，壁厚 $\delta=15\text{mm}$，内压 $p=4\text{MPa}$，$F=200\text{kN}$，拉、压许用应力分别为 $[\sigma_t]=30\text{MPa}$，$[\sigma_c]=120\text{MPa}$。试用莫尔强度理论校核管的强度。

12.20　圆截面杆受力如图。已知 $M_e=Fd/10$，圆杆直径 $d=10\text{mm}$，钢材 $[\sigma]=160\text{MPa}$。指出危险点的位置，画出危险点的应力单元体，按第四强度理论确定许可载荷 $[F]$。

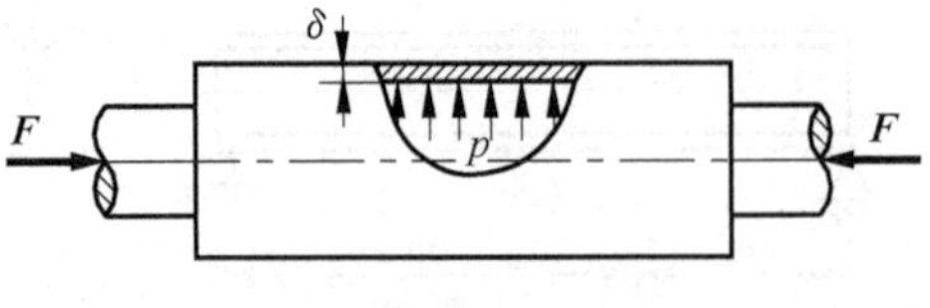

习题 12.19 图

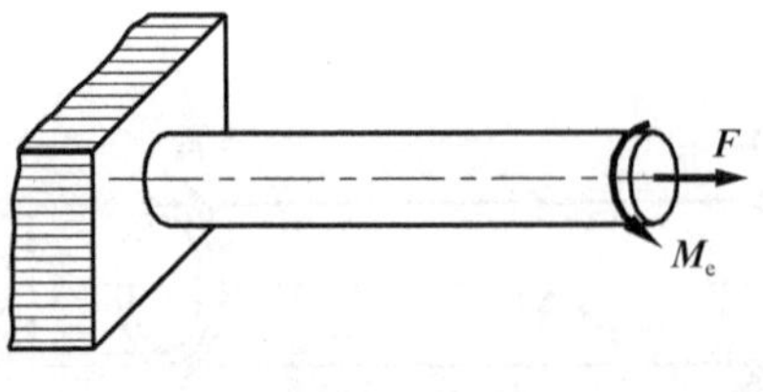

习题 12.20 图

第 13 章　组合变形杆的强度计算

13.1 引　　言

13.1.1　组合结构与组合变形的概念

杆件的**轴向拉伸(或压缩)、扭转、弯曲称为杆件的三种基本变形**(在组合变形杆的分析中，通常忽略杆件的剪切变形)。杆件单独发生某种基本变形时，杆内的应力分布与强度计算在前面的章节已讨论过。

若某杆件同时发生两种或两种以上的基本变形，则称此杆为组合变形杆。这在工程结构中是非常常见的。我们在 12 章侧重讨论过圆轴同时发生拉压与扭转这种组合变形杆件中的应力分布与危险点应力状态的确定与强度计算，本章将讨论工程中各种典型组合变形杆的应力分布与危险点应力状态的确定与强度计算。

由发生不同基本变形的杆组成的结构，称为组合结构。例如，桁梁组合结构(如图 13-1 所示)，由拉压杆子系统与受弯杆件组合而成。

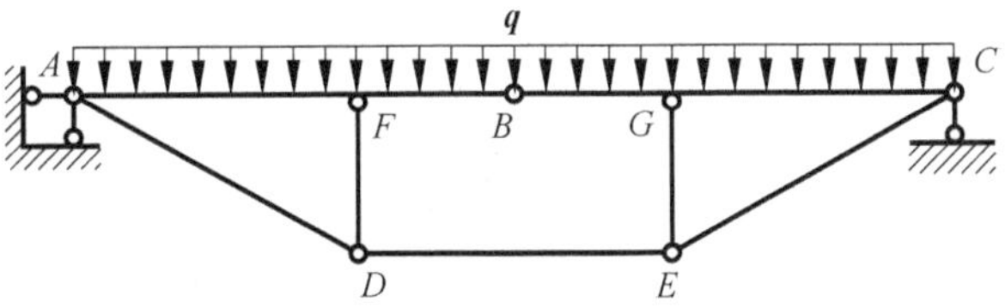

图 13-1

13.1.2　组合变形杆的内力分析方法

判断杆件的组合变形形式(即组合变形杆有哪些基本变形成分)的方法以及内力分析的方法主要有两种：第一种方法是在不改变所研究的杆或杆段的内力的条件下，以所研究的杆件的轴线为基准，**将(复杂)外力用平移和分解等静力等效方法转化为对应于每一种基本变形的典型外力，然后再分别分析内力**。第二种方法是直接建立三维轴系，用截面法分析截面上的六个内力分量中的非零分量。实际应用中主要使用第一种方法，举例如下。

例 13-1　已知两皮带轮直径均为 $D=1\text{m}$，重 5kN。皮带轮拉力如图 13-2(a)所示(A 轮皮带拉力沿水平方向，B 轮皮带拉力沿铅垂方向)，试画出圆轴的内力图。

解：首先将皮带拉力平移到圆截面形心，其附加力偶矩

$$M_{eA}=M_{eB}=(5-2)\times D/2=1.5\text{kN}\cdot\text{m}$$

得到具有典型外力的圆轴计算简图(图 13-2(b))，由此可以判定圆轴发生弯—扭组合变形。为了分解载荷和描述内力的方便，建立图示 xyz 坐标系。

分离使圆轴发生扭转的典型外力，并作出其扭矩图(图 13-2(c))。

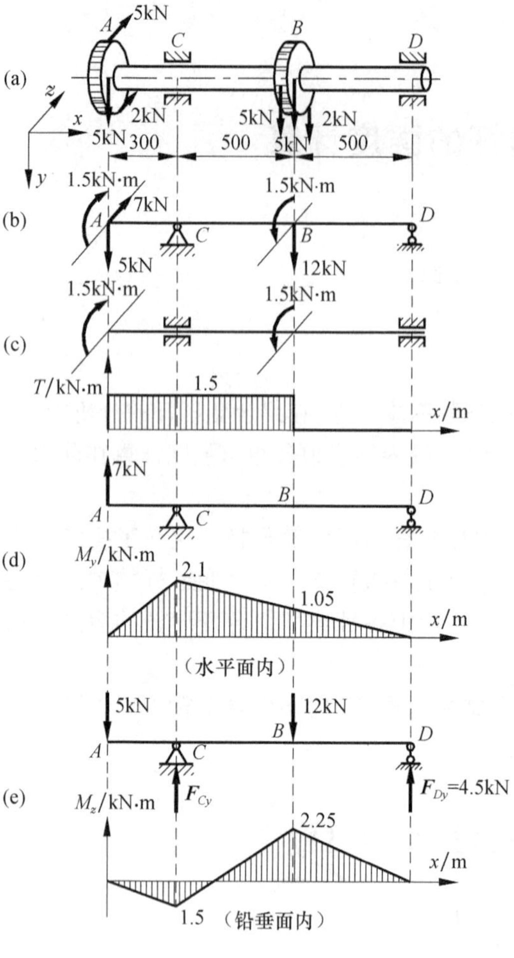

图 13-2

分离使圆轴在水平面发生弯曲的典型外力，并作出其中性轴为 y 的弯矩图 M_y(图13-2(d))。

分离使圆轴在铅垂面发生弯曲的典型外力，计算约束力 F_{Dy}，并作出其中性轴为 z 轴的弯矩图 M_z(图 13-2(e))。

例 13-2　试分析图 13-3(a)所示结构中圆轴 AB 的内力，判别杆件的变形形式。已知：a、l、F(作用在杆端 C 处的水平面内)。

解：首先建立三维坐标系 xyz，分解力 F(图 13-3(b))：

$$F_x = F\cos30^\circ = \frac{\sqrt{3}}{2}F$$

$$|F_z| = F\sin30^\circ = \frac{F}{2}$$

将 F_x、F_z 平移到 B 截面形心(显然不会影响 AB 杆的受力和变形)，附加力偶矩大小：

$$M_{ex} = |F_z| \cdot a = \frac{Fa}{2}$$

$$M_{ez} = F_x \cdot a = \frac{\sqrt{3}}{2}Fa$$

得具有典型外力的圆轴 AB 的计算简图(图 13-3(c))。由此可知圆轴 AB 发生拉—弯—扭组合变形。

分解典型外力，容易写出 AB 杆的内力方程：

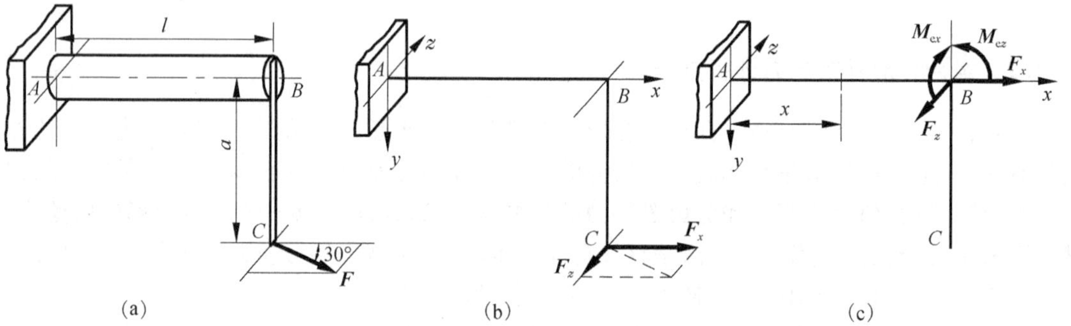

图 13-3

轴力：　　　$F_N = F_x = \frac{\sqrt{3}}{2}F \quad (0<x<l)$

扭矩：　　　$T = -M_{ex} = -\frac{Fa}{2} \quad (0<x<l)$

铅垂面弯矩：$M_z = M_{ez} = \frac{\sqrt{3}}{2}Fa \quad (0<x<l)$

水平面弯矩：$|M_y|=|F_z|(l-x)=\dfrac{F}{2}(l-x)\quad(0<x\leqslant l)$

13.1.3　组合变形杆应力分析与强度计算假设

在 12 章分析拉-扭组合变形的圆截面杆上点的应力状态时，已经介绍了组合变形杆应力分析与强度计算的相关假设：**在线弹性小变形条件下，组合变形中的各基本变形相互独立，互不影响；点的应力状态适用叠加原理**。即各种基本变形所对应的杆件横截面上的应力分布与计算公式在组合变形杆中仍然适用，但应力分布的最终结果、危险点的确定及危险点的应力状态，则必须将组合变形中的各种基本变形的应力分布结果按应力类型进行叠加。

下面分节讨论工程中杆件的典型组合变形的应力分析与强度计算。

13.2　梁在两个主轴平面内的弯曲

13.2.1　矩形等特殊截面梁在两个主轴平面内的弯曲

以图 13-4(a)所示的矩形截面梁为例，介绍其应力分析与强度计算方法。

首先将**载荷 $\boldsymbol{F}$ 沿两个惯性主轴(即 y 轴和 z 轴)分解**

$$|F_y|=F\cos\varphi,\quad |F_z|=F\sin\varphi$$

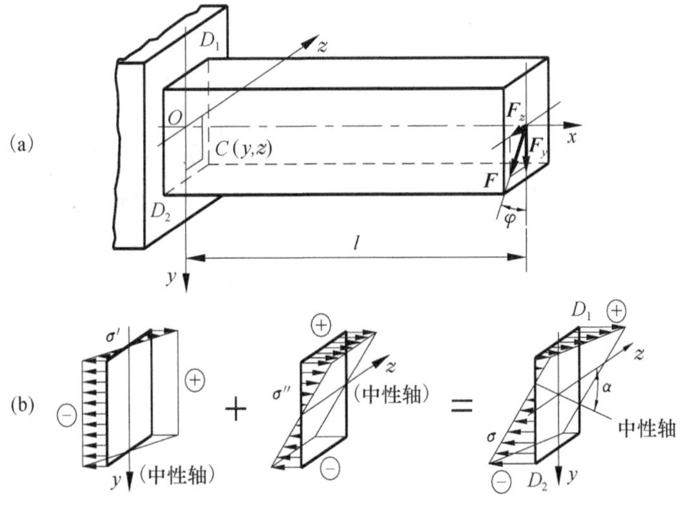

图 13-4

这两个力将使梁在 xy 和 xz 两个主轴平面内发生平面弯曲，且同在固定端处截面引起最大弯矩，即**固定端处截面为危险截面**，该截面上弯矩

$$|M_z|=|F_y|\cdot l,\quad |M_y|=|F_z|\cdot l$$

这两个弯矩在横截面上任一点 $C(y,z)$ 处分别产生的弯曲正应力

$$\sigma'=\frac{|M_y|}{I_y}\cdot z,\quad \sigma''=-\frac{|M_z|}{I_z}\cdot y$$

同种应力可以代数叠加得

$$\sigma = \sigma' + \sigma'' = \frac{|M_y|}{I_y} \cdot z - \frac{|M_z|}{I_z} \cdot y \tag{13-1}$$

该式表明横截面上的**弯曲正应力的分布规律为斜平面分布**(图 13-4(b)),**D_1 点具有最大拉应力,D_2 点具有最大压应力,且大小相等**。对塑性材料的梁这两点即是危险点,强度条件为

$$\sigma_{\max} = \frac{|M_z|}{W_z} + \frac{|M_y|}{W_y} \leqslant [\sigma] \tag{13-2}$$

必须指出**上式给出的强度条件只适用于特殊的截面形状:矩形、工字形截面具有四个斜对称角点**,当分别在两个主轴平面弯曲时,这些角点都是到中性轴距离最远的点。对于一般形状的截面,分析其强度时,可以根据式(13-1)和截面的边缘线方程分析其最大弯曲正应力,具体方法是先确定中性轴,再确定到中性轴最远的点(图 13-6(b)),读者可参考有关教材和参考书。

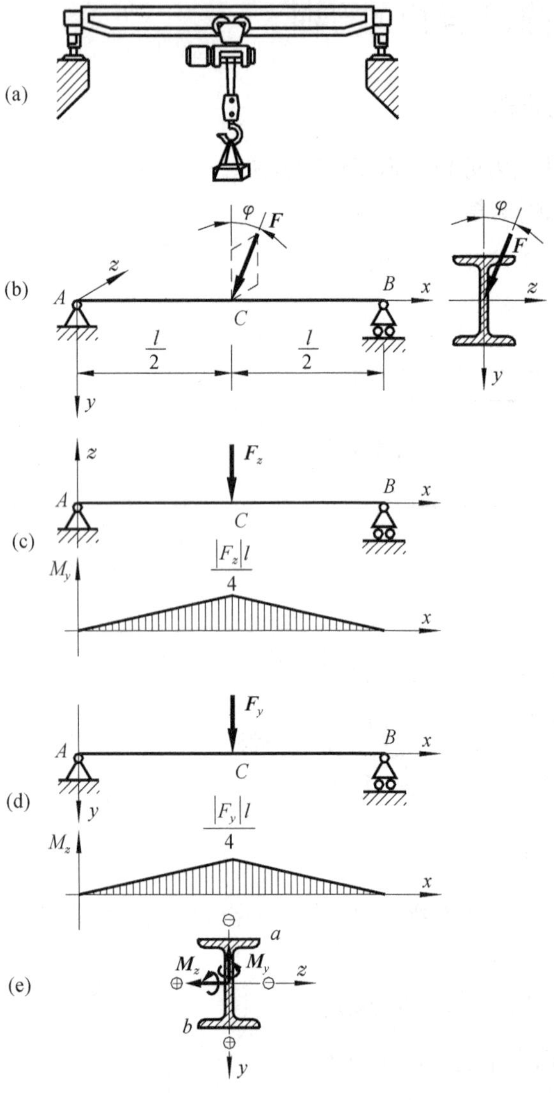

图 13-5

例 13-3　如图 13-5(a)所示的桥式起重机大梁跨度 $l=4\text{m}$,梁用 No. 28b 工字钢制成,吊车位于梁跨中点,由于某种原因使载荷 F 偏离梁的纵向对称面一个角度 $\varphi=14°$。已知 $F=30\text{kN}$,钢材的许用正应力 $[\sigma]=160\text{MPa}$。试校核该梁的强度。

解:吊车梁的计算简图如图 13-5(b)所示。将载荷分解到梁的两个形心主惯性平面内,即把 F 沿 y 轴和 z 轴分解,$F_y=F\cos\varphi$,$|F_z|=F\sin\varphi$。显然 F_y、F_z 同在跨中 C 截面产生在 xy 平面和 xz 平面内的最大弯矩分别为(图 13-5(c),图 13-5(d)给出了 xz 平面和 xy 平面的受力图和弯矩图)

$$M_z = \frac{F_y l}{4} = \frac{Fl\cos\varphi}{4}$$

$$M_y = \frac{|F_z|\,l}{4} = \frac{Fl\sin\varphi}{4}$$

M_z 在 C 截面上边缘产生压应力、下边缘产生拉应力,M_y 在 C 截面前边缘产生拉应力、后边缘产生压应力,即 C 截面的凸角 a,b 两点分别有最大压应力和最大拉应力,为危险点(图 13-5(e))。由型钢表查得 No. 28b 工字钢的抗弯截面系数分别为

$$W_z = 534\text{cm}^3,\quad W_y = 61.2\text{cm}^3$$

则危险点的最大工作应力为

$$
\begin{aligned}
\sigma_{\max} &= \frac{M_y}{W_y} + \frac{M_z}{W_z} \\
&= \left(\frac{30\times10^3\times4\times\sin14^\circ}{4\times61.2\times10^{-6}} + \frac{30\times10^3\times4\times\cos14^\circ}{4\times534\times10^{-6}}\right)\text{Pa} \\
&= (118.6+54.8)\text{MPa} \\
&= 173.4\text{MPa} > 1.05[\sigma]
\end{aligned}
$$

显然梁的强度不够。

讨论：本题中若令 $\varphi=0^\circ$，则最大应力为

$$\sigma_{\max} = \frac{M_{\max}}{W_z} = \frac{Fl/4}{W_z} = 56.2\text{MPa}$$

远小于许用应力。与上述结果比较可知，虽然外力偏离 y 轴的角度不大，但由于 W_y 远小于 W_z，导致梁的最大工作应力显著增大。因此，在工程中应尽量避免出现这样的情形。

13.2.2　合成弯矩与斜弯曲概念

由静力学知两个力偶可以按照矢量方法进行合成。$\boldsymbol{M}=\boldsymbol{M}_y+\boldsymbol{M}_z$，称为**合成弯矩**，其大小 $M=\sqrt{M_y^2+M_z^2}$，方向 $\tan\varphi=\dfrac{|M_y|}{|M_z|}$，如图 13-6 所示。

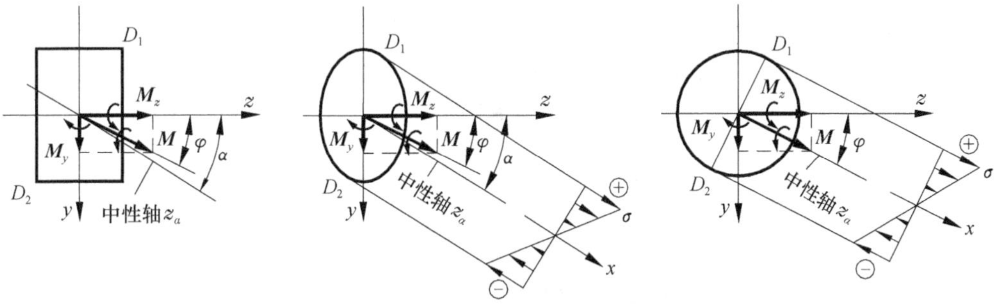

(a)　　(b)　　(c)

图 13-6

令式(13-1)中 $\sigma=0$，得**中性轴(z_α)方程**

$$\frac{|M_y|}{I_y}\cdot z - \frac{|M_z|}{I_z}\cdot y = 0 \tag{13-3}$$

中性轴方向

$$\tan\alpha = \frac{y}{z} = \frac{|M_y|}{|M_z|}\cdot\frac{I_z}{I_y} = \frac{I_z}{I_y}\cdot\tan\varphi$$

弯矩矢量与中性轴重合是平面弯曲的特性(前面章节介绍的平面弯曲具备此特性)。由中性轴方向得知：

当 $I_y=I_z$ 时，$\alpha=\varphi$，即**中性轴与合成弯矩矢量重合，是平面弯曲**。

当 $I_y\neq I_z$ 时，$\alpha\neq\varphi$，即**中性轴与合成弯矩矢量不重合，称为斜弯曲**。

由此可知，正方形、圆形等截面只会发生平面弯曲。特别是**圆截面杆在正交两个方向发生弯曲时，由于截面的轴对称性，只要引入合成弯矩(中性轴 z_α 与 $\boldsymbol{M}$ 重合)，其应力分布、危险点及强**

度计算方法与前面学习过的平面弯曲是完全相同的，参见图 13-6(c)。

13.3 拉伸(或压缩)与弯曲的组合

杆件的拉压与弯曲的组合是工程中常见的一种组合变形，**有两种典型的形式**。**一种形式是轴向拉压与横力弯曲的组合**，在图 13-7(a)中，F_{Ax} 使 AB 杆发生轴向压缩，同时 F_{Ay} 等横向外力使 AB 杆发生平面弯曲。**第二种形式是偏心拉伸(压缩)**，在图 13-7(b)中，压力机的床身的立柱在等效力系 F 和 M_e 的作用下同时发生轴向拉伸和平面弯曲，在图 13-7(c)中，厂房立柱(称为牛腿柱)在屋面载荷 F_1 和吊车梁载荷 F_2 作用下发生轴向压缩，同时在等效力偶 M_e 作用下发生平面弯曲。

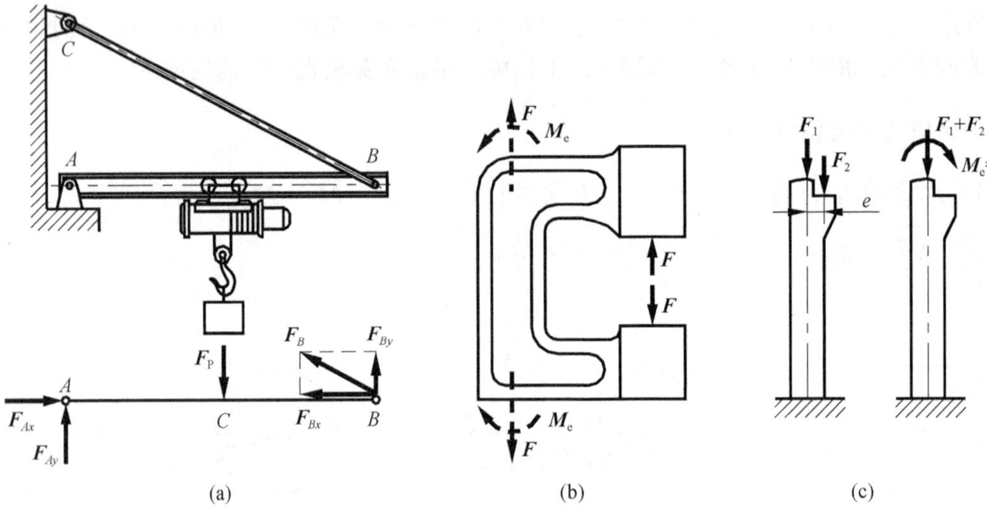

图 13-7

13.3.1 拉伸(或压缩)与平面弯曲组合变形杆的强度计算

下面通过两个例题来介绍拉压与平面弯曲组合变形杆的应力分析与强度计算方法。

例 13-4 分析图示 13-8(a)斜简支梁中的最大拉应力和最大压应力。

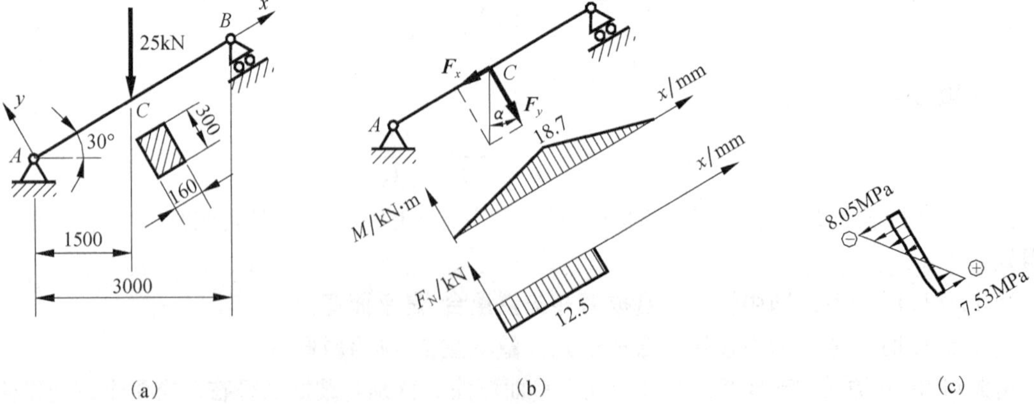

图 13-8

解:(1) 将载荷分解为平行于 x、y 轴的分量 F_x、F_y(图 13-8(b))

$$|F_x| = 25\sin\alpha = 25\sin 30^\circ = 12.5\text{kN}$$
$$|F_y| = 25\cos\alpha = 25\cos 30^\circ = 21.6\text{kN}$$

(2) 作内力图如图 13-8(b)所示,AC 梁段受到压弯组合变形,CB 梁段仅受横力弯曲。危险截面 $C_{左}$ 处内力分量

$$F_N = -|F_x| = -12.5\text{kN}$$
$$M_{max} = \frac{1}{4}|F_y|\,l = 18.7\text{kN}\cdot\text{m}$$

危险截面 $C_{右}$ 只考虑 $M_{max}=18.7\text{kN}\cdot\text{m}$(忽略剪力 F_S)。

(3) $C_{左}$ 截面上边缘有轴向压缩压应力和最大弯曲压应力的叠加(故 $C_{左}$ 截面为危险截面)

$$\sigma_N = \frac{F_N}{A} = \frac{-12.5\times 10^3\text{N}}{300\times 160\text{mm}^2} = -0.26\text{MPa}$$
$$\sigma_M = \frac{M}{W_Z} = \frac{6M_{max}}{bh^2} = \frac{6\times 18.7\times 10^6\text{N}\cdot\text{mm}}{160\times 300^2\text{mm}^3} = 7.79\text{MPa}$$
$$\sigma_{c,max} = \sigma_N - \sigma_M = -0.26\text{MPa} - 7.79\text{MPa} = -8.05\text{MPa}$$

$C_{左}$ 截面下边缘有轴向压缩压应力和最大弯曲拉应力的叠加,其值为

$$\sigma_{t,max} = \sigma_N + \sigma_M = -0.26\text{MPa} + 7.79\text{MPa} = 7.53\text{MPa}$$

由此可以画出 $C_{左}$截面上应力分布(图 13-8(c))。

$C_{右}$ 截面仅有弯矩而没有轴力,下边缘有最大拉应力(若材料的抗拉压力学性能不同,右侧亦为危险截面),

$$\sigma_{t,max} = \sigma_M = 7.79\text{MPa}$$

例 13-5　带槽钢板如图 13-9(a)所示。钢板宽 $b=80\text{mm}$,厚 $\delta=10\text{mm}$,半圆槽半径 $r=10\text{mm}$。钢板在其宽度中央受一对轴向拉力 F 作用,$F=80\text{kN}$。材料的许用应力$[\sigma]=140\text{MPa}$。试对钢板进行强度校核。

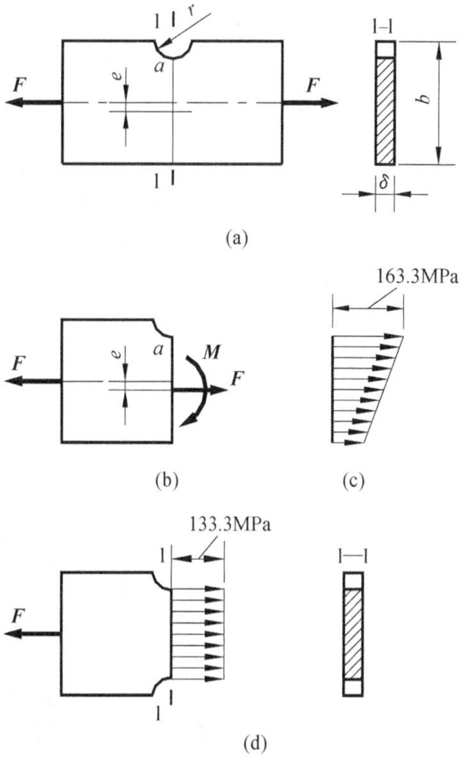

图 13-9

解:由于钢板上部有槽,故在这部分截面产生偏心拉伸,使板产生拉伸和弯曲的组合变形。图 13-9(a)中 1-1 截面的面积最小,载荷偏心距 e 最大,$e=r/2=5\text{mm}$,因而弯矩也最大,所以 1-1 截面是危险截面。

1-1 截面上的轴力 $F_N=F$,弯矩 $|M|=Fe$(图 13-9(b))。

半圆槽底部 a 点为危险点,其正应力为拉伸应力与弯曲应力的叠加

$$\sigma_{max} = \sigma_N + \sigma_M = \frac{F_N}{A} + \frac{|M|\,y_{max}}{I_z} = \frac{F}{\delta(b-r)} + \frac{Fe\cdot(b-r)/2}{\delta\cdot(b-r)^3/12}$$

$$= \left(\frac{80\times10^3}{10\times70\times10^{-6}}+\frac{80\times10^3\times5\times10^{-3}\times6}{10\times10^{-3}\times70^2\times10^{-6}}\right)\text{Pa}$$

$$= (114.3+49.0)\text{MPa} = 163.3\text{MPa} > [\sigma]$$

结论:钢板强度不够。1-1 截面上正应力分布如图 13-9(c)所示。

讨论:结果表明,由于偏心拉伸造成的附加弯曲正应力使 a 点处应力显著增大(增加 43%)。为了保证钢板具有足够的强度,在情况允许时,可对称开槽,如图 13-9(d)所示。这样,截面面积虽然有所减少,但消除了载荷偏心,没有附加弯曲应力。此时,截面 1-1 上的应力按轴向拉伸计算:

$$\sigma = \frac{F_N}{A} = \frac{80\times10^3\text{N}}{10\times60\text{mm}^2} = 133.3\text{MPa} < [\sigma]$$

故强度安全。

*13.3.2 含斜弯成分的偏心拉伸与截面核心的概念

以图 13-10(a)所示的悬臂杆为例进行分析。

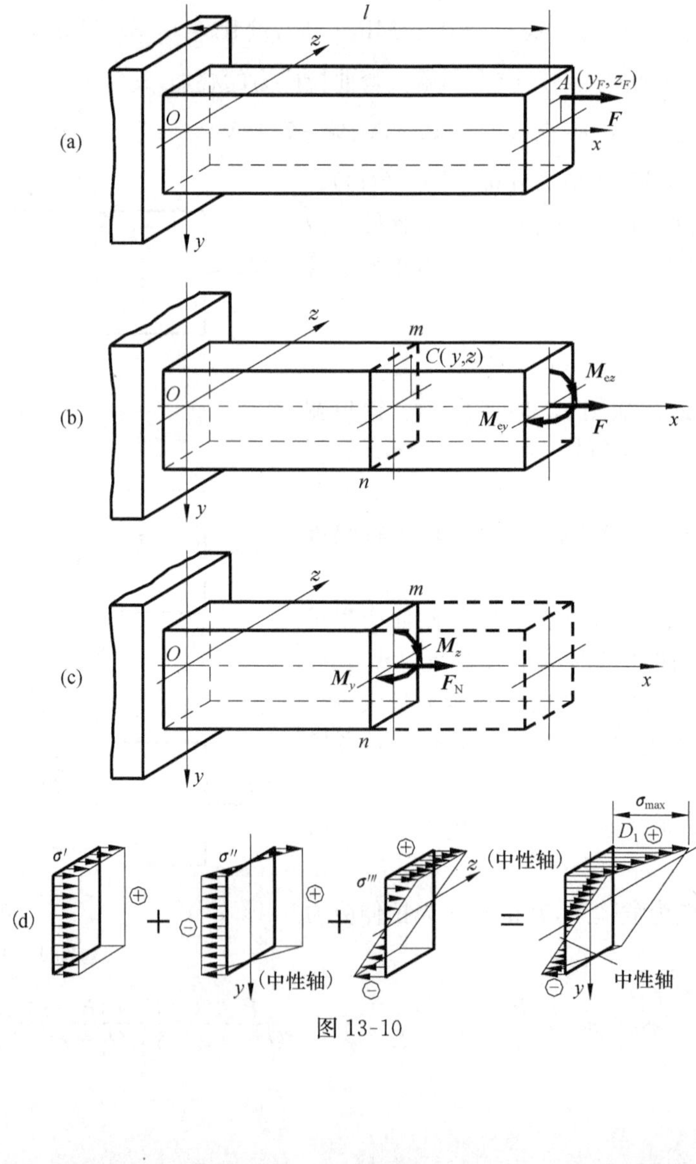

图 13-10

1. 外力分析

将作用于点 $A(y_F, z_F)$ 的偏心拉力 F 向形心简化(两次平移)可得轴向拉力和两个作用在主轴平面内的外力偶 $M_{ey}=Fz_F$，$M_{ez}=Fy_F$(图 13-10(b))。

2. 内力分析

任一横截面上均有相同的内力：轴力 $F_N=F$，弯矩 $|M_y|=Fz_F$，$|M_z|=|Fy_F|$(图 13-10(c))。

3. 应力分布与强度计算

由基本变形可知任一横截面上只有正应力，mn 截面上任一点 $C(y,z)$ 的应力为

$$\sigma=\frac{F_N}{A}+\frac{|M_y|}{I_y}\cdot z-\frac{|M_z|}{I_z}\cdot y \tag{13-4}$$

这是一个**中性轴不通过横截面形心的斜应力分布平面，其危险点是三个内力成分产生相同符号的最大正应力的点** D_1(图 13-10(d))，强度条件为

$$\sigma_{max}=\frac{F_N}{A}+\frac{|M_y|}{W_y}+\frac{|M_z|}{W_z}\leqslant[\sigma] \tag{13-5}$$

4. 中性轴方程

将惯性半径的定义 $i_y=\sqrt{I_y/A}$ 和 $i_z=\sqrt{I_z/A}$ 代入式(13-4)可得

$$\sigma=\frac{F}{A}\left(1+\frac{z_F}{i_y^2}z+\frac{y_F}{i_z^2}y\right)$$

以 (y_0, z_0) 代表 $\sigma=0$ 的点即中性轴上任意点的坐标，可得中性轴方程为

$$\frac{F}{A}\left(1+\frac{z_F}{i_y^2}z_0+\frac{y_F}{i_z^2}y_0\right)=0$$

显然

$$1+\frac{z_F}{i_y^2}z_0+\frac{y_F}{i_z^2}y_0=0 \tag{13-6}$$

由此可知**中性轴是一条不通过横截面形心的直线**(图 13-10(d))

5. 截面核心概念

在土木建筑中，为了确保偏心受压的脆性材料立柱的横截面上不出现拉应力，要求偏心压力必须作用在柱的横截面形心及附近区域，如果其作用点超出这个区域，则截面上将会出现拉应力。**横截面上围绕形心的这个特定区域称为截面核心**。

以中性轴绕截面边缘一周的方法可由式(13-6)确定截面核心。

当中性轴绕角点 D_1 转动时，$y_0=-h/2$，$z_0=b/2$ 代入式(13-6)，得到关于 z_F、y_F 的直线方程(图 13-11 中直线 1-1)，该直线方程在 y 轴和 z 轴上的截距分别为

$$y_F=-\frac{i_z^2}{y_0}=\frac{h}{6},\quad z_F=-\frac{i_y^2}{z_0}=-\frac{b}{6}$$

同理可得图 13-11 中另外三条直线，由此围成的棱形区域即矩形横截面的截面核心。

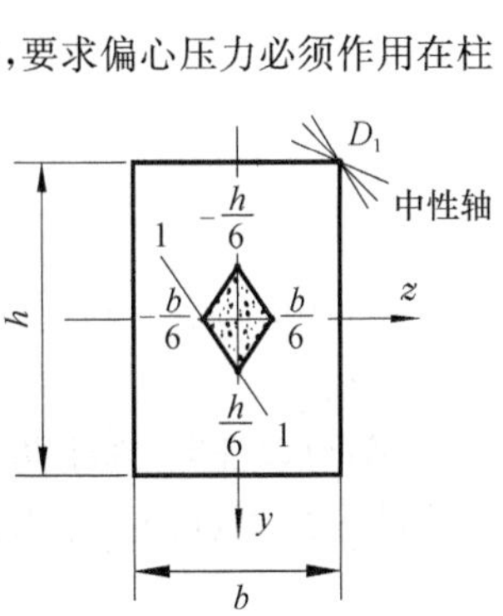

图 13-11

由式(13-6)可知,**偏心拉伸的中性轴位置和截面核心均与偏心力 F 的大小无关,截面核心完全由截面的边界图形所决定。**

13.4　钢制圆轴的弯曲与扭转组合

由例 13-1 得知圆轴的 AB 段横截面上有扭矩 T 和弯矩 M_y、M_z,这是弯-扭组合变形杆内力的一般情况,现在来分析这种横截面上的危险点的应力与强度计算。

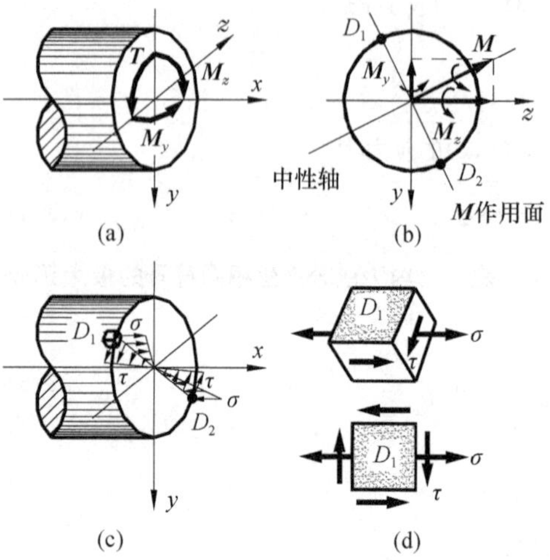

图 13-12

设危险截面上有图 13-12(a)所示的内力,首先将 M_y、M_z 合成为合成弯矩 $M=\sqrt{M_y^2+M_z^2}$,圆轴将在垂直于 $\boldsymbol{M}$ 的 D_1D_2-x 平面内发生平面弯曲(中性轴与 $\boldsymbol{M}$ 重合,图 13-12(b))。D_1、D_2 两点有最大弯曲正应力

$$\sigma=\frac{M}{W}=\frac{\sqrt{M_y^2+M_z^2}}{W} \tag{13-7a}$$

在扭矩作用下,圆截面边缘各点有最大切应力

$$\tau=\frac{T}{W_{\mathrm{p}}}=\frac{T}{2W} \tag{13-7b}$$

图 13-12(c)给出了沿直径 D_1D_2 的正应力和切应力的线性分布图。

因危险截面上圆周边缘各点有相同大小的最大扭转切应力,但只有 D_1、D_2 点又同时有相同大小的最大弯曲正应力,故这两点为危险点,其中 D_1 点的应力状态如图 13-12(d)所示。塑性材料的这种应力状态的第三、第四强度理论的强度条件由式(12-21)给出,

$$\sigma_{\mathrm{r3}}=\sqrt{\sigma^2+4\tau^2}\leqslant[\sigma] \tag{13-7c}$$

$$\sigma_{\mathrm{r4}}=\sqrt{\sigma^2+3\tau^2}\leqslant[\sigma] \tag{13-7d}$$

由此可知 D_1 和 D_2 两点有相同的强度。钢制圆轴弯—扭组合变形的强度可由式(13-7a)~式(13-7c)或式(13-7d)计算,由以上公式也可以得到直接用内力表达的强度条件如下

$$\sigma_{\mathrm{r3}}=\frac{\sqrt{M_y^2+M_z^2+T^2}}{W}\leqslant[\sigma] \tag{13-8a}$$

或

$$\sigma_{\mathrm{r4}}=\frac{\sqrt{M_y^2+M_z^2+0.75T^2}}{W}\leqslant[\sigma] \tag{13-8b}$$

例 13-6　若已知圆轴材料的许用正应力$[\sigma]=80\mathrm{MPa}$。试按第四强度理论确定例 13-1 中的圆轴直径。

解:可以证明,对于两个互相垂直方向横向力作用的圆轴,最大合成弯矩只可能发生在弯矩图直线段的端点处。在本题中,截面 B 和 C 处合成弯矩为

$$M_B=\sqrt{1.05^2+2.25^2}\mathrm{kN\cdot m}=2.49\mathrm{kN\cdot m}$$

$$M_C=\sqrt{2.1^2+1.5^2}\mathrm{kN\cdot m}=2.58\mathrm{kN\cdot m}$$

因两截面的扭矩大小相同，比较可知截面 C 为危险截面。根据式(13-8b)，第四强度理论的强度条件为

$$\sigma_{r4}=\frac{\sqrt{M_C^2+0.75T^2}}{W}\leqslant[\sigma]$$

而

$$W=\pi D^3/32$$

所以

$$D\geqslant\sqrt[3]{\frac{32\sqrt{M_C^2+0.75T^2}}{\pi[\sigma]}}=0.072\text{m}=72\text{mm}$$

故所需圆轴的直径为 72mm。

例 13-7　图 13-13(a)所示钢制圆轴受外力偶矩 M_{e1} 和 M_{e2} 作用，圆轴直径 $d=18.3$mm，实验测得轴表面最低处 A 点沿轴线方向的线应变 $\varepsilon_x=5\times10^{-4}$，在水平直径表面上的 B 点沿圆轴轴线成 45°方向的线应变 $\varepsilon_{x}'=4.5\times10^{-4}$，$\varepsilon_{y}'=-4.5\times10^{-4}$。已知钢的弹性模量 $E=200$GPa，泊松比 $\mu=0.25$，许用应力$[\sigma]=180$MPa。(1)求外力偶矩 M_{e1} 和 M_{e2} 的大小；(2)按第三强度理论校核圆轴强度。

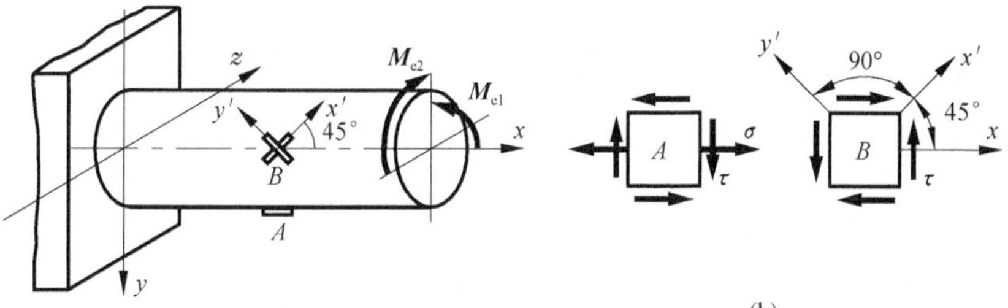

图 13-13

解：由题知在弯扭组合下 A、B 两点沿给定方向的应变，因此需要判断 A、B 两点的应力状态，从而确定应力，再由应力确定外力。

(1) 求外力偶矩 M_{e1} 和 M_{e2} 的大小。

A 点在轴的最下方，单元体上有扭矩$|T|=M_{e2}$ 对应的切应力 τ 和弯矩 $M=M_{e1}$ 对应的正应力 σ，画出 A 点单元体如图 13-13(b)所示。$\sigma_x=\sigma,\sigma_y=0,\tau_{xy}=\tau$，由广义胡克定律得

$$\varepsilon_x=\frac{1}{E}(\sigma_x-\mu\sigma_y)=\frac{\sigma}{E}$$

由 $\sigma=E\varepsilon_x=\dfrac{M}{W}=\dfrac{M_{e1}}{W}$，可得

$$M_{e1}=E\varepsilon_xW=200\times10^9\times5\times10^{-4}\times\frac{\pi(18.3\times10^{-3})^3}{32}\text{N}\cdot\text{m}=60.2\text{N}\cdot\text{m}$$

B 点在中性层处，仅有扭矩对应的切应力，画出 B 点单元体如图 13-13(b)所示。该单元体为纯剪切应力状态，其沿 x'和 y'方向的正应力由应力状态分析得知，

$$\sigma_{45^\circ}=\tau=\frac{|T|}{W_p}=\frac{M_{e2}}{W_p}=\sigma_1,\quad\sigma_{-45^\circ}=-\tau=\sigma_3$$

由广义胡克定律有

$$\varepsilon_{x'} = \varepsilon_{45°} = \frac{1}{E}(\sigma_{45°} - \mu\sigma_{-45°}) = \frac{1}{E}(\tau + \mu\tau) = \frac{M_{e2}}{EW_p}(1+\mu)$$

解得

$$M_{e2} = \frac{EW_p\varepsilon_{x'}}{(1+\mu)} = \frac{200\times10^9\times\pi\times(18.3\times10^{-3})^3\times4.5\times10^{-4}}{16\times(1+0.25)}\text{N}\cdot\text{m} = 86.6\text{N}\cdot\text{m}$$

即圆轴受到的外力偶矩 $M_{e1}=60.2\text{N}\cdot\text{m}$ 和 $M_{e2}=86.6\text{N}\cdot\text{m}$。

(2) 校核圆轴强度。

由受力情况知圆轴受弯-扭组合变形，第三强度理论的强度条件为

$$\sigma_{r3} = \frac{1}{W}\sqrt{M^2+T^2} = \frac{32}{\pi(18.3\times10^{-3})^3}\sqrt{60.2^2+86.6^2}\text{Pa}$$
$$= 175.3\times10^6\text{Pa} = 175.3\text{MPa} < [\sigma] = 180\text{MPa}$$

故圆轴满足强度要求。

13.5　组合变形杆的其他问题

下面通过例题来分析同时受**拉-扭-弯组合变形**的圆截面钢杆的强度计算问题和**组合变形杆的超静定问题**。

例 13-8　在图 13-14(a)所示结构中，钢制圆杆的横截面面积 $A=80\times10^{-4}\text{m}^2$，抗扭截面系数 $W_p=200\times10^{-6}\text{m}^3$，抗弯截面系数 $W=100\times10^{-6}\text{m}^3$，材料许用应力$[\sigma]=134\text{MPa}$。试分析 AB 杆危险点的主应力，并进行强度校核。

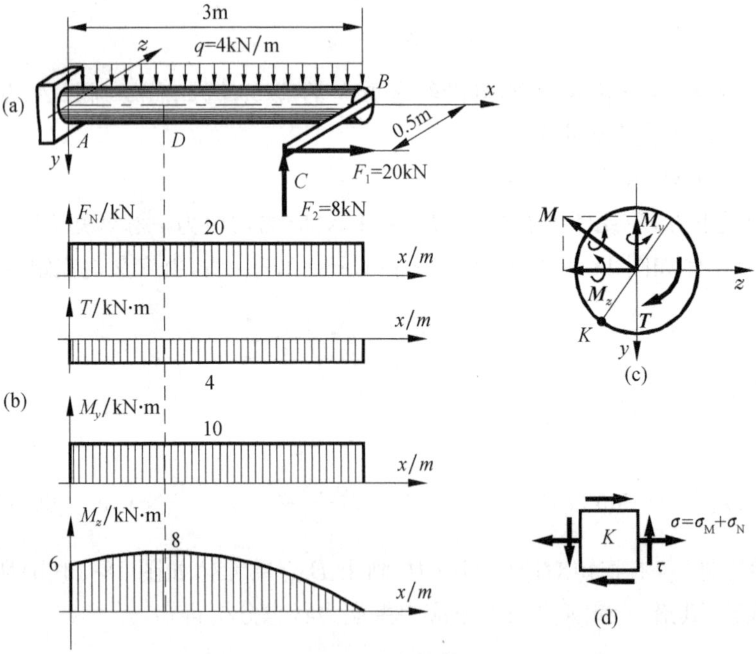

图 13-14

解：(1) 外力与内力分析。

将 F_1、F_2 平移到 B 点可知 AB 杆受到拉—扭—弯组合变形。

作出 AB 杆内力图(图 13-14(b))，可知 D 截面为危险截面，该截面上内力为，

$$F_N = 20\text{kN}, \ |T| = 4\text{kN}\cdot\text{m}, M_y = 10\text{kN}\cdot\text{m}, \ |M_z| = 8\text{kN}\cdot\text{m}$$

合成弯矩：

$$M = \sqrt{M_y^2 + M_z^2} = \sqrt{10^2 + 8^2}\text{kN}\cdot\text{m} = 12.81\text{kN}\cdot\text{m}$$

(2) 建立危险点应力状态。

由于轴力引起的应力均匀分布，而扭矩引起的最大切应力在横截面外边缘，故危险点由弯曲应力决定，在与合成弯矩 M 垂直的边界切点 K 处(图 13-14(c))的基本应力为

$$\tau = \frac{|T|}{W_p} = \frac{4\times10^3\text{N}\cdot\text{m}}{200\times10^{-6}\text{m}^3} = 20\times10^6\text{Pa} = 20\text{MPa}$$

$$\sigma_N = \frac{F_N}{A} = \frac{20\times10^3\text{N}}{80\times10^{-4}\text{m}^2} = 2.5\times10^6\text{Pa} = 2.5\text{MPa}$$

$$\sigma_M = \frac{M}{W} = \frac{12.81\times10^3\text{N}\cdot\text{m}}{100\times10^{-6}\text{m}^3} = 128.1\times10^6\text{Pa} = 128.1\text{MPa}$$

叠加正应力为

$$\sigma = \sigma_N + \sigma_M = 130.6\text{MPa}$$

画出 K 点的应力单元体图(图 13-14(d))。

(3) 分析危险点的主应力。

$$\left.\begin{matrix}\sigma_1\\ \sigma_3\end{matrix}\right\} = \frac{\sigma}{2} \pm \sqrt{\left(\frac{\sigma}{2}\right)^2 + \tau^2} = \begin{cases}133.6\\ -3\end{cases}\text{MPa}$$

$\sigma_2 = 0$，危险点为二向应力状态。

(4) 强度校核。

钢杆可选用第三或第四强度理论校核强度，即

$$\sigma_{r3} = \sigma_1 - \sigma_3 = 136.6\text{MPa} < 1.05[\sigma]$$

或

$$\sigma_{r4} = \sqrt{\frac{1}{2}[(\sigma_1-\sigma_2)^2 + (\sigma_2-\sigma_3)^2 + (\sigma_3-\sigma_1)^2]} = 135.1\text{MPa} < 1.05[\sigma]$$

相当应力均未超过许用应力的 5%，故钢杆满足强度要求。

讨论：

(1) 如果没有应力状态分析的要求，则强度条件可直接利用下式计算

$$\begin{aligned}\sigma_{r3} &= \sqrt{(\sigma_N + \sigma_M)^2 + 4\tau^2} < [\sigma]\\ \sigma_{r4} &= \sqrt{(\sigma_N + \sigma_M)^2 + 3\tau^2} < [\sigma]\end{aligned} \tag{13-9a}$$

或用内力直接表示的强度条件

$$\sigma_{r3} = \sqrt{\left(\frac{|F_N|}{A} + \frac{|M|}{W}\right)^2 + \left(\frac{T}{W}\right)^2} < [\sigma]$$

$$\sigma_{r4}=\sqrt{\left(\frac{|F_N|}{A}+\frac{|M|}{W}\right)^2+0.75\left(\frac{T}{W}\right)^2}<[\sigma] \tag{13-9b}$$

式(13-9)是拉-扭-弯组合变形塑性材料圆截面杆强度计算的重要公式。

(2) 如果要求计算折杆的强度，则还应该分析 CB 杆的强度，B 截面为 CB 杆的危险截面，内力为合成弯矩 $M_B=\sqrt{(0.5F_1)^2+(0.5F_2)^2}$，按平面弯曲简单强度条件，$\sigma_{max}=M_B/W<[\sigma]$ 校核强度。

***例 13-9** 一平均直径 $d_0=80$mm，壁厚 $\delta=5/\pi$mm 的水平薄壁圆管，长度 $l=3$m，A 端固定，B 端与刚性臂 BC 连接，BC 长 $a=1$m，在刚性臂 C 端与螺杆 CD 连接，如图 13-15(a)所示。螺杆的直径 $d=8$mm，薄壁圆管与螺杆的材料相同，其弹性模量 $E=200$GPa，切变模量 $G=80$GPa。在螺帽与螺杆紧密配合但螺杆不受力的条件下，旋紧螺帽，使其相对于螺杆旋进 $\Delta=5$mm。试求此时圆管内危险点的位置、主应力和主方向。

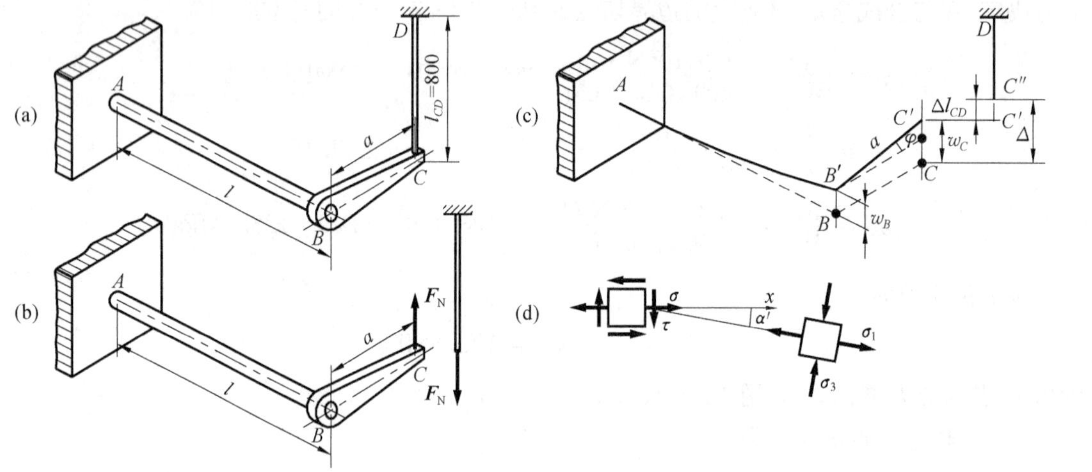

图 13-15

解：结构为一次超静定系统，可用静定基法求出 CD 杆轴力 F_N，圆管则为弯—扭组合问题。

(1) 静定基法求 CD 杆轴力 F_N。

以螺杆 CD 为多余约束，选取图 13-15(b)所示的静定基，则变形协调为(图 13-15(c))，

$$w_C+\Delta l_{CD}=\Delta \tag{a}$$

其中，悬臂 AB 的自由端 B 的挠度

$$w_B=\frac{F_N l^3}{3EI}$$

B 截面相对固定端的扭转角

$$\varphi=\frac{(F_N a)l}{GI_p}$$

则 C 截面位移

$$w_C=w_B+\varphi\cdot a=\frac{F_N l^3}{3EI}+\frac{F_N al}{GI_p}\cdot a$$

螺杆 CD 的伸长量

$$\Delta l_{CD}=\frac{F_N h}{EA}$$

将以上物理关系代入(a)式得补充方程

$$\left(\frac{F_N l^3}{3EI}+\frac{F_N al}{GI_p}\cdot a\right)+\frac{F_N h}{EA}=\Delta$$

其中，$I_p=2I=\frac{\pi d_0^4}{32}\left(1-\left(\frac{d_0-\delta}{d_0+\delta}\right)^4\right)$，$A=\frac{\pi d^2}{4}$。代入已知数据，解得

$$F_N = 153\text{N}$$

(2) 危险点及其主应力。

因圆管在铅垂面内弯曲，故其危险点位于截面 A 的上、下边缘处。下边缘点的应力状态如图 13-15(d)所示，其应力分量为

$$\sigma = \frac{M_A}{I} y_{max} = \frac{(F_N l)\left(\frac{d_0}{2}+\frac{\delta}{2}\right)}{I} = 63.6\text{MPa}$$

$$\tau = \frac{T}{I_p}\rho_{max} = \frac{(F_N a)\left(\frac{d_0}{2}+\frac{\delta}{2}\right)}{I_p} = 11.9\text{MPa}$$

危险点的主应力为

$$\left.\begin{matrix}\sigma_1\\ \sigma_3\end{matrix}\right\} = \frac{\sigma}{2} \pm \sqrt{\left(\frac{\sigma}{2}\right)^2+\tau^2} = \left\{\begin{matrix}65.8\\ -2.15\end{matrix}\right. \text{MPa}$$

$$\sigma_2 = 0$$

主方向

$$\alpha' = \arctan\left(\frac{\sigma_x - \sigma_1}{\tau_{xy}}\right) = \arctan\left(\frac{\sigma - \sigma_1}{\tau}\right) = -10°15'$$

危险点的主应力单元体如图 13-15(d)所示。

习　　题

13.1　作用于图示悬臂梁上的载荷为：水平面内 $F_1 = 800\text{N}$，铅垂面内 $F_2 = 1600\text{N}$。材料许用应力$[\sigma]=160\text{MPa}$，试确定截面的尺寸：

(1) 矩形截面 $h=2b$；

(2) 圆形截面直径 d。

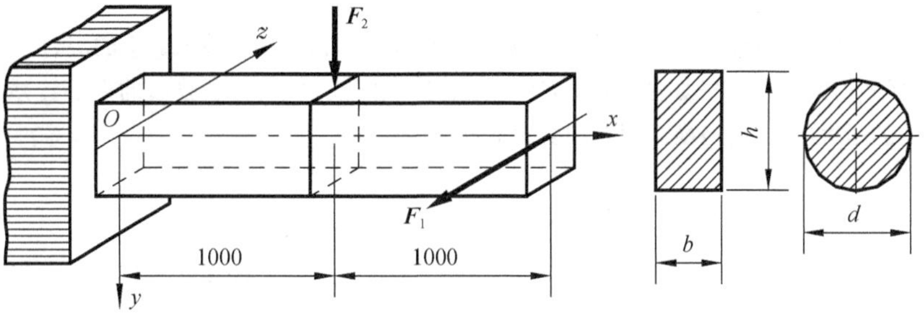

习题 13.1 图

13.2　矩形截面木梁放置在屋架上，已知 $q=1.6\text{kN/m}$，$l=4\text{m}$，材料许用应力$[\sigma]=12\text{MPa}$。试校核梁的强度。

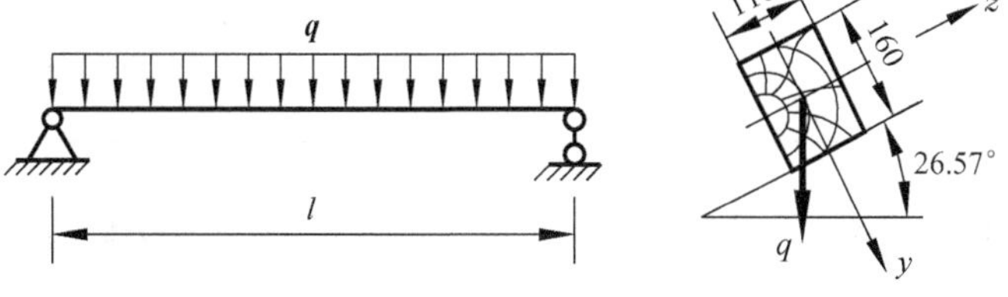

习题 13.2 图

13.3　已知载荷 F 作用于自由端的横截面内，测得表面 A、B 处的纵向线应变分别为 $\varepsilon_A = 210\times10^{-6}$ 与 $\varepsilon_B = 320\times10^{-6}$，悬臂梁材料 $E=200\text{GPa}$，试求载荷 F 及方位角 β 的大小。

13.4　若在正方形截面柱的中间处开一切槽，其面积为原面积的一半，设已知压力 F、截面尺寸 a，试分析切

槽段横截面上的应力分布并求最大压应力与开槽前压应力的比值？

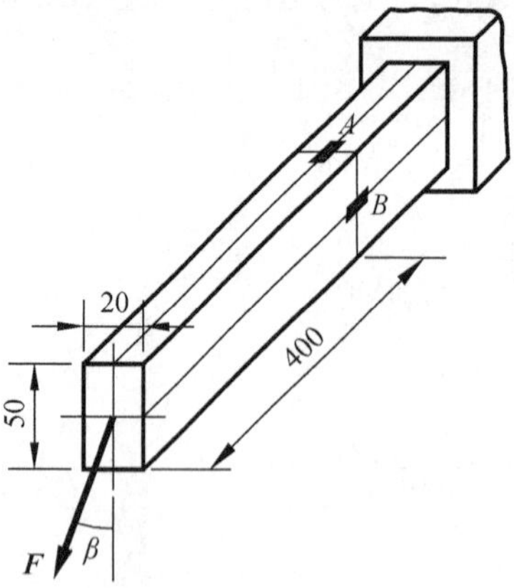

习题 13.3 图

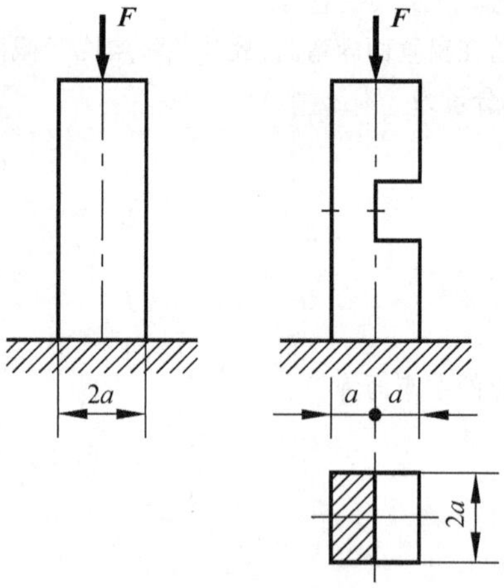

习题 13.4 图

13.5　图示矩形截面梁，用应变片测得上、下表面的纵向线应变分别为 $\varepsilon_a=1000\times10^{-6}$ 与 $\varepsilon_b=400\times10^{-6}$，材料的弹性模量 $E=210\text{GPa}$。试绘横截面上的正应力分布图，并求拉力 F 及其偏心距 e 的数值。

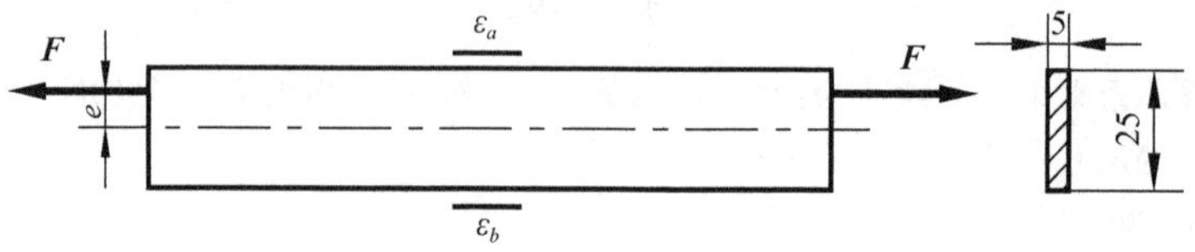

习题 13.5 图

13.6　已知空心圆截面折杆外径 $D=140\text{mm}$，壁厚 $\delta=10\text{mm}$。试分析危险截面上的应力。

13.7　铅垂平面内的直角折杆如图，荷载 $F=10\text{kN}$，其作用线通过 A、B 截面的形心连线，截面尺寸 $a=60\text{mm}$。试求杆内的最大应力（忽略横截面上的剪力 F_S）。

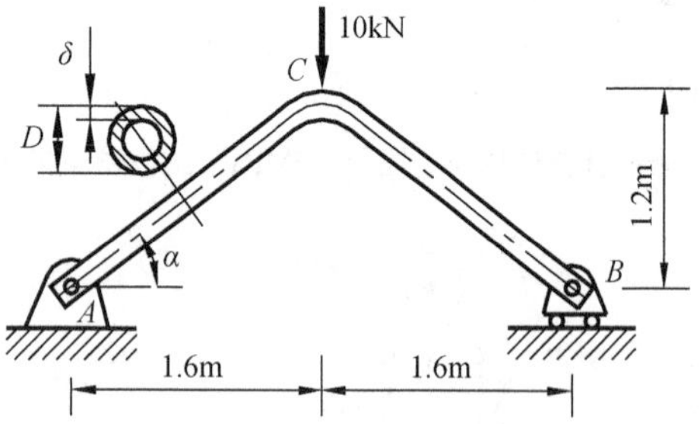

习题 13.6 图

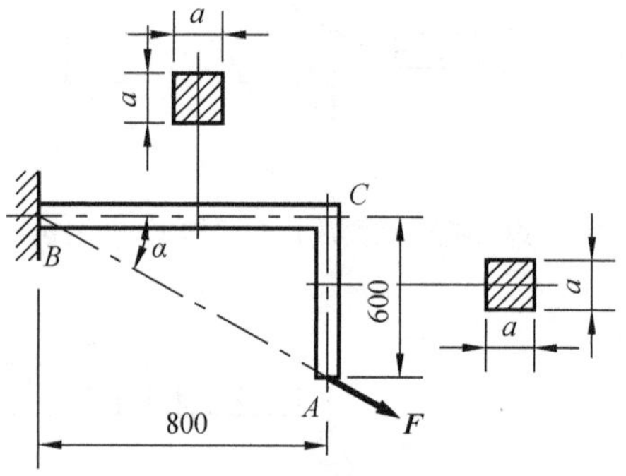

习题 13.7 图

13.8　图示起重机的最大重量（包括行走小车等）为 $F=40\text{kN}$，横梁 AC 由两根 No. 18 槽钢组成，材料为 Q235 钢，许用应力 $[\sigma]=120\text{MPa}$。A、B、C 三处连接均可简化为铰链。试校核梁的强度。（提示：利用 $\sigma=|\sigma_N(x)|+|\sigma_M(x)|$ 确定危险截面位置 x）

13.9　钩头螺栓受力简化如图。螺栓材料许用应力 $[\sigma]=120\text{MPa}$。求螺栓许可预紧力 $[F]$。

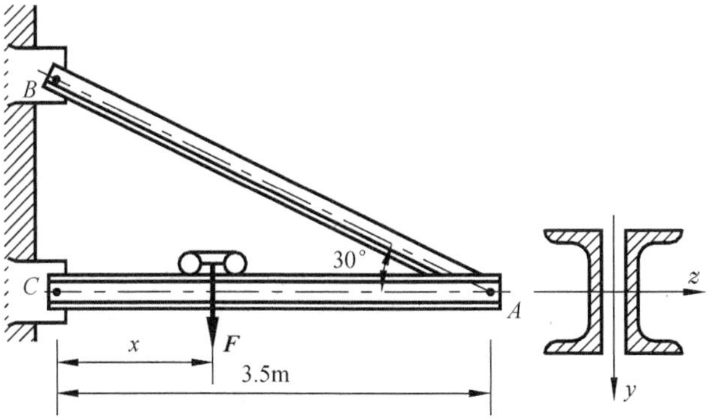

习题 13.8 图

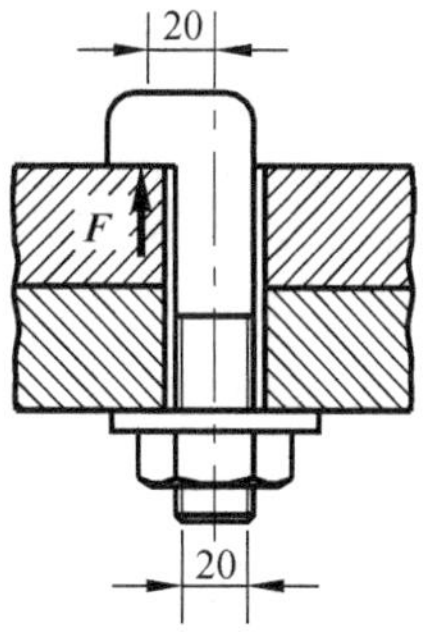

习题 13.9 图

13.10　厂房立柱如图，已知 $F_1=100\text{kN}$，$F_2=45\text{kN}$，$b=180\text{mm}$，$h=300\text{mm}$。试求使立柱横截面上不产生拉应力时，F_2 的最大偏心距 e。

13.11　正方形截面杆中间部分开槽，已知 $F=1\text{kN}$，求杆内的最大正应力，并指出其作用位置。

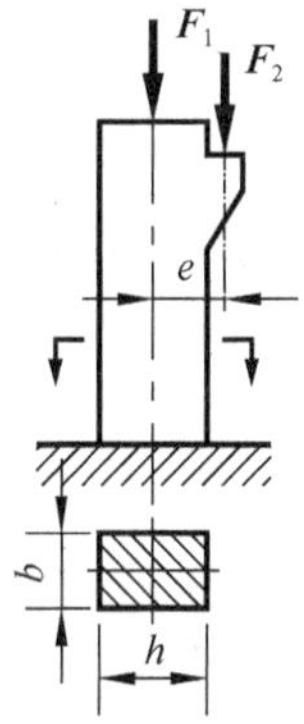

习题 13.10 图

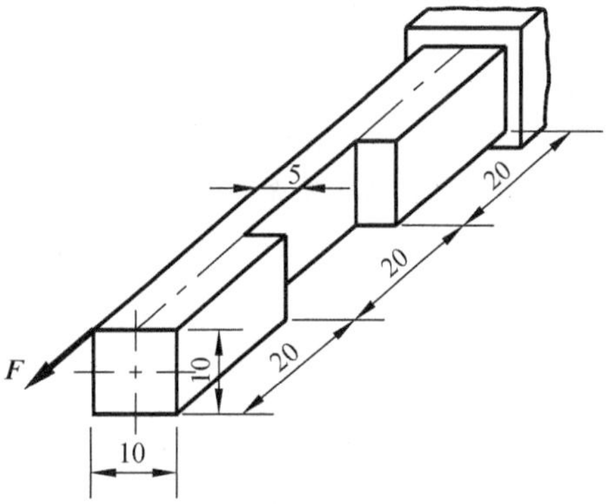

习题 13.11 图

13.12　水平面内直角折杆，直径 $d=20\text{mm}$，受铅垂荷载 F 作用，已知材料许用应力 $[\sigma]=170\text{MPa}$。试按第三强度理论确定长度尺寸 a 的许可值。

13.13　水平直角折杆受铅垂力 F 作用，已知 AB 段直径 $d=100\text{mm}$，$a=400\text{mm}$，$E=200\text{GPa}$，泊松比 $\mu=0.25$，在 D 截面顶点 K 测得轴向线应变 $\varepsilon_{0^\circ}=275\times10^{-6}$。试求 AB 杆段危险点的第三强度理论相当应力 σ_{r3}（提示：测量应变的截面并不是危险截面）。

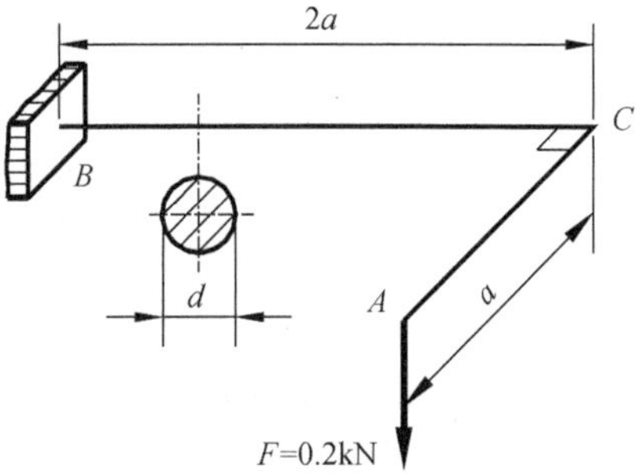

习题 13.12 图

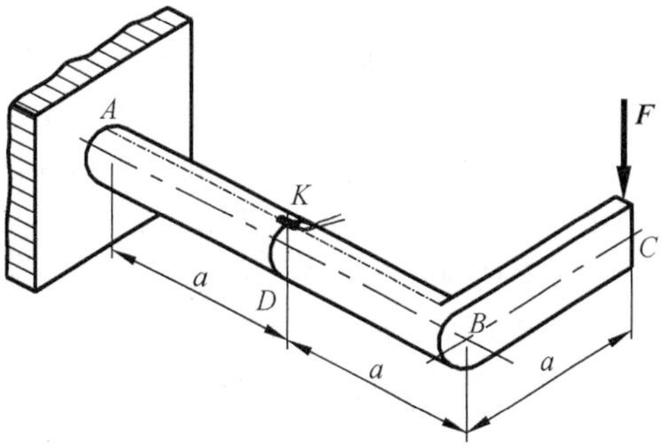

习题 13.13 图

13.14 等截面钢轴如图所示。轴材料的许用应力$[\sigma]=60\text{MPa}$。若轴传递的功率$P=1.84\text{kW}$,转速$n=12\text{r/min}$,试按最大切应力理论确定轴的直径。

13.15 手摇绞车如图所示。已知轴的直径$d=30\text{mm}$,卷筒直径$D=0.36\text{m}$,两轴承间的距离$l=0.8\text{m}$,轴的许用应力$[\sigma]=80\text{MPa}$。试按最大切应力理论计算绞车起吊的最大安全载荷$[F_P]$。

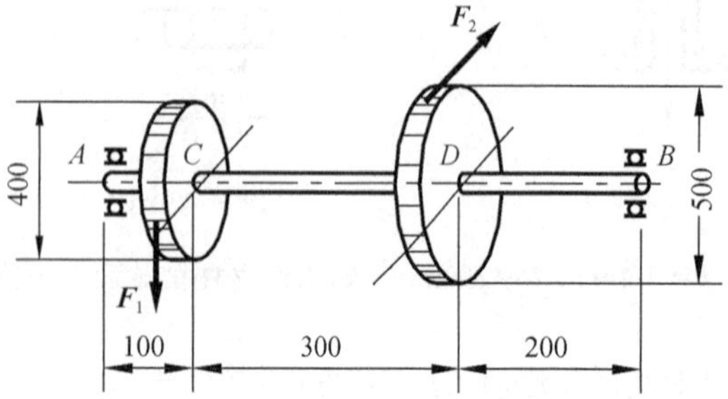

习题 13.14 图

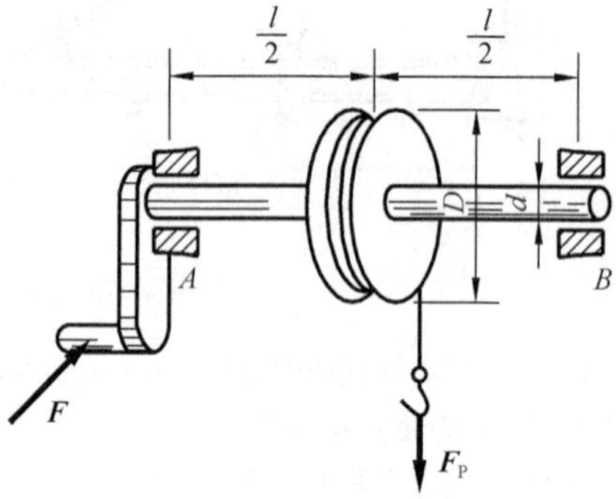

习题 13.15 图

13.16 铁道路标的圆信号板装在外径$D=60\text{mm}$的空心圆柱上。若信号板上作用的最大风载的压强$p=2\text{kPa}$,材料的许用应力$[\sigma]=60\text{MPa}$,试按最大切应力理论选择圆柱的壁厚δ。

13.17 如图所示,牙轮钻机钻杆为无缝钢管,外径$D=152\text{mm}$,内径$d=120\text{mm}$。材料的许用应力$[\sigma]=100\text{MPa}$。最大钻压$F=180\text{kN}$,扭矩$T=17.3\text{kN}\cdot\text{m}$。试按最大切应力理论校核钻杆的强度。

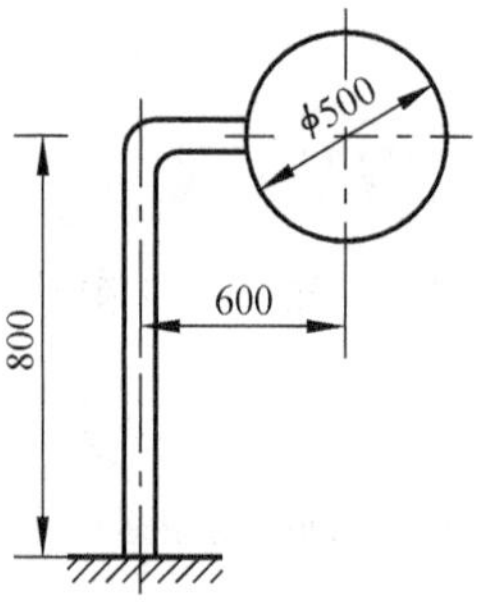

习题 13.16 图

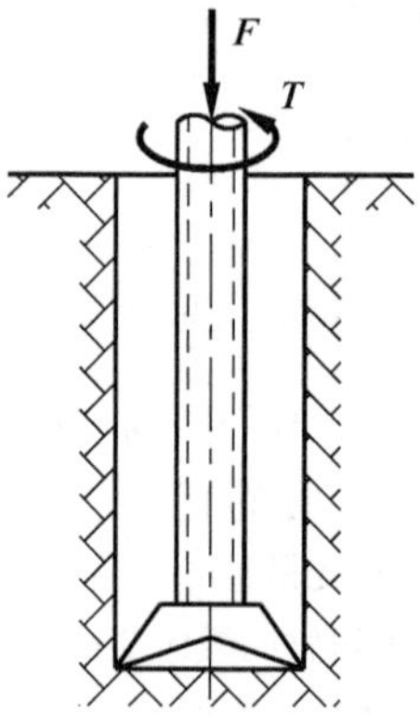

习题 13.17 图

13.18 已知空心圆轴AB的$D=70\text{mm}$,$d=65\text{mm}$,图中尺寸$a=300\text{mm}$,$b=200\text{mm}$,力$F=800\text{N}$作用在C处水平面内。试求E截面最低点K的第四强度理论相当应力。

13.19 直杆AC和直角折杆BC在水平面内用球铰连接,已知$d=110\text{mm}$,$l=2\text{m}$,铅垂力$F=27.5\text{kN}$,钢材$E=200\text{GPa}$,$G=80\text{GPa}$,$[\sigma]=170\text{MPa}$。

(1) 求C处的约束力;

(2) 建立危险点的应力状态;

(3) 校核两杆的强度(提示:约束力F_C是两杆的相互作用力,节点荷载F可置于作为静定基的任一悬臂杆上)。

13.20 (1) 判断(a)、(b)图中的折杆各杆段的变形形式;

(2) 已知(c)图中 $\sigma_{max}=100\text{MPa}$,求横截面上内力；

(3) 求(d)、(e)图中 m-m 横截面上的内力(包括剪力,如果存在)。

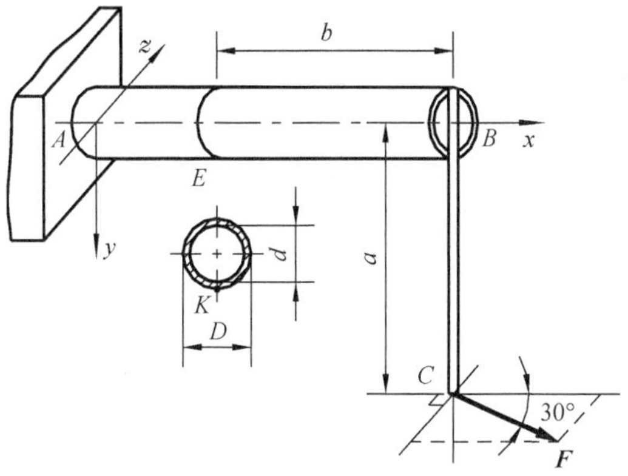

习题 13.18 图

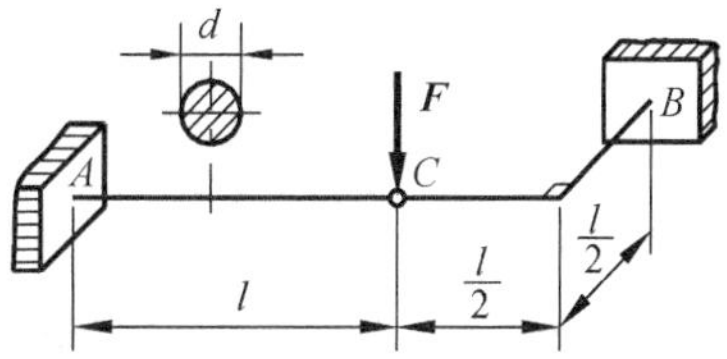

习题 13.19 图

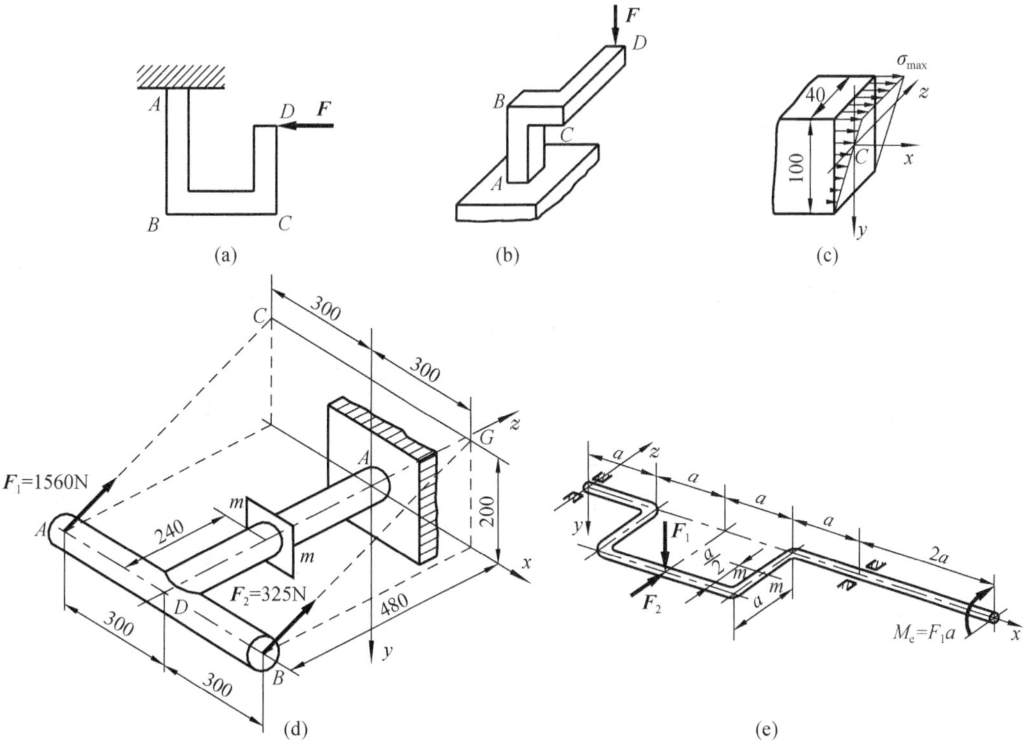

习题 13.20 图

第 14 章　压 杆 稳 定

14.1　压杆稳定的基本概念

构件和结构的安全性大部分取决于构件的强度和刚度，但是在工程中还存在另一种破坏形式。例如，取一块横截面尺寸为 20mm×3mm、高为 20mm 的塑料板，按图 14-1 所示方向施加压力，显然，要想靠人力将其压坏是很困难的，但如果压的是材料相同、截面尺寸相同、长为 500mm 的细长杆，情况就不一样了，用不着施加太大的力就可以将其压弯，再增大压力，杆就会被折断。可见，对于受压的细长杆，必须研究维持其直线平衡形态的承载能力。

工程中有很多受压的细长杆，如桥梁、钻井井架等各种桁架结构中的受压杆件，建筑物和结构中的立柱，内燃机中的连杆、气门挺杆，液压油缸和活塞泵的活塞杆等。对于这些细长压杆，当作用于其上的轴向压力达到或超过某一极限值时，杆件会突然发生侧向弯曲而失去原有的直线平衡形态，这种现象称为**压杆丧失稳定性**。对于一般构件，当载荷增大构件或结构不能保持原有平衡形态而突然变化到另一种平衡形态的现象称为**失稳**或**屈曲**。现以图 14-2 所示受轴向压力的理想直杆来考察，当压力 F 较小时，杆件保持直线形状的平衡形态如图 14-2(a)所示，当压力逐渐增大，但小于某一极限值时，杆仍保持直线形状的平衡，这时若施加一微小的侧向干扰力使其暂时偏离直线平衡形态如图 14-2(b)所示，当干扰力撤除后，杆仍能恢复到直线平衡形态如图 14-2(c)所示，称这时压杆的直线平衡形态是**稳定的**。若压力继续增加到某一极限值时，再用微小的侧向干扰力使它偏离直线平衡形态，则当干扰力解除后，压杆不能再恢复其原有的直线状态，但能保持曲线形状的平衡如图 14-2(d)所示，则称此时压杆的直线平衡形态是**不稳定的**，使压杆由稳定的直线平衡形态过渡到不稳定的平衡形态的极限压力值，称为**临界压力**，记做 F_{cr}。压杆失稳后，增加微小的压力都将导致弯曲变形显著增大，说明此时压杆已经丧失承载能力。

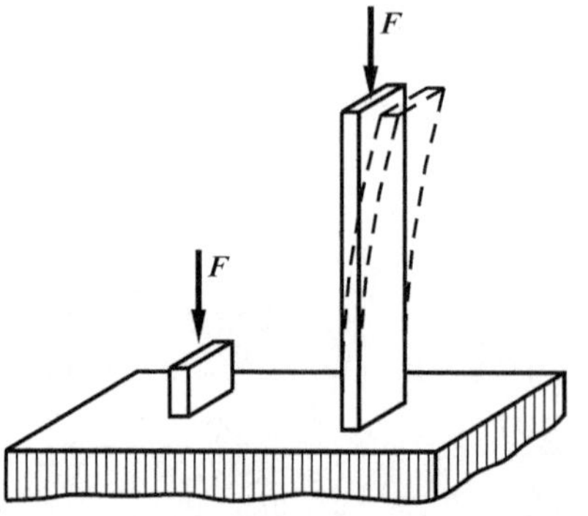

图 14-1

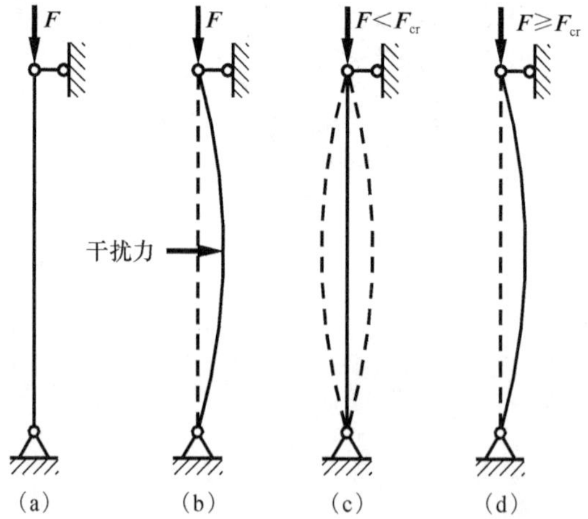

图 14-2

失稳问题早在 17 世纪已提出，但未引起工程界的重视。随着高强度材料如钢材和铝合金的出现，构件的截面设计越来越小，稳定性问题才开始引起人们的重视。在 1881～1897 年的 16 年间，世界各地共有 24 座桥梁倒塌。经事后调查，它们都不是因为强度不够而失效，而是由于某些构件失稳而造成的。具有代表性的例子还有：1891 年由法国著名设计师埃菲尔设计建造的瑞士明汗斯太因铁路大桥在客车通过时由于桥梁桁架中的压杆失稳而发生坍塌，造成 74 人遇难，200 人受伤；1904 年和 1916 年美国 584m 长的奎北克大桥两次倒塌，经调查也是由斜撑杆（压杆）失稳而引起；1983 年北京的中国社会科学院科研楼工地的钢管脚手架在距地面 5～6m 处突然开弓，高达 54.2m、长 17.25m、总重 56.54kN 的大型脚手架整体坍塌，造成 5 死 7 伤，脚手架材料大部分报废，现场调查结果表明，脚手架整体结构存在严重缺陷而导致失稳坍塌。工程中的无数实例告诉我们，失稳现象突然发生，失稳时构件的应力远小于弹性极限。事故发生的突然性和破坏的彻底性，往往造成灾难性的后果，因此失稳问题越来越引起力学界和工程界的高度重视。我们研究的目的就是要找出构件和结构失稳的原因并采取防止失稳的措施。另一方面，工程中有时也利用失稳现象达到某种设计目的，如矿井坑木上的过载预警装置，利用受压杆件的失稳触发报警系统；还可以利用薄金属片的失稳制成自动开关等。对于有可能发生失稳的构件和结构，都必须进行稳定性计算。

除压杆外，其他弹性结构也存在弹性失稳现象。板条或工字梁在最大弯曲刚度平面内横力弯曲时，会因载荷达到临界值而产生侧弯失稳（在刚度最小的平面内弯曲并伴随扭转），如图 14-3(a)所示。薄圆环受径向外压作用而失稳，如图 14-3(b)所示。薄壁压力容器在外压或负内压（真空容器）作用下会被压扁，如深海潜艇可因这类事故而沉没。限于篇幅，本章只讨论压杆的稳定，其他形式的稳定性问题不作讨论。

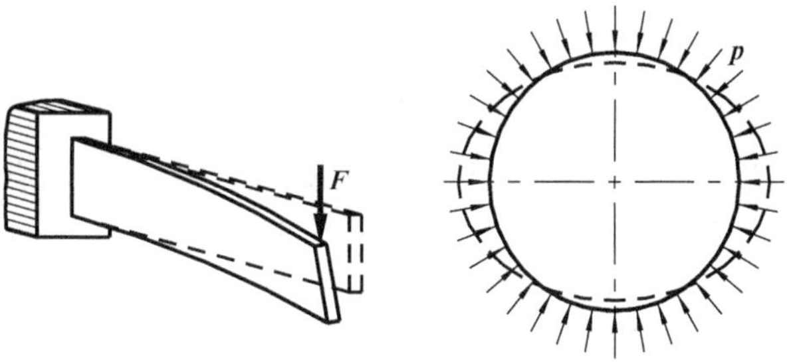

(a)　(b)

图 14-3

14.2　细长压杆的临界压力分析

解决压杆稳定问题的关键是确定其临界压力，上节指出当压力达到临界值时，压杆将由直线平衡形态转变为曲线平衡形态，可见，临界压力就是使压杆保持微小弯曲平衡的最小压力。对于细长压杆，如何确定其临界压力呢？下面分别讨论。

14.2.1　两端铰支细长杆的临界压力

图 14-4 所示两端球形铰支的细长等直杆，两端承受与轴线重合的压力 F。当压力到达临界压力 F_{cr}时，由于外力干扰杆由直线平衡状态变为曲线平衡状态。

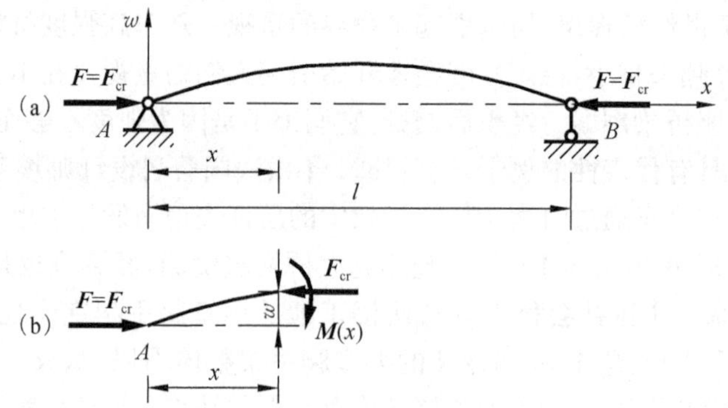

图 14-4

在图示坐标系中，从处于微弯平衡状态的杆中取出一段，该段必然也处于平衡状态。距最左端 x 的横截面的挠度为 w，考虑到静力平衡条件，则该截面上必有一弯矩，其值为

$$M(x) = -F_{cr}w \tag{14-1a}$$

将 M 代入挠曲线近似微分方程得

$$\frac{d^2w}{dx^2} = -\frac{F_{cr}w}{EI} \tag{14-1b}$$

式中，I 是横截面最小的惯性矩，引用记号

$$k^2 = \frac{F_{cr}}{EI} \tag{14-1c}$$

于是式(14-1b)可以写成

$$\frac{d^2w}{dx^2} + k^2w = 0 \tag{14-1d}$$

该微分方程的通解为

$$w = A\sin kx + B\cos kx \tag{14-1e}$$

式中，A、B 为积分常数，可由边界条件确定。杆件的边界条件是

$$x = 0 \text{ 和 } x = l \text{ 时，} \quad w = 0$$

由此得

$$B = 0, \quad A\sin kl = 0$$

后面的式子表明 A 或者 $\sin kl$ 等于零。当取 $A=0$ 时，表示杆件轴线上任意点的挠度皆为零，它不变形仍为直线，这就与杆件失稳发生微小弯曲的前提相矛盾。因此必须是

$$\sin kl = 0$$

于是得

$$k = \frac{n\pi}{l} \quad (n = 1,2,3\cdots)$$

代入式(14-1c)，得

$$F_{cr} = \frac{n^2\pi^2EI}{l^2} \tag{14-1f}$$

式(14-1f)表明，使杆处于微弯平衡状态的临界压力有无穷多个，其中使压杆保持微小弯曲的最小压力才是临界压力。取 $n=1$，式(14-1f)成为

$$F_{cr}=\frac{\pi^2 EI}{l^2} \tag{14-1g}$$

这是计算两端铰支细长压杆的临界压力的公式，称为两端铰支细长压杆的**欧拉公式**。这种杆件在工程中最常见，如活塞杆和桁架中的受压杆。当然，欧拉公式只适用于小变形和杆中应力不超过材料比例极限的情况。

讨论：

(1) 当压杆截面在不同方向有不同的惯性矩时（如工字形截面等），应取其中最小的惯性矩 I_{min} 代入欧拉公式。这是因为在杆端约束相同的情况下，**失稳发生在惯性矩最小的方向上**。

(2) 将式(14-1f)代入式(14-1c)，再代入式(14-1e)，得到

$$w=A\sin\frac{\pi x}{l} \tag{14-1h}$$

可见，**在临界压力作用下，两端铰支细长压杆的微弯状态为半波正弦曲线**。

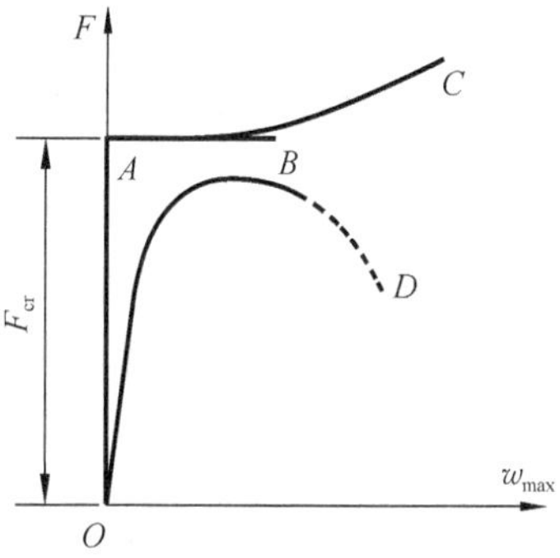

图 14-5

(3) 式(14-1h)中 A 是杆件中点（$x=l/2$）的挠度 w_{max}，它的数值很小，但却是未定的，但这并不意味着压杆在大于临界压力 F_{cr} 的某一载荷下失稳后可以在任意微弯状态下平衡。如图 14-5 所示，若以横坐标表示中点的挠度 w_{max}，纵坐标表示压力 F，当 F 小于 F_{cr} 时，杆件的直线平衡是稳定的，w_{max} 恒为零，F 与 w_{max} 的关系如图 4-15 中铅垂直线 AO 所示；当 F 达到 F_{cr} 时，杆件的直线平衡是不稳定的，将过渡为曲线平衡，F 与 w_{max} 的关系如图中水平直线 AB 所示。这是由于在推导欧拉公式过程中使用了挠曲线近似微分方程（线性分析）的缘故。如果使用精确的挠曲线方程（非线性分析），则可确定对应于某一载荷的最大挠度，此时 F 与 w_{max} 的关系如图 14-5 中曲线 AC 所示。

前面的公式推导，不论是采用挠曲线近似微分方程还是挠曲线精确微分方程，压杆都是理想压杆。而实际压杆难以保证没有初弯曲、压力没有偏心、材料绝对均匀。因此，实际的 F 与 w_{max} 的关系可以通过实验确定，如图 14-5 中曲线 OD 所示。由图 14-5 可以看出，理想压杆临界压力是实际压杆临界压力的上限，理想压杆临界压力的分析计算仍然具有实际意义。

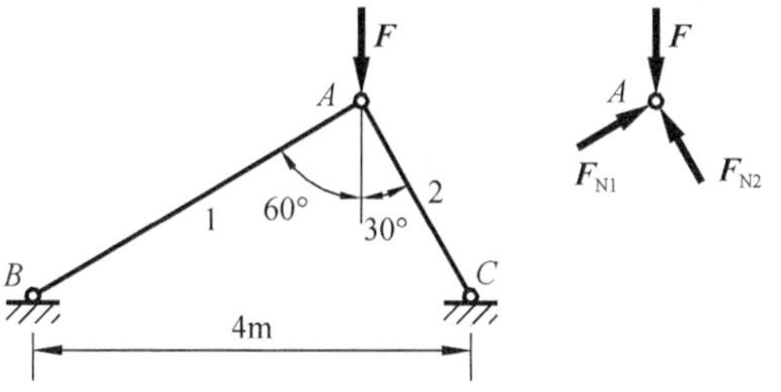

图 14-6

例 14-1　如图 14-6 所示，AB 和 AC 均为圆截面细长杆，直径 $d=80$mm，材料为 Q235 钢，试求此结构的临界载荷 F_{cr}。

解：(1) 计算在 F 作用下各杆的轴力。

由 A 点的静力平衡方程得

$$\sum F_x=0,\quad F_{N1}\cos30^\circ-F_{N2}\sin30^\circ=0$$

$$\sum F_y=0,\quad F_{N1}\sin30^\circ+F_{N2}\cos30^\circ=F$$

求解得

$$F_{N1}=\frac{1}{2}F,\quad F=2F_{N1}$$

$$F_{N2}=\frac{\sqrt{3}}{2}F,\quad F=\frac{2}{\sqrt{3}}F_{N2}=1.15F_{N2}$$

(2) 用欧拉公式计算各杆的临界压力，确定结构的临界压力。

对 1 杆

$$F_{N1}=\frac{\pi^2EI}{l_1^2}=\frac{\pi^2\times200\times10^9\times\frac{\pi\times(80\times10^{-3})^4}{64}}{(4\times\cos30^\circ)^2}\text{N}=3.30\times10^5\text{N}=330\text{kN}$$

$$F_{cr}=2F_{N1}=661.4\text{kN}$$

对 2 杆

$$F_{N2}=\frac{\pi^2EI}{l_2^2}=\frac{\pi^2\times200\times10^9\times\frac{\pi\times(80\times10^{-3})^4}{64}}{(4\times\sin30^\circ)^2}\text{N}=9.90\times10^5\text{N}=990\text{kN}$$

$$F_{cr}=1.15F_{N2}=1139\text{kN}$$

取该结构的临界载荷中的较小值，即 $F_{cr}=661.4\text{kN}$。

14.2.2 其他支座条件下压杆的临界压力

压杆两端的支座除同为铰支以外，还可能有其他情况。例如千斤顶的螺杆(图 14-7)的下端可视为固定端，上端因可与顶起的重物共同作侧向位移，可简化为自由端。对这类压杆，可用与上节相同的方法导出计算临界压力的公式为

$$F_{cr}=\frac{\pi^2EI}{(2l)^2}\tag{14-2}$$

式(14-2)也可用比较简单的类比法求出，设压杆在临界压力下以微弯的形状保持平衡(图 14-8)，若把挠曲线对称地向下延伸一倍，如图中假想线所示。然后比较图 14-8 和图 14-4，可见，一端固定、另一端自由、且长为 l 的压杆的挠曲线，相当于两端铰支、长为 $2l$ 的压杆的挠曲线的一半。所以，一端自由、一端固定的压杆的临界压力与两端铰支、长为 $2l$ 的压杆的临界压力相同，如式(14-2)所示。

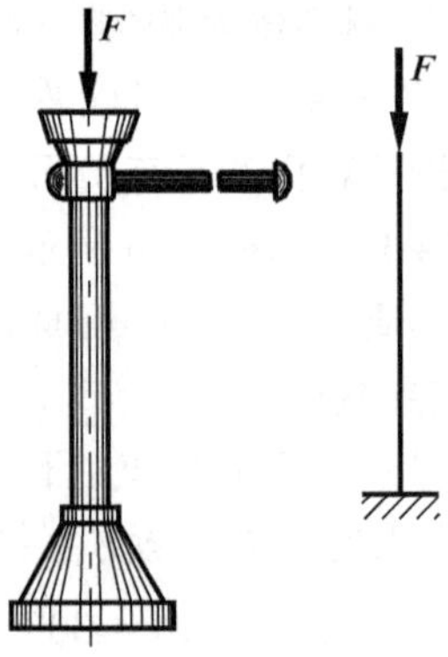

图 14-7

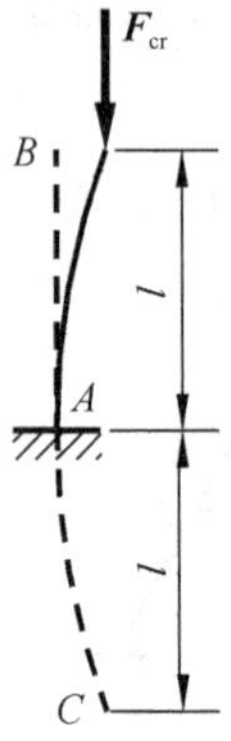

图 14-8

其他杆端约束情况下细长压杆的临界压力也可以采用类比的方法确定。若用 μ 表示反映不同杆端约束情况的**长度因数**，则不同杆端约束情况下细长压杆临界压力的计算公式可统一表示为

$$F_{cr}=\frac{\pi^2EI}{(\mu l)^2}\tag{14-3}$$

表 14-1 给出了不同杆端约束情况下长度因数 μ 和临界压力的大小。值得注意的是，表中给出的都是理想约束情况。实际工程问题中，杆端约束多种多样，要根据具体实际约束的性质和相关设计规范确定 μ 值的大小。

表 14-1　不同杆端约束情况下的长度因数值和临界压力

约束条件	两端铰支	一端固定 另一端自由	两端固定	一端固定 另一端铰支
挠曲线形状	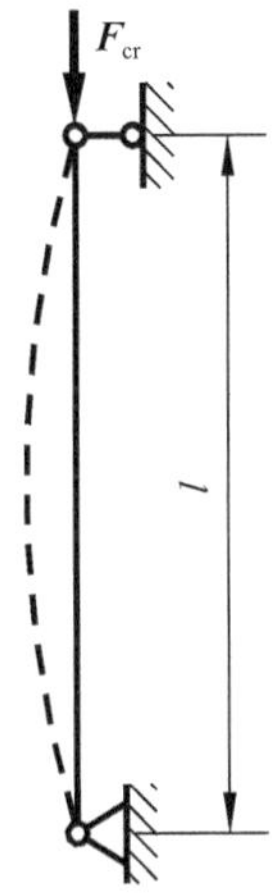	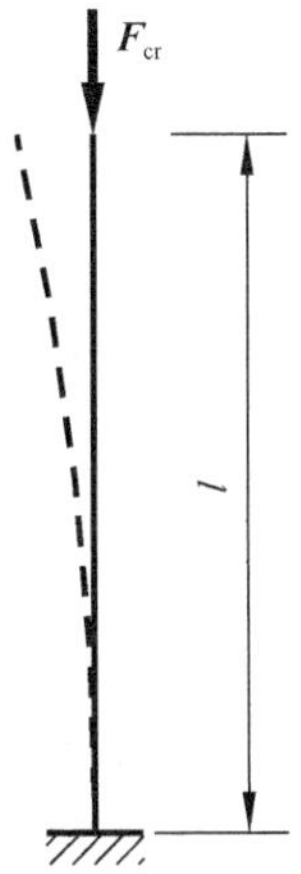	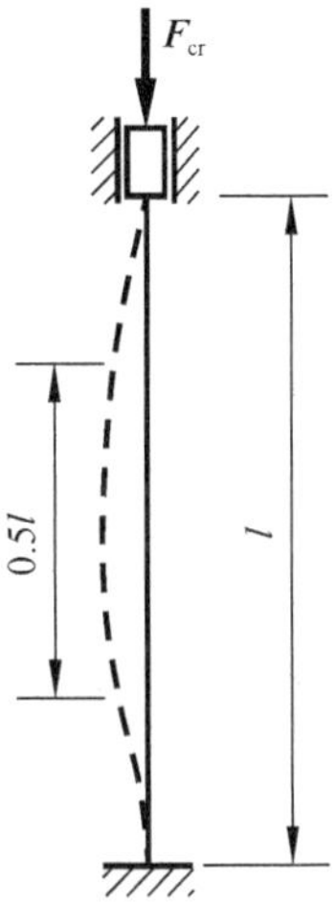	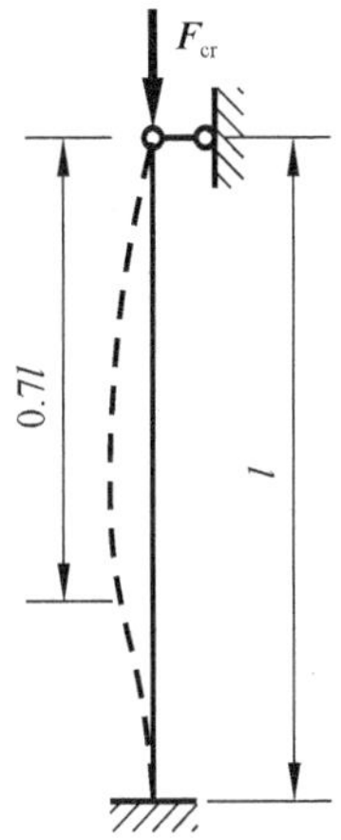
μ	$\mu=1$	$\mu=2$	$\mu=0.5$	$\mu=0.7$
F_{cr}	$F_{cr}=\frac{\pi^2 EI}{l^2}$	$F_{cr}=\frac{\pi^2 EI}{(2l)^2}$	$F_{cr}=\frac{\pi^2 EI}{(0.5l)^2}$	$F_{cr}=\frac{\pi^2 EI}{(0.7l)^2}$

例 14-2　如图 14-9 所示，各压杆均为细长杆，其横截面形状、尺寸均相同，材料一样。试判断哪根杆最先失稳？哪根杆最后失稳？

解：临界压力最小的杆先失稳，临界压力最大的杆后失稳。四根杆横截面形状、尺寸均相同，材料一样，根据欧拉公式，只需要比较它们的相当长度 μl 即可。

图 14-9(a)杆：　$\mu l=1\times5\text{m}=5\text{m}$

图 14-9(b)杆：　$\mu l=2\times3\text{m}=6\text{m}$

图 14-9(c)杆：　$\mu l=0.7\times6\text{m}=4.2\text{m}$

图 14-9(d)杆：　$\mu l=0.5\times8\text{m}=4\text{m}$

μl 最大的图 14-9(b)杆，其临界压力最小，最先失稳；μl 最小的图 14-9(d)杆，其临界压力最大，最后失稳。

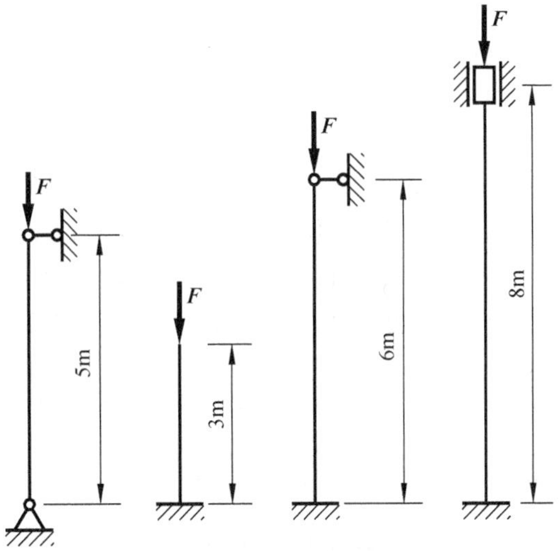

图 14-9

14.3 欧拉公式的适用范围·临界应力总图

14.3.1 欧拉公式的适用范围

1. 临界应力和柔度

工程实际中一般用应力来进行压杆的稳定性计算。将压杆的临界压力 F_{cr}除以横截面面积 A,所得的应力称为压杆的**临界应力**,用 σ_{cr}表示。显然

$$\sigma_{cr}=\frac{F_{cr}}{A}=\frac{\pi^2 EI}{(\mu l)^2 A}=\frac{\pi^2 E}{(\mu l/i)^2}$$

式中,截面的惯性半径

$$i=\sqrt{\frac{I}{A}}$$

定义压杆的**柔度**或长细比

$$\lambda=\frac{\mu l}{i}$$

则压杆的临界应力可表示为

$$\sigma_{cr}=\frac{\pi^2 E}{\lambda^2} \tag{14-4}$$

式(14-4)为欧拉公式的另一种表达式。由式(14-4)可以看到,压杆的柔度越大,临界应力越低,压杆越容易失稳;柔度越小,临界应力越大,压杆越不容易失稳。所以,柔度 λ 是压杆抵抗失稳的能力的特征量,是压杆稳定计算中的一个重要参数。柔度 λ 是一个无量纲的物理量,它集中反映了压杆截面的几何性质(i)、约束条件(μ)和压杆的长度(l)对临界应力的影响。

2. 欧拉公式的适用范围

欧拉公式是由弯曲变形的挠曲线近似微分方程推导出来的,故材料必须符合胡克定律,因此,只有在临界应力小于材料的比例极限时,欧拉公式才适用。令 $\sigma_{cr}\leqslant\sigma_P$,可推出

$$\lambda\geqslant\sqrt{\frac{\pi^2 E}{\sigma_P}}=\lambda_P \tag{14-5}$$

$\lambda\geqslant\lambda_P$ 的压杆称为**大柔度杆**,即为通常所说的细长杆,式(14-5)指出,欧拉公式只适用于大柔度压杆的稳定性计算。由于 λ_P 与材料的比例极限有关,所以,对于不同材料的压杆,欧拉公式的适用范围也不同。例如,对于工程上常用的 Q235 钢制成的压杆,$E=206\text{GPa}$,$\sigma_P=200\text{MPa}$,$\lambda_P=100$;而由 $E=70\text{GPa}$、$\sigma_P=175\text{MPa}$ 的铝合金制成的压杆,$\lambda_P=62.8$。则对这两种压杆,只有在 λ 分别大于 100 和 62.8 时才能用欧拉公式计算其临界应力。

14.3.2 中小柔度杆的临界应力

当压杆的柔度小于 λ_P(亦即 $\sigma_{cr}>\sigma_P$)时,欧拉公式不再适用。柔度越小,临界应力越大。事实上,当压杆的柔度小于某一值 λ_0 时,在失稳前,应力就已经达到或超过材料的极限应力,压杆就已经因材料破坏而失去承载能力。此时只需考虑压杆的强度问题即可。

一般将 $\lambda<\lambda_0$ 的压杆称为**小柔度杆**;将柔度 $\lambda_0<\lambda<\lambda_P$ 的压杆称为**中柔度杆**。

在工程中所采用的中小柔度压杆，由于临界应力大于比例极限，材料不再满足线性关系，理论分析其临界应力不太方便。工程中目前使用以实验结果为基础的经验公式来确定临界应力。常用的经验公式有直线公式和抛物线公式。

1. 直线公式

对于中柔度杆，临界应力 σ_{cr} 与柔度 λ 可视为下列直线关系

$$\sigma_{cr} = a - b\lambda \tag{14-6}$$

式中，a 和 b 是和材料有关的常数，可以查表得到。对于式(14-6)计算出的临界应力最高只能等于极限应力 σ_u，对于塑性材料 $\sigma_u = \sigma_s$，对于脆性材料 $\sigma_u = \sigma_b$，即可知

$$\lambda_0 = \frac{a - \sigma_u}{b} \tag{14-7}$$

对于小柔度杆，压杆失稳实际上就是强度问题，如果一定要给一个临界应力，则

$$\sigma_{cr} = \sigma_u \tag{14-8}$$

表 14-2 列出了不同材料的 a、b 值以及 λ_P、λ_0 的值。

表 14-2 常见材料 a、b 值以及 λ_P、λ_0 的值

材料(σ_s,σ_b/MPa)	a/MPa	b/MPa	λ_P	λ_0
Q235 钢(σ_s=235,$\sigma_b\geqslant$372)	304	1.12	100	60
优质碳钢(σ_s=306,$\sigma_b\geqslant$470)	460	2.57	100	60
硅钢(σ_s=353,σ_b=510)	577	3.74	100	60
铬钼钢	980	5.29	55	
硬铝	392	3.26	50	
铸铁	332	1.45	80	
松木	28.7	0.2	59	

总结以上的讨论，根据柔度值的大小可将压杆分为三类：$\lambda<\lambda_0$ 为小柔度杆，$\lambda_0<\lambda<\lambda_P$ 为中柔度杆，$\lambda\geqslant\lambda_P$ 为大柔度杆。对小柔度杆，应按强度问题计算；对中柔度杆，应用直线公式(14-6)计算压杆的临界应力；对大柔度杆，用欧拉公式(14-4)计算临界应力。以柔度 λ 为横坐标，临界应力 σ_{cr} 为纵坐标，将临界应力与柔度的关系曲线用图表示，即得到临界应力随柔度 λ 变化情况的**临界应力总图**，如图 14-10(a)所示。

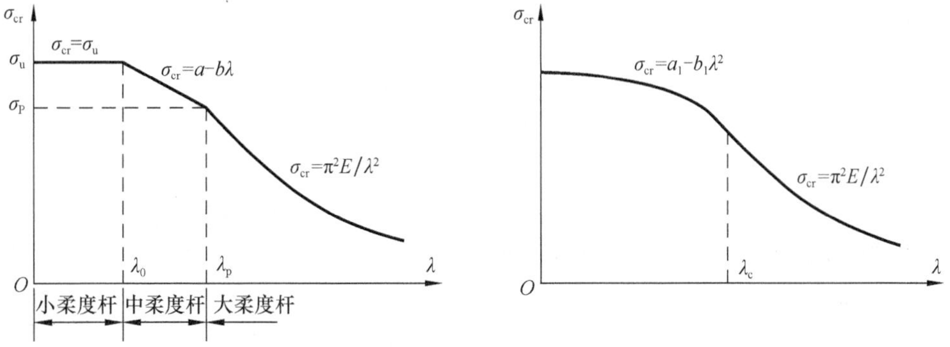

(a) (b)

图 14-10

2. 抛物线公式

抛物线公式是另一经验公式，对于临界应力超出材料比例极限的中、小柔度杆，临界应力 σ_{cr} 与柔度 λ 的关系表示为下列抛物线

$$\sigma_{cr} = a_1 - b_1\lambda^2 \tag{14-9}$$

式中，a_1 和 b_1 是和材料有关的常数，可以查表得到。其临界应力总图如图 14-10(b)所示。λ_c 代表经验公式的抛物线和代表欧拉公式的双曲线的交点所对应的柔度，$\lambda_c > \lambda_P$；以 Q235 钢为例，$\lambda_c = 123$，$\lambda_P = 100$。这表示一部分柔度不太大的大柔度杆也使用经验公式而不是用欧拉公式进行计算。这是由于工程中实际使用的是存在缺陷的真实压杆，欧拉公式是用理想压杆模型得到的，经验公式则是以实验结果为依据的，故采用后者计算比较符合实际情况，也偏于安全。

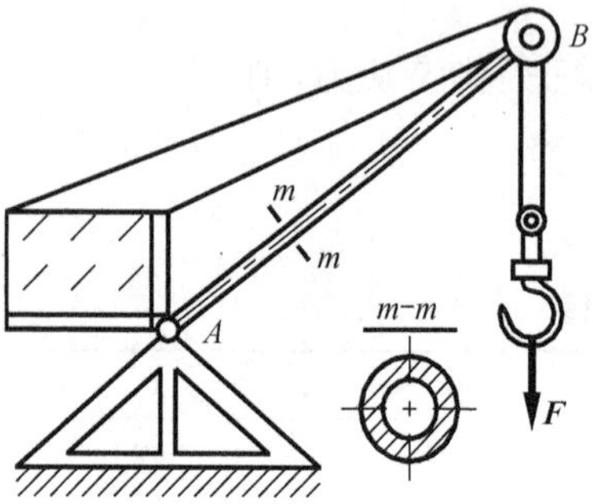

图 14-11

从临界应力总图可以看到：进行压杆稳定性计算首先要确定压杆的柔度，然后再根据柔度的大小确定压杆的种类，选择正确的公式进行计算。

例 14-3 移动式起重机的起重臂 AB 长 $l = 5.6\text{m}$，截面外径 $D = 115\text{mm}$，内径 $d = 105\text{mm}$，如图 14-11 所示，材料为 Q235 钢，弹性模量 $E = 206\text{GPa}$，试求 AB 能承受的最大压力。

解：起重机可视为两端铰支的压杆。先计算柔度，空心圆截面的惯性半径

$$i = \sqrt{\frac{I}{A}} = \sqrt{\frac{\pi(D^4 - d^4) \times 4}{64 \times \pi(D^2 - d^2)}} = \frac{1}{4}\sqrt{(D^2 + d^2)}$$

$$= \frac{1}{4}\sqrt{115^2 + 105^2}\,\text{mm} = 38.9\text{mm}$$

$$\lambda = \frac{\mu l}{i} = \frac{1 \times 5600}{38.9} = 144 > \lambda_P = 100$$

AB 为大柔度杆，应按欧拉公式计算其临界应力

$$\sigma_{cr} = \frac{\pi^2 E}{\lambda^2} = \frac{\pi^2 \times 206 \times 10^9\,\text{Pa}}{144^2} = 9.80 \times 10^7\,\text{Pa} = 98\text{MPa}$$

起重臂能承受的最大压力即为失稳时的临界压力

$$F_{max} = F_{cr} = \sigma_{cr}A = \sigma_{cr}\frac{\pi \times (D^2 - d^2)}{4}$$

$$= \frac{9.80 \times 10^7\,\text{Pa} \times \pi \times (115^2 - 105^2) \times 10^{-6}\,\text{m}^2}{4}$$

$$= 1.69 \times 10^5\,\text{N} = 169\text{kN}$$

例 14-4 矩形截面钢质连杆长 $l = 0.6\text{m}$，截面尺寸如图 14-12 所示，材料为 Q235 钢，两端用圆柱铰链支承。求连杆的临界载荷。

解：(1) 确定失稳平面。

假定连杆在图示 xy 平面(绕 z 轴转动)失稳，连杆可视为两端铰支，$\mu_1 = 1$。其惯性半径

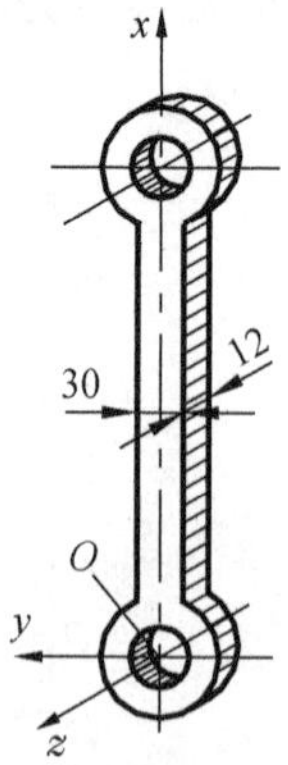

图 14-12

$$i_z = \sqrt{\frac{I_z}{A}} = \sqrt{\frac{12 \times 30^3 \text{mm}^4}{12 \times 12 \times 30 \text{mm}^2}} = \frac{15}{\sqrt{3}} \text{mm}$$

柔度

$$\lambda_z = \frac{\mu_1 l}{i_z} = 69.3 < \lambda_P = 100$$

假定连杆在图示 xz 平面(绕 y 轴转动)失稳，在 xz 平面可视为两端固支，$\mu_2=0.5$。

其惯性半径

$$i_y = \sqrt{\frac{I_y}{A}} = \sqrt{\frac{30 \times 12^3 \text{mm}^4}{12 \times 30 \times 12 \text{mm}^2}} = 2\sqrt{3} \text{mm}$$

柔度

$$\lambda_y = \frac{\mu_2 l}{i_y} = 86.6 < \lambda_P = 100$$

压杆将在柔度大的平面内失稳，亦即在 xz 平面内失稳。

(2) 确定临界载荷。

由上面可知连杆为中柔度杆，选用直线公式计算其临界应力，然后将临界应力乘以横截面面积得到临界压力

$$\sigma_{cr} = a - b\lambda = 304\text{MPa} - 1.12\text{MPa} \times 86.6 = 207\text{MPa}$$

故临界载荷为

$$F_{cr} = \sigma_{cr} A = (207 \times 10^6 \text{Pa}) \times (12 \times 10^{-3} \text{m}) \times (30 \times 10^{-3} \text{m}) = 7.452 \times 10^4 \text{N} = 74.52 \text{kN}$$

14.4　压杆的稳定计算

14.4.1　安全因数法

压杆的稳定计算包括稳定性校核、确定许可载荷和截面设计三个方面的问题。要使压杆能正常工作，必须要求

$$\sigma = \frac{F_N}{A} \leqslant [\sigma_{cr}] = \frac{\sigma_{cr}}{n_{st}} \tag{14-10}$$

由于临界应力 σ_{cr} 随着柔度而变化，故将式(14-10)换成用安全因数表示的另一种形式，即

$$n = \frac{\sigma_{cr}}{\sigma} = \frac{F_{cr}}{F} \geqslant n_{st} \tag{14-11}$$

式(14-11)称为压杆稳定计算的**安全因数法**，当然它的本质和式(14-10)完全一样。式中 n 为压杆的**工作安全因数**，n_{st} 为规定的**稳定安全因数**。稳定安全因数一般要高于强度安全因数。因为除类似确定强度安全因数的一般原则外，还要考虑一些难以避免的因素，如杆件的初弯曲、压力偏心、材料不均匀和支座的缺陷等，这些都将严重影响压杆的稳定性，使临界压力降低，但同是这些原因，对强度的影响就不像对稳定性那么严重。稳定安全因数可从有关设计规范的手册中查得。表 14-3 给出几种常见压杆的稳定安全因数 n_{st}。

表 14-3　常见压杆的稳定安全因数

实际压杆	钢结构	铸　铁	木　材	机床丝杆	高速发动机挺杆	低速发动机挺杆	矿山、冶金设备
n_{st}	1.8～3.0	5.0～5.5	2.8～3.2	2.5～4.0	2～5	4～6	4～8

例 14-5　空气压缩机的活塞杆由 45 号钢制成，材料的 $\sigma_s=350\text{MPa}$，$\sigma_P=280\text{MPa}$，$E=210\text{GPa}$，杆长 $l=703\text{mm}$，直径 $d=45\text{mm}$，最大工作压力 $F_{max}=41.6\text{kN}$，规定稳定安全因数 n_{st} 在 8～10。试校核其稳定性。

解：(1) 计算 λ，判断压杆的性质。

由式(14-5)求出

$$\lambda_P=\sqrt{\frac{\pi^2 E}{\sigma_P}}=\sqrt{\frac{\pi^2 210\times 10^9\text{Pa}}{280\times 10^6\text{Pa}}}=86$$

活塞杆两端可简化为铰支座，故 $\mu=1$。活塞杆横截面为圆形，则

$$i=\sqrt{\frac{I}{A}}=\sqrt{\frac{\pi d^4/64}{\pi d^2/4}}=\frac{d}{4}$$

故柔度为

$$\lambda=\frac{\mu l}{i}=\frac{1\times 706}{45/4}=62.5$$

因 $\lambda<\lambda_p$，所以不能用欧拉公式计算临界压力。由表 14-2 查得优质钢的 $a=460\text{MPa}$，$b=2.57\text{MPa}$。由式(14-7)得

$$\lambda_0=\frac{a-\sigma_u}{b}=\frac{a-\sigma_s}{b}=\frac{460\text{MPa}-350\text{MPa}}{2.57\text{MPa}}=43.3$$

可见

$$\lambda_0<\lambda<\lambda_P$$

活塞杆为中柔度杆。

(2) 计算临界压力。

活塞杆的临界应力由直线经验公式确定

$$\sigma_{cr}=a-b\lambda=460\text{MPa}-2.57\text{MPa}\times 62.5=299.4\text{MPa}$$

$$F_{cr}=\sigma_{cr}A=299.4\text{MPa}\times\frac{\pi\times 45^2\text{mm}^2}{4}=4.78\times 10^5\text{N}=478\text{kN}$$

(3) 稳定校核。

活塞杆的工作安全因数为

$$n=\frac{F_{cr}}{F_{max}}=\frac{478\text{kN}}{41.6\text{kN}}=11.5$$

显然 $n>n_{st}$，故活塞杆满足稳定性要求。

例 14-6　如图 14-13(a)所示结构中，梁 AB 为 No. 14 普通热轧工字钢，支承柱 CD 的直径 $d=20\text{mm}$，二者材料都为 Q235 钢。A、C、D 三处均为球形铰，已知 $F=25\text{kN}$，$l_1=1.25\text{m}$，$l_2=0.55\text{m}$，$E=206\text{GPa}$，规定稳定安全因数 $n_{st}=2.0$，梁的许用应力 $[\sigma]=160\text{MPa}$，试校核此结构是否安全。

解：此结构中梁 AB 承受拉伸与弯曲的组合作用，属于强度问题；支承柱 CD 承受压力，属于稳定问题，应分别校核。

(1) 梁 AB 的强度校核。

梁 AB 在 C 处弯矩最大，故为危险面，其上弯矩和轴向力分别为

$$M_{max}=F\sin 30^\circ l_1=25\text{kN}\times 0.5\times 1.25\text{m}=15.63\text{kN}\cdot\text{m}$$

$$F_N=F\cos 30^\circ=25\text{kN}\times 0.866=21.65\text{kN}$$

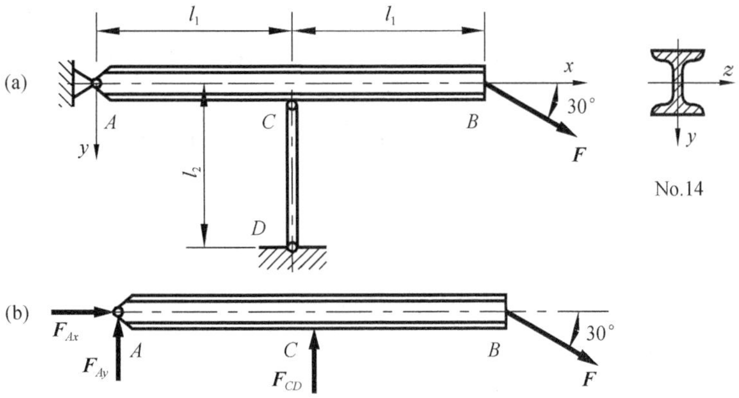

图 14-13

由型钢表查得 No. 14 普通热轧工字钢的几何性质

$$W_z = 102 \times 10^{-6}\,\mathrm{m}^3, \quad A = 21.5 \times 10^{-4}\,\mathrm{m}^2$$

于是可算得

$$\sigma_{\max} = \frac{M_{\max}}{W_z} + \frac{F_N}{A} = \frac{15.63 \times 10^3\,\mathrm{N \cdot m}}{102 \times 10^{-6}\,\mathrm{m}^3} + \frac{21.65 \times 10^3\,\mathrm{N}}{21.5 \times 10^{-4}\,\mathrm{m}^2} = 1.63 \times 10^8\,\mathrm{Pa} = 163\mathrm{MPa}$$

此值略大于$[\sigma]$,但不超过 5%,所以仍认为梁是安全的。

(2) 支承柱 CD 的稳定性校核。

CD 柱受力如图 14-13(b)所示,由平衡条件求得 CD 柱的受力

$$\sum M_A(F) = 0, \quad F_{CD} \times l_1 - F \times \sin 30^\circ \times 2l_1 = 0$$

$$F_{CD} = 2F\sin 30^\circ = 25\mathrm{kN}$$

因为是圆截面,故

$$i = \sqrt{\frac{I}{A}} = \frac{d}{4} = \frac{20\mathrm{mm}}{4} = 5\mathrm{mm}$$

又因为两端为球铰约束,故 $\mu=1$,所以有

$$\lambda = \frac{\mu l_2}{i} = \frac{1 \times 0.55\mathrm{m}}{5 \times 10^{-3}\,\mathrm{m}} = 110$$

对于 Q235 钢,此压杆为细长杆,故可用欧拉公式计算其临界压力

$$F_{cr} = \sigma_{cr} A = \frac{\pi^2 E}{\lambda^2} \times \frac{\pi d^2}{4} = \frac{\pi^3 \times 206 \times 10^9\,\mathrm{Pa} \times 20^2 \times 10^{-6}\,\mathrm{m}^2}{4 \times 110^2} = 5.28 \times 10^4\,\mathrm{N} = 52.8\mathrm{kN}$$

由此得

$$n = \frac{F_{cr}}{F_{CD}} = \frac{52.8}{25} = 2.11 > n_{st}$$

故支承柱 CD 的稳定性是安全的,因此结构安全。

*14.4.2　折减系数法

在起重机械、桥梁和房屋的设计中,常采用折减系数法对压杆进行稳定性计算。在这种情况下,稳定许用应力被写成为

$$[\sigma_{cr}] = \varphi[\sigma] \tag{14-12}$$

对应的稳定条件为

$$\sigma \leqslant \varphi[\sigma] \tag{14-13}$$

式中，σ 是压杆的工作压应力，$[\sigma]$为强度设计的许用应力，φ 是一个小于 1 的系数，称为**稳定系数**或**折减系数**，其值与压杆的柔度和所用的材料有关。各种工程中常用材料的稳定系数，可查阅相关的设计规范。

14.5 提高压杆稳定性的措施

提高压杆的稳定性，就是要提高压杆的临界压力，临界压力的大小取决于压杆的截面形状和尺寸、压杆的长度和约束条件、材料的性能等。所以，本节就从这几个方面入手讨论如何提高压杆的稳定性。

14.5.1 减小压杆的长度

欧拉公式表明，临界压力与压杆的长度的平方成正比。所以，在设计时，应尽量减小压杆的长度，或在长压杆中增加中间支承来提高其稳定性。对大柔度杆，杆长减半其临界压力可以提高到原来的四倍。

14.5.2 合理选择材料

欧拉公式表明，临界压力与压杆材料的弹性模量成正比，弹性模量高的材料制成的压杆，其稳定性好。钢材的弹性模量比铸铁、铜、铝等的弹性模量大，故压杆通常选用钢材。合金钢等优质钢材虽然强度指标比普通钢材高，但其弹性模量与低碳钢相差无几。所以，大柔度杆选用优质钢材对提高压杆的稳定作用不大；而对中小柔度，其临界压力与材料的强度指标有关，强度高的材料，其临界压力也高，所以选择高强度材料对提高中小柔度杆的稳定性有一定作用。

14.5.3 改变压杆的约束条件

压杆的支座条件直接影响临界压力的大小。固定端最好，铰支端次之，自由端最差。两端铰支压杆改成两端固定，临界载荷提高到原来的四倍。一般来说，增加约束使压杆更不容易弯曲，可提高其稳定性。

14.5.4 选择合理的截面形状

欧拉公式表明压杆的临界压力与截面的惯性矩成正比。因此，应选择截面惯性矩较大的截面形状。当不增加截面面积，尽可能把材料放在离截面形心较远处，以取得较大的 I 和 i，就等于提高了临界压力。例如，空心的环形截面就比实心圆截面合理(图 14-14(a))。因为若两者截面面积相同，环形截面的 I 和 i 都比实心圆截面的大得多。同理，由四根角钢组成的起重臂，其四根角钢应分散放置在截面的四角，而不是集中地放置在截面形心附近(图 14-14(b))。

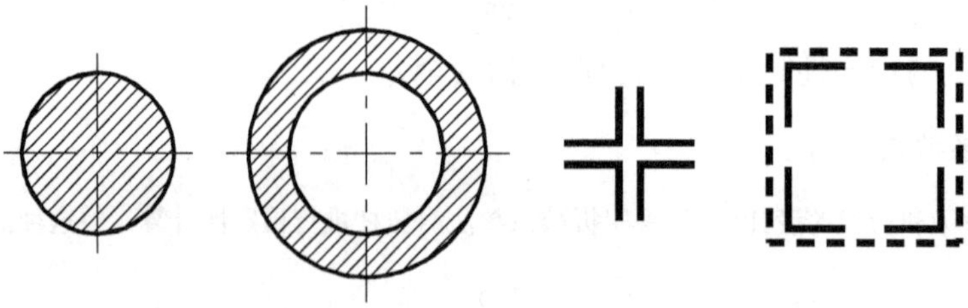

(a) (b)

图 14-14

当压杆在不同纵向平面内的约束不相同时，例如，发动机的连杆（例 14-12），在摆动平面内两端可视为铰支座，$\mu_1=1$；在与摆动平面垂直的平面内两端可简化为固定端，$\mu_2=0.5$。这就要求连杆横截面对两个形心主惯性轴 z 和 y 有不同的 i_z 和 i_y，使得在两个主惯性平面内的柔度 $\lambda_z=\mu_1 l_1/i_z$ 和 $\lambda_y=\mu_2 l_2/i_y$ 接近相等，这样，保证连杆在两个平面内仍然可以有相同的稳定性。

习　　题

14.1　图示细长压杆，两端为球形铰支，压杆材料的弹性模量均为 $E=200\text{GPa}$。试计算下面几种不同截面形状时的临界压力：

(1) 圆形截面，直径 $d=25\text{mm}$，$l=1\text{m}$；

(2) 矩形截面，$h=2b=40\text{mm}$，$l=1\text{m}$；

(3) 工字钢 No. 16，$l=2\text{m}$。

14.2　由压杆挠曲线的微分方程，导出一端固定另一端自由的压杆的欧拉公式。

14.3　如图所示圆截面的材料均为 Q235 钢，$E=200\text{GPa}$，直径均为 $d=160\text{mm}$，求各杆的临界压力。

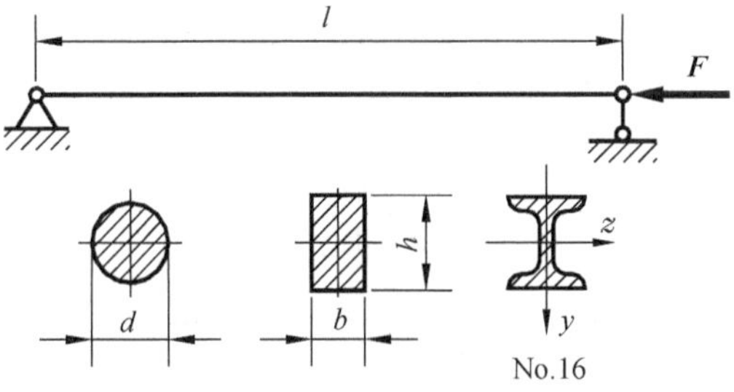

习题 14.1 图

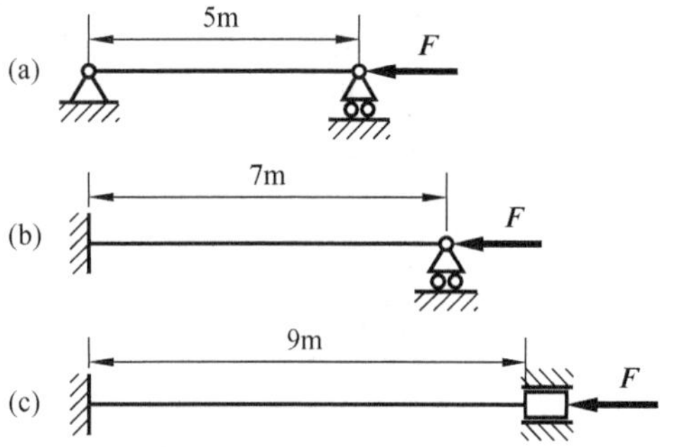

习题 14.3 图

14.4　飞机起落架中斜撑杆如图所示。杆为空心圆管，外径 $D=52\text{mm}$，内径 $d=44\text{mm}$，$l=950\text{mm}$，材料为 30CrMnSiNi$_2$A，$\sigma_b=1600\text{MPa}$，$\sigma_P=1200\text{MPa}$，$E=210\text{GPa}$。试求这一斜撑杆的 F_{cr} 和 σ_{cr}。

14.5　图示活塞杆，用硅钢制成，其直径 $d=40\text{mm}$，外伸部分的最大长度 $l=1\text{m}$，弹性模量 $E=210\text{MPa}$，$\lambda_P=100$。试确定活塞杆的临界载荷。

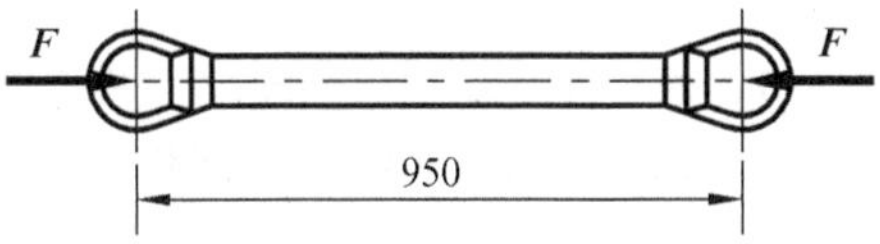

习题 14.4 图

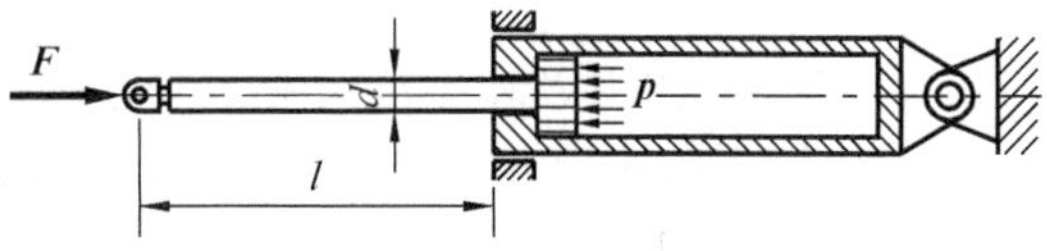

习题 14.5 图

14.6　图示压杆，横截面为 $b\times h$ 的矩形，试从稳定性方面考虑，确定 h/b 的最佳值。当压杆在 $x-z$ 平面内失稳时，可取 $\mu_y=0.7$。

14.7　图示螺旋千斤顶丝杆的最大承载 $F=150\text{kN}$，直径 $d=52\text{mm}$，最大升高长度 $l=500\text{mm}$，材料为 Q235 钢。可以认为丝杆下端是固定的，上端是自由的。试计算丝杆的工作安全因数。

14.8　简易支架如图，斜撑 BD 为 No. 20 槽钢，材料为 Q235 钢。支架的最大起重重量 $F=40\text{kN}$。若稳定安全因数

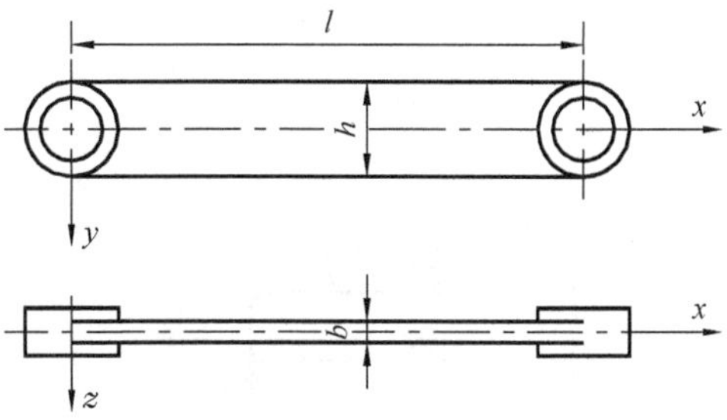

习题 14.6 图

$n_{st}=5$。试校核斜撑杆的稳定性。

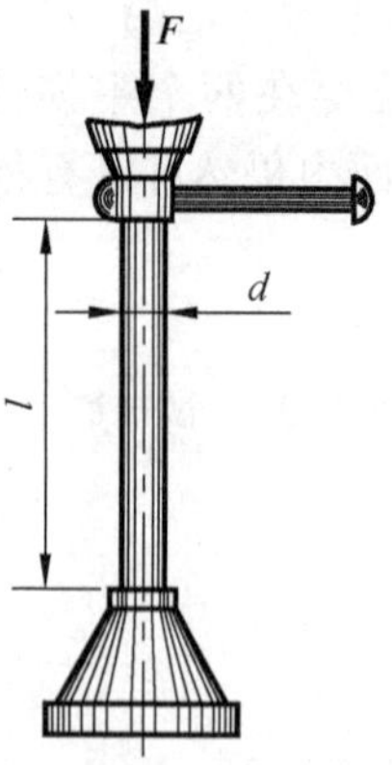

习题 14.7 图

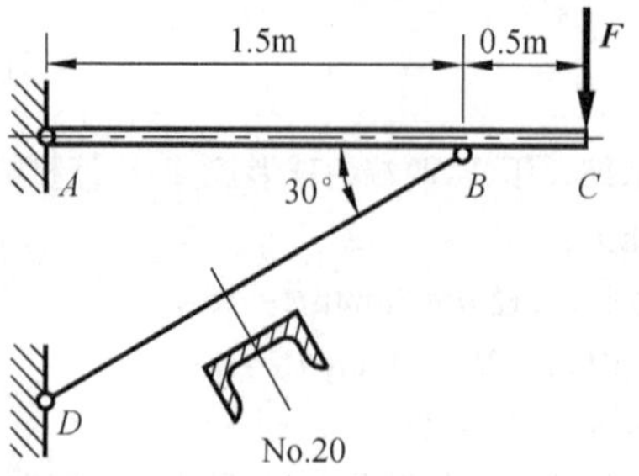

习题 14.8 图

14.9　图示铰接杆系中，AB 和 BC 皆为大柔度杆，且截面相同材料相同，β 角已定。若杆系由于在 ABC 平面内丧失稳定而失效，并规定 $0<\theta<\pi/2$，试确定 F 为最大值的 θ 角。

14.10　图示正方形桁架，五根相同直径的圆截面杆，已知杆直径 $d=50\text{mm}$，杆长 $a=1\text{m}$，材料为 Q235 钢，弹性模量 $E=200\text{GPa}$。试求桁架的临界压力。若载荷 F 方向反向，桁架的临界压力又为何值？

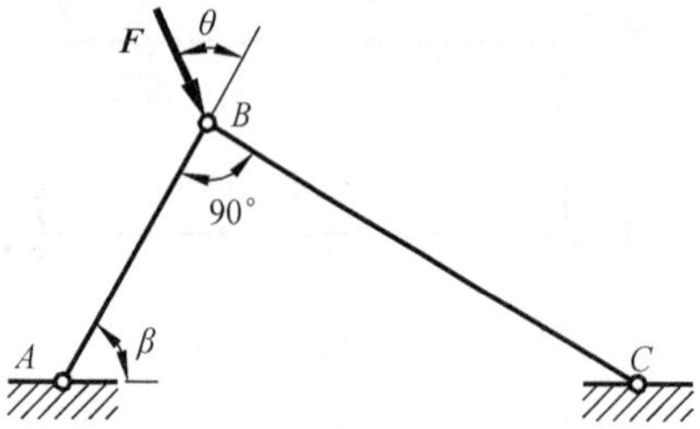

习题 14.9 图

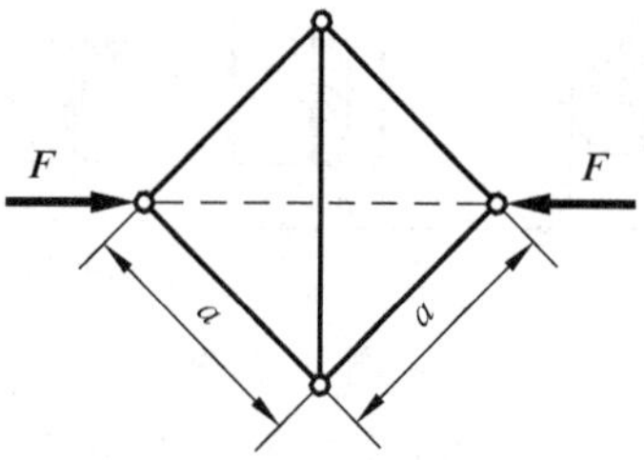

习题 14.10 图

14.11　图示三角形桁架，两杆均为 Q235 钢制成的圆截面杆。已知直径 $d=20\text{mm}$，$F=15\text{kN}$，材料的弹性模量 $E=200\text{GPa}$，屈服极限 $\sigma_s=240\text{MPa}$，强度安全因数 $n=2.0$，稳定安全因数 $n_{st}=2.5$。试检查结构能否安全工作。

14.12　图示结构用碳素钢 Q275 制成，材料的弹性模量 $E=205\text{GPa}$，屈服极限 $\sigma_s=275\text{MPa}$，强度安全因数 $n=2$，稳定安全因数 $n_{st}=3$，中柔度杆的临界应力公式 $\sigma_{cr}=338-1.22\lambda(\text{MPa})(50\leqslant\lambda\leqslant 90)$。试确定载荷 F 的许用值。

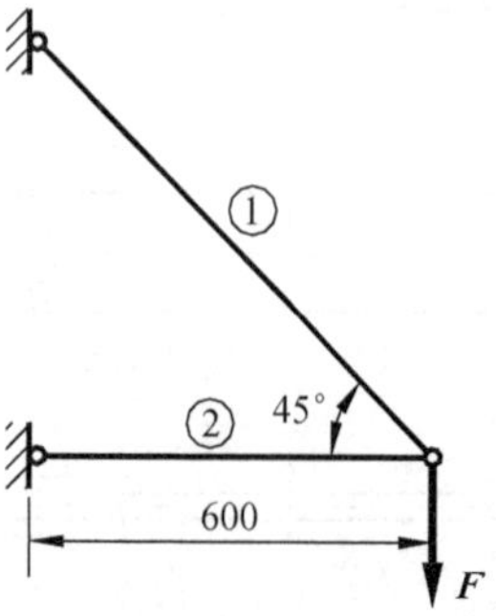

习题 14.11 图

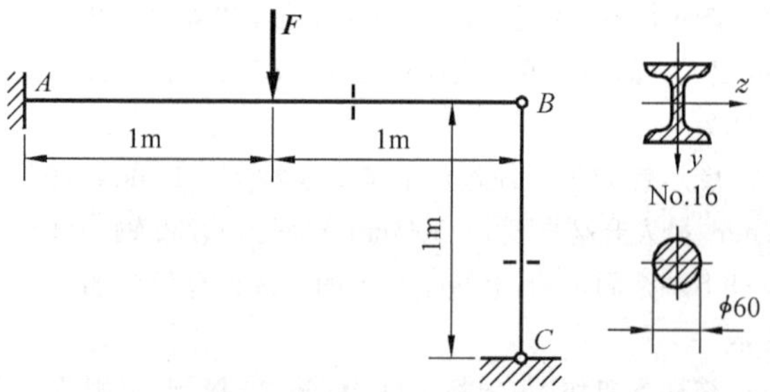

习题 14.12 图

第 15 章　能　量　法

15.1　引　　言

前面各章分别讨论了杆件在拉伸(压缩)、扭转和弯曲时的变形计算。但是在工程上,经常会遇到一些比较复杂的结构,例如,图 15-1 所示的组合变形下的杆件(图 15-1(a))、钢架(图 15-1(b))、桁架图 15-1(c))和曲杆图 15-1(d))等。如果需要计算这些结构中某指定点或某指定截面的位移时,用前面讲述的方法,往往很不方便,甚至不能得到结果。因此,本章将介绍一种计算位移的普遍方法——能量法。固体力学中,把与功和能有关的一些定理统称为**能量原理**。对构件的变形计算及静不定结构的求解,能量原理都有重要作用。它是进一步学习固体力学的基础,也是当今应用甚广的有限元法求解力学问题的基础。近年来计算力学的兴起使能量原理更受重视。

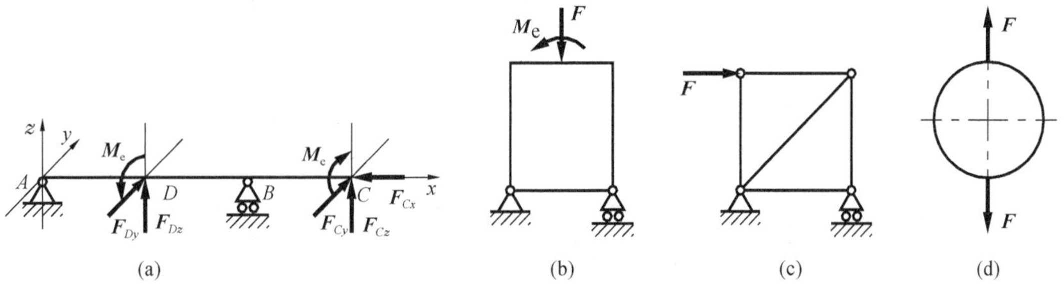

图 15-1

在外力作用下,构件发生弹性变形,载荷作用点随之产生位移。载荷作用点沿载荷作用方向的位移分量称为载荷的相应位移。因此,在变形过程中,载荷在相应位移上做功。另外,当弹性体变形时,在其内部将储存能量。例如,内燃机的气门开启时,气门弹簧因受压力作用引起压缩变形而储存能量。当压力逐渐减小弹簧变形逐渐恢复时,它又释放出能量为关闭气门而做功。弹性体因变形而储存的能量称为弹性**变形能**,也称**应变能**,通常用 V_ε 表示。外力所做的功通常用 W 来表示。

根据能量守恒定律,当外力由零开始缓慢增加(即静载荷)时,构件始终处于平衡状态,如果其动能的变化及其他形式能量的损耗很小,忽略不计。在此情况下,储存在构件内的弹性变形能在数值上等于外力所做的功,即

$$V_\varepsilon = W \tag{15-1}$$

此关系称为**功能原理**。

利用上述功、能、相应位移的概念及其关系分析和计算构件或结构变形的方法称为**能量法**。本章主要介绍用能量法计算结构位移的原理和方法。

15.2　杆件弹性变形能

15.2.1　线弹性体上的外力作功

本章所研究的是线性弹性体的能量原理,在线弹性变形时,弹性体的内力、应力和位移均与外力成正比。外力对弹性体的位移的影响可以叠加,而且当外力全部撤除时,由外力引起的位移也完全消失。满足上述条件的弹性体称为**线性弹性体**。现在讨论线性弹性体外力功的计算。

以图 15-2(a)所示悬臂梁为例。梁上所受外力 f 由零缓慢增加至终值 F,相应位移 δ 也由零逐渐增加至终值 Δ。设在加载过程中的某一时刻,外力为 f,相应位移为 δ,如果使外力产生一增量 $\mathrm{d}f$,则相应位移也随之产生一增量 $\mathrm{d}\delta$,外力在相应位移增量上所做的功

$$\mathrm{d}W = (f + \mathrm{d}f)\mathrm{d}\delta \approx f\mathrm{d}\delta$$

该式忽略了 $\mathrm{d}f$ 在 $\mathrm{d}\delta$ 上所做的功(高阶微量)。

外力 f 从零到 F 的整个过程中所做的总功则为

$$W = \int \mathrm{d}W = \int_0^{\Delta} f\mathrm{d}\delta$$

由于外力与其相应位移成线性关系如图 15-2(b)所示,容易看出,$\mathrm{d}W$ 等于图中画阴影线的微面积,外力所做的总功应等于上述微面积的总和,则上式之值为图中斜直线下的三角形面积,即

$$W = \frac{1}{2}F\Delta \tag{15-2}$$

式(15-2)表明,外力功等于载荷的终值 F 与相应位移的终值 Δ 乘积的一半。

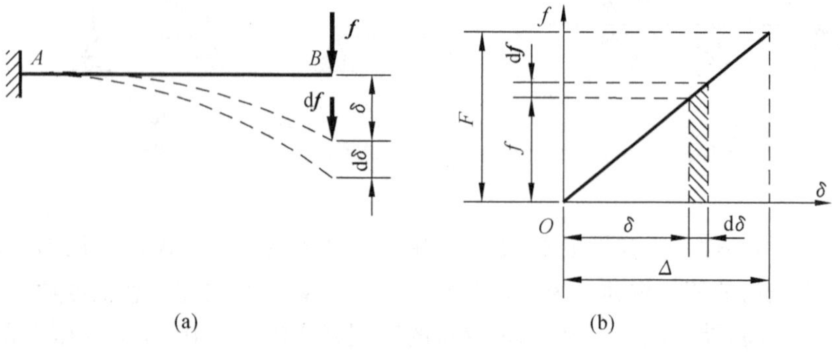

图 15-2

式(15-2)中的载荷 F 称为**广义力**,在拉伸时代表拉力,而在扭转或弯曲中代表外力偶矩或力偶矩;Δ 是与广义力 F 相对应的位移,称为**广义位移**。例如,在拉伸时它是与拉(压)力相对应的线位移 Δl,在扭转时它是与外力偶矩相对应的角位移 φ(扭转角),而在梁的弯曲中它是与力偶矩相对应的端截面相对转角 θ。在线弹性体的情况下,广义力与广义位移之间是线性关系。所以外力功只与载荷或位移的最终数值有关。也就是说只要根据载荷的最终数值或杆件的最终形状,就可以完全确定其外力功,与加载的中间过程或加载的先后次序无关。

15.2.2　杆件拉压、扭转和弯曲时的变形能

根据功能原理 $V_{\varepsilon}=W$,杆件在拉压、扭转和弯曲时的弹性变形能可以通过外力功求得。

1. 轴向拉(压)杆的变形能

当杆件处于轴向拉伸或压缩时,如图 15-3 所示。在线弹性范围内,轴向变形 Δl 与外力 F 成正比,此时外力做功为

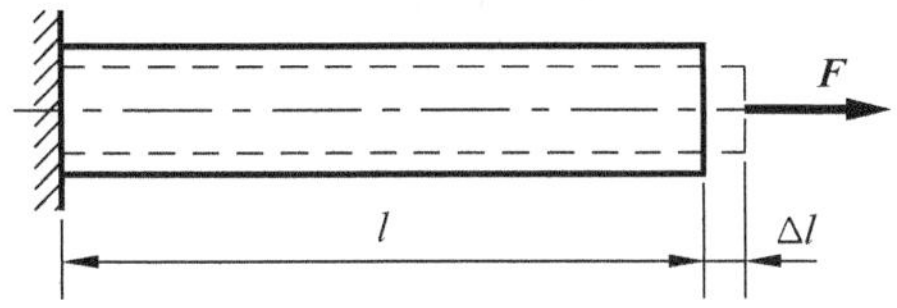

图 15-3

$$W = \frac{1}{2}F\Delta l$$

根据功能原理,拉力所完成的功应等于杆件储存的能量。若忽略其他能量(如热能和动能)的微小变化,就可认为杆件内储存的变形能 V_ε 其数值就等于拉力所做的功。即拉(压)杆的弹性变形能为

$$V_\varepsilon = W = \frac{1}{2}F\Delta l$$

若只在杆件的两端作用拉力或压力,沿杆件轴线的轴力 F_N 为常量,即 $F=F_N$,由胡克定律

$$\Delta l = \frac{F_N l}{EA}$$

上式又可写成

$$V_\varepsilon = W = \frac{1}{2}F\Delta l = \frac{F_N^2 l}{2EA} \tag{15-3a}$$

若轴力 F_N 或拉压刚度 EA 沿杆轴线变化时,则可首先计算长为 $\mathrm{d}x$ 微段内的弹性变形能

$$\mathrm{d}V_\varepsilon = \frac{F_N^2(x)\mathrm{d}x}{2EA}$$

然后对全杆积分即得整个杆件的变形能

$$V_\varepsilon = \int_l \frac{F_N^2(x)\mathrm{d}x}{2EA} \tag{15-3b}$$

若结构是由 n 根直杆组成的桁架,则整个结构内的弹性变形能应为

$$V_\varepsilon = \sum_{i=1}^{n} \frac{F_{Ni}^2 l_i}{2E_i A_i} \tag{15-3c}$$

对图 15-3 所示拉伸情况,在杆件整个体积内,各点受力是均匀的,每一单位体积内储存的变形能都是相同的。因此可得单位体积的变形能为

$$v_\varepsilon = \frac{V_\varepsilon}{V} = \frac{F_N\Delta l}{2Al} = \frac{1}{2}\sigma\varepsilon \tag{15-4}$$

v_ε 称为**比能**或**应变能密度**,单位符号是 $\mathrm{J/m^3}$。由胡克定律 $\sigma=E\varepsilon$,式(15-4)又可写成

$$v_\varepsilon = \frac{1}{2}\sigma\varepsilon = \frac{\sigma^2}{2E} \tag{15-5}$$

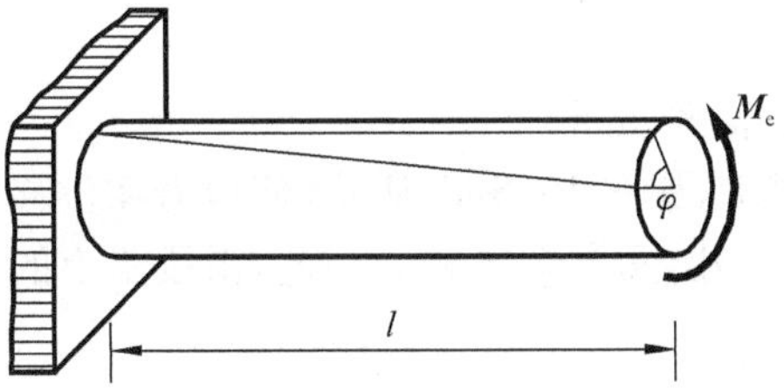

图 15-4

2. 圆轴扭转的变形能

在线弹性范围内,图 15-4 所示扭转变形圆轴的端截面扭转角 φ 与外力偶矩 M_e 成正比,此时外力偶所作的功为

$$W = \frac{1}{2}M_e\varphi$$

则杆内储存的扭转变形能为

$$V_\varepsilon = W = \frac{1}{2}M_e\varphi \tag{15-6}$$

此轴的扭矩和扭转角分别为

$$T = M_e,\quad \varphi = \frac{Tl}{GI_P}$$

将其代入式(15-6),则有

$$V_\varepsilon = \frac{T^2 l}{2GI_P} \tag{15-7a}$$

同理,若扭矩 T 沿轴线变化时,则轴的弹性变形能应按积分的方式计算

$$V_\varepsilon = \int_l \frac{T^2(x)\mathrm{d}x}{2GI_P} \tag{15-7b}$$

3. 梁弯曲的变形能

如图 15-5(a)所示一等截面简支梁,在横向外力或杆件轴线平面内的外力偶矩作用下,梁要发生弯曲变形,其横截面上有弯矩,也有剪力,且均为 x 的函数。为了研究梁的变形能,从梁上取一微段(图 15-5(b))进行计算。

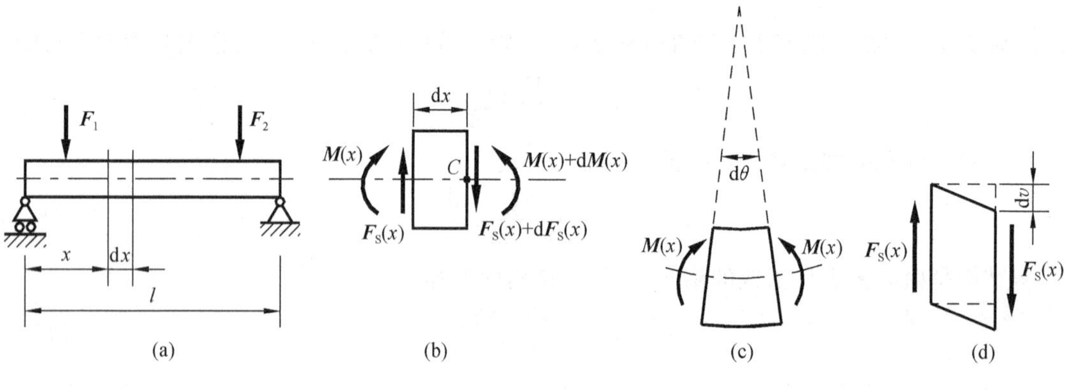

图 15-5

在弯矩 $M(x)$ 作用下,微段 $\mathrm{d}x$ 的两端截面产生相对转动,如图 15-5(c)所示,相对转角为

$$\mathrm{d}\theta = \frac{M(x)\mathrm{d}x}{EI}$$

就微段而言,弯矩 $M(x)$ 可视为外力,相对转角 $\mathrm{d}\theta$ 即为相应位移,在线弹性范围内,相对转角 $\mathrm{d}\theta$ 与截面上的弯矩 $M(x)$ 成正比。因此,$M(x)$ 做的功为

$$\mathrm{d}W = \frac{1}{2}M(x)\mathrm{d}\theta$$

这里,忽略了弯矩增量 $\mathrm{d}M(x)$ 在相应位移上所做的功(高阶微量)。

在剪力 $F_S(x)$ 作用下,微段 $\mathrm{d}x$ 的两端截面产生相对错动,如图 15-5(d)所示,使剪力在位移 $\mathrm{d}v$ 上做功。对于细长梁,剪力所做的功与弯矩做的功相比极小,可忽略不计。因此,微段梁上的弹性变形能可近似地表示为

$$\mathrm{d}V_\varepsilon = \mathrm{d}W = \frac{1}{2}M(x)\mathrm{d}\theta = \frac{M^2(x)\mathrm{d}x}{2EI}$$

对于整个梁来说，弹性变形能应为上式对全梁积分，即

$$V_\varepsilon = \int_l \mathrm{d}V_\varepsilon = \int_l \frac{M^2(x)\mathrm{d}x}{2EI} \tag{15-8a}$$

如 $M(x)$ 在梁的各段内分别由不同的函数表达，上列积分应分段进行，然后求其总和。

纯弯曲梁是上述梁的特例，此时 $M(x)$ 为常量，故其变形能为

$$V_\varepsilon = \frac{M^2 l}{2EI} \tag{15-8b}$$

15.2.3　杆件组合变形时的变形能

以上分析讨论了杆件在基本变形的情况下变形能的计算。综合起来可以把变形能统一写成

$$V_\varepsilon = W = \frac{1}{2}F\Delta$$

当杆件处于组合变形时，其微段受力的一般形式如图 15-6(a)所示。由图 15-6(b)可以看出，轴力 $F_\mathrm{N}(x)$ 只在轴力所引起的轴向变形 $\mathrm{d}u$ 上作功，而扭矩 $T(x)$ 和弯矩 $M(x)$ 则分别在各自引起的变形 $\mathrm{d}\varphi$ 和 $\mathrm{d}\theta$ 上作功，它们相互独立，而且各内力之间互不影响。因此，如果略去剪力所做的功，则微段的弹性变形能等于

$$\mathrm{d}V_\varepsilon = \mathrm{d}W = \frac{1}{2}F_\mathrm{N}(x)\mathrm{d}u + \frac{1}{2}T(x)\mathrm{d}\varphi + \frac{1}{2}M(x)\mathrm{d}\theta = \frac{F_\mathrm{N}^2(x)\mathrm{d}x}{2EA} + \frac{T^2(x)\mathrm{d}x}{2GI_\mathrm{p}} + \frac{M^2(x)\mathrm{d}x}{2EI}$$

整个杆件的弹性变形能则为上式对杆长 l 的积分，即

$$V_\varepsilon = \int_l \frac{F_\mathrm{N}^2(x)\mathrm{d}x}{2EA} + \int_l \frac{T^2(x)\mathrm{d}x}{2GI_\mathrm{p}} + \int_l \frac{M^2(x)\mathrm{d}x}{2EI} \tag{15-9}$$

要注意的是，上式只适用于圆截面杆。

对于弯曲和轴向拉压组合变形的杆件，式(15-9)简化为

$$V_\varepsilon = \int_l \frac{F_\mathrm{N}^2(x)\mathrm{d}x}{2EA} + \int_l \frac{M^2(x)\mathrm{d}x}{2EI} \tag{15-10}$$

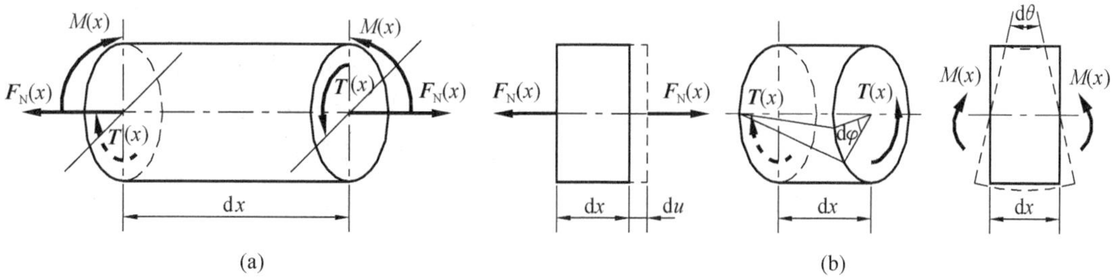

图 15-6

例 15-1　如图 15-7 所示的三根圆截面拉杆，其支承、材料、载荷、长度均相同，但直径变化不同。试求三杆的应变能的比值。

解：对 1 杆，由式(15-3a)，有

$$V_{\varepsilon 1} = \frac{F_\mathrm{N}^2 l}{2EA} = \frac{F^2 l}{2EA}$$

式中，A 为 1 杆的横截面面积。

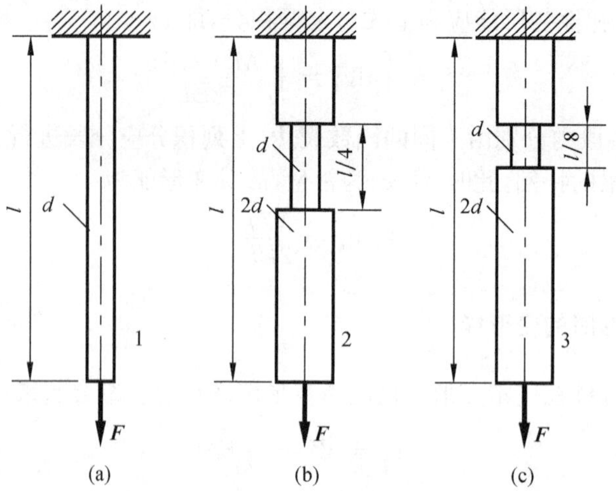

图 15-7

对 2 杆，可由式(15-3c)，有

$$V_{\varepsilon 2}=\sum_{i=1}^{n}\frac{F_{\mathrm{N}i}^{2}l_i}{2E_iA_i}=\frac{F^2(l/4)}{2EA}+\frac{F^2(3l/4)}{2E(4A)}=\frac{7}{16}\left(\frac{F^2l}{2EA}\right)=\frac{7}{16}V_{\varepsilon 1}$$

对 3 杆，同样由式(15-3c)，有

$$V_{\varepsilon 3}=\sum_{i=1}^{n}\frac{F_{\mathrm{N}i}^{2}l_i}{2E_iA_i}=\frac{F^2(l/8)}{2EA}+\frac{F^2(7l/8)}{2E(4A)}=\frac{11}{32}V_{\varepsilon 1}$$

于是得三杆应变能的比值为

$$V_{\varepsilon 1}:V_{\varepsilon 2}:V_{\varepsilon 3}=1:\frac{7}{16}:\frac{11}{32}$$

可见，在相同载荷作用下，杆件体积越大，杆内储存的应变能越小。

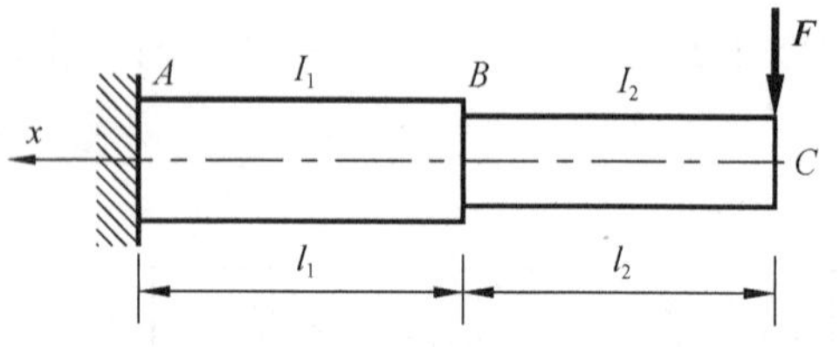

图 15-8

例 15-2 图 15-8 所示悬臂梁在自由端 C 处受集中力 F 作用，已知 AB 段横截面对中性轴的惯性矩 $I_1=2I$，BC 段横截面对中性轴的惯性矩 $I_2=I$，且 $l_1=l_2=l$。试计算 C 点的挠度 w_C。

解：用功能原理计算 C 点的挠度 w_C。

(1) 计算弹性变形能。为使弯矩方程简单起见，将坐标原点取在 C 点，所列弯矩方程为

$$M(x)=-Fx$$

因为 AB 段和 BC 段惯性矩不等，故需分段积分求梁的弹性变形能，即

$$V_\varepsilon=\int_l\frac{M^2(x)\mathrm{d}x}{2EI}=\int_0^l\frac{(-Fx)^2\mathrm{d}x}{2EI}+\int_l^{2l}\frac{(-Fx)^2\mathrm{d}x}{2E(2I)}$$

$$=\frac{F^2l^3}{6EI}+\frac{7F^2l^3}{12EI}=\frac{3F^2l^3}{4EI}$$

(2) 计算外力功。

$$W=\frac{1}{2}Fw_C$$

(3) 计算 w_C。由功能原理 $W=V_\varepsilon$，即

$$\frac{1}{2}Fw_C=\frac{3F^2l^3}{4EI}$$

故得 C 点的挠度 w_C 为

$$w_C=\frac{3Fl^3}{2EI}(\downarrow)$$

结果为正值，表明 w_C 与 F 方向一致。

从例 15-2 易见，用功能原理求解比用叠加法求解简单，但是，如果需要求 B 点的挠度 w_B，由于 B 点处没有载荷，w_B 反映不到外力做功的表达式中，因而无法利用功能原理直接求解。

15.3 虚功及体系的虚功原理

15.3.1 虚功和刚体系统虚功原理

第 15.2 节谈到在线弹性体的情况下，广义力与广义位移之间是线性关系，外力功等于广义力 F 与相应广义位移 Δ 乘积的一半。而当作功两个因素中的广义力与其相应的广义位移彼此独立无关时，力和位移不再成线性关系，此时广义力与其相应广义位移的乘积称为**虚功**，记做

$$W=F\Delta \tag{15-11}$$

在虚功中力和位移是彼此独立无关的两个因素，它们可以分别看成属于同一结构的两种彼此无关的状态，其中力系所属状态称为**力状态**，位移因素所属状态称为**位移状态**。

刚体系统**虚功原理**可表述为：**在具有理想约束的刚体体系上，如果力状态中的力系能满足平衡条件，位移状态中的刚体位移能与几何约束相容，则外力虚功之和等于零**。即

$$\sum W=0 \tag{15-12}$$

式(15-12)称为刚体体系的**虚功方程**。

15.3.2 虚功原理的两种应用

由于在虚功原理中力状态和位移状态彼此独立，因此在应用时可根据不同的需要，将其中的一个状态看做是虚设的，而另一个状态则是结构的实际状态。下面分别讨论两种不同的虚设状态以及它们的应用。

1. 虚设位移状态——求未知力

这是在给定力系与虚设位移之间应用虚功原理。根据虚功原理建立的虚功方程本质上是静力平衡方程，其特点是将一个静力平衡问题转化为几何问题，即利用虚设位移之间的几何关系来计算给定力系中的未知力。这种沿未知力方向虚设位移的方法称为**虚位移原理**。在应用中，为方便起见常虚设单位位移。

例 15-3 试利用虚设位移法求图 15-9(a)所示静定梁的支座约束力 F_B。

解：先去掉支座 B 的链杆代以相应的未知力 X，得到图 15-9(b)所示的机构，令此机构沿 X 的正方向发生虚单位位移 $\delta_X=1$，则得图 15-9(c)所示的虚位移图，由几何关系可求得

$$\delta_{CV}=\frac{a}{a+b}=\frac{a}{l}$$

虚功方程为

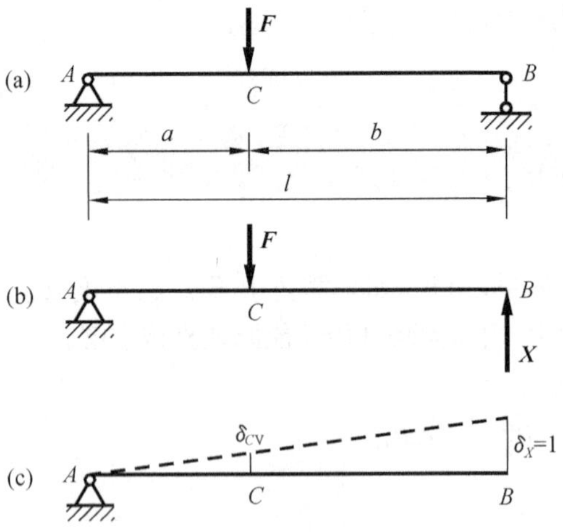

图 15-9

$$X\times 1-F\times\delta_{CV}=0$$

故

$$X=\frac{a}{l}F$$

2. 虚设力状态——求未知位移

在图 15-10(a)所示静定梁中，设梁上无载荷作用，由于外因，它的支座 B 向下移动已知距离 c，现欲求点 C 的竖向位移 Δ_{CV}。为此，可虚设一个力状态如图 15-10(b)所示。建立虚功方程为

$$\sum W=F\times\Delta_{CV}-F_B\times c=0$$

由此得

$$\Delta_{CV}=F_B\frac{c}{F}=\frac{Fa}{l}\frac{c}{F}=\frac{a}{l}c$$

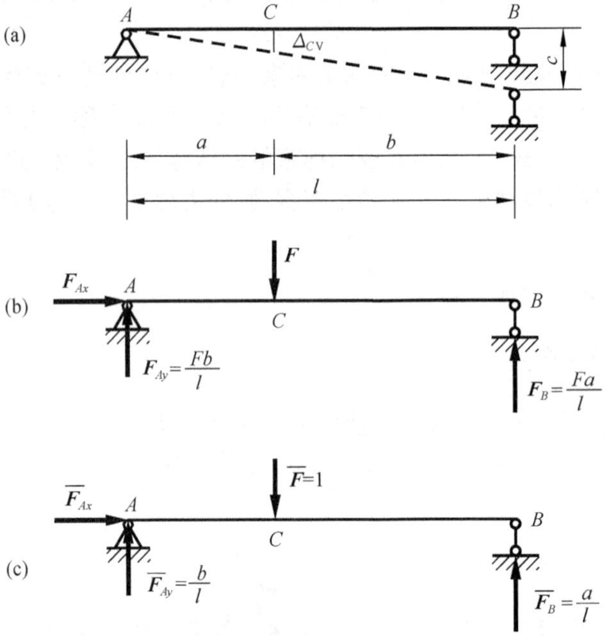

图 15-10

考虑计算简便，可在虚设力系中令 $F=\overline{F}=1$。如图 15-10(c)所示，可得

$$\Delta_{CV}=\overline{F}_B\times c=\frac{a}{l}c$$

上述计算是在虚设力系与给定位移状态之间应用虚功原理，这种形式的应用即为**虚力原理**。这种沿所求位移方向虚设单位载荷 $\overline{F}=1$ 的方法称为**虚单位载荷法**。

根据虚力原理建立的虚功方程，实质上是未知位移与已知支座位移之间的几何方程。其特点是把一个寻求未知位移的几何问题转化为静力平衡问题，即利用虚设力系中 $\overline{F}_B$ 与 $\overline{F}=1$ 之间

的静力平衡关系来计算实际位移状态中的未知位移。

15.3.3 变形直杆的虚应变能

当力作用在变形体上时，杆件发生变形，同时也产生内力。此时力状态的外力因杆件位移状态的位移做虚功，力状态的内力也因杆件位移状态的相对变形而做虚功，这种内力虚功称为**虚应变能**，以 V_ε 表示。

杆件结构如图 15-11 所示。设力状态(图 15-11(a))中杆件任意微段 $\mathrm{d}x$ 的内力为 F_{N1}、F_{S1}、M_1(图 15-11(c))；而位移状态(图 15-11(b))中杆件同一微段的相对变形为线应变 ε_2、切应变 γ_2 和曲率 κ_2(图 15-11(d),(e),(f))。对于细长杆件，剪力所作的虚功与弯矩作的虚功相比极小，可忽略不计；因此，在略去高阶微量后，微段上的虚应变能可表示为

$$\mathrm{d}V_\varepsilon = F_{\mathrm{N1}}\varepsilon_2\mathrm{d}x + M_1\kappa_2\mathrm{d}x = F_{\mathrm{N1}}\mathrm{d}u_2 + M_1\mathrm{d}\theta_2 \tag{15-13}$$

将式(15-13)表示的微段虚应变能沿杆长进行积分，然后对结构所有杆件求和，即得杆件结构的虚应变能为

$$V_\varepsilon = \sum\int F_{\mathrm{N1}}\varepsilon_2\mathrm{d}x + \sum\int M_1\kappa_2\mathrm{d}x = \sum\int F_{\mathrm{N1}}\mathrm{d}u_2 + \sum\int M_1\mathrm{d}\theta_2 \tag{15-14}$$

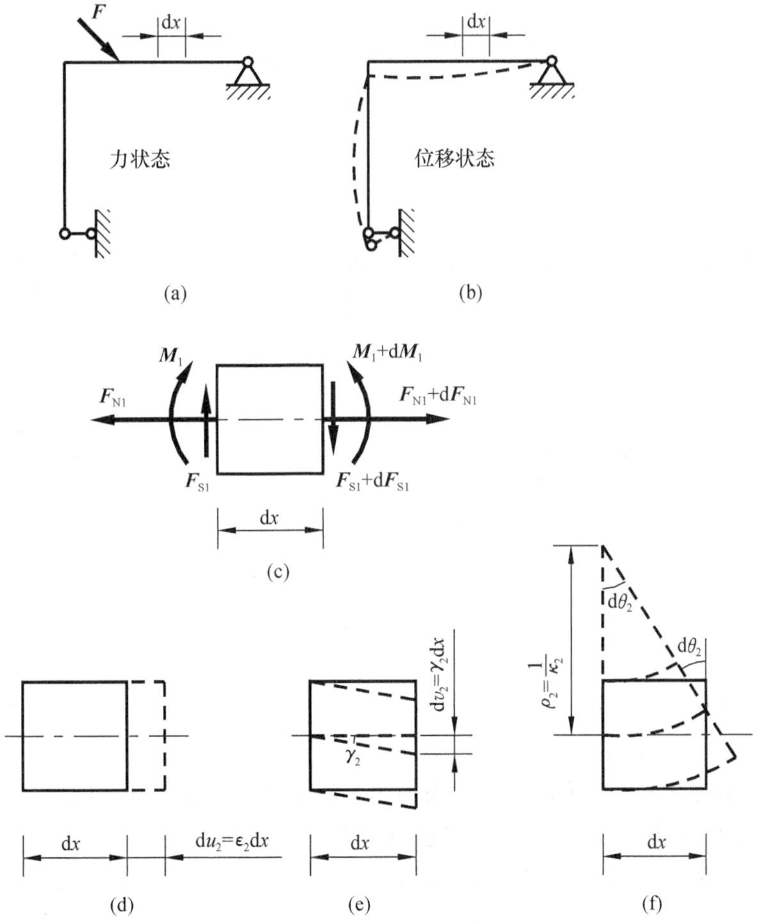

图 15-11

15.3.4 变形体系统虚功原理

变形体系统的**虚功原理**可表述为：设变形体系统在力系作用下处于平衡状态(力状态)，又设该变形体系统由于其他原因产生符合约束条件的微小连续变形(位移状态)，则**力状态的外力在位移状态的位移上所做的虚功，恒等于力状态的内力在位移状态的相应变形上所做的虚功**，即虚应变能。简写为

$$\text{外力虚功 } W = \text{虚应变能 } V_\varepsilon \tag{15-15}$$

对于杆件结构，虚功原理可用下式表达

$$\begin{aligned} W &= \sum\int F_{N1}\varepsilon_2\,dx + \sum\int M_1\kappa_2\,dx \\ &= \sum\int F_{N1}\,du_2 + \sum\int M_1\,d\theta_2 \end{aligned} \tag{15-16}$$

式(15-16)称为**杆件结构的虚功方程**。变形体系统虚功原理同样有两种用法。

15.4 莫尔定理

从 15.2 节讨论可知，直接利用功能原理计算构件的位移是有局限性的，只有当构件上作用唯一的载荷，而且所求位移恰为该载荷作用点处的相应位移时，直接运用功能原理才是有效的。而下面介绍的莫尔定理是计算线弹性结构一点位移的一般方法。现利用 15.3 节所介绍的变形体的虚单位载荷法导出这一定理。

15.4.1 利用虚单位载荷法推导莫尔定理

图 15-12(a)所示为一简支梁，由于载荷 F 的作用而发生如图中虚线所示的变形，这一状态是结构的实际状态。现要求出实际状态中 D 点的铅垂位移 Δ，所以应将实际状态作为结构的位移状态。

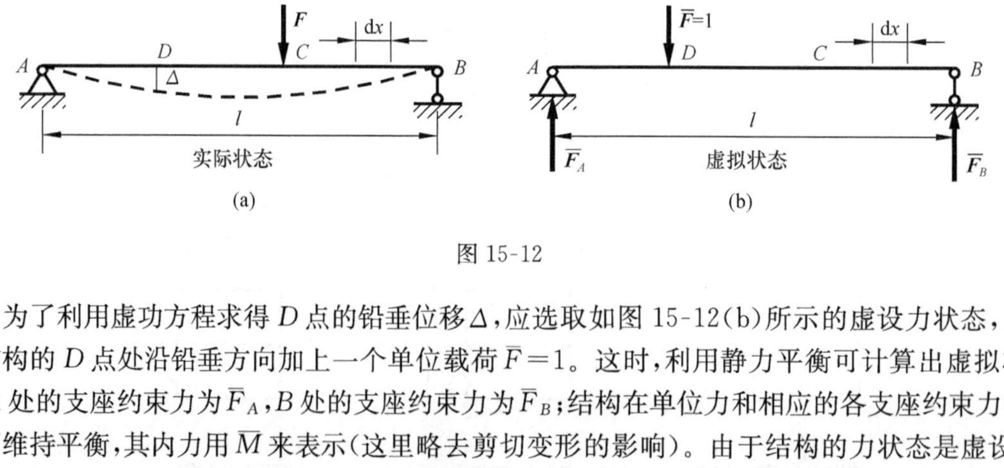

图 15-12

为了利用虚功方程求得 D 点的铅垂位移 Δ，应选取如图 15-12(b)所示的虚设力状态，即在该结构的 D 点处沿铅垂方向加上一个单位载荷 $\overline{F}=1$。这时，利用静力平衡可计算出虚拟状态中 A 处的支座约束力为 $\overline{F}_A$，B 处的支座约束力为 $\overline{F}_B$；结构在单位力和相应的各支座约束力的作用下维持平衡，其内力用 $\overline{M}$ 来表示(这里略去剪切变形的影响)。由于结构的力状态是虚设的，故称为虚拟状态。虚设力系的外力(包括约束力)对实际状态的位移所作的总虚功为

$$W = \overline{F}\cdot\Delta = 1\cdot\Delta = \Delta$$

以 $d\theta$ 表示实际状态中微段的变形，则总的虚应变能为

$$V_\varepsilon = \int_l \overline{M} \mathrm{d}\theta$$

由杆件结构的虚功方程可得

$$\Delta = \int_l \overline{M} \mathrm{d}\theta \tag{15-17}$$

这即是计算弯曲梁位移的一般公式。以 M 表示弯曲梁实际状态的内力，则在实际状态下微段的变形为

$$\mathrm{d}\theta = \kappa \mathrm{d}x = \frac{M}{EI}\mathrm{d}x \tag{15-18}$$

式中 EI 为梁的抗弯刚度，κ 为曲率。将式(15-18)代入式(15-17)中，得

$$\Delta = \int_l \frac{M(x)\overline{M}(x)}{EI}\mathrm{d}x \tag{15-19}$$

式(15-19)即为莫尔定理的一般表达式，又称为**莫尔积分**，或称为**单位载荷法**。应用此方法每次只能求得一个位移。计算时虚设的单位载荷的指向可以任意假定，若计算出来的结果为正，就表示实际位移的方向与虚设单位载荷的方向相同，否则相反。

需要指出的是，式(15-19)不仅能求梁任意横截面的铅垂位移，也可用来计算任意横截面的水平位移或任意横截面的转角。此时，只要在所求截面施加一水平单位力或一单位力偶，式中的 $\overline{M}(x)$ 则为由单位水平力或单位力偶所引起的弯矩，Δ 则为该截面的水平位移或转角。所以，式(15-15)中的 Δ 应理解为广义位移，而 $\overline{M}(x)$ 则是由广义位移所对应的广义单位力引起的弯矩，$M(x)$ 为实际载荷引起的弯矩。

15.4.2 莫尔定理求杆件系统位移

莫尔定理表达式(15-19)虽然是由求简支梁任意横截面上的铅垂位移导出的，但该式具有典型意义，可推广用于其他基本变形和组合变形的平面线弹性杆件结构位移的计算。类似式(15-15)的推导，可得到莫尔积分的一般表达式为

$$\Delta = \sum \int_l \frac{\overline{F}_{\mathrm{N}}(x)F_{\mathrm{N}}(x)}{EA}\mathrm{d}x + \sum \int_l \frac{\overline{M}(x)M(x)}{EI}\mathrm{d}x + \sum \int_l \frac{\overline{T}(x)T(x)}{GI_{\mathrm{p}}}\mathrm{d}x \tag{15-20}$$

式中，Δ——所求点的位移；

$F_{\mathrm{N}}(x)$（或 $F_{\mathrm{N}i}$），$M(x)$，$T(x)$——实际载荷作用下截面上的轴力、弯矩、扭矩；

$\overline{F}_{\mathrm{N}}(x)$（或 $\overline{F}_{\mathrm{N}i}$），$\overline{M}(x)$，$\overline{T}(x)$——所求位移点处加上相应的单位载荷后截面上的轴力、弯矩、扭矩。

应用式(15-20)时应注意：

(1) 单位载荷是广义力，可以是力，也可以是力偶；与之相对应的位移是广义位移，可以是线位移，也可以是角位移。所加的广义单位载荷必须与广义位移相对应。当所求位移为线位移时，单位载荷为集中力；当所求位移为角位移时，单位载荷为集中力偶。当所求位移为两点（或两截面）间的相对线（角）位移，则需在两点（或两截面）处同时施加一对方向相反的单位载荷。

(2) 在列出外力（或单位载荷）作用下的内力方程时，应采取相同的坐标原点，如需分段列方程，则要分段积分后再求和。

(3) 计算结果为正，表示位移与所设单位载荷方向一致；为负则相反。

由于各类结构的受力特点不同，在应用式(15-20)时可作不同的简化。例如：

(1) 对于平面弯曲梁和平面刚架,可不考虑轴向及剪切变形的影响,式(15-20)简化为

$$\Delta=\sum_{i=1}^{n}\int_{l}\frac{\overline{M}(x)M(x)}{EI}\mathrm{d}x \tag{15-21}$$

(2) 对于平面桁架,杆件只有轴向变形,且每一杆件轴力沿杆长 l 不变,则式(15-20)可简化为

$$\Delta=\sum_{i=1}^{n}\frac{\overline{F}_{Ni}F_{Ni}l_i}{E_iA_i} \tag{15-22}$$

(3) 对于扭转轴,杆件发生扭转变形,式(15-20)可简化为

$$\Delta=\sum_{i=1}^{n}\int_{l}\frac{\overline{T}(x)T(x)}{GI_p}\mathrm{d}x \tag{15-23}$$

例 15-4 试计算图 15-13(a)所示简支梁跨度中点 C 的挠度和端截面 B 的转角。已知梁的弯曲刚度为 EI。

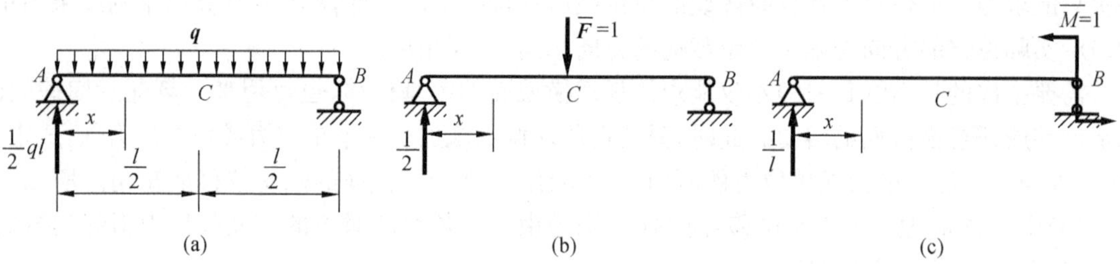

图 15-13

解:(1) 写出梁的弯矩方程。

$$M(x)=\frac{qlx}{2}-\frac{qx^2}{2}$$

(2) 计算 C 截面挠度 w_C。

将外载荷 q 去掉,在 C 处作用铅垂向下的单位集中力,如图 15-13(b)所示。

单位力作用下梁的弯矩为

$$\overline{M}(x)=\frac{x}{2}\quad\left(0\leqslant x\leqslant\frac{l}{2}\right)$$

根据莫尔定理,则有

$$w_C=2\int_0^{\frac{l}{2}}\frac{M(x)\overline{M}(x)}{EI}\mathrm{d}x=\frac{2}{EI}\int_0^{\frac{l}{2}}\left(\frac{qlx}{2}-\frac{qx^2}{2}\right)\left(\frac{x}{2}\right)\mathrm{d}x=\frac{5ql^4}{384EI}$$

结果为正值,表明 C 处挠度与所施加的单位集中力方向一致,即铅垂向下。

(3) 计算 B 截面转角 θ_B。

将外载荷 q 去掉,在 B 处作用逆时针单位力偶,如图 15-13(c)所示。

单位力偶作用下梁的弯矩为

$$\overline{M}(x)=\frac{x}{l}$$

根据莫尔定理,则有

$$\theta_B=\int_0^l \frac{M(x)\overline{M}(x)}{EI}\mathrm{d}x=\frac{1}{EI}\int_0^l\left(\frac{qlx}{2}-\frac{qx^2}{2}\right)\left(\frac{x}{l}\right)\mathrm{d}x=\frac{ql^3}{24EI}$$

结果为正值，表明 B 截面转角与所施加的单位力偶方向一致，即逆时针方向。

例 15-5　如图 15-14(a)所示刚架，AB 段受均布载荷 q 作用，试求横截面 A 的铅垂位移和横截面 B 的转角。设弯曲刚度 EI 为常数。

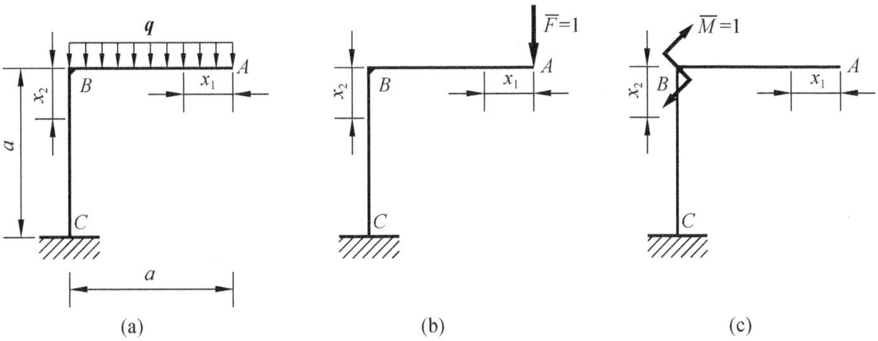

图 15-14

解：根据刚架形状和载荷情况，将刚架分为 AB 和 BC 两段。

刚架在载荷作用下的弯矩方程，AB 段：$M(x_1)=-\frac{1}{2}qx_1^2\ (0\leqslant x_1\leqslant a)$，$BC$ 段：$M(x_2)=-\frac{1}{2}qa^2\ (0\leqslant x_2\leqslant a)$。

(1) 计算横截面 A 的铅垂位移。

在 A 点处加一铅垂方向的单位集中力 $\overline{F}=1$，如图 15-14(b)所示。

刚架在单位集中力 $\overline{F}=1$ 作用下的弯矩方程

$$\overline{M}(x_1)=-x_1\quad(0\leqslant x_1\leqslant a)$$
$$\overline{M}(x_2)=-a\quad(0\leqslant x_2\leqslant a)$$

用莫尔积分求 Δ_{AV}

$$\Delta_{AV}=\sum_{i=1}^{2}\int_l \frac{\overline{M}(x)M(x)}{EI_z}\mathrm{d}x$$
$$=\frac{1}{EI}\int_0^a(-x_1)\left(-\frac{1}{2}qx_1^2\right)\mathrm{d}x_1+\frac{1}{EI}\int_0^a(-a)\left(-\frac{1}{2}qa^2\right)\mathrm{d}x_2=\frac{5qa^4}{8EI}(\downarrow)$$

结果为正，表明方向向下。

(2) 计算横截面 B 的转角。

在 B 点处加一个单位集中力偶 $\overline{M}=1$，如图 15-14(c)所示。

刚架在单位集中力偶 $\overline{M}=1$ 作用下的弯矩方程

$$\overline{M}(x_1)=0\quad(0\leqslant x_1\leqslant a)$$
$$\overline{M}(x_2)=-1\quad(0\leqslant x_2\leqslant a)$$

用莫尔积分求 θ_B

$$\theta_B=\sum_{i=1}^{2}\int_l \frac{\overline{M}(x)M(x)}{EI}\mathrm{d}x$$

$$=\frac{1}{EI}\int_0^a(0)\left(-\frac{1}{2}qx_1^2\right)dx_1+\frac{1}{EI}\int_0^a(-1)\left(-\frac{1}{2}qa^2\right)dx_2=\frac{qa^3}{2EI}$$

结果为正，顺时针转向。

例 15-6 简单桁架结构受力如图 15-15(a)所示。设桁架中各杆的拉(压)刚度 EA 均相同，试求 B、D 两点间的相对线位移。

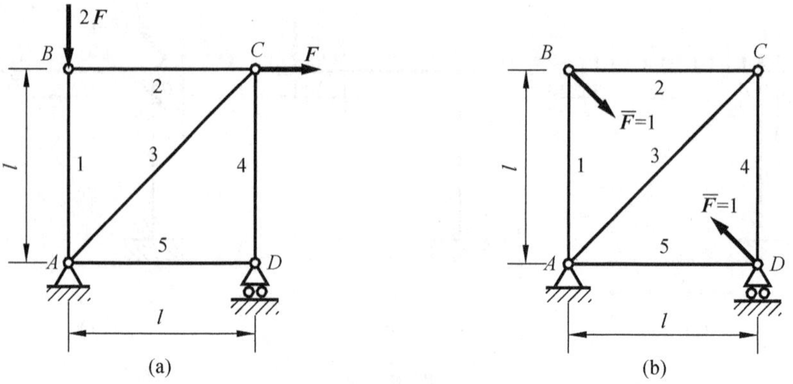

图 15-15

解：(1) 为求 B、D 两点间的相对线位移，在 B、D 两点沿 B、D 连线加一对方向相反的单位力(图 15-15(b))。

(2) 分别求出各杆在外载和单位力作用下的轴力如下

$$F_{N1}=-2F,\quad \overline{F}_{N1}=-\frac{\sqrt{2}}{2};\quad F_{N2}=0,\quad \overline{F}_{N2}=-\frac{\sqrt{2}}{2}$$

$$F_{N3}=\sqrt{2}F,\quad \overline{F}_{N3}=1;\quad F_{N4}=-F,\quad \overline{F}_{N4}=-\frac{\sqrt{2}}{2}$$

$$F_{N5}=0,\quad \overline{F}_{N5}=-\frac{\sqrt{2}}{2}$$

(3) 应用式(15-15)，则 B、D 两点间相对位移为

$$\Delta_{BD}=\sum_{i=1}^{5}\frac{\overline{F}_{Ni}F_{Ni}l_i}{E_iA_i}=\left(2+\frac{3}{2}\sqrt{2}\right)\frac{Fl}{EA}\approx 4.12\frac{Fl}{EA}$$

结果为正，表明 B、D 两点间相对位移与所设单位力方向一致，即 B、D 两点受外载作用后相互靠近。

例 15-7 轴线为四分之一圆周的平面圆弧形曲杆如图 15-16(a)所示，其中 EI 为常量。A 端固定，自由端 B 上作用一集中力 F，试求 B 点的竖向位移。曲率的影响忽略不计。

解：用莫尔定理求解，只考虑弯矩的影响。

(1) 在与 OB 成 θ 角的任意横截面 K(图 15-16(b))上的弯矩为

$$M=Fr\sin\theta$$

(2) 为求 B 点的竖向位移，应在 B 点加上一铅垂向下的单位载荷，这时只要在 M 的表达式中令 $F=1$，即得 B 点作用单位载荷时截面 K 上的弯矩，其值为

$$\overline{M}=r\sin\theta$$

(3) 计算 B 点的竖向位移。利用式(15-17)计算位移时，对于曲杆，应沿曲线进行积分，令

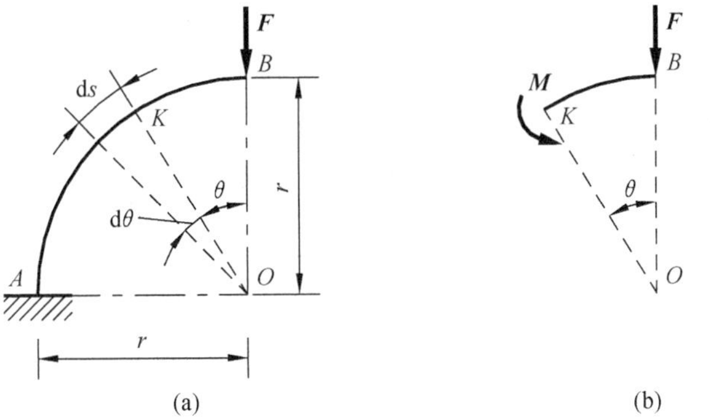

图 15-16

$dx = ds$。由图 15-16(a)知 $ds = r d\theta$，所以有

$$\Delta_{BV} = \sum_{i=1}^{n}\int_l \frac{\overline{M}(x)M(x)}{EI}dx = \int_B^A \frac{\overline{M}M}{EI}ds = \frac{1}{EI}\int_0^{\frac{\pi}{2}} r\sin\theta \cdot Fr\sin\theta r\,d\theta = \frac{Fr^3}{EI}\int_0^{\frac{\pi}{2}}\sin^2\theta d\theta = \frac{\pi Fr^3}{4EI}$$

结果为正值，表明 B 处位移与所施加的单位集中力方向一致，即铅垂向下。

*15.5 卡氏定理

15.5.1 卡氏定理

设一组载荷 $F_1, F_2, \cdots, F_i, \cdots, F_n$ 作用于受支座约束无任何刚性位移的线弹性结构上，与这些外力相对应的位移分别是 $\Delta_1, \Delta_2, \cdots, \Delta_i, \cdots, \Delta_n$。由功能原理知道，变形过程中，外力 $F_1, F_2, \cdots, F_i, \cdots, F_n$ 所做的功等于弹性结构的变形能 V_ε。正如前面所指出的，变形能 V_ε 为 $F_1, F_2, \cdots, F_i, \cdots, F_n$ 的函数，即

$$V_\varepsilon = V_\varepsilon(F_1, F_2, \cdots, F_i, \cdots, F_n) \tag{15-24}$$

则

$$\frac{\partial V_\varepsilon}{\partial F_i} = \Delta_i \tag{15-25}$$

即线弹性结构变形能对作用在结构上任一独立外力 F_i 的偏导数等于 F_i 作用点沿 F_i 方向的位移 Δ_i。这就是卡氏定理，确切的说是卡氏第二定理。

需要指出，式(15-25)中 F_i 应为广义力，而 Δ_i 是与 F_i 相应的广义位移。即当 F_i 为集中力时，Δ_i 为集中力作用点沿集中力方向的线位移；当 F_i 为力偶时，Δ_i 为力偶作用截面沿力偶方向的角位移。当求得的位移 Δ_i 为正值时，则表示 Δ_i 与 F_i 同向；如果为负值，则表示 Δ_i 与 F_i 反向。

15.5.2 桁架、直梁、平面曲杆和组合变形杆件的卡氏定理表达式

在应用卡氏定理求位移时，需要先将变形能表达成载荷的函数。

1. 桁架

对于桁架，各杆件均为拉(压)杆。若整个桁架由 n 根杆组成，根据式(15-3c)计算桁架的变形能，即有

$$V_\varepsilon = \sum_{i=1}^{n}\frac{F_{Ni}^2 l_i}{2E_iA_i}$$

按照卡氏定理有

$$\Delta_i = \frac{\partial V_\varepsilon}{\partial F_i} = \sum_{i=1}^{n}\frac{F_{Ni}l_i}{E_iA_i}\frac{\partial F_{Ni}}{\partial F_i} \tag{15-26}$$

2. 直梁

对于发生平面弯曲的直梁，内力以弯矩 M 为主，变形能用式(15-10a)计算，即

$$V_\varepsilon = \int_l \mathrm{d}V_\varepsilon = \int_l \frac{M^2(x)\mathrm{d}x}{2EI}$$

应用卡氏定理有

$$\Delta_i = \frac{\partial V_\varepsilon}{\partial F_i} = \frac{\partial}{\partial F_i}\left(\int_l \frac{M^2(x)\mathrm{d}x}{2EI}\right)$$

上式中只有弯矩 $M(x)$ 与外力 F_i 有关，其他积分变量与 F_i 无关，所以可将被积函数先对 F_i 求偏导数，然后再积分，即

$$\Delta_i = \frac{\partial V_\varepsilon}{\partial F_i} = \int_l \frac{M(x)}{EI}\frac{\partial M(x)}{\partial F_i}\mathrm{d}x \tag{15-27}$$

3. 平面曲杆

对于小曲率曲杆，其应力分布与直梁较相似，忽略剪力和轴力对变形的影响，曲杆的变形能为

$$V_\varepsilon = \int_s \frac{M^2(s)\mathrm{d}s}{2EI}$$

式中，s 为弧坐标。

按照卡氏定理得

$$\Delta_i = \frac{\partial V_\varepsilon}{\partial F_i} = \int_s \frac{M(s)}{EI}\frac{\partial M(s)}{\partial F_i}\mathrm{d}s \tag{15-28}$$

4. 组合变形杆件系统

对于承受拉(压)、弯、扭联合作用的杆件，利用组合变形应变能公式(15-11)，由卡氏定理得

$$\Delta_i = \frac{\partial V_\varepsilon}{\partial F_i} = \sum\int_l \frac{F_\mathrm{N}(x)}{EA}\frac{\partial F_\mathrm{N}(x)}{\partial F_i}\mathrm{d}x + \sum\int_l \frac{M(x)}{EI}\frac{\partial M(x)}{\partial F_i}\mathrm{d}x + \sum\int_l \frac{T(x)}{GI_\mathrm{p}}\frac{\partial T(x)}{\partial F_i}\mathrm{d}x \tag{15-29}$$

例 15-8 变截面梁如图 15-17 所示，其弯曲刚度分段为常量，试用卡氏定理求在载荷 F 作用下，截面 B 的挠度。

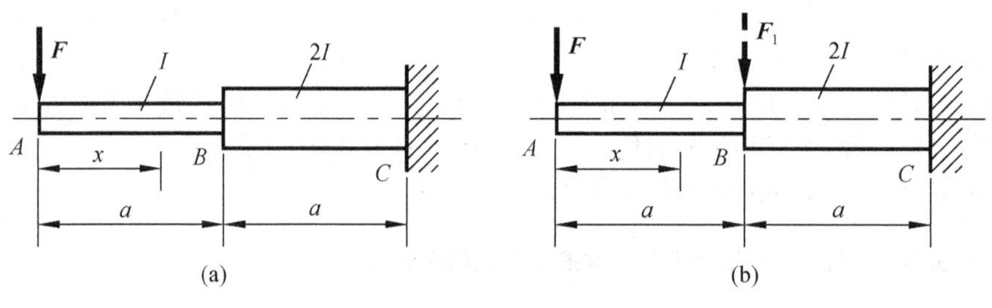

图 15-17

解：由于 B 处没有与挠度相应的广义力，为应用卡氏定理，故需在 B 处加上一个与所求位移相应的虚设广义力(集中力 F_1)，如图 15-17(b)所示。在求得梁在载荷 F 与虚设外力 F_1 共同作用下的应变能 V_ε，并按卡氏定理求出应变能 V_ε 对虚设外力 F_1 的偏导数 $\partial V_\varepsilon/\partial F_1$ 后，由于卡氏定理对外力的数值并无要求，故可在 $\partial V_\varepsilon/\partial F_1$ 的表达式中，令虚设外力 $F_1=0$，所得结果即为 B 处的挠度值。

在载荷 F 与虚设外力 F_1 共同作用下，AB 及 BC 段的弯矩方程分别为

AB 段

$$M_1(x) = -Fx$$

BC 段

$$M_2(x)=-[Fx+F_1(x-a)]$$

其对虚设外力 F_1 的偏导数分别为

$$\frac{\partial M_1(x)}{\partial F_1}=0,\quad \frac{\partial M_2(x)}{\partial F_1}=-(x-a)$$

于是，根据式(15-27)，并令式中的 $F_1=0$，即得截面 B 的挠度

$$\begin{aligned}w_B&=\frac{\partial V_\varepsilon}{\partial F_1}=\int_l\frac{M(x)}{EI}\frac{\partial M(x)}{\partial F_1}\mathrm{d}x\\&=\frac{1}{E(2I)}\int_a^{2a}[Fx+F_1(x-a)](x-a)\mathrm{d}x\\&=\frac{1}{E(2I)}\int_a^{2a}(Fx)(x-a)\mathrm{d}x=\frac{5Fa^3}{12EI}(\downarrow)\end{aligned}$$

w_B 正号，表明挠度方向与虚设外力 F 的指向一致。

例 15-9　图 15-18 所示简支梁在 B 端作用有一集中力偶 M_e，试求此梁的转角 θ_B。

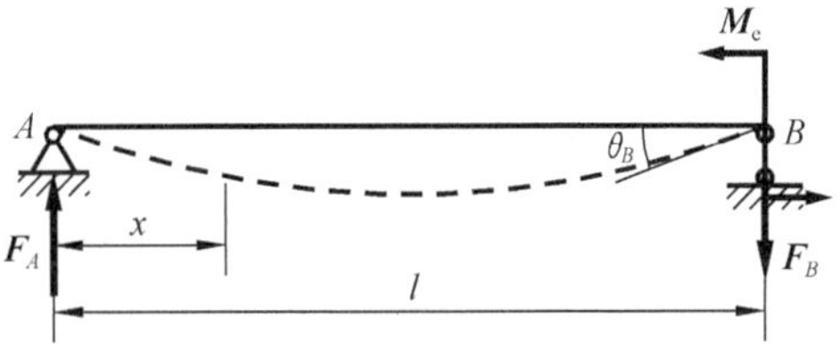

图 15-18

解：(1) 求出支座约束力为

$$F_A=F_B=\frac{M_e}{l}$$

(2) 写出梁的弯矩方程为

$$M(x)=F_Ax=\frac{M_e}{l}x$$

(3) 梁内的应变能为

$$V_\varepsilon=\frac{1}{2EI}\int_0^l M^2(x)\mathrm{d}x=\frac{1}{2EI}\int_0^l\left(\frac{M_e}{l}x\right)^2\mathrm{d}x=\frac{M_e^2l}{6EI}$$

(4) 应用卡氏定理求转角 θ_B 为

$$\theta_B=\frac{\partial V_\varepsilon}{\partial M_e}=\frac{\partial}{\partial M_e}\left(\frac{M_e^2l}{6EI}\right)=\frac{M_el}{3EI}$$

习　　题

15.1　图示拉杆，q 和 EA 均为常数，试计算杆的应变能。

15.2　已知图示等直杆的横截面面积为 A，杆长为 l，材料弹性模量为 E，比重为 γ，求该杆在自重作用下的应变能。

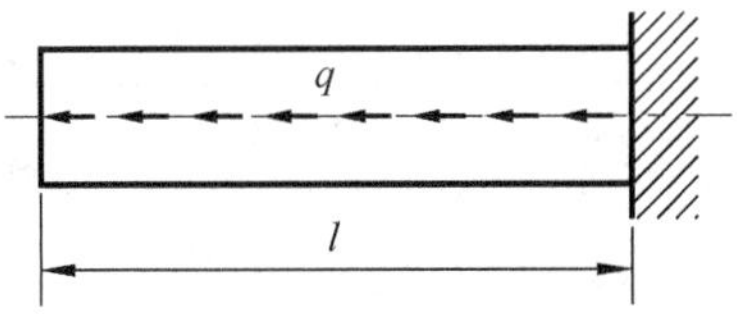

习题 15.1 图

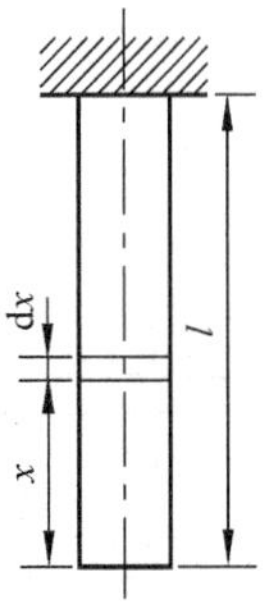

习题 15.2 图

15.3　如图所示简支梁在 B 端作用有一集中力偶 M_e，试求此梁的转角 θ_B。

15.4　悬臂梁受力如图所示，弯曲刚度为 EI，试求自由端的挠度 w_B 和转角 θ_B。

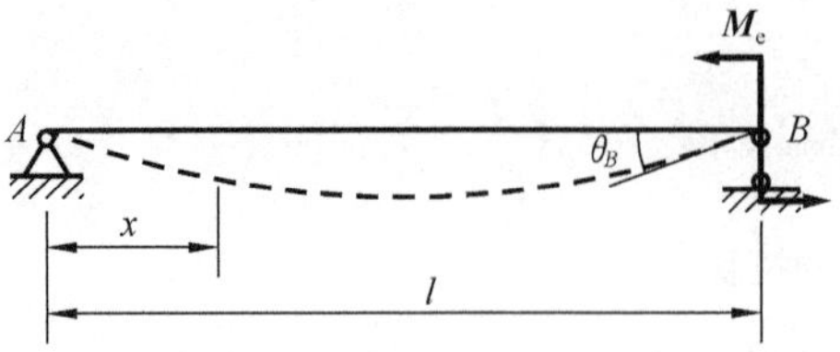

习题 15.3 图

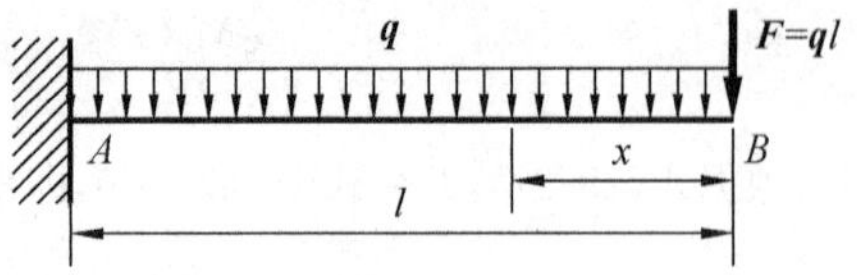

习题 15.4 图

15.5　如图所示，刚架 $ACDB$ 在 A、B 两点受一对力 F 作用，所有杆的 EI 相同，求 A、B 两点的相对位移。

15.6　图示桁架，五根杆的拉压刚度均为 EA，B 节点处作用有一铅垂力 F，求 B 点的铅垂位移。

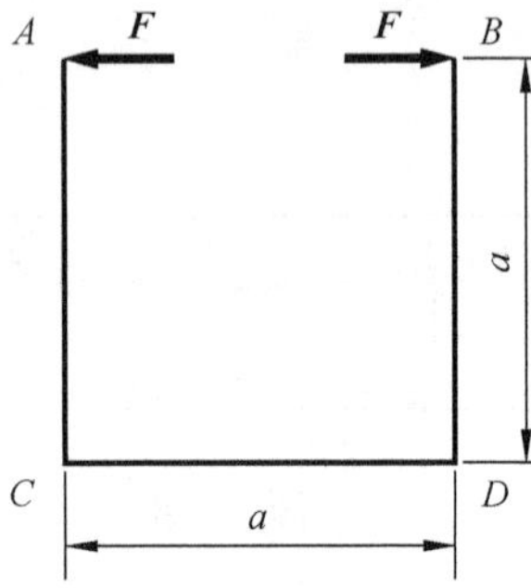

习题 15.5 图

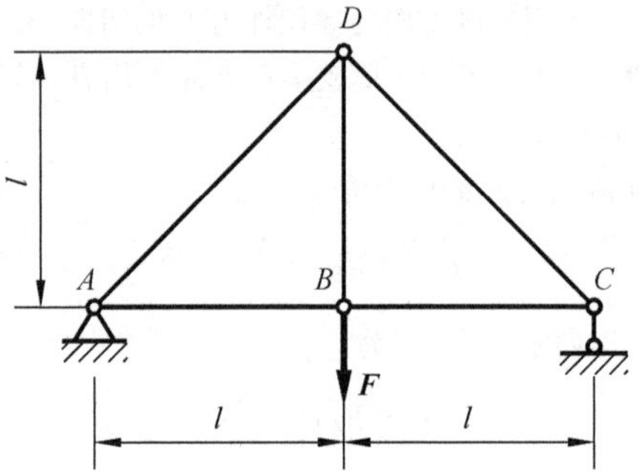

习题 15.6 图

15.7　试求图示各梁截面 B 的挠度和转角，各梁 EI 为常数。

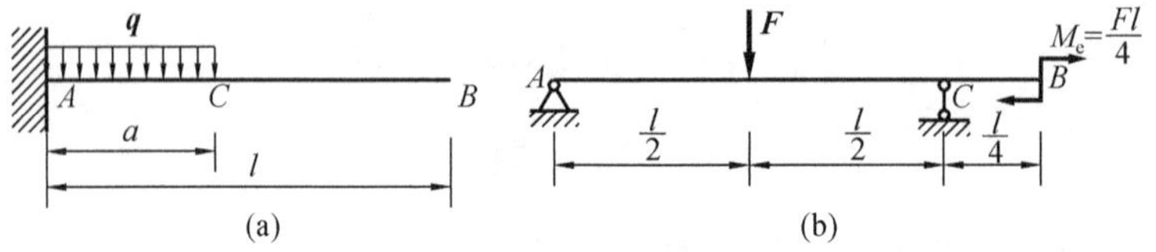

习题 15.7 图

15.8　试求下列结构的位移：

(a) C 点铅垂位移 Δ_{CV}；

(b) A 截面转角 θ_A；

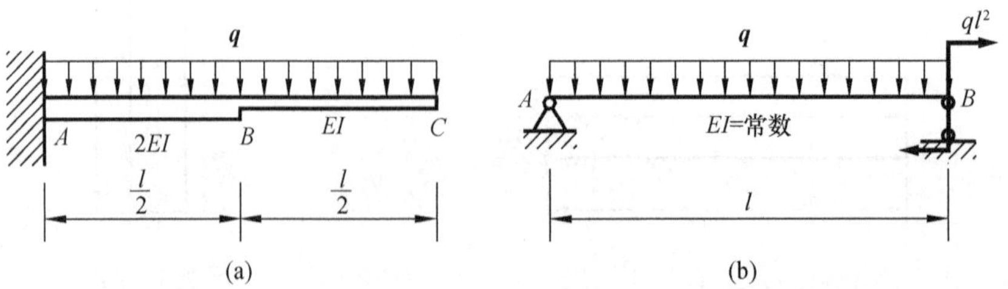

习题 15.8 图

15.9 试计算图中桁架 A 点的竖向位移 Δ_{AV}，各杆的 EA 为常数。

15.10 试求下列结构的位移，EI＝常数。

(a) B 点的水平位移 Δ_{BH}；

(b) C 点铅垂位移 Δ_{CV}。

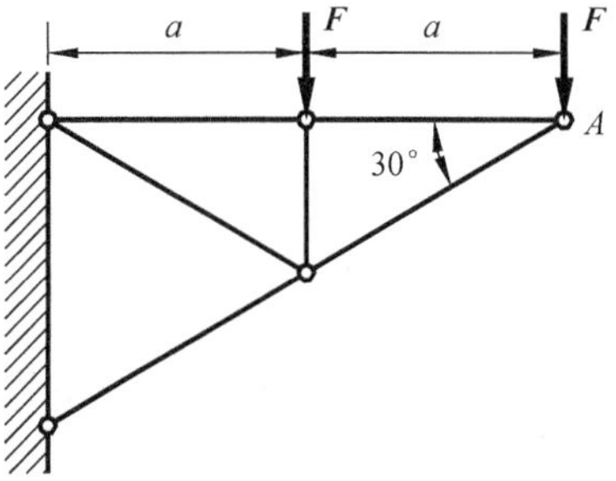

习题 15.9 图

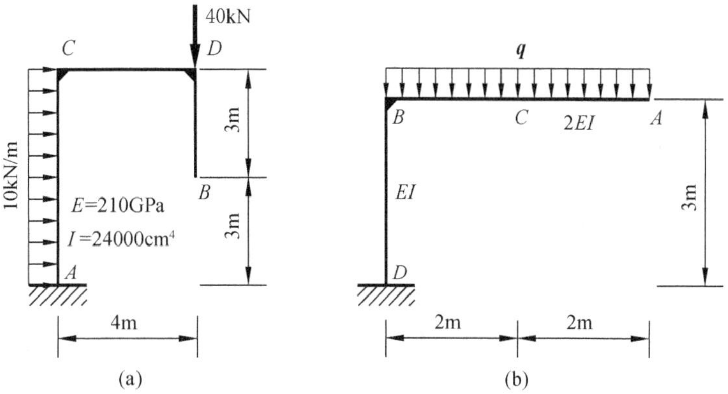

习题 15.10 图

15.11 在图示曲拐的端点 C 上作用有集中力 F。设曲拐两段材料相同且均为同一直径的圆截面杆，EI 和 GI_P 为已知，求 C 点的垂直位移。

*15.12 轴线为四分之一圆周的平面曲杆如图，其中 EI 为常量。A 端固定，自由端 B 上作用一集中力 F，求 B 点的垂直位移。

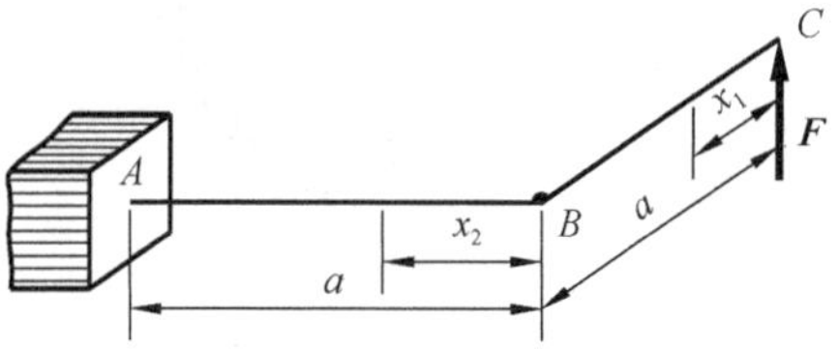

习题 15.11 图

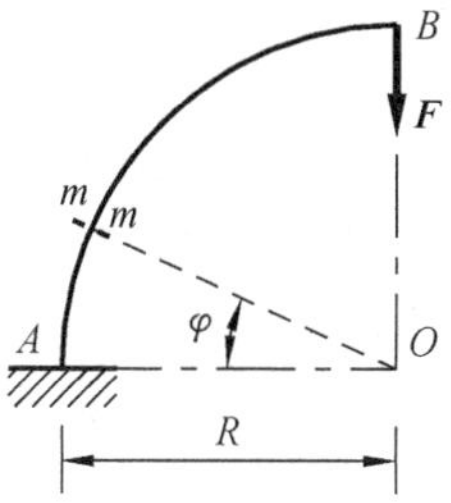

习题 15.12 图

第 16 章　动　载　荷

16.1　引　　言

前面各章讨论的都是杆件在**静载荷**(从零开始平缓地增加到终值后就不再变化的载荷)作用下的强度、刚度和稳定性问题。在静载荷作用下各质点的加速度很小,可以忽略不计。而工程实际中还存在动载荷问题。所谓**动载荷**是指随时间急剧变化或使构件内各质点产生不可忽略的加速度的载荷。例如,冲击实验中重锤从一定高度自由落下时试样所承受的冲击载荷(图 16-1),起重机匀加速起吊重物时的钢丝绳所承受的惯性力(图 16-2),筑路时地面所承受的打夯机周期性作用的交变载荷等,这些载荷都属于动载荷。

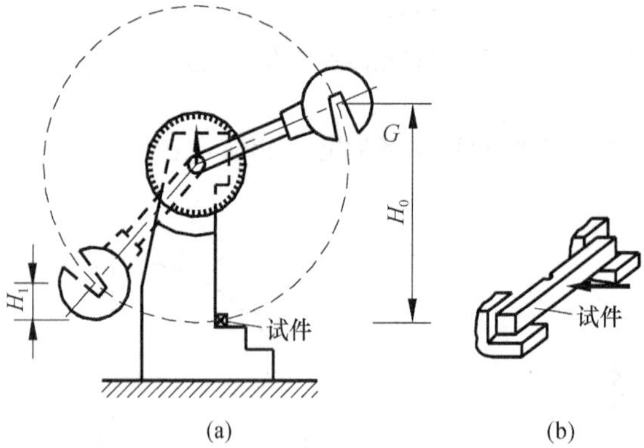

图 16-1

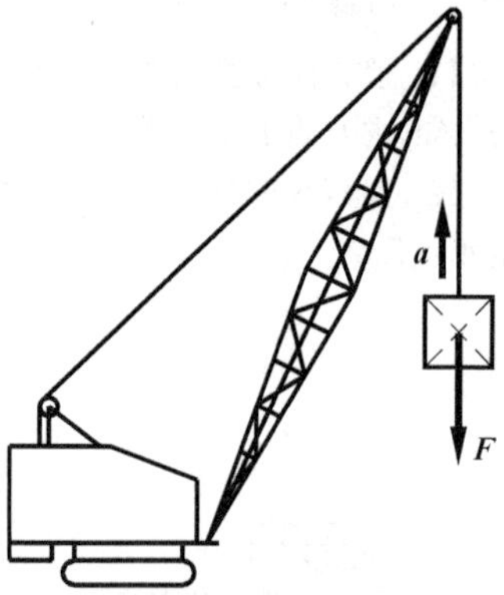

图 16-2

动载荷作用下构件的应力和变形分别称为**动应力**和**动变形**。动载荷实验表明,在静载荷下服从胡克定律的材料,在动载荷下依然服从胡克定律,前提是动应力不超过比例极限,且弹性模量也与静载荷下的数值相同。本章将介绍构件作匀加速直线运动或匀速转动、冲击以及交变载荷作用下的动载荷问题。

16.2　构件匀加速直线运动和匀速转动时的应力

构件做匀加速直线运动或匀速圆周转动时,其内部各质点具有一定的加速度。这类问题可以利用动静法求解,动静法的基本思想就是在每个质点上加上惯性力,构件上的主动力、约束力以及虚构的惯性力构成了平衡力系,这样就将动载荷问题转化为静载荷问题加以求解。

16.2.1　构件匀加速直线运动时的应力

图 16-3(a)所示的起重机,以匀加速度 a 吊起一重为 F_P 的物体。若钢索横截面面积为 A,材料密度为 ρ,现分析和计算钢索横截面上的动应力。

先计算钢索任一横截面上的内力。应用截面法，取出部分钢索和吊物作为研究对象，如图16-3(b)所示。作用于其上的外力有吊物的重力 F_P，长为 x 的一段钢索的自重，吊物和该段钢索的惯性力，以及截开截面上的动内力 F_{Nd}，钢索的自重是均布的轴向力，集度为 $q=\rho Ag$，其惯性力也是均布的轴向力，集度为 $q_d=\rho Aa$，吊物的惯性力为 $F_I=F_Pa/g$，方向与加速度 a 的方向相反。

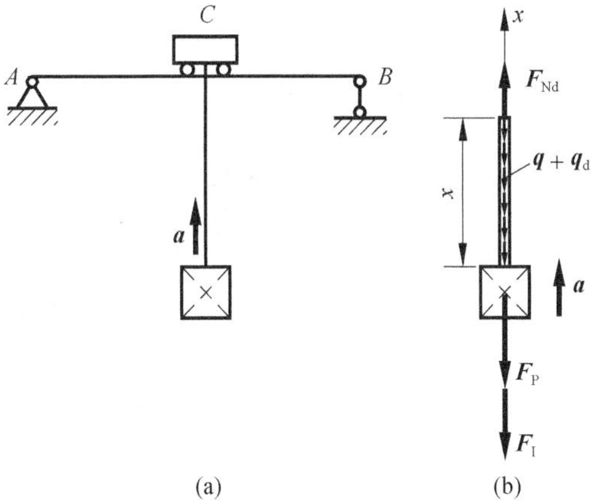

图 16-3

列平衡方程有

$$\Sigma F_x = 0,\quad F_{Nd} = F_P + F_I + q \cdot x + q_d \cdot x$$

求得

$$F_{Nd} = F_P + \frac{F_P}{g}a + \rho Ag \cdot x + \rho Aa \cdot x = (F_P + \rho gAx)\left(1 + \frac{a}{g}\right)$$

上式可以写成为

$$F_{Nd} = K_d F_{Nst} \tag{16-1}$$

式中，$F_{Nst}=F_P+\rho gAx$，为同一截面上的静内力

$$K_d = 1 + \frac{a}{g} \tag{16-2}$$

K_d 称为**动荷因数**。动荷因数反映了动载荷与相应静载荷大小的比值。

由式(16-1)可以求得钢索中的动应力 $\sigma_d=\dfrac{F_{Nd}}{A}$ 和静应力 $\sigma_{st}=\dfrac{F_{Nst}}{A}$，

$$\sigma_d = K_d \sigma_{st} \tag{16-3}$$

求出最大动应力 $\sigma_{d,max}=K_d\sigma_{st,max}$，就可以建立相应的强度条件

$$\sigma_{d,max} = K_d \sigma_{st,max} \leqslant [\sigma]$$

式中，$[\sigma]$为静载荷情况下的许用应力。

可见，对于上述动载荷问题，归结为计算动荷因数 K_d，并将动载荷看成放大 K_d 倍的静载荷问题，构件的变形和动应力等均可以通过相应的静变形和静应力乘以动荷因数得到。

16.2.2　构件匀速转动时的应力

工程中的旋转构件匀速转动时，由于存在法向加速度，因而存在惯性力，当转动角速度较快时，这类动载荷作用下构件失效的现象也较多。考察图16-4(a)所示的匀角速度转动的飞轮。飞轮材料的密度为 ρ，轮缘的平均半径为 R，轮缘部分的横截面面积为 A。由于飞轮的轮缘较厚，而中间的轮辐较薄，因此在设计轮缘部分的截面尺寸时，为了简单起见，可以不考虑轮辐的影响，从而将飞轮简化为平均半径为 R 的圆环(图16-4(b))。

飞轮匀速转动时，各质点的加速度 $a=R\omega^2$，因而圆环上分布有均匀的惯性力，其集度

$$q_d = \rho AR\omega^2$$

则微段上的惯性力

$$dF_I = q_d R d\theta = \rho AR^2\omega^2 d\theta$$

为求圆环截面上的应力，用截面法将圆环一分为二，研究其中的一半，如图16-4(c)所示。

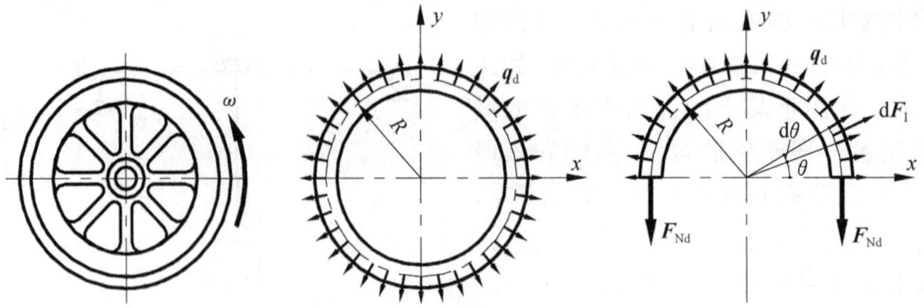

(a) (b) (c)

图 16-4

由平衡方程 $\Sigma F_y=0$，得

$$\int_0^{\pi} dF_I \cdot \sin\theta - 2F_{Nd} = 0$$

求得

$$F_{Nd} = \frac{1}{2}\int_0^{\pi} \rho A R^2 \omega^2 \sin\theta d\theta = \rho A R^2 \omega^2 = \rho A v^2 \tag{16-4}$$

式中，$v=R\omega$ 为飞轮轮缘上任意点的线速度。

圆环横截面上的动应力可以视为均匀分布，则

$$\sigma_d = \frac{F_{Nd}}{A} = \rho v^2 \tag{16-5}$$

其强度条件为

$$\sigma_d = \rho v^2 \leqslant [\sigma] \tag{16-6}$$

即

$$v \leqslant \sqrt{\frac{[\sigma]}{\rho}}$$

由此可以看出，为了保证飞轮的安全，必须限制飞轮的转速，即限制轮缘的线速度，增加轮缘部分的横截面面积不能提高飞轮的强度。

16.3 构件受冲击时的应力计算

当运动物体以一定的速度作用于静止物体时，运动物体的速度将在非常短暂的时间里急剧降低，这种现象称为**冲击**。例如，落锤打桩、冲压加工构件、车船碰撞、高速转动的飞轮或砂轮的突然刹车等，都是冲击问题。冲击前运动的物体称为**冲击物**，如落锤、飞轮等；冲击过程中，阻止冲击物运动的物体称为**被冲击物**，被打的桩和固接飞轮的轴等是被冲击物。冲击物与被冲击物之间的相互作用力称为**冲击载荷**。

16.3.1 冲击问题的特点和力学模型

由于冲击问题中结构受外力作用的时间极短，加速度变化剧烈，难以精确计算某一瞬间结构所受的冲击载荷，所以工程上通常使用能量法计算构件受冲击载荷时的应力和变形，得出冲击时构件内最大应力和最大变形的简化计算公式。

冲击载荷的计算是一个很复杂的问题,困难之处在于需要分析物体在接触区内的应力状态和冲击力随时间变化的规律;另外,冲击发生时,冲击区和支承处因局部塑性变形等引起能量损耗等问题都很复杂。因此,取其冲击过程中的主要因素,去其次要因素,按能量守恒原理,推导出建立在下列假设基础上的求解冲击应力和变形的近似方法。

假设当冲击发生时:

(1) 冲击物视为刚体,即其变形可忽略不计。从冲击物与被冲击物接触开始到产生最大位移时,冲击物与被冲击物一起运动,不发生回弹。

(2) 被冲击物的质量远小于冲击物的质量,可忽略不计;被冲击物为弹性体,在冲击过程中,材料始终处于线弹性范围,满足胡克定律。

(3) 冲击过程中,不考虑热能、光能、电能、摩擦以及局部塑性变形等消耗的能量,可应用机械能守恒定律。

从上述假定及能量守恒原理可知,冲击物在冲击过程中所减少的动能 T 和势能 V 之和将全部转化为被冲击物的弹性应变能 V_ε,即

$$T+V=V_\varepsilon$$

显然,不计能量损失的应变能大于实际的应变能,由此得出的计算结果比实际结果要大,偏向于保守。

16.3.2　冲击应力

如图 16-5(a)所示的受拉、受扭、受弯构件各杆的变形量分别为

$$\Delta l=\frac{Fl}{EA}=\frac{l}{EA}F,\quad \varphi=\frac{M_e l}{GI_P}=\frac{l}{GI_P}M_e$$

$$w=\frac{Fl^3}{3EI}=\frac{l^3}{3EI}F$$

皆可以视为刚度分别为$\dfrac{EA}{l}$、$\dfrac{GI_P}{l}$、$\dfrac{3EI}{l^3}$的弹簧,因此图 16-5(a)所示的杆件都可以简化为如图 16-5(b)所示的弹簧受力系统。

考虑如图 16-6 所示一个简单的落体-弹簧系统。无质量的弹簧 k 代表弹性构件(杆、轴或

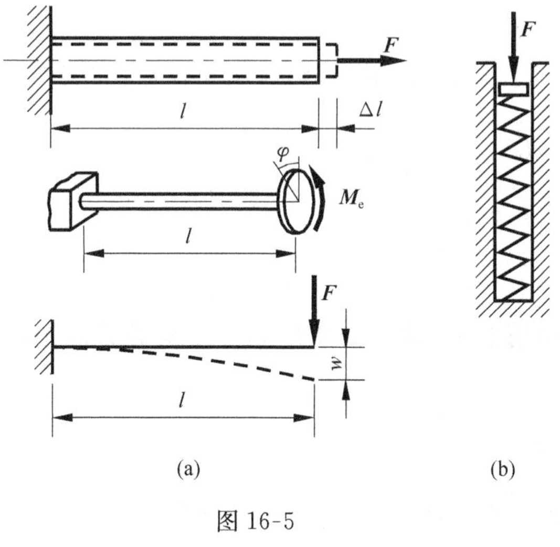

图 16-5

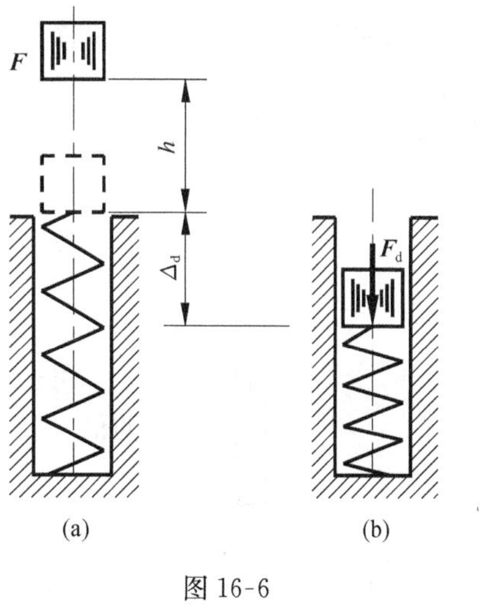

图 16-6

梁)，重 F 的冲击物从距弹簧顶端为 h 的高度自由下落，与弹簧接触后其速度迅速下降至零。此时弹簧达到最大变形 Δ_d，冲击载荷也达到最大值 F_d，此后为弹性振动阶段。

在重物下落至速度为零这一过程中，冲击物动能变化 $T=0$，重力势能变化 $V=F(h+\Delta_d)$，冲击力所作的功全部转化为弹簧的应变能 $V_\varepsilon=F_d\cdot\Delta_d/2$。根据机械能守恒定律，冲击物的动能和势能的减少量应等于被冲击物应变能的增量：

$$T+V=V_\varepsilon \tag{16-7}$$

即

$$F(h+\Delta_d)=\frac{1}{2}F_d\cdot\Delta_d \tag{a}$$

将重物的重量 F 以静载的方式加于图 16-6 所示的弹簧上，并分别以 Δ_{st} 和 σ_{st} 表示与静载对应的位移和应力。注意到弹性范围内载荷、位移和应力成正比，即有

$$\frac{F_d}{F}=\frac{\Delta_d}{\Delta_{st}}=\frac{\sigma_d}{\sigma_{st}}=K_d \tag{b}$$

将 $F_d=\dfrac{\Delta_d}{\Delta_{st}}F$ 带入式(a)并整理后得

$$\Delta_d^2-2\Delta_{st}\Delta_d-2h\Delta_{st}=0$$

求解得

$$\Delta_d=\left(1\pm\sqrt{1+\frac{2h}{\Delta_{st}}}\right)\Delta_{st}$$

显然应取正号，即有

$$\Delta_d=\left(1+\sqrt{1+\frac{2h}{\Delta_{st}}}\right)\Delta_{st}=K_d\Delta_{st} \tag{16-8}$$

式中

$$K_d=\frac{\Delta_d}{\Delta_{st}}=1+\sqrt{1+\frac{2h}{\Delta_{st}}} \tag{16-9}$$

将式(16-8)代入式(b)得

$$F_d=K_dF,\sigma_d=K_d\sigma_{st} \tag{16-10}$$

由式(16-9)可以看出，只要求出冲击动荷因数 K_d，再分别乘以静载荷、静位移和静应力，就可以求出冲击时的动载荷、动位移和动应力。

下面就工程中几种常见的冲击问题，讨论动荷因数的计算。

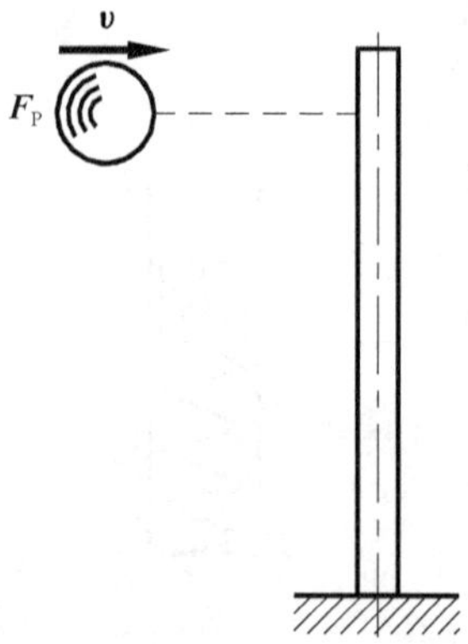

图 16-7

1. 突加载荷情况

因 $h=0$，由式(16-9)得

$$K_d=1+\sqrt{1+0}=2$$

可见，突加载荷情况下，构件的变形和应力是静载荷作用时的两倍。

2. 水平冲击问题

重为 F_P 的物体以水平速度 v 冲击构件，如图 16-7 所示。在构

件被冲击变形最大时，冲击物的初始动能完全转化为构件的应变能，于是由能量守恒原理和式(b)得到

$$K_d = \sqrt{\frac{v^2}{g\Delta_{st}}} \tag{16-11}$$

式中，Δ_{st}为大小等于 F_P 的水平力作用在构件上的被冲击点时，引起的水平方向（即冲击方向）的静位移。

3. 突然刹车问题

如图 16-8 所示的重物重 F_P，在匀速下降过程中突然刹车。设重物静止地悬挂于绳索上时，绳索的变形为 Δ_{st}，突然刹车后，绳索中最大拉力为 F_d，最大变形为 Δ_d，则重物刹车前后能量减小为 $T+V=F_Pv^2/(2g)+F_P(\Delta_d-\Delta_{st})$，绳索应变能的增量 $V_\varepsilon=F_d\Delta_d/2-F_P\Delta_{st}/2$。代入式(16-7)，求解得

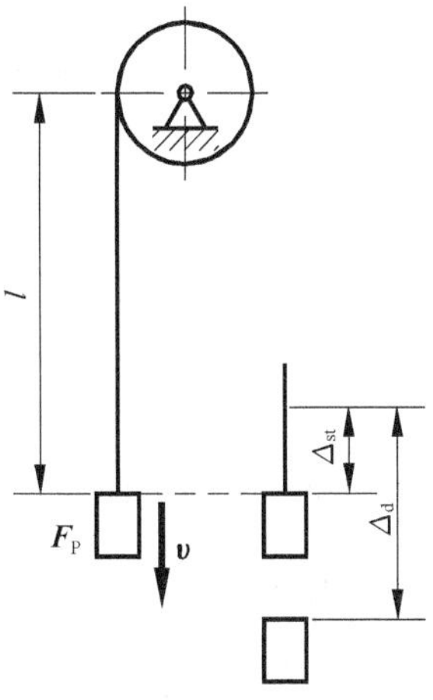

图 16-8

$$K_d = 1+\sqrt{\frac{v^2}{g\Delta_{st}}} \tag{16-12}$$

例 16-1 如图所示两个相同的钢梁受相同的自由落体冲击，一个支于刚性支座上（图 16-9(a)），一个支于刚度为 $k=100\text{N/mm}$ 的弹簧上（图 16-9(b)）。已知梁的跨度 $l=3\text{m}$，$h=50\text{mm}$，重物 P 重 $F_P=1\text{kN}$，钢梁的 $I_z=34\times10^6\text{mm}^4$，$W_z=309\times10^3\text{mm}^3$，$E=200\text{GPa}$，试比较二者的冲击应力。

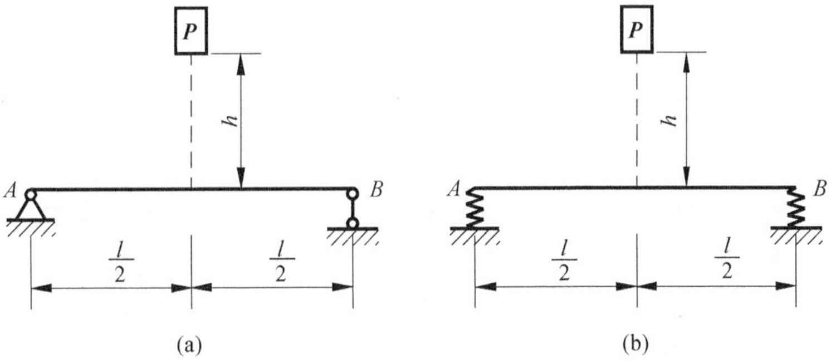

图 16-9

解：(1) 对于图 16-9(a)有

$$\Delta_{st}=\frac{F_Pl^3}{48EI}=\frac{1000\text{N}\times(3\text{m})^3}{48\times200\times10^9\text{Pa}\times3.4\times10^{-5}\text{m}^4}=8.27\times10^{-5}\text{m}=8.27\times10^{-2}\text{mm}$$

$$K_d=1+\sqrt{1+\frac{2\times50\text{mm}}{8.27\times10^{-2}\text{mm}}}=35.8$$

$$\sigma_{st}=\frac{F_Pl}{4W_z}=\frac{1000\text{N}\times3\text{m}}{4\times3.09\times10^{-4}\text{m}^3}=2.43\times10^6\text{Pa}=2.43\text{MPa}$$

所以

$$\sigma_d=35.8\times2.43\text{MPa}=87\text{MPa}$$

(2) 对于图 16-9(b)有

$$\Delta_{st}=\frac{F_Pl^3}{48EI}+\frac{F_P}{2k}=\frac{1000\text{N}\times(3\text{m})^3}{48\times200\times10^9\text{Pa}\times3.4\times10^{-5}\text{m}^4}+\frac{500\text{N}}{1\times10^5\ \text{N/m}}$$
$$=5.08\times10^{-3}\text{m}=5.08\text{mm}$$
$$K_d=1+\sqrt{1+\frac{2\times50\text{mm}}{5.08\text{mm}}}=5.55$$

所以

$$\sigma_d=5.55\times2.43\text{MPa}=13.5\text{MPa}$$

16.3.3 提高构件的抗冲击能力

前面的分析表明，冲击时构件中动应力的大小与动荷因数有关，所以，要提高构件的抗冲击能力，主要从降低冲击动荷因数着手。

从动荷因数的计算公式可知，被冲击构件的静位移 Δ_{st} 越大，动荷因数越小。这是因为产生较大静位移的构件，其刚度较小，较为柔软，能吸收较多的冲击能量，从而增大构件的缓冲能力。所以，在条件允许的情况下，应尽量增大静位移，减小构件刚度以达到降低冲击应力的目的。例如，汽车大梁与轮轴之间安装叠板弹簧、火车车厢与轮轴之间安装螺旋弹簧、某些机器或零件上安装橡皮垫圈或座垫，都是利用缓冲装置来增大静位移以降低冲击应力的实例。

当然，采用缩减截面尺寸的方法来减小构件刚度是不可取的，它会使应力增大，其结果未必能达到降低冲击动应力的目的。

16.4 交变应力与疲劳破坏

16.4.1 交变应力

1. 交变应力

工程中某些构件所受的载荷是随时间周期性变化的，即承受交变载荷的作用。如图 16-10(a)所示的装有电机的梁，在电机的重力 F_P 的作用下，梁处于平衡位置。当电机转动时，因转子的偏心引起的惯性力 F_I 将迫使梁在静平衡位置上下作周期性振动，危险点的应力将随时间作周期性的变化，如图 16-10(b)所示。

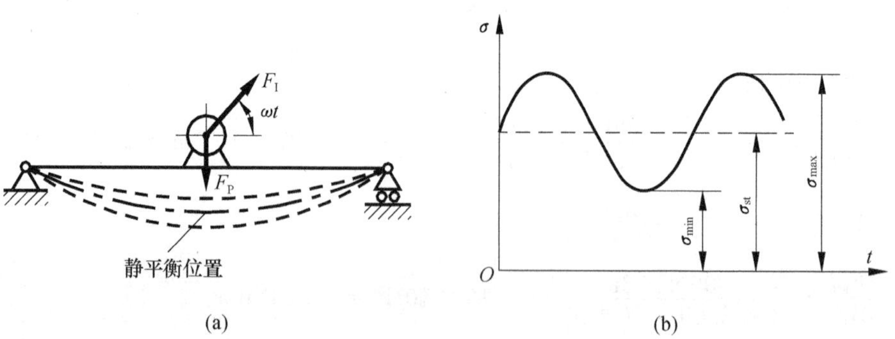

图 16-10

此外，还有一些构件，虽然所受载荷没有变化，但由于构件本身在转动，构件内各点处的应力也随时间作周期性的变化。如图 16-11(a)所示的火车轮轴，承受车厢传来的载荷 F，F 并不随时间变化。轴的弯矩图如图 16-11(b)所示。但由于轴在转动，横截面上除圆心以外各点处的正应力都随时间作周期性变化。如截面边缘上的 i 点处的应力

$$\sigma = \frac{M}{I_z} y = \frac{M}{I_z} \frac{d}{2} \sin\varphi = \frac{M}{I_z} \frac{d}{2} \sin\omega t$$

式中

$$y = \frac{d}{2} \sin\omega t, \quad \varphi = \omega t$$

当 i 点转至位置 1 时(图 16-11(c))，正处于中性轴上，$\sigma=0$；当 i 点转至位置 2 时，$\sigma=\sigma_{max}$；当 i 点转至位置 3 时，又在中性轴上，$\sigma=0$；当 i 点转至位置 4 时，$\sigma=\sigma_{min}$。可见，轴每转一周，i 点处的正应力经过一个循环，如图 16-11(d)所示。

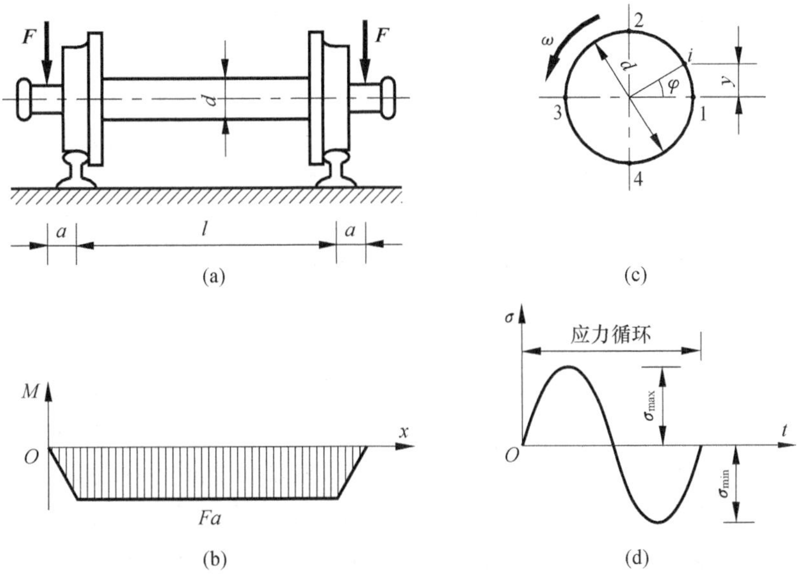

图 16-11

在上述两种情况下，构件中都将产生随时间作周期性变化的应力，这种应力称为**交变应力**。

2. 交变应力的特征

对于图 16-12 所示的随时间作周期性变化的交变应力可以用以下的参数加以描述。

应力循环：应力由某值再回到该值的一个完整的变化周期。

最大应力：应力循环中代数值最大的应力，用 σ_{max} 表示。

最小应力：应力循环中代数值最小的应力，用 σ_{min} 表示。

平均应力：最大应力与最小应力的均值，用 σ_m 表示，$\sigma_m = \frac{\sigma_{max}+\sigma_{min}}{2}$。

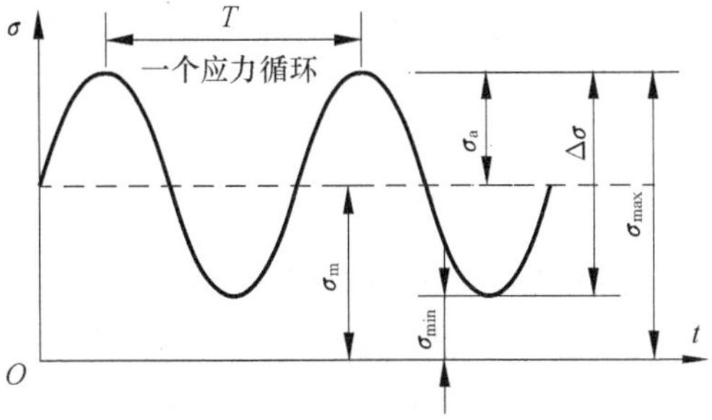

图 16-12

应力幅：最大应力与最小应力代数差的一半，用 σ_a 表示，$\sigma_a=\dfrac{\sigma_{max}-\sigma_{min}}{2}$。

循环特征：最小应力与最大应力的比值，用 r 表示，$r=\dfrac{\sigma_{min}}{\sigma_{max}}$，是一个反映应力变化不对称程度的量，又称为**应力比**。

$r=-1$ 时：$\sigma_{max}=-\sigma_{min}$，此时的应力循环称为**对称循环**，对称循环以外的应力循环都称为**不对称循环**。

$r=0$ 时：$\sigma_{min}=0$，此时的应力循环称为**脉动循环**，它是不对称循环的一种特殊情况。

$r=1$ 时：$\sigma_{max}=\sigma_{min}=\sigma_m$，此时即为**静应力**，它也可视作为不对称循环的一种特殊情况。

16.4.2　疲劳破坏

实验结果以及大量工程构件的破坏现象表明，构件在交变应力作用下的破坏形式与静载荷作用下全然不同。在交变应力作用下，即使应力低于材料的屈服极限（或强度极限），但经过长期重复作用之后，构件往往会骤然断裂。对于由塑性很好的材料制成的构件，也往往在没有明显塑性变形的情况下突然发生断裂。这种构件在交变应力作用下的破坏称为**疲劳破坏**。工程实际中发生的疲劳破坏，占全部力学破坏的 50%～90%，是机械、结构失效的最常见形式。

金属材料的疲劳破坏，一般有三个主要特征：①工作应力远低于强度极限或屈服极限；②破坏前没有明显的塑性变形，破坏表现为脆性断裂；③破坏断口表面呈现部分光滑、部分粗糙的两个截然不同的区域（图 16-13）。

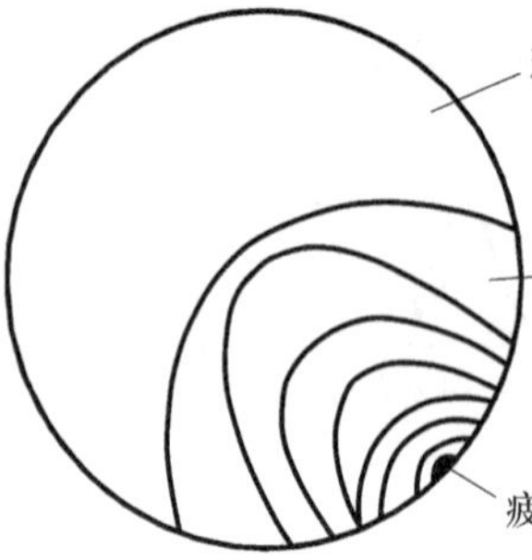

图 16-13

疲劳破坏由于问题复杂，且涉及多学科领域，至今对其机理还没有很清楚的了解，金属材料的疲劳破坏一般解释如下：由于构件不可避免地存在材料不均匀、有夹杂物等缺陷，构件受载后，这些部位会产生应力集中；在交变应力长期反复作用下，这些部位将产生细微的裂纹。在这些细微裂纹的尖端，不仅应力情况复杂，而且有严重的应力集中现象。反复作用的交变应力又导致细微裂纹扩展成宏观裂纹。在裂纹扩展的过程中，裂纹两边的材料时而分离、时而压紧，起到类似“研磨”的作用，从而使该区域十分光滑。随着裂纹的不断扩展，构件的有效截面逐渐减小。当截面削弱到一定程度时，在一个偶然的振动或冲击下，构件就会沿此截面突然断裂。可见，构件的疲劳破坏实质上是由于材料的缺陷而引起细微裂纹，进而扩展成宏观裂纹，裂纹不断扩展后，最后发生脆性断裂的过程。虽然近代的上述研究结果已否定了材料是由于“疲劳”而引起构件的断裂破坏，但习惯上仍然称这种破坏为疲劳破坏。

16.4.3　疲劳极限

构件在交变应力作用下，即使是最大工作应力小于屈服极限（或强度极限），也会发生疲劳破坏。可见，材料的屈服极限、强度极限等静载荷下测定的强度指标不能用作构件在交变应力作用下的疲劳强度指标，疲劳强度极限指标需要重新测定。

材料在交变应用力作用下是否发生破坏，不仅与最大应力 σ_{max} 有关，还与循环特征 r 和循环次数N有关。材料发生疲劳破坏所经历的循环次数又称为**疲劳寿命**。试验表明,在一定的循环特征r下,最大应力σ_{max}越大,到达破坏时的循环次数N就越小,即寿命越短;反之,如最大应力σ_{max}越小,则到达破坏时的循环次数N就越大,即寿命越长。当σ_{max}减小到某一限定值时,虽然经过"无限多次"应力循环,材料仍不发生疲劳破坏,该应力限定值就称为材料的**持久极限**或**疲劳极限**,以σ_r表示。同一种材料在不同循环特征下的疲劳极限σ_r是不相同的,对称循环下的疲劳极限σ_{-1}是衡量材料疲劳强度的一个基本指标。不同材料的σ_{-1}是不相同的。

材料的疲劳极限可按国家标准由疲劳试验来测定。应该指出,由疲劳试验测得的是材料的疲劳极限,而实际构件的疲劳极限,不仅与材料有关,还受到构件形状、尺寸大小、表面加工质量和工作环境等因素的影响。

习 题

16.1 用两根吊索向上匀加速平行地吊起一根No.14工字钢。已知加速度$a=10\text{m/s}^2$,工字钢长$l=12\text{m}$,吊索横截面面积$A=72\text{mm}^2$。只考虑工字钢重,不计吊索自重,试求工字钢的最大弯曲正应力和吊索的动应力。

16.2 图示钢轴AB的直径为80mm,轴上有一直径为80mm的钢质圆管CD,CD垂直于AB。若AB以匀角速度$\omega=40\text{rad/s}$转动,材料的许用应力$[\sigma]=70\text{MPa}$,单位体积重量为78kN/m^3,试校核AB轴和CD杆的强度。

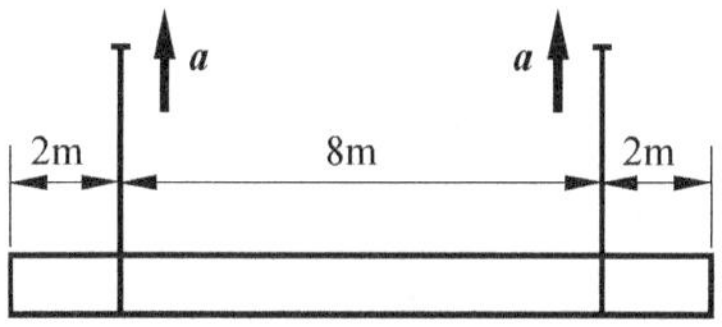

习题16.1图

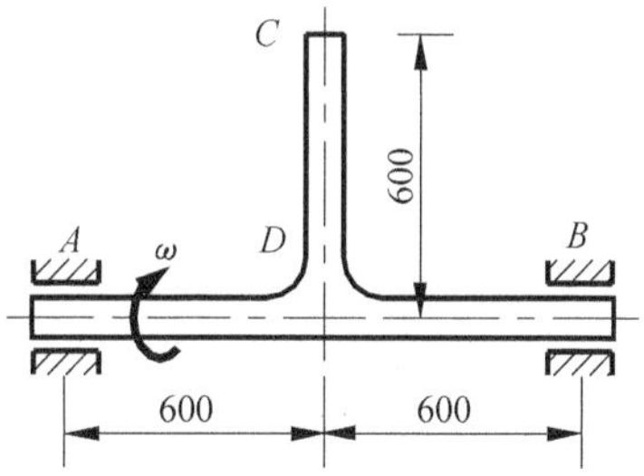

习题16.2图

16.3 图示重物$F_P=1\text{kN}$,自高度为0.04m处下落到AB梁的自由端B点。已知梁长$l=2\text{m}$,截面为矩形,高宽比$h/b=1.5$,材料的弹性模量$E=10\text{GPa}$,许用应力$[\sigma]=11\text{MPa}$,试根据强度条件确定截面尺寸h和b。

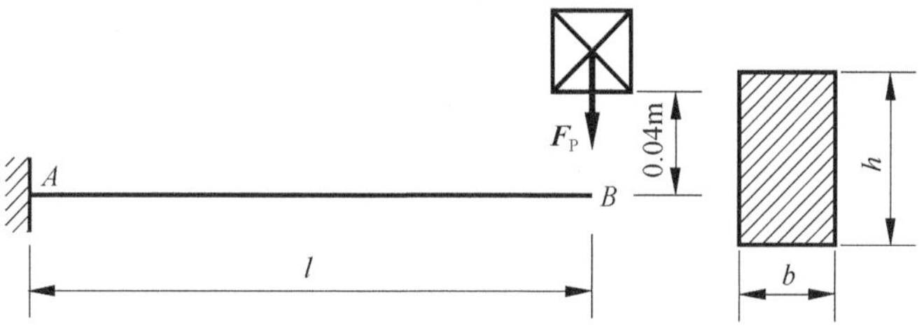

习题16.3图

16.4 梁的支承情况如图所示,已知弹簧刚度$k=100\text{N/mm}$,梁的弹性模量$E=200\text{GPa}$。一重为$F_P=2\text{kN}$的物体P自高度$H=30\text{mm}$处自由落体到梁上。求梁2截面处的最大冲击正应力及1截面处的挠度。

16.5 如图所示杆AB的上端固定,下端有一弹簧,弹簧在1kN静载荷作用下缩短0.625mm,杆的直径$d=40\text{mm}$,$l=4\text{m}$,杆的许用应力$[\sigma]=120\text{MPa}$,弹性模量$E=200\text{GPa}$。杆上方重物P的重量$F_P=15\text{kN}$,自高度h处沿杆轴自由下落在弹簧上。试确定物体自由下落许可的高度h。若没有弹簧,物体自由下落许可的高度h又为多少?

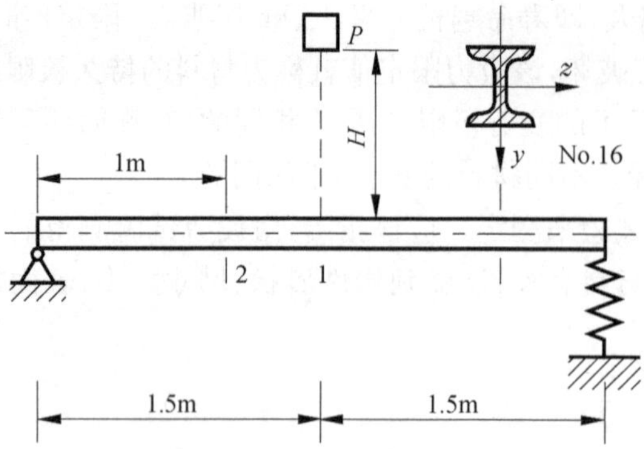

习题 16.4 图

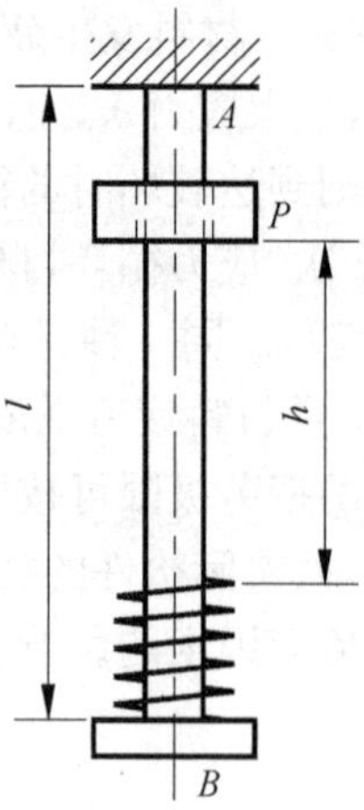

习题 16.5 图

16.6 图示直径为 d 的圆轴在匀速旋转中，所受外力的大小和空间位置保持不变。试求危险点的应力比 r。

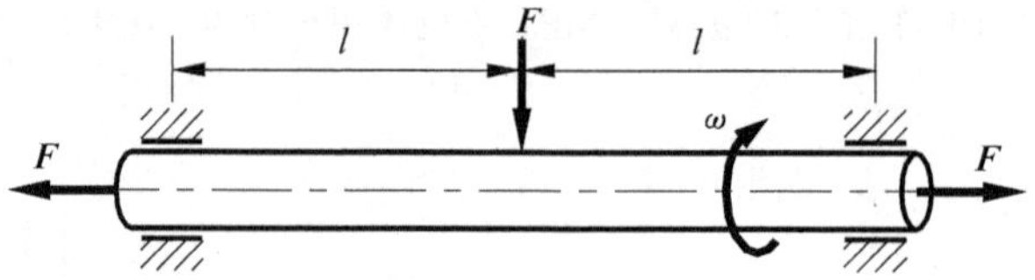

习题 16.6 图

16.7 交变应力的应力-时间历程曲线如图所示，则平均应力、应力幅值和应力比 r 分别为多少？

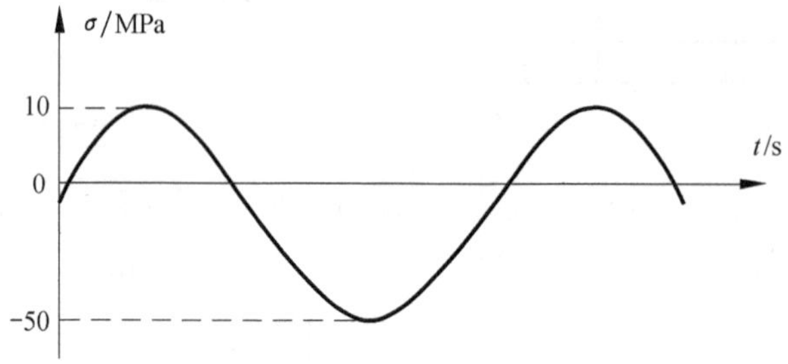

习题 16.7 图

部分习题答案

第1章 静力学基础

1.2 $F_{1x}=0, F_{1y}=0, F_{1z}=6\text{kN}$; $F_{2x}=0, F_{2y}=-8.94\text{kN}, F_{2z}=4.47\text{kN}$; $F_{3x}=-16.04\text{kN}, F_{3y}=10.69\text{kN}$, $F_{3z}=-5.34\text{kN}$

1.3 (c) $M_O(\boldsymbol{F})=-15\text{N}\cdot\text{m}$; (d) $M_O(\boldsymbol{F})=\frac{\sqrt{2}}{2}F(l-d)$

1.4 $M_x(\boldsymbol{F}_1)=0$, $M_y(\boldsymbol{F}_1)=-20\text{N}\cdot\text{m}$, $M_z(\boldsymbol{F}_1)=0$

$M_x(\boldsymbol{F}_2)=-9.29\text{N}\cdot\text{m}$, $M_y(\boldsymbol{F}_2)=-3.71\text{N}\cdot\text{m}$, $M_z(\boldsymbol{F}_2)=18.57\text{N}\cdot\text{m}$

$M_x(\boldsymbol{F}_3)=22.36\text{N}\cdot\text{m}$, $M_y(\boldsymbol{F}_3)=-8.94\text{N}\cdot\text{m}$, $M_z(\boldsymbol{F}_3)=44.72\text{N}\cdot\text{m}$

1.5 $M_z(\boldsymbol{F})=-101.4\text{N}\cdot\text{m}$

1.6 $M_x(\boldsymbol{F})=F(h-3r)/4$, $M_y(\boldsymbol{F})=\sqrt{3}F(h+r)/4$, $M_z(\boldsymbol{F})=-Fr/2$

1.7 $\boldsymbol{M}_A(\boldsymbol{F})=Fd(-3\boldsymbol{i}+4\boldsymbol{j}-7\boldsymbol{k})/5$, $M_x(\boldsymbol{F})=0$, $M_y(\boldsymbol{F})=0, M_z(\boldsymbol{F})=-4Fd/5$

1.8 $\boldsymbol{F}'_R=-100\boldsymbol{j}\text{N}$, $M_O=260\text{N}\cdot\text{m}$

1.9 $\boldsymbol{F}'_R=(-15.73\boldsymbol{i}+28.38\boldsymbol{j}+0.93\boldsymbol{k})\text{kN}$, $\boldsymbol{M}_O=(-10.54\boldsymbol{i}-18.51\boldsymbol{j}+85.15\boldsymbol{k})\text{kN}\cdot\text{m}$

1.10 (1) 2.71kN; (2) 3.90kN; (3) 2.5kN

1.11 $\boldsymbol{M}=(-75\boldsymbol{i}+22.5\boldsymbol{j})\text{N}\cdot\text{m}$

第2章 力系简化

2.1 $F'_R=466.5\text{N}$, $M_O=21.44\text{N}\cdot\text{m}$, $F_R=466.5\text{N}$, $d=45.96\text{mm}$

2.2 (1) $F'_R=150\text{N}(\leftarrow)$, $M_O=-900\text{N}\cdot\text{mm}(\curvearrowright)$; (2) $F_R=150\text{N}(\leftarrow)$, $y=-6\text{mm}$

2.3 $F'_R=2.5\text{kN}$, $M_A=-580\text{N}\cdot\text{m}$; $F_R=2.5\text{kN}$, $x=0.29\text{m}$

2.4 $F'_R=5\text{kN}$, $M_A=-15\text{kN}\cdot\text{m}$, D点

2.5 $\boldsymbol{F}'_R=(-300\boldsymbol{i}-200\boldsymbol{j}+300\boldsymbol{k})\text{N}$, $\boldsymbol{M}_O=(200\boldsymbol{i}-300\boldsymbol{j})\text{N}\cdot\text{m}$

$\boldsymbol{F}_R=(-300\boldsymbol{i}-200\boldsymbol{j}+300\boldsymbol{k})\text{N}$, 通过点(1,2/3,0)

2.6 $\boldsymbol{F}'_R=(-4\boldsymbol{j}-8\boldsymbol{k})\text{N}$, $\boldsymbol{M}_O=(24\boldsymbol{j}-12\boldsymbol{k})\text{N}\cdot\text{m}$

2.7 (a) $x_c=29.71\text{mm}$(距左边);

(b) $y_c=105\text{mm}$(距下边);

(c) $y_c=153.3\text{mm}$(距下边);

(d) $C(83.3\text{mm}, 49.5\text{mm})$(相对于左下角);

(e) $x_c=177.2\text{mm}$(距左边)

2.8 $x_c=0.51\text{m}$, $y_c=1.41\text{m}$, $z_c=0.72\text{m}$

2.9 $h=r/\sqrt{2}$

2.10 (a) $qa, -qa^2/2$;

(b) $q(a+b)/2$, $-q(2a^2+3ab+b^2)/6$;

(c) $(q_1+q_2)l/2$, $-(q_1+2q_2)l^2/6$

第3章 静力学平衡问题

3.1 (a) $F_{Ax}=0$, $F_{Ay}=20\text{kN}(\downarrow)$, $F_B=40\text{kN}(\uparrow)$;

(b) $F_{Ax}=0$， $F_{Ay}=15kN(\uparrow)$， $F_B=21kN(\uparrow)$

3.2 $F_{Ax}=-3kN(\leftarrow)$， $F_{Ay}=53.46kN(\uparrow)$， $F_B=51.73kN(\uparrow)$

3.3 $F_{Ax}=20kN$， $F_{Ay}=100kN$， $M_A=130kN\cdot m$

3.4 $l_{min}=25.2m$

3.5 $F_{P,max}=7.41kN$

3.6 $F_A=F_C=\dfrac{M}{2\sqrt{2}a}$

3.7 $F_{Ax}=104kN$， $F_{Ay}=60kN$， $M_A=220kN\cdot m$， $F_C=120kN$

3.8 $F_A=-48.33kN$， $F_B=100kN$， $F_D=8.33kN$

3.9 $F_B=F_{P1}+F_Pa/2l$， $F_C=F_{P1}+F_P(2l-a)/(2l)$， $F_T=(F_{P1}+F_Pa/l)l\cos\alpha/(2h)$

3.10 $F_{Ax}=70kN$， $F_{Ay}=30kN$， $F_{Gx}=50kN$， $F_{Gy}=10kN$， $F_{BE}=40kN$， $F_{CE}=50\sqrt{2}kN$

3.11 $F_{Ax}=-F$， $F_{Ay}=-F$， $F_{Dx}=2F$， $F_{Dy}=F$， $F_{Bx}=-F$， $F_{By}=0$

3.12 $F_{Ax}=1.20kN$， $F_{Ay}=0.15kN$， $F_B=1.05kN$， $F_{BC}=-1.50kN$

3.13 $F_{P1}/F_{P2}=a/l$

3.14 $F=373.5N$

3.15 $M=70.36N\cdot m$

3.16 $M=Fr\cos(\beta-\theta)/\sin\beta$

3.17 $F_{OA}=-14.14kN$， $F_{OB}=F_{OC}=7.07kN$

3.18 $M_1=M_2b/a+M_3c/a$， $F_{Ay}=M_3/a$， $F_{Az}=M_2/a$， $F_{Dx}=0$， $F_{Dy}=-M_3/a$， $F_{Dz}=-M_2/a$

3.19 $F=5.31kN$， $F_{Az}=7.27kN$， $F_{Ay}=-1.67kN$， $F_{Bz}=4.55kN$， $F_{By}=-3.33kN$

3.20 $F_1=F_5=-F$， $F_3=F$， $F_2=F_4=F_6=0$

3.21 $F=200N$， $F_2=2.40kN$， $F_{Ax}=86.6N$， $F_{Ay}=150N$， $F_{Az}=100N$， $F_{Bx}=F_{Bz}=0$

3.22 $F_{Ax}=4kN$， $F_{Az}=-1.46kN$， $F_{Bx}=7.9kN$， $F_{Bz}=-2.88kN$

3.24 (a) $F_1=F_7=-69.28kN$， $F_2=F_6=34.64kN$， $F_3=F_5=23.09kN$， $F_4=-46.19kN$;

(b) $F_1=F_5=F_7=F_8=-22.36kN$， $F_2=F_9=20kN$， $F_3=F_4=F_{11}=0$，

$F_{10}=F_{13}=40kN$， $F_6=10kN$， $F_{12}=-44.72kN$

3.25 (a) $F_1=-125kN$， $F_2=53kN$， $F_3=87.5kN$;

(b) $F_1=10\sqrt{3}kN$， $F_2=10kN$， $F_3=-5kN$

3.26 $F_{CD}=-0.866F$

3.27 $F_1=-4F/9$， $F_2=-2F/3$， $F_3=0$

3.28 $40.21kN\leqslant F_P\leqslant 104.2kN$

3.29 $f_s=0.223$

3.30 $s=0.456l,\theta\geqslant 74.1^\circ$

3.31 $l_{min}=100mm$

3.32 300N

3.33 $b<11cm$

3.34 $l\geqslant 2Mef_s/(M-Fe)$

3.35 $M\sin(\theta-\varphi)/[l\cos\theta\cos(\beta-\varphi)]\leqslant F\leqslant M\sin(\theta+\varphi)/[l\cos\theta\cos(\beta+\varphi)]$

3.36 $0.71kN\leqslant F\leqslant 2.69kN$

3.37 $\theta=28.1^\circ$

第 4 章　材料力学的基本假设和基本概念

4.1 $F_S=F$,铅垂向下,$M=Fb$,顺时针

4.2 $F_N=F$， $F_S=F$， $M=F(a-b)$(顺时针)

4.3 1-1 截面 $F_{N1}=F/(2\sin\alpha)$， 2-2 截面 $F_{N2}=-F\cot\alpha/2$， $F_{S2}=F/2$， $M_2=Fl/4$

4.4 $(\gamma_A)_a=0$， $(\gamma_A)_b=-2\alpha$

4.5 $\varepsilon_{AB,m}=1.00\times10^{-3}$， $\varepsilon_{CD,m}=2.00\times10^{-3}$， $\gamma_A=1.00\times10^{-3}\text{rad}$

第 5 章 轴向拉伸与压缩

5.1 (a) $F_{N,max}=F$； (b) $F_{N,max}=F$； (c) $F_{N,max}=3\text{kN}$； (d) $F_{N,max}=1\text{kN}$

5.2 $F_2=62.5\text{kN}$

5.3 $\sigma=76.4\text{MPa}$

5.4 $\sigma_{45^\circ}=5\text{MPa}$， $\tau_{45^\circ}=5\text{MPa}$

5.5 (1) $E=70\text{GPa}$， $\sigma_p=230\text{MPa}$；

(2) $\varepsilon=0.0076$， $\varepsilon_p=0.0026$， $\varepsilon_e=0.0050$

5.6 $E=70\text{GPa}$， $\mu=0.33$

5.7 (1) $d=17.84\text{mm}$； (2) $A\geqslant833.3\text{mm}^2$； (3) $[F]=15.7\text{kN}$

5.8 $\sigma=5.63\text{MPa}<[\sigma]$，安全。

5.9 $d\geqslant20\text{mm}, b\geqslant84.1\text{mm}$

5.10 $[F]=58.3\text{kN}$

5.11 (1) $n=3.95$； (2) 14 个

5.12 $\Delta l=-0.20\text{mm}$

5.13 (2) $\sigma_{AC}=-2.5\text{MPa}$， $\sigma_{CB}=-6.5\text{MPa}$；

(3) $\varepsilon_{AC}=-0.25\times10^{-3}$； $\varepsilon_{CB}=-0.65\times10^{-3}$；

(4) $\Delta l=-1.35\text{mm}$

5.14 $\Delta_{BC}=Fl[1-2x/a+3x^2/(2a^2)]/(EA)$

5.15 $F=53.1\text{kN}$， $[F]=56.5\text{kN}$， $\Delta_{Dy}=1.524\text{mm}$

5.16 $x=ll_1E_2A_2/(l_1E_2A_2+l_2E_1A_1)$

5.17 $K=0.729\text{kN/m}^3$， $|\Delta l|=1.97\text{mm}$

5.18 $F_{N1}=5F/6$， $F_{N2}=F/3$， $F_{N3}=-F/6$

5.19 $\sigma_1=66.6\text{MPa}$， $\sigma_2=133.2\text{MPa}$

5.20 $F_1=[1/4-e/(\sqrt{2}a)]F$， $F_2=F_4=\frac{1}{4}F$， $F_3=[1/4+e/(\sqrt{2}a)]F$

5.21 $F=698\text{kN}$

5.22 (a) $\sigma_{max}=131\text{MPa}$； (b) $\sigma_{max}=78.8\text{MPa}$

5.23 $\sigma_{BC}=30.3\text{MPa}$， $\sigma_{BD}=-26.2\text{MPa}$

5.24 $A=857\text{mm}^2$

5.25 $\sigma_{DF}=145.5\text{MPa}$， $\sigma_{AB}=\sigma_{AC}=168\text{MPa}$

第 6 章 连接件的实用计算

6.1 $a\geqslant11\text{mm}, l\geqslant87.7\text{mm}$

6.2 $F=37.3\text{kN}$

6.3 $\tau_{铆}=51\text{MPa}$， $\tau_{销}=61.2\text{MPa}$

6.4 $\sigma=166.67\text{MPa}$， $\tau=52.61\text{MPa}$， $\sigma_{bs}=90.91\text{MPa}$

6.5 $\tau=15.9\text{MPa}\leqslant[\tau]$，满足强度条件

6.6 $\tau=28.6\text{MPa}\leqslant[\tau]$，满足剪切强度条件

$\sigma_{bs}=95.9\text{MPa}\leqslant[\sigma_{bs}]$，满足挤压强度条件

6.7 $\tau=43.3\text{MPa}$， $\sigma_{bs}=59.5\text{MPa}$

6.8 $d\leqslant5.95\text{mm}$

第7章 扭 转

7.2 $m=13.26\text{N}\cdot\text{m/m}$

7.5 $\tau_p=35.0\text{MPa}$， $\tau_{max}=87.6\text{MPa}$

7.6 (1) $\tau_{max}=70.77\text{MPa}$； (2) 6.25%； (3) 6.67%

7.7 $\tau_{max}=67.53\text{MPa}<[\tau]$

7.8 $D_1\geqslant45.0\text{mm}, D_2\geqslant46.0\text{mm}$

7.9 AE段：$\tau_{max}=45.17\text{MPa}<[\tau], \theta=0.46(°)/\text{m}<[\theta]$

BC段：$\tau_{max}=71.30\text{MPa}<[\tau], \theta=1.02(°)/\text{m}<[\theta]$

7.10 $\varphi_B=ml^2/(2GI_p)$

7.11 (1) $[M_e]=110\text{N}\cdot\text{m}$； (2) $\varphi=-0.022\text{rad}$

7.12 (1) $\tau_{max}=47.7\text{MPa}$； (2) $\theta_{max}=1.37(°)/\text{m}$

7.13 (1) $d_1=85\text{mm}$， $d_2=75\text{mm}$

7.14 $\tau_{max}=23.9\text{MPa}$， $\theta_{max}=0.43(°)/\text{m}$

7.15 $d=65\text{mm}$

7.16 $T_1=T_2=\varphi G_1G_2I_{p1}I_{p2}/(aG_2I_{p2}+bG_1I_{p1})$

7.17 $M_A=[M_{e1}(b+c)+M_{e2}c]/(a+b+c)$， $M_B=[M_{e1}a+M_{e2}(a+b)]/(a+b+c)$

7.18 $[M_e]=602\text{N}\cdot\text{m}$

第8章 弯曲内力

8.1 (a) $F_{S1}=2qa, M_1=-3qa^2/2; F_{S2}=2qa, M_2=-qa^2/2$；

(b) $F_{S1}=10\text{kN}, M_1=4\text{kN}\cdot\text{m}; F_{S2}=0, M_2=4\text{kN}\cdot\text{m}; F_{S3}=0, M_3=4\text{kN}\cdot\text{m}$；

(c) $F_{S1}=1.33\text{kN}, M_1=267\text{N}\cdot\text{m}; F_{S2}=-0.667\text{kN}, M_2=333\text{N}\cdot\text{m}$；

(d) $F_{S1}=1\text{kN}, M_1=9\text{kN}\cdot\text{m}; F_{S2}=-8\text{kN}, M_2=0$；

(e) $F_{S1}=1\text{kN}, M_1=2\text{kN}\cdot\text{m}; F_{S2}=-3\text{kN}, M_2=-8\text{kN}\cdot\text{m}; F_{S3}=0, M_3=0$；

(f) $F_{S1}=5\text{kN}, M_1=10\text{kN}\cdot\text{m}; F_{S2}=-5\text{kN}, M_2=0; F_{S3}=8\text{kN}, M_3=-8\text{kN}\cdot\text{m}$

8.5 $\Delta a=\Delta F_P(l-a)/(F_P+\Delta F_P)$

第9章 截面的几何性质

9.1 (a) $-3\times10^4\text{mm}^3$；

(b) $4.23\times10^4\text{mm}^3$；

(c) $-3.65\times10^5\text{mm}^3$

9.2 $I_y=I_z=\pi R^4/16, I_{yz}=R^4/8$

9.3 (a) $I_z=1.71\times10^6\text{mm}^4$；

(b) $I_z=2.91\times10^6\text{mm}^4$；

(c) $I_z=93.18\times10^6\text{mm}^4$；

(d) $I_z=3.08\times10^8\text{mm}^4$

9.4 (a) $I_z=0.023a^4$；

(b) $I_z=1.06\times10^9\text{mm}^4$；

(c) $I_z=46.51\times10^6\text{mm}^4$；

(d) $I_z=1.51\times10^8\text{mm}^4$

9.5 $I_y=I_z=3.36\times10^6\text{mm}^4$， $I_{xy}=0.50\times10^6\text{mm}^4$

9.6 $I_{y_1}=87.5\times10^6\text{mm}^4$， $I_{z_1}=537.5\times10^6\text{mm}^4$， $I_{y_1z_1}=87.5\times10^6\text{mm}^4$

9.7 $\alpha_0=23.78°$或$\alpha_0=-66.22°$， $I_{y_0}=20.07\times10^4\text{mm}^4$， $I_{z_0}=3.59\times10^4\text{mm}^4$

第 10 章 弯曲应力及弯曲强度

10.1 $\sigma_{\max}=600\text{MPa}$

10.2 $\sigma_a=6.04\text{MPa}$， $\sigma_b=12.9\text{MPa}$

10.3 $F=47.4\text{kN}$

10.4 $h/b=\sqrt{2}$

10.5 $\sigma_{\max}=63.3\text{MPa}$

10.6 $\sigma_{\max}=196\text{MPa}<[\sigma]$，安全

10.7 $b\geqslant277\text{mm}$， $h\geqslant416\text{mm}$

10.8 (1) $d=122\text{mm}$；

(2) $D_1=145\text{mm}$， $d_1=116\text{mm}$；

(3) $A_1/A_2=1.97$

10.9 $F=56.9\text{kN}$

10.10 $[q]=15.7\text{kN/m}$

10.11 $n=3.71$

10.12 $\sigma_{\text{t,max}}=26.2\text{MPa}<[\sigma_\text{t}]$，$\sigma_{\text{c,max}}=52.4\text{MPa}<[\sigma_\text{c}]$，安全；

倒置后，B 截面上边缘的 $\sigma_{\text{t,max}}=52.4\text{MPa}>[\sigma_\text{t}]$，不合理。

10.13 $[F]=309.8\text{kN}$，$\Delta l=0.25\text{mm}$

10.14 $\sigma_{\max}=142\text{MPa}$，$\tau_{\max}=18.1\text{MPa}$

10.15 $\tau=16.2\text{MPa}<[\tau]$，安全

10.16 $b\geqslant107\text{mm}$，$h\geqslant214\text{mm}$

10.17 No. 28a 工字钢；$\tau_{\max}=13.9\text{MPa}<[\tau]$，安全

10.18 $F=3.75\text{kN}$

10.19 $a=1.39\text{m}$

10.20 $\sigma_{\max}=138\text{MPa}<[\sigma]$， $a_{\min}=5.22\text{m}$

10.21 (1) $2\text{m}\leqslant x\leqslant2.67\text{m}$；

(2) No. 50a 工字钢

10.22 $b(x)=0.71x$， $b_{\min}=3\text{mm}$

第 11 章 弯 曲 变 形

11.2 (a) $|\theta|_{\max}=q_0l^3/(24EI)$(↷)， $|w|_{\max}=q_0l^4/(30EI)$(↓)；

(b) $|\theta|_{\max}=5Fa^2/(2EI)$(↶)， $|w|_{\max}=7Fa^3/(2EI)$(↓)；

(c) $|\theta|_{\max}=3ql^3/(128EI)$(↷)， $|w|_{\max}=5.04ql^4/(768EI)$(↓)；

(d) $|\theta|_{\max}=qa^3/(2EI)$(↷)， $|w|_{\max}=11qa^4/(24EI)$(↓)

11.3 (a) $w_A=-Fl^3/(6EI)$(↓)， $\theta_B=-9Fl^2/(8EI)$(↶)；

(b) $w_A=ql^4/(16EI)$(↑)， $\theta_B=ql^3/(12EI)$(↶)；

(c) $w_A=Fl^3/(24EI)$(↑)， $\theta_B=-13Fl^2/(48EI)$(↷)；

(d) $w_A=Fa(3l^2-16al-16a^2)/(48EI)$(↑)， $\theta_B=F(24a^2+16al-3l^2)/(48EI)$(↶)

(e) $w_B=-5qa^4/(24EI)(\downarrow)$， $\theta_B=-qa^3/(4EI)(\curvearrowleft)$；

(f) $w_A=qal^2(5l+6a)/(24EI)(\uparrow)$， $\theta_A=-ql^2(5l+12a)/(24EI)(\curvearrowleft)$

11.4 (a) $w_C=-45qa^4/(8EI)(\downarrow)$；

(b) $w_C=-M_e a^2/(3EI)(\downarrow)$

11.5 $w_B=8.22\text{mm}(\downarrow)$

11.6 $w_B=-5Ma^2/(4EI_1)(\downarrow)$， $\theta_B=-3Ma/(2EI_1)(\curvearrowleft)$

11.7 $w_D=-Fa^3/(3EI)(\downarrow)$

11.8 $|w|_{\max}=12.0\text{mm}<[\delta]$，安全

11.9 $d=190\text{mm}$

11.11 $F_B=17qa/8(\uparrow)$

11.12 (1) $F_C=5F/4(\uparrow)$；

(2) $M_{\max}$减少了 $Fl/2$，w_B 减少了 $25Fl^3/(192EI)$

11.13 $F_1=FI_1l_2^3/(I_2l_1^3+I_1l_2^3)$， $F_2=FI_2l_1^3/(I_2l_1^3+I_1l_2^3)$

11.14 $\sigma_{\max}=109.1\text{MPa}$， $\sigma_{BC}=31.0\text{MPa}$

第12章 应力状态分析和强度理论

12.2 $\sigma_\alpha=0.16\text{MPa}$， $\tau_\alpha=-0.19\text{MPa}$

12.3 (a) $\sigma_\alpha=5\text{MPa}$， $\tau_\alpha=25\text{MPa}$， $\sigma_1=57\text{MPa}$， $\sigma_2=0$， $\sigma_3=-7\text{MPa}$， $\alpha'=-19.3°$，
$\tau'_{\max}=32\text{MPa}$；

(b) $\sigma_\alpha=34.8\text{MPa}$， $\tau_\alpha=11.4\text{MPa}$， $\sigma_1=37\text{MPa}$， $\sigma_2=0$， $\sigma_3=-27\text{MPa}$， $\alpha'=-70.7°$，
$\tau'_{\max}=32\text{MPa}$

12.4 $\sigma_\alpha=-58.1\text{MPa}$， $\tau_\alpha=14.4\text{MPa}$， $\sigma_1=125.5\text{MPa}$， $\sigma_2=0$， $\sigma_3=-59.2\text{MPa}$， $\alpha'=34.5°$

12.5 $\sigma_1=133.3\text{MPa}$， $\sigma_2=0$， $\sigma_3=0$， 第一主方向平行斜边

12.6 (a) $\sigma_1=50\text{MPa}$， $\sigma_2=10\text{MPa}$， 水平方向为第一主方向；

(b) $\sigma_1=120\text{MPa}$， $\sigma_2=20\text{MPa}$， 取 $\sigma=45\text{MPa}$ 为 y 轴正向， $\alpha'=30°$

12.8 $\sigma_{45°}=-39.4\text{MPa}$， $\tau_{45°}=-39.4\text{MPa}$， $\varphi=89.97°$

12.9 (a) $\sigma_1=50\text{MPa}$， $\sigma_2=25\text{MPa}$， $\sigma_3=-25\text{MPa}$， $\tau_{\max}=37.5\text{MPa}$；

(b) $\sigma_1=50\text{MPa}$， $\sigma_2=4.7\text{MPa}$， $\sigma_3=-84.7\text{MPa}$， $\tau_{\max}=67.4\text{MPa}$

12.10 $\sigma_1=0$， $\sigma_2=-19.8\text{MPa}$， $\sigma_3=-60\text{MPa}$

12.11 $\Delta l_{AB}=F(1-\mu)/(\sqrt{2}Eb)$

12.12 $M_e=8.82\text{kN}\cdot\text{m}$

12.13 $F=133\text{kN}$

12.14 $p=2E\varepsilon_0\delta/[(1-2\mu)r]$

12.15 (1) $\sigma_1=151.5\text{MPa}$；

(2) $T_1=3.75\text{kN}\cdot\text{m}$， $T_2=24.2\text{kN}\cdot\text{m}$

12.16 (a) $\sigma_{r3}=80\text{MPa}$；

(b) $\sigma_{r3}=100\text{MPa}$；

(c) $\sigma_{r3}=90\text{MPa}$；

(d) $\sigma_{r3}=90\text{MPa}$

12.17 $\sigma_{r3}=149.0\text{MPa}$， $\sigma_{r4}=141.6\text{MPa}$，强度安全

12.18 $\sigma_{r1}=29.3\text{MPa}$，强度安全

12.19 $\sigma_{rM}=41\text{MPa}$，强度不够

12.20 $[F]=10.3\text{kN}$

第13章 组合变形杆的强度计算

13.1 (1) $h\geqslant 71.2\text{mm}$;

(2) $d\geqslant 52.3\text{mm}$

13.2 $\sigma_{\max}=10.5\text{MPa}<[\sigma]$,强度安全

13.3 $\beta=\arctan[\varepsilon_B b/(\varepsilon_A h)]=\arctan(0.61)=31.4°$, $F=E\varepsilon_A W_z/(0.4\cos\beta)=1025\text{N}$

13.4 $\sigma_{\max}/\sigma=(-2F/a^2)/[-F/(4a^2)]=8$

13.5 $F=18.38\text{kN}$, $e=(\varepsilon_a-\varepsilon_b)h/[6(\varepsilon_a+\varepsilon_b)]=1.785\text{mm}$

13.6 $\sigma_{t,\max}=63.8$, $\sigma_{c,\max}=-65.2\text{MPa}$

13.7 $\sigma_{\max}=2.2+133.3=135.5\text{MPa}$

13.8 $x=l/2+\sqrt{3}F/(2A)=1.795\text{m}$, $\sigma_{\max}=120.8\text{MPa}<1.05[\sigma]$, 强度安全

13.9 $[F]=4.19\text{kN}$

13.10 $e=(F_1+F_2)h/(6F_2)=161.1\text{mm}$

13.11 $\sigma_{\max}=140\text{MPa}$,切槽段的 F 作用线上各点

13.12 $a\leqslant[\sigma]W_z/(\sqrt{5}F)=299\text{mm}$

13.13 $F=13.5\text{kN}$, $\sigma_{r3}=\sqrt{5}E\varepsilon_0=123\text{MPa}$

13.14 $d\geqslant 65.8\text{mm}$

13.15 $[F_P]=788\text{N}$

13.16 $\delta\geqslant 2.64\text{mm}$

13.17 $\sigma_{r3}=86.1\text{MPa}<[\sigma]$,强度安全

13.18 $\sigma_{r4}=28.0\text{MPa}$

13.19 A 截面:$\sigma_{\max}=176\text{MPa}<1.05[\sigma]$;$B$ 截面:$\sigma_{r4}=162\text{MPa}<[\sigma]$,两杆强度安全

13.20 (2) $F_N=200\text{kN}$, $|M_z|=10/3\text{kN}\cdot\text{m}$;

(3) (d)图 $F_N=-1740\text{N}$, $|F_S|=725\text{N}$, $T=-142.5\text{N}\cdot\text{m}$, $|M_y|=342\text{N}\cdot\text{m}$, $M_x=174\text{N}\cdot\text{m}$;

(e)图 $F_N=-F_2/2$, $T=-F_1a/2$, $F_{Sy}=-F_1/2$, $M_x=-3F_1a/4$, $M_y=-F_2a/2$(右凹)

第14章 压杆稳定

14.1 (1) $F_{cr}=37.8\text{kN}$;

(2) $F_{cr}=52.6\text{kN}$;

(3) $F_{cr}=459\text{kN}$

14.3 (a) 2540kN; (b) 2644kN; (c) 3135kN

14.4 $F_{cr}=402\text{kN}$

14.5 $F_{cr}=65.1\text{kN}$

14.6 $\dfrac{h}{b}=1.429$

14.7 $n_{st}=3.09$(直线公式)

14.8 $n=6.5$(直线公式),安全

14.9 $\theta=\arctan(\cot^2\beta)$

14.10 $F_{cr}=595\text{kN}$,方向时 $F_{cr}=303\text{kN}$

14.11 杆1:$\sigma=67.5\text{MPa}<[\sigma]$;杆2:$n=2.87>n_{st}$,能安全工作

14.12 51.5kN

第15章 能 量 法

15.1 $V_\varepsilon = q^2 l^3/(6EA)$

15.2 $V_\varepsilon = \gamma^2 A l^3/(6E)$

15.3 $\theta_B = M_e l/(3EI)$

15.4 $w_B = 11ql^4/(24EI)(\downarrow)$； $\theta_B = 2ql^3/(3EI)(\curvearrowright)$

15.5 $\Delta_{AB} = 5Fa^3/(3EI)(\leftrightarrow)$

15.6 $\Delta_{BV} = (2\sqrt{2}+3)Fl/(2EA)(\downarrow)$

15.7 (a) $w_B = qa^3(4l-a)/(24EI)(\downarrow)$， $\theta_B = qa^3/(6EI)(\curvearrowright)$；

(b) $w_B = 5Fl^3/(384EI)(\downarrow)$， $\theta_B = Fl^2/(12EI)(\curvearrowright)$

15.8 (a) $\Delta_{CV} = 17ql^4/(256EI)(\downarrow)$； (b) $\theta_A = ql^3/(8EI)(\curvearrowleft)$； (c) $\Delta_{BH} = Fr^3/(2EI)(\rightarrow)$

15.9 $\Delta_{AV} = 17.55Fa/(EA)(\downarrow)$

15.10 (1) $\Delta_{BV} = 0.7679\text{cm}(\downarrow)$

15.11 $\Delta_{CV} = 2Fa^3/(3EI) + Fa^3/(GI_P)(\uparrow)$

15.12 $\Delta_{By} = FR^3\pi/(4EI)(\downarrow)$

第16章 动 载 荷

16.1 梁 $\sigma_{d,max} = 125\text{MPa}$， 吊索 $\sigma_{d,max} = 27.9\text{MPa}$

16.2 CD 杆 $\sigma_{d,max} = 2.27\text{MPa}$， AB 轴 $\sigma_{d,max} = 68.2\text{MPa}$

16.3 $b = 160\text{mm}, h = 240\text{mm}$

16.4 $\sigma_{d,max} = 31.6\text{MPa}$， $\Delta_d = 24.5\text{mm}$

16.5 有弹簧时 $h = 388\text{mm}$， 无弹簧时 $h = 9.75\text{mm}$

16.6 $r = (d-4l)/(d+4l)$

16.7 $\sigma_m = -20\text{MPa}$， $\sigma_a = 30\text{MPa}$， $r = -1/5$

参考文献

范钦珊.1998.工程力学教程(Ⅰ).北京:高等教育出版社

范钦珊,刘燕,王琪.2004.理论力学.北京:清华大学出版社

哈尔滨工业大学理论力学教研组.2002.理论力学(Ⅰ).6版.北京:高等教育出版社

贾书惠.2004.理论力学.北京:高等教育出版社

蒋平.2009a.工程力学基础(Ⅰ).2版.北京:高等教育出版社

蒋平.2009b.工程力学基础(Ⅱ).2版.北京:高等教育出版社

刘鸿文.2005.简明材料力学.2版.北京:高等教育出版社

邱棣华,胡性侃,陈忠安等.2004.材料力学.北京:高等教育出版社

屈本宁,张曙红.2008.工程力学.2版.北京:科学出版社

单辉祖.1999.材料力学(Ⅰ).北京:高等教育出版社

单辉祖,谢传锋.2004.工程力学(静力学与材料力学).北京:高等教育出版社

宋瑜,万德立,史云沛.1997.工程力学.北京:石油工业出版社

孙训方,方孝淑,关来泰.2002a.材料力学(Ⅰ).4版.北京:高等教育出版社

孙训方,方孝淑,关来泰.2002b.材料力学(Ⅱ).4版.北京:高等教育出版社

张定华.2004.工程力学.北京:高等教育出版社

浙江大学理论力学教研室.1999.理论力学.3版.北京:高等教育出版社

附录 型 钢 表

附表 1 热轧等边角钢(GB 9787—1988)

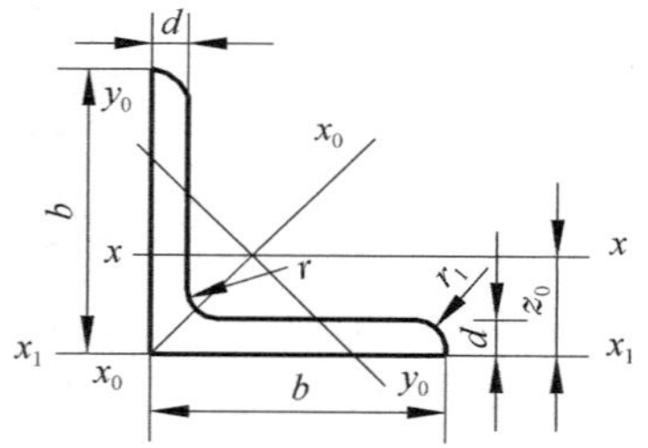

符号意义：

b——边宽度　　I——惯性矩

d——边厚度　　i——惯性半径

r——内圆弧半径　　W——截面系数

r_1——边端内圆弧半径　　z_0——重心距离

型号	尺寸/mm			截面面积 /cm^2	理论质量 /(kg/m)	外表面积 /(m^2/m)	参考数值										z_0/cm
							x-x			x_0-x_0			y_0-y_0			x_1-x_1	
	b	d	r				I_x/cm^4	i_x/cm	W_x/cm^3	I_{x0}/cm^4	i_{x0}/cm	W_{x0}/cm^3	I_{y0}/cm^4	i_{y0}/cm	W_{y0}/cm^3	I_{x1}/cm^4	
2	20	3	3.5	1.132	0.889	0.078	0.40	0.59	0.29	0.63	0.75	0.45	0.17	0.39	0.20	0.81	0.60
		4		1.459	1.145	0.077	0.50	0.58	0.36	0.78	0.73	0.55	0.22	0.38	0.24	1.09	0.64
2.5	25	3		1.432	1.124	0.098	0.82	0.76	0.46	1.29	0.95	0.73	0.34	0.49	0.33	1.57	0.73
		4		1.859	1.459	0.097	1.03	0.74	0.59	1.62	0.93	0.92	0.43	0.48	0.40	2.11	0.76
3.0	30	3	4.5	1.749	1.373	0.117	1.46	0.91	0.68	2.31	1.15	1.09	0.61	0.59	0.51	2.71	0.85
		4		2.276	1.786	0.117	1.84	0.90	0.87	2.92	1.13	1.37	0.77	0.58	0.62	3.63	0.89
3.6	36	3		2.109	1.656	0.141	2.58	1.11	0.99	4.09	1.39	1.61	1.07	0.71	0.76	4.68	1.00
		4		2.756	2.163	0.141	3.29	1.09	1.28	5.22	1.38	2.05	1.37	0.70	0.93	6.25	1.04
		5		3.382	2.654	0.141	3.95	1.08	1.56	6.24	1.36	2.45	1.65	0.70	1.09	7.84	1.07

续表

型号	尺寸/mm			截面面积/cm²	理论质量/(kg/m)	外表面积/(m²/m)	参考数值										z₀/cm
							x-x			x_0-x_0			y_0-y_0			x_1-x_1	
	b	d	r				I_x/cm^4	i_x/cm	W_x/cm^3	I_{x0}/cm^4	i_{x0}/cm	W_{x0}/cm^3	I_{y0}/cm^4	i_{y0}/cm	W_{y0}/cm^3	I_{x1}/cm^4	z_0/cm
4.0	40	3	5	2.359	1.852	0.157	3.59	1.23	1.23	5.69	1.55	2.01	1.49	0.79	0.96	6.41	1.09
		4		3.086	2.422	0.157	4.60	1.22	1.60	7.29	1.54	2.58	1.91	0.79	1.19	8.56	1.13
		5		3.791	2.976	0.156	5.53	1.21	1.96	8.76	1.52	3.10	2.30	0.78	1.39	10.74	1.17
4.5	45	3		2.659	2.088	0.177	5.17	1.40	1.58	8.20	1.76	2.58	2.14	0.89	1.24	9.12	1.22
		4		3.486	2.736	0.177	6.65	1.38	2.05	10.56	1.74	3.32	2.75	0.89	1.54	12.18	1.26
		5		4.292	3.369	0.176	8.04	1.37	2.51	12.74	1.72	4.00	3.33	0.88	1.81	15.25	1.30
		6		5.076	3.985	0.176	9.33	1.36	2.95	14.76	1.70	4.64	3.89	0.88	2.06	18.36	1.33
5	50	3	5.5	2.971	2.332	0.197	7.18	1.55	1.96	11.37	1.96	3.22	2.98	1.00	1.57	12.50	1.34
		4		3.897	3.059	0.197	9.26	1.54	2.56	14.70	1.94	4.16	3.82	0.99	1.96	16.69	1.38
		5		4.803	3.770	0.196	11.21	1.53	3.13	17.79	1.92	5.08	4.64	0.98	2.31	20.90	1.42
		6		5.688	4.465	0.196	13.05	1.52	3.68	20.68	1.91	5.85	5.42	0.98	2.63	25.14	1.46
5.6	56	3	6	3.343	2.624	0.221	10.19	1.75	2.48	16.14	2.20	4.08	4.24	1.13	2.02	17.56	1.48
		4		4.390	3.446	0.220	13.18	1.73	3.24	20.92	2.18	5.28	5.46	1.11	2.52	23.43	1.53
		5		5.415	4.251	0.220	16.02	1.72	3.97	25.42	2.17	6.42	6.61	1.10	2.98	29.33	1.57
		8		8.367	6.568	0.219	23.63	1.68	6.03	37.37	2.11	9.44	9.89	1.09	4.16	47.24	1.68
6.3	63	4	7	4.978	3.907	0.248	19.03	1.96	4.13	30.17	2.46	6.78	7.89	1.26	3.29	33.35	1.70
		5		6.143	4.822	0.248	23.17	1.94	5.08	36.77	2.45	8.25	9.57	1.25	3.90	41.73	1.74
		6		7.288	5.721	0.247	27.12	1.93	6.00	43.03	2.43	9.66	11.20	1.24	4.46	50.14	1.78
		8		9.515	7.469	0.247	34.46	1.90	7.75	54.56	2.40	12.25	14.33	1.23	5.47	67.11	1.85
		10		11.657	9.151	0.246	41.09	1.88	9.39	64.85	2.36	14.56	17.33	1.22	6.36	84.31	1.93
7	70	4	8	5.570	4.372	0.275	26.39	2.18	5.14	41.80	2.74	8.44	10.99	1.40	4.17	45.74	1.86
		5		6.875	5.397	0.275	32.21	2.16	6.32	51.08	2.73	10.32	13.34	1.39	4.95	57.21	1.91
		6		8.160	6.406	0.275	37.77	2.15	7.48	59.93	2.71	12.11	15.61	1.38	5.67	68.73	1.95
		7		9.424	7.398	0.275	43.09	2.14	8.59	68.35	2.69	13.81	17.82	1.38	6.34	80.29	1.99
		8		10.667	8.373	0.274	48.17	2.12	9.68	76.37	2.68	15.43	19.98	1.37	6.98	91.92	2.03

续表

型号	尺寸/mm			截面面积/cm²	理论质量/(kg/m)	外表面积/(m²/m)	参考数值										z_0/cm
							x-x			x_0-x_0			y_0-y_0			x_1-x_1	
	b	d	r				I_x/cm^4	i_x/cm	W_x/cm^3	I_{x0}/cm^4	i_{x0}/cm	W_{x0}/cm^3	I_{y0}/cm^4	i_{y0}/cm	W_{y0}/cm^3	I_{x1}/cm^4	
7.5	75	5	9	7.142	5.818	0.295	39.97	2.33	7.32	63.30	2.92	11.94	16.63	1.50	5.77	70.56	2.04
		6		8.797	6.905	0.294	46.95	2.31	8.64	74.38	2.90	14.02	19.51	1.49	6.67	84.55	2.07
		7		10.160	7.976	0.294	53.57	2.30	9.93	84.96	2.89	16.02	22.18	1.48	7.44	98.71	2.11
		8		11.503	9.030	0.294	59.96	2.28	11.20	95.07	2.88	17.93	24.86	1.47	8.19	112.97	2.15
		10		14.126	11.089	0.293	71.98	2.26	13.64	113.92	2.84	21.48	30.05	1.46	9.56	141.71	2.22
8	80	5	9	7.912	6.211	0.315	48.79	2.48	8.34	77.33	3.13	13.67	20.25	1.60	6.66	85.36	2.15
		6		9.397	7.376	0.314	57.35	2.47	9.87	90.98	3.11	16.08	23.72	1.59	7.65	102.50	2.19
		7		10.860	8.525	0.314	65.58	2.46	11.37	104.07	3.10	18.40	27.09	1.58	8.58	119.70	2.23
8	80	8	9	12.303	9.658	0.314	73.49	2.44	12.83	116.60	3.08	20.61	30.39	1.57	9.46	136.97	2.27
		10		15.126	11.874	0.313	88.43	2.42	15.64	140.09	3.04	24.76	36.77	1.56	11.08	171.74	2.35
9	90	6	10	10.637	8.350	0.354	82.77	2.79	12.61	131.26	3.51	20.63	34.28	1.80	9.95	145.87	2.44
		7		12.301	9.656	0.354	94.83	2.78	14.54	150.47	3.50	23.64	39.18	1.78	11.19	170.30	2.48
		8		13.944	10.946	0.353	106.47	2.76	16.42	168.97	3.48	26.55	43.97	1.78	12.35	194.80	2.52
		10		17.167	13.476	0.353	128.58	2.74	20.07	203.90	3.45	32.04	53.26	1.76	14.52	244.07	2.59
		12		20.306	15.940	0.352	149.22	2.71	23.57	236.21	3.41	37.12	62.22	1.75	16.49	293.76	2.67
10	100	6	12	11.932	9.366	0.393	114.95	3.10	15.68	181.98	3.90	25.74	47.92	2.00	12.69	200.07	2.67
		7		13.796	10.830	0.393	131.86	3.09	18.10	208.97	3.89	29.55	54.74	1.99	14.26	233.54	2.71
		8		15.638	12.276	0.393	148.24	3.08	20.47	235.07	3.88	33.24	61.41	1.98	15.75	267.09	2.76
		10		19.261	15.120	0.392	179.51	3.05	25.06	284.68	3.84	40.26	74.35	1.96	18.54	334.48	2.84
		12		22.800	17.898	0.391	208.90	3.03	29.48	330.95	3.81	46.80	86.84	1.95	21.08	402.34	2.91
		14		26.256	20.611	0.391	236.53	3.00	33.73	374.06	3.77	52.90	99.00	1.94	23.44	470.75	2.99
11	110	7	12	15.196	11.928	0.433	177.16	3.41	22.05	280.94	4.30	36.12	73.38	2.20	17.51	310.64	2.96
		8		17.238	13.532	0.433	199.46	3.40	24.95	316.49	4.28	40.69	82.42	2.19	19.39	355.20	3.01
		10		21.261	16.690	0.432	242.19	3.38	30.60	384.39	4.25	49.42	99.98	2.17	22.91	444.65	3.09
		12		25.200	19.782	0.431	282.55	3.35	36.05	448.17	4.22	57.62	116.93	2.15	26.15	534.60	3.16
		14		29.056	22.809	0.431	320.71	3.32	41.31	508.01	4.18	65.31	133.40	2.14	29.14	625.16	3.24

续表

型号	尺寸/mm			截面面积/cm^2	理论质量/(kg/m)	外表面积/(m^2/m)	参考数值										z_0/cm
							x-x			x_0-x_0			y_0-y_0			x_1-x_1	
	b	d	r				I_x/cm^4	i_x/cm	W_x/cm^3	I_{x0}/cm^4	i_{x0}/cm	W_{x0}/cm^3	I_{y0}/cm^4	i_{y0}/cm	W_{y0}/cm^3	I_{x1}/cm^4	
12.5	125	8	14	19.750	15.504	0.492	297.03	3.88	32.52	470.89	4.88	53.28	123.16	2.50	25.86	521.01	3.37
		10		24.373	19.133	0.491	361.67	3.85	39.97	573.89	4.85	64.93	149.46	2.48	30.62	651.93	3.45
		12		28.912	22.696	0.491	423.16	3.83	41.17	671.44	4.82	75.96	174.88	2.46	35.03	783.42	3.53
		14		33.367	26.193	0.490	481.65	3.80	54.16	763.73	4.78	86.41	199.57	2.45	39.13	915.61	3.61
14	140	10	14	27.373	21.488	0.551	514.65	4.34	50.58	817.27	5.46	82.56	212.04	2.78	39.20	915.11	3.82
		12		32.512	25.522	0.551	603.68	4.31	59.80	958.79	5.43	96.85	248.57	2.76	45.02	1099.28	3.90
		14		37.567	29.490	0.550	688.81	4.28	68.75	1093.56	5.40	110.47	284.06	2.75	50.45	1284.22	3.98
		16		42.539	33.393	0.549	770.24	4.26	77.46	1221.81	5.36	123.42	318.67	2.74	55.55	1470.07	4.06
16	160	10	16	31.502	24.729	0.630	779.53	4.98	66.70	1237.30	6.27	109.36	321.76	3.20	52.76	1365.33	4.31
		12		37.441	29.391	0.630	916.58	4.95	78.98	1455.68	6.24	128.67	377.49	3.18	60.74	1639.57	4.39
		14		43.296	33.987	0.629	1048.36	4.92	90.95	1665.02	6.20	147.17	431.70	3.16	68.24	1914.68	4.47
		16		49.067	38.518	0.629	1175.08	4.89	102.63	1865.57	6.17	164.89	484.59	3.14	75.31	2190.82	4.55
18	180	12	16	42.241	33.159	0.710	1321.35	5.59	100.82	2100.10	7.05	165.00	542.61	3.58	78.41	2332.80	4.89
		14		48.896	38.383	0.709	1514.48	5.56	116.25	2407.42	7.02	189.14	621.53	3.56	88.38	2723.48	4.97
		16		55.467	43.542	0.709	1700.99	5.54	131.13	2703.37	6.98	212.40	698.60	3.55	97.83	3115.29	5.05
		18		61.955	48.634	0.708	1875.12	5.50	145.64	2988.24	6.94	234.78	762.01	3.51	105.14	3502.43	5.13
20	200	14	18	54.642	42.894	0.788	2103.55	6.20	144.70	3343.26	7.82	236.40	863.83	3.98	11.82	3734.10	5.46
		16		62.013	48.680	0.788	2366.15	6.18	163.65	3760.89	7.79	265.93	971.41	3.96	123.96	4270.39	5.54
		18		69.301	54.401	0.787	2620.64	6.15	182.22	4164.54	7.75	294.48	1076.74	3.94	135.52	4808.13	5.62
		20		76.505	60.056	0.787	2867.30	6.12	200.42	4554.55	7.72	322.06	1180.04	3.93	146.55	5347.51	5.69
		24		90.661	71.168	0.785	3338.25	6.07	236.17	5294.97	7.64	374.41	1381.53	3.90	166.65	6457.16	5.87

注：截面图中的 $r_1=\frac{1}{2}d$ 及表中 r 的数据用于孔型设计，不作为交货条件。

附表 2　热轧不等边角钢(GB 9788—1988)

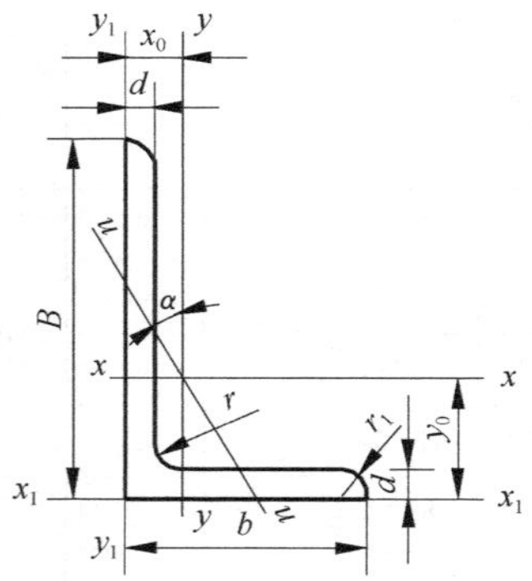

符号意义：

B——长边宽度　　b——短边厚度

d——边厚度　　r——内圆弧半径

r_1——边端内圆弧半径　　I——惯性矩

i——惯性半径　　W——截面系数

x_0——重心距离　　y_0——重心距离

型号	尺寸/mm				截面面积/cm²	理论质量/(kg/m)	外表面积/(m²/m)	参考数值													
								x-x			y-y			x_1-x_1		y_1-y_1		u-u			
	B	b	d	r				I_x/cm⁴	i_x/cm	W_x/cm³	I_y/cm⁴	i_y/cm	W_y/cm³	I_{x1}/cm⁴	y_0/cm	I_{y1}/cm⁴	x_0/cm	I_u/cm⁴	i_u/cm	W_u/cm³	tanα
2.5/1.6	25	16	3	3.5	1.162	0.912	0.080	0.70	0.78	0.43	0.22	0.44	0.19	1.56	0.86	0.43	0.42	0.14	0.34	0.16	0.392
			4		1.499	1.176	0.079	0.88	0.77	0.55	0.27	0.43	0.24	2.09	0.90	0.59	0.46	0.17	0.34	0.20	0.381
3.2/2	32	20	3	3.5	1.492	1.171	0.102	1.53	1.01	0.72	0.46	0.55	0.30	3.27	1.08	0.82	0.49	0.28	0.43	0.25	0.382
			4		1.939	1.522	0.101	1.93	1.00	0.93	0.57	0.54	0.39	4.37	1.12	1.12	0.53	0.35	0.42	0.32	0.374
4/2.5	40	25	3	4	1.890	1.484	0.127	3.08	1.28	1.15	0.93	0.70	0.49	5.39	1.32	1.59	0.59	0.56	0.54	0.40	0.385
			4		2.467	1.936	0.127	3.93	1.26	1.49	1.18	0.69	0.63	8.53	1.37	2.14	0.63	0.71	0.54	0.52	0.381
4.5/2.8	45	28	3	2	2.149	1.687	0.143	4.45	1.44	1.47	1.34	0.79	0.62	9.10	1.47	2.23	0.64	0.80	0.61	0.51	0.383
			4		2.806	2.203	0.143	5.69	1.42	1.91	1.70	0.78	0.80	12.13	1.51	3.00	0.68	1.02	0.60	0.66	0.380
5/3.2	50	32	3	5.5	2.431	1.908	0.161	6.24	1.60	1.84	2.02	0.91	0.82	12.49	1.60	3.31	0.73	1.20	0.70	0.68	0404
			4		3.177	2.494	0.160	8.02	1.59	2.39	2.58	0.90	1.06	16.65	1.65	4.45	0.77	1.53	0.69	0.87	0.402

续表

型号	尺寸/mm				截面面积/cm²	理论质量/(kg/m)	外表面积/(m²/m)	参考数值													
								x-x			y-y			x_1-x_1		y_1-y_1		u-u			
	B	b	d	r				I_x/cm⁴	i_x/cm	W_x/cm³	I_y/cm⁴	i_y/cm	W_y/cm³	I_{x1}/cm⁴	y_0/cm	I_{y1}/cm⁴	x_0/cm	I_u/cm⁴	i_u/cm	W_u/cm³	$\tan\alpha$
5.6/3.6	56	36	3	6	2.473	2.153	0.181	8.88	1.80	2.32	2.92	1.03	1.05	17.54	1.78	4.70	0.80	1.73	0.79	0.87	0.408
			4		3.590	2.818	0.180	11.45	1.79	3.03	3.76	1.02	1.37	23.39	1.82	6.33	0.85	2.23	0.79	1.13	0.408
			5		4.415	3.466	0.180	13.86	1.77	3.71	4.49	1.01	1.65	29.25	1.87	7.94	0.88	2.67	0.78	1.36	0.404
6.3/4	63	40	4	7	4.058	3.185	0.202	16.49	2.02	3.87	5.23	1.14	1.70	33.30	2.04	8.63	0.92	3.12	0.88	1.40	0.398
			5		4.993	3.920	0.202	20.02	2.00	4.74	6.31	1.12	2.71	41.63	2.08	10.86	0.95	3.76	0.87	1.71	0.396
			6		5.908	4.638	0.201	23.36	1.96	5.59	7.29	1.11	2.43	49.98	2.12	13.12	0.99	4.34	0.86	1.99	0.393
			7		6.802	5.339	0.201	26.53	1.98	6.40	8.24	1.10	2.78	58.07	2.15	15.47	1.03	4.97	0.86	2.29	0.389
7/4.5	70	45	4	7.5	4.547	3.570	0.226	23.17	2.26	4.86	7.55	1.29	2.17	45.92	2.24	12.26	1.02	4.40	0.98	1.77	0.410
			5		5.609	4.403	0.225	27.95	2.23	5.92	9.13	1.28	2.65	57.10	2.28	15.39	1.06	5.40	0.98	2.19	0.407
			6		6.647	5.218	0.225	32.54	2.21	6.95	10.62	1.26	3.12	68.35	2.32	18.58	1.09	6.35	0.98	2.59	0.404
			7		7.657	6.011	0.225	37.22	2.20	8.03	12.01	1.25	3.57	79.99	2.36	21.84	1.13	7.16	0.97	2.94	0.402
(7.5/5)	75	50	5	8	6.125	4.808	0.245	34.86	2.39	6.83	12.61	1.44	3.30	70.00	2.40	21.04	1.17	7.41	1.10	2.74	0.435
			6		7.260	5.699	0.245	41.12	2.38	8.12	14.70	1.42	3.88	84.30	2.44	25.37	1.21	8.54	1.08	3.19	0.435
			8		9.467	7.431	0.244	52.39	2.35	10.52	18.53	1.40	4.99	112.50	2.52	34.23	1.29	10.87	1.07	4.10	0.429
			10		11.590	9.098	0.244	62.71	2.33	12.79	21.96	1.38	6.04	140.80	2.60	43.43	1.36	13.10	1.06	4.99	0.423
8/5	80	50	5	8	6.375	5.005	0.255	41.96	2.56	7.78	12.82	1.42	3.32	85.21	2.60	21.06	1.14	7.66	1.10	2.74	0.388
			6		7.560	5.935	0.255	49.49	2.56	9.25	14.95	1.41	3.91	102.53	2.65	25.41	1.18	8.85	1.08	3.20	0.387
			7		8.724	6.848	0.255	56.16	2.54	10.58	16.96	1.39	4.48	119.33	2.69	29.82	1.21	10.18	1.08	3.70	0.384
			8		9.867	7.745	0.254	62.83	2.52	11.92	18.85	1.38	5.03	136.41	2.73	34.32	1.25	11.38	1.07	4.16	0.381
9/5.6	90	56	5	9	7.212	5.661	0.287	60.45	2.90	9.92	18.32	1.59	4.21	121.32	2.91	29.53	1.25	10.98	1.23	3.49	0.385
			6		8.557	6.717	0.286	71.03	2.88	11.74	21.42	1.58	4.96	145.59	2.95	35.58	1.29	12.90	1.23	4.18	0.384
			7		9.880	7.756	0.286	81.01	2.86	13.49	24.36	1.57	5.70	169.60	3.00	41.71	1.33	14.67	1.22	4.72	0.382
			8		11.183	8.779	0.286	91.03	2.85	15.27	27.15	1.56	6.41	194.17	3.04	47.93	1.36	16.34	1.21	5.29	0.380

续表

型号	尺寸/mm				截面面积/cm²	理论质量/(kg/m)	外表面积/(m²/m)	参考数值													
								x-x			y-y			x_1-x_1		y_1-y_1		u-u			
	B	b	d	r				I_x/cm⁴	i_x/cm	W_x/cm³	I_y/cm⁴	i_y/cm	W_y/cm³	I_{x1}/cm⁴	y_0/cm	I_{y1}/cm⁴	x_0/cm	I_u/cm⁴	i_u/cm	W_u/cm³	tanα
10/6.3	100	63	6	10	9.617	7.550	0.320	99.06	3.21	14.64	30.94	1.79	6.35	199.71	3.24	50.50	1.43	18.42	1.38	5.25	0.394
			7		11.111	8.722	0.320	113.45	3.20	16.88	35.26	1.78	7.29	233.00	3.28	59.14	1.47	21.00	1.38	6.02	0.393
			8		12.584	9.878	0.319	127.37	3.18	19.08	39.39	1.77	8.21	266.32	3.32	67.88	1.50	23.50	1.37	6.78	0.391
			10		15.467	12.142	0.319	153.81	3.15	23.32	47.12	1.74	9.98	333.06	3.40	85.73	1.58	28.33	1.35	8.24	0.387
10/8	100	80	6	10	10.637	8.350	0.354	107.04	3.17	15.19	61.24	2.40	10.16	199.83	2.95	102.68	1.97	31.65	1.72	8.37	0.627
			7		12.301	9.656	0.354	122.73	3.16	17.52	70.08	2.39	11.71	233.20	3.00	119.98	2.01	36.17	1.72	9.60	0.626
			8		13.944	10.946	0.353	137.92	3.14	19.81	78.58	2.37	13.21	266.61	3.04	137.37	2.05	40.58	1.71	10.80	0.625
			10		17.167	13.476	0.353	166.87	3.12	24.24	94.65	2.35	16.12	333.63	3.12	172.48	2.13	49.10	1.69	13.12	0.622
11/7	110	70	6	10	10.637	8.350	0.354	133.37	3.54	17.85	42.92	2.01	7.90	265.78	3.53	69.08	1.57	25.36	1.54	6.53	0.403
			7		12.301	9.656	0.354	153.00	3.53	20.60	49.01	2.00	9.09	310.07	3.57	80.82	1.61	28.95	1.53	7.50	0.402
			8		13.944	10.946	0.353	172.04	3.51	23.30	54.87	1.98	10.25	354.39	3.62	92.70	1.65	32.45	1.53	8.45	0.401
			10		17.167	13.476	0.353	208.39	3.48	28.54	65.88	1.96	12.48	443.13	3.70	116.83	1.72	39.20	1.51	10.29	0.397
12.5/8	125	80	7	11	14.096	11.066	0.403	227.98	4.02	26.86	74.42	2.30	12.01	454.99	4.01	120.32	1.80	43.81	1.76	9.92	0.408
			10		19.712	15.474	0.402	312.04	3.98	37.33	100.67	2.26	16.56	650.09	4.14	173.40	1.92	59.45	1.74	13.64	0.404
			12		23.351	18.330	0.402	364.41	3.95	44.01	116.67	2.24	19.43	780.39	4.22	209.67	2.00	69.35	1.72	16.01	0.400
14/9	140	90	8	12	18.038	14.160	0.453	365.64	4.50	38.48	120.69	2.59	17.34	730.53	4.50	195.79	2.04	70.83	1.98	14.31	0.411
			10		22.261	17.475	0.452	445.50	4.47	47.31	140.03	2.56	21.22	913.20	4.58	245.92	2.12	85.82	1.96	17.48	0.409
			12		26.400	20.724	0.451	521.59	4.44	55.87	169.79	2.54	24.95	1096.09	4.66	296.89	2.19	100.21	1.95	20.54	0.409
			14		30.456	23.908	0.451	594.10	4.42	64.18	192.10	2.51	28.54	1279.26	4.74	348.82	2.27	114.13	1.94	23.52	0.403
16/10	160	100	10	13	25.315	19.872	0.512	668.69	5.14	62.13	205.03	2.85	26.56	1362.89	5.24	336.59	2.28	121.74	2.19	21.92	0.390
			12		30.054	23.592	0.511	784.91	5.11	73.49	239.06	2.82	31.28	1635.56	5.32	405.94	2.36	142.33	2.17	25.79	0.388
			14		34.709	27.247	0.510	896.30	5.08	84.56	271.20	2.80	35.83	1908.50	5.40	476.42	2.43	162.23	2.16	29.56	0.385
			16		39.281	30.835	0.510	1003.04	5.05	95.33	301.60	2.77	40.24	2181.79	5.48	548.22	2.51	182.57	2.16	33.44	0.382
18/11	180	110	10	14	28.373	22.273	0.571	956.25	5.80	78.96	278.11	3.13	32.49	1940.40	5.89	447.22	2.44	166.50	2.42	26.88	0.376
			12		33.712	26.464	0.571	1124.72	5.78	93.53	325.03	3.10	38.32	2328.38	5.98	538.94	2.52	194.87	2.40	31.66	0.374
			14		38.967	30.589	0.570	1286.91	5.75	107.76	369.55	3.08	43.97	2716.60	6.06	631.95	2.59	222.30	2.39	36.32	0.372
			16		44.139	34.649	0.569	1443.06	5.72	121.64	411.85	3.06	49.44	3105.15	6.14	726.46	2.67	248.94	2.38	40.87	0.369

续表

型号	尺寸/mm B	b	d	r	截面面积/cm²	理论质量/(kg/m)	外表面积/(m²/m)	参考数值 x-x I_x/cm⁴	i_x/cm	W_x/cm³	y-y I_y/cm⁴	i_y/cm	W_y/cm³	x_1-x_1 I_{x1}/cm⁴	y_0/cm	y_1-y_1 I_{y1}/cm⁴	x_0/cm	u-u I_u/cm⁴	i_u/cm	W_u/cm³	tanα
20/12.5	200	125	12	14	37.912	29.761	0.641	1570.90	6.44	116.73	483.16	3.57	49.99	3193.85	6.54	787.74	2.83	285.79	2.74	41.23	0.392
			14		43.867	34.436	0.640	1800.97	6.41	134.65	550.83	3.54	57.44	3726.17	6.62	922.47	2.91	326.58	2.73	47.34	0.390
			16		49.739	39.045	0.639	2023.35	6.38	152.18	615.44	3.52	64.69	4258.86	6.70	1058.86	2.99	366.21	2.71	53.32	0.388
			18		55.526	43.588	0.639	2238.30	6.35	169.33	677.19	3.49	71.74	4792.00	6.78	1197.13	3.06	404.83	2.70	59.18	0.385

注：1. 括号内型号不推荐使用；

2. 截面图中的 $r_1=\frac{1}{3}d$ 及表中 r 的数据用于孔型设计，不作为交货条件。

附表 3 热轧普通槽钢(GB 707—88)

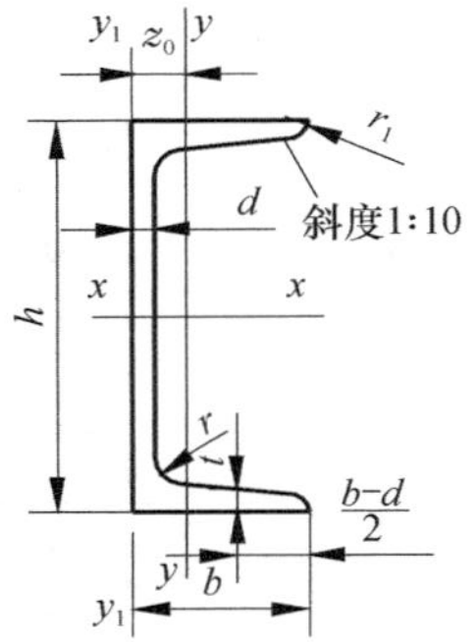

符号意义：

h ——高度

b ——腿宽度

d ——腰厚度

t ——平均腿厚度

r ——内圆弧半径

r_1——腿端圆弧半径

I ——惯性矩

W ——截面系数

i ——惯性半径

z_0——y-y 轴与 y_1-y_1 轴间距

型号	尺寸/mm h	b	d	t	r	r_1	截面面积/cm²	理论质量/(kg/m)	参考数值 x-x W_x/cm³	I_x/cm⁴	i_x/cm	y-y W_y/cm³	I_y/cm⁴	i_y/cm	y_1-y_1 I_{y1}/cm³	z_0/cm
5	50	37	4.5	7.0	7.0	3.5	6.928	5.438	10.4	26.0	1.94	3.55	8.30	1.10	20.9	1.35
6.3	63	40	4.8	7.5	7.5	3.8	8.451	6.634	16.1	50.8	2.45	4.50	11.9	1.19	28.4	1.36
8	80	43	5.0	8.0	8.0	4.0	10.248	8.045	25.3	101	3.15	5.79	16.6	1.27	37.4	1.43

续表

型号	尺寸/mm						截面面积/cm²	理论质量/(kg/m)	参考数值							z_0/cm
									x-x			y-y			y_1-y_1	
	h	b	d	t	r	r_1			W_x/cm^3	I_x/cm^4	i_x/cm	W_y/cm^3	I_y/cm^4	i_y/cm	I_{y1}/cm^3	
10	100	48	5.3	8.5	8.5	4.2	12.748	10.007	39.7	198	3.95	7.8	25.6	1.41	54.9	1.52
12.6	126	53	5.5	9.0	9.0	4.5	15.692	12.318	62.1	391	4.95	10.2	38.0	1.57	77.1	1.59
14a	140	58	6.0	9.5	9.5	4.8	18.516	14.535	80.5	564	5.52	13.0	53.2	1.70	107	1.71
14b	140	60	8.0	9.5	9.5	4.8	21.316	16.733	87.1	609	5.35	14.1	61.1	1.69	121	1.67
16a	160	63	6.5	10	10.0	5.0	21.962	17.240	108	866	6.28	16.3	73.3	1.83	144	1.80
16	160	65	8.5	10	10.0	5.0	25.162	19.752	117	935	6.10	17.6	83.4	1.82	161	1.75
18a	180	68	7.0	10.5	10.5	5.2	25.669	20.174	141	1270	7.04	20.0	98.6	1.96	190	1.88
18	180	70	9.0	10.5	10.5	5.2	29.299	23.000	152	1370	6.84	21.5	111	1.95	210	1.84
20a	200	73	7.0	11.0	11.0	5.5	28.837	22.637	178	1780	7.86	24.2	128	2.11	244	2.01
20	200	75	9.0	11.0	11.0	5.5	32.837	25.777	191	1910	7.64	25.9	144	2.09	268	1.95
22a	220	77	7.0	11.5	11.5	5.8	31.846	24.999	218	2390	8.67	28.2	158	2.23	298	2.10
22	220	79	9.0	11.5	11.5	5.8	36.246	28.453	234	2570	8.42	30.1	176	2.21	326	2.03
25a	250	78	7.0	12	12.0	6.0	34.917	27.410	270	3370	9.82	30.6	176	2.24	322	2.07
25b	250	80	9.0	12	12.0	6.0	39.917	31.335	282	3530	9.41	32.7	196	2.22	353	1.98
25c	250	82	11.0	12	12.0	6.0	44.917	35.260	295	3690	9.07	35.9	218	2.21	384	1.92
28a	280	82	7.5	12.5	12.5	6.2	40.034	31.427	340	4760	10.9	35.7	218	2.33	388	2.10
28b	280	84	9.5	12.5	12.5	6.2	45.634	35.823	366	5130	10.6	37.9	242	2.30	428	2.02
28c	280	86	11.5	12.5	12.5	6.2	51.234	40.219	393	5500	10.4	40.3	268	2.29	463	1.95
32a	320	88	8.0	14	14.0	7.0	48.513	38.083	475	7600	12.5	46.5	305	2.50	552	2.24
32b	320	90	10.0	14	14.0	7.0	54.913	43.107	509	8140	12.2	49.2	336	2.47	593	2.16
32c	320	92	12.0	14	14.0	7.0	61.313	48.131	543	8690	11.9	52.6	374	2.47	643	2.09
36a	360	96	9.0	16	16.0	8.0	60.910	47.814	660	11900	14.0	63.5	455	2.73	818	2.44
36b	360	98	11.0	16	16.0	8.0	68.110	53.466	703	12700	13.6	66.9	497	2.70	880	2.37
36c	360	100	13.0	16	16.0	8.0	75.310	59.118	746	13400	13.4	70.0	536	2.67	948	2.34
40a	400	100	10.5	18	18.0	9.0	75.068	58.928	879	17600	15.3	78.8	592	2.81	1070	2.49
40b	400	102	12.5	18	18.0	9.0	83.068	65.208	932	18600	15.0	82.5	640	2.78	1140	2.44
40c	400	104	14.5	18	18.0	9.0	91.068	71.488	986	19700	14.7	86.2	688	2.75	1220	2.42

注：截面图和表中标注的圆弧半径 r、r_1 的数据用于孔型设计，不作为交货条件。

附表 4 热轧普通工字钢(GB 706—88)

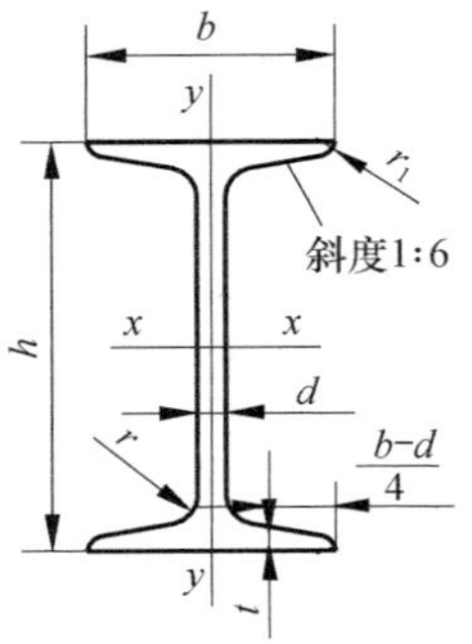

符号意义：
h ——高度
b ——腿宽度
d ——腰厚度
t ——平均腿厚度
r ——内圆弧半径
r_1——腿端圆弧半径
I ——惯性矩
W ——截面系数
i ——惯性半径
S ——半截面的静力矩

型号	尺寸/mm						截面面积/cm²	理论质量/(kg/m)	参考数值						
									x-x				y-y		
	h	b	d	t	r	r_1			I_x/cm^4	W_x/cm^3	i_x/cm	$I_x:S_x/cm$	I_y/cm^4	W_y/cm^3	i_y/cm
10	100	68	4.5	7.6	6.5	3.3	14.345	11.261	245	49.0	4.14	8.59	33.0	9.72	1.52
12.6	126	74	5.0	8.4	7.0	3.5	18.118	14.223	488	77.5	5.20	10.8	46.9	12.7	1.61
14	140	80	5.5	9.1	7.5	3.8	21.516	16.890	712	102	5.76	12.0	64.4	16.1	1.73
16	160	88	6.0	9.9	8.0	4.0	26.131	20.513	1130	141	6.58	13.8	93.1	21.2	1.89
18	180	94	6.5	10.7	8.5	4.3	30.756	24.143	1660	185	7.36	15.4	122	26.0	2.00
20a	200	100	7.0	11.4	9.0	4.5	35.578	27.929	2370	237	8.15	17.2	158	31.5	2.12
20b	200	102	9.0	11.4	9.0	4.5	39.578	31.069	2500	250	7.96	16.9	169	33.1	2.06
22a	220	110	7.5	12.3	9.5	4.8	42.128	33.070	2400	309	8.99	18.9	225	40.9	2.31
22b	220	112	9.5	12.3	9.5	4.8	46.528	36.524	3570	325	8.78	18.7	239	42.7	2.27
25a	250	116	8.0	13.0	10.0	5.0	48.541	38.105	5020	402	10.2	21.6	280	48.3	2.40
25b	250	118	10.0	13.0	10.0	5.0	53.541	42.030	5280	423	9.94	21.3	309	52.4	2.40
28a	280	122	8.5	13.7	10.5	5.3	55.404	43.492	7110	508	11.3	24.6	345	56.6	2.50
28b	280	124	10.5	13.7	10.5	5.3	61.004	47.888	7480	534	11.1	24.2	379	61.2	2.49

续表

型号	尺寸/mm						截面面积/cm^2	理论质量/(kg/m)	参考数值						
									x-x				y-y		
	h	b	d	t	r	r_1			I_x/cm^4	W_x/cm^3	i_x/cm	$I_x:S_x/cm$	I_y/cm^4	W_y/cm^3	i_y/cm
32a	320	130	9.5	15.0	11.5	5.8	67.156	52.717	11100	692	12.8	27.5	460	70.8	2.62
32b	320	132	11.5	15.0	11.5	5.8	73.556	57.741	11600	726	12.6	27.1	502	76.0	2.61
32c	320	134	13.5	15.0	11.5	5.8	79.956	62.765	12200	760	12.3	26.8	544	81.2	2.61
36a	360	136	10.0	15.8	12.0	6.0	76.480	60.037	15800	875	14.4	30.7	552	81.2	2.69
36b	360	138	12.0	15.8	12.0	6.0	83.680	65.689	16500	919	14.1	30.3	582	84.3	2.64
36c	360	140	14.0	15.8	12.0	6.0	90.880	71.341	17300	962	13.8	29.9	612	87.4	2.60
40a	400	142	10.5	16.5	12.5	6.3	86.112	67.598	21700	1090	15.9	34.1	660	93.2	2.77
40b	400	144	12.5	16.5	12.5	6.3	94.112	73.878	22800	1140	15.6	33.6	692	96.2	2.71
40c	400	146	14.5	16.5	12.5	6.3	102.112	80.158	23900	1190	15.2	33.2	727	99.6	2.65
45a	450	150	11.5	18.0	13.5	6.8	102.446	80.420	32200	1430	17.7	38.6	855	114	2.89
45b	450	152	13.5	18.0	13.5	6.8	111.446	87.485	33800	1500	17.4	38.0	894	118	2.84
45c	450	154	15.5	18.0	13.5	6.8	120.446	94.550	35300	1570	17.1	37.6	938	112	2.79
50a	500	158	12.0	20.0	14.0	7.0	119.304	93.654	46500	1860	19.7	42.8	1120	142	3.07
50b	500	160	14.0	20.0	14.0	7.0	129.304	101.504	48600	1940	19.4	42.4	1170	146	3.01
50c	500	162	16.0	20.0	14.0	7.0	139.304	109.354	50600	2080	19.0	41.8	1220	151	2.96
56a	560	166	12.5	21.0	14.5	7.3	135.435	106.316	65600	2340	22.0	47.7	1370	165	3.18
56b	560	168	14.5	21.0	14.5	7.3	146.635	115.108	68500	2450	21.6	47.2	1490	174	3.16
56c	560	170	16.5	21.0	14.5	7.3	157.835	123.900	71400	2550	21.3	46.7	1560	183	3.16
63a	630	176	13.0	22.0	15.0	7.5	154.658	121.407	93900	2980	24.5	54.2	1700	193	3.31
63b	630	178	15.0	22.0	15.0	7.5	167.258	131.298	98100	3160	24.2	53.5	1812	204	3.29
63c	630	180	17.0	22.0	15.0	7.5	179.858	141.189	102000	3300	23.8	52.9	1920	214	3.27

注：截面图和表中标注的圆弧半径 r、r_1 的数据用于孔型设计，不作为交货条件。